Ilha de Alcatraz

BAÍA DE SÃO FRANCISCO

Pacific Heights e Marina
pp. 68-77

Fisherman's Wharf e North Beach
pp. 78-95

Pacific Heights e Marina

Fisherman's Wharf e North Beach

Chinatown e Nob Hill

Financial District e Union Square

Civic Center

Haight Ashbury e Mission District

Chinatown e Nob Hill
pp. 96-107

Financial District e Union Square
pp. 108-123

0 km 2
0 milhas 1

GUIA VISUAL - **FOLHA DE S.PAULO**

SÃO FRANCISCO
E
NORTE DA
CALIFÓRNIA

GUIA VISUAL - FOLHA DE S.PAULO

SÃO FRANCISCO E NORTE DA CALIFÓRNIA

DK

PubliFolha

Penguin Random House

Título original: *Eyewitness Travel Guide – San Francisco & Northern California*

Publicado originalmente na Grã-Bretanha em 1994 pela Dorling Kindersley Limited, 80 Strand, WC2R 0RL, Londres, Inglaterra, uma empresa da Penguin Random House.

Copyright © 1994, 2015 Dorling Kindersley Limited
Copyright © 2015 Publifolha Editora Ltda.

ISBN 978-85-7914-312-0
3ª edição brasileira: 2015

O *Guia Visual São Francisco e Norte da Califórnia* inclui um mapa da cidade de São Francisco que não pode ser vendido separadamente.

Todos os direitos reservados. Nenhuma parte desta obra pode ser reproduzida, arquivada ou transmitida de nenhuma forma ou por nenhum meio sem a permissão expressa e por escrito da Publifolha Editora Ltda.

Proibida a comercialização fora do território brasileiro.

COORDENAÇÃO DO PROJETO: PUBLIFOLHA
Editora-assistente: Mell Brites
Coordenadora de produção gráfica: Mariana Metidieri
Produtor gráfico: Rodrigo Luis de Andrade

PRODUÇÃO EDITORIAL: PÁGINA VIVA
Edição: Mariana Zanini, Rosi Ribeiro
Tradução: Francisco José Couto, Thaís Costa
Revisão: Bia Nunes de Sousa, Pedro Ribeiro
Editoração eletrônica: Priscylla Cabral, Bianca Galante

DORLING KINDERSLEY
Editora do projeto: Linda Williams
Editor de arte: Kelvin Barratt
Editores: Jo Bourne, Irena Hoare, Esther Labi, Molly Lodge
Diagramação: Jon Eland, Nick Raven, Steve Rowling
Pesquisa iconográfica: Jill DeCet, Lindsay Kefauvre
Consultor: Don George
Colaboradores principais: Jamie Jensen, Barry Parr
Colaboradores: Dawn Douglas, Shirley Streshinsky
Fotografias: Neil Lukas, Andrew McKinney
Ilustrações: Arcana Studios, Dean Entwhistle, Nick Lipscombe

Esse livro segue as regras do Acordo Ortográfico da Língua Portuguesa (1990), em vigor desde 1º de janeiro de 2009.

A edição original em inglês foi produzida pela Pardoe Blacker Publishing Limited (Reino Unido).

Impresso na Malásia.

Foi feito o possível para garantir que as informações desse guia fossem as mais atualizadas até o momento da impressão. No entanto, alguns dados, como telefones, preços, horários de funcionamento e informações de viagem, estão sujeitos a mudanças. Os editores não podem se responsabilizar por qualquer consequência do uso desse guia, nem garantir a validade das informações contidas nos sites indicados.

Os leitores interessados em fazer sugestões ou comunicar eventuais correções podem escrever para atendimento@publifolha.com.br.

PUBLIFOLHA
Divisão de Publicações do Grupo Folha
Al. Barão de Limeira, 401, 6º andar
CEP 01202-900, São Paulo, SP
Tel.: (11) 3224-2186/2187/2197
www.publifolha.com.br

UM MUNDO DE IDEIAS
www.dk.com

Imagem principal da capa: Golden Gate ao amanhecer, com São Francisco ao fundo
◀ A Ponte Golden Gate à noite

Sumário

Como Usar Este Guia **6**

Antigo desenho do garimpeiro de ouro (1848)

Introdução a São Francisco

Roteiros em
São Francisco **10**

São Francisco Dentro
do Mapa **14**

Os Terremotos de
São Francisco **20**

A História de
São Francisco **22**

São Francisco em
Destaque **36**

São Francisco
Mês a Mês **50**

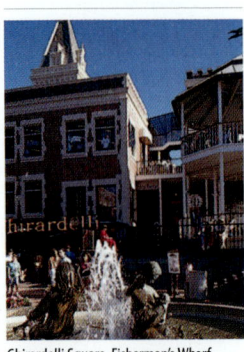

Ghirardelli Square, Fisherman's Wharf

São Francisco Área por Área

49-Mile Scenic Drive **56**

Presidio **58**

Pacific Heights e Marina **68**

Fisherman's Wharf e North Beach **78**

Chinatown e Nob Hill **96**

Financial District e Union Square **108**

Civic Center **124**

Haight Ashbury e Mission District **132**

Palace of Fine Arts, Presidio

Golden Gate Park e Land's End **144**

Bay Area **160**

Cinco Passeios a Pé **172**

Norte da Califórnia

Como Explorar a Região **186**

Viagem de Dois Dias a Carmel **188**

Vista de Mendocino, no Norte da Califórnia

Viagem de Dois Dias a Mendocino **190**

Região Vinícola do Napa Valley **192**

Lake Tahoe **198**

Yosemite National Park **202**

Indicações ao Turista

Onde Ficar **208**

Onde Comer e Beber **216**

Compras **232**

Diversão **246**

Para Crianças **262**

Manual de Sobrevivência

Informações Úteis **266**

Como Chegar **276**

Dim sum

Como Circular em São Francisco **280**

Guia de Ruas **290**

Índice Geral **309**

Agradecimentos **320**

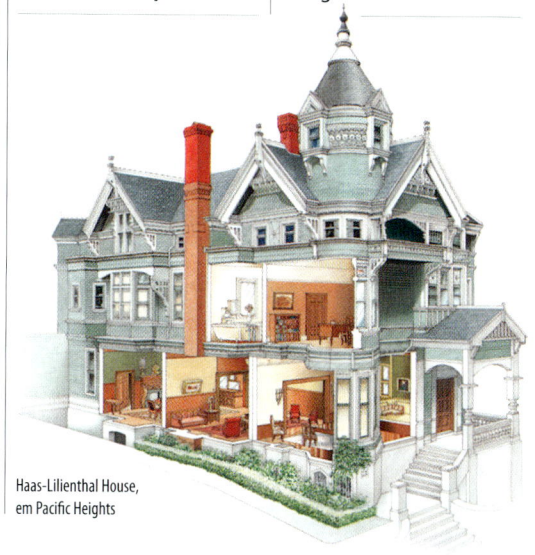

Haas-Lilienthal House, em Pacific Heights

COMO USAR ESTE GUIA

Este guia vai ajudá-lo a aproveitar ao máximo sua viagem a São Francisco e ao Norte da Califórnia. O capítulo de abertura, *Introdução a São Francisco*, localiza a cidade no mapa, situa a moderna São Francisco em seu contexto histórico e descreve os eventos que ocorrem ao longo do ano. *São Francisco em Destaque* é um resumo das principais atrações. *Área por Área* cobre os pontos turísticos mais importantes, com fotografias, mapas e ilustrações. *Norte da Califórnia* sugere dois passeios e inclui informações sobre a região vinícola do Napa Valley, Yosemite e Lake Tahoe. Dicas de restaurantes, lojas, hotéis, entretenimento, esportes e atividades para crianças estão em *Indicações ao Turista*. O capítulo final, *Manual de Sobrevivência*, contém informações práticas, de segurança pessoal ao uso de transporte público.

Como Ler a Seção Área por Área

Cada uma das oito áreas de atrações em São Francisco é destacada com uma cor específica para facilitar a identificação. As seções abrem com um retrato da região em destaque e um resumo de sua história e de suas características; um Mapa Rua a Rua detalha a parte mais interessante da área. As atrações são numeradas conforme aparecem no capítulo. As mais importantes são descritas em detalhes, em duas ou mais páginas inteiras.

Cada área é marcada com uma cor diferente.

Localize-se mostra onde você está em relação às outras partes da cidade.

Localize-se

Os roteiros sugeridos apontam as ruas mais interessantes em cada área.

1 Mapa da Área Para facilitar sua consulta, as atrações são numeradas e situadas em um mapa. Ele também mostra as estações BART de transporte público, as plataformas de bondes e os estacionamentos. As principais atrações são listadas por categoria: Igrejas e Templos; Museus e Galerias; Ruas e Prédios Históricos; Ruas de Comércio; e Parques e Jardins.

2 Mapa Rua a Rua Esse mapa oferece uma visão detalhada das partes mais importantes da área em destaque. O número que identifica cada atração é o mesmo do Mapa da Área e das descrições completas nas páginas seguintes.

A estrela indica as atrações imperdíveis.

COMO USAR ESTE GUIA | 7

As Áreas de São Francisco

As regiões coloridas exibidas no mapa ao lado (*parte interna da capa*) são as oito principais áreas de atrações – cada uma é descrita nas seções de *São Francisco Área por Área (pp. 54-183)*. Elas são destacadas em outros mapas ao longo do guia. Em *São Francisco em Destaque (pp. 36-49)*, por exemplo, ajudam a localizar as principais atrações. O Mapa da Área também é usado para mostrar as mais importantes áreas de compras *(pp. 232-45)* e locais de diversão *(pp. 246-63)*.

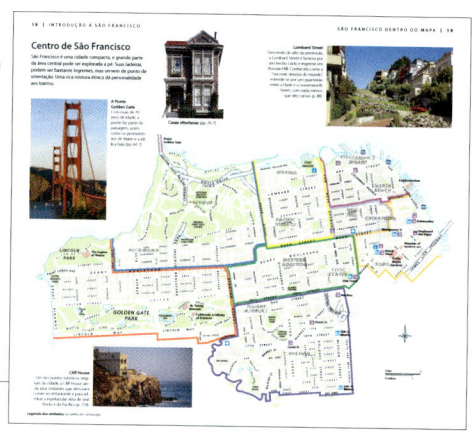

Fotos de fachadas de prédios importantes facilitam a identificação durante a sua visita.

Informações detalhadas listam o que você deve saber para visitar cada atração, com remissão aos mapas do *Guia de Ruas (pp. 290-9)*.

Os números se referem à posição de cada atração no Mapa da Área e ao seu lugar na seção.

Prepare-se fornece todas as informações práticas necessárias para planejar sua visita.

3 Principais Atrações Todos os pontos turísticos importantes de São Francisco são descritos individualmente e aparecem na ordem numérica do Mapa da Área. Em cada tópico há informações práticas sobre horários de funcionamento, números de telefone, ingressos e instalações disponíveis. A legenda dos símbolos encontra-se no final deste guia.

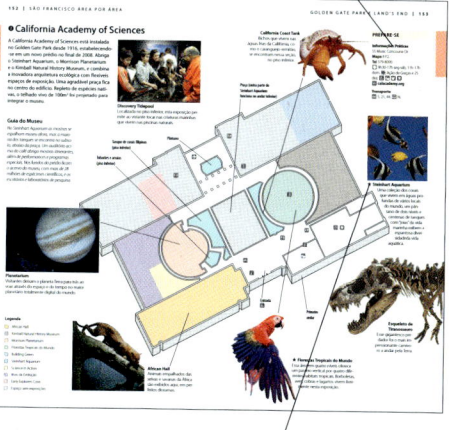

4 Destaques de São Francisco As plantas coloridas de museus e galerias ajudam a localizar as exposições e obras mais importantes. Já os edifícios são apresentados em cortes que exibem seu interior.

A estrela indica as atrações imperdíveis.

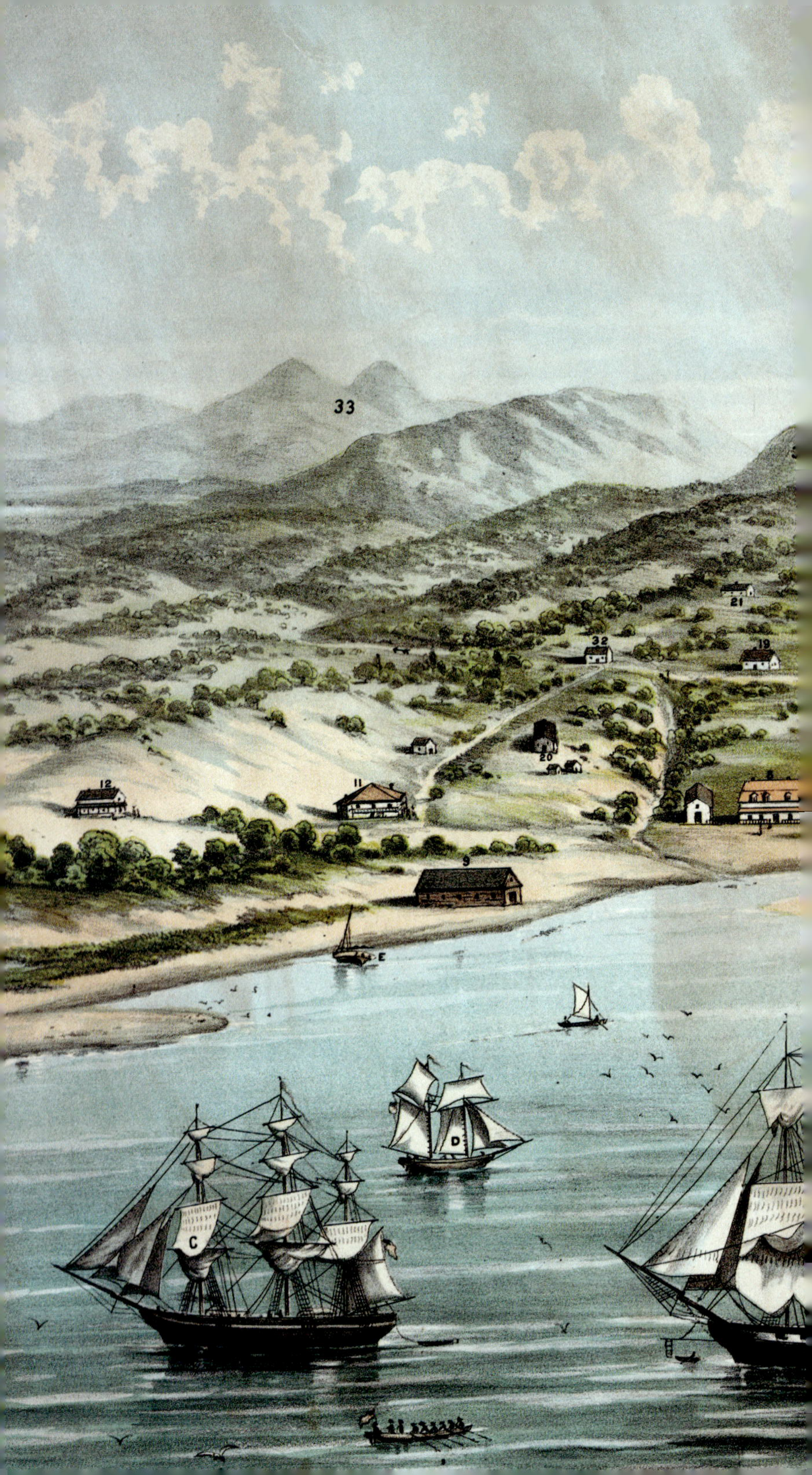
33
21
32
19
20
12
11
9
E
D
C

INTRODUÇÃO A SÃO FRANCISCO

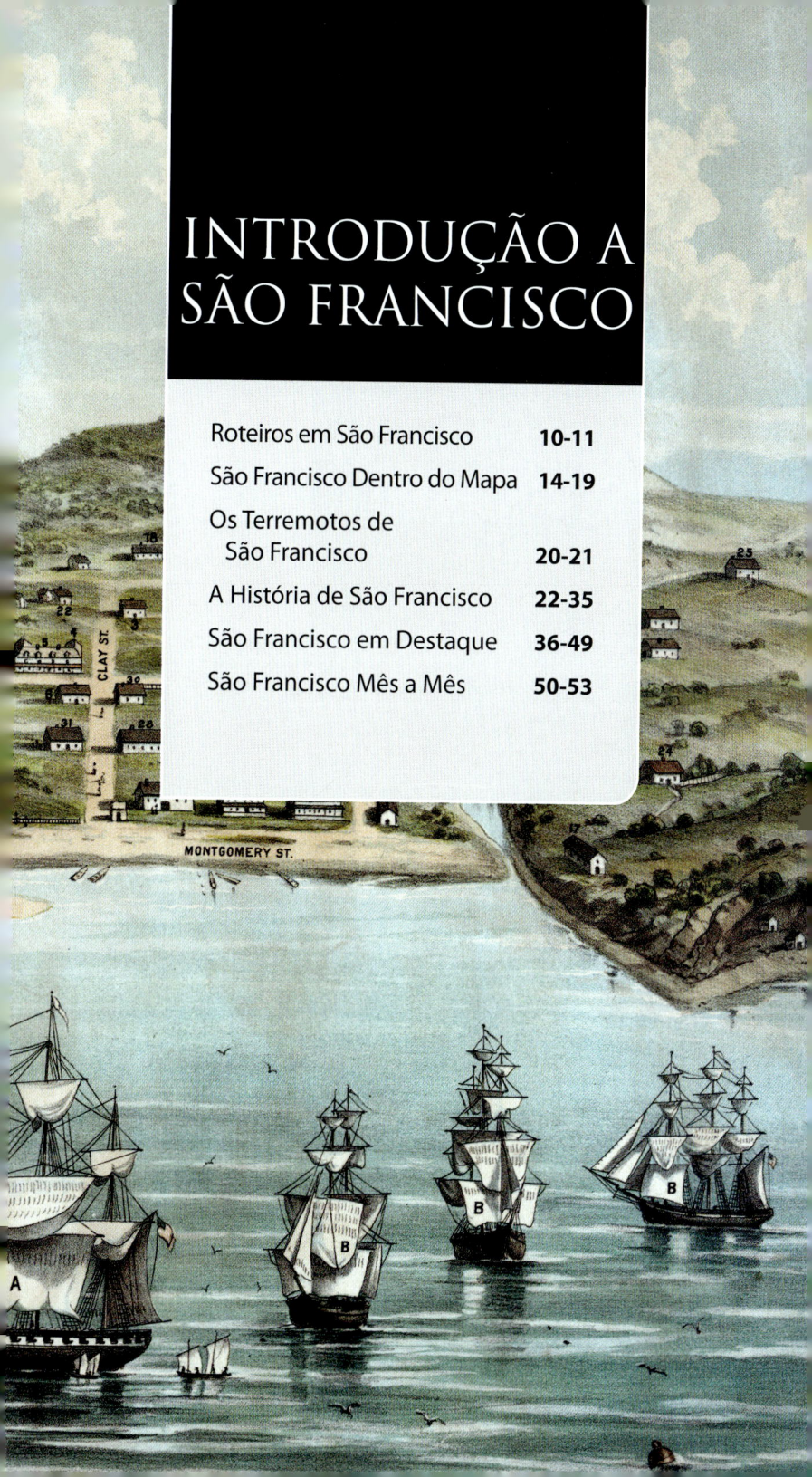

Roteiros em São Francisco	10-11
São Francisco Dentro do Mapa	14-19
Os Terremotos de São Francisco	20-21
A História de São Francisco	22-35
São Francisco em Destaque	36-49
São Francisco Mês a Mês	50-53

ROTEIROS EM SÃO FRANCISCO

Edificada sobre colinas e parcialmente circundada por uma ampla baía, São Francisco é encantadora e muito fotogênica. Não se esqueça de levar máquina fotográfica, mapa e bons sapatos e vá em busca de locais históricos, tesouros culturais e bairros vibrantes. A seguir você verá itinerários para algumas das melhores atrações, agrupadas por tema e duração da estada. Entre as indicações de preço nas páginas 10-1 há deslocamentos, alimentação e ingressos para dois adultos, ao passo que preços para famílias se referem a dois adultos e duas crianças.

O pensador, de Rodin, no Legion of Honor

Artes Antiga e Contemporânea

Dois adultos média de $122

- Veja as obras-primas do **Legion of Honor**
- Arte contemporânea no **SFMoMA**
- Tesouros artísticos e chá no **Asian Art Museum**
- Compras em Hayes Valley

De Manhã
Comece o dia com 4 mil anos de arte no **Legion of Honor**, no Lincoln Park (*pp. 158-9*). Aprecie a vista da baía antes de pegar o bonde Muni para o **Mission District** (*p. 133*) e ver os coloridos painéis-murais, as galerias de vanguarda e as lojas. Para uma refeição leve, aposte nos tacos da **La Corneta Taqueria** (*p. 227*).

À Tarde
Pegue o bonde Muni até o modernista **SFMoMA** (*pp. 120-3; o museu reabrirá em 2016 após reforma*), projetado por Mario Botta, e aprecie as obras de Warhol, Picasso e outros mestres modernos. Caminhe até a Civic Center Plaza e o **Asian Art Museum** (*p. 128*), um dos maiores museus do mundo dedicado à arte asiática. Aproveite para relaxar tomando um chá. Atravesse a praça até a rotunda de estilo Belas-Artes do **City Hall** (*p. 129*). Siga para **Hayes Valley** (*p. 130*) e admire a parede de vidro do **Louise M. Davies Symphony Hall** (*p. 128*) e a **War Memorial Opera House** (*p. 129*). Aproveite para fazer compras em lojas de grife e livrarias nos arredores de Hayes Valley e termine o dia com um aperitivo no **Absinthe Brasserie and Bar** (*p. 226*).

Para as Crianças

Até 4 pessoas média de $111

- Playground nos Yerba Buena Gardens
- Piquenique
- Diversão no Fisherman's Wharf
- Velhos barcos no Hyde Street Pier

De Manhã
Comece com panquecas e música no **Mel's Drive-In** (*p. 227*). Siga meio quarteirão até os **Yerba Buena Gardens** (*pp. 116-7*) e suba até o playground da cobertura, com vista de 360 graus da cidade. Veja as pistas de patinação e de boliche. Os adolescentes podem participar de atividades artísticas no Children's Creativity Museum, e as crianças mais novas podem ver exposições ou se divertir no carrossel de 1906 projetado por Charles Looff. Tome um café na saída e descanse no jardim.

À Tarde
Caminhe até o **Embarcadero Center** (*p. 112*) e siga à beira da água ou pegue um bonde até o **Fisherman's Wharf** (*pp. 79-81*). No Pier 45, brinque em um dos 200 jogos do Musée Méchanique.

Assista às apresentações dos artistas de rua no **PIER 39** (*p. 86*), um conjunto de lojas, restaurantes e diversão à beira-mar. Há um carrossel veneziano, tubarões no Underwater World e videogames no Riptide Arcade, além dos leões-marinhos do K Dock.

Termine o passeio no Hyde Street Pier – pegue uma escuna e vá até o **Maritime Historical Park** (*p. 87*).

As crianças adoram os brinquedos do Fisherman's Wharf

◀ Vista da Powell Street

Casas à beira de Ocean Beach, uma magnífica faixa de areia com belíssima vista

Um Dia ao Ar Livre

Dois adultos média de $100
- Linda vista em Ocean Beach
- Golden Gate Park
- Cruze a Ponte Golden Gate
- Uma festa de chocolate
- Vá de bonde até Nob Hill

De Manhã
Tome um café da manhã no Beach Chalet (1000 Great Highway), **Ocean Beach** (p. 155). Veja os murais da época da Depressão e entre no **Golden Gate Park** (pp. 146-7). Passe pelo jardim, pelos lagos, pelos campos e pela área de diversão e chegue ao **Conservatory of Flowers** (p. 154), uma estufa em estilo vitoriano com plantas exóticas. Caminhe pelo **Japanese Tea Garden** (p. 149), alugue uma bicicleta ou visite o **Strybing Arboretum** (p. 154). Saindo do parque, não deixe de provar os sushis do restaurante japonês **Ebisu** (p. 225).

À Tarde
Pegue o bonde Muni até a maior atração de São Francisco, a **Ponte Golden Gate** (pp. 64-7), para um passeio a pé de ida e volta sobre a ponte. Debaixo dela, visite o **Fort Point**, anterior à Guerra de Secessão (p. 62), e siga à beira da baía até **Crissy Field** (p. 62) para ver barcos e praticantes de windsurfe. Faça uma pausa para tomar algo no Warming Hut Café. Depois, dê uma volta e aprecie a beleza do **Palace of Fine Arts** (p. 62). Siga até a **Ghirardelli Square** (p. 87), com diversas lojas e restaurantes, além de uma sorveteria antiga e uma fábrica de chocolate. Pegue então um bonde e suba ao topo de **Nob Hill** (p. 103). Dê uma volta antes de descer às agitadas ruas de **Chinatown** (pp. 96-103).

À Beira-Mar

Dois adultos média de $100
- Sede dos Giants
- Compras no Ferry Building
- Passeio no Levi's Plaza Park
- Veleje pela baía ou visite Alcatraz

De Manhã
Comece o passeio tomando café no **Caffè Roma** (p. 230) e siga para o **AT&T Park** (p. 260), sede dos San Francisco Giants. Dê uma volta pelo parque para admirar a vista. Continue até o **Ferry Building** (pp. 114-5), com seu mercado envidraçado onde se pode comprar queijos artesanais, chás raros, doces e hortifrútis da região. O **Embarcadero Center** (p. 112), do outro lado da rua, é um complexo de lojas e restaurantes que ocupa seis quarteirões, com terraços cheios de árvores. A partir daí, caminhe até a beira-mar para conversar com os pescadores, sentar num banco e olhar os barcos passando, com a **Transamerica Pyramid** (p. 113) na linha do horizonte. Vá até a **Levi's Plaza** (p. 93), um espaço gramado que tem como fundo as casas em estilo antigo de Telegraph Hill, dominadas pela **Coit Tower** (pp. 92-3). No almoço, vá ao **Fog City** (p. 224) para apreciar, além de excelentes pizzas feitas em forno a lenha, um ambiente aconchegante.

À Tarde
Pegue um bonde à moda antiga ou ande até o Pier 41 e o **Fisherman's Wharf** (pp. 80-1) e faça um passeio de barco de uma hora para admirar a baía e passar sob a ponte. Você também pode ir até a famosa prisão de **Alcatraz** (pp. 82-5) para uma visita guiada – nos meses de verão, assegure-se de reservar com algumas semanas de antecedência. De volta ao porto, visite o **Madame Tussaud's** (p. 86). Ao final do passeio, vá até o **Fort Mason** (pp. 74-5) para ver o pôr do sol.

Fog City, um marco de São Francisco

As "Damas pintadas" ou "Seis irmãs" na Steiner Street, perto da Alamo Square

2 Dias em São Francisco

- Cruze a Ponte Golden Gate de bicicleta
- Explore os antros beatniks em North Beach
- Conheça Haight Ashbury, o histórico bairro hippie da cidade

1º Dia
Manhã Para um passeio original, **alugue uma bicicleta** (p. 281). Comece pelo **Fisherman's Wharf** (pp. 80-1), passe pelo **Fort Mason** (pp. 74-5), atravesse a magnífica **Ponte Golden Gate** (pp. 64-7) e vá até **Sausalito** (p. 163). Reserve um tempo para explorar essa bela cidade de origem pesqueira, então volte de balsa e almoce em um café no **Ferry Building** (pp. 114-5).

Tarde Visite **North Beach** (pp. 88-9) e entre no **North Beach Beat Museum** (p. 89) para ver algumas lembranças fascinantes da lendária geração beat. Suba a encantadora **escadaria da Vallejo Street** (p. 89) e siga até a **Coit Tower** (pp. 92-3), que descortina lindas vistas da North Bay. Observe também os murais no saguão do edifício. Por fim, vá à noite à **ilha de Alcatraz** (pp. 82-5), que sedia a histórica prisão.

2º Dia
Manhã Comece o dia no **Civic Center** (pp. 124-31), apreciando a cúpula dourada do **City Hall** (p. 129), depois siga para **Hayes Valley** (p. 130), um dos melhores bairros para compras e gastronomia. Continue até a **Alamo Square** (p. 131) para ver as "Damas pintadas" ou "Seis irmãs", um grupo de belas casas vitorianas a leste da praça. Caminhe pelo **Golden Gate Park Panhandle** (p. 136) e almoce no bairro de **Haight Ashbury** (pp. 134-5), que ganhou fama na época do movimento "Flower Power".

Tarde Confira algumas das espetaculares atrações do **Golden Gate Park** (pp. 144-59). A **California Academy of Sciences** (pp. 152-3) aborda todos os aspectos sobre história natural, e o **Japanese Tea Garden** (p. 149), com jardins de pedras e bonsais, é um oásis de serenidade. Divirta-se à noite a leste da Dolores Street, no **Mission District** (pp. 132-43).

3 Dias em São Francisco

- Pegue o bonde antigo da linha F para o MoMA
- Vá de balsa à antiga prisão na ilha de Alcatraz
- Suba a escadaria da Vallejo Street e vá à Coit Tower, em Telegraph Hill

1º Dia
Manhã Tome café da manhã no **Fisherman's Wharf** (pp. 80-1) e observe o banho de sol dos leões-marinhos no **PIER 39** (p. 86). Pegue, então, o **bonde antigo da linha F** (p. 282-3) para explorar as lojas da **Union Square** (p. 118). No vizinho Museum District, encontra-se o excelente **San Francisco Museum of Modern Art** (pp. 120-3), que apresenta desde cartuns a obras de Jeff Koons. Almoce no **Ferry Building** (pp. 114-5).

Tarde Pegue a balsa para ir à **ilha de Alcatraz** (pp. 82-5) e visitar a prisão histórica; o audioguia é ótimo. Encerre o dia na agitada **Chinatown** (pp. 98-9).

2º Dia
Manhã É possível ir pedalando até muitas atrações de São Francisco, por isso alugue uma bicicleta no **Fisherman's Wharf** (pp. 80-1). Siga ao longo da baía, passando pelo **Fort Mason** (pp. 74-5) e por Crissy Field, depois cruze a icônica **Ponte Golden Gate** (pp. 64-7) rumo à bela **Sausalito** (p. 163), antigo vilarejo pesqueiro (p. 163). Para voltar à cidade, pegue a balsa.

A Coit Tower no alto de Telegraph Hill, um dos melhores mirantes da cidade

Tarde Caminhe até **North Beach** (pp. 88-9). Explore o legado beatnik do bairro, começando pelo **North Beach Beat Museum** (p. 89). Suba a **escadaria da Vallejo Street** (p. 89) e vá à **Coit Tower** (pp. 923), de onde se tem panoramas da cidade. Siga para a encantadora **Washington Square** (p. 92) e visite a **Saints Peter and Paul Church** (p. 92), cujo apelido era "igreja de marzipã" devido aos elaborados adornos de estuque em suas torres.

3º Dia
Manhã Comece o dia perto do grandioso **City Hall** (p. 129), no **Civic Center** (pp. 124-31). Ande ao longo das lojas e cafés de **Hayes Valley** (p. 130) até a **Alamo Square** (p. 131), onde

estão as belas casas vitorianas apelidadas de "Damas pintadas" ou "Seis irmãs". Siga através do **Golden Gate Park Panhandle** (p. 136) até o animado **Haight Ashbury** (pp. 134-5). O **Golden Gate Park** (pp. 144-55) é muito interessante, mas não deixe de visitar a **California Academy of Sciences** (pp. 152-3) e o relaxante **Japanese Tea Garden** (p. 149).

Tarde O parque termina em Ocean Beach. Rume para o norte até o selvagem **Land's End** (p. 159) e visite a **Cliff House** (p. 159) e sua famosa câmara obscura. Jante na área.

5 Dias em São Francisco

- Confira as atrações do Golden Gate Park
- Suba a Nob Hill a bordo de um bonde
- Prove vinhos finos na região do Napa Valley

1º Dia
Manhã Alugue uma bicicleta no **Fisherman's Wharf** (pp. 80-1) e siga pela ciclovia através do **Fort Mason** (pp. 74-5) até a **Ponte Golden Gate** (pp. 64-7). Veja golfinhos no caminho para **Sausalito** (p. 163). Passe um tempo na cidade, depois volte de balsa para almoçar no **Ferry Building** (pp. 114-5).

Tarde Vá à **Coit Tower** (pp. 92-3) para apreciar as vistas da cidade, então visite a igreja católica de **Saints Peter and Paul** (p. 92), perto do belo parque da **Washington Square** (p. 92). Caminhe até **North Beach** (pp. 88-9) e visite o **Beat Museum** (p. 89), para aprender sobre os artistas e poetas que deixaram sua marca no bairro.

2º Dia
Manhã Aprecie o estilo beaux-arts em uma visita ao **City Hall** (p. 129), no **Civic Center** (pp. 124-31), depois explore a pé **Hayes Valley** (p. 130), onde há um mix interessante de butiques e brechós. Pare na **Alamo Square** (p. 131) para ver as "Damas pintadas" ou "Seis irmãs", um grupo de casas vitorianas. Continue através do **Golden Gate Park Panhandle** (p. 136) para conhecer o histórico bairro hippie de **Haight Ashbury** (pp. 134-5).

Tarde Visite o **San Francisco Museum of Modern Art** (pp. 120-3), no centro, e admire obras de artistas locais no último andar. Para encerrar o dia, faça compras ao redor da **Union Square** (p. 118); visite a refinada loja **Gump's** (p. 118), que se destaca pelas vitrines criativas.

3º Dia
Manhã Acorde cedo e vá ao **Golden Gate Park** (pp. 144-55), que tem atividades ao ar livre, jardins botânicos e museus. Visite a maravilhosa **California Academy of Sciences** (pp. 152-3), de história natural, e o **de Young Museum** (p. 149), que abriga um acervo de arte fantástico.

Tarde Faça um piquenique na vasta **Ocean Beach** (p. 155). Siga para o norte na direção do **Land's End** (p. 159) e pare na **Cliff House** (p. 159) para ver a fascinante câmara obscura. À noite, dirija-se ao suntuoso **Castro Theatre** (p. 138), na agitada área gay da cidade, para ver um filme e tomar um drinque.

4º Dia
Manhã A área da baía se estende além da cidade e merece ser explorada: a **região vinícola do Napa Valley** (pp. 192-5) fica a apenas uma hora de carro. Tome o café da manhã em **Russian Hill** (pp. 182-3) e atravesse a **Ponte Golden Gate** (pp. 64-7) rumo a Napa. Faça uma visita grátis à vinícola **Clos Pegase** (p. 192), que é especializada em uvas Cabernet, Merlot e Petite Syrah.

A cúpula do City Hall, no Civic Center, sede da prefeitura de São Francisco

Tarde Siga para o norte até a histórica **Calistoga** (p. 195) e passe a tarde relaxando em um spa.

5º Dia
Manhã Após tomar o café da manhã no **Fisherman's Wharf** (pp. 80-1), divirta-se vendo os leões-marinhos no **PIER 39** (p. 86). Para encerrar a manhã, explore as entranhas do submarino antigo **USS Pampanito** (p. 86).

Tarde Pegue a balsa para ir à histórica **ilha de Alcatraz** (pp. 82-5) e, ao chegar, pegue o informativo audioguia. A seguir, explore a pitoresca **Chinatown** (pp. 98-9) e embarque no famoso bonde de São Francisco que leva ao alto de **Nob Hill** (p. 103). Admire a majestosa **Grace Cathedral** (p. 105), depois jante no restaurante Top of the Mark, no **Mark Hopkins InterContinental Hotel** (p. 104).

Uvas maduras em vinhedo do Napa Valley

São Francisco Dentro do Mapa

São Francisco é, depois de Nova York, a cidade mais densamente povoada dos Estados Unidos, com mais de 800 mil habitantes distribuídos em uma área de 122km². Sua localização, na ponta de uma península montanhosa da Costa Oeste da América do Norte, de frente para o oceano Pacífico, é uma das mais bonitas do mundo. Três aeroportos na Bay Area recebem voos nacionais e internacionais. Redes de estradas interestaduais e de ferrovias também levam à Costa Leste, a outras partes dos EUA e ao Canadá.

Legenda
- Autoestrada
- Estrada principal
- Linha ferroviária Amtrak
- Fronteira internacional
- Fronteira estadual

SÃO FRANCISCO DENTRO DO MAPA | 15

A Bay Area

A leste, pode-se chegar às cidades de Oakland e Berkeley pela Bay Bridge, enquanto ao norte a Ponte Golden Gate liga a península ao Marin County. Essas áreas, junto com os subúrbios ao sul, formam a Bay Area (área da baía), servida por linhas do BART (Bay Area Rapid Transit), pelo CalTrain e por autoestradas.

Legenda
- Centro de São Francisco
- Área urbana
- Autoestrada
- Estrada principal
- Estrada secundária
- Ferrovia
- Rota de ferryboat

Legenda dos símbolos *na orelha da contracapa*

SÃO FRANCISCO DENTRO DO MAPA | 17

Centro de São Francisco

São Francisco é uma cidade compacta, e grande parte da área central pode ser explorada a pé. Suas ladeiras podem ser bastante íngremes, mas servem de ponto de orientação. Uma rica mistura étnica dá personalidade aos bairros.

Casas vitorianas *(pp. 76-7).*

A Ponte Golden Gate
Com mais de 70 anos de idade, a ponte faz parte da paisagem, assim como os promontórios de Marin e a idílica baía *(pp. 64-7).*

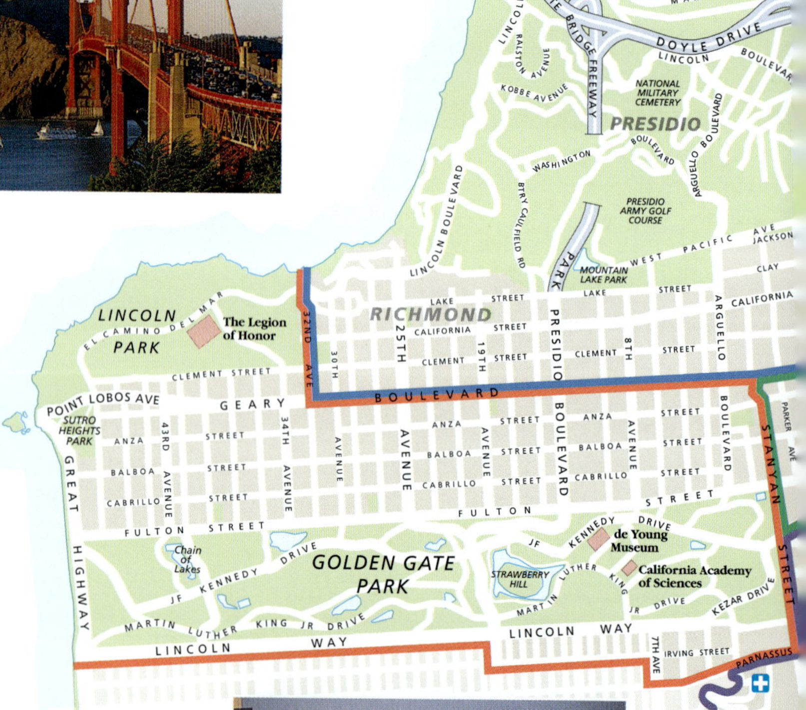

Cliff House
Um dos pontos turísticos originais da cidade, a Cliff House ainda atrai visitantes que vêm para comer no restaurante e para admirar a espetacular vista de Seal Rocks e do Pacífico *(p. 159).*

Legenda dos símbolos *na orelha da contracapa*

SÃO FRANCISCO DENTRO DO MAPA | **19**

Lombard Street
Descendo do alto da península, a Lombard Street é famosa por seu trecho curto e íngreme em Russian Hill. Conhecida como a "rua mais sinuosa do mundo", estende-se por um quarteirão entre a Hyde e a Leavenworth Street, com nada menos que dez curvas (p. 88).

Terremotos de São Francisco

São Francisco fica na falha de San Andreas e é sempre ameaçada por terremotos. O terremoto de Loma Prieta, em 17 de outubro de 1989, nome da colina próxima ao seu epicentro, nas montanhas de Santa Cruz, foi o pior a atingir essa área desde 1906 *(pp. 30-1)*. Muitos prédios hoje são reforçados para suportar tremores; e abrigos como o do Moscone Center *(pp. 116-7)* são verdadeiros centros de atendimento emergencial. Os hotéis têm sistema próprio de evacuação, e a lista telefônica tem quatro páginas de informações práticas.

O terremoto de 1989 mediu 7,1 na escala de Richter. Por sua causa, algumas das casas construídas sobre aterros no Marina District desmoronaram.

A falha de San Andreas é uma grande fratura na crosta terrestre. Estende-se por quase todo o comprimento da Califórnia, cerca de 965km.

São Francisco fica perto da ponta norte da falha.

A Placa do Pacífico Encontra a Placa Norte-Americana
A falha de San Andreas é o resultado de fricção no local em que duas placas tectônicas da crosta terrestre se encontram: a placa do Pacífico e a da América do Norte.

Falha de San Andreas

Placa norte-americana

Ondas L (longas) viajam pela superfície.

Epicentro (ponto na superfície acima do foco do terremoto)

Hipocentro (o foco do terremoto)

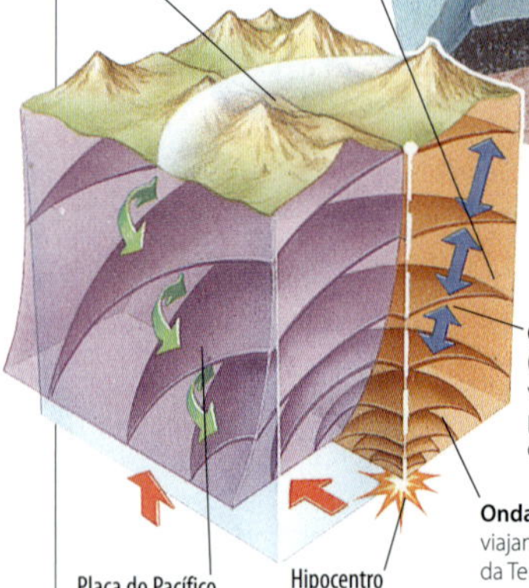

Ondas S (secundárias) viajam pelas partes sólidas da crosta.

Ondas P Ondas S Ondas S

Ondas P (primárias) viajam pelo núcleo da Terra.

Placa do Pacífico Hipocentro

As vibrações energéticas do terremoto viajam como ondas pela crosta terrestre. O intervalo entre a chegada de ondas P e S indica a distância a que se encontra o epicentro do terremoto.

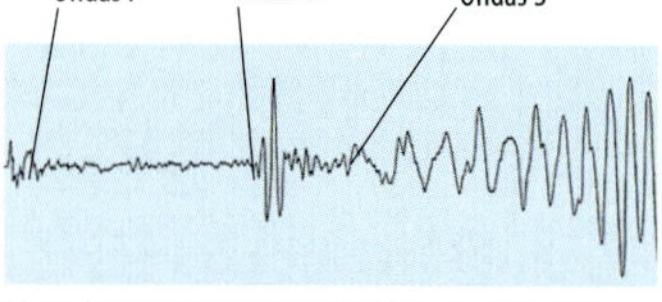

Uma impressão sismográfica mostra graficamente a intensidade das vibrações do terremoto. Nela, a caneta sismográfica traça ondas P (primárias), S (secundárias) e L (longas) sobre um tambor giratório.

TERREMOTOS DE SÃO FRANCISCO | 21

Os cientistas monitoram o movimento da falha de San Andreas por meio de feixes de laser projetados a partir de uma rede de refletores. O sistema pode detectar movimentos inferiores a 0,6mm por uma distância de 6km, permitindo que os sismólogos prevejam quando os terremotos devem acontecer.

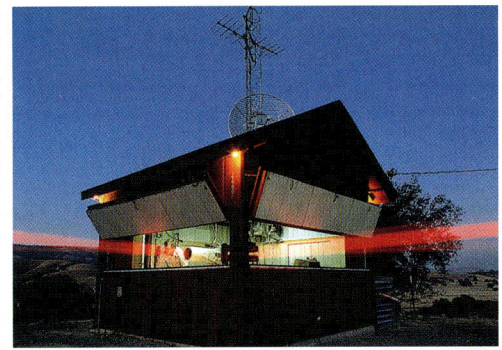

As colinas e o litoral da Bay Area formam uma serra que se criou por meio de centenas de movimentos de compressão e elevação da terra na região.

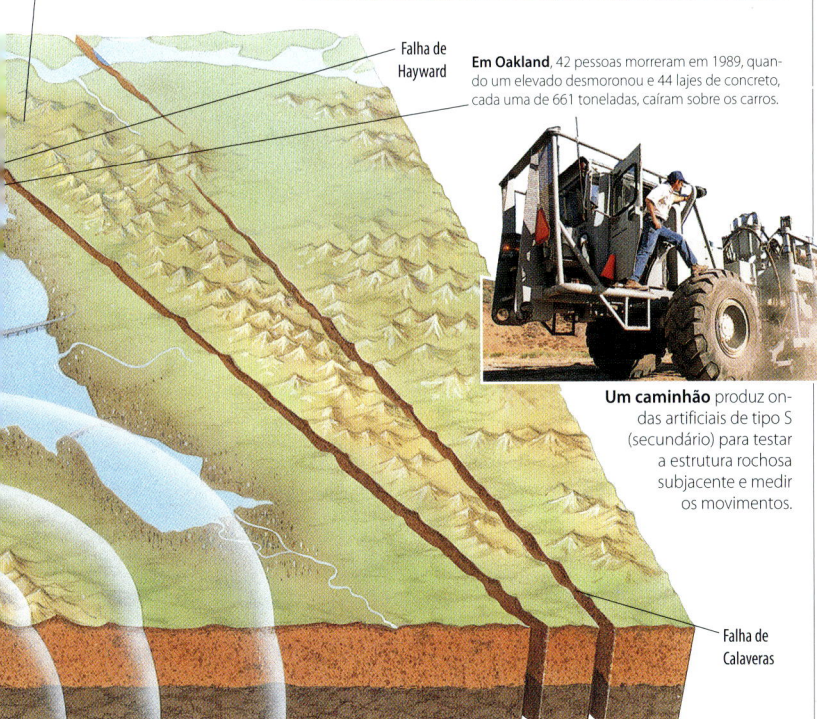

Falha de Hayward

Em Oakland, 42 pessoas morreram em 1989, quando um elevado desmoronou e 44 lajes de concreto, cada uma de 661 toneladas, caíram sobre os carros.

Um caminhão produz ondas artificiais de tipo S (secundário) para testar a estrutura rochosa subjacente e medir os movimentos.

Falha de Calaveras

1769 Membros da expedição Portolá foram os primeiros europeus a presenciar um terremoto na Califórnia

1872 Um terremoto destrói a cidade de Lone Pine e a Sierra Nevada sobe 4m

1857 Forte tremor seguido por outros menores na Bay Area

1890 Tremor intenso

1989 O terremoto de Loma Prieta atinge a cidade e a Bay Area, matando 67 pessoas e deixando 1.800 desabrigados

1957 Forte tremor na Bay Area

| 1750 | 1800 | 1850 | 1900 | 1950 |

1865 A cidade sofre seu primeiro grande terremoto em 9 de outubro, seguido por outro em 23 de outubro

Dom Gaspar de Portolá

1868 Forte tremor na falha de Hayward

Destruições do terremoto de 1906

1977 Oito tremores

1906 O pior terremoto: um incêndio de 3 dias destruiu boa parte da cidade, matou 3 mil pessoas e deixou 250 mil sem abrigo. Seguiram-se 52 pequenos tremores

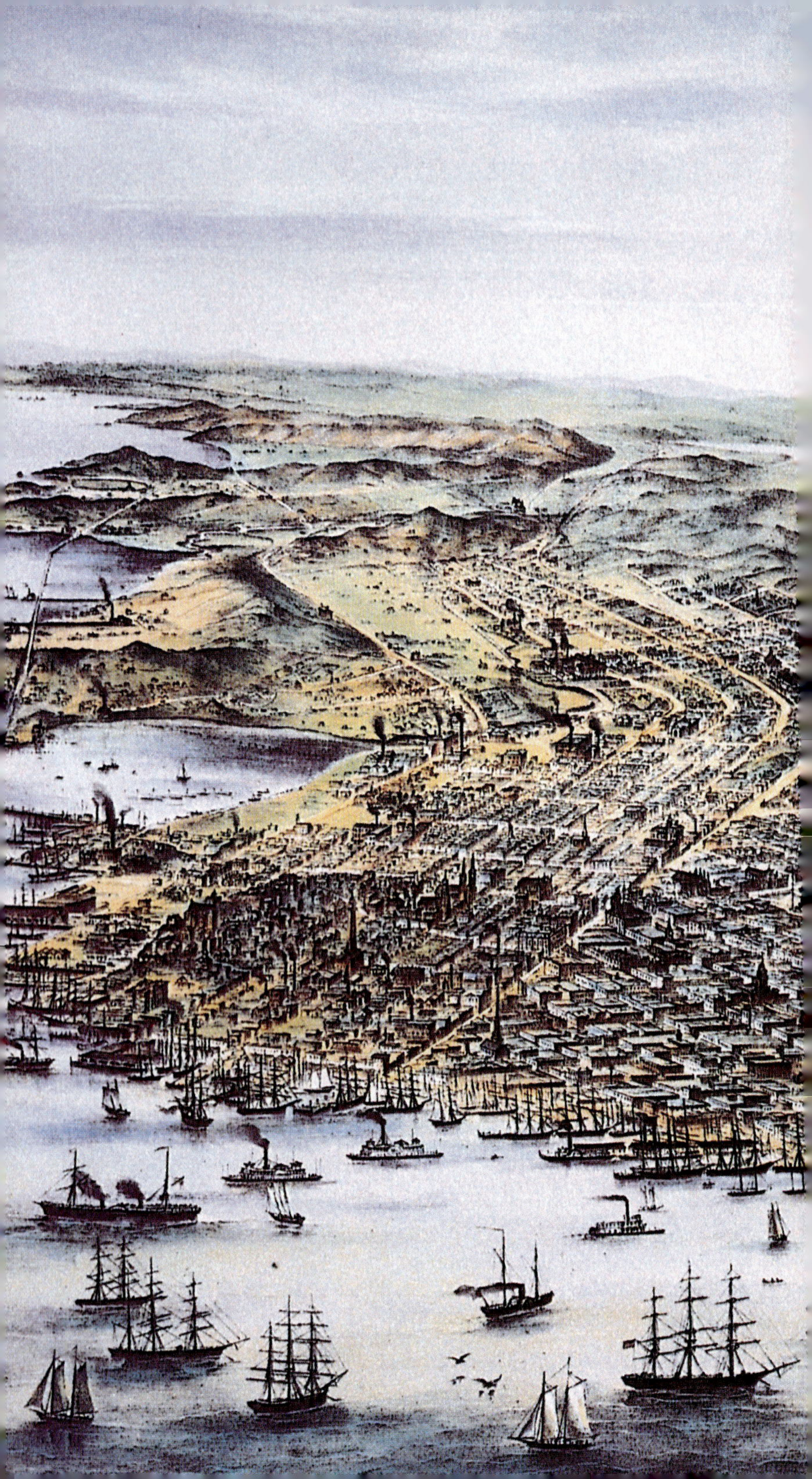

A HISTÓRIA DE SÃO FRANCISCO

Mesmo para os padrões do Novo Mundo, São Francisco permaneceu desconhecida por muito tempo. Alguns exploradores europeus, como o português João Cabrilho e o inglês sir Francis Drake, navegaram pela costa da Califórnia no século XVI, mas todos eles passaram pelo Golden Gate sem ver a baía que estava escondida. Apenas em 1769 o território que hoje é São Francisco chamou a atenção dos estrangeiros. A área foi então colonizada pelos espanhóis, que nela estabeleceram missões e *presidios* (fortes). Em 1821, quando o México declarou sua independência da Espanha, a região tornou-se território mexicano.

O Crescimento da Cidade

O primeiro grande impulso para o crescimento da cidade aconteceu em 1848, com a descoberta de ouro em Sutter's Mill, na Sierra Nevada, perto de Sacramento. Milhares de garimpeiros do mundo todo chegaram à Califórnia, provocando a Corrida do Ouro de 1849 (eles eram conhecidos como *'49ers*). Isso aconteceu simultaneamente à conquista da Costa Oeste pelos EUA. Por volta de 1869, São Francisco já era internacionalmente conhecida por sua selvagem "Barbary Coast", no litoral oeste, e pelas fortunas que surgiram da exploração das novas riquezas descobertas.

Terremoto e Recuperação

Com o aumento da população, a cidade cresceu para o oeste, lotando a estreita península. O bonde conquistou as colinas, e surgiram bairros de casas vitorianas. O grande terremoto de 1906 destruiu boa parte da cidade, mas não sua alma, reconstrução logo foi iniciada. Graças à sua história, São Francisco até hoje pre-serva seu caráter único e parece ter uma energia inesgotável. As próximas páginas ilustram os períodos mais marcantes da história dessa bela cidade.

Telegraph Hill e North Beach na época da Corrida do Ouro

◀ Gravura da cidade em 1873, com a Market Street estendendo-se do centro até o mar

Os Primórdios de São Francisco

Os primeiros habitantes dos arredores da baía de São Francisco foram duas tribos de nativos americanos: os miwoks, ao norte, e os ohlones, ao sul. Em meados do século XVI os europeus já exploravam a costa da Califórnia, mas nenhum contato foi feito com as tribos até sir Francis Drake ancorar em Point Reyes e tomar posse do local em nome da rainha Elizabeth I. A baía não foi descoberta até 1769 e, em 1776, a Espanha estabeleceu ali um *presidio* (forte) e uma missão com o nome do fundador da ordem franciscana: São Francisco de Assis.

Extensão da Cidade
- Atual
- 1800
- Terra recuperada desde 1800

Índios Tcholovoni
Várias tribos indígenas, como a dos tcholovoni, caçavam e moravam em pequenas aldeias na costa da baía de São Francisco.

Missionários vindos da Espanha tentaram converter os indígenas ao cristianismo, obrigando-os a viver em barracões e a executar trabalho forçado.

Os cintos eram enfeitados com penas e conchas.

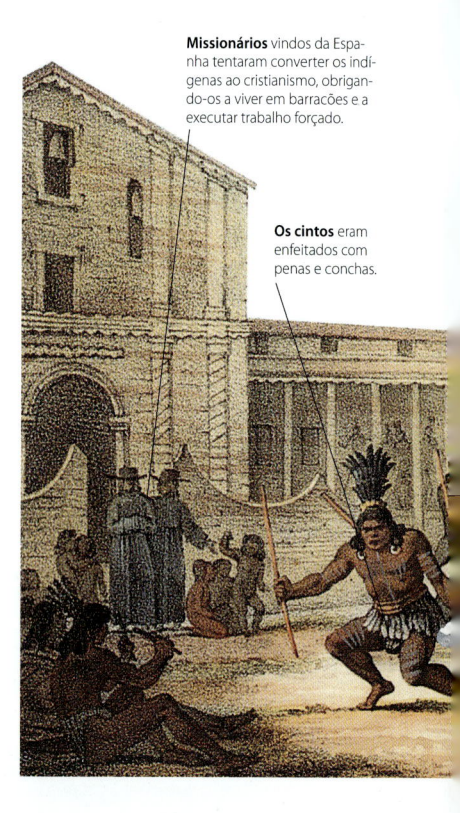

Drake em Point Reyes (1579)
Diz-se que sir Francis Drake aportou no lugar hoje conhecido como Drake's Bay; foi recebido pelos índios miwoks.

10.000 a.C. Os primeiros índios chegam à Bay Area

1542 O explorador português João Cabrilho descobre as ilhas Farallon, ao largo da costa de São Francisco

1602 Sebastián Vizcaíno visita Point Reyes, mas não encontra a baía. Seus relatos incentivam a expedição que descobre a baía de São Francisco

| 10.000 a.C. | 1550 | 1600 | 1650 |

João Cabrilho (morto em 1543)

1579 Sir Francis Drake desembarca perto de Point Reyes

1595 O navio espanhol *San Augustín* afunda em Point Reyes

1666 Mapa mostra a Califórnia como uma ilha

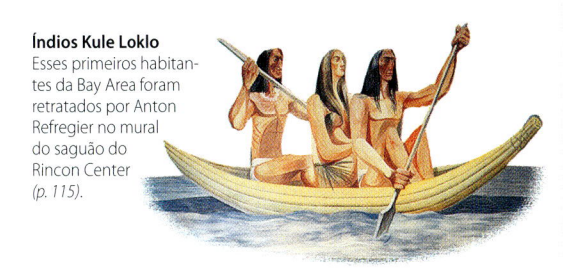

A HISTÓRIA DE SÃO FRANCISCO | 25

Índios Kule Loklo
Esses primeiros habitantes da Bay Area foram retratados por Anton Refregier no mural do saguão do Rincon Center *(p. 115)*.

Onde Ver os Primórdios de São Francisco

Objetos indígenas são expostos na California Academy of Sciences *(pp. 152-3)*. A Mission Dolores *(p. 139)* e o Oakland Museum *(pp. 168-9)* exibem artefatos das Missões.

As Missões
Sob a liderança do padre Narciso Durán, a Missão de San José tornou-se a maior e mais próspera da Bay Area.

A lança era um importante acessório de dança.

Os homens dançarinos pintavam o corpo de vermelho, preto e branco.

Estátua de são Pedro, do século XVII, feita no México e trazida à Califórnia. Está no Oakland Museum *(p. 168)*.

Dança na Mission Dolores

O artista russo Ludovic Choris (1795-1828) retratou uma dança indígena na Mission Dolores, em 1816. Os índios pintavam o corpo e dançavam aos domingos para os missionários.

1701 Padre Kino cruza o rio Colorado e prova que a Baja California é uma península, e não uma ilha

1769 Expedição Portolá

1776 Juan De Anza lidera o primeiro grupo de colonizadores que chega a São Francisco, em 28 de março

1816 Negociantes russos chegam no navio *Rurik* e se impressionam com a alta taxa de mortalidade dos indígenas

1700 — **1750** — **1800**

1769 Dom Gaspar de Portolá lidera um grupo de exploradores que descobre a baía em novembro de 1769

1775 O navio espanhol *San Carlos*, de Juan Manuel de Ayala, é o primeiro a entrar na baía de São Francisco

1797 Fundação da Missão San José

Índios jogando

A Corrida do Ouro

Ao tornar-se independente da Espanha, em 1821, o México abriu a Califórnia ao comércio estrangeiro pela primeira vez. Navios comerciais e baleeiros chegaram à baía de São Francisco e a aldeia começou a crescer. Em 1848, com a descoberta de ouro em Sierra Nevada e a anexação da Califórnia aos EUA, tudo mudou. Em dois anos, 100 mil garimpeiros passaram pelo Golden Gate, transformando São Francisco em uma violenta cidade de fronteira.

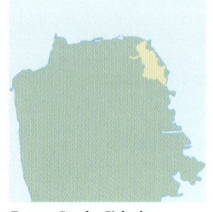

Extensão da Cidade
- Atual
- 1853

Cálice de Vallejo
Esse elegante cálice mostra o gosto pelo luxo do general Vallejo, último governador mexicano da Califórnia.

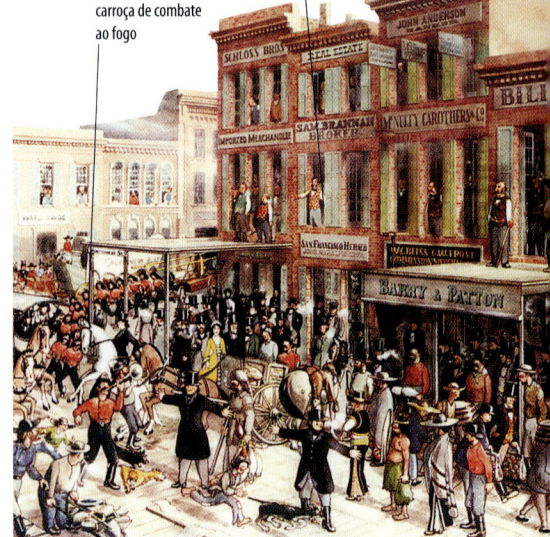

Sam Brannan fundou o primeiro jornal da cidade em 1847.

O México Perde São Francisco
Em 9 de julho de 1846 o navio *Portsmouth* passou a controlar a baía. Setenta marinheiros desembarcaram e ergueram a bandeira americana na praça central.

Bombeiros puxam a carroça de combate ao fogo

Jogo
Nas cartas, ganhavam-se ou perdiam-se fortunas; jogar era um modo de vida.

1820 Navios baleeiros usam Sausalito como base de operações

1823 Fundação da Mission San Francisco de Solano, em Sonoma

1828 O caçador de peles Jedediah Smith chega a Presidio após fazer a primeira travessia das escarpadas montanhas costeiras

1834 As Missões são fechadas. Os bens são entregues aos latifundiários mexicanos

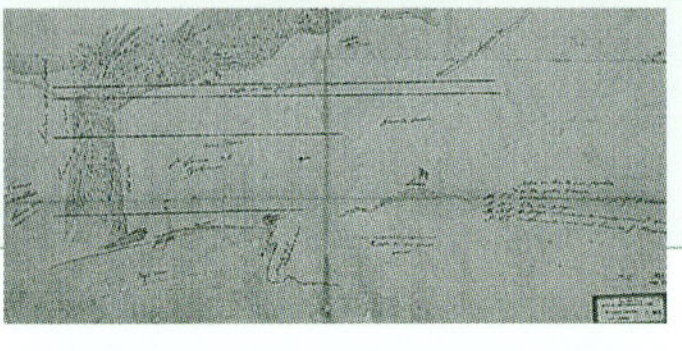

1820

1830

1822 A Revolução Mexicana acaba com o domínio da Espanha sobre a Califórnia

Mapa de Yerba Buena (São Francisco) feito à mão por Richardson em 1835

1835 William Richardson funda Yerba Buena, futura São Francisco

A HISTÓRIA DE SÃO FRANCISCO | 27

Onde Ver a Corrida do Ouro

Poucos resquícios restaram da cidade da Corrida do Ouro, porém é possível ter uma ideia da época no Wells Fargo History Museum *(p. 112)*, no Oakland Museum *(pp. 168-9)*, ou no Jackson Square Historical District *(p. 112)*.

Balança da Wells Fargo

Mineiro Esfarrapado
A trilha que levava às jazidas de ouro era árdua e longa. Muitos voltavam de mãos vazias.

O teatro burlesco foi muito popular nessa época de crescimento da cidade.

Gerentes da Wells Fargo

Grandes navios traziam garimpeiros do mundo todo.

Notícia do Ouro Chega a Nova York
Confirmada pelo presidente Polk em 5 de dezembro de 1848, a descoberta do ouro atraiu milhares para o Oeste.

Garimpo de Ouro
Em 1849, mais de 90 mil garimpeiros passaram por São Francisco. Enfrentaram muitas horas de trabalho mineirando os rios do vale do Sacramento e da Sierra Nevada.

A Montgomery Street em 1852
Essa rua era o centro comercial. Ali, a Wells Fargo, cujas diligências traziam o ouro dos mineradores, construiu o primeiro prédio de tijolos da cidade.

1836 Juan Bautista Alvarado, em Monterey, declara a Califórnia "Estado livre e soberano" da república mexicana

1846 A Revolta de Bear Flag, liderada por John Fremont, começa em maio. As tropas americanas tomam Yerba Buena e a capital, Monterey, em julho

1851 O clíper *Flying Cloud* demora 89 dias para ir de Nova York a São Francisco

1840

1850

John Fremont 1813-90

1847 A aldeia de Yerba Buena é oficialmente denominada São Francisco. A cidade agora conta com 200 prédios e 800 habitantes

1848 John Marshall descobre ouro em Sierra Nevada e dá início à Corrida do Ouro de 1849

Os Anos Vitorianos

Os anos de verdadeira prosperidade vieram durante a segunda metade do século XIX, quando alguns habitantes de São Francisco fizeram fortuna com as minas de prata de Comstock Lode, em Nevada, e com a ferrovia transcontinental, finalizada em 1869. Bares e bordéis proliferaram no lendário bairro de Barbary Coast, enquanto sofisticados palácios ocupavam o alto de Nob Hill. À medida que São Francisco crescia, as ruas se enchiam de casas vitorianas. Na virada do século XX, a população chegou a 300 mil habitantes, tornando a cidade a maior a oeste de Chicago.

Extensão da Cidade
Atual   1870

Banheiro com azulejos e banheira

A sala de jantar era local das refeições em família e dos jantares oficiais.

Urna de Prata
Foi oferecida ao senador Edward Baker em 1860, em comemoração a futuros projetos, como a estrada de ferro transcontinental.

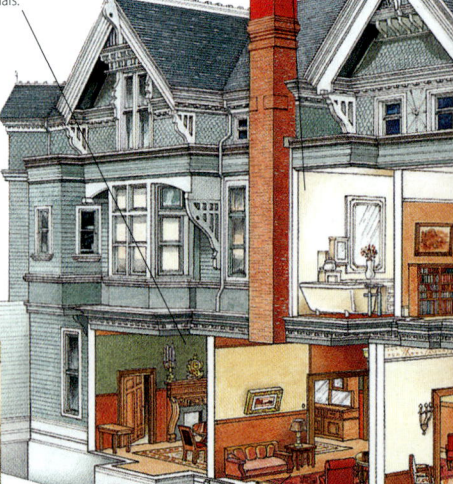

Sala de refeições no porão

Bar em Barbary Coast
O jogo e a prostituição eram comuns em Barbary Coast, e os bêbados eram frequentemente alistados nos navios.

A sala de estar era exclusiva para a família.

A sala de visitas, na frente, era usada para receber convidados.

1856 A ilegalidade aumenta: quatro homens são enforcados sem julgamento

1862 Primeira conexão telegráfica entre Nova York e São Francisco

1869 A finalização da estrada de ferro transcontinental gera a fortuna dos infames "Big Four" (p. 104)

1873 Levi Strauss patenteia processo de fabricação do jeans (p. 137)

1850   **1860**   **1870**

Imperador Norton (morto em 1880)

1854 Joshua Norton se declara imperador dos Estados Unidos e protetor do México e emite sua própria moeda

1863 Inicia-se em Sacramento a ferrovia Central Pacific; milhares de chineses são contratados para sua construção

1873 Teste do primeiro bonde de São Francisco, na Clay Street

A HISTÓRIA DE SÃO FRANCISCO | 29

Estrada de Ferro Union Pacific

Em 1869, a Union Pacific se uniu à Central Pacific, em Promontory Point (Utah), para formar a primeira ferrovia transcontinental.

Onde Ver a Cidade Vitoriana

Prédios vitorianos bem conservados existem por toda a cidade, mas apenas a Haas-Lilienthal House *(p. 72)* e a Octagon House *(p. 75)* estão abertas ao público. O bairro histórico de Jackson Square *(p. 112)* é o melhor lugar para ver o que resta da Barbary Coast.

Gaiola neogótica do século XIX, no Oakland Museum (pp. 168-9)

Haas-Lilienthal House

O comerciante atacadista William Haas construiu essa casa – uma das muitas da era vitoriana – no estilo Rainha Ana, em 1886. Hoje é um museu que mostra como uma família rica morava no começo do século XX.

Banhos Sutro

Esses banhos públicos, ativos até os anos 1960, foram construídos pelo prefeito e filantropo Adolph Sutro em 1896.

Sala que originalmente era o quarto principal.

Prata de Comstock Lode

Entre 1859 e meados de 1880, $400 milhões foram extraídos das minas.

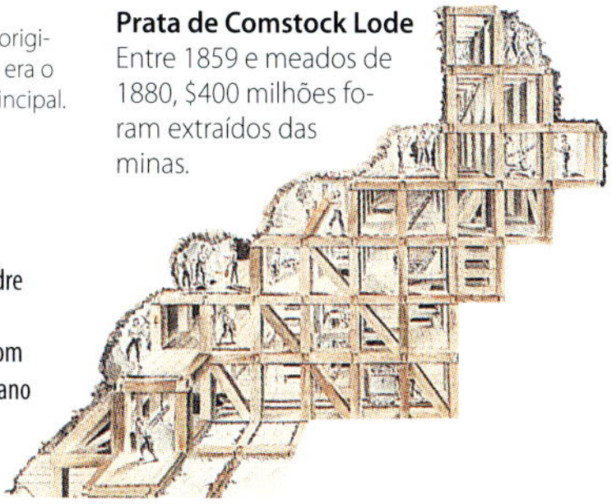

Alpendre

Saguão, com sofá vitoriano de canto

1886 Dez mil sindicalistas participam da maior manifestação trabalhista ocorrida até hoje em São Francisco

1887 O jardineiro escocês John McLaren é contratado para cuidar do Golden Gate Park. Ele fica no cargo por mais de 50 anos *(p. 148)*

1880

Adolph Sutro 1830-98

1896 Adolph Sutro abre os maiores banhos públicos do mundo, ao norte do Cliff House

1899 Frank Norris escreve o romance *McTeague: A Story of San Francisco*

1900 Construção do Fisherman's Wharf

1901 Abe Ruef governa São Francisco

1900

Terremoto e Incêndio de 1906

O grande terremoto que abalou São Francisco logo após as 5h de 18 de abril de 1906 causou um dos maiores desastres da história dos Estados Unidos. O tremor, o maior que já atingira a cidade, fez desmoronar centenas de prédios e provocou incêndios por todo o centro. Mais de 15km² foram reduzidos a entulho e estima-se que o número de mortes tenha alcançado mais de 3 mil, e não 700 como oficialmente informado. Cerca de 250 mil pessoas ficaram desabrigadas. No entanto, como a maior parte dos proprietários tinha seguro contra incêndio, a cidade logo começou a ser reconstruída e no fim da década o comércio já havia voltado ao normal.

Extensão da Cidade
- Atual
- 1906

Os bondes da Powell Street foram reativados em dois anos. O resto do sistema, embora reduzido, voltou a operar em 1915.

Em Busca de Esperança
No verão de 1906, mais de 100 mil moradores procuraram proteção em áreas de desabrigados.

O Ferry Building foi salvo da destruição graças aos barcos que trouxeram água da baía.

Chinatown foi destruída pelo incêndio.

O Espírito de São Francisco
Os cartunistas logo enxergaram o lado cômico das mudanças; a falta d'água provocou críticas irônicas.

Fairmont Hotel

1905 O arquiteto Daniel Burnham propõe planos radicais de melhoria do centro da cidade

1907 O Fairmont Hotel reabre exatamente um ano depois do terremoto

1909 Jack London escreve *Martin Eden*, em parte autobiográfico

| 1905 | 1906 | 1907 | 1908 | 1909 |

1906 O terremoto de 8,25 graus na escala Richter e três dias de incêndios reduzem a cidade a pó; tremores continuam por dois dias

1907 Abe Ruef declara-se culpado de extorsão

Jack London 1876-1916

Mapa de Burnham

A HISTÓRIA DE SÃO FRANCISCO | 31

Desabrigados na Union Square
O exército americano forneceu comida e abrigo a milhares de vítimas que perderam parentes, casas e bens.

Onde Ver Remanescentes do Terremoto de 1906
Objetos e documentos relativos ao desastre de 1906 são encontrados por toda a cidade. Há muitas informações sobre o terremoto no saguão do Sheraton Palace Hotel e em www.sfmuseum.org.

O sul do Market District, construído num terreno instável, foi uma das áreas mais atingidas pelo terremoto.

O Fairmont Hotel queimou, mas foi reconstruído com a fachada original.

A estrutura de pedra da Flood Mansion resistiu ao terremoto e hoje pode ser vista no Pacific-Union Club.

Xícaras e pires fundidos pelo calor do incêndio estão expostos no Oakland Museum *(pp. 168-9)*.

A Destruição
A uma velocidade de 11.265km/h, o terremoto aniquilou o centro de São Francisco. E o incêndio, que começou com a ruptura das adutoras de gás, destruiu 28 mil prédios em três dias, com prejuízos de US$400 milhões.

Desabrigados
Muitas pessoas salvaram o que podiam e se mudaram de vez da cidade.

As casas de madeira de Nob Hill queimaram como gravetos.

Limpeza
Logo os prédios incendiados foram demolidos e a área ficou limpa para a reconstrução.

O prefeito "Sunny Jim" Rolph 1869-1948

Projetos para São Francisco

1913 O último bonde puxado por cavalos é desativado

1914 Abertura do túnel da Stockton Street

1910 | **1911** | **1912** | **1913** | **1914**

1911 "Sunny Jim" Rolph é eleito prefeito e fica no cargo até 1930

1912 São Francisco é escolhida para sediar a Exposição Panamá-Pacífico de 1915

1913 Em uma votação controvertida, o Congresso aprova a barragem que inunda o Hetch Hetchy Valley, 240km a leste da cidade

Os Anos Dourados

Nem a Primeira Guerra Mundial na Europa nem o começo da Lei Seca nos EUA puderam refrear a energia renovada de São Francisco após 1906. Nos anos 1920 foram criados os maiores museus, teatros e prédios públicos da cidade. Nem mesmo a Grande Depressão foi tão crítica ali quanto no resto do país – vários monumentos, entre os quais a Coit Tower e as duas pontes, foram erguidos nessa época. A Segunda Guerra trouxe investimentos sob a forma de estaleiros em Richmond e Sausalito. Fort Mason era a principal base para o Pacífico – dali partiram mais de 1,5 milhão de soldados.

Extensão da Cidade
- Atual
- 1920

A Tower of Jewels, decorada com 102 mil "gemas" de vidro lapidado

O Palace of Fine Arts, o único prédio ainda existente

A Exposição Panamá-Pacífico de 1915
Para celebrar o renascimento da cidade após 1906 e a finalização do canal do Panamá, São Francisco abrigou a mágica exposição, que atraiu mais de 20 milhões de visitantes em dez meses (p. 72).

A *fonte da energia*, de A. Stirling Calder, homenageia a juventude

O Palace of Horticulture, com plantas do mundo todo

Terra da Fartura
Nos anos 1920, a Califórnia passou a liderar a produção agrícola dos EUA.

King Oliver's Creole Band
Captando o espírito dos anos 1920, o grupo de jazz de King Oliver se tornou o mais popular da década.

Medalha comemorativa da Panamá-Pacífico

- **1917** Abertura do Crissy Field Airfield, em Presidio
- **1921** Abertura do de Young Museum
- **1924** Inauguração do California Palace of the Legion of Honor
- **1929** A quebra da Bolsa de Valores provoca a Depressão

1915 — **1920** — **1925** — **1930**

- **1917** Inaugurada a Main Library, no Civic Center
- **1915** A exposição Panamá-Pacífico vai de 20 de fevereiro a 4 de dezembro
- **1920** Início da Lei Seca
- **1923** O presidente Warren G. Harding morre no Palace Hotel
- **1924** Primeiro voo do correio aéreo pousa em Crissy Field
- **1927** Abertura do campo de pouso Mills Field, local do atual Aeroporto Internacional de São Francisco
- **1933** Fim da Lei Seca

A HISTÓRIA DE SÃO FRANCISCO | **33**

Chegada de um Clíper da Pan American
A baía de São Francisco era ponto de partida dos voos pelo Pacífico.

Desafio à Lei Seca
Embora a Lei Seca não fosse tão severa na cidade, era melhor ser discreto ao beber.

Onde Ver os Anos Dourados

O único prédio sobrevivente da exposição de 1915 é o Palace of Fine Arts *(p. 62)*, um cartão-postal da cidade. O Old US Mint *(p. 119)* e o History Room da Main Library *(p. 127)* expõem muitos objetos da época.

Ingresso da Feira Mundial na Treasure Island

O Festival Hall, sala de concertos da exposição, com 3.500 lugares.

McLaren's Hedge, um muro de grama

Greve dos Portuários
Na "Quinta-Feira Sangrenta", 5 de julho de 1934, a polícia atirou nos portuários em greve, matando dois.

Estaleiro de Sausalito
Durante a Segunda Guerra, concluía-se um navio por dia nesse estaleiro.

Represa Hetch Hetchy

1934 Finalização da represa Hetch Hetchy. Três dias de greve geral para apoiar os portuários

1936 Inauguração da Bay Bridge. Primeiros voos da Pan American

1937 Inauguração da Ponte Golden Gate

1939 Segunda Guerra Mundial. Abertura da Feira Mundial em Treasure Island

1941 Japão ataca os EUA em Pearl Harbor

1942 Campos de concentração nipo-americanos

1945 Fim da Segunda Guerra Mundial

1945 A Conferência de Paz de São Francisco, de 25 de abril a 25 de junho, funda as Nações Unidas

Assinatura da Carta das Nações Unidas na cidade, em 1945

São Francisco no Pós-Guerra

Desde a Segunda Guerra Mundial, São Francisco tem vivido bons e maus momentos. Local de fundação das Nações Unidas, em 1945, a cidade foi o centro da geração beat nos anos 1950 e do movimento hippie na década de 1960. Ao mesmo tempo, a Bay Area foi palco de inflamadas manifestações pacifistas e pelos direitos civis. Essa região, uma das mais prósperas dos EUA, foi atingida pela Aids, por falta de moradias e pelo devastador terremoto de 1989.

1969 O movimento Indians of All Tribes ocupa Alcatraz para tornar públicas as reivindicações dos índios

1969 A cantora de blues e soul Janis Joplin, que fez fama em São Francisco, entrega-se ao alcoolismo e às drogas. Morre em 1970 de overdose de heroína

Anos 1970 Huey Newton (à direita), líder dos Panteras Negras de Oakland, conquista a simpatia dos universitários durante os agitados anos 1960 e 1970

1978 O prefeito George Moscone é assassinado na prefeitura pelo ex-policial Dan White, que também mata o popular ativista gay Harvey Milk

Neal Cassady e Jack Kerouac

Anos 1950 Jack Kerouac, Neal Cassady, Allen Ginsberg, entre outros, manifestam insatisfação e criatividade ao iniciar o movimento beat, a política da discórdia e do amor livre

George Moscone

1945 | 1950 | 1955 | 1960 | 1965 | 1970 | 1975 | 1980

15 de agosto de 1945 Manifestações e tumultos tomam conta da cidade ao fim da Segunda Guerra. Milhares de soldados voltam aos EUA pelo Golden Gate

1954 Inaugurado o Aeroporto Internacional de São Francisco, no antigo campo de Mills Field

1965 Início da construção da Dragon Gateway, na Grant Avenue

1958 O time de beisebol New York Giants muda-se para São Francisco, levando importantes jogadores para a Costa Oeste

1973 A obra da Transamerica Pyramid é finalizada, recebendo boas e más críticas dos estetas locais

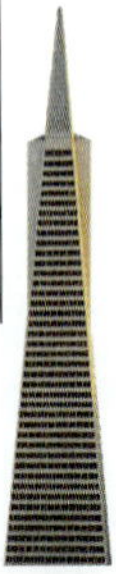

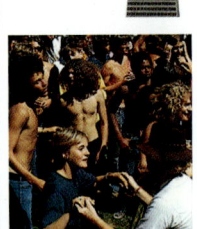

1978 A Apple Computer, uma das maiores empresas da Bay Area, projeta e produz seu primeiro computador pessoal

1951 Seis anos depois do conflito entre os Estados Unidos e o Japão, um tratado que põe fim à guerra é assinado no San Francisco War Memorial Opera House

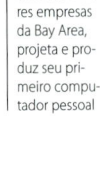

Willie Mays, do San Francisco Giants

1967 Um grande evento atrai 25 mil hippies ao Golden Gate Park para um dia de música. O Monterey Pop Festival apresenta artistas como Jimi Hendrix, Otis Redding e The Who

A HISTÓRIA DE SÃO FRANCISCO | 35

1992 Incêndios se alastram pelas colinas de Oakland, matando 26 pessoas e destruindo 3 mil casas

1995 O Candlestick Park é rebatizado como 3Com Park

2002 Os direitos do nome 3Com Park expiram, e o estádio do San Francisco 49ers volta a ser chamado de Candlestick Park

2007 Os moradores sentem um tremor de 4,2 na escala Richter

2000 Jogo de abertura do Pacific Bell Park (hoje AT&T Park)

2010 Os Giants vencem a World Series pela primeira vez desde sua volta a São Francisco, em 1958

| 1985 | 1990 | 1995 | 2000 | 2005 | 2010 | 2015 | 2020 |

2012 Os Giants vencem a World Series novamente

1994 A base militar de Presidio torna-se o National Park Service

2008 Inaugurado o Contemporary Jewish Museum, projetado por Daniel Libeskind

2006 A congressista de São Francisco Nancy Pelosi é a primeira mulher a ser eleita presidente da Câmara dos Representantes dos Estados Unidos

1989 Um grande terremoto atinge São Francisco durante um jogo de beisebol entre equipes da Bay Area: o desabamento de estradas mata dezenas de pessoas

1999 Após 15 anos como presidente da Assembleia da Califórnia, o democrata Willie Brown é eleito o primeiro prefeito negro de São Francisco

PARKING
Legion of Honor
Courtly Art of the ANCIENT MAYA
XING
PED
Van Ness Ave California
& Marke
Streets

SÃO FRANCISCO EM DESTAQUE

Mais de 200 locais de interesse são apresentados na seção *Área por Área* deste guia, que percorre desde as mais animadas ruelas, lojas e restaurantes de Chinatown até o verdejante Golden Gate Park; das ornamentadas casas vitorianas aos arranha-céus do centro da cidade. As doze páginas seguintes são um apanhado daquilo que São Francisco tem de melhor a oferecer. Os museus e a arquitetura têm cada um uma seção, e foram destacadas as diversas culturas que ajudaram a moldar a personalidade única dessa cidade. Abaixo, algumas das atrações imperdíveis.

As Principais Atrações de São Francisco

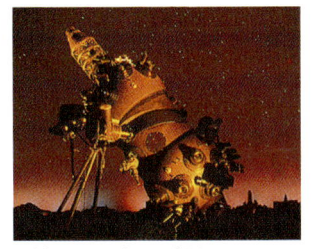

California Academy of Sciences
pp. 152-3

Ghirardelli Square
p. 87

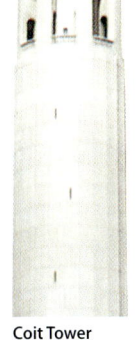

Coit Tower
pp. 92-3

Ponte Golden Gate
pp. 64-7

Golden Gate Park
pp. 144-55

Grant Avenue
p. 101

Bondes
pp. 106-7

Union Square
p. 118

Ilha de Alcatraz
pp. 82-5

Japan Center
p. 130

◀ Bonde da linha California à noite

O Melhor de São Francisco: Museus e Galerias

Os museus e as galerias da cidade vão desde o Legion of Honor e o de Young Museum até a arte contemporânea do Museum of Modern Art e de seu vizinho, o Yerba Buena Center for the Arts. Existem vários museus de ciência, todos excelentes, entre os quais o Exploratorium e a California Academy of Sciences. Outros museus apresentam a herança, as pessoas e os eventos que contribuíram para fazer de São Francisco a cidade que hoje encanta moradores e visitantes. Mais detalhes sobre museus e galerias nas páginas 40 e 41.

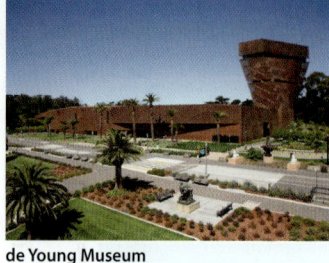

de Young Museum
Esse famoso museu apresenta uma coleção de arte das Américas, da África e do Pacífico, assim como um incrível acervo de têxteis, fotografias, objetos, esculturas e peças de arte moderna e contemporânea.

Legion of Honor
Barcos a vela no Sena (c.1874), de Monet, faz parte do acervo de arte europeia da Idade Média ao século XIX.

California Academy of Sciences
Integrada de forma sutil ao Golden Gate Park, a California Academy of Sciences tem em seu complexo um aquário, um planetário e um museu de história natural.

SÃO FRANCISCO EM DESTAQUE | 39

Chinese Historical Society
Essa magnífica cabeça de dragão pertence à sociedade que administra um dos menores museus da cidade. O acervo único conta a história da comunidade chinesa na Califórnia.

Museus de Fort Mason
Muto, de Mimmo Paladino (1985), está em um dos museus de cultura étnica.

Wells Fargo History Museum
Essa diligência de bronze (1984), de M. Casper, está exposta em uma pequena galeria que ilustra a rica história da Califórnia desde os primeiros dias da Corrida do Ouro.

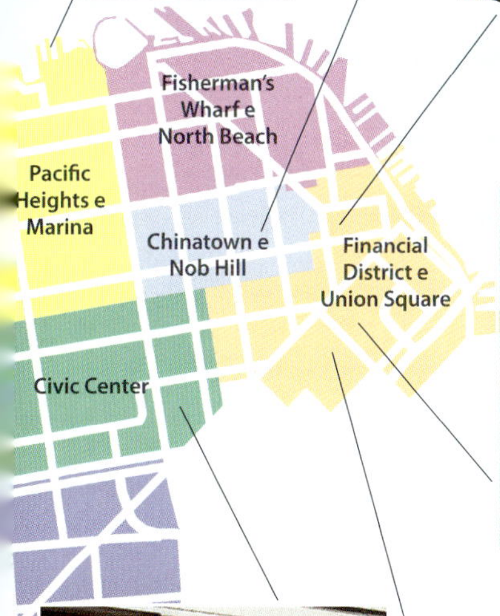

San Francisco Museum of Modern Art
Em 1995, esse conceituado museu se mudou para um espaço projetado pelo arquiteto suíço Mario Botta.

Yerba Buena Center for the Arts
Essa galeria do Yerba Buena Gardens tem exposições temporárias de arte contemporânea, sem acervo permanente.

Asian Art Museum
Esse museu fica no Civic Center, um lindo prédio em estilo belas-artes de 1917.

Como Explorar os Museus e as Galerias de São Francisco

São Francisco se orgulha de ter conceituados acervos de pintura, escultura, fotografia e design. Além disso, projetos de alto padrão, como o novo prédio do Museum of Modern Art e a reforma do California Palace of the Legion of Honor, garantiram à cidade o papel de centro das artes e da cultura da Costa Oeste dos Estados Unidos. Vários tesouros da Bay Area também podem ser vistos nos museus de ciência e de tecnologia.

São João Batista pregando (c.1660), de Mattia Preti, no Legion of Honor

Pintura e Escultura

Dois renomados museus de arte, o **Legion of Honor** e o **de Young Museum**, apresentam um abrangente acervo de pinturas e esculturas da Europa e da América. O Legion of Honor enfoca a arte francesa do fim do século XIX e início do século XX, com trabalhos de Renoir, Monet e Degas. Um bom destaque é dado às esculturas de Rodin, como um exemplar de *O pensador*. A famosa coleção de trabalhos gráficos que pertencia à Achenback Foundation também está exposta nesse museu.

O acervo do de Young, por sua vez, tem quadros de Rubens e Van Dyke e obras do revolucionário norte-americano e prateiro Paul Revere.

O **Asian Art Museum**, localizado na Old Main Library, expõe pinturas, esculturas, artefatos e lindas estatuetas de jade do Extremo Oriente. Com seu vasto acervo de pinturas e esculturas do século XX, o museu de arte mais dinâmico de São Francisco é o **Museum of Modern Art (SFMoMA)**, que reabrirá no início de 2016 após dois anos de expansão e renovação. O SFMoMA tem obras de Picasso e Matisse e ainda conta com vários desenhos e pinturas de Paul Klee. Artistas expressionistas abstratos, em especial Mark Rothko e Clyfford Still, além de representantes da Califórnia, como Sam Francis e Richard DiZbenkorn, também fazem parte do notável acervo.

Outra valiosa vitrine de artistas contemporâneos, o **Yerba Buena Center for the Arts** merece uma visita. O mesmo se aplica à comercial **John Berggruen Gallery**, com trabalhos tanto de artistas em ascensão quanto dos já estabelecidos.

Fora dos limites da cidade, o museu da **Stanford University** tem excelentes esculturas de Rodin em exposição, enquanto o da **UC Berkeley** e o **Oakland Museum** ostentam valiosas coleções de arte.

M, escultura de Fletcher Benton, na parte externa do Oakland Museum

Design

Muitos dos maiores e mais prestigiados museus da região de São Francisco dispõem de valiosos acervos de design e arte aplicada. As principais coleções de maquetes e desenhos arquitetônicos se localizam no **Museum of Modern Art**. Objetos da época das Missões e da virada do século XX se encontram expostos no **Oakland Museum**.

Há também uma coleção pequena, porém interessante, de artefatos e mobília do final do século XVIII em exposição na **Octagon House**, um belíssimo exemplar de casa em estilo arquitetônico vitoriano *(pp. 76-7)*.

A **California Historical Society** *(p. 115)* possui uma eclética coleção de arte, além do maior acervo público de gravuras e fotografias da Califórnia do século XIX.

Fotografias e Gravuras

A fotografia é um campo no qual os museus de São Francisco se destacam, com excelentes exemplos de todas as épocas e estilos. O acervo do **Museum of Modern Art** abrange desde as primeiras formas de daguerreótipos até obras clássicas de mestres modernos, como Helen Levitt, Robert Frank e Richard Avedon.

O **Oakland Museum** conta com exposições temporárias de fotógrafos da Bay Area, como Ansel Adams e Imogen Cunningham, e um acervo de documentários, com trabalhos de célebres fotógrafos americanos, como Dorothea Lange. As galerias **Fraenkel** e **SF Camerawork** são excelentes, enquanto a Achenbach Foundation for Graphic Arts, no **Legion of Honor**, exibe uma coleção com mais de 100 mil gravuras.

SÃO FRANCISCO EM DESTAQUE | 41

Depois do terremoto (1906), fotografia exposta no museu de Mission Dolores

História

Não existe um único museu que seja dedicado a toda a história da cidade, mas sim várias coleções que cobrem diferentes aspectos do passado de São Francisco. Um pequeno museu em **Mission Dolores** oferece boa visão da fundação e dos primórdios da cidade.

O **Wells Fargo History Museum** tem exposições sobre a Corrida do Ouro; o pequeno museu no **Presidio Officers' Club** conta a história da área militar da região e do terremoto de 1906; e a California Historical Society é o lugar predileto de pesquisadores e historiadores.

O **Chinese Historical Society of America** e o African-American Historical and Cultural Society Museum, em **Fort Mason**, documentam a história das comunidades chinesa e afro-americana em São Francisco.

Ciência e Tecnologia

Um dos mais importantes e dinâmicos museus de tecnologia do mundo, o **Exploratorium** conta com centenas de mostras interativas sobre a ciência no dia a dia. É um dos mais populares museus da cidade e um dos mais fascinantes para as crianças.

Do outro lado da baía, o Lawrence Hall of Science, na **UC Berkeley**, também tem papel de destaque em despertar o interesse pela ciência. Ao sul da cidade, o **Tech Museum of Innovation**, de San José, conta a história da criação dos computadores desenvolvidos no Vale do Silício, além de ter apresentações interativas.

História Natural

Um importante acervo sobre história natural é apresentado na **California Academy of Sciences**, no Golden Gate Park. Entre os temas abordados estão a evolução das espécies, as placas tectônicas (com uma plataforma que simula um terremoto), pedras preciosas e minerais. Também há um planetário e um aquário em que os visitantes atravessam uma rampa cercados por tubarões e outros animais marinhos. No **Oakland Museum**, um andar é dedicado aos ecossistemas da Califórnia, reproduzidos por meio de ótimos dioramas.

Polvo no Oakland Museum

Arte de Outros Povos

Arte e objetos de culturas originárias da Califórnia são exibidas no Hearst Museum of Anthropology, da **UC Berkeley**. As exposições são feitas a partir do acervo do museu. O **Contemporary Jewish Museum** oferece exposições e instalações de arte com a temática do judaísmo.

O **Fort Mason** tem um rico acervo de arte de outras culturas: artes étnica e norte-americana podem ser vistas no Mexican Museum e no San Francisco Craft and Folk Art Museum.

Já as obras de arte ítalo-americana do século XX estão expostas no Museo Italo-Americano.

Mural (1940-5) de Alfredo Ramos Martínez, Mexican Museum

Bibliotecas

São Francisco tem muitas bibliotecas públicas, entre as quais a **Main Library**, que tem uma coleção específica com centenas de livros e milhares de fotos sobre a história da cidade. As duas principais universidades, **UC Berkeley** e **Stanford**, também oferecem um excelente acervo, com algumas edições históricas.

Onde Encontrar

Asian Art Museum *p. 128*
   Mapa 4 F5.
California Academy of
   Sciences *pp. 152-3* **Mapa** 4 F5.
California Historical Society *p. 115*
Chinese Historical Society of
   America *p. 102*
Contemporary Jewish Museum
   p. 115
de Young Museum *p. 149*
   Mapa 8 F2.
Exploratorium *p. 94*
Fort Mason *pp. 74-5*
Fraenkel Gallery
   49 Geary St. **Mapa** 5 C5.
John Berggruen Gallery
   228 Grant Avenue. **Mapa** 5 C4.
Legion of Honor *pp. 158-9*
   Mapa 4 F5.
Mission Dolores *p. 139*
Museum of Modern Art *pp. 120-23*
Oakland Museum *pp. 168-9*
Octagon House *p. 75*
Presidio Officers' Club *p. 62*
SF Camerawork
   657 Mission St. **Mapa** 6 D5.
Stanford University *p. 171*
Tech Museum of Innovation *p. 170*
UC Berkeley *p. 164*
Wells Fargo History Museum *p. 112*
Yerba Buena Center for the Arts
   pp. 116-17

São Francisco Multicultural

Metade da população de São Francisco ou nasceu fora dos EUA ou é norte-americana de primeira geração. Os pioneiros espanhóis e mexicanos que chegaram no século XVIII e início do século XIX estabeleceram as fundações da cidade atual, e a Corrida do Ouro *(pp. 26-7)* atraiu pessoas do mundo inteiro à procura de fortuna. Os que ficaram formaram novas comunidades, e alguns, como os italianos e os chineses, mantiveram suas tradições.

Mural do Mission District comemorando o cessar-fogo em El Salvador

Os Hispano-Americanos

É impossível andar por São Francisco sem encontrar sinais da herança hispânica da cidade, outrora o entreposto mais ao norte da América espanhola, então território mexicano. Depois que os descendentes de ingleses ocuparam a região, em 1846 *(pp. 26-7)*, os latifundiários mexicanos foram expulsos pelos garimpeiros e colonos e muitos perderam suas terras. Inúmeros, no entanto, permaneceram na Bay Area, e a população hispânica no local se mantém estável (10% do total) desde aquela época.

Ao passear pelas *taquerías* e mercados do Mission District, é fácil se imaginar em uma aldeia ao sul da fronteira.

Os Chineses

Desde a Corrida do Ouro, no final dos anos 1840, quando cerca de 25 mil pessoas fugiram da China para trabalhar nas minas da Califórnia, os chineses mantiveram uma significativa presença em São Francisco. Uma segunda onda de imigrantes, em grande parte da região de Cantão, chegou para trabalhar na ferrovia transcontinental nos anos 1860. Nos anos 1870, os chineses formavam o maior grupo minoritário da cidade, com cerca de 40 mil pessoas vivendo em condições miseráveis na área de Chinatown. Naquela época, o número de homens superava o de mulheres, na proporção de 20 para 1. Nas décadas seguintes, a população chinesa diminuiu por conta das leis de imigração. Nos anos 1960, os controles imigratórios foram amenizados e os opositores do regime de Mao que moravam em Hong Kong receberam licença para emigrar. A população chinesa hoje chega a mais de 100 mil pessoas – 1 em cada 5 habitantes de São Francisco.

Chinatown *(pp. 98-102)* ainda é um dos bairros mais populosos da cidade, além de ser o coração da comunidade chinesa. Bancos, escolas e jornais comprovam a autonomia desta poderosa comunidade.

Os Irlandeses

No fim dos anos 1800, milhares de irlandeses chegaram a São Francisco procurando todo tipo de trabalho. Muitos operaram as grandes escavadeiras que aterraram parte da costa da baía, enquanto outros se tornaram policiais e bombeiros, ocupando posições de prestígio. Na virada para o século XX, os irlandeses representavam importante força operária na cidade. Não há um setor irlandês em São Francisco, mas os bairros de Sunset e Richmond têm vários bares irlandeses, e a parada de St. Patrick's Day *(p. 50)* é um grande evento típico.

Os Italianos

Os primeiros italianos de São Francisco dependiam da pesca para seu sustento. Hoje North Beach é ocupada por descendentes de italianos do sul que chegaram no fim do século XIX. Os primeiros imigrantes vieram em grande parte de Gênova, cidade

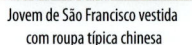

Jovem de São Francisco vestida com roupa típica chinesa

natal de Cristóvão Colombo, que deu nome à principal avenida de North Beach.

Na virada do século XX, os sicilianos tornaram-se os mais importantes da região. Nos anos 1940, os italianos eram o principal grupo de imigrantes, com cerca de 60 mil pessoas que viviam e trabalhavam na área de North Beach.

Os descendentes dos proprietários de barcos do Fisherman's Wharf abriram lojas e pequenas empresas na área. Os negócios prosperaram depois da Segunda Guerra Mundial, e muitas famílias se mudaram para o subúrbio nos anos 1950 e 1960. Mesmo assim, eles costumam retornar a Little Italy para visitar os excelentes cafés e restaurantes italianos da região.

Banca de rua afro-caribenha vende batata-doce e inhame

Os Afro-Americanos

Apesar de os negros terem tido papel importante na história de São Francisco, a ampla comunidade afro-americana é um fenômeno recente na cidade. Nos anos 1930, menos de 5 mil negros viviam em São Francisco. Milhares chegaram para trabalhar em fábricas e estaleiros durante a Segunda Guerra, e a população negra se multiplicou por dez. Alguns se estabeleceram em áreas disponíveis depois da remoção dos japoneses para campos de concentração; outros foram para perto dos estaleiros de Hunters Point.

Os Russos

Os caçadores e negociantes de peles da Rússia visitaram a baía pela primeira vez no início do século XIX. O bairro de Russian Hill deve seu nome aos marinheiros siberianos enterrados no local. Os russos estabeleceram uma colônia em Fort Ross *(pp. 190-1)*, 160km ao norte da cidade, todavia muitos ainda vivem em São Francisco. Desde 1921, cinco edições semanais do *Russian Times* são publicadas para os 25 mil russos que vivem no bairro de Richmond, próximo da Orthodox Holy Virgin Cathedral *(p. 63)*.

Letreiro de loja russa no bairro de Richmond

Os Japoneses

Nos anos 1980, os japoneses souberam aproveitar o crescimento do mercado imobiliário comprando e construindo muitos escritórios e hotéis no centro da cidade. Contudo, a comunidade de 15 mil pessoas manteve um perfil discreto. A exceção é o Japan Center *(p. 130)*, um grande complexo cultural e comercial no Geary Boulevard. No fim dos anos 1930, essa área se estendia por mais de 40 quarteirões. Durante a Segunda Guerra Mundial, os japoneses que moravam na Costa Oeste foram enviados para campos de concentração. Depois da guerra, voltaram à área, mas a comunidade hoje ocupa apenas seis quarteirões.

Outras Comunidades

Outras culturas também estão representadas na cidade, embora não de maneira tão expressiva. Se comparada com Nova York e Los Angeles, a comunidade judaica de São Francisco é bem pequena, embora os judeus tenham influenciado muito a história da cidade.

Culturas do Extremo Oriente também formaram pequenas comunidades. Grupos de vietnamitas e cambojanos moram em Tenderloin, e há uma grande população coreana e tailandesa espalhada por toda a cidade.

Indianos e paquistaneses se estabeleceram em Berkeley e no Vale do Silício, coração da indústria de computadores em South Bay.

Koban (guarita) da polícia em Japantown

São Francisco Gay

A história da comunidade Gay, Lésbica, Bissexual e Transgêneros (GLBT) em São Francisco é, de certa forma, a história do movimento gay em si. A cidade quase sempre foi a meca dos gays e os avanços sociais e políticos obtidos lá repercutiram no mundo todo. Hoje, a comunidade é mais diversificada do que nunca, vive por toda a cidade, e não mais somente em Castro *(p. 138)*, e pessoas do mesmo sexo podem andar de mãos dadas em qualquer lugar – do Financial District até Pacific Heights. Essa liberdade, no entanto, foi conquistada após uma dura batalha política.

O boêmio Black Cat Café, na Montgomery Street, abriu em 1933

Os Primórdios: 1849-1960

A Corrida do Ouro de 1849 levou muitos garimpeiros à Bay Area, cujo ambiente duro e movimentado ajudou a criar uma reputação de liberdade sexual. A vida ao longo de Barbary Coast era mais permissiva do que a das sociedades conservadoras do resto do país e, no começo do século XX, a cidade já era chamada de "Sodoma à beira-mar."

Durante a Segunda Guerra Mundial, a população gay da cidade cresceu rapidamente. São Francisco era o principal ponto de chegada e partida das tropas, e os soldados gays tinham vários bares e pontos de encontro para escolher. Além disso, pela primeira vez na história do exército, os homossexuais foram perseguidos e expulsos e muitos decidiram permanecer em São Francisco em vez de correr o risco de serem estigmatizados na volta para casa.

Entretanto, os anos 1950 marcaram o verdadeiro início da consciência social gay, com a criação de diversas organizações simpatizantes à causa – elas enfatizavam o aspecto emocional do relacionamento entre pessoas do mesmo sexo e preconizavam a sua integração na sociedade heterossexual. Entre esses grupos destacaram-se a Mattachine Society, que foi a primeira a apresentar os LGBTs como uma minoria oprimida, e as Daughters of Bilitis, a primeira organização sociopolítica lésbica dos EUA.

Organização: 1960-1970

Nos anos 1960, as batidas policiais em reuniões de gays eram comuns, para o constrangimento dos detidos. Em 1961, José Sarria, drag queen do Black Cat Café, entrou para a história ao se candidatar na eleição do Conselho de Supervisores. Embora não tenha sido eleito, ele provou que havia um voto gay e inspirou a criação da Tavern Guild, a primeira associação comercial gay do país.

Os convidados do baile beneficente do Council on Religion and the Homosexual (CRH) de 1965 foram detidos e fotografados pela polícia. A American Civil Liberties Union ajudou os gays para que um oficial da polícia fosse encarregado da relação com a comunidade.

Outro evento crucial foi a rebelião de Stonewall, em Nova York, em 1969. Já que os gays tinham enfrentado a polícia, não podiam mais se satisfazer com uma simples aceitação. "Liberação" e "orgulho" tornaram-se os lemas do movimento. Os gays não queriam apenas tratamento igual, mas

A colorida Gay Pride Parade celebra a história, a cultura e a comunidade gay da cidade

---

1948 Publicação do arrebatador livro de Alfred Kinsey *Comportamento sexual dos homens*

1955 Formação das Daughters of Bilitis, primeiro grupo de lésbicas do país

1970 Primeira SF Gay Pride Parade, chamada "Gay-In"

1974 Primeira Feira da Castro Street

2002 Abertura do primeiro centro GLBT

2008 A Corte Suprema da Califórnia revoga a proibição do casamento entre pessoas do mesmo sexo, mas a Proposição 8 invalida essa medida

1930 | 1940 | 1950 | 1960 | 1970 | 1980 | 1990 | 2000 | 2010 | 2020

Anos 1930 Aparecem os primeiros bares gay, entre eles o Black Cat Café, frequentado por artistas, e o Mona's, para lésbicas

1964 A revista *Life* declara São Francisco "a capital do mundo gay"

1969 Batida policial no Stonewall Inn, em Nova York. Os protestos dão início ao moderno movimento de liberação gay

1981 Primeiro caso de sarcoma de Kaposi (câncer ligado à Aids)

2004 O prefeito Newsom aprova casamentos entre pessoas do mesmo sexo, posteriormente anulados

2012 A Corte estadual decreta inconstitucional a Proposição 8

SÃO FRANCISCO EM DESTAQUE | 45

eventos, negócios e organizações próprios.

Quando Castro se firmou como bairro gay, a comunidade ganhou força política. Em 1977, o comerciante Harvey Milk foi eleito para o Conselho de Supervisores, tornando-se o primeiro político abertamente gay do país. Seu mandato foi interrompido quando, junto com o prefeito George Moscone, ele foi assassinado no City Hall, em 1978, por Dan White. A condenação de White a uma pena relativamente leve provocou protestos conhecidos como a "White Night", o que impulsionou a politização e a união do movimento.

Os Anos da Epidemia: 1980

Após as batalhadas conquistas das décadas anteriores, a comunidade foi atingida por um novo adversário. Em 1981, o primeiro caso de uma forma rara de câncer foi reportado – em poucos meses, espalhou-se a notícia da existência do "câncer gay". Mais tarde, a doença foi chamada de Aids (sigla inglesa para Síndrome da Imunodeficiência Adquirida), causada pelo vírus HIV (Vírus da Imunodeficiência Humana). A comunidade gay da cidade foi a mais atingida, com cerca de metade dos homens gays infectados pelo HIV. A reação à doença tornou-se um modelo de organização. As pessoas se mobilizaram para estabelecer normas de prevenção e serviços comunitários para atender os doentes de Aids. São Francisco também liderou a pesquisa, com a San Francisco AIDS Foundation e o Center for AIDS Prevention Studies da UCSF Medical School.

O San Francisco AIDS Fund, atual AIDS Emergency Fund (AEF), criado em 1982

O casamento de pessoas do mesmo sexo é uma conquista política recente

Recuperação: 1990-Presente

Os anos 1990 foram marcados sobretudo pelo aumento do poder político dos gays, com a aprovação de leis sobre a união civil, a eleição de políticos gays e a questão da integração de homossexuais no exército.

A epidemia de Aids trouxe novas formas de participação da comunidade gay de São Francisco, deixando-a mais unida. Ao mesmo tempo, há uma evidente redefinição da comunidade. Hoje, com cenas de pessoas do mesmo sexo se beijando e namorando nas telas de cinema, os papéis de cada sexo são menos rígidos e as "regras da sexualidade" se tornaram muito mais flexíveis.

Dessa forma, as opiniões a respeito dos gays são muito mais avançadas, como ilustrou a tentativa do prefeito Gavin Newsom de legalizar o casamento de pessoas do mesmo sexo. Cerca de 3 mil casais foram oficialmente unidos no City Hall em fevereiro de 2004, em um evento histórico transmitido para o mundo todo. Em 2008, porém, a Proposição 8 proibiu o casamento entre pessoas do mesmo sexo e as uniões do City Hall foram anuladas, dando início a uma batalha ainda em curso, já que desde então a Proposição 8 foi decretada inconstitucional.

Feiras, Festivais e Eventos

AIDS Candlelight Vigil
Mai, em geral 3º dom.

AIDS Walk San Francisco
Jul, datas variáveis.
Tel 615-9255.

Castro Street Fair
Out, em geral 1º dom.

Folsom Street Fair
Set, geralmente no último dom.
Tel 777-3247.
Último e principal evento da popular Leather Week (semana de eventos para amantes de couro e fetiches).

Gay Pride Month
Jun, vários eventos, inclusive a Dyke March (último sáb do mês).

Gay Pride Parade
Jun, último dom do mês.
Tel 864-0831. **w** sfpride.org

Halloween
31 de out. Festa na Market e Castro Streets. **Mapa** 10 D2.

Home for the Holidays
24 de dez, concerto do SF Gay Men's Chorus Christmas no Castro Theatre *(p.138)*.

Pink Saturday
Jun, sáb à noite antes da Pride March. Parada do orgulho gay para o público feminino e festa em Castro.

SF International Lesbian and Gay Film Festival
Jun, em geral dez dias antes do Gay Pride Day.
Tel 703-8650.

Up Your Alley Fair
Jul, último domingo do mês.
Tel 777-3247. SoMa's Dore Street fair. **Mapa** 11 A2.

Contato

Betty's List
Tel 503-1375.
w bettyslist.com
Diretoria da comunidade on-line.

GLBT Historical Society
657 Mission Street. **Mapa** 6 D4.
Tel 777-5455.

HIV Nightline
Tel 434-2437.

James C. Hormel Gay and Lesbian Center
100 Larkin St. **Mapa** 11 A1.
Tel 557-4400.

SF City Clinic
356 7th St. **Mapa** 11 B2.
Tel 487-5500.
Teste e informações sobre DST.

SF LGBT Community Center
1800 Market Street. **Mapa** 10 E1.
Tel 865-5555.

Sex Information Hotline
Tel 989-7374.

Suicide Prevention Hotline
Tel 781-0500 ou 800-273-2437.

O Melhor de São Francisco: Arquitetura

Os prédios de maior destaque de São Francisco em geral são pequenos, porém, mais do que determinados edifícios, é o conjunto que confere à cidade seu caráter único. Um dos mais importantes aspectos reside na variedade de estilos, desde rústicos chalés do arts and crafts até mansões vitorianas. Os prédios comerciais vão do estilo belas-artes ao pós-moderno. Este mapa apresenta alguns destaques, com mais detalhes nas *pp. 48-9*.

Octagon House (1861)
As casas octogonais foram populares em meados do século XIX, pois eram mais ensolaradas do que as casas vitorianas.

Haas-Lilienthal House (1886)
Esta ampla casa de estilo Rainha Ana ilustra a típica moradia da classe média alta no fim do século XIX.

Pacific Heights e Marina

Presidio

Civic Center

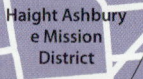

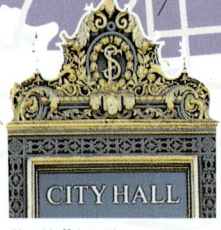

Golden Gate Park e Land's End

Haight Ashbury e Mission District

0 km 2
0 milhas 1

City Hall (1915)
Muitos prédios públicos da cidade são de estilo belas-artes clássico.

Goslinsky House (1909)
O charmoso estilo arts and crafts era muito popular em São Francisco na virada do século XX.

SÃO FRANCISCO EM DESTAQUE | **47**

Hotaling Building (1866)
Esse edifício da Jackson Square foi um dos prédios da época da Corrida do Ouro que sobreviveram ao terremoto de 1906. Foi destilaria de uísque e armazém.

Coit Tower (1934)
A afilada coluna da Coit Tower, em Telegraph Hill, é um dos marcos mais conhecidos da cidade.

Fisherman's Wharf e North Beach

Old St. Mary's Cathedral (1854) No meio dos pagodes de Chinatown, essa igreja gótica de tijolos data da época da Corrida do Ouro.

Financial District e Union Square

Chinatown e Nob Hill

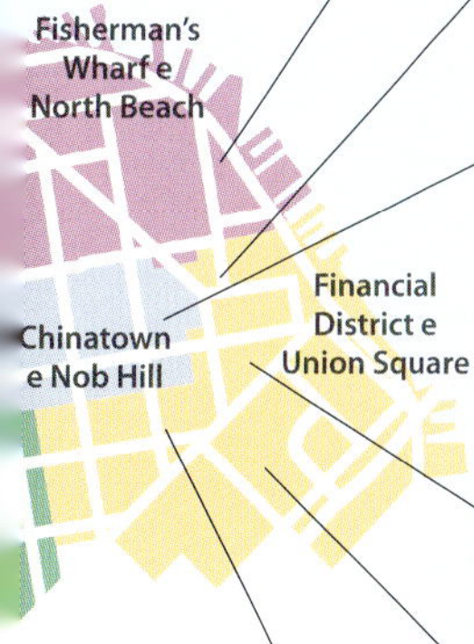

Hallidie Building
Projetado em 1917 pelo arquiteto Willis Polk, esse prédio foi o primeiro do mundo com fachada de vidro. No topo fica uma elaborada cornija de ferro fundido.

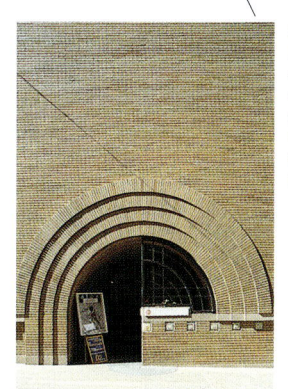

Union Square (1949)
Antes de projetar o famoso Museu Guggenheim em Nova York, em 1959, o arquiteto Frank Lloyd Wright fez uso de rampas nessa pequena loja da Union Square.

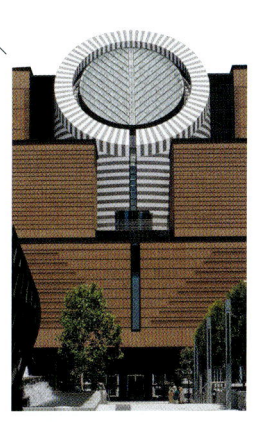

SFMoMA
Erguido em 1995 a um custo de cerca de US$60 milhões, o Museu de Arte Moderna de São Francisco é um dos maiores dos Estados Unidos.

Como Explorar a Arquitetura de São Francisco

Poucas estruturas da época das Missões e da Corrida do Ouro sobreviveram, e o terremoto e o incêndio de 1906 destruíram muitos prédios vitorianos. Com a reconstrução, a arquitetura se tornou motivo de orgulho cívico e amplos edifícios neoclássicos de estilo belas-artes foram erguidos. Nos anos 1930, os prédios de escritórios do Financial District proclamaram sua importância como centro de negócios do Oeste. Os progressos da engenharia e a especulação imobiliária na década de 1960 favoreceram o surgimento de arranha-céus.

Mission

Entre 1776 e 1823, os missionários espanhóis utilizaram o trabalho dos índios para construir sete Missões e três fortes, ou *presidios*, na Bay Area. Conhecida como estilo Mission, essa arquitetura se caracteriza por espessas paredes de barro, cobertura de telhas vermelhas e galerias em arcadas circundando um pátio. Entre os mais belos exemplos deste estilo estão a **Mission Dolores**, o prédio mais antigo da cidade, e a Missão de **Carmel**.

Corrida do Ouro

No auge da Corrida do Ouro, os prédios costumavam ser temporários, porém quando a população se estabilizou foram usados tijolos à prova de fogo. Os melhores exemplos se encontram no bairro histórico de **Jackson Square**. Outros prédios marcantes nesse estilo são a Hotaling Warehouse and Distillery, dos anos 1860, com colunas de ferro fundido e venezianas à prova de fogo, e três prédios dos anos 1850 próximos do nº 700 da Montgomery Street.

Vitoriano

O aspecto mais distinto da arquitetura da cidade está no conjunto de casas vitorianas com decoração elaborada *(pp. 76-7)*. Exemplos dessas casas de estrutura de madeira podem ser vistos por toda a cidade, mas apenas duas estão abertas ao público: a **Haas-Lilienthal House** e a **Octagon House**. As casas ao longo do lado leste da **Alamo Square** também merecem uma visita, assim como o conjunto de casas de operários bem conservadas de **Cottage Row** e a **Clarke's Folly**, uma casa de campo em estilo Rainha Ana de 1892, hoje mesclada à paisagem urbana.

Arts e Crafts

Esse estilo rústico e prático foi adotado no começo do século XX, inspirado pelo movimento inglês Arts and Crafts. Os arquitetos usavam uma madeira parecida com a sequoia, pedra bruta e motivos japoneses, em busca de um aspecto natural. Uma quadra de casas arts and crafts de Bernard Maybeck circunda a **Goslinsky House**, em Pacific Heights, e outro belo exemplo é a **Church of Christ, Scientist**, em Berkeley.

Mansão vitoriana construída para Mark Hopkins em Nob Hill, destruída pelo incêndio que se seguiu ao terremoto de 1906

Arquitetura Religiosa

A diversidade arquitetônica da cidade é vista nas igrejas. Desde as simples missões de paredes brancas e telhados vermelhos, as igrejas da cidade foram construídas em vários estilos, do gótico ao barroco, passando por projetos híbridos. Muitas das mais importantes igrejas foram erguidas durante a eclética época vitoriana, no fim do século XIX, e os estilos arquitetônicos refletem as tradições dos países dos quais vieram suas respectivas congregações.

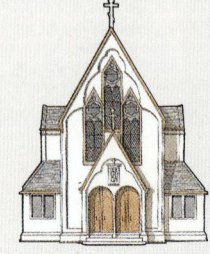

St. Stephen, Renascença alemã luterana

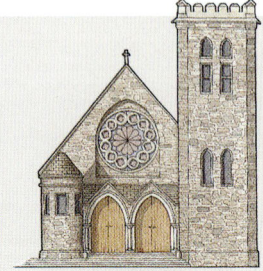

First Unitarian Church, revival gótico

SÃO FRANCISCO EM DESTAQUE | 49

Palace of Fine Arts, estilo belas-artes

Belas-Artes

O estilo rigorosamente neoclássico da École des Beaux Arts de Paris foi escolhido por projetistas de grandes edifícios depois do terremoto de 1906. Ricas colunatas, esculturas e frontões são típicos desse luxuoso estilo, adotado por uma cidade ansiosa em mostrar ao mundo que superara a devastação.

O mais belo exemplar do estilo na cidade é o **Palace of Fine Arts**, de Bernard Maybeck, marco da Exposição Panamá-Pacífico de 1915 e aclamado como a mais vibrante celebração da arte arquitetônica da cidade.

Outros impressionantes exemplos em torno da Civic Center Plaza: o **City Hall** (Arthur Brown, 1915); a antiga **Main Library**, hoje o **Asian Art Museum** (George Kelham, 1915); a **War Memorial Opera House** e o **Veterans Building** (ambos de Arthur Brown, 1932); e o mais antigo prédio do Civic Center, o **Bill Graham Civic Auditorium** (John Galen Howard, 1915).

Arquitetura Comercial

Dois prédios de maior importância arquitetônica são o **Hallidie Building** (1917), de Willis Polk, o primeiro prédio com fachada de vidro do mundo, e o imponente **Merchant's Exchange** (1906).

O prédio de Timothy Pflueger no **nº 450 da Sutter Street** (1929) é um brilhante exemplo de estilo art déco, com saguão ornamentado em mármore vermelho e alumínio.

O **Union Square Frank Lloyd Wright Building** (Xanadu Gallery) foi projetado por Wright em 1949. A parte interna sobe em espiral até um mezanino, enquanto a entrada tem forma de túnel. A **Transamerica Pyramid** (William Pereira, 1972), de 256m de altura, também é um exemplo notável.

O ornamentado saguão art déco do nº 450 da Sutter Street

Arquitetura Contemporânea

Dentre os projetos mais contemporâneos da cidade, destacam-se o **Yerba Buena Center for the Arts**, de Fumihiko Maki (1993), o **Museum of Modern Art**, de Mario Botta (1994), e o **Contemporary Jewish Museum** (1994), de Daniel Libeskind. O **SFJAZZ Center**, de Mark Cavagnero Associates (2013), é uma notável estrutura transparente, com assentos flexíveis.

A curiosa fachada do Museum of Modern Art

Onde Encontrar

450 Sutter St. **Mapa** 5 B4.
Alamo Square *p. 131*
Asian Art Museum *p. 128*
Bill Graham Civic Auditorium *p. 128*
Carmel Mission *p. 189*
Center for the Arts *pp. 116-7*
Church of Christ, Scientist
   2619 Dwight Way, Berkeley.
City Hall *p. 129*
Clarke's Folly *p. 141*
Contemporary Jewish Museum *p. 115*
Cottage Row *p. 130*
First Unitarian Church
   1187 Franklin St. **Mapa** 4 F4.
Goslinsky House
   3233 Pacific Ave. **Mapa** 3 C3.
Haas-Lilienthal House *p. 72*
Hallidie Building
   130-150 Sutter St. **Mapa** 5 C4.
Jackson Sq Historical District *p. 112*
Merchant's Exchange *p. 114*
Mission Dolores *p. 139*
Museum of Modern Art *pp. 120-23*
Notre-Dame des Victoires
   564-66 Bush Street. **Mapa** 5 C4.
Octagon House *p. 75*
Palace of Fine Arts *p. 62*
St. Boniface Church, 133 Golden
   Gate Ave. **Mapa** 11 A1.
St. Paulus Lutheran Church
   999 Eddy St. **Mapa** 4 F5.
St. Stephen's Episcopal Church
   858-64 Fulton St. **Mapa** 4 E5.
SFJAZZ Center
   201 Franklin St. **Mapa** 4 F5.
Transamerica Pyramid *p. 113*
Union Sq FL Wright Bldg *p. 118*
Veterans Building *p. 129*
War Memorial Opera House *p. 129*

St. Paulus, gótico

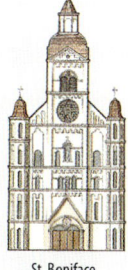

St. Boniface, românico

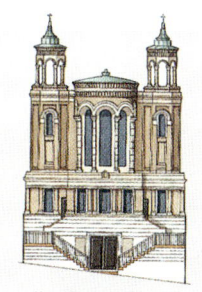

Notre-Dame des Victoires, românico e bizantino

SÃO FRANCISCO MÊS A MÊS

Na primavera, São Francisco desperta do sono do inverno, as folhas brotam nas árvores e as baleias-cinzentas migram para o norte, pela costa. Em maio e junho o ar já fica mais quente, e os praticantes de windsurfe chegam à baía. Em agosto, vem do mar uma neblina matinal, mas o clima de verão retorna em setembro. Noites claras e frias chegam no fim do ano e às vezes neva sobre o monte Diablo. Os principais eventos anuais são listados abaixo. Para maiores informações, o San Francisco *Visitor Information Center (p. 266)* fornece grátis um calendário dos eventos da cidade.

Primavera

A primavera é ideal para longas caminhadas pela cidade, passeios nos parques e nas ruas do centro, lavadas pelas chuvas noturnas. No mês de abril, as flores começam a desabrochar nos jardins e flores silvestres cobrem os promontórios ao longo do Golden Gate. Em maio, milhares de atletas participam da corrida Bay to Breakers.

Março
San Francisco International Asian American Film Festival *(mar)*. A maior mostra de filmes asiáticos contemporâneos da América do Norte. **St. Patrick's Day Parade** *(dom mais próximo do dia 17 mar)*. Foliões lotam os bares para assistir ao desfile pela Market Street.

Páscoa
Easter Sunrise Services. Milhares de fiéis se reúnem ao amanhecer diante da grande cruz do monte Davidson, a maior colina de São Francisco.

Abril
Cherry Blossom Festival *(meados-fim abr)*. A Festa da Floração da Cereja tem arte e artesanato japoneses. Atrai músicos, artistas e bailarinos de toda a Bay Area. Acontece no Japan Center *(p. 130)*, com shows ao vivo e uma parada repleta de cores.
San Francisco International Film Festival *(fim abr-início mai)*. Durante duas semanas, há uma programação diária no Kabuki *(p. 250)* e em outras salas. Exibe filmes norte-americanos e internacionais, muitos ainda inéditos nos Estados Unidos.
Wildflower Walks Passeios nas áreas verdes de São Francisco, guiados por voluntários. Roteiros pagos, também com guias, são organizados no Marin Headlands *(pp. 176-7)*.
Abertura da Temporada de Beisebol *(fim abr-início mai)*. Os fãs desse esporte comparecem regularmente para assistir aos jogos com os heróis do beisebol no AT&T Park e no O.co Coliseum.

Desfile de Carnaval cheio de brilho e cores no Mission District

Maio
Bay to Breakers *(fim mai)*. Ao mesmo tempo corrida séria e desfile de excêntricos, os competidores percorrem 12,5km do Ferry Building até Ocean Beach *(p. 155)*.
Cinco de Mayo *(início mai)*. Celebração cultural mexicana, com parque de diversões no Civic Center e uma série de eventos no Mission District.
Carnaval SF *(último fim de semana)*. Festival latino e caribenho no Mission District, com salsa e reggae.

Roupas tradicionais japonesas no Cherry Blossom Festival

A corrida Bay to Breakers

Média Mensal de Dias de Sol

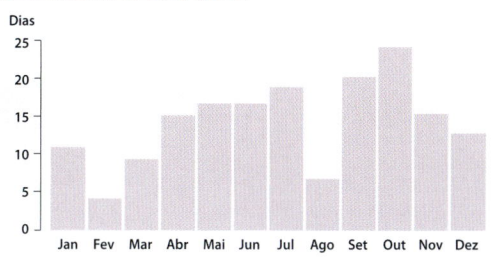

Dias: Jan ~11, Fev ~4, Mar ~9, Abr ~15, Mai ~17, Jun ~17, Jul ~19, Ago ~6, Set ~20, Out ~24, Nov ~15, Dez ~13

Gráfico do Sol
Os meses com mais sol em São Francisco são setembro e outubro. No meio do verão, o resto da Bay Area costuma ser mais quente e ensolarado. O Napa Valley *(pp. 192-5)*, assim como outros vales do interior, é muito quente e seco.

Verão

O escritor Mark Twain teria comentado que o inverno mais frio que ele viveu foi um verão em São Francisco. Em junho e julho, os turistas, que vêm do mundo todo, costumam se queixar do "frio" que pode estragar dias perfeitos.

Junho
North Beach Festival *(meados jun)*. Artesanato, música e comida no bairro italiano, na Grant Avenue, Green Street e Washington Square.
Juneteenth *(meados jun-fim jun)*. Celebra o fim da escravidão afro-americana, com grupos de jazz e blues, no Lake Merritt de Oakland *(p. 166)*.
Haight Street Fair *(sáb ou dom, fim jun)*. Música e bancas de comida ao longo da Haight Street *(p. 136)*.
Lesbian and Gay Pride Day *(dom, fim jun)*. O maior evento do gênero em São Francisco e nos Estados Unidos – mais de 300 mil pessoas se juntam todo ano para ver a parada da Market Street e as comemorações do Civic Center.

Julho
Fogos de Artifício de 4 de Julho *(4 jul)* à beira-mar na Crissy Field Recreation Area *(p. 62)*. O dia da independência dos EUA é comemorado com um espetacular show pirotécnico na Ponte Golden Gate.
San Francisco Marathon *(fim jul)*. Três mil e quinhentos atletas correm pela cidade, partindo da Ponte Golden Gate.

Agosto
Beisebol *(temporada abr- set)*. O San Francisco Giants (AT&T Park) e o Oakland Athletics (O.co Coliseum) disputam partidas durante todo o verão *(p. 260)*. Os ingressos ficam disponíveis no dia do jogo, embora os melhores lugares sejam vendidos com certa antecedência.
San Francisco Playwright's Festival *(última semana jul-1ª semana ago)*. Fort Mason Center *(pp. 74-5)*. Leituras, workshops e apresentações de trabalhos inéditos. Há debates entre público e artistas em sessões especiais.

Dias de Neblina

É bastante comum haver neblina à tarde e à noite em São Francisco nos meses de verão. Ela se forma no mar e passa pela Ponte Golden Gate, envolvendo várias partes da cidade em uma nuvem fria e espessa. Essa neblina pode ser tão densa a ponto de a temperatura cair cerca de 10°C em poucas horas.

A Ponte Golden Gate na neblina

O AT&T Park é sede do time de beisebol San Francisco Giants

Lesbian and Gay Pride Parade no Civic Center

52 | INTRODUÇÃO A SÃO FRANCISCO

Temperatura Média Mensal

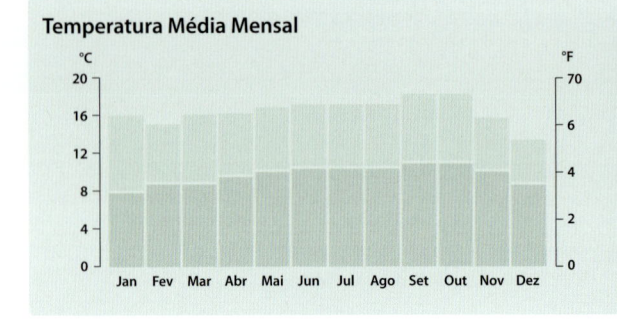

Gráfico de Temperaturas
O gráfico mostra as temperaturas mínimas e máximas médias para cada mês. São Francisco e a Bay Area têm tempo ameno o ano todo, com temperaturas raramente acima de 21°C ou abaixo de 4°C.

Outono

Os moradores retomam a posse da cidade quando os visitantes vão embora, em setembro, assim que o clima de verão retorna à Bay Area. Muitos eventos ao ar livre, alguns culturais, acontecem nos parques e nas ruas, enquanto as temporadas de futebol americano e de óperas e sinfonias começam no outono.

Setembro
Futebol: 49ers e Raiders *(começa em set)*. Vários estádios. Até dez, ou jan se os times chegarem às finais *(p. 260)*.

San Francisco's Opera Opening Night. Esse glamouroso evento inicia a temporada de ópera de São Francisco, que vai de setembro a dezembro. É um baile *black-tie* realizado no War Memorial Opera House, na Van Ness Avenue *(p. 252)*.

Fringe Festival *(início-meados set)*. São Francisco celebra o teatro com uma série de apresentações alternativas, que vão das peças mais dramáticas às mais absurdas.

Valley of the Moon Vintage Festival *(meados set-fim set)*. O mais antigo festival de vinhos da Califórnia acontece no Sonoma Plaza, em Sonoma.

Folsom Street Fair *(último dom)*. Festival beneficente de tendência gay e lésbica entre as ruas 11th e 17th. Música, artes cênicas, artesanato e cerveja ao ar livre.

Os jogos dos 49ers começam em setembro

Outubro
Castro Street Fair *(1º dom)*. Uma das maiores festas de rua da cidade *(p. 138)*.

Fleet Week *(início out)*. Comemoração da marinha americana. Os navios se reúnem perto da Ponte Golden Gate, e há exposições, shows aéreos e música.

SF Litquake *(início-meados out)*. Festival literário com duração de uma semana. Escritores da região da Bay Area participam de leituras, conversas e apresentações.

Columbus Day Parade *(dom, perto de 12 de out)*. Procissões descem a Columbus Avenue, em North Beach, até o Fisherman's Wharf.

Shakespeare in the Park *(sáb e dom a partir do Labor Day – 1ª seg set)*. Apresentações grátis no Golden Gate Park. Um teatro temporário ao ar livre é montado em Liberty Meadow para a ocasião.

Halloween *(31 out)*. A noite do Dia das Bruxas é comemorada por milhares de foliões fantasiados que passeiam nas ruas Market e Castro.

San Francisco Jazz Festival *(fim out-início nov)*. Esse festival traz grandes artistas *(p. 254)*.

Procissão do Columbus Day

Novembro
Dia de los Muertos/Dia de Finados *(2 nov)*. Festa de Halloween mexicana, com procissão noturna no Mission District. Fantasias, danças e comida temática.

The Big Game *(3º sáb)*. Evento de futebol americano universitário entre o California Golden Bears e o Stanford Cardinal, com jogos em Berkeley (Golden Bears) e Palo Alto (Stanford) *(p. 260)*.

International Auto Show *(fim nov)* no Moscone Center *(pp. 116-7)*.

Procissão do Dia de los Muertos

Média Mensal de Chuva

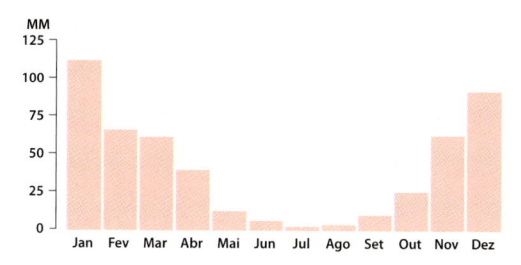

Gráfico de Chuvas
Chove mais em São Francisco de novembro a março, às vezes durante dias sem parar, com tempestades frequentes. Os meses mais secos são de maio a setembro.

Inverno

A época das compras de Natal começa logo depois do Dia de Ação de Graças, com a iluminação da árvore da Union Square e os enfeites nas vitrines da loja Gump's *(p. 118)*. Além disso, cardumes de baleias passam em sua migração anual entre o Alasca e o México.

Dezembro
Enfeites de Natal nas vitrines da Union Square *(p. 118)*.
Holiday Lights Boat Parade *(meados dez)*. Mais de cem barcos com luzes e decoração natalina navegam pelo rio.
Quebra-Nozes *(3ª semana)*. Apresentação da suíte do balé de Tchaikóvski com o San Francisco Ballet, na War Memorial Opera House *(p. 252)*.
Sing for your Life *(30-31 dez)*. 24 horas de canto na Grace Cathedral *(p. 105)*.

Comemoração do Ano-Novo chinês em Chinatown

Janeiro
New Year's Day Swim *(1º jan)*. Nado no Aquatic Park *(pp. 174-5)*.
Natal Ortodoxo Russo *(7-8 jan)*. Celebração na Holy Virgin Cathedral *(p. 63)*.
Migração das Baleias *(jan-abr)*. A partir da costa ou de barco *(p. 260)*.

Fevereiro
Black History Month. Eventos afro-americanos acontecem por toda a cidade.
Parada do Ano-Novo Chinês *(datas variadas, em geral início fev)*. Parada pelo Financial District e Chinatown, com dragões coloridos *(pp. 96-102 e 109-23)*.

Feriados

Ano-Novo (1º jan)
Martin Luther King Day (3ª seg jan)
President's Day (3ª seg fev)
Memorial Day (última seg mai)
Independence Day (4 jul)
Labor Day (1ª seg set)
Columbus Day (2ª seg out)
Eleição (1ª ter nov)
Veterans Day (11 nov)
Dia de Ação de Graças (4ª qui nov)
Natal (25 dez)

Árvore de Natal e decorações na loja de departamentos Neiman Marcus

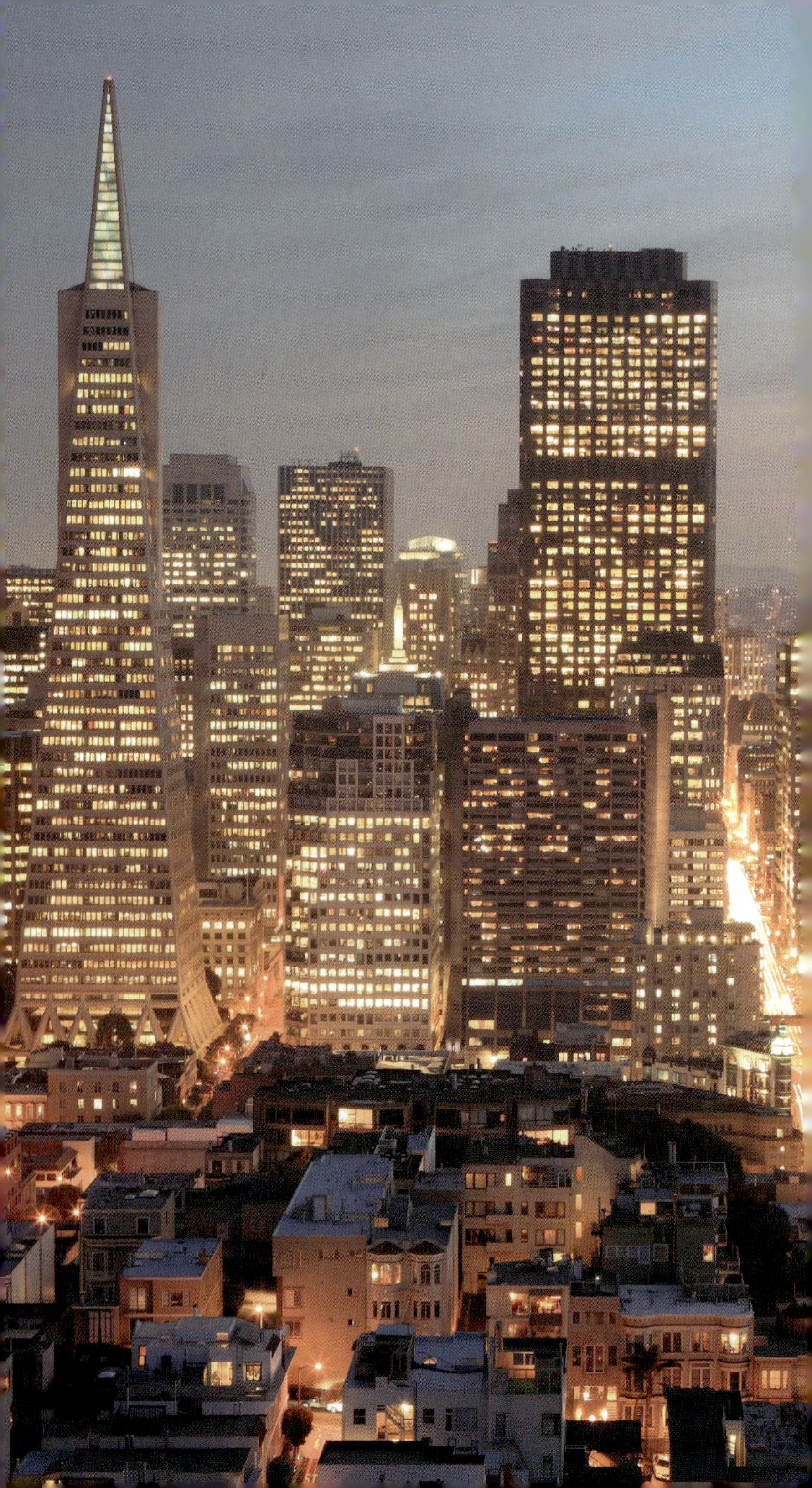

SÃO FRANCISCO ÁREA POR ÁREA

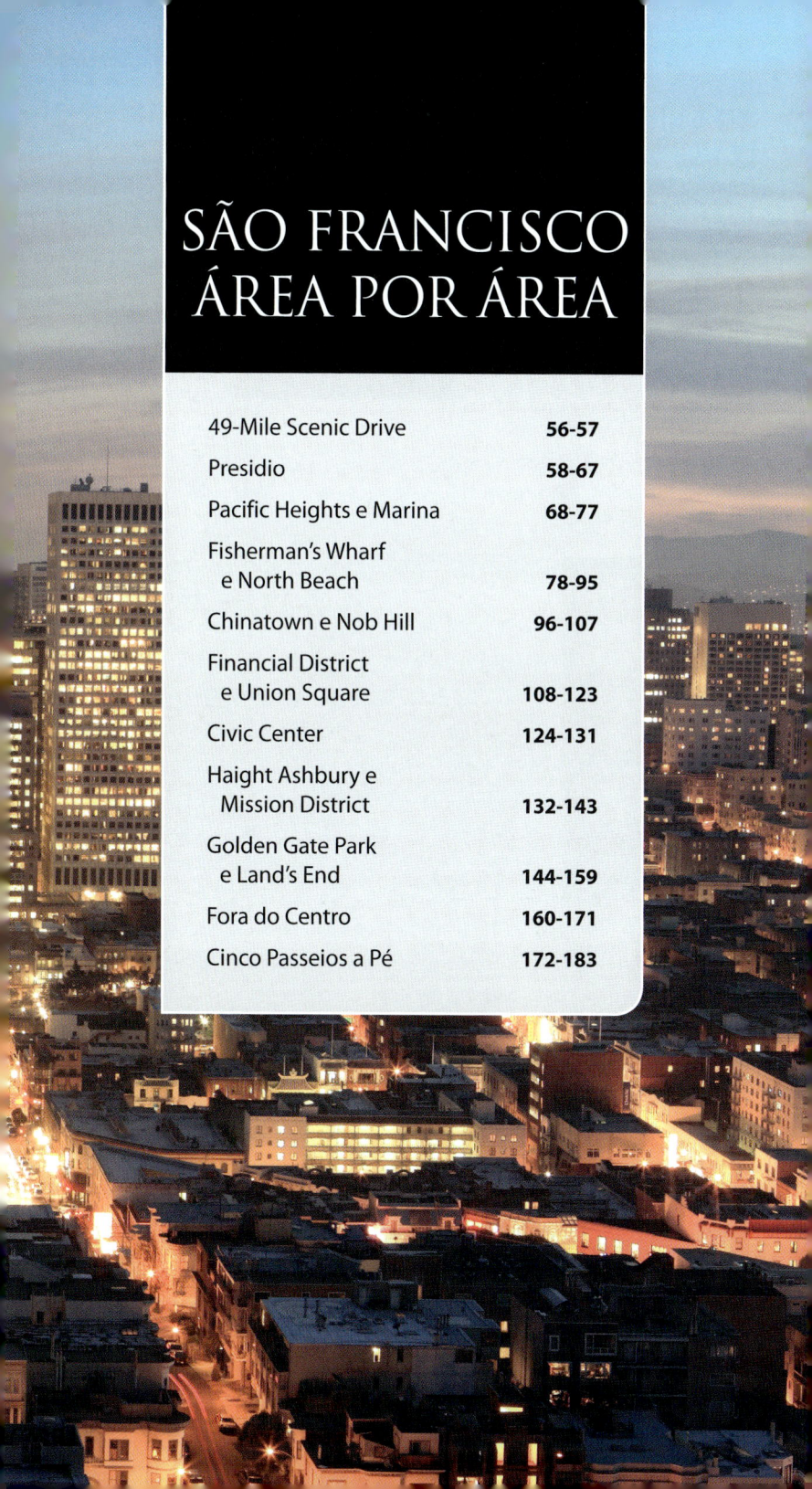

49-Mile Scenic Drive	**56-57**
Presidio	**58-67**
Pacific Heights e Marina	**68-77**
Fisherman's Wharf e North Beach	**78-95**
Chinatown e Nob Hill	**96-107**
Financial District e Union Square	**108-123**
Civic Center	**124-131**
Haight Ashbury e Mission District	**132-143**
Golden Gate Park e Land's End	**144-159**
Fora do Centro	**160-171**
Cinco Passeios a Pé	**172-183**

49-Mile Scenic Drive

Interligando os mais interessantes bairros de São Francisco, fascinantes atrações e vistas espetaculares, a 49-Mile Scenic Drive, de 79km, oferece uma visão geral privilegiada da cidade. É fácil manter a rota: basta seguir as placas azuis e brancas com o desenho de uma gaivota. Fique alerta, pois algumas podem estar escondidas pela vegetação ou por construções. Reserve um dia inteiro para esse passeio. Há muitos lugares para fotografar e vistas exuberantes para admirar.

㉘ Marina Green
Esse é um ponto privilegiado para admirar ou fotografar a Ponte Golden Gate.

㉙ O Palace of Fine Arts fica perto da entrada de Presidio.

⑨ Stow Lake
Há uma cachoeira e um pavilhão chinês na ilha desse lago. Alugam-se barcos.

⑧ San Francisco Zoo and Gardens, um dos melhores zoos dos EUA. Entre as atrações estão o Hearst Grizzly Gulch e o Primate Discovery Center.

⑬ Twin Peaks
A vista que se tem da cidade e da baía é magnífica e justifica a subida.

◀ São Francisco à noite

Dicas

Ponto de partida: Qualquer lugar. O circuito é desenhado no sentido horário, com partida e chegada em qualquer ponto.
Quando ir: Evite dirigir nas horas de pico: 7h-10h, 16h-19h. A vista é incrível durante o dia e à noite.
Estacionamento: Use os estacionamentos do Financial District, Civic Center, Nob Hill, Chinatown, North Beach e Fisherman's Wharf. Nos demais lugares, use as vagas de rua.
Paradas: Existem vários cafés, bares e restaurantes (pp. 216-31).

49-MILE SCENIC DRIVE | 57

⑱ **Civic Center** é o coração administrativo e governamental de São Francisco, com imponentes prédios em estilo belas-artes em volta da praça.

㉖ **Maritime National Historic Park Visitor Center** tem belo acervo de maquetes de navios, fotos e objetos. Há muitos navios históricos atracados no vizinho Hyde Street Pier.

㉕ **Coit Tower**
Voltado para North Beach, o Telegraph Hill tem no topo essa torre com lindos murais e terraço panorâmico.

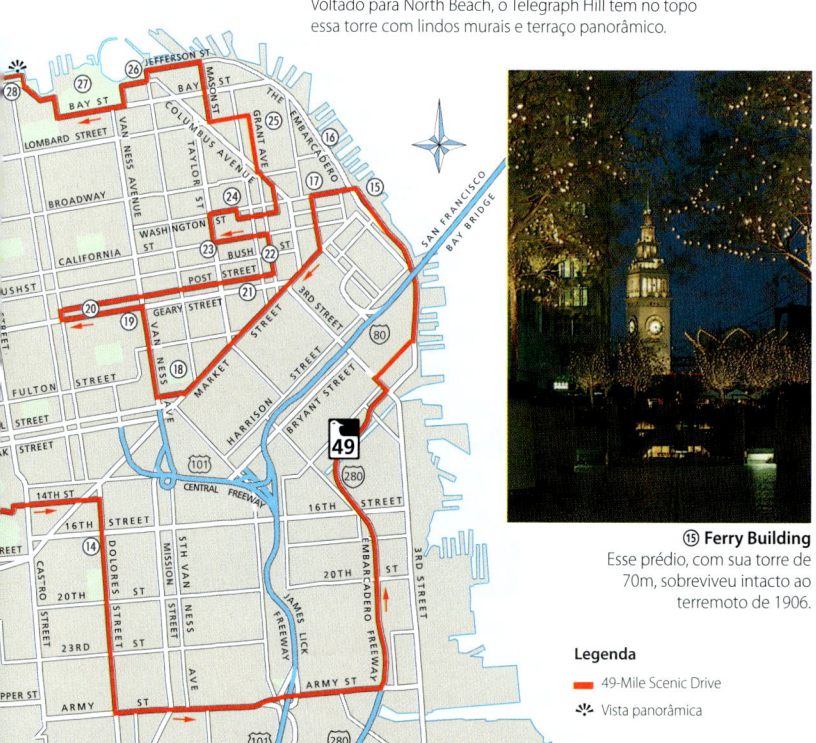

⑮ **Ferry Building**
Esse prédio, com sua torre de 70m, sobreviveu intacto ao terremoto de 1906.

Legenda
— 49-Mile Scenic Drive
☼ Vista panorâmica

Grant Avenue, em Chinatown (p. 101)

Atrações

① Presidio *p. 62*
② Fort Point *p. 62*
③ Land's End *p. 159*
④ Legion of Honor *p. 158*
⑤ Sutro Heights Park *p. 159*
⑥ Cliff House *p. 159*
⑦ Queen Wilhelmina Tulip Garden *p. 155*
⑧ San Francisco Zoo and Gardens *p. 162*
⑨ Stow Lake *p. 154*
⑩ Conservatory of Flowers *p. 154*
⑪ Haight Street *p. 136*
⑫ Sutro Tower *p. 141*
⑬ Twin Peaks *p. 141*
⑭ Mission Dolores *p. 139*
⑮ Ferry Building *pp. 114-5*
⑯ Exploratorium *pp. 94-5*
⑰ Embarcadero Center *p. 112*
⑱ Civic Center *pp. 126-7*
⑲ St. Mary's Cathedral *p. 130*
⑳ Japan Center *p. 130*
㉑ Union Square *p. 118*
㉒ Chinatown Gateway *p. 100*
㉓ Grace Cathedral *p. 105*
㉔ Cable Car Museum *p. 105*
㉕ Coit Tower *pp. 92-3*
㉖ Maritime National Historic Park Visitor Center *p. 87*
㉗ Fort Mason *pp. 74-5*
㉘ Marina Green *p. 75*
㉙ Palace of Fine Arts *p. 62*

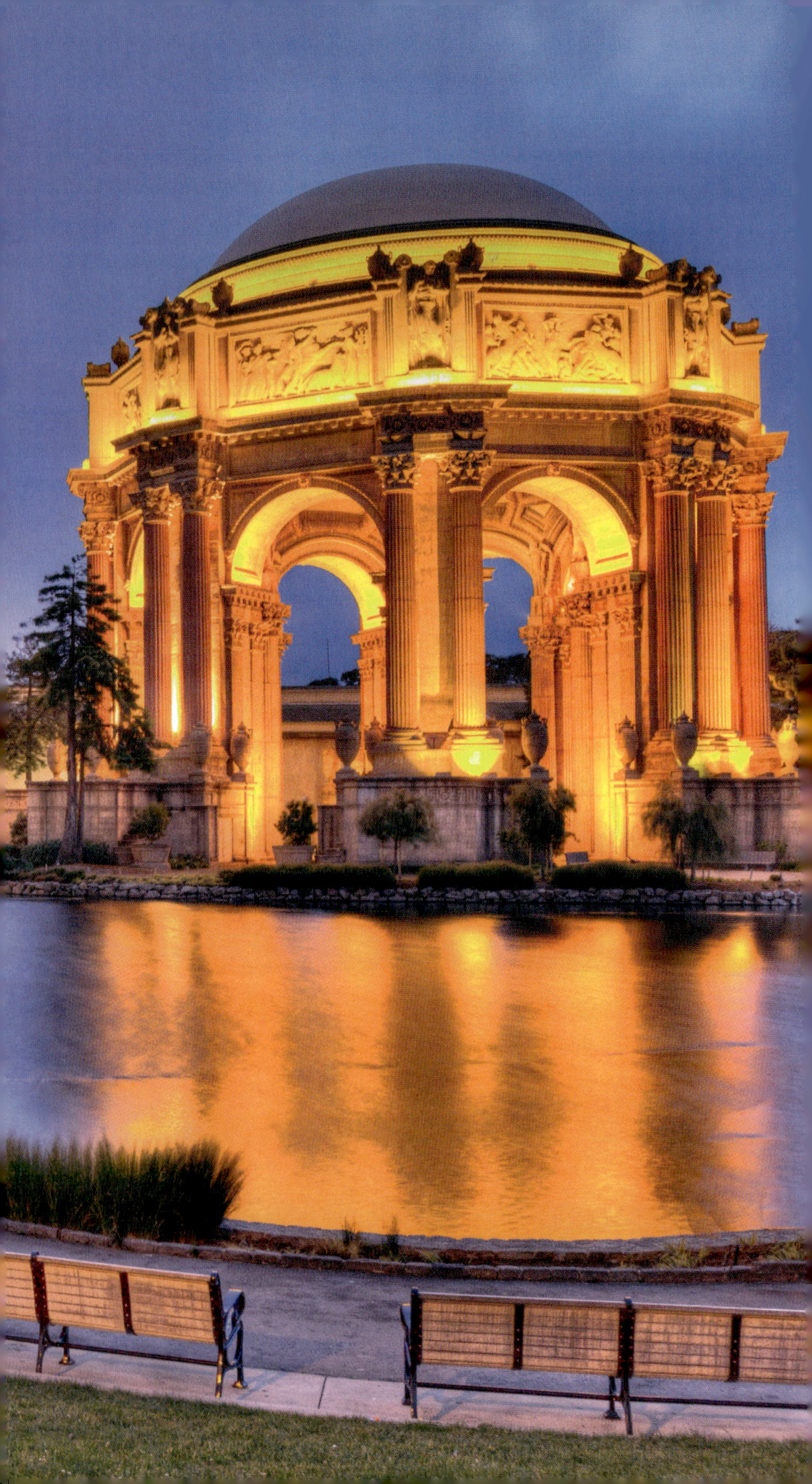

# PRESIDIO

Aquele que já foi a primeira base militar dos EUA, Presidio – localizado em uma parte da cidade cercada por praia, falésias e vistas deslumbrantes – hoje é um novo tipo de Parque Nacional. Todos os anos milhares de pessoas o visitam para desfrutar de um mix vibrante de museus, restaurantes, eventos, trilhas e programas de lazer. Presidio tem atrações para todos. Pedale ao longo da linha costeira, vislumbre aves raras e flores silvestres nativas, aprenda sobre a arquitetura e a história da Califórnia, assista a shows, coma em bons restaurantes, passe a noite nos antigos quartéis dos oficiais no Inn at the Presidio, faça um piquenique na histórica Plaza de Armas, ou relaxe em um de seus oito mirantes.

Principais Atrações

Ruas e Prédios Históricos
1 Palace of Fine Arts
3 Presidio Officers' Club
5 *Ponte Golden Gate pp. 64-7*
8 Clement Street

Museus e Galerias
2 The Walt Disney Family Museum
4 Fort Point and Crissy Field

Igrejas e Templos
7 Holy Virgin Cathedral
9 Temple Emanu-El

Parques e Jardins
6 Baker Beach

Restaurantes
pp. 224-7
1 Aziza
2 Burma Superstar
3 Gaspare's Pizza House & Italian
4 King of Thai
5 Liverpool Lil's
6 Pizzetta 211
7 The Presidio Social Club
8 The Warming Hut

Veja Guia de Ruas, mapas 1-3

◀ O deslumbrante Palace of Fine Arts

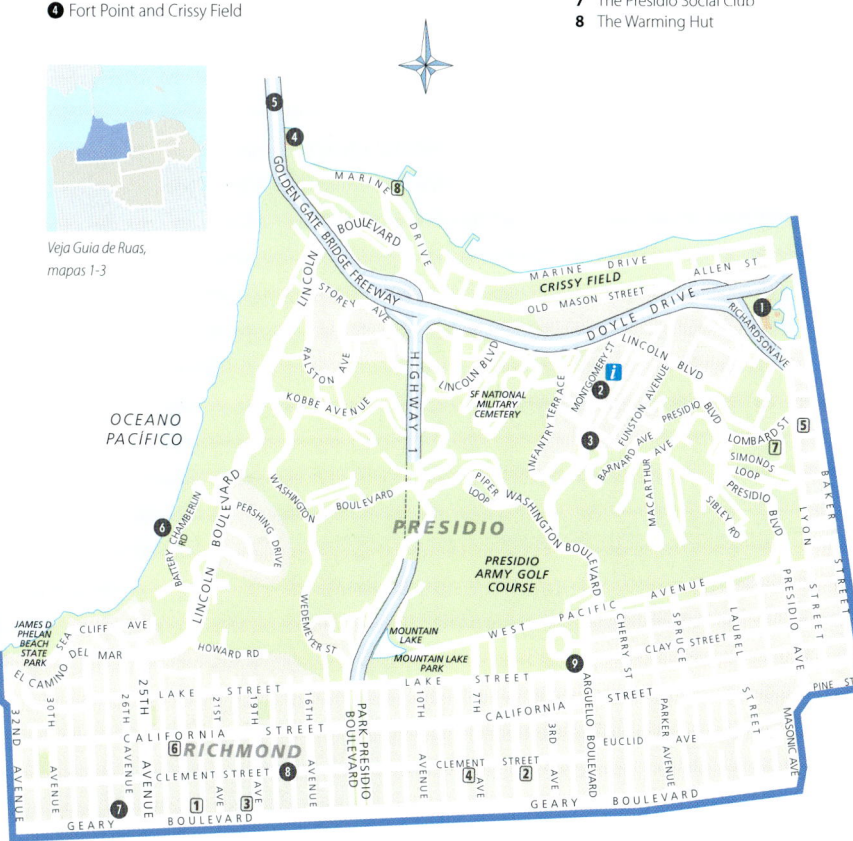

Legenda dos símbolos *na orelha da contracapa*

Um Passeio por Presidio

As tortuosas estradas e luxuosas paisagens de Presidio escondem sua longa história militar. Este promontório teve papel de destaque no crescimento de São Francisco e é o lugar habitado mais antigo da cidade. Ali percebem-se vestígios de seu passado militar, como alojamentos, e há 39km de praias, trilhas e ciclovias. Um ônibus grátis circula pelo parque, parando em 40 pontos. A Ponte Golden Gate cruza a baía pelo canto noroeste de Presidio.

❹ Fort Point
Esse forte, hoje parte do patrimônio histórico, protegeu Golden Gate durante a Guerra de Secessão (1861-5).

Golden Gate Bridge Visitor Gift Center

Gulf of the Farallones National Marine Sanctuary Visitor Center

❺ ★ Ponte Golden Gate
Inaugurada em 1937, a ponte tem um vão central de 1.280m.

Marine Drive é uma estrada margeada por palmeiras.

Início da Coastal Trail

Lobos Creek é um pequeno rio que fornece água potável a Presidio.

❻ Baker Beach
A margem oeste de Presidio abriga a praia de Baker Beach, uma das melhores de São Francisco.

O Pet Cemetery funciona desde 1945 e é o local do descanso final para animais de estimação de muitas pessoas.

PRESIDIO | 61

④ Crissy Field era um charco que foi aterrado para a Exposição Panamá-Pacífico de 1915. Serviu como campo de pouso de 1919 até 1936 e hoje é uma área de lazer.

Localize-se
Veja Guia de Ruas, mapa 1

No **San Francisco National Cemetery** estão os despojos de 30 mil soldados mortos em combate.

Walt Disney Family Museum

Canhão
Esse canhão do século XIX da Guerra Hispano-Americana está em exposição.

A Trilha Ecológica tem início no Inspiration Point, no Arguello Gate.

Campo de golfe

A Plaza de Armas foi criada em meados dos anos 1890. Entre os prédios ao redor estão alojamentos dos oficiais da Guerra Civil e quartéis da Guerra Hispano-Americana.

O Mountain Lake é um dos poucos lagos naturais remanescentes em São Francisco.

① Palace of Fine Arts
Projetado em semelhança a uma ruína romana para a Exposição Internacional Panamá-Pacífico.

③ Presidio Officers' Club
Erguido sobre os restos do antigo El Presidio espanhol, o Officers' Club hoje tem dois espaços para eventos.

❶ Palace of Fine Arts

3601 Lyon St, Marina District.
Mapa 3 C2. **Tel** (415) 567-6642.
22, 29, 30, 43, 45, 47, 49.
apenas para eventos.

Único remanescente dos grandiosos monumentos erguidos para a Exposição Panamá-Pacífico de 1915 *(pp. 32-3)*, o neoclássico Palace of Fine Arts foi a peça central desse evento. Por não ter sido concebida para durar além da exposição, a construção sofreu sérios danos, mas foi restaurada e hoje abriga o Palace of Fine Arts Theater, que oferece uma ampla gama de apresentações artísticas. Os jardins possibilitam um agradável passeio.

❷ The Walt Disney Family Museum

104 Montgomery St. **Mapa** 3 A2. **Tel** 345-6800. 28L, 43. 10h-18h qua-seg. 1º jan, Ação de Graças, 25 dez. **w** waltdisney.org

Esse museu fascinante, inaugurado em 2009, documenta a vida e as realizações de Walt Disney (1901-66). Dez galerias interativas utilizam trechos de filmes, storyboards e roteiros para contar a história de Disney e sua incrível carreira. Os visitantes podem ver o primeiro longa-metragem de animação de Hollywood e desenhos antigos do Mickey Mouse, assim como mostras dedicadas à vida doméstica do desenhista, com fotografias e filmes.

❸ Presidio Officers' Club

50 Moraga Ave. **Mapa** 3 A2. 29, 43.

Situado no canto sudoeste da Plaza de Armas, o Officers' Club fica de frente para a praça e para os alojamentos do século XIX. Foi construído nos anos 1930, no estilo das Missões espanholas *(p. 48)*, embora tenha incorporado os vestígios de adobe (tijolo seco ao sol) do forte espanhol do século XVIII, e sedia eventos e exposições sobre a história da Califórnia.

A Crissy Field Warming Hut Bookstore and Café, um antigo galpão do exército

❹ Fort Point and Crissy Field

Marine Drive. **Mapa** 2 E1. **Tel** 556-1693. 10h-17h qui-ter (inverno: sex-dom). parcial.

Concluído pelo exército em 1861, esse forte foi erguido para proteger a baía de São Francisco e para defender os barcos que transportavam ouro das minas da Califórnia. Trata-se da mais imponente entre as fortificações construídas ao longo da costa, além de ser um exemplo clássico de forte de tijolo anterior à Guerra de Secessão. Logo o prédio ficou obsoleto, porque suas paredes de 3m de espessura não resistiam à potência do armamento moderno. Foi fechado em 1900, sem nunca ter sido atacado.

Abóbadas de tijolos são incomuns em São Francisco, onde a fartura de boa madeira incentivou a construção de prédios com estrutura desse material. Isso pode explicar por que o forte resistiu ao terremoto de 1906 *(pp. 30-1)*. Ele quase foi demolido nos anos 1930 para a construção da Ponte Golden Gate, mas sobreviveu e hoje é um ótimo lugar do qual é possível admirar a ponte. Os guardas do National Park Service, em trajes da Guerra de Secessão, conduzem visitas guiadas. Um pântano já ocupou a área chamada Crissy Field. Depois de dois séculos de uso militar, o campo foi transformado em parque à beira-mar dedicado ao lazer e à educação. O Crissy Field Center oferece diversas atividades, muitas direcionadas às crianças, como caminhar em trilhas e empinar pipa.

❺ Ponte Golden Gate

pp. 64-7.

❻ Baker Beach

Mapa 2 D4. amanhecer-anoitecer diariam.

Baker Beach é a maior e mais popular praia da cidade. A água fria e as fortes correntes a tornam perigosa para nadar, mas deliciosa para passear. A pesca também é uma boa diversão. Os penhascos que dominam a praia são cobertos por pinheiros e ciprestes, e pode-se explorar Battery Chamberlin, praça de armas de 1904. No primeiro fim de semana do mês, os guardas mostram a "espingarda que desaparece", uma pesada arma que era escondida atrás de um espesso muro para protegê-la do inimigo e depois reerguida para poder atirar.

A Ponte Golden Gate vista de Baker Beach

❼ Holy Virgin Cathedral

6210 Geary Blvd. **Mapa** 8 D1. **Tel** 221-3255. 🚌 2, 29, 38, 38L. 🕒 8h e 18h diariam. 🌐 **sfsobor.com**

Cúpulas douradas em forma de cebola coroam a Orthodox Holy Virgin Cathedral, da Igreja Ortodoxa Russa no Exílio, que é marco inconfundível no suburbano bairro de Richmond. Construída no começo dos anos 1960, a catedral geralmente fica aberta apenas durante as missas. Ao contrário do que ocorre em muitas igrejas cristãs, as missas lá são rezadas com os fiéis de pé, por isso não há assentos.

A catedral e as casas de comércio nos arredores, como o animado restaurante Russian Renaissance, ficam no coração da grande comunidade russa de São Francisco *(p. 43)*. Formado a partir dos anos 1820, o grupo cresceu com a chegada de novos imigrantes, depois da Revolução Russa de 1917 e de novas ondas migratórias nos anos 1950 e no fim da década de 1980.

Holy Virgin Cathedral

❽ Clement Street

Mapa 1 C5. 🚌 2, 29, 44.

Essa é uma das ruas mais movimentadas do outrora sossegado Richmond. Livrarias e pequenas lojas proliferam ao longo dela, e os moradores do bairro se reúnem numa profusão de bares, lanchonetes e restaurantes típicos. A maioria dos estabelecimentos é frequentada mais por moradores do que por turistas.

A Clement Street é circundada pela chamada New Chinatown, lar de mais de um terço da população chinesa de São Francisco. Por isso, a rua abriga alguns dos melhores restaurantes chineses da cidade, com destaque para a culinária do Sudeste Asiático. Contudo, a área é conhecida pela diversidade de restaurantes, entre eles alguns peruanos, russos e franceses.

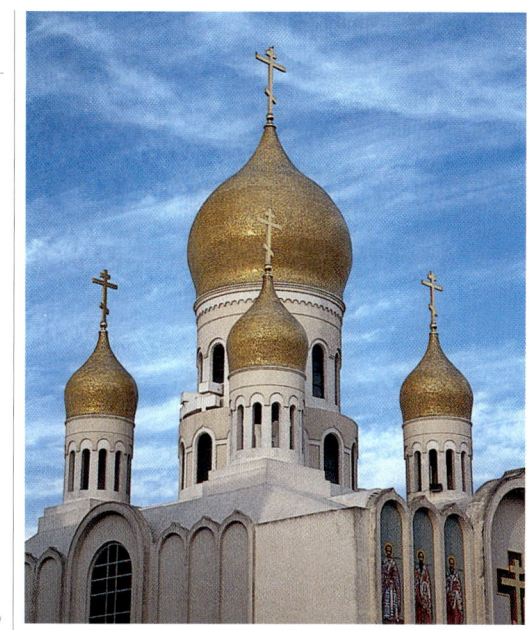

A rua se estende do Arguello Boulevard até as radiais que a cortam de norte a sul e são localmente conhecidas como "The Avenues." Ela termina perto do Legion of Honor *(pp. 158-9)*.

Interior do Templo Emanu-El, com a Arca Sagrada

❾ Templo Emanu-El

Lake St e Arguello Blvd. **Mapa** 3 A4. **Tel** 751-2535. 🚌 1, 1BX, 2, 33. 🕒 só visitas guiadas; 13h-15h ter-qui. ♿ 🌐 **emanuelsf.org**

Após o fim da Primeira Guerra Mundial, centenas de judeus da Rússia e do Leste Europeu se mudaram para o bairro de Richmond e construíram templos que ainda hoje são marcos da região. Entre eles encontra-se o Templo Emanu-El, cuja cúpula foi inspirada na da igreja Hagia Sophia (Santa Sofia), de Istambul, datada do século VI.

O templo se destaca pela majestosa arquitetura. Construído em 1925 para a congregação judaica, que se estabeleceu na cidade em 1850, foi projetado pelo arquiteto Arthur Brown, que também desenhou o City Hall da cidade *(p. 129)*. Com seu domo vermelho, Emanu-El é um híbrido arquitetônico do estilo Missões *(p. 48)* com ornamentação bizantina e arcadas românicas. Seu interior, onde cabem quase 2 mil fiéis, é ainda mais bonito quando o sol penetra pelos vitrais.

⑤ Ponte Golden Gate

Herdeira do nome da entrada para o Estreito da Baía de São Francisco, batizada de "Golden Gate" ("Portão Dourado") por John Fremont em 1846, a ponte foi inaugurada em 1937, ligando São Francisco ao Marin County. Esse ponto turístico mundialmente famoso, com seis pistas para veículos e uma passarela para pedestres e ciclistas, oferece vistas espetaculares. É a nona maior ponte suspensa do mundo, mas quando foi feita era também a mais longa.

Mergulhadores
Durante a construção da torre sul, mergulhadores precisaram usar dinamites no fundo do oceano para chegarem ao leito de rocha.

Os Píeres da Torre
As fundações das torres são uma notável conquista de engenharia. A base da torre sul, situada a 345m da costa, foi fincada 30m para dentro do leito do mar.

LEGENDA

① **A extensão da ponte** é de 2,7km; o vão livre tem 1.280m.

② **A pista** fica 67m acima do mar, que chega a 97m de profundidade na parte central da ponte.

Arrimo de Concreto
Um anel ou arrimo de concreto foi usado para formar a primeira base sobre a qual se construiu a torre sul (ou São Francisco).

PRESIDIO | **65**

PREPARE-SE

Informações Práticas
Mapa 2 E1.
Tel 921-5858.
goldengate.org
amanhecer-anoitecer diariam. mirante.

Transporte
2, 28, 76. Pedestres e ciclistas: só passarela leste diariam, ver horário. Pedágio: apenas cabines eletrônicas, $6 por carro.

A Pista
A pista foi construída a partir das torres, em direção ao centro do vão, de forma que o peso ficasse distribuído pelos cabos de suspensão.

Construção das Torres
As duas torres de aço elevam-se 227m acima da água.

Manuseando Rebites Quentes
Em grupos de quatro, um operário esquentava os rebites e os lançava para outro, que os apanhava num balde. Os outros dois uniam as peças de aço com os rebites quentes.

Joseph Strauss
Joseph Strauss é oficialmente creditado como projetista da ponte, embora seu assistente Charles Ellis tenha sido responsável pelo projeto do vão. Irving F. Morrow foi o arquiteto consultor.

1933
- **Janeiro** A construção da ponte Golden Gate começa oficialmente
- **Dezembro** Armação danificada por navio
- **Fevereiro** Início oficial das obras

1934
- **Novembro** Começa o trabalho na torre norte
- **Janeiro** Término da base São Francisco
- **Maio** Término da Marin Tower
- *Cerimônia de término da Marin Tower*

1935
- **Junho** Término das torres

1936
- **Agosto** Início da passagem dos cabos
- **Março** A última corda de suspensão é posta
- **Outubro** Inicia-se a rotação e a compressão do cabo principal

1937
- **Junho** Término das obras dos cabos e começo da pista
- **Maio** Dia da inauguração
- **Abril** É terminada a pista e posto o último rebite

A Inauguração da Ponte

A ponte, que segundo alguns nunca seria construída, foi terminada no prazo e no orçamento, em plena época da Grande Depressão. Joseph B. Strauss obteve um amplo apoio, e os títulos emitidos permitiram o financiamento de US$35 milhões pelos quatro anos seguintes à construção. Na inauguração, as sirenes e os sinos de São Francisco e de Marin tocaram em uníssono.

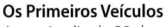

Os Primeiros Veículos
Ao meio-dia de 28 de maio de 1937, a pista foi aberta e um comboio oficial de cadillacs e packards inaugurou a ponte.

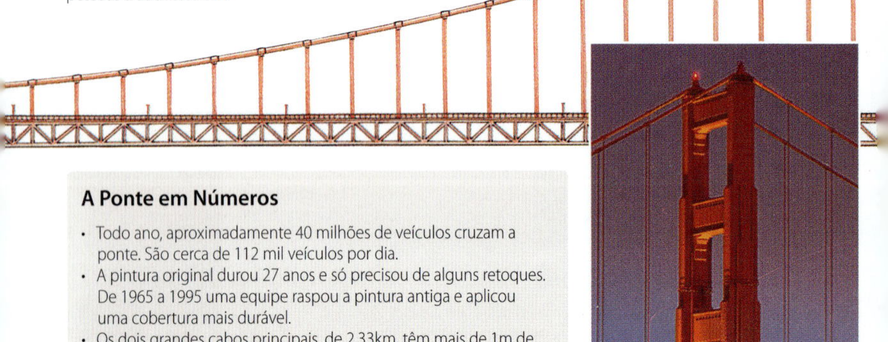

Multidão na Inauguração
Em 27 de maio de 1937, a ponte abriu somente para pedestres. Cerca de 200 mil pessoas a atravessaram.

A Ponte em Números

- Todo ano, aproximadamente 40 milhões de veículos cruzam a ponte. São cerca de 112 mil veículos por dia.
- A pintura original durou 27 anos e só precisou de alguns retoques. De 1965 a 1995 uma equipe raspou a pintura antiga e aplicou uma cobertura mais durável.
- Os dois grandes cabos principais, de 2,33km, têm mais de 1m de diâmetro e são feitos de 128.744km de fios de aço, o suficiente para circundar três vezes a Terra na linha do Equador.
- O volume de concreto despejado nas bases e nos ancoradouros seria suficiente para fazer uma estrada de 1,5m de largura de Nova York a São Francisco, uma distância de mais de 4 mil km.
- A ponte foi projetada para suportar ventos de 160km/h.
- Cada base pode resistir a uma força de maré de mais de 97km/h e sustentar uma torre de aço de 22 mil toneladas.

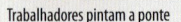

Trabalhadores pintam a ponte

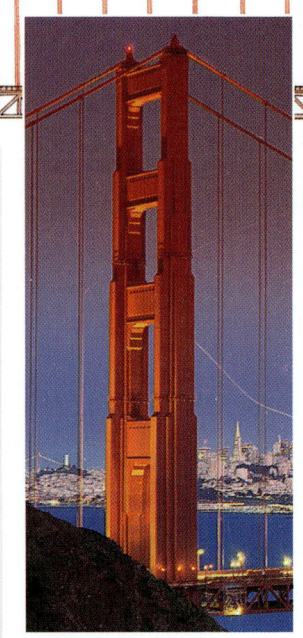

Panorama de Vista Point
A melhor vista, tanto da ponte quanto de São Francisco, é do lado de Marin.

PRESIDIO | 67

O Último Rebite
Em 27 de abril de 1937, Joseph Strauss levou dignitários ao vão central com o último rebite de ouro. Em 28 de maio de 1937, o presidente Roosevelt realizou a cerimônia de abertura na Casa Branca via telégrafo.

Pedágios
Todas as cabines de pedágio são eletrônicas, para melhorar o tráfego ao longo da ponte.

Golden Gate
A espetacular iluminação da ponte constava no projeto original, mas só foi instalada em 1987. As luzes, dispostas de modo a esconder as torres na escuridão, acentuam sua grandiosa altura.

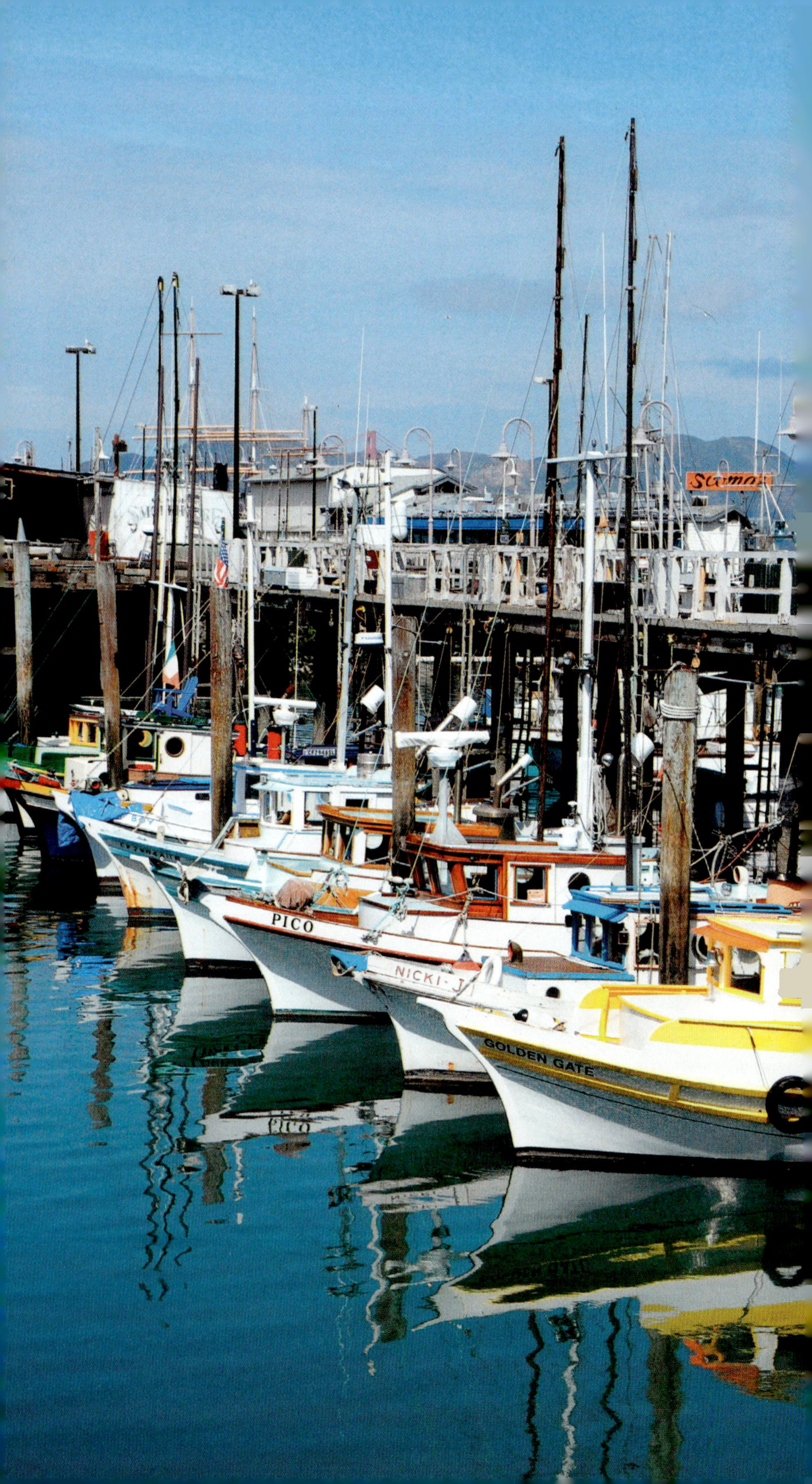
PICO
GOLDEN GATE

SÃO FRANCISCO ÁREA POR ÁREA | **69**

PACIFIC HEIGHTS E MARINA

Pacific Heights é um bairro seleto que fica 100m acima do nível do mar. Depois que os bondes a cabo o ligaram ao centro da cidade nos anos 1880, a área se desenvolveu. Com uma magnífica vista, tornou-se muito atraente, com elegantes casas vitorianas ladeando as ruas arborizadas. A maior parte delas é de uso privado, mas a Haas-Lilienthal House, de estilo Rainha Ana, está aberta ao público. Ao norte da Broadway, as ruas descem íngremes até o bairro da Marina, que acaba na baía de São Francisco. As casas foram construídas sobre um antigo pântano que foi limpo e aterrado para receber a Exposição Panamá-Pacífico (p. 72). Hoje, o ambiente lembra um balneário para ricos, com lojas elegantes, animados cafés e dois renomados iate clubes.

Principais Atrações

Ruas e Prédios Históricos
1. Haas-Lilienthal House
2. Spreckels Mansion
6. Convent of the Sacred Heart
7. Trinity Episcopal Church
8. Cow Hollow
11. Octagon House
14. Wave Organ
15. Fort Mason

Parques e Jardins
3. Lafayette Park
4. Alta Plaza
13. Marina Green

Igrejas e Templos
9. Church of St. Mary the Virgin
10. Vedanta Temple

Ruas de Comércio
5. Fillmore Street
12. Chestnut Street

Restaurantes pp. 226-7
1. Balboa Café
2. Betelnut
3. Brazen Head
4. Greens
5. La Mediterranee
6. Mel's Drive-In

Veja Guia de Ruas, mapas 3 e 4

0 m 500
0 jardas 500

◀ Veleiros coloridos na Marina

Legenda dos símbolos na orelha da contracapa

Rua a Rua: Pacific Heights

Os quarteirões entre o Alta Plaza e o Lafayette Park ficam no coração de Pacific Heights. As ruas são tranquilas e limpas, com muitos prédios residenciais e mansões vitorianas. Algumas datam do fim do século XIX, enquanto outras foram construídas depois do incêndio de 1906 *(pp. 30-1)*. Ao norte dessa área, as ruas descem íngremes até o bairro da Marina, propiciando uma linda vista da baía. Passeie pelos dois grandes parques e dê uma olhada nos jardins das mansões. Depois, vá a um dos vários bares, cafés e restaurantes da animada Fillmore Street.

A vista a partir do Alta Plaza, descendo a íngreme Pierce Street para o norte, abrange a Marina e proporciona uma linda imagem da baía ao fundo.

A Washington Street fica a leste do Alta Plaza. Ali as casas vitorianas, de arquitetura variada, ocupam toda a quadra.

❹ ★ **Alta Plaza**
Tornou-se parque público nos anos 1850. Sua área verde tem espaço infantil, quadras de tênis e uma linda vista.

Ônibus nº 12

As casas geminadas da Webster Street (com sacada) são tombadas pelo patrimônio histórico. Feitas para uma clientela de classe média em 1878, foram integralmente restauradas.

| 0 m | 100 |
| 0 jardas | 100 |

Legenda

— Percurso sugerido

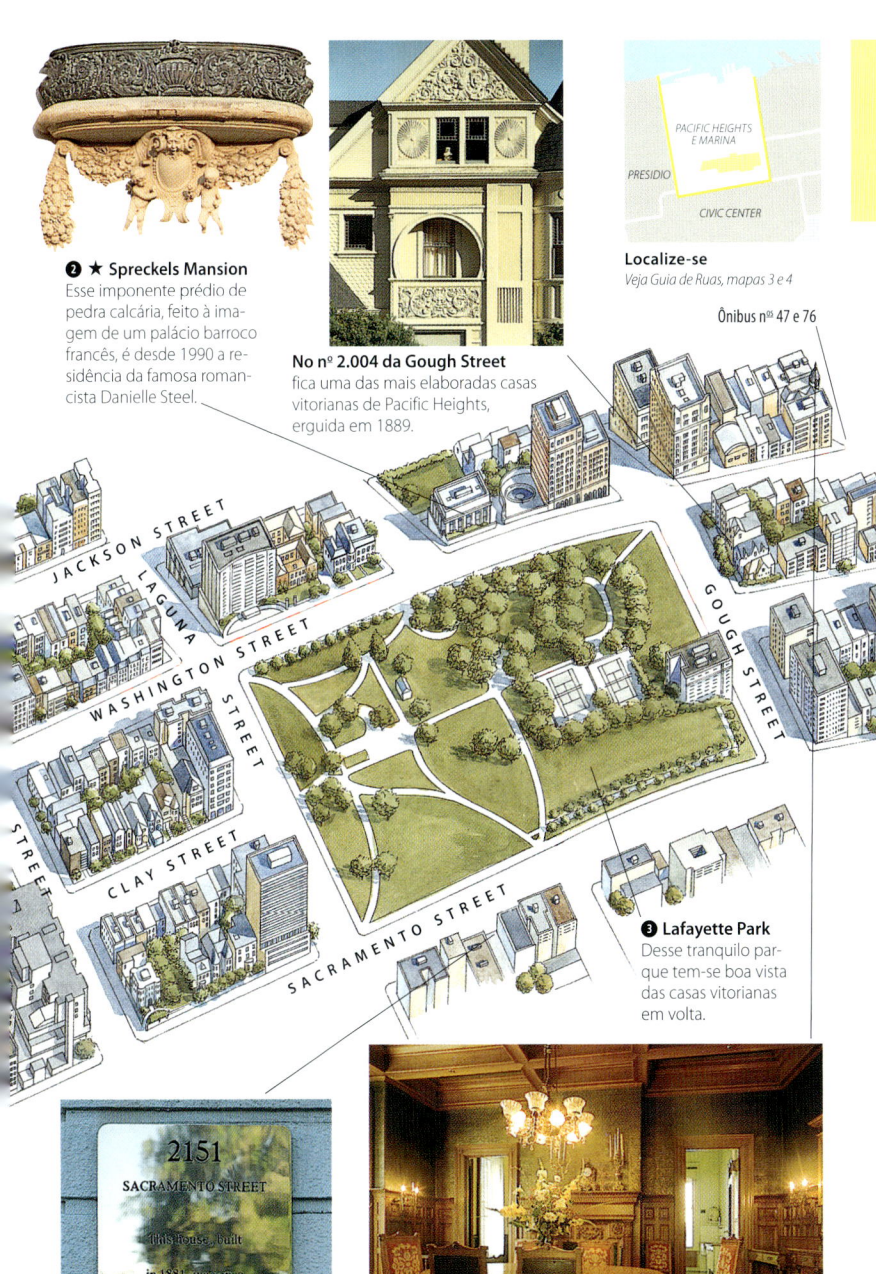

PACIFIC HEIGHTS E MARINA | 71

❷ ★ Spreckels Mansion
Esse imponente prédio de pedra calcária, feito à imagem de um palácio barroco francês, é desde 1990 a residência da famosa romancista Danielle Steel.

No nº 2.004 da Gough Street
fica uma das mais elaboradas casas vitorianas de Pacific Heights, erguida em 1889.

Localize-se
Veja Guia de Ruas, mapas 3 e 4

Ônibus nº 47 e 76

❸ Lafayette Park
Desse tranquilo parque tem-se boa vista das casas vitorianas em volta.

O nº 2.151 da Sacramento Street é uma mansão de estilo francês. Uma placa lembra a visita do escritor sir Arthur Conan Doyle.

❶ Haas-Lilienthal House
Decorada em estilo vitoriano, essa mansão é a sede da Architectural Heritage Foundation.

❶ Haas-Lilienthal House

2007 Franklin St. **Mapa** 4 E3. **Tel** 441-3000. 🚌 1, 12, 19, 27, 47, 49, 76X, 90. 🕐 12h-15h qua e sáb, 11h-16h dom. 🌐 sfheritage.org

Essa linda mansão de estilo Rainha Ana *(p. 77)* foi construída em 1886 para o rico negociante William Haas. Alice Lilienthal, sua filha, viveu na casa até 1972, quando a mansão foi doada à Foundation for San Francisco's Architectural Heritage. É a única mansão que restou intacta dessa época, e hoje serve como museu, abrigando mobiliário original. Ótimo exemplo de residência vitoriana da classe média alta, a Haas-Lilienthal House tem cumeeiras elaboradas, uma torre lateral cilíndrica e ornamentação luxuosa.

Uma mostra de fotos retrata a história do prédio e revela que essa mansão era modesta se comparada a algumas das que foram destruídas durante o grande incêndio de 1906 *(pp. 30-1)*.

A Haas-Lilienthal House, mansão de 1886 em estilo Rainha Ana

❷ Spreckels Mansion

2080 Washington St. **Mapa** 4 E3 🚌 1, 10, 47, 49. ⬤ ao público.

Soberana no lado norte do Lafayette Park, essa imponente mansão belas-artes *(p. 49)* costuma às vezes ser chamada de "Partenon do Ocidente". Foi construída em 1912 para a extravagante Alma de Bretteville Spreckels e seu marido, Adolph, herdeiro do barão do açúcar Claus Spreckels *(pp. 136-7)*. Atualmente a casa é propriedade privada e ocupa um quarteirão na Octavia Street, ajardinada no estilo da Lombard Street *(p. 88)*. George Applegarth, arquiteto responsável pela construção, em 1916 projetou o Legion of Honor *(pp. 158-9)*. Em 1924, a família Spreckels doou o palácio para a cidade.

A imponente fachada da Spreckels Mansion, no Lafayette Park

❸ Lafayette Park

Mapa 4 E3. 🚌 1, 10, 12, 47, 49.

Um dos mais belos parques de São Francisco, o Lafayette Park é um santuário de pinheiros e eucaliptos, embora o atual sossego esconda uma turbulenta história. Junto com o Alta Plaza e a Alamo Square, seu terreno foi declarado público em 1855. No entan-

---

Exposição Panamá-Pacífico (1915)

São Francisco comemorou com uma feira monumental sua recuperação do terremoto de 1906 *(pp. 32-3)*. A intenção era celebrar a inauguração do Canal do Panamá e o evento foi projetado para ser o mais esplêndido de todos os tempos. Um visitante descreveu as estruturas como "uma Constantinopla em miniatura". A feira foi erguida sobre um aterro da baía de São Francisco, no local da atual Marina. Os incríveis pavilhões foram doados pelos estados dos EUA e por 25 países compondo um espaço de 1,6km de extensão. Muitos dos prédios se inspiravam em preciosidades arquitetônicas, como uma mesquita turca e um templo budista de Kyoto. A brilhante Tower of Jewels, no centro da feira, era incrustada com contas de vidro e iluminada por holofotes. Do lado oeste ficava o Palace of Fine Arts *(pp. 60-1)*, hoje único prédio sobrevivente, ao qual se chegava de gôndola atravessando uma lagoa artificial.

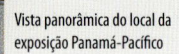

Ferry Building durante a exposição

Vista panorâmica do local da exposição Panamá-Pacífico

to, grileiros e outros, entre os quais um ex-promotor público, reclamaram a terra e começaram a construir casas. A maior delas permaneceu no centro do parque até 1936, diante da recusa do grileiro em se mudar. Finalmente, foi demolida quando as autoridades municipais concordaram em trocá-la por outro terreno, na Gough Street. Íngremes escadas levam à parte do parque onde a vista é espetacular. Nas ruas ao redor, encontram-se vários palacetes vitorianos. Os mais ornados ficam na Broadway, na Jackson Street e na Pacific Avenue, de leste para oeste, e na Gough, Octavia e Laguna Street, no sentido norte-sul.

O sereno parque Alta Plaza

❹ Alta Plaza

Mapa 4 D3. 🚌 1, 3, 10, 12, 22, 24.

Situado no centro de Pacific Heights, o Alta Plaza é um lindo parque urbano ajardinado aonde a elite de São Francisco vai relaxar. A escadaria de pedras que sai da Clay Street, do lado sul do parque, proporciona uma belíssima vista. Foi por essa escada que Barbra Streisand desceu no filme *Essa pequena é uma parada*. Há também quadras de tênis e um parquinho. Do lado norte do parque é possível avistar mansões vitorianas, entre as quais a Gibbs House, no nº 2.622 da Jackson Street, construída por Willis Polk em 1894.

❺ Fillmore Street

Mapa 4 D4. 🚌 1, 2, 3, 22, 24.

A Fillmore Street conseguiu passar praticamente incólume pelo terremoto de 1906 *(pp. 30-1)* e, por muitos anos, serviu de centro administrativo a São Francisco. Os órgãos do governo e diversos negócios privados se instalaram em lojas, residências e até igrejas. Hoje, a maior zona comercial de Pacific Heights está localizada na Fillmore Street, da Jackson Street até Japantown, perto da Bush Street. Essa área é repleta de livrarias, restaurantes e elegantes lojas.

❻ Convent of the Sacred Heart

2222 Broadway. **Mapa** 4 D3. ☎ 563-2900. 🚌 22, 24. 🅾 ao público. ♿ **W** sacredsf.org

Essa mansão neoclássica era conhecida como a Flood Mansion. Foi projetada pelos arquitetos Bliss e Faville para James Leary Flood, filho do magnata da Comstock Mine *(p. 104)*, e foi terminada em 1915. Com harmoniosas proporções, incríveis detalhes e fachada de mármore, a casa é o mais requintado exemplo de mansões de Pacific Heights. Em 1939, o prédio passou a abrigar uma das mais antigas escolas privadas da Califórnia.

❼ Trinity Episcopal Church

1668 Bush Street. **Mapa** 4 D4. **Tel** 775-1117. 🚌 1, 2, 3, 10, 10X, 19, 22, 38, 49, 70, 80, 90. **W** sftrinity.org

Esse impressionante edifício inspira-se na catedral de Durham, no norte da Inglaterra, um dos mais belos exemplos de arquitetura normanda. A mais antiga igreja episcopal da costa do Pacífico comemorou seu 150º aniversário em 1999. Seus vitrais coloridos foram desenhados por um aluno de John LaFarge, importante artista da cena de Nova York no fim do século XIX. O altar-mor mostra a Cruz da Trindade incrustada de pedras preciosas, que foi dada de presente pelas mulheres da paróquia no Domingo da Trindade. A igreja também abriga o San Francisco Bach Choir.

❽ Cow Hollow

Mapa 4 D2. 🚌 22, 41, 43, 45.

Cow Hollow é uma zona comercial da Union Street. Chama-se "Ravina da Vaca" porque servia de pasto às vacas-leiteiras da cidade até os anos 1860. Depois, passou por melhorias e se tornou um bairro residencial. O local virou moda nos anos 1950, quando butiques elegantes, antiquários e galerias de arte substituíram o antigo comércio do bairro. Muitas lojas ficam em prédios do século XIX, atualmente restaurados, que dão um ar antigo à área em contraste com a sofisticação dos artigos à venda.

Vista a partir da Fillmore Street, em direção a Cow Hollow

❾ Church of St. Mary the Virgin

2325 Union St. **Mapa** 4 D3. **Tel** 921-3665. 🚌 22, 41, 45. 🕐 9h-17h seg-sex. ✝ 8h, 9h, 11h e 17h30 dom. ✉ durante as missas. 🌐 **smvsf.org**

Lembrando a época mais rural de Cow Hollow (*p. 73*), no começo do século XIX, essa rústica igreja episcopal coberta por telhas de madeira fica no extremo oeste da movimentada área comercial da Union Street.

Uma das nascentes naturais que forneciam água para o rebanho leiteiro de Cow Hollow ainda existe, embora esteja oculta da vista dos transeuntes atrás da cerca e do pórtico original da igreja.

O pequeno prédio é um exemplo do início do estilo arts and crafts (*p. 48*), que, depois, seria bastante usado nas igrejas da Bay Area. Sob o telhado inclinado, as paredes são recobertas com sarrafos, ripas de sequoia organizadas em faixas sobrepostas sobre a estrutura da igreja.

Parte da Church of St. Mary the Virgin passou por uma remodelação nos anos 1950, quando a entrada foi deslocada para a Steiner Street, do lado oposto do edifício; a construção, porém, foi muito bem preservada.

❿ Vedanta Temple

2963 Webster St. **Mapa** 4 D2. **Tel** 922-2323. 🚌 22, 41, 45. 🕐 ao público, exceto durante os ofícios. ✝ 19h30 sex. ✉ 🌐 **sfvedanta.org**

Uma das mais surpreendentes estruturas da Bay Area, o Vedanta Temple é uma eclética combinação de diferentes tradições decorativas. O teto é coroado por um brilhante domo vermelho-ferrugem em forma de cebola, semelhante aos usados nas igrejas ortodoxas russas. Há uma torre que parece vir de um castelo fortificado europeu e uma cúpula octogonal hindu.

A rica decoração do Vedanta Temple

Entre as demais características arquitetônicas estão as abóbadas mouriscas, os parapeitos medievais e os elementos nos estilos Rainha Ana (*p. 77*) e Colonial. Foi construído em 1905 pelo arquiteto Joseph A. Leonard, que trabalhou em colaboração com o clérigo da Northern California Vedanta Society, Swami Trigunatitananda.

Vedanta é a mais elevada das seis escolas do hinduísmo, e o prédio simboliza o conceito segundo o qual toda religião é apenas uma maneira diferente de alcançar o mesmo Deus. O templo, hoje um mosteiro, merece ser visto, mesmo que de fora.

⓫ Fort Mason

Mapa 4 E1. **Tel** 345-7500. 🚌 22, 28, 30, 43. ♿ parcial. 🌐 **fortmason.org**
Veja Cinco Passeios a Pé: pp. 174-5.

O Fort Mason conta a história militar de São Francisco. Os edifícios originais eram casas particulares, erguidas no fim dos anos 1850 e confiscadas pelo governo dos EUA quando o local foi tomado pelo exército durante a Guerra de Secessão (1861-5).

O forte era um posto de comando do exército até a década de 1890. Depois abrigou refugiados cujas casas haviam sido destruídas pelo terremoto (*pp. 30-1*). Durante a Segunda Guerra Mundial, foi ponto de embarque para 1,6 milhão de soldados.

Fort Mason passou a ser usado para fins pacíficos em 1972. O quartel original e o antigo hospital, hoje abertos ao público, servem de Centro de Visitantes e de sede da Golden Gate

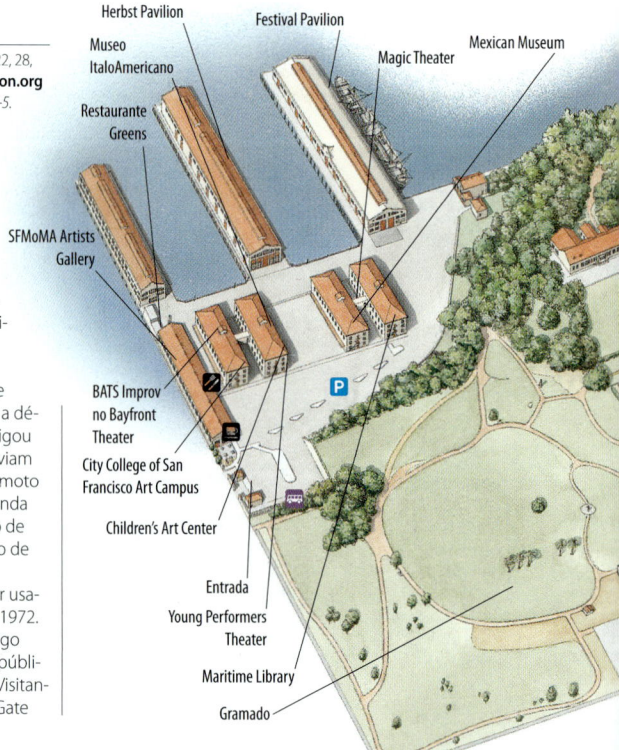

- Herbst Pavilion
- Festival Pavilion
- Museo ItaloAmericano
- Magic Theater
- Mexican Museum
- Restaurante Greens
- SFMoMA Artists Gallery
- BATS Improv no Bayfront Theater
- City College of San Francisco Art Campus
- Children's Art Center
- Entrada
- Young Performers Theater
- Maritime Library
- Gramado

PACIFIC HEIGHTS E MARINA | 75

⓫ Octagon House

2645 Gough St. **Mapa** 4 E2. **Tel** 441-7512. 10, 41, 45, 47, 49, 70, 80, 90, 101. 12h-15h 2º dom e 2ª e 4ª qui mês, exceto jan. Aceita doações: restrito. **W** nscda.com

Construída em 1861, a Octagon House deve seu nome à sua cúpula octogonal. A casa abriga um acervo pequeno porém interessante de artes decorativas e documentos históricos dos períodos colonial e federalista dos Estados Unidos. Entre as peças, há móveis, pinturas, um jogo da época da Revolução Americana e a assinatura de 54 dos 56 signatários da Declaração da Independência.

⓬ Chestnut Street

Mapa 3 C2. 22, 28, 30, 43.

Principal centro de compras e da vida noturna do bairro da Marina, a Chestnut Street conta com boa variedade de cinemas, mercearias, cafés e restaurantes. A zona comercial estende-se por alguns quarteirões desde a Fillmore até a Divisadero Street, depois da qual o bairro se torna mais residencial.

⓭ Marina Green

Mapa 4 D1. 22, 28, 30.

Longa e estreita faixa gramada que acompanha a extensão da Marina, o Marina Green atrai aqueles que gostam de piquenique e de empinar pipas, especialmente no dia 4 de julho, quando se vê a festa de fogos da cidade (p. 51). Trilhas à beira-mar são as preferidas dos ciclistas, corredores e patinadores. A Golden Gate Promenade vai da ponta oeste do gramado ao Fort Point, ou, se virar a leste, ao Wave Organ, no fim do quebra-mar.

⓮ Wave Organ

Mapa 4 D1. 30.

Situado no final do quebra-mar que protege a Marina está o mais peculiar instrumento de música do mundo. Construído por cientistas do Exploratorium (pp. 94-5), o Wave Organ (Órgão de Ondas) consiste em vários tubos submersos que emitem ruídos de acordo com as marés. Os tubos para escutar estão embutidos em um pequeno anfiteatro com vista para Pacific Heights e Presidio. O som lembra mais um encanamento do que um órgão.

O Wave Organ, no fim do quebra-mar de West Harbor

International Youth Hostel

Residência do general do Fort Mason

Capela

Sede da Golden Gate National Recreation Area

Meta III (1985), de Italo Scanga, na capela do Museo ItaloAmericano

National Recreation Area (GGNRA). Fort Mason oferece uma das mais lindas vistas da cidade, em direção à Ponte Golden Gate e à Ilha de Alcatraz.

Fort Mason Center
Parte do forte, é hoje ocupada por um dos maiores complexos de arte de São Francisco. O Fort Mason Center abriga mais de 25 organizações culturais, entre as quais galerias de arte, museus e teatros, como o Cowell Theater, o BATS Improv no Bayfront Theater, o Magic Theater e o Young Performers Theater. A SFMoMA Artist Gallery oferece à venda ou para aluguel obras de arte do Norte da Califórnia, enquanto artistas italianos e ítalo-americanos expõem no Museo ItaloAmericano. O Mexicam Museum possui uma coleção de aproximadamente 12 mil objetos, que representam milhares de anos da história mexicana. A Maritime Library tem diversos livros de história, tradições orais e cartas marítimas, mas seus horários de funcionamento são limitados. O Maritime Museum (p. 87) fica perto do Fisherman's Wharf. Entre os lugares para comer no Fort Mason Center há o Greens (p. 226), um dos melhores restaurantes vegetarianos da cidade.

Também há milhares de eventos que acontecem no local todos os anos.

O SS Balclutha, no Hyde Street Pier, parte do Maritime Museum

Casas Vitorianas em São Francisco

Apesar dos terremotos, dos incêndios e das mudanças da vida moderna, milhares de casas ornamentadas do fim do século XIX ainda existem nas ruas de São Francisco. De fato, em vários bairros, ainda são o tipo de casa mais comum. As casas vitorianas se parecem muito, todas com estrutura de madeira e elaborada decoração. Embora a maior parte delas tenha sido construída em terrenos estreitos, com planta idêntica, os detalhes da fachada são diferentes. Quatro estilos principais prevalecem na cidade, mesmo que muitas casas, especialmente as construídas nos anos 1880 e 1890, combinem aspectos de vários estilos.

Detalhe do portal em estilo Rainha Ana do Chateau Tivoli

Neogótico (1850-80)

As casas neogóticas são as mais fáceis de identificar, porque têm arcos ogivais sobre as janelas e as portas. Outros traços são telhado inclinado com cumeeira, beirais de telhado decorados (também com motivos de arcos ogivais) e varanda por toda a extensão da fachada. As menores e mais simples são geralmente pintadas de branco, em vez das cores vivas quase sempre usadas nos estilos posteriores.

O telhado inclinado sobre a fachada corre longitudinalmente, permitindo a utilização de águas-furtadas.

O telhado com cumeeira e beirais decorados é característico do neogótico.

Pórtico gótico com entravamento cruzado, nº 1.978 da Filbert St.

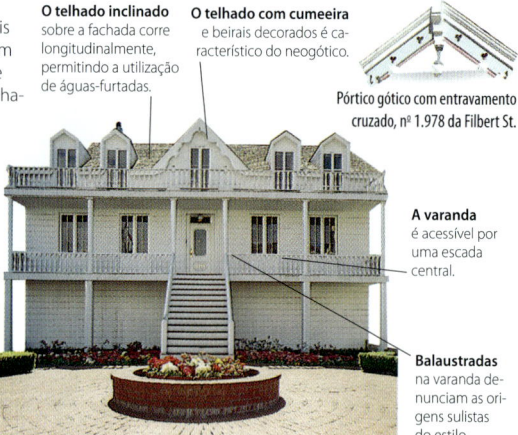

A varanda é acessível por uma escada central.

O nº 1.111 da Oak Street é um dos mais antigos prédios neogóticos da cidade. O jardim é bastante grande.

Balaustradas na varanda denunciam as origens sulistas do estilo.

Estilo Italiano (1850-85)

As casas de estilo italiano foram mais populares em São Francisco que no resto dos EUA, talvez porque seu formato se adaptasse melhor ao alto índice de ocupação do solo da cidade. O traço mais nítido do estilo italiano é a cornija alta, em geral com mísulas decorativas, o que dá um ar palaciano às casas. A decoração das portas e das janelas é outro traço típico do estilo.

As cornijas altas escondem o telhado inclinado.

Imponente entrada com pórtico de estilo italiano

O nº 1.913 da Sacramento Street tem uma fachada típica desse estilo, baseada em um *palazzo* renascentista. O madeiramento é trabalhado para parecer pedra.

As janelas simétricas são encimadas por arcos decorativos.

As portas neoclássicas, às vezes ornamentadas com frontões triangulares, são tipicamente italianas.

Stick (1860-90)

Esse estilo arquitetônico de nome deselegante (palito) é talvez o mais comum entre as casas vitorianas da cidade. Também chamado às vezes de "Stick-Eastlake", por causa do projetista londrino Charles Eastlake, pretendia ser arquitetonicamente mais "honesto". As linhas verticais são enfatizadas tanto na estrutura quanto na ornamentação. Janelas salientes e cornijas com cumeeira falsa são características básicas.

O nº 1.715-1.717 da Capp Street é um bom exemplo do estilo Stick-Eastlake, com fachada simples reavivada por ornamentos decorativos.

Telhado de cumeeira com janelas Eastlake no nº 2.931 da Pierce Street

Os caibros largos de remate formam uma mísula decorativa, enfatizando a estrutura básica das casas Stick.

Cumeeiras decorativas com motivos de "sol irradiante" aparecem em varandas e caixilhos.

Portas contíguas podem ser protegidas por um pórtico ressaltado.

Rainha Ana (1875-1905)

O nome Rainha Ana não se refere a um período histórico; foi cunhado pelo arquiteto inglês Richard Shaw. As casas desse estilo combinam livremente elementos de muitas linhas decorativas, mas têm como marca torreões, torres e amplos painéis de parede decorativos. A maioria das casas também ostenta torneamentos intricados em balaustradas, varandas e mísulas de telhados.

As janelas paladianas eram usadas em cumeeiras para aparentar um andar a mais.

Uma cumeeira Rainha Ana com ornamentos no nº 818 da Steiner Street

Torreão encimado por um ornamento no nº 1.015 da Steiner St.

Torreões e torres redondas, quadradas e poligonais são típicos de casas do estilo Rainha Ana.

O frontão triangular da cumeeira tem janelas ornamentais e painéis.

O caixilho encurvado da janela não é em si característico do estilo Rainha Ana, mas muitas casas apresentam traços de outros estilos.

A fachada assimétrica do nº 850 da Steiner Street, assim como sua decoração eclética, é típica de uma casa Rainha Ana. Os ornamentos geralmente são pintados em cores vivas.

Onde Encontrar Casas Vitorianas

1715-1717 Capp St. **Mapa** 10 F4
Chateau Tivoli, 1057 Steiner St. **Mapa** 4 D4
1978 Filbert St. **Mapa** 4 D2
1111 Oak St. **Mapa** 9 C1
2931 Pierce St. **Mapa** 4 D3
1913 Sacramento St. **Mapa** 4 E3
818 Steiner St. **Mapa** 4 D5
850 Steiner St. **Mapa** 4 D5
1015 Steiner St. **Mapa** 4 D5
2527-2531 Washington St. **Mapa** 4 D3
Alamo Square p. 131
Clarke's Folly p. 141
Haas-Lilienthal House p. 72
Liberty St. **Mapa** 10 E3
Masonic Ave. **Mapa** 3 C4
Octagon House p. 75
Spreckels Mansion p. 72

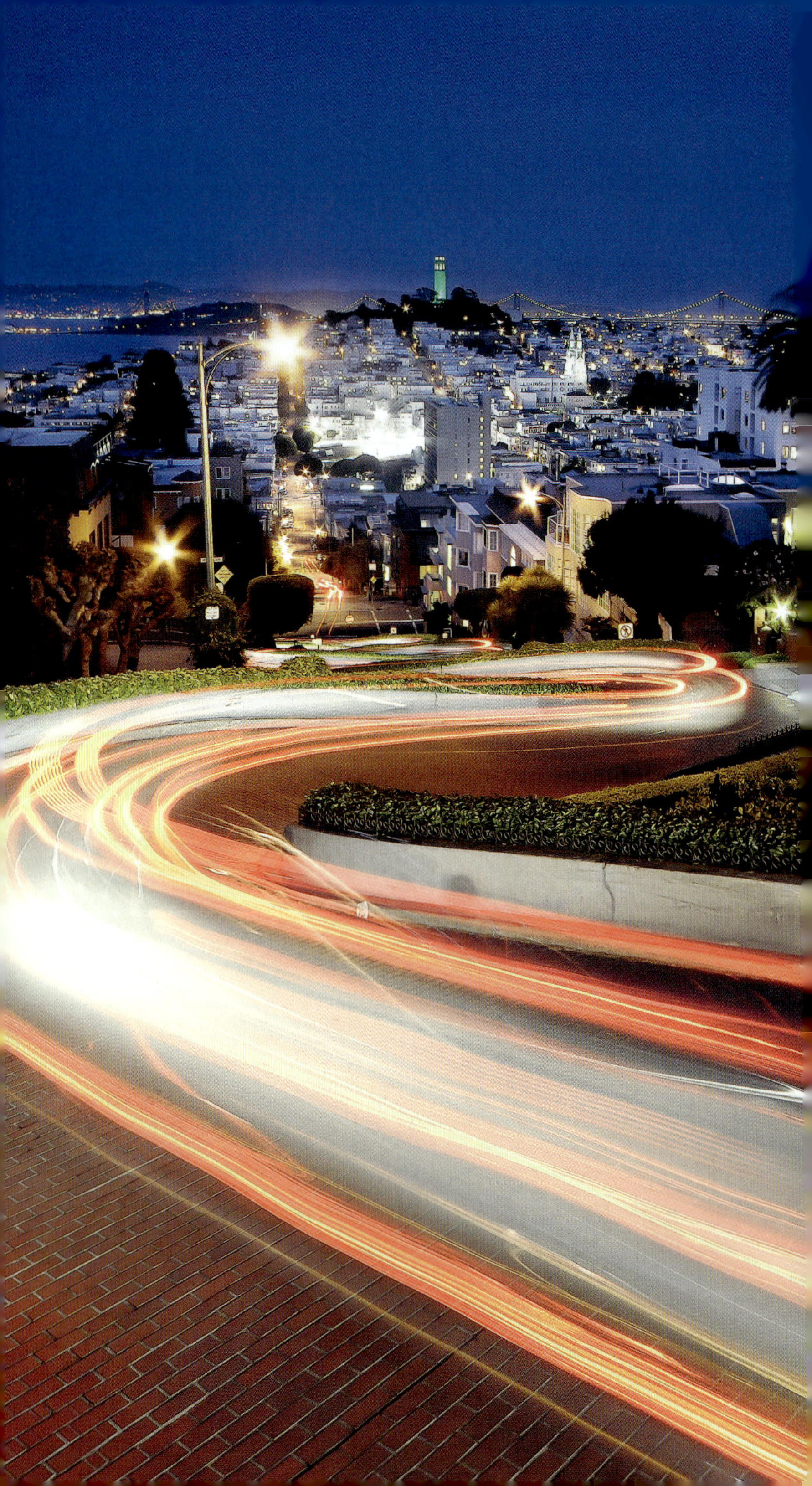

FISHERMAN'S WHARF E NORTH BEACH

Pescadores de Gênova e da Sicília chegaram à região de Fisherman's Wharf no final do século XIX e deram início à atividade pesqueira de São Francisco. Desde a década de 1950, o bairro vem cedendo lugar ao turismo, no entanto os barcos coloridos ainda zarpam do porto para a pescaria logo pela manhã. Ao sul de Fisherman's Wharf localiza-se North Beach, às vezes chamada de Little Italy. Esse lado agitado da cidade dispõe de diversas delicatéssens, padarias e cafés, dos quais se pode apreciar o movimento. É o lar de famílias italianas e chinesas, de escritores e boêmios, e onde Jack Kerouac *(p. 34)*, entre outros autores, encontrou inspiração para escrever.

Principais Atrações

Ruas e Prédios Históricos
1. *Ilha de Alcatraz pp. 82-5*
2. PIER 39
9. Lombard Street
11. Vallejo Street Stairway
18. Filbert Steps
19. Greenwich Steps
20. Upper Montgomery Street

Monumentos
17. Coit Tower

Igrejas e Templos
15. Saints Peter and Paul Church

Restaurantes e Bares
12. Club Fugazi

Parques e Jardins
14. Washington Square
16. Bocce Ball Courts
21. Levi's Plaza

Shopping Centers
6. The Cannery
7. Ghirardelli Square

Museus e Galerias
3. USS *Pampanito*
4. Madame Tussaud's
5. Ripley's Believe It Or Not! Museum
8. San Francisco Maritime National Historical Park Visitors' Center
10. San Francisco Art Institute
13. North Beach Beat Museum
22. Exploratorium

Restaurantes
p. 224
1. Buena Vista Café
2. Boudin at Fisherman's Wharf
3. Caffe Greco
4. Caffe Sport
5. Fog City
6. Franchino
7. Gary Danko
8. The House
9. Scoma's
10. The Stinking Rose

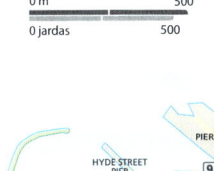

Veja Guia de Ruas, mapas 4-6

◀ Vista da cidade a partir da Lombard Street

Legenda dos símbolos *na orelha da contracapa*

Rua a Rua: Fisherman's Wharf

Os restaurantes italianos de frutos do mar substituíram a pesca como principal atividade econômica de Fisherman's Wharf. Tanto os lugares mais caros quanto as barracas do cais oferecem, de novembro a junho, o Dungeness, caranguejo do Pacífico. Os visitantes também vão em busca das lojas, museus e atrações que fazem a fama de Fisherman's Wharf. Ingressos para Alcatraz são vendidos no Pier 33.

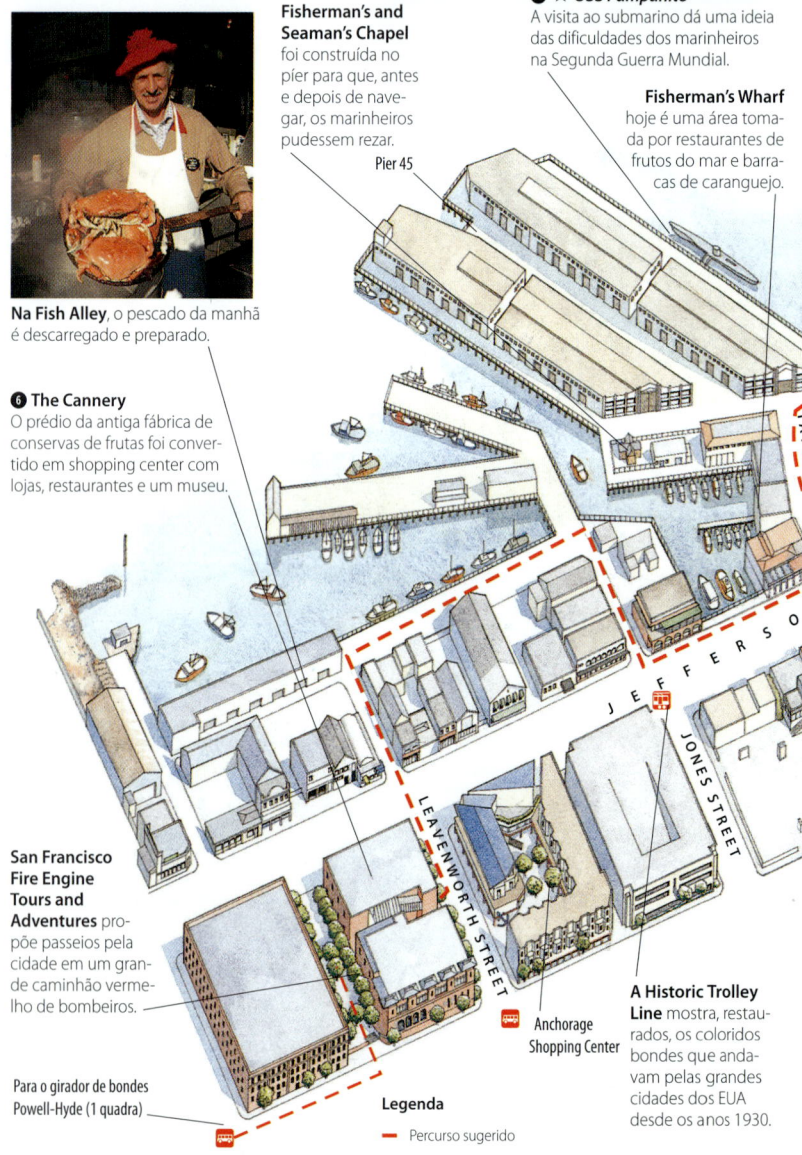

❸ ★ USS *Pampanito*
A visita ao submarino dá uma ideia das dificuldades dos marinheiros na Segunda Guerra Mundial.

Fisherman's and Seaman's Chapel foi construída no píer para que, antes e depois de navegar, os marinheiros pudessem rezar.

Pier 45

Fisherman's Wharf hoje é uma área tomada por restaurantes de frutos do mar e barracas de caranguejo.

Na Fish Alley, o pescado da manhã é descarregado e preparado.

❻ The Cannery
O prédio da antiga fábrica de conservas de frutas foi convertido em shopping center com lojas, restaurantes e um museu.

San Francisco Fire Engine Tours and Adventures propõe passeios pela cidade em um grande caminhão vermelho de bombeiros.

Para o girador de bondes Powell-Hyde (1 quadra)

Anchorage Shopping Center

A Historic Trolley Line mostra, restaurados, os coloridos bondes que andavam pelas grandes cidades dos EUA desde os anos 1930.

Legenda
— Percurso sugerido

FISHERMAN'S WHARF E NORTH BEACH | 81

Os leões-marinhos tomando sol no PIER 39 são uma diversão para os turistas, mas um incômodo para os barqueiros. Eles normalmente chegam perto de janeiro.

Localize-se
Veja Guia de Ruas, mapa 6

Bilhetes para ferryboats e barcos de passeio da Blue and Gold Fleet *(p. 287)*

A Boudin Sourdough Bakery produz o famoso pão de São Francisco, com sabor único. Compre fresquinho antes de visitar os museus *(p. 244)*.

Bilhetes para barcos de passeio da Red and White Fleet

Ônibus (nº 32)

Para o Pier 33 – ingressos para Alcatraz

EMBARCADERO

POWELL STREET

MASON STREET

STREET

❹ Madame Tussaud's
Esse museu abriga cerca de 300 figuras de cera em tamanho real de personalidades antigas e atuais.

❺ Ripley's Believe It Or Not! Museum
O museu apresenta uma parte da inusitada coleção do cartunista, com fatos bizarros e curiosidades.

0 m 100
0 jardas 100

❷ ★ PIER 39
Essa série de restaurantes, lojas e áreas de diversão, com a incrível vista da baía, é uma das atrações turísticas mais procuradas da cidade.

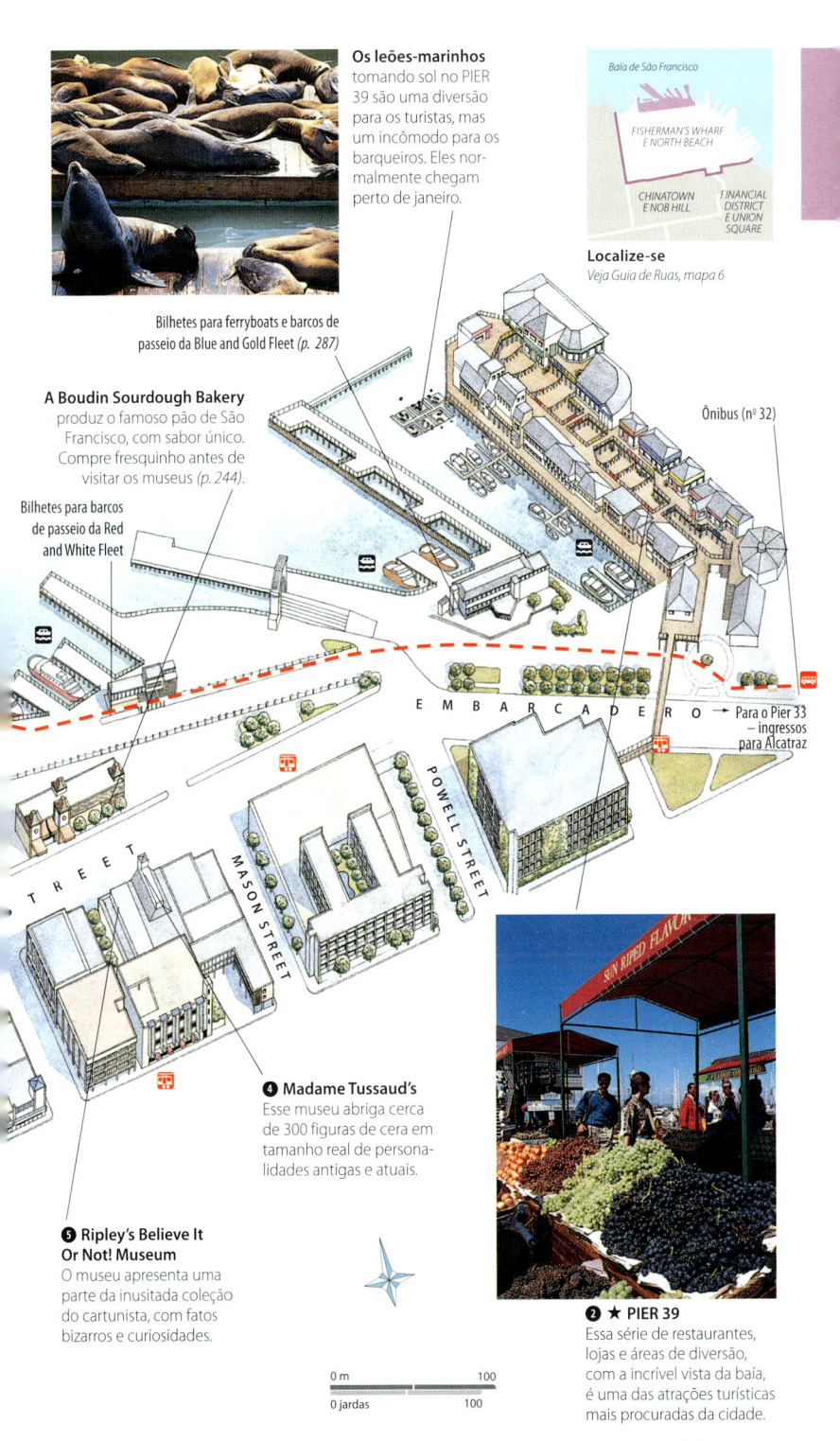

Legenda dos símbolos *na orelha da contracapa*

❶ Ilha de Alcatraz

O alcatraz (ou mergulhão), ave da família do pelicano, foi um dos primeiros habitantes dessa ilha rochosa e escarpada. Situada 5km a leste da Ponte Golden Gate, é uma ilha estratégica e sujeita a ventos oceânicos. Em 1859, o exército dos EUA construiu no local um forte, que protegeu a baía de São Francisco até 1907, quando se tornou prisão militar. De 1934 a 1963, serviu de penitenciária federal de segurança máxima. Em 1969, membros do movimento Indians of All Tribes *(p. 34)* ocuparam a ilha e a reivindicaram como sua. Foram expulsos em 1971, e hoje Alcatraz é parte da Golden Gate National Recreation Area.

★ Pavilhão de Celas
O pavilhão contém quatro blocos de celas. Nenhuma delas tem parede ou teto para o exterior. As fundações da "Big House" ("Casa Grande"), como os presidiários chamavam o pavilhão principal, ajustam-se às fundações originais da velha fortaleza militar.

Farol
O farol original de Alcatraz, o primeiro da Costa Oeste dos Estados Unidos, foi ativado em 1854 e substituído em 1909 pela estrutura atual.

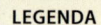

Casa do Diretor
A casa foi danificada por incêndios durante o cerco indígena de 1969 a 1971.

LEGENDA

① **Trilha Agave** (aberta sazonalmente).

② **Os aposentos dos oficiais** ficavam nesse local.

③ **Praça de armas** (aberta sazonalmente).

④ **Detectores de metal** checavam os presos na entrada e saída dos refeitórios e dos pátios. A máquina exposta é uma réplica que foi usada na filmagem de *Alcatraz: fuga impossível*.

⑤ **O Necrotério Militar**, pequeno e apertado, está fechado ao público.

⑥ **Caixa-d'água**

⑦ **O Clube dos Oficiais** era conhecido também como Enlisted Men's Club (Clube dos Homens Alistados) no tempo do Forte Alcatraz. Era uma área de recreio na época da prisão federal.

⑧ **Casa de manutenção elétrica**

⑨ **O Dormitório Militar** foi construído em 1933 para os guardas da prisão militar.

⑩ **A Sally Port** data de 1857. Equipada com ponte levadiça e fosso seco, essa guarita defendia a entrada do Forte Alcatraz.

⑪ **A Área de Exposições** fica em uma antiga caserna atrás do cais do ferryboat. Dentro há uma livraria, exposições, apresentações multimídia sobre a história de Alcatraz e um posto de informações.

⑫ **Edifícios de casernas**

FISHERMAN'S WHARF E NORTH BEACH | 83

Alcatraz Vista do Ferryboat
"A Rocha" não tem solo natural. A terra foi levada da ilha Angel para fazer os jardins.

PREPARE-SE

Informações Práticas
Mapa 6 F1. **Tel** 981-7625 para ingressos e agendamentos. Passeios noturnos: qui-seg. **Tel** 561-4900. **W** **nps.gov/alcatraz** **W** **alcatrazcruises.com** diariam. 1º jan, Ação de Graças, 25 dez. certos locais. Visitor Center: exibição de filmes (grátis). Compre antes os ingressos para o passeio, sobretudo no verão.

Transporte
do Pier 33.

★ Pátio de Exercícios
As refeições e caminhadas pelo pátio eram os pontos altos da rotina dos presidiários. O pátio murado aparece em diversos filmes rodados na prisão.

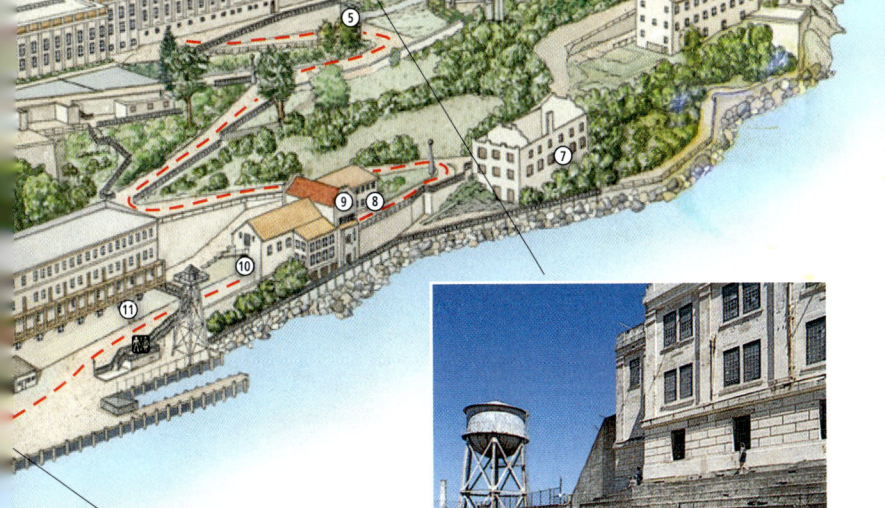

Cais de Alcatraz
Os visitantes acessam a ilha por esse cais em frente aos alojamentos. A maioria dos prisioneiros chegava a Alcatraz por um local próximo.

Legenda
— Percurso sugerido

```
0 m              75
0 jardas         75
```

Legenda dos símbolos *na orelha da contracapa*

Por Dentro de Alcatraz

A prisão de segurança máxima de Alcatraz, apelidada de "A Rocha" pelo Exército, abrigava uma média de 260 dos maiores criminosos do país, que foram transferidos de outras penitenciárias dos Estados Unidos por desobediência. À severa disciplina de Alcatraz acrescentavam-se o medo do isolamento na solitária e a perda de privilégios, entre os quais trabalhos especiais, acesso à área de lazer, uso da livraria e direito de receber visitas.

Bloco D
Na solitária do Bloco D, os prisioneiros tinham de enfrentar horas de interminável enfado.

Broadway
Era o apelido dado pelos detentos ao corredor entre os blocos C e B, por lembrar a animada avenida de Nova York.

Sala de Controle
Reforçada para resistir a um cerco, controlava o sistema de segurança elétrico.

Entrada principal da casa de detenção

LEGENDA

① Sala do diretor
② Área de visitas
③ **Na biblioteca**, os detentos podiam emprestar livros "aprovados"
④ Área de lazer
⑤ Cozinha
⑥ **Hospital**, acima do refeitório
⑦ Preparação das refeições e despensas
⑧ Barbearia

Dentro da Cela
Os detentos passavam de 16 a 23 horas por dia sozinhos em pequenas celas, equipadas apenas com vaso sanitário e cama. Várias mediam 1,5m por 2,7m.

FISHERMAN'S WHARF E NORTH BEACH | 85

Galeria das Armas
Guardas armados patrulhavam os corredores no fim dos blocos de detenção.

Refeitório
Os detentos eram bem nutridos para evitar rebeliões. Repare no cardápio à mostra na entrada da cozinha.

Detentos Famosos

Al Capone
Famoso gângster da Lei Seca, "Scarface" Capone foi na verdade condenado, em 1934, por sonegação de imposto de renda. Ele passou boa parte da sentença de dez anos numa solitária de Alcatraz e saiu da prisão com problemas mentais por contrair sífilis.

Robert Stroud
Stroud passou na solitária a maior parte de seus 17 anos na "Rocha". Ao contrário do que foi mostrado no filme *O homem de Alcatraz* (1962), Stroud foi proibido de manter pássaros em sua cela.

Carnes, Thompson e Shockley
Em maio de 1946, detentos liderados por Clarence Carnes, Marion Thompson e Sam Shockley renderam os guardas e tomaram suas armas. Os presos não conseguiram sair do pavilhão, mas três deles e dois oficiais morreram no que ficou conhecido como a "batalha de Alcatraz". Carnes recebeu outra pena perpétua. Shockley e Thompson foram executados na prisão de San Quentin por terem participado da insurreição.

Irmãos Anglin
John e Clarence Anglin, junto com Frank Morris, fugiram por buracos na parede de suas celas e os cobriram com caixas de papelão. Deixaram bonecos nas camas e fizeram uma jangada para fugir. Nunca foram pegos. A história deles foi contada no filme *Alcatraz: fuga impossível* (1979).

George Kelly
"Machine Gun" Kelly foi um dos detentos mais perigosos da "Rocha". Ficou preso durante 17 anos por sequestro e extorsão.

1775 O explorador espanhol Juan Manuel de Ayala batiza a Ilha de Alcatraz por causa dos pássaros exóticos que nela vivem

1859 O Forte Alcatraz é finalizado, com 100 canhões e 300 soldados

1909 Prisioneiros do exército começam a construção da casa de detenção

1972 Alcatraz se torna parque nacional

1962 Fuga de Frank Morris e dos irmãos Anglin

1750 | **1800** | **1850** | **1900** | **1950**

John Fremont

1848 John Fremont compra Alcatraz

1850 O presidente Fillmore declara Alcatraz uma reserva militar

1857 Construção da Sally Port

1854 O primeiro farol é ativado em Alcatraz

Sally Port

1963 A prisão é desativada

1934 O Federal Bureau of Prisons faz de Alcatraz uma prisão civil

1969-71 A ilha é ocupada pelo movimento Indians of All Tribes

❷ PIER 39

Mapa 5 B1. 🚌 4, 18, 24, 27, 38, 47. 🚋 F. 🚠 Powell-Hyde. ⛴ SF Bay Ferry. *Veja Compras em São Francisco: p. 233.*

Reformado em 1978 para parecer uma pitoresca vila pesqueira, esse cais de carga de 1905 abriga em dois pisos diversas lojas para turistas e mercearias.

Os brinquedos e os artistas de rua são muito populares, em especial entre as famílias. Pode-se dar uma volta no carrossel de dois andares, jogar na Riptide Arcade ou enfrentar o Turbo Ride. O Aquarium of the Bay abriga 20 mil criaturas marinhas, incluindo tubarões e arraias.

O espetáculo multimídia San Francisco Experience leva os visitantes a um passeio pela história da cidade, com o Ano-Novo chinês, neblina e até um terremoto.

❸ USS *Pampanito*

Pier 45. **Mapa** 4 F1. **Tel** 775-1943. 🚌 4, 18, 24, 27, 38, 47. 🚋 F. 🚠 Powell-Hyde. ⛴ SF Bay Ferry. 🕐 9h-18h diariam (até 20h no verão). 🌐 **maritime.org**

O carrossel veneziano de dois andares, no PIER 39

Esse submarino da Segunda Guerra Mundial participou de várias batalhas no Pacífico, afundando seis navios inimigos e avariando outros. Numa tragédia para os Aliados, dois de seus alvos fatais levavam prisioneiros britânicos e australianos. Mas o submarino resgatou 73 pessoas, levando-as para os Estados Unidos. A visita ao submarino permite ir da proa à popa e passar pela sala de torpedos, pela cozinha e pelas cabines dos oficiais. O *Pampanito* tinha em serviço uma tripulação de 10 oficiais e 70 marinheiros.

❹ Madame Tussaud's

145 Jefferson St. **Mapa** 5 B1. 🚌 4, 18, 24, 27, 38, 47. 🚋 F. 🚠 Powell-Hyde. 🕐 9h-21h diariam. 🌐 **madametussauds.com/sanfrancisco**

Sala de torpedos do USS Pampanito

O Madame Tussaud's de São Francisco marca o 17º museu de cera do mundo e o 2º da Califórnia. Além da aguardada presença de figuras históricas, do universo do entretenimento e do esporte, o complexo do Tussaud's possui o San Francisco Dungeon, uma emocionante viagem através do tempo explorando alguns dos aspectos mais sombrios da história da cidade, que é completado com perfomances ao vivo e efeitos especiais.

❺ Ripley's Believe It Or Not! Museum

175 Jefferson St. **Mapa** 4 F1. **Tel** 202-9850. 🚌 4, 18, 24, 27, 38, 47. 🚋 F. 🚠 Powell-Hyde. 🕐 10h-22h dom-qui, 10h-24h sex-sáb; meados jun-1ª seg setembro: 9h-23h dom-qui, 9h-24h sex-sáb. 🌐 **ripleysf.com**

O ilustrador californiano Robert L. Ripley colecionava fatos e objetos peculiares e ficou famoso com a publicação de suas tiras "Ripley's Believe It Or Not!" ("Acredite se Quiser"). Entre as cerca de 350 curiosidades estão um bonde feito com 275 mil palitos de fósforos, um camelo de duas cabeças e a

FISHERMAN'S WHARF E NORTH BEACH | 87

réplica de um homem em tamanho real com duas pupilas em cada olho, além do labirinto de espelhos Marvelous Mirror Maze e algumas das famosas tiras de Ripley.

❻ The Cannery

2801 Leavenworth St. **Mapa** 4 F1. 4, 18, 19, 24, 27, 30, 38, 47. Powell-Hyde. *Veja Compras em São Francisco: p. 233.*

O interior dessa fábrica de conserva de frutas, de 1909, foi reformado nos anos 1960. Hoje ela possui passarelas, passagens tortuosas e pátios e abriga alguns restaurantes e lojas que vendem roupas, bonecas de colecionador e peças de artesanato indígena.

A Cannery também abriga o Museum of the City of San Francisco, que foi fechado após um incêndio. O acervo, contudo, foi transferido para o City Hall *(p. 129)*, onde hoje está exposto. Entre as peças à mostra estão a grande cabeça de uma estátua que ficava no City Hall antes do terremoto de 1906 *(pp. 30-1)*. A coroa iluminada é um exemplo típico dos primórdios da iluminação elétrica. Para mais detalhes, visite www.sfmuseum.org.

❼ Ghirardelli Square

900 North Point St. **Mapa** 4 F1. 4, 18, 19, 24, 27, 30, 38, 47, 49. F. Powell-Hyde. *Veja Compras em São Francisco: p. 233.*

Antigamente uma fábrica de chocolate e uma tecelagem, essa é a mais atraente das várias fábricas reformadas da cidade, um conjunto de antigos prédios de tijolos com lojas e restaurantes modernos. A torre do relógio e o letreiro do telhado são do prédio original. A Ghirardelli Chocolate Manufactory, na praça ao lado da

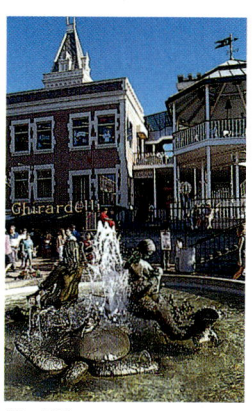

Ghirardelli Square

torre, mantém o antigo maquinário de fazer chocolate e vende confeitos, mas as barras de chocolate agora são feitas em San Leandro, do outro lado da baía.

A Fountain Plaza é um chamariz e tanto para os consumidores, tanto de dia quanto à noite.

❽ San Francisco Maritime National Historical Park Visitors' Center

900 Beach St. **Mapa** 4 F1. 4, 10, 18, 19, 24, 27, 30, 38, 47. F. Powell-Hyde. Museu: **Tel** 561-7100. Piso principal 10h-17h. Hyde Street Pier: **Tel** 561-7169. 9h30-17h diariam (jun-ago: até 17h30). 1º jan, Ação de Graças, 25 dez Píer. Píer e museu somente. *Veja Cinco Passeios a Pé: pp. 174-5.* Visitor's Center: 499 Jefferson Street. **Tel** 415-447-5000. jun-ago: 9h30-17h30 diariam. maritime.org

Hyde Street Pier

Construído em 1939, esse prédio abriga o Maritime Museum desde 1951. Os visitantes podem admirar o prédio *streamline* reformado com desenho de navio de cruzeiro. Atracada no vizinho Hyde Street Pier está uma das maiores frotas de navios antigos do mundo. Entre os mais interessantes encontra-se a *CA Thayer*, escuna de três mastros feita em 1895 e desativada em 1950. A *Thayer* levava madeira pelo litoral norte da Califórnia antes de se tornar barco pesqueiro no Alasca. Também no cais está o *Eureka*, ferry-boat de 2,5t com roda-d'água, de 1890, que transportava trens entre o Hyde Street Pier e as cidades do norte da baía de São Francisco. Com espaço para 2.300 pessoas e 120 carros, era o maior da época.

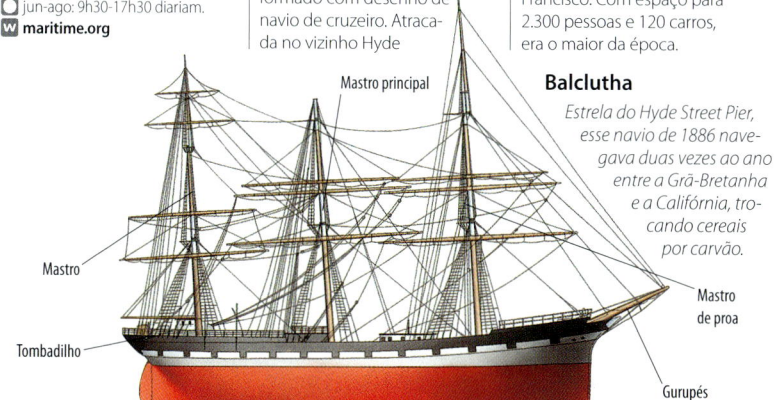

Balclutha

Estrela do Hyde Street Pier, esse navio de 1886 navegava duas vezes ao ano entre a Grã-Bretanha e a Califórnia, trocando cereais por carvão.

Mastro principal

Mastro

Tombadilho

Mastro de proa

Gurupés

Carros nas íngremes e sinuosas curvas da Lombard Street

❾ Lombard Street

Mapa 5 A2. 45. Powell-Hyde.

Com inclinação natural de 27°, essa colina se mostrou muito íngreme para veículos. Nos anos 1920, o trecho próximo do topo de Russian Hill foi refeito, e a inclinação, atenuada com o acréscimo de oito curvas.

Hoje a Lombard é conhecida como "a rua mais sinuosa do mundo". Carros só podem descer a ladeira, enquanto os pedestres usam a escadaria.

❿ San Francisco Art Institute

800 Chestnut St. **Mapa** 4 F2. **Tel** 771-7020. 30, 45, 91. Powell-Hyde, Powell-Mason. Diego Rivera Gallery: 9h-17h seg.-sáb. feriados. Walter and McBean Galleries: 11h-19h ter, 11h-18h qua.-sáb. parcial. w sfai.edu

O Art Institute de São Francisco data de 1871. Ocupava a grande mansão de madeira que foi construída para a família de

Um Passeio de 30 Minutos por North Beach

Colonos vindos do Chile, e mais recentemente da Itália, trouxeram seu gosto pela vida boêmia para North Beach, dando ao bairro a reputação de efervescente. A mania por bares atraiu os boêmios, em especial a geração beat dos anos 1950 (*p. 34*).

O Bairro Beat
Inicie o passeio na esquina da Broadway com a Columbus Avenue, na City Lights Bookstore ❶. Antiga propriedade do poeta beat Lawrence Ferlinghetti, a City Lights foi a primeira livraria dos Estados Unidos a vender só edições baratas. Foi o escritor Jack Kerouac, um amigo de Ferlinghetti, que cunhou o termo "beat", mais tarde popularizado como "beatnik."

Um dos bares mais populares era o Vesuvio ❷, ao sul da City Lights, do outro lado da Jack Kerouac Alley. O poeta galês Dylan Thomas frequentava o local, que ainda é reduto de poetas e artistas. Use-o como ponto de partida para seguir para o sul até a Pacific Avenue e atravesse para o outro lado da Columbus Avenue. Volte em direção à Broadway, parando antes no Tosca ❸. As paredes desse bar-restaurante têm murais da Toscana, e um jukebox toca óperas italianas. Alguns passos ao norte levam à Adler Alley. O Specs ❹, um bar cheio de lembranças da era beat, fica no nº 12. Volte para a Columbus Avenue, vire à direita na Broadway e vá até a Kearny Street, para sentir o ambiente animado da Broadway.

Jack Kerouac

⑩ Columbus Café

O Strip
Esse trecho da Broadway, conhecido como Strip ❺, é famoso pelas "diversões para adultos". Na esquina da Broadway com a Grant Avenue ficava o Condor Club ❻, onde aconteceu o primeiro show de *topless* do mundo, apresentado em junho de 1964 por Carol Doda, garçonete do clube.

FISHERMAN'S WHARF E NORTH BEACH | 89

Mark Hopkins (p. 104) e destruída no incêndio de 1906 (pp. 30-1). Hoje está instalado no prédio em estilo colonial espanhol erguido em 1926, com claustros, pátio, fonte e campanário. A Diego Rivera Gallery, que leva o nome do famoso muralista mexicano, fica à esquerda da entrada principal. As Walter and McBean Galleries recebem exposições de jovens artistas, além de mostras variadas de fotografia contemporânea, design, tecnologia e projeção de filmes.

Artista do Club Fugazi

das melhores vistas da cidade para Telegraph Hill, North Beach e para a baía. Na Mason Street, a rua dá lugar a degraus, que sobem através do tranquilo e bonito Ina Coolbirth Park. Ainda mais no alto, acima da Taylor Street, há um labirinto de pistas, com diversas casas de madeira em estilo vitoriano (pp. 76-7). No topo da colina há um dos raros pedaços de São Francisco que não foram destruídos no terremoto e incêndio de 1906 (pp. 30-1).

⓫ Vallejo Street Stairway

Mason St and Jones St. **Mapa** 5 B3. 🚌 30, 45. 🚋 Powell–Mason.

A subida íngreme de Little Italy até o cume meridional de Russian Hill revela algumas

⓬ Club Fugazi

678 Green St. **Mapa** 5 B3. **Tel** 421-4222. 🚌 8AX, 8BX, 8X, 10, 12, 30, 39, 41, 45, 91. 🚋 Powell–Mason. 🌐 quadom. *Veja Diversão: p. 251.*

Foi originalmente construído em 1912 para ser o centro comunitário de italianos residentes em São Francisco, em decorrência do terremoto de 1906. O Club Fugazi é palco do musical de cabaré *Beach Blanket Babylon* (p. 251). Esse animado show, em cartaz há mais de duas décadas e conhecido por suas canções escandalosas, tornou-se a instituição favorita de São Francisco.

⓭ North Beach Beat Museum

540 Broadway. **Mapa** 5 B3. **Tel** (1-800) KER-OUAC (537-6822 ou 399-9626). 🚌 8AX, 8BX, 8X, 10, 12, 30, 39, 41, 45, 91. ⏱ 10h-19h diariam (8h sáb). ⬤ feriados. 🌐 thebeatmuseum.org

Esse museu incomum mostra objetos relacionados aos artistas da geração beat, que viveram em São Francisco na década de 1950. Fotografias, livros, capas de discos e cartas alinham-se nas paredes e no chão do edifício. O museu promove eventos relacionados à cultura beat e a loja vende uma fascinante variedade de livros, vídeos, camisetas e pôsteres.

Upper Grant Avenue
Vire à direita na Grant Avenue, onde está The Saloon ⑦, com seu balcão de 1861. Na esquina com a Vallejo Street fica o Caffè Trieste ⑧, a mais antiga cafeteria de São Francisco, ponto de encontro de escritores e artistas desde 1956. Integrante indispensável da cultura ítalo-americana, o bar apresenta ópera ao vivo nas tardes de sábado. Continue pela Grant Avenue, ao norte, passando pelo Maggie McGarry's Pub ⑨, um pub irlandês cuja sede já foi a Coffee Gallery, reduto dos beats. Vire à esquerda na Green Street e procure o Columbus Café ⑩ e seus murais. Siga à esquerda pela Columbus Avenue e passe por outras cafeterias italianas para voltar ao ponto de partida.

② O Vesuvio, popular bar beatnik

Dicas

Ponto de partida: Esquina da Broadway com a Columbus Ave. **Extensão:** 1,6km. **Como chegar:** O ônibus Muni nº 41 percorre a Columbus Ave. **Paradas:** Todos os bares e cafés mencionados aqui merecem uma visita, tanto pela bebida quanto pelo clima. Geralmente, a entrada de crianças é proibida nos bares.

Legenda
• • • Percurso sugerido

0 m — 200
0 jardas — 200

Legenda dos símbolos *na orelha da contracapa*

Rua a Rua: Telegraph Hill

A Telegraph Hill deve seu nome ao farol instalado no topo em 1850 para avisar os comerciantes da chegada de navios. Hoje, a colina precipita-se abruptamente a leste, onde foi dinamitada para fornecer rochas para aterros e calçadas. Esse lado da colina se caracteriza por escadarias ladeadas por jardins. O lado oeste desce mais suavemente por Little Italy, na área perto de Washington Square. No passado, a colina recebeu muitos imigrantes e artistas que apreciavam a vista panorâmica. Hoje, as peculiares casas de madeira em tons pastel são muito procuradas, nessa que se tornou uma das principais áreas residenciais da cidade.

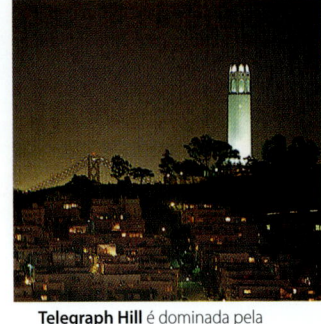

Telegraph Hill é dominada pela Coit Tower. De noite, a torre, banhada por luz amarela, é visível de muitos lugares da cidade.

A estátua de Cristóvão Colombo foi erguida em 1957.

A estátua de Benjamin Franklin fica sobre uma cápsula do tempo que contém uma calça Levi's, uma garrafa de vinho e um poema de Lawrence Ferlinghetti, um dos famosos poetas beat de São Francisco.

Parada de ônibus (nº 39)

⓮ **Washington Square**
Esse parque no coração de Little Italy fica ao lado da Saints Peter and Paul Church, conhecida como a "catedral italiana".

⓯ ★ **Saints Peter and Paul Church**
O interior dessa igreja católica neogótica, aberta em 1924, é ornamentado com essa linda imagem de Cristo na abside.

FISHERMAN'S WHARF E NORTH BEACH | **91**

⓱ ★ Coit Tower
Os afrescos foram pintados por artistas locais em 1933, como parte do projeto de arte criado pelo presidente Roosevelt.

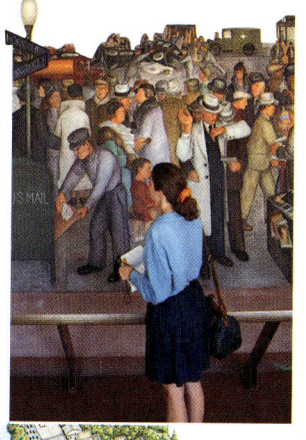

Parada de ônibus (nº 39)

⓳ Greenwich Steps
Essa escadaria de estilo formal contrasta com a charmosa e rústica Filbert Steps.

Localize-se
Guia de Ruas, mapa 5

Napier Lane é uma pequena alameda ladeada por casas do século XIX. É a última rua da cidade com calçada de madeira e uma das mais tranquilas de São Francisco.

Legenda
— Percurso sugerido

⓲ ★ Filbert Steps
A descida da escadaria em meio a jardins floridos oferece uma linda vista do porto e do leste da baía.

O nº 1.360 da Montgomery Street é ornamentado com uma representação art déco de um Atlante moderno.

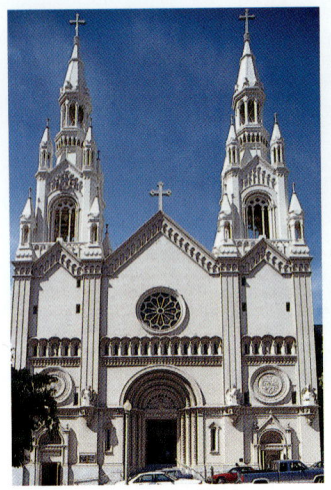

A fachada da Saints Peter and Paul Church

⓭ Washington Square

Mapa 5 B2. 8BX, 8X, 30, 39, 41, 45, 91. Powell-Mason.

A praça é composta por um gramado rodeado por bancos e árvores, em contraste com as torres da igreja de Saints Peter and Paul. Tem uma atmosfera quase mediterrânea, adequada para a "praça da matriz" da Little Italy, embora a comunidade italiana seja menos expressiva na vizinhança hoje do que quando o local foi inaugurado, em 1955.

No centro da praça há uma estátua de Benjamin Franklin, sob a qual foi enterrada uma cápsula do tempo em 1979. A abertura está programada para 2079, e dizem que ela contém um jeans Levi's, uma garrafa de vinho e um poema do famoso poeta beat Lawrence Ferlinghetti *(p. 88)*.

⓮ Saints Peter and Paul Church

666 Filbert St. **Mapa** 5 B2. **Tel** 421-0809. 8BX, 8X, 30, 39, 41, 45, 91. Powell-Mason. 7h30-16h diariam (feriados até 13h). 7h30, 8h45, 13h, 17h dom. Missa e coral italianos 11h45 dom.

Conhecida por muitos como a Catedral Italiana, essa grande igreja fica no coração de North Beach. Muitos italianos a veem como um santuário de boas-vindas quando chegam a São Francisco. Aqui, em 1957, o ídolo local de beisebol Joe Di Maggio foi fotografado depois de se casar com a atriz Marilyn Monroe, embora o casamento tenha acontecido em outro lugar. O prédio, projetado por Charles Fantoni, tem fachada em estilo italiano e interior de um rebuscamento notável, com várias colunas e altar bem ornamentado. Há também imagens e mosaicos iluminados por vitrais. A estrutura de concreto e aço da igreja, com as agulhas das duas torres, foi concluída em 1924.

Cecil B. DeMille filmou as obras de fundação da Saints Peter and Paul Church e usou as cenas para representar a construção do templo de Jerusalém no filme *Os dez mandamentos* (1923).

Às vezes, a catedral também é chamada de Igreja dos Pescadores (muitos italianos sobreviviam da pesca). Em outubro é realizada uma missa para celebrar a bênção da frota. As missas são rezadas em italiano e em cantonês, além das celebradas em inglês.

⓰ Bocce Ball Courts

Lombard St e Mason St, North Beach Playground. **Mapa** 5 B2. **Tel** 831-5500. 8BX, 8X, 30, 39, 41, 45, 91. Day-Taylor. Powell-Mason. do amanhecer ao anoitecer seg-sáb.

Os italianos foram influentes em North Beach desde a principal onda migratória vinda da Itália no fim do século XIX e começo do XX. Junto com a culinária, trouxeram seus costumes e religião, e também jogos. Entre esses estava o *bocce*, conhecido no Brasil como bocha. Em North Beach, joga-se em geral durante a tarde, em um espaço público no canto do North Beach Playground. São quatro jogadores (ou quatro equipes) que lançam uma bola de madeira contra outra bola-alvo menor, situada do lado oposto da pista de terra. O objetivo é fazer com que a bola do jogador se aproxime ao máximo do alvo, sem movê-lo – vale também "remover" as bolas dos outros jogadores.

⓱ Coit Tower

1 Telegraph Hill Blvd. **Mapa** 5 C2. **Tel** 249-0995. 8, 18, 24, 27, 38, 39, 44, 54, 56, 58, 72, 74, 76. 10h-18h30 diariam. para a torre.

A Coit Tower foi construída em 1933 no topo dos 87m da Telegraph Hill, graças aos fundos deixados à cidade por Lillie Hitchcock Coit, uma excêntrica pioneira e filantropa de São Francisco. A torre, de 63m, reforçada com concreto, foi projetada como uma coluna estreita pelo arquiteto Arthur Brown. Quando iluminada, à noite, seu halo branco pode ser visto de quase todas as partes do leste da cidade. A vista em volta da área da North Bay a partir do mirante (ao qual se chega por elevador) é espetacular.

Jogador de *bocce* no North Beach Playground

FISHERMAN'S WHARF E NORTH BEACH | 93

A Coit Tower, feita em concreto, no topo da Telegraph Hill

Os murais que se encontram no saguão da torre são ainda mais envolventes *(p. 142)*. Foram financiados em 1934 por um programa do governo cuja finalidade era manter os artistas empregados durante a Grande Depressão *(pp. 32-3)*. Vinte e cinco artistas se juntaram para pintar um brilhante retrato da vida da Califórnia moderna.

As cenas mostram desde as animadas ruas do Financial District da cidade (com representação de um assalto) até fábricas, estaleiros e os campos de trigo de Central Valley. Há muitos detalhes fascinantes: os visitantes podem encontrar um interruptor de verdade habilmente inserido numa pintura, uma família de imigrantes acampada perto de um rio, manchetes de jornais, capas de revistas e títulos de livros. Os murais são um verdadeiro e surpreendente comentário social. Vários temas políticos representam problemas de trabalho e de injustiça social. Muitos dos rostos retratados são os dos próprios artistas ou de amigos, junto com figuras locais, como o coronel William Brady, zelador da Coit Tower. O caráter político da obra inicialmente gerou uma grande controvérsia pública.

⓲ Filbert Steps

Mapa 5 C2. 10, 19, 39, 41, 45, 47, 49, 54, 70, 990.

A Telegraph Hill desce abruptamente do lado leste, de modo que as ruas se tornam íngremes escadarias. Descendo do Telegraph Hill Boulevard, a Filbert Street é uma escadaria de madeira, tijolos e concreto, ladeada por brincos-de-princesa, rododendros, primaveras, funchos e amoreiras.

⓳ Greenwich Steps

Mapa 5 C2. 8X, 30, 39, 45, 91. Powell-Mason.

Descendo paralelamente à Filbert Steps, a escadaria da Greenwich Street, coberta pela exuberante folhagem dos jardins adjacentes, oferece uma vista imperdível.

Subir por uma escadaria e descer por outra constitui um delicioso passeio pelo lado leste de Telegraph Hill.

⓴ Upper Montgomery Street

Mapa 5 C2. 39.

Até ser pavimentado, em 1931, o final da Montgomery Street, na Telegraph Hill, era habitado quase que exclusivamente por famílias de operários. Também era comum encontrar alguns artistas e escritores, atraídos pelo isolamento, pelo aluguel barato e pelas vistas. Atualmente, no entanto, trata-se de um lugar da moda entre visitantes e uma área bastante agradável para dar um passeio.

A escadaria no início da Filbert Street, que leva à Telegraph Hill

㉑ Levi's Plaza

Mapa 5 C2. 10, 12, 39. F.

Nessa praça se encontra a sede da Levi Strauss, fabricante de calças jeans *(p. 137)*. O paisagismo foi projetado por Lawrence Halprin em 1982, com o intuito de reviver a longa história da empresa na Califórnia.

A praça é guarnecida de pedras de granito e entrecortada por cursos d'água, simbolizando a Sierra Nevada, onde trabalhavam os mineiros que primeiro vestiram as famosas calças. Ao fundo, tem-se a vista da Telegraph Hill.

A sede da Levi Strauss & Co., na Levi's Plaza

⓶ Exploratorium

Desde 1969 esse museu de ciências e centro de aprendizado com renome internacional influencia pessoas de todas as idades com suas mostras inovadoras e interativas. O museu usa peças divertidas que instigam a interação e a curiosidade dos visitantes, os quais aprendem vários aspectos de temas científicos. Descubra como os reflexos funcionam ou como certos genes são transmitidos de pais para filhos e examine micro-organismos locais e seus hábitats na baía. Com uma área três vezes maior do que seu endereço anterior no Palace of Fine Arts, o Exploratorium agora tem espaço para instalações ao ar livre. A Bay Observatory Gallery é envidraçada e descortina lindas vistas da baía de São Francisco, seu tema de estudo.

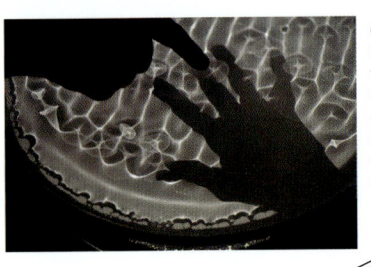

Câmara
É possível ver formas e padrões criados por raios de luz que atravessam gotículas de glicerina em uma câmara rotatória.

★ De Olho em Você
Essa peça é um mosaico de espelhos minúsculos que refletem os olhos do espectador.

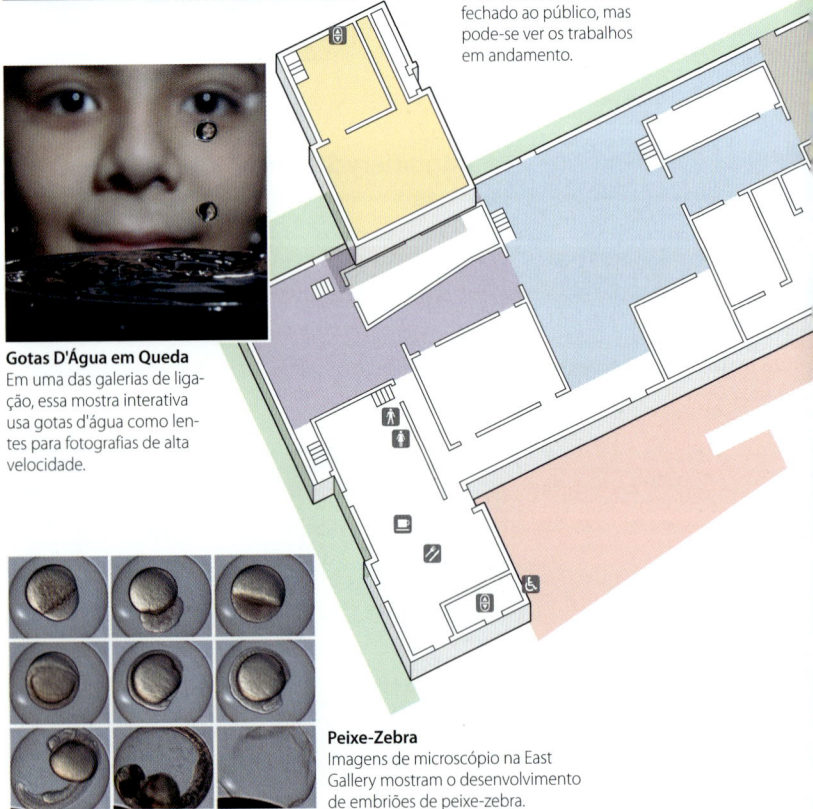

O laboratório **Bio Lab** é fechado ao público, mas pode-se ver os trabalhos em andamento.

Gotas D'Água em Queda
Em uma das galerias de ligação, essa mostra interativa usa gotas d'água como lentes para fotografias de alta velocidade.

Peixe-Zebra
Imagens de microscópio na East Gallery mostram o desenvolvimento de embriões de peixe-zebra.

FISHERMAN'S WHARF E NORTH BEACH | **95**

Pêndulo Caótico
Basta girar o botão para essa peça mostrar o quanto o movimento do pêndulo é imprevisível e complexo.

PREPARE-SE

Informações Práticas
Pier 15. **Mapa** 6 D2.
Tel 528-4444.
10h-17h ter-dom (18h-22h qui, só para adultos).
exploratorium.edu/visit

Transporte
1, 2, 6, 10, 12, 14, 21, 31, 38, 41. Embarcadero.
F, J, K, L, M, T, N.
Ferry Building (terminal), 10min a pé.

Entrada

Entrada principal

O Nariz de seu Pai
Duas pessoas em lados opostos de um espelho em camadas podem se ver e gerar uma imagem composta de seus rostos nessa peça divertida que enfoca percepções e genética.

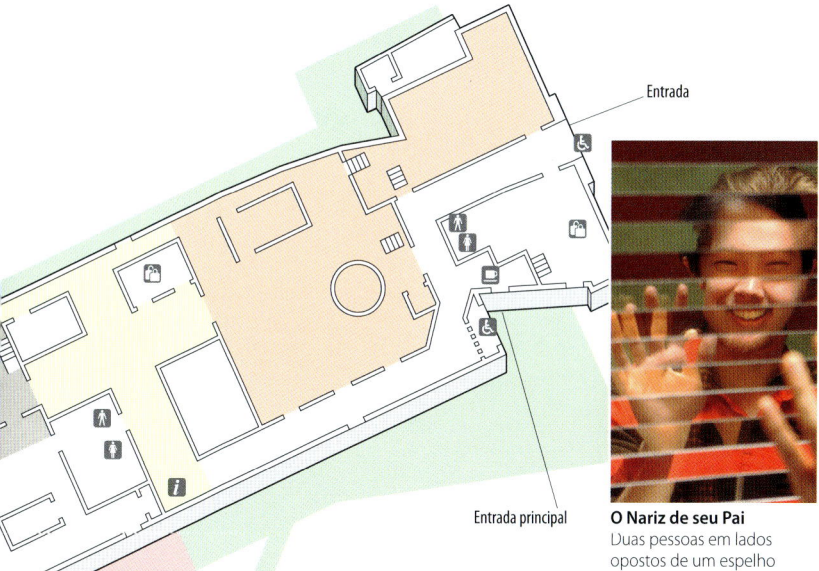

Amostras da Baía
Discos giratórios com amostras de água, lama e areia da baía mostram o movimento e as características dos sedimentos no local.

Legenda
- East Gallery
- Bay Observatory Gallery/Terraço
- Central Gallery
- West Gallery
- South Gallery
- Outdoor Gallery
- Esplanada Pública
- Área de Introdução

Guia do Museu

O andar principal do Exploratorium abriga quatro galerias. Os temas da Central Gallery são visão e audição, a West Gallery enfoca fenômenos humanos, e a East Gallery, organismos vivos. A South Gallery, ou Tinkering Studio™, permite que os visitantes criem obras. A Outdoor Gallery aborda o clima local, e o Bay Observatory tem lindas vistas da baía e além. Há duas áreas para refeições: o Seismic Joint Café, ao lado da esplanada no oeste, e o Seaglass Restaurant no Bay Observatory, diante das águas.

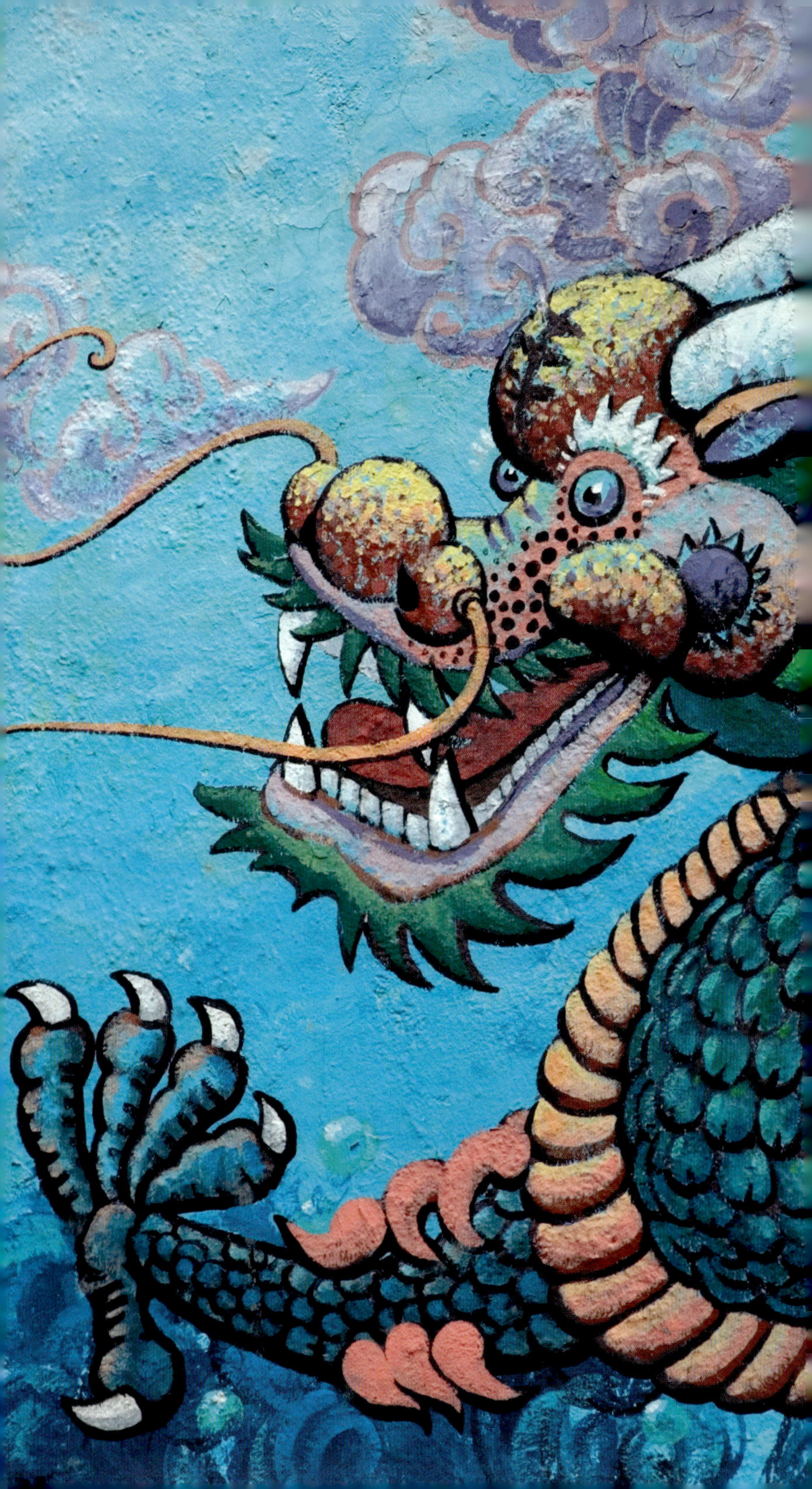

CHINATOWN E NOB HILL

Os chineses se instalaram na praça da Stockton Street nos anos 1850 e atualmente suas lojas e mercados lembram a atmosfera de uma típica cidade do sul da China, apesar de a arquitetura, as roupas e os eventos públicos serem nitidamente variações americanas de um tema cantonês. Esse bairro densamente povoado, repleto de fachadas coloridas, mercados fervilhantes, templos, teatros, lojas e restaurantes únicos, é uma "cidade" dentro da cidade.

Nob Hill é a colina mais célebre de São Francisco. É famosa por seus bondes, pelos elegantes hotéis e por uma vista de tirar o fôlego. No final do século XIX, os "Big Four" *(p. 102)* construíram a primeira ferrovia transcontinental e se tornaram senhores de amplas mansões na colina. O terremoto e o incêndio de 1906 *(pp. 30-1)* atingiram a todos, no entanto os hotéis de hoje ainda guardam a opulência da época vitoriana.

Principais Atrações

Ruas e Prédios Históricos
1. Chinatown Gateway
5. Golden Gate Fortune Cookies
6. Chinatown Alleys
7. Grant Avenue
8. East West Bank
14. The Pacific-Union Club

Hotéis Históricos
12. Mark Hopkins Inter-Continental Hotel
13. Fairmont Hotel

Galerias e Museus
10. Pacific Heritage Museum
11. Chinese Historical Society of America
15. Cable Car Museum

Igrejas e Templos
2. Old St. Mary's Cathedral
3. Kong Chow Temple
4. Tin How Temple
16. Grace Cathedral

Parques e Praças
9. Portsmouth Square

Restaurantes
pp. 222-3
1. Acquerello
2. Golden Star Vietnamese
3. Great Eastern
4. Henry's Hunan
5. House of Nanking
6. Nob Hill Café
7. R&G Lounge
8. Swan Oyster Depot

Veja Guia de Ruas, mapas 4-6

◀ Mural com dragão colorido em Chinatown   **Legenda dos símbolos** *na orelha da contracapa*

98 | SÃO FRANCISCO ÁREA POR ÁREA

Rua a Rua: Chinatown

A Grant Avenue é a Chinatown turística dos postes com dragões, telhados típicos e lojas que vendem de tudo, de pipas a utensílios de cozinha. Os moradores fazem compras morro acima, na Stockton Street, onde encontram caixotes cheios de verduras, legumes e peixes frescos em estabelecimentos lotados. Nas vielas, procure por templos, lojas e restaurantes familiares tradicionais.

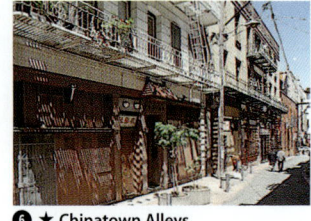

6 ★ Chinatown Alleys
Atrações e sons do Extremo Oriente ecoam nas animadas vielas.

Ross Alley

JACKSON STREET

Ônibus nº 83

WASHINGTON STREET

5 Golden Gate Fortune Cookies
Pode-se ver a confecção dos biscoitinhos da sorte.

11 Chinese Historical Society of America

3 Kong Chow Temple
Há belos entalhes cantoneses em madeira nesse templo.

POWELL STREET

SACRAMENTO STREET

GRANT AVE.

4 Tin How Temple
Fundado em 1852 como ato de gratidão dos chineses que chegaram a salvo a São Francisco.

0 m — 100
0 jardas — 100

CALIFORNIA STREET

STOCKTON STREET

8 East West Bank
Entre 1909 e 1946 foi sede da Chinese Telephone Exchange.

Os bondes percorrem os dois lados de Chinatown e são parte essencial da atmosfera do lugar. Qualquer uma das três linhas leva você até lá.

BUSH STREET

CHINATOWN E NOB HILL | 99

9 Portsmouth Square
De 1839, essa praça servia como centro social do vilarejo de Yerba Buena. Hoje é ponto de encontro de jogadores de baralho e *mahjong*.

7 ★ Grant Avenue
Nos anos 1830 e início dos 1840, a avenida era a principal via de Yerba Buena. Hoje é o movimentado centro comercial de Chinatown.

O Chinese Cultural Center tem uma galeria de arte e uma pequena oficina de artesanato. Mantém uma programação constante de palestras.

Localize-se
Veja Guia de Ruas, mapa 5

Legenda
— Percurso sugerido

10 Pacific Heritage Museum
Instalado num elegante prédio abaixo do East West Bank, esse pequeno museu tem boas exposições de arte asiática, renovadas regularmente.

2 Old St. Mary's Cathedral
A torre do relógio dessa antiga igreja tem uma interessante inscrição bíblica.

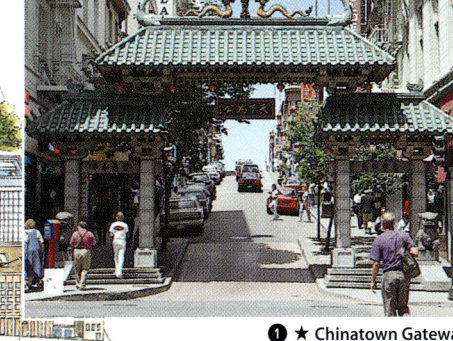

St. Mary's Square é um recanto tranquilo.

Ônibus nº 31, 38

1 ★ Chinatown Gateway
Conhecido como "Dragons' Gate", marca a entrada sul de Chinatown.

❶ Chinatown Gateway

Grant Ave com Bush St. **Mapa** 5 C4.
🚌 2, 3, 30, 45.

Esse ornamentado portal, aberto em 1970 e projetado por Clayton Lee, marca a entrada da principal rua turística de Chinatown, a Grant Avenue. Inspirado nas entradas cerimoniais dos tradicionais vilarejos chineses, tem três arcos e é coberto por telhas verdes e uma hoste de animais – inclusive dois dragões e duas carpas perseguindo uma grande pérola –, tudo em cerâmica vitrificada. Esses portais em geral são encomendados por ricos clãs para exibir sua posição social, e o nome dos benfeitores é inscrito na entrada. Esse foi erigido por uma instituição americana, o Chinatown Cultural Development Committee, com material doado pela República da China (Taiwan).

Ele é vigiado por dois leões de pedra que alimentam suas crias pelas garras, segundo uma antiga lenda. Transposto o portal, você se depara com as mais elegantes lojas de Chinatown, onde se encontra antiguidades, sedas e pedras preciosas, mas às vezes os preços são altos, destinados a turistas com muito dinheiro.

❷ Old St. Mary's Cathedral

660 California St. **Mapa** 5 C4.
Tel 288-3800. 🚌 1, 2, 3, 8X, 8BX, 30, 45, 81X. 🚋 California St, Powell-Hyde, Powell-Mason. 🕐 7h30 e 12h05 seg-sex; 12h05 e 17h sáb; 8h, 9h15 e 11h15 dom.
🌐 oldsaintmarys.org

Primeira catedral católica de São Francisco, a Old St. Mary's atendeu a uma congregação de maioria irlandesa de 1854 a 1891, quando uma nova St. Mary's Church foi erguida na Van Ness Avenue. Devido à falta de material adequado na Califórnia, os tijolos e o ferro para a construção foram trazidos da Costa Leste, enquanto o granito para a fundação veio da China. A torre do relógio tem a seguinte inscrição: "Filho, respeita a hora e afasta-te do mal", que, conta-se, era dirigida aos bordéis que ficavam do outro lado da rua, na época da construção. Embora tenha sido duas vezes atingida pelo fogo, a igreja ainda conserva sua estrutura original. O interior com vitrais foi concluído em 1909.

Entrada da Old St. Mary's Cathedral, com a torre do relógio

❸ Kong Chow Temple

4º andar, 855 Stockton St.
Mapa 5 B4. **Tel** 788-1339.
🚌 1, 2, 3, 8X, 10, 12, 30, 45. 🚋 California St, Powell-Hyde, Powell-Mason. 🕐 10h-16h diariam. Aceita doações. 📷 ♿

Do último piso, acima do correio, o Kong Chow Temple contempla Chinatown e o Financial District. Embora o prédio em si seja de 1977, o altar e a estatuária do templo são tidos como os mais antigos objetos chineses de devoção na América do Norte. Um altar foi entalhado em Guangzhou (Cantão) e enviado para São Francisco no século XIX. O santuário principal é presidido por uma estátua de madeira de Kuan Di (ou Guan Di), também do século XIX. Essa é a divindade mais presente nos santuários das cidades da província chinesa de Cantão.

Kuan Di também é bastante visto em Chinatown: protetor dos negociantes, predomina nos nichos taoístas de muitos restaurantes desse bairro. Em geral, é retratado com uma grande espada em uma das mãos e um livro na outra – símbolo de sua dedicação tanto às artes marciais quanto às literárias.

A estátua entalhada de Kuan Di, no Kong Chow Temple

CHINATOWN E NOB HILL | 101

Os três andares da fachada do Tin How Temple, fundado em 1852

❹ Tin How Temple

Último piso, 125 Waverly Pl. **Mapa** 5 C3. **Tel** 415-986-2520. 1, 8X, 10, 12, 30, 41, 45. California St, Powell-Hyde, Powell-Mason. 10h-16h diariam. Aceita doações:

Esse templo incomum, o mais antigo templo chinês em atividade nos Estados Unidos, é dedicado a Tin How (Tien Hau), rainha do paraíso e protetora dos navegantes e visitantes. Fundado originalmente em 1852 pela associação dos cantoneses, situa-se agora no topo de três íngremes escadas de madeira. O local está sempre tomado pela fumaça de incenso e de oferendas de papel queimado. É decorado por centenas de lanternas douradas e vermelhas e iluminado por lâmpadas elétricas vermelhas e mechas acesas sobre óleo. Oferendas de frutas são colocadas no altar de Tin How.

❺ Golden Gate Fortune Cookies

56 Ross Alley. **Mapa** 5 C3. **Tel** 781-3956. 1, 8X, 10, 12, 30, 30X, 41, 45. California St, Powell-Hyde, Powell-Mason. 8h-18h30 diariam.

Embora haja muitas outras padarias que fazem os biscoitos da sorte na área de São Francisco, os Golden Gate Fortune Cookies são conhecidos desde 1962. A máquina de biscoitos ocupa quase toda a minúscula padaria – a massa é despejada em forminhas sobre uma correia e então assada. Um funcionário coloca a "sorte" (tirinhas de papel com uma previsão positiva) antes de embrulhar os biscoitos.

Ironicamente, o biscoito da sorte, embora seja associado com a comida e a cultura chinesas, é um fenômeno totalmente desconhecido na China. Na verdade, foi inventado em 1909 no Japanese Tea Garden (p. 149) de São Francisco pelo jardineiro-chefe da época, Makota Hagiwara.

❻ Chinatown Alleys

Mapa 5 B3. 1, 30, 45.

As vielas de Chinatown se situam em um local movimentado, entre a Grant Avenue e a Stockton Street. Essas quatro ruas estreitas cruzam a Washington Street a meia quadra uma da outra. A maior delas é a Waverly Place, conhecida – por razões óbvias – como "Rua das Sacadas Pintadas". As vielas têm outros prédios, além de lojas e restaurantes tradicionais. Há também antigas boticas com cavalos-marinhos, chifres de alce, vinho de cobra (fermentado de cereais com vísceras de cobra) e outros produtos exóticos. Pequenos restaurantes, acima e abaixo do nível da rua, servem comida caseira deliciosa e barata.

Toques finais na fábrica de biscoitos

❼ Grant Avenue

Mapa 5 C4. 1, 30, 45. California St.

Principal rua turística de Chinatown, a Grant Avenue é importante por ter sido a primeira rua de Yerba Buena, o vilarejo que precedeu São Francisco. Um placa no nº 823 marca o local da primeira moradia, uma tenda erguida em 25 de junho de 1835 por William A. Richardson e sua mulher mexicana. Em outubro desse mesmo ano, eles a substituíram por uma casa de madeira e, em 1837, por uma outra, de tijolos de adobe, chamada de Casa Grande. A rua em que ficava a casa dos Richardson foi chamada de Calle de la Fundación, ou "Rua da Fundação". Em 1885, ela foi renomeada Grant Avenue em memória a Ulysses S. Grant, presidente dos Estados Unidos e general que venceu a Guerra de Secessão, morto naquele ano.

Efígie do deus da longevidade na Grant Avenue

❽ East West Bank

743 Washington St. **Mapa** 5 C3. **Tel** 421-5215. 1, 30, 45. 9h-17h seg-qui, 9h-18h sex, 9h-16h sáb.

Antes de ser transformado em banco, nos anos de 1950, esse edifício abrigava a Chinese Telephone Exchange. Foi erguido em 1909, no mesmo lugar onde Sam Brannan imprimiu o primeiro jornal da Califórnia. Com telhados curvados para cima e telhas de cerâmica, o prédio de três pavimentos se assemelha a um pagode e é a mais peculiar edificação chinesa da vizinhança.

As telefonistas trabalhavam no andar térreo e viviam no segundo andar. Elas falavam cantonês e mais quatro dialetos chineses. Um dos catálogos telefônicos originais pode ser visto em exposição na Chinese Historical Society, na Clay Street.

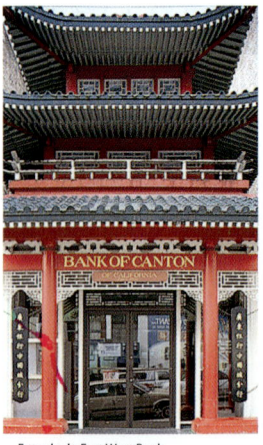

Entrada do East West Bank

❾ Portsmouth Square

Mapa 5 C3. 1, 41.

Uma das mais antigas praças de São Francisco, também conhecida como Portsmouth Plaza, foi inaugurada em 1839 e era o centro da vida social do pequeno vilarejo de Yerba Buena. Em 9 de julho de 1846, menos de um mês após os rebeldes norte-americanos de Sonoma declararem a Califórnia independente do México, uma festa de marinheiros se espalhou pela praia. Eles hastearam a bandeira norte-americana na praça, apossando-se oficialmente do porto como parte dos Estados Unidos *(pp. 26-7)*. Dois anos depois, em 12 de maio de 1848, foi lá que Sam Brannan anunciou a descoberta de ouro em Sierra Nevada *(pp. 26-7)*. Nas duas décadas seguintes, a praça se tornou o núcleo de uma cidade cada vez mais dinâmica. Nos anos 1860, o distrito comercial mudou-se para o sudeste, uma planície conquistada da baía, e a importância cívica da praça decaiu.

Portsmouth Square

Hoje a Portsmouth Square é o centro social de Chinatown. De manhã pratica-se tai chi e à tarde joga-se baralho.

❿ Pacific Heritage Museum

608 Commercial St. **Mapa** 5 C3. **Tel** 399-1124. 1, 41. 10h-16h ter-sáb, exceto feriados.

Tão elegante quanto as suas exposições rotativas de arte asiática, esse museu é a síntese de dois prédios distintos. O US Sub-Treasury foi erguido lá em 1875-77 por William Appleton Potter, no local da primeira casa da moeda da cidade. É possível ver os velhos cofres de moedas no andar térreo ou descer de elevador para uma visita mais detalhada. Em 1984, os arquitetos Skidmore, Owings e Merrill projetaram a sede de 17 andares do Bank of Canton (hoje East West Bank) sobre o prédio existente, incorporando as fundações e a fachada original do andar térreo do Treasury.

⓫ Chinese Historical Society of America

965 Clay St. **Mapa** 5 B3. **Tel** 391-1188. Powell-Clay. 1, 30, 45. 12h-17h ter-sex, 11h-16h sáb. feriados. exceto 1ª qui do mês. **w** chsa.org

Fundada em 1963, essa é a maior e mais antiga organização dedicada ao estudo, à documentação e à disseminação da história dos chineses nos Estados Unidos. Encontram-se em exposição a coleção de arte de Daniel Ching, a primeira lista telefônica de Chinatown, escrita à mão, uma fantasia cerimonial de dragão e um tridente. Esse último foi utilizado em uma das batalhas entre grupos chineses rivais na conhecida Guerra dos Tong. Muitos objetos, documentos e fotografias elucidam a vida diária dos imigrantes chineses em São Francisco na virada do século XIX para o XX.

Foi grande a contribuição chinesa para o desenvolvimento da Califórnia. Eles ajudaram a construir a metade ocidental da primeira ferrovia transcontinental, além de diques no delta do rio Sacramento. A CHSA patrocina projetos sobre a história oral dos chineses, em um programa "em busca das raízes".

Cabeça de dragão, Chinese Historical Society of America

CHINATOWN E NOB HILL | **103**

Rua a Rua: Nob Hill

Esse é o ponto mais alto do centro, 103m acima do nível da baía. Suas encostas íngremes eram perigosas para as carruagens e mantiveram os cidadãos ricos a distância até a inauguração da linha de bondes a cabo da California Street, em 1878. Logo, os *nobs* (gíria inglesa que denota alguém de elevada posição social) construíram mansões no alto da colina. Embora elas tenham desaparecido no incêndio de 1906 (pp. 30-1), Nob Hill ainda atrai os abonados a seus esplêndidos hotéis.

Localize-se
Veja Guia de Ruas, mapa 5

⓭ Fairmont Hotel
Esse luxuoso hotel é conhecido pelo saguão de mármore e pelo restaurante refinado.

⓮ The Pacific-Union Club
Hoje um clube masculino exclusivo, já foi mansão do magnata James Flood, das minas Comstock.

O Stanford Court Hotel, da rede Renaissance, ocupa o lugar da mansão Stanford; as paredes externas permanecem.

⓰ ★ Grace Cathedral
A catedral é uma réplica da Notre-Dame de Paris.

O Huntington Park se situa onde existia a grande mansão de Collis P. Huntington.

O Huntington Hotel, com seu Big Four Bar and Restaurant, exala a opulenta atmosfera urbana da era vitoriana em Nob Hill.

O Masonic Auditorium homenageia os maçons que morreram nas guerras americanas.

⓬ ★ Mark Hopkins InterContinental Hotel
O bar da cobertura, Top of the Mark, é famoso por sua vista espetacular.

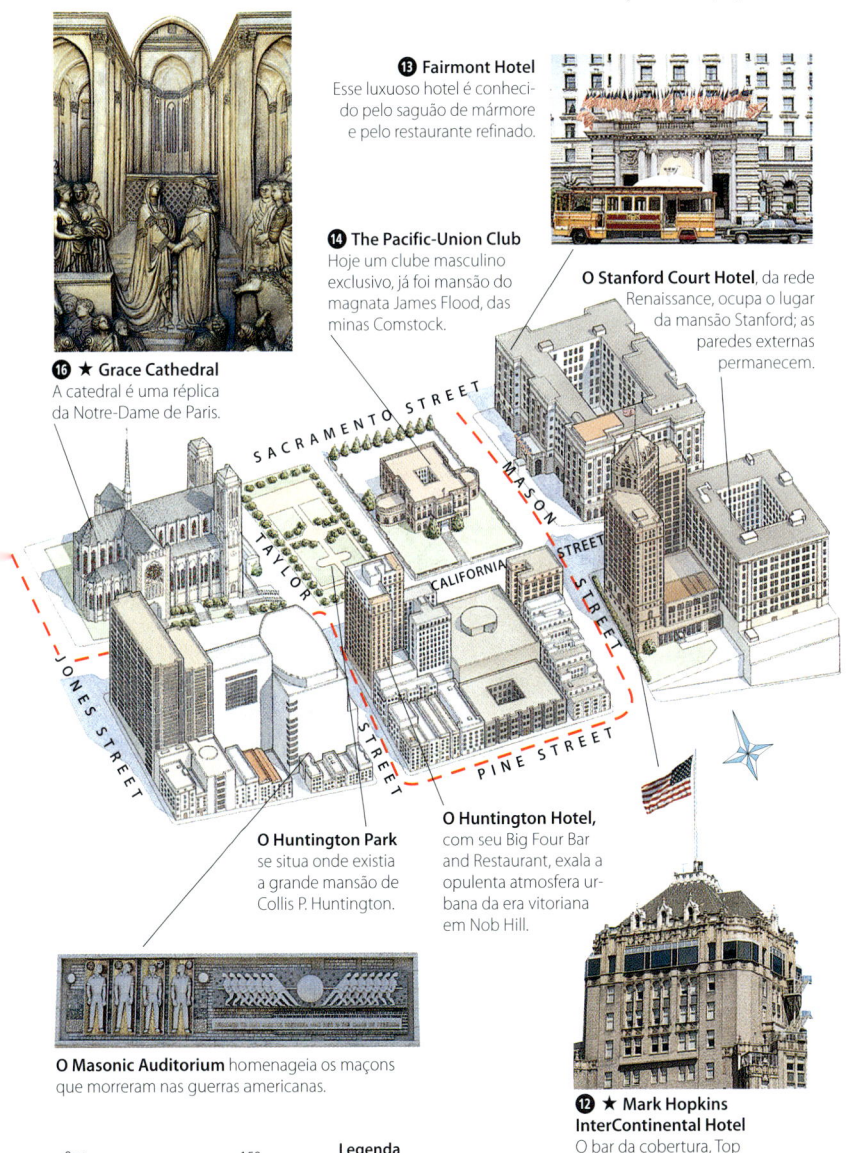

| 0 m | 150 |
| 0 jardas | 150 |

Legenda
— Percurso sugerido

⓬ Mark Hopkins Inter-Continental Hotel

999 California St. **Mapa** 5 B4. **Tel** 392-3434. 1. California St, Powell-Mason, Powell-Hyde. *Veja Onde Ficar p. 215.* markhopkins.net

A pedido de sua mulher, Mary, Mark Hopkins *(abaixo)* mandou erguer uma fantástica mansão de madeira, superior em ornamentação a qualquer outra em Nob Hill *(abaixo)*. Quando a sra. Hopkins morreu, a casa se tornou sede do novo San Francisco Art Institute. Destruída no incêndio de 1906 *(pp. 30-1)*, restaram só as paredes estruturais de granito. A atual torre de 25 andares, encimada por uma bandeira que pode ser vista de toda a cidade, foi erguida em 1925 pelos arquitetos Weeks e Day. Top of the Mark *(p. 259)*, o bar envidraçado do 19º andar, é um dos mais famosos do gênero na cidade. Durante a Segunda Guerra Mundial, os soldados tomavam ali seus drinques de despedida ao embarcar.

Entrada do Mark Hopkins Inter-Continental Hotel

⓭ Fairmont Hotel

950 Mason St. **Mapa** 5 B4. **Tel** 772-5000. 1. California St, Powell-Mason, Powell-Hyde. *Veja Onde Ficar: p. 215.* fairmont.com

Construído por Tessie F. Oelrichs *(abaixo)*, esse edifício em estilo Belas-Artes ficou pronto na véspera do terremoto de 1906 *(pp. 30-1)* e dois dias depois o incêndio o destruiu. No ano seguinte, foi reconstruído por Julia Morgan com a mesma fachada de terracota branca. Após a Segunda Guerra, recebeu as reuniões que levaram à fundação da ONU. Tem-se uma vista incrível pelo elevador de vidro, que sobe até um dos mais altos pontos de observação da cidade, a Fairmont Crown. O bar do hotel, Tonga Room & Hurricane Bar, é famoso.

⓮ The Pacific-Union Club

1.000 California St. **Mapa** 5 B4. **Tel** 775-1234. 1. California, Powell-Mason, Powell-Hyde. ao público.

Augustus Laver construiu essa casa para o rei das minas de prata, James Flood *(abaixo)*, em 1885. Sua fachada de arenito marrom em estilo italiano sobreviveu ao incêndio de 1906 *(pp. 30-1)*, ao passo que outras mansões, de madeira, foram destruídas. Danificado, o edifício foi comprado pelo Pacific-Union Club, eminentemente masculino, com origens na Corrida do Ouro *(pp. 26-7)*.

Os Grã-Finos de Nob Hill

Nob era um dos mais gentis termos reservados aos inescrupulosos empresários que amealharam vastas fortunas durante o desenvolvimento do Oeste norte-americano. Muitos *nobs* que moravam na região tinham apelidos que aludiam à história de suas imensas fortunas. O "Rei dos Minérios" (ou Bonanza Jim) James Flood se uniu em parceria com os imigrantes irlandeses James Fair, John Mackay e William O'Brien e, em 1872, os quatro adquiriram o controle de algumas minas de Comstock, cavando novos poços e descobrindo uma abundância de metais preciosos – um rico filão *(bonanza)* de prata de alto grau de pureza. Flood retornou milionário a São Francisco e arrematou um terreno no alto de Nob Hill, em frente à gleba pertencente a James Fair. A mansão Flood ainda existe e atualmente abriga o Pacific-Union Club. Na propriedade de Fair foi construído o Fairmont Hotel, por ordem de sua filha Tessie, depois da morte do pai *(acima)*.

Mark Hopkins (1814-78)

Bonanza Jim

Os Big Four

Outros distintos residentes de Nob Hill foram os "Big Four": Leland Stanford, Mark Hopkins, Charles Crocker e Collis P. Huntington. Eles se tornaram os principais investidores da primeira ferrovia transcontinental do país. Seu maior empreendimento, a Central Pacific Railroad (depois renomeada Southern Pacific), foi uma das mais importantes empresas do florescente Oeste americano. O quarteto conseguiu riqueza e influência graças aos privilégios concedidos pelo Congresso americano para encorajar a construção da ferrovia. O suborno e a corrupção levaram os Big Four a figurar entre os homens mais odiados dos Estados Unidos no século XIX. Por isso, o grupo foi caracterizado pela alcunha de "Barões Ladrões". Os quatro construíram mansões em Nob Hill, entretanto elas não sobreviveram ao terremoto e incêndio de 1906.

CHINATOWN E NOB HILL | **105**

⓯ Cable Car Museum

1201 Mason St. **Mapa** 5 B3. **Tel** 474-1887. 1, 12, 30, 45, 83. Powell-Mason, Powell-Hyde. 10h-18h diariam (out-mar: até 17h). 1º jan, Ação de Graças, 25 dez. só mezanino.
w cablecarmuseum.org

Esse prédio é ao mesmo tempo museu e casa de força do sistema de bondes a cabo (pp. 106-7). No térreo estão fixadas as rodas que puxam os cabos pela rede de calhas e polias sob as ruas da cidade. É possível vê-los do mezanino e depois descer abaixo do nível da rua para observar o maquinário. O museu também tem um bonde antigo e peças do mecanismo móvel dos carros. O sistema de bondes a cabo é o último desse tipo no mundo. O prédio de tijolos foi construído em 1909.

Entrada do San Francisco's Cable Car Museum

⓰ Grace Cathedral

1100 California St. **Mapa** 5 B4. **Tel** 749-6300. 1. California St. 8h-18h diariam (até 19h dom). 8h30 e 18h dom; vésperas com coral 17h15 qui, 15h dom; coral eucarístico 11h dom. diariam.
w gracecathedral.org

A Grace Cathedral é a igreja-mãe da Diocese Episcopal da Califórnia e a terceira maior catedral episcopal dos EUA. Projetada por Lewis P. Hobart, está situada onde eram as mansões de Charles e William H. Crocker (p. 104). Começou a ser erguida em setembro de 1928, mas só foi concluída em 1964, e o seu interior continua interminado até hoje. A Notre-Dame de Paris foi uma das muitas inspirações para a construção, que apresenta elementos tradicionais como a rosácea. O interior é repleto de mármore, e os vitrais das janelas foram desenhados por Charles Connick, inspirados no vidro azul da catedral francesa de Chartres. A rosácea frontal, feita de vidros facetados de 2,5cm de espessura, é iluminada por dentro à noite. Outros vitrais foram feitos por Henry Willet e Gabriel Loire.

Em alguns deles são representados heróis modernos, como Albert Einstein e o astronauta John Glen. Entre os objetos da catedral há um crucifixo catalão do século XIII e uma tapeçaria de Bruxelas do século XVI. As portas da entrada foram fundidas nos moldes das "Portas do Paraíso", de Lorenzo Ghiberti, feitas para o batistério de Florença.

Detalhe do vitral

A rosácea do Novo Testamento, feita em 1931 por Charles Connick, está situada no lado sul da igreja.

A rosácea frontal foi feita em Chartres (França), por Gabriel Loire, em 1964.

A torre do carrilhão aloja 44 sinos feitos na Inglaterra em 1938.

Entrada

A Capela da Graça, doada pela família Crocker, tem um retábulo francês do século XV.

As Portas do Paraíso são decoradas com cenas da Bíblia e retratos de Ghiberti e contemporâneos.

Entradas

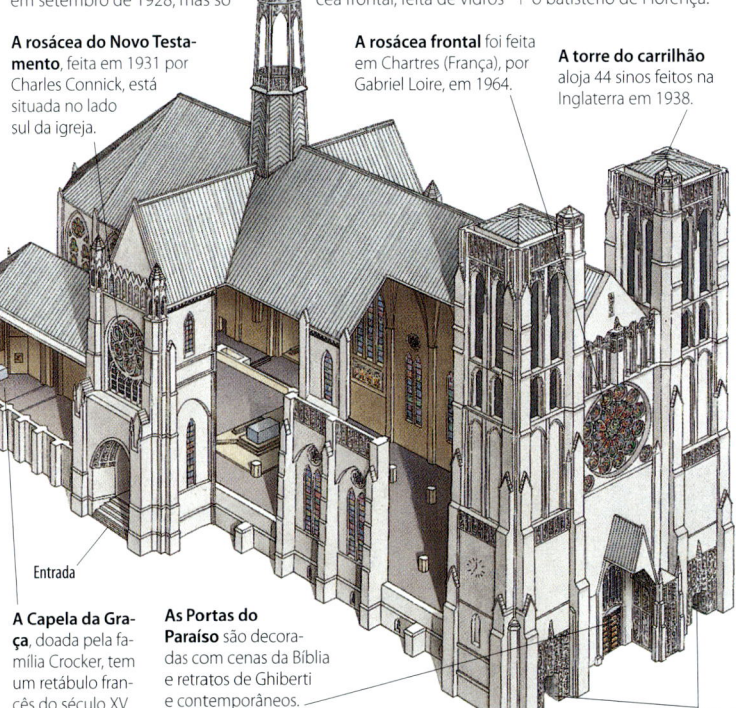

Os Bondes de São Francisco

O sistema de bondes a cabo começou em 1873, quando Andrew Hallidie, seu inventor, dirigiu o primeiro veículo. A inspiração para resolver o problema de transportar pessoas morro acima surgiu quando ele presenciou um horrível acidente: um bonde a cavalos despencou do morro, arrastando até os animais. Seu sistema teve sucesso, e, em 1889, corriam bondes por oito linhas. Antes do terremoto de 1906 *(pp. 30-1)*, havia 600 bondes em uso. Com o advento do motor de combustão interna, o sistema se tornou obsoleto, e, em 1947, os bondes foram substituídos por ônibus. A pedido público, porém, as três linhas atuais, um total de 25km, foram mantidas.

A Cable Car Barn abriga os bondes à noite e funciona como oficina de reparos, museu e casa de força de todo o sistema *(p. 105)*.

LEGENDA

① Sineta
② Coletor de areia
③ Punho da tenaz
④ O trilho central e as dormentes se agarram ao cabo
⑤ Freio de emergência
⑥ Freio da roda
⑦ Cabo
⑧ Bloco do freio
⑨ Sapata do freio

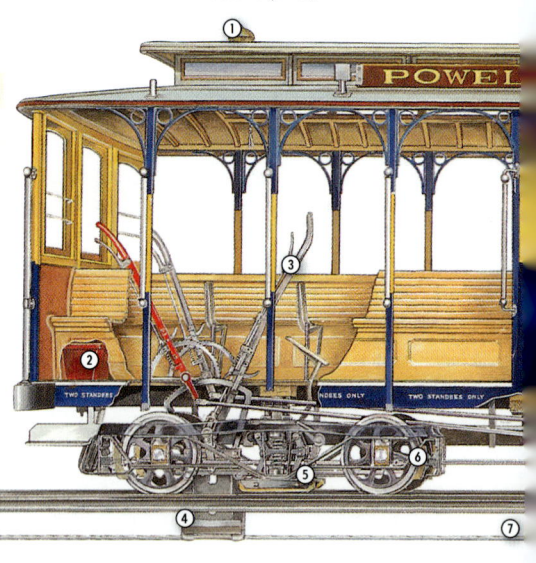

Como Funciona o Bonde

Os motores da casa de força central puxam um cabo contínuo por sob as ruas da cidade, guiado por um sistema de polias sulcadas. Quando o motorneiro do bonde aciona o punho da tenaz, ela passa por uma canaleta na rua e agarra o cabo, que leva o bonde a uma velocidade constante de 15,5km/h. Para parar o veículo, o motorneiro solta a tenaz e aciona o freio. É necessária muita perícia nas esquinas, onde o cabo passa sobre uma polia. O motorneiro precisa soltar a tenaz para que o bonde consiga deslizar.

Mecanismo de tenaz do bonde

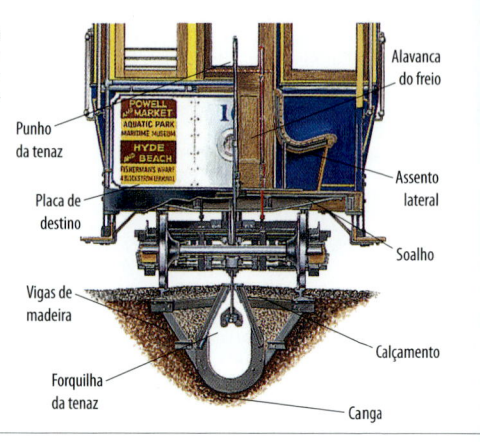

Punho da tenaz
Placa de destino
Vigas de madeira
Forquilha da tenaz
Alavanca do freio
Assento lateral
Soalho
Calçamento
Canga

CHINATOWN E NOB HILL | **107**

Hatch House é uma casa de máquinas de quatro andares que se movia em conjunto em 1913. Herbert Hatch usou um sistema de macacos e guinchos para monobrar a casa pelo cabo sem cessar o serviço de transporte.

O bonde celebrou sua volta em 1984, após dois anos de restauração. Todos os carros foram reformados e em todas as linhas os trilhos foram substituídos. O sistema agora pode operar em segurança por mais cem anos.

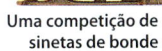

Uma competição de sinetas de bonde ocorre na Union Square em julho, quando os condutores tocam os mais variados ritmos. Nas ruas, a sineta serve de alerta no trânsito.

O primeiro bonde de São Francisco, testado por Hallidie na Clay Street em 2 de agosto de 1873, está em exposição na Cable Car Barn *(p. 105)*. O sistema continua, em sua essência, o mesmo desde sua invenção.

A restauração dos bondes deve ser feita com atenção aos mínimos detalhes, pois eles são considerados peças históricas.

Andrew Smith Hallidie

Andrew Smith nasceu em Londres em 1836 e mais tarde adotou o sobrenome de seu tio. Dedicou-se à mecânica e mudou-se para São Francisco em 1852, onde montou uma empresa de cabos metálicos. Em 1873 testou o primeiro bonde, que logo se tornou rentável e levou o desenvolvimento para os morros.

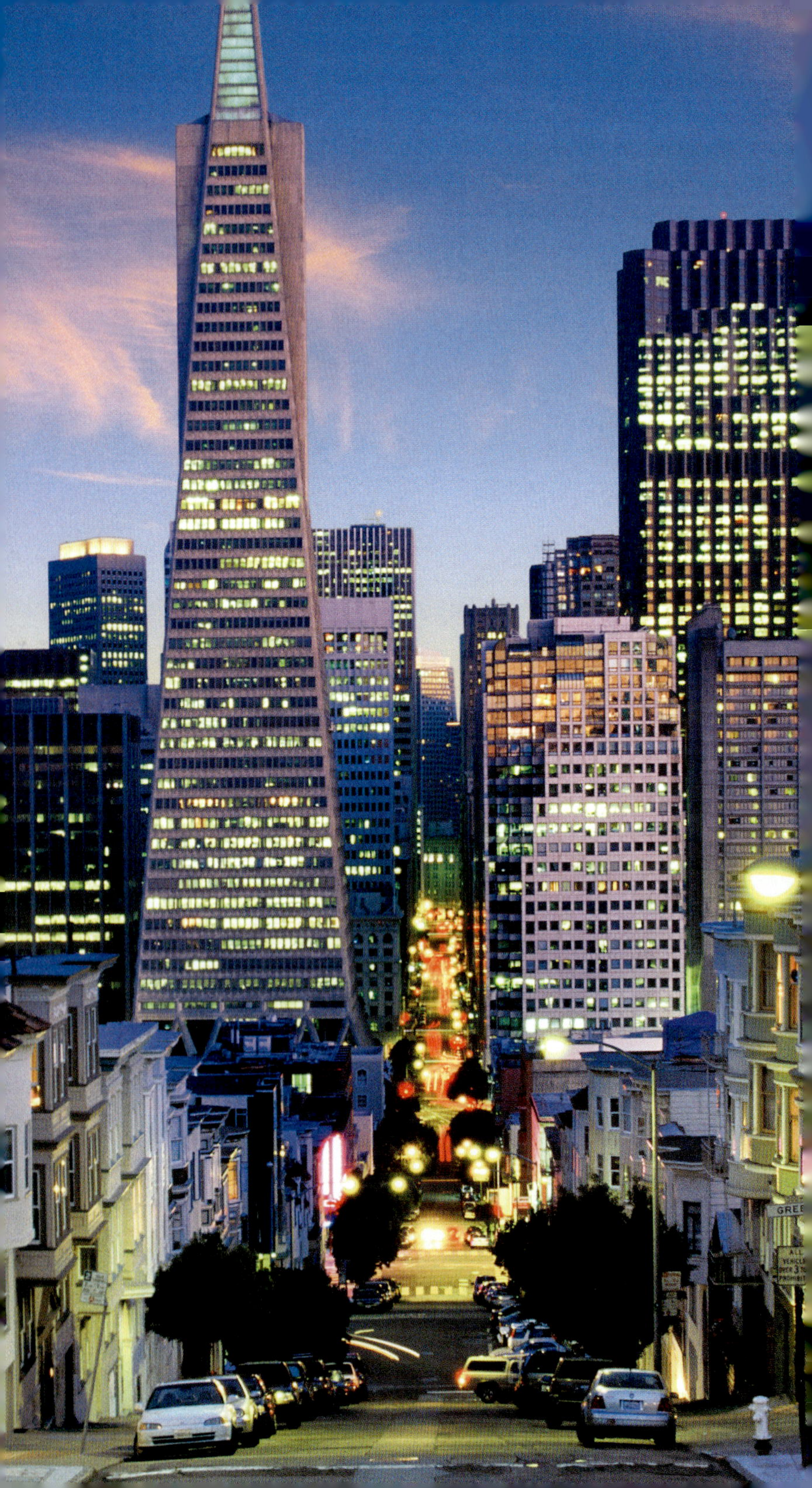

SÃO FRANCISCO ÁREA POR ÁREA | **109**

FINANCIAL DISTRICT E UNION SQUARE

A Montgomery Street, situada bem no coração do Financial District, outrora foi uma rua de empórios onde os mineiros iam pesar ouro em pó. Ela marca a antiga orla da rasa baía de Yerba Buena, aterrada durante a Corrida do Ouro *(pp. 26-7)* para criar mais espaço. Atualmente, bancos do início do século XX ficam à sombra, ao lado de espigões de vidro e aço, e os trabalhadores dos escritórios lotam as ruas. A Union Square está localizada no centro da principal área de compras da cidade, com seu comércio elegante e inúmeras lojas de departamentos.

Principais Atrações

Ruas e Prédios Históricos
- ❷ Jackson Square Historical District
- ❻ Union Bank of California
- ❼ Merchant's Exchange
- ❽ Pacific Coast Stock Exchange
- ❿ Ferry Building
- ⓫ California Historical Society
- ㉓ Powell Street Cable Car Turntable
- ㉕ Old United States Mint

Museus e Galerias
- ❸ Wells Fargo History Museum
- ⓬ Museum of the African Diaspora
- ⓮ Contemporary Jewish Museum
- ⓰ *Museum of Modern Art pp. 120-3*

Arquitetura Moderna
- ❶ Embarcadero Center
- ❹ 555 California
- ❺ Transamerica Pyramid
- ⓭ Rincon Center
- ⓯ *Yerba Buena Gardens pp. 116-7*

Hotéis
- ⓱ Palace Hotel

Informação Turística
- ㉖ San Francisco Visitor Information Center

Lojas
- ⓲ Crocker Galleria
- ⓳ Gump's
- ㉒ Union Square Shops
- ㉔ Westfield San Francisco Centre

Teatros
- ㉑ Theater District

Parques e Praças
- ❾ Justin Herman Plaza
- ⓴ Union Square

Restaurantes *pp. 222-8*
1. 5A5 Streak Lounge
2. 21st Amendment
3. Bouche
4. Chutney
5. Delancey Street Restaurant
6. Farallon
7. Fleur de Lys
8. Gaylord India
9. Globe
10. The Grove
11. The Hi-Drive
12. Kokkari Estiatorio
13. Kuleto's
14. Michael Mina
15. Millennium
16. One Market
17. Osha Thai
18. Press Club
19. Salt House
20. Sam's Grill and Seafood Restaurant
21. South Park Café
22. Tadich Grill
23. Yank Sing

Veja Guia de Ruas, mapas 6 e 11

◀ Centro de São Francisco ao entardecer

Legenda dos símbolos
na orelha da contracapa

# Rua a Rua: Financial District

A engrenagem econômica de São Francisco é movimentada principalmente pelo Financial District, um dos mais importantes centros de negócios dos EUA. Ele se estende dos modernos espigões do Embarcadero Center até a sóbria Montgomery Street, às vezes chamada de "Wall Street do Oeste". Todos os principais bancos, corretoras, bolsas e escritórios de advocacia ficam nessa área. O Jackson Square Historical District, ao norte da Washington Street, já foi o núcleo dos negócios.

❶ ★ Embarcadero Center
O shopping abriga lojas e escritórios. Uma galeria de compras ocupa os primeiros três andares dos espigões.

Hotaling Place, estreita viela que dá no Jackson Square Historical District, tem vários antiquários de boa qualidade.

❷ Jackson Square Historical District
Essa área lembra mais que qualquer outra a Corrida do Ouro.

O Golden Era Building, construído durante a Corrida do Ouro, era a sede do jornal *Golden Era*, para o qual Mark Twain escreveu.

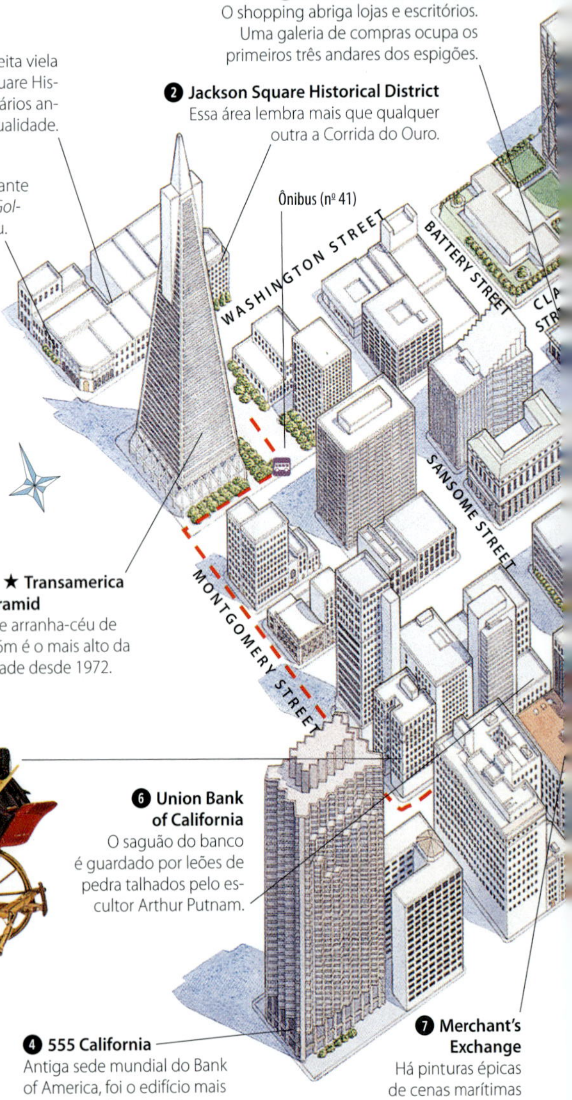

Ônibus (nº 41)

❺ ★ Transamerica Pyramid
Esse arranha-céu de 256m é o mais alto da cidade desde 1972.

❻ Union Bank of California
O saguão do banco é guardado por leões de pedra talhados pelo escultor Arthur Putnam.

❸ Wells Fargo History Museum
Uma diligência original, lembrança dos dias mais violentos do velho Oeste, é uma das muitas peças desse museu bancário e de transportes recentemente reformado.

❹ 555 California
Antiga sede mundial do Bank of America, foi o edifício mais alto da cidade até 1972.

❼ Merchant's Exchange
Há pinturas épicas de cenas marítimas locais nas paredes.

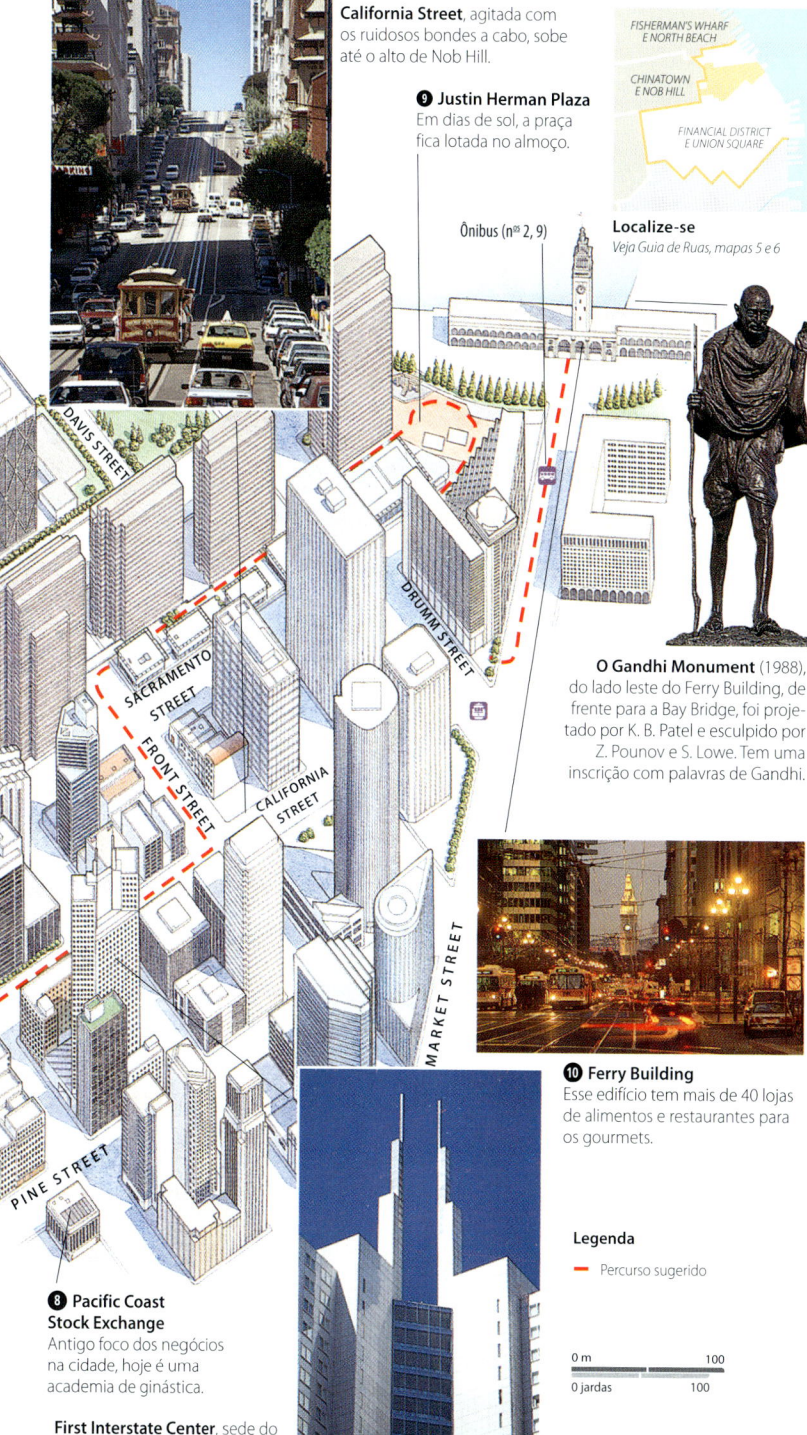

FINANCIAL DISTRICT E UNION SQUARE | **111**

California Street, agitada com os ruidosos bondes a cabo, sobe até o alto de Nob Hill.

❾ Justin Herman Plaza
Em dias de sol, a praça fica lotada no almoço.

Ônibus (nºˢ 2, 9)

FISHERMAN'S WHARF E NORTH BEACH

CHINATOWN E NOB HILL

FINANCIAL DISTRICT E UNION SQUARE

Localize-se
Veja Guia de Ruas, mapas 5 e 6

DAVIS STREET

SACRAMENTO STREET

FRONT STREET

DRUMM STREET

CALIFORNIA STREET

MARKET STREET

PINE STREET

O Gandhi Monument (1988), do lado leste do Ferry Building, de frente para a Bay Bridge, foi projetado por K. B. Patel e esculpido por Z. Pounov e S. Lowe. Tem uma inscrição com palavras de Gandhi.

❿ Ferry Building
Esse edifício tem mais de 40 lojas de alimentos e restaurantes para os gourmets.

Legenda

— Percurso sugerido

❽ Pacific Coast Stock Exchange
Antigo foco dos negócios na cidade, hoje é uma academia de ginástica.

First Interstate Center, sede do Mandarin Oriental Hotel.

0 m — 100
0 jardas — 100

❶ Embarcadero Center

Mapa 6 D3. 1, 32. J, K, L, M, N. California St. *Veja Compras em São Francisco: p. 233.*

O Embarcadero Center foi concluído em 1981, depois de uma década de obras. É o maior projeto de reurbanização de São Francisco e vai da Justin Herman Plaza à Battery Street. Quatro espigões independentes erguem-se por 35 e 40 andares entre praças planejadas e passarelas elevadas.

A área interna mais incrível do Embarcadero Center é o saguão do Hyatt Regency Hotel. Seu átrio de dezessete andares possui um imenso globo esculpido por Charles Perry intitulado *Eclipse*. Elevadores de vidro sobem e descem, transportando visitantes de e para seus quartos. No local há também lojas e um cinema que apresenta uma impressionante variedade de filmes independentes e estrangeiros.

Saguão do Hyatt Regency Hotel, no Embarcadero Center

Hotaling Place, Jackson Square

❷ Jackson Square Historical District

Mapa 5 C3. 12, 41, 83.

Renovada no início dos anos 1950, essa região de prédios baixos tem fachadas históricas de tijolos, ferro fundido e granito que datam da época da Corrida do Ouro. De 1850 a 1910, a área se tornou notória pela sujeira e grosseria dos moradores e ficou conhecida como Barbary Coast *(pp. 28-9)*. O Hippodrome, no nº 555 da Pacific Street, era um teatro; as lascivas esculturas em relevo na fachada rebaixada lembram os seus picantes espetáculos. Hoje os prédios são usados como escritórios, lojas e showrooms – as melhores estão na Jackson e na Gold Street, Hotaling Place e Montgomery Street.

❸ Wells Fargo History Museum

420 Montgomery St. **Mapa** 5 C4. **Tel** 396-2619. 1, 3, 10, 41. California St. Montgomery 9h-17h seg.-sex. feriados. **w** wellsfargohistory.com

Fundada em 1852, a Wells Fargo & Co. se tornou a maior companhia bancária e de transporte do Oeste, contribuindo para o desenvolvimento das "novas fronteiras" dos EUA. A companhia levava pessoas e mercadorias da Costa Leste ao Oeste e entre os campos de mineração e cidades da Califórnia. Transportava também ouro da Costa Oeste para a Leste e entregava correspondências. A Wells Fargo punha caixas-postais em locais-chave, e os mensageiros separavam as cartas no caminho. O Pony Express foi outra importante aventura postal da Wells Fargo.

Suas esplêndidas diligências *(p. 110)*, como a que está exposta no museu, são também famosas pelas lendárias histórias dos heroicos cocheiros e dos bandidos que as assaltavam. O assaltante mais conhecido foi Black Bart, que deixava poemas no local do crime. Ele agiu das estradas vazias de Calaveras County à fronteira do Oregon, entre 1875 e 1883. Em um de seus assaltos, deixou cair sem querer um lenço com a etiqueta da lavanderia, o que levou a identificá-lo como um engenheiro de minas chamado Charles Boles.

Os visitantes do museu podem experimentar como era sentar-se dias a fio numa sacolejante diligência, ouvir o diário gravado do imigrante Francis Brocklehurst e ver peças expostas como correspondência do Pony Express, cheques, fotos, um telégrafo em funcionamento e pepitas de ouro.

Black Bart, o bandido poeta

FINANCIAL DISTRICT E UNION SQUARE | 113

❹ 555 California

555 California St. **Mapa** 5 C4. **Tel** 392-1697. 🚌 1, 41. 🚋 California St. Ⓜ Montgomery.

Antiga sede mundial do Bank of America, esse edifício de granito vermelho folheado simboliza a importância e o poder do sistema bancário. Concluído em 1969, seus 52 andares fazem dele o edifício mais alto de São Francisco, com uma vista incrível do último andar. O Bank of America era originalmente o Bank of Italy, fundado por A. P. Giannini em San José, Califórnia. Ele reuniu uma enorme clientela no início do século XX subsidiando imigrantes e investindo em fazendas em ascensão e em pequenos vilarejos. No grande incêndio de 1906 *(pp. 30-1)*, Giannini salvou pessoalmente os depósitos bancários, levando-os ocultos em caixotes de frutas, de modo que o banco tivesse recursos suficientes para investir na reconstrução da cidade.

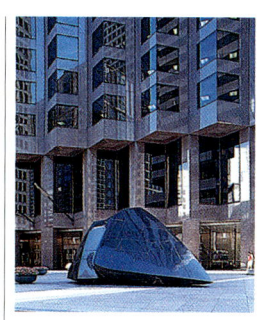

Transcendência, de Masayuki Nagare, na área externa do 555 California

❺ Transamerica Pyramid

600 Montgomery St. **Mapa** 5 C3. 🚌 1, 10, 12, 30, 41. ⬤ ao público. ♿ 🌐 **transamerica.com**

Rematada por uma agulha afilada do topo de seus 48 andares, a pirâmide chega a 256m acima do nível do mar. É o edifício mais alto da cidade, por isso é fácil reconhecê-lo. Embora os moradores de São Francisco o tenham rejeitado quando foi inaugurado, em 1972, de lá para cá passaram a aceitá-lo como parte da paisagem. Desde 11 de setembro de 2001, a pirâmide fica fechada ao público, mas há um centro de visitantes no lobby.

Projetada por William Pereira & Associates, ela comporta 1.500 escritórios num local que, historicamente, é dos mais interessantes da cidade. O Montgomery Block, que alojava vários escritórios importantes e era o maior prédio a oeste do Mississipi, foi construído ali em 1853. No porão ficava o Exchange Saloon, frequentado por Mark Twain. Nos anos 1860, artistas passaram a residir no Montgomery Block. O ponto final do Pony Express, assinalado por uma placa, ficava na Merchant Street, do lado oposto.

A agulha é oca e alcança 64m acima do último andar. Iluminada por dentro, ela projeta um brilho amarelado à noite. Sua função é puramente decorativa.

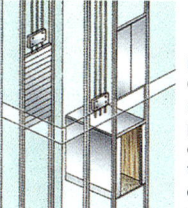

Flancos Verticais
Os flancos erguem-se verticalmente do meio do andar térreo e projetam-se além da estrutura, inclinada para dentro. O flanco leste tem dezoito poços de elevadores; o oeste abriga uma torre de chaminé e escadas de emergência.

Proteção Antiterremoto
O exterior da pirâmide é recoberto com agregado de quartzo pré-moldado, interligado por hastes de reforço a cada andar. O espaço entre os painéis permite movimento lateral em caso de terremoto.

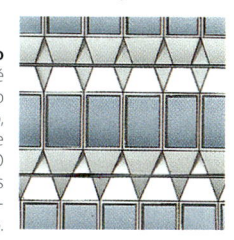

As 3.678 janelas levam um mês para serem lavadas pelos faxineiros.

Vista da Cidade
Quem trabalha nos andares superiores tem uma estupenda vista de 360° de toda a cidade e da área próxima da baía de São Francisco.

A Forma
O edifício se afila de tal modo que forma uma sombra menor que a de um prédio convencional.

As fundações se assentam em um bloco de aço e concreto, fincado a 15,5m de profundidade e projetado para se mover na ocorrência de tremores de terra.

Fachada clássica do Union Bank of California

6 Union Bank of California

400 California St. **Mapa** 5 C4. **Tel** 765-0400. 1, 41. California St.

William Ralston e Darius Mills fundaram esse banco em 1864. Ralston, conhecido como "o homem que fez São Francisco," investiu lucrativamente nas minas de Comstock *(p. 29)*. Ele usou o banco e sua fortuna pessoal para financiar projetos em São Francisco, entre eles a companhia de água, um teatro e o Palace Hotel *(p. 115)*. Entretanto, quando chegou a recessão econômica nos anos 1870, o império de Ralston ruiu.

O atual prédio, com suas colunatas, foi concluído em 1908. No subsolo há uma agradável arcada com lojas, restaurantes e exposições de arte e de fotografia.

7 Merchant's Exchange

465 California St. **Mapa** 5 C4. **Tel** 421-7730. 1, 3, 10. Montgomery. 9h-17h seg-sex; sáb e dom apenas com hora marcada. ao público nos feriados. **w** mxbuilding.com

A Bolsa Mercantil, projetada por Willis Polk em 1903, sobreviveu ao grande incêndio de 1906 com poucos danos. Em seu interior, telas do irlandês William Coulter se alinham nas paredes. Retratam cenas marítimas da época dos navios a vela e a vapor. O prédio foi o coração dos negócios de São Francisco no início do século XX, quando era comum haver vigias na torre para avisar da chegada de navios.

8 Pacific Coast Stock Exchange

301 Pine St. **Mapa** 5 C4. 3, 41. ao público

Essa já foi a maior bolsa de valores dos Estados Unidos, depois da de Nova York. Fundada em 1882, ocupava esses prédios, que haviam sido do U.S. Treasury e foram reformados por Miller e Pflueger em 1930. As monumentais estátuas de granito na entrada da Pine Street foram feitas pelo renomado escultor, pintor e muralista de São Francisco Ralph Stackpole no mesmo ano. Por conta das mudanças tecnológicas no comércio, os edifícios não abrigam mais a bolsa, e sim uma academia de ginástica.

9 Justin Herman Plaza

Mapa 6 D3. muitas linhas. J, K, L, M, N. California St.

Lotada na hora do almoço por funcionários do vizinho Embarcadero Center e de outros escritórios das redondezas, essa praça é mais conhecida pela vanguardista fonte Vaillancourt, construída em 1971 pelo artista canadense Armand Vaillancourt. A fonte se compõe de enormes blocos de concreto e há quem a considere feia, principalmente quando fica seca. Porém, pode-se escalá-la ou passar por baixo dela. Com seus laguinhos e colunas d'água, é uma

A fonte Vaillancourt, na Justin Herman Plaza

O relógio da torre do Ferry Building

intrigante obra de arte pública quando funciona como foi projetada.

10 Ferry Building

Embarcadero com Market St. **Mapa** 6 E3. muitas linhas. J, K, L, M, N. California St.

Construído entre 1896 e 1903, o Ferry Building sobreviveu ao incêndio de 1906 *(pp. 30-1)* com a ajuda dos barcos dos bombeiros, que bombearam a água da baía. A torre do relógio, de 71m de altura, se inspira no campanário mourisco da Catedral de Sevilha, na Espanha. No início dos anos 1930, mais de 50 milhões de passageiros cruzavam esse prédio por ano. Atualmente o Ferry Building abriga muitas lojas que oferecem grande variedade de alimentos frescos, além de inúmeros restaurantes e lanchonetes. Às terças e aos sábados há uma feira livre fora do prédio.

Em 1936, com a abertura da Bay Bridge, o Ferry Building deixou de ser o principal ponto de entrada da cidade. Hoje, poucos ferryboats cruzam a baía para Larkspur e Sausalito, em Marin County *(p. 163)*, e para Alameda e Oakland, na East Bay *(pp. 166-9)*.

⓫ California Historical Society

678 Mission St. **Mapa** 6 D5.
Tel 357-1848. 9, 30, 45. J, K, L, M, N, T. Montgomery.
Biblioteca: 12h-17h qua-sex; Galeria: 12h-17h ter-dom.
californiahistoricalsociety.org

Essa sociedade oferece biblioteca, salas para exposições e livraria. Há ainda um acervo fotográfico, mais de 900 pinturas e aquarelas de artistas americanos, uma exposição de artes decorativas e uma singular coleção de vestuário.

Pescaria no porto

No mural do Rincon Annex, a descoberta de São Francisco pela Espanha

⓬ Museum of the African Diaspora

685 Mission St. **Mapa** 5 C5. 358-7200. 14, 30, 45. J, K, L, M, N, T.
11h-18h qua-sáb, 12h-17h dom.
nos feriados principais.
moadsf.org

A ideia central desse museu é a de que todos compartilham um passado africano. Há exposições sobre música, tradições culinárias africanas e comércio de escravos. Promove também mostras interativas, palestras e workshops.

⓭ Rincon Center

Mapa 6 B4. 14. *Veja Compras em São Francisco: p. 233*.

Esse shopping center, com seu átrio elevado, foi acrescentado ao antigo Rincon Annex Post Office Building em 1989. É conhecido pelos murais do artista russo Anton Refregier, que mostram aspectos da história da cidade.

⓮ Contemporary Jewish Museum

736 Mission St. **Mapa** 5 C5. **Tel** 655-7800. 14, 30, 45. J, K, L, M, N, T.
11h-17h sex-ter, 11h-20h qui.
feriados judaicos, 1º jan, 4 jul, Ação de Graças. thecjm.org

Esse museu, em parceria com instituições culturais nacionais e internacionais, apresenta uma boa variedade de arte, fotografia e instalações relacionadas ao judaísmo.

⓯ Yerba Buena Gardens

pp. 116-7.

⓰ Museum of Modern Art

pp. 120-3.

⓱ Palace Hotel

2 New Montgomery St. **Mapa** 5 C4.
Tel 512-1111. 7, 9, 21, 31, 66, 71. J, K, L, M, N, T. *Veja Onde Ficar: p. 215*.

O Palace Hotel original foi inaugurado em 1875 por William Ralston, conhecido financista de São Francisco. Era o mais luxuoso dos primeiros hotéis da cidade e em geral frequentado pelos ricos e famosos. Entre seus hóspedes figuravam a atriz Sarah Bernhardt e os escritores Oscar Wilde e Rudyard Kipling. O tenor Enrico Caruso estava hospedado no local na ocasião do terremoto de 1906 *(pp. 30-1)*, quando o hotel pegou fogo. O edifício foi reconstruído pelo arquiteto George Kelham e reabriu em 1909.

O magnífico Garden Court, no Palace Hotel

⓯ Yerba Buena Gardens

A construção do Moscone Center, o maior centro de convenções de São Francisco, marcou o início de uma série de ambiciosos projetos de desenvolvimento dos Yerba Buena Gardens. Novos alojamentos, hotéis, museus, lojas, galerias, restaurantes e jardins o seguiram, transformando a área num vibrante centro de atividades. Importantes eventos de arte ocorrem entre maio e outubro no Yerba Buena Gardens Festival.

★ Yerba Buena Center for the Arts
Esse centro tem galerias, fórum de artes e sala de cinema que exibe vídeos e filmes contemporâneos.

Esplanade Gardens
Os visitantes podem passear pelas trilhas ou participar de eventos gratuitos no verão.

LEGENDA

① **O Children's Creativity Museum**, conhecido como Zeum, é um ótimo passeio para crianças de todas as idades. Combinando imaginação com arte e ferramentas tecnológicas, os visitantes podem criar animações, músicas, vídeos, arte digital e muito mais.

② **O Martin Luther King Jr. Memorial** tem mensagens de paz em vários idiomas.

③ **Entrada norte do Moscone Center**

④ **Entrada sul do Moscone Center**

⑤ **Jardim leste**

⑥ **O Esplanade Ballroom** é parte das amplas instalações para convenções. Aberto para conferências e simpósios.

⑦ **Patinação no gelo**

⑧ **O Centro Infantil** tem equipamentos que estimulam a criatividade, em agradável local ao ar livre.

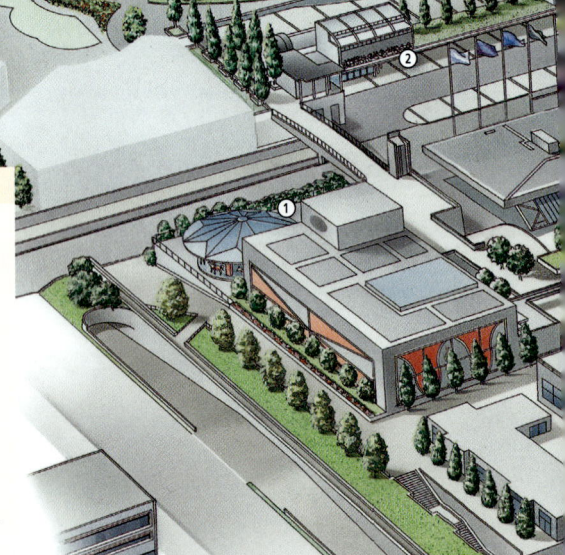

Moscone Center

O engenheiro T. Y. Lin descobriu uma forma engenhosa de sustentar um jardim de cobertura, sem colunas internas, sobre esse salão subterrâneo. As bases dos oito arcos de aço são interligadas, sob o chão, por cabos, como cordas de um arco de arqueiro. Quando se apertam os cabos, os arcos exercem tração para cima.

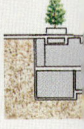

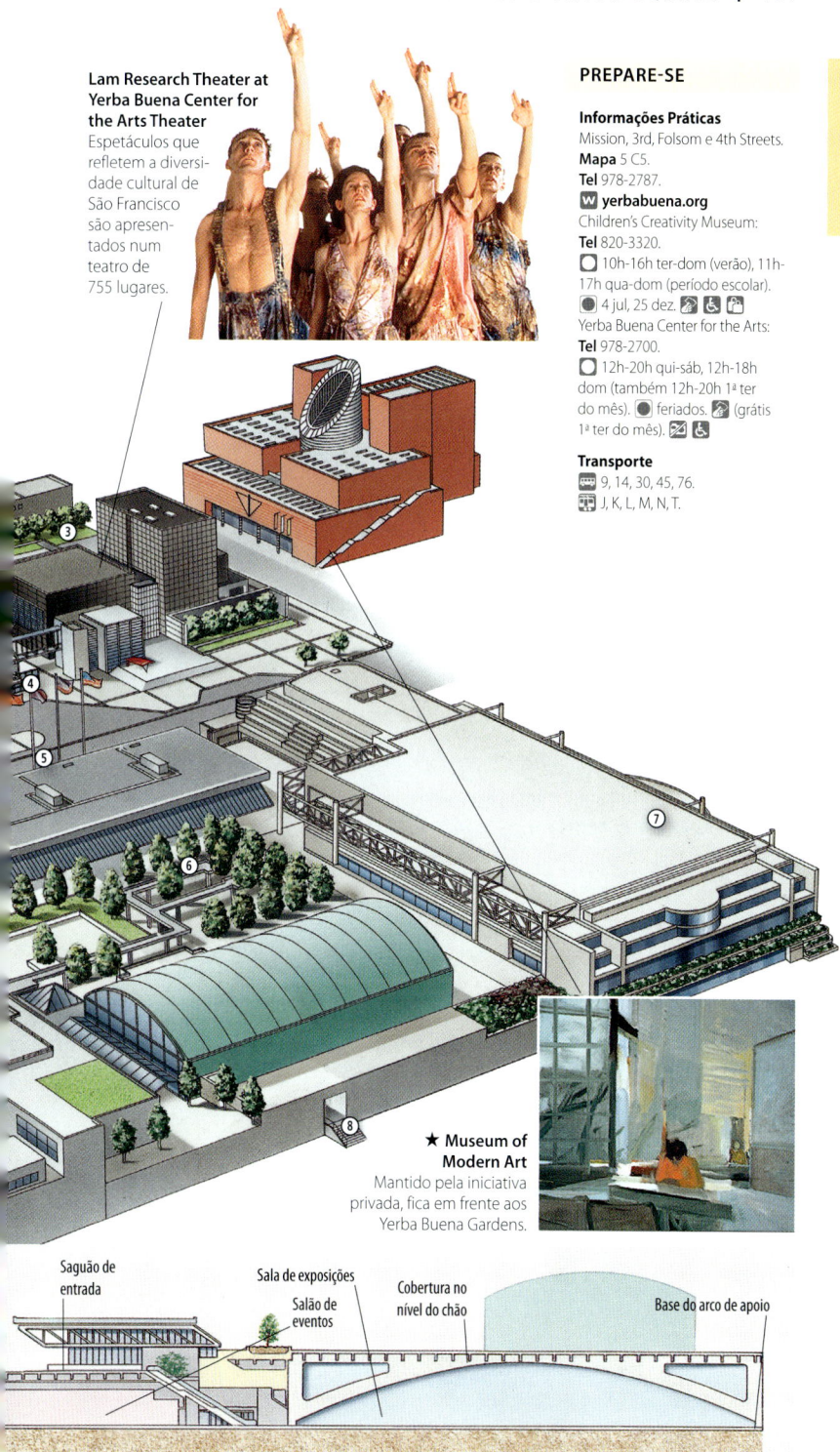

FINANCIAL DISTRICT E UNION SQUARE | **117**

Lam Research Theater at Yerba Buena Center for the Arts Theater
Espetáculos que refletem a diversidade cultural de São Francisco são apresentados num teatro de 755 lugares.

PREPARE-SE

Informações Práticas
Mission, 3rd, Folsom e 4th Streets.
Mapa 5 C5.
Tel 978-2787.
W yerbabuena.org
Children's Creativity Museum:
Tel 820-3320.
◯ 10h-16h ter-dom (verão), 11h-17h qua-dom (período escolar).
⬤ 4 jul, 25 dez.
Yerba Buena Center for the Arts:
Tel 978-2700.
◯ 12h-20h qui-sáb, 12h-18h dom (também 12h-20h 1ª ter do mês). ⬤ feriados. (grátis 1ª ter do mês).

Transporte
🚌 9, 14, 30, 45, 76.
🚋 J, K, L, M, N, T.

★ **Museum of Modern Art**
Mantido pela iniciativa privada, fica em frente aos Yerba Buena Gardens.

Saguão de entrada — Sala de exposições — Salão de eventos — Cobertura no nível do chão — Base do arco de apoio

Praça central da Crocker Galleria

⓲ Crocker Galleria

Entre as ruas Post, Kearny, Sutter e Montgomery.
Mapa 5 C4. **Tel** 393-1500.
2, 3. J, K, L, M, N, T.
Veja Compras: p. 233.

A Crocker Galleria foi erguida em 1982 e projetada pelos arquitetos Skidmore, Owings e Merrill. Inspirada na Galleria Vittorio Emmanuelle, de Milão, possui uma praça central com teto de claraboia abobadada. Tem mais de 50 restaurantes e lojas que expõem em suas vitrines o melhor dos estilistas europeus e americanos.

⓳ Gump's

135 Post St. **Mapa** 5 C4. **Tel** 982-1616.
2, 3, 4, 30, 38, 45. J, K, L, M, N, T. Powell-Mason, Powell-Hyde. 10h-18h seg-sáb, 12h-17h dom.
Veja Compras: p. 237.

Fundada em 1861 por imigrantes alemães que vendiam espelhos e molduras, essa loja de departamentos de São Francisco tornou-se uma instituição local. Muitos casais cadastram listas de presentes nessa loja. A Gump's possui a maior variedade de porcelanas e cristais finos dos EUA, de fabricantes renomados como Baccarat, Steuben e Lalique. A loja também é conhecida por suas preciosidades orientais, mobília e raras obras de arte. Merecem destaque as peças de arte asiática, em especial a incrível coleção internacionalmente conhecida de objetos de jade. Em 1949 a Gump's importou o enorme Buda de bronze que ofereceu de presente ao Japanese Tea Garden *(p. 149)*. Com sua atmosfera exclusiva e refinada, a Gump é frequentada pelos ricos e famosos. É conhecida ainda pelas vitrines coloridas e extravagantes.

⓴ Union Square

Mapa 5 C5. 2, 3, 30, 38, 45. J, K, L, M, N, T. Powell-Mason, Powell-Hyde.

A praça recebeu esse nome devido aos inúmeros discursos pró-União proferidos ali durante a Guerra de Secessão (1861-5). As manifestações angariaram o apoio do povo de São Francisco à causa do norte, decisivo para a entrada da Califórnia na guerra ao lado da União. A praça hoje está no coração do distrito de compras e marca o limite do Theater District. Tem como vizinho, a oeste, o famoso Westin St. Francis Hotel e no centro há uma coluna de 27m de altura encimada pela estátua da Vitória. Esse monumento comemora o triunfo do almirante Dewey na baía de Manila, nas Filipinas, durante a Guerra Hispano-Americana (1898).

Monumento à Vitória na Union Square

㉑ Theater District

Mapa 5 B5. 2, 3, 38. Powell-Mason, Powell-Hyde. J, K, L, M, N, T.
Veja Diversão: pp. 250-1.

Diversos teatros ficam próximos à Union Square, todos situados em uma área de seis quarteirões. Os dois maiores ficam no Geary Boulevard, duas quadras a oeste da praça. São eles o Curran Theater, erguido em 1922, e o Geary Theater, de 1909, e hoje sede do American Conservatory Theater (ACT). A arte dramática floresceu em São Francisco desde a Corrida do Ouro *(pp. 26-7)*, e até hoje grandes atores e estrelas da ópera têm sido atraídos à cidade. A inovadora bailarina Isadora Duncan, dos anos 1920, nasceu no Theater District, no nº 501 da Taylor Street.

Lojas famosas de São Francisco estão voltadas para a Union Square

㉒ Lojas da Union Square

Mapa 5 C5. 2, 3, 30, 38, 45. Powell-Mason, Powell-Hyde. J, K, L, M, N, T. *Veja Compras: p. 233.*

Muitas das grandes lojas de São Francisco se encontram ali, como Macy's, Sak's Fifth Avenue, Neiman Marcus e Gump's *(pp. 232-3)*, além de ótimos hotéis, sebos de livros antigos e pequenas butiques. O Frank Lloyd Wright Building, no nº 140 da Maiden Lane, ao lado da Union Square, é o precursor do Guggenheim Museum, de Nova York.

FINANCIAL DISTRICT E UNION SQUARE | 119

㉓ Powell Street Cable Car Turntable

Hallidie Plaza, Powell St com Market St. **Mapa** 5 C5. muitas linhas. J, K, L, M, N, T. Powell-Mason, Powell-Hyde.

As linhas de bondes a cabo Powell-Hyde e Powell-Mason fazem os mais espetaculares percursos de São Francisco. As viagens para Nob Hill, Chinatown e Fisherman's Wharf partem e chegam da esquina da Powell Street com a Market Street. Ao contrário dos bondes a cabo duplo da California Street, os bondes da Powell foram feitos para se mover em uma só direção, daí a necessidade do girador no final do percurso.

Após o desembarque dos passageiros, o bonde é empurrado para o girador e virado manualmente pelo condutor e pelo manobrista. Os passageiros aguardam a meia-volta junto a turistas, músicos de rua, consumidores e funcionários de escritório.

Um bonde é virado no girador da Powell Street

㉔ Westfield San Francisco Centre

Market St com Powell St. **Mapa** 5 C5. **Tel** 512-6776. 5, 7, 9, 14, 21, 71. J, K, L, M, N. Powell-Mason, Powell-Hyde. 10h-20h30 diariam (até 19h dom). **westfield.com** *Veja Compras: p. 233.*

Os clientes sobem por escadas rolantes semiespirais para percorrer esse shopping, que consiste em um alto átrio central com nove andares de lojas elegantes. No topo há um domo a 45m do térreo. Os pisos do subsolo provêm acesso à Powell Street Station.

A loja de departamentos Nordstrom's ocupa os cinco andares de cima e é a principal loja do shopping. As entradas da nova Bloomingda-

A inexpugnável Old Mint, a "Senhora de Granito"

le's, conhecida por sua rotunda neoclássica, estão nos andares inferiores.

㉕ Old United States Mint

Fifth St com Mission St. **Mapa** 5 C5. 14, 14L, 26, 27. J, K, L, M, N, T. por tempo indeterminado.

Uma das três casas da moeda de São Francisco, a Old Mint funcionou como um museu de 1973 a 1994; sua última moeda foi cunhada em 1937. Em estilo clássico, o prédio foi construído em granito, daí seu apelido, "Senhora de Granito". Projetado por A. B. Mullet entre 1869 e 1874, tem janelas fortificadas com persianas de ferro e cofres indestrutíveis. O prédio é um dos poucos sobreviventes do terremoto e do grande incêndio de 1906 *(pp. 30-1)*. Há planos para convertê-lo em um museu.

㉖ San Francisco Visitor Information Center

Powell St com Market St. sob Hallidie Plaza. **Mapa** 5 B5. **Tel** 391-2000 ou 391-2001. muitas linhas: J, K, L, M, N, T. Powell-Mason, Powell-Hyde. 9h-17h seg-sex, 9h-15h sáb-dom. dom (nov-abr). limitado. **onlyinsanfrancisco.com**

Informe-se nesse posto sobre roteiros pela cidade e redondezas, festivais, eventos especiais, restaurantes, acomodações, vida noturna, pontos turísticos e compras. Há mapas e uma ampla variedade de folhetos em inglês e outras línguas, e uma equipe multilíngue está pronta para responder a qualquer pergunta. Você pode tirar dúvidas por telefone ou usar o serviço de informação gravado 24 horas.

Museum of Modern Art

Esse museu é a base da reputação de São Francisco como um destacado centro de arte moderna. Criado em 1935, mudou-se para a sede atual em 1995. O ponto de convergência desse prédio modernista, projetado pelo suíço Mario Botta, é a claraboia cilíndrica de 38m de altura que lança luz natural por todo o saguão, do teto ao andar térreo. O museu abriga mais de 23 mil obras de arte nos 4.600m² de espaços de exposição e oferece um dinâmico calendário de mostras rotativas do mundo todo. O SFMoMA passa atualmente por obras de expansão e reforma, cuja conclusão está programada para 2016.

Pertences Pessoais
O surrealista belga René Magritte criou essa obra-prima em 1952. Ela apresenta objetos cotidianos em situações estranhas, desconcertantes, retratados em um estilo realista.

Guia do Museu

A loja, o café e o espaço para eventos especiais ficam no térreo. No segundo andar estão o Koret Visitor Education Center e obras do acervo permanente de pinturas, esculturas, arquitetura e design. No terceiro, fotografias e mostras especiais, ao passo que no quarto piso ficam as artes midiáticas, as exposições especiais e o terraço das esculturas. As galerias do quinto andar e o jardim do terraço exibem obras contemporâneas, como pinturas e esculturas. Durante a reforma algumas obras podem mudar de lugar.

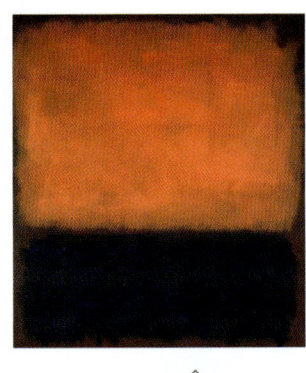

★ **Nº 14, 1960**
Essa tela a óleo é de Mark Rothko, um dos principais expressionistas abstratos. Trata-se de uma das mais belas e hipnóticas obras desse artista.

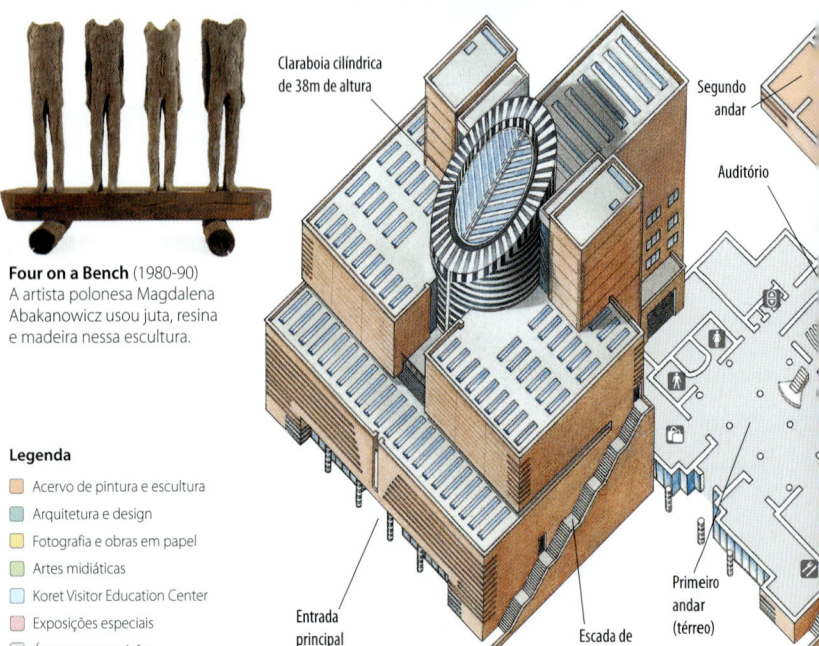

Four on a Bench (1980-90)
A artista polonesa Magdalena Abakanowicz usou juta, resina e madeira nessa escultura.

Claraboia cilíndrica de 38m de altura

Segundo andar

Auditório

Entrada principal

Escada de emergência

Primeiro andar (térreo)

Legenda
- Acervo de pintura e escultura
- Arquitetura e design
- Fotografia e obras em papel
- Artes midiáticas
- Koret Visitor Education Center
- Exposições especiais
- Área sem exposição

FINANCIAL DISTRICT E UNION SQUARE | **121**

★ **Arte Californiana**
O destaque do acervo é a escultura de Richard Shaw *Melodious Double Stops* (1980).

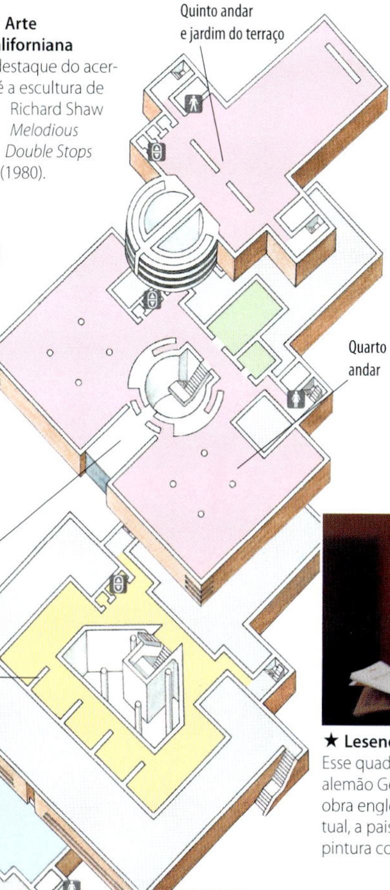

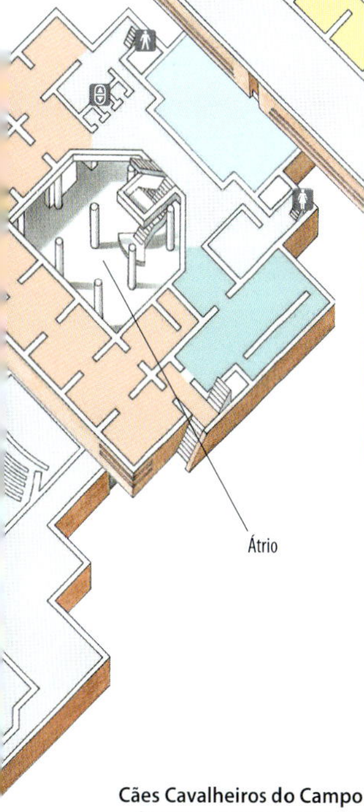

Quinto andar e jardim do terraço

Quarto andar

Terraço

Terceiro andar

Átrio

PREPARE-SE

Informações Práticas
151 Third St.
Mapa 11 C1.
Tel 357-4000.
11h-17h45 sex-ter, 11h-20h45 qui (a partir das 10h ter-qui no verão). Os horários podem mudar, ligue e verifique. 1º jan, Ação de Graças, 25 dez. grátis 1ª ter do mês; 50% desconto 18h-21h qui. Eventos especiais, seminários, filmes, biblioteca, programas educativos: **sfmoma.org**

Transporte
5, 9, 12, 14, 30, 38, 45.
J, K, L, M, N, T.
perto dos Yerba Buena Gardens.

★ **Lesende** (Lendo)
Esse quadro de 1994 é do pintor alemão Gerhard Richter, cuja obra engloba a abstração gestual, a paisagem, os retratos e a pintura com base em fotografias.

Koret Visitor Education Center
O centro educacional oferece uma sólida programação, além de eventos informais. Também é dirigido a crianças.

Cães Cavalheiros do Campo (1972)
O artista Roy De Forest pintou essa fantasia de um universo guardado por animais.

Como Explorar o Museum of Modern Art

O Museum of Modern Art é tanto um notável repositório de arte moderna e contemporânea quanto uma fonte de inspiração e estímulo para a cena artística local. Com milhares de obras de artistas norte-americanos, sua força repousa na escola americana de Expressionismo Abstrato, na arte californiana e em artistas da área da baía de São Francisco. Contudo, é renomado também por seu acervo internacional, particularmente nas áreas de pintura mexicana, Fovismo e Expressionismo alemão.

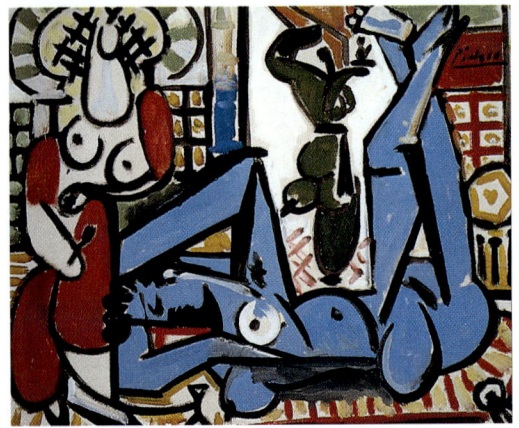

Mulheres de Argel (1955), de Pablo Picasso

acervo do museu, como Stuart Davis, Marsden Hartley, Frida Kahlo, Wilfredo Lam, Georgia O'Keeffe, Rufino Tamayo e Joaquin Torres-Garcia. Uma das imagens mais fortes que há no museu é *O carregador de flores*, uma pintura a óleo de 1935 do artista mexicano Diego Rivera, célebre por seus murais *(p. 142)*. Uma área de exposições permanentes exibe obras de Jasper Johns, Robert Rauschenberg e Andy Warhol, entre outros, pertencentes à Anderson Collection of American Pop Art.

Há um bom acervo de modernistas europeus, que inclui notáveis pinturas de Jean Arp, Max Beckmann, Constantin Brancusi, Georges Braque, André Derain, Franz Marc e Pablo Picasso.

Um amplo acervo de obras do artista suíço Paul Klee e do famoso pintor francês da escola fovista Henri Matisse está acomodado em galerias individuais. O quadro de Henri Matisse *Mulher de chapéu* é provavelmente a pintura mais conhecida do museu.

Esse levantamento geral da arte do século XX leva em consideração também o surrealismo, com obras de expoentes do gênero como Salvador Dalí, Max Ernst e Yves Tanguy.

Pintura e Escultura

Incluídas no acervo permanente do museu estão mais de 6 mil pinturas, esculturas e obras em papel. Os principais artistas e escolas de arte europeia, norte-americana e latino-americana do século XX estão representados. Pinturas e esculturas dos anos 1900 aos anos 1960 estão nas galerias do segundo andar, enquanto pinturas, esculturas e obras em papel pós-1960 se encontram no quinto andar.

O Expressionismo Abstrato norte-americano está representado no museu por Philip Guston, Willem de Kooning, Franz Kline, Joan Mitchell e Jackson Pollock, cuja peça *Guardiães do segredo* é uma obra-prima do gênero.

Galerias separadas foram alocadas para as pinturas de Clyfford Still, que em meados do século XX lecionou na faculdade da California School of Fine Arts, hoje o San Francisco Art Institute *(p. 88)*. Clyfford Still doou 28 de suas pinturas ao museu em 1975.

Há outros importantes artistas norte e latino-americanos cujas obras estão expostas no

Arquitetura e Design

O Department of Architecture and Design foi fundado em 1983. Sua função é constituir e manter um variado acervo de desenhos, maquetes e objetos

92 chaise (1992), de Holt Hinshaw Pfau Jones

arquitetônicos históricos e contemporâneos, além de pesquisar e destacar a influência deles na arte moderna. Sua atual coleção de mais de 4 mil itens se concentra na arquitetura, no mobiliário, no design de produtos e no design gráfico.

Entre os itens em exposição nas galerias do segundo andar há gravuras, maquetes, desenhos e protótipos de artistas conhecidos ou emergentes. Entre eles, o famoso arquiteto Bernard Maybeck, responsável por alguns dos mais belos edifícios da Bay Area, como o Palace of Fine Arts *(p. 62)*. Entre outros notáveis arquitetos dessa área estão Timothy Pflueger, William Wurster, William Turnbull e Willis Polk, conhecido por seu projeto de vidro e aço do Halladie Building *(p. 47)*, assim como a equipe californiana de projetos de Charles e Ray Eames.

Fumihiko Maki, Frank Lloyd Wright e Frank Gehry estão todos em exposições do acervo permanente. Há também programas regulares com curadoria do museu na Design Lecture Series e na Architectural Lecture Series.

Michael Jackson e Bubbles (1988), de Jeff Koons

Graphite to Taste (1989), de Gail Fredell

Arte Midiática

O Department of Media Arts, no quarto andar, foi criado em 1987. Ele reúne e conserva documentos e expõe arte da imagem em movimento, entre as quais obras em vídeo, cinema, imagem projetada, arte eletrônica e arte de mídia baseada no tempo. As galerias têm equipamentos desenvolvidos para apresentar obras fotográficas, multimídia e multi-imagem, filmes, vídeos e programas de trabalhos artísticos de mídia interativa.

Entre as obras do acervo permanente do museu há peças de talentosos artistas, como Nam June Paik, Don Graham, Peter Campus, Joan Jonas, Bill Viola, Doug Hall e Mary Lucier.

Fotografia

Valendo-se de seu acervo permanente de mais de 12 mil fotografias, o museu apresenta um levantamento histórico da arte fotográfica. As galerias do terceiro andar abrigam uma exposição rotativa de fotografias.

No acervo de mestres do modernismo americano encontram-se fotos de Berenice Abbott, Walker Evans, Edward Steichen e Alfred Stieglitz, com especial atenção aos fotógrafos californianos Edward Weston, John Gutmann, Imogen Cunningham e Ansel Adams.

Há também uma coleção de fotógrafos do Japão, América Latina e Europa, além da vanguarda alemã dos anos 1920 e do surrealismo europeu dos anos 1930.

Arte Californiana

No segundo e no terceiro andares há obras de artistas californianos. Esses pintores e escultores buscaram inspiração em materiais e cenas locais para criar uma influente manifestação artística, exclusiva da Costa Oeste. Entre os mais importantes pintores figurativos da Bay Area estão Elmer Bishoff, Joan Brown e David Park, além de um significativo acervo de obras de Richard Diebenkorn. Há exposições de colagens e instalações de artistas como Bruce Connor, William T. Wiley e Jess, artista residente do Mission District. O uso de materiais comuns, como canetas hidrográficas, refugos de ferro-velho e antigas pinturas, dá sabor especial à produção artística da Costa Oeste.

Arte Contemporânea e Exposições Especiais

O espaço das galerias do terceiro e quarto andares é reservado exclusivamente a exposições especiais. Entre elas, há mostras de obras doadas ou recém-adquiridas para o acervo permanente e cerca de dez exposições itinerantes por ano.

As mostras de arte contemporânea de alta rotatividade complementam o acervo histórico e encorajam a cena artística.

Caverna, Tsankawee, México (1988), fotografia de Linda Connor

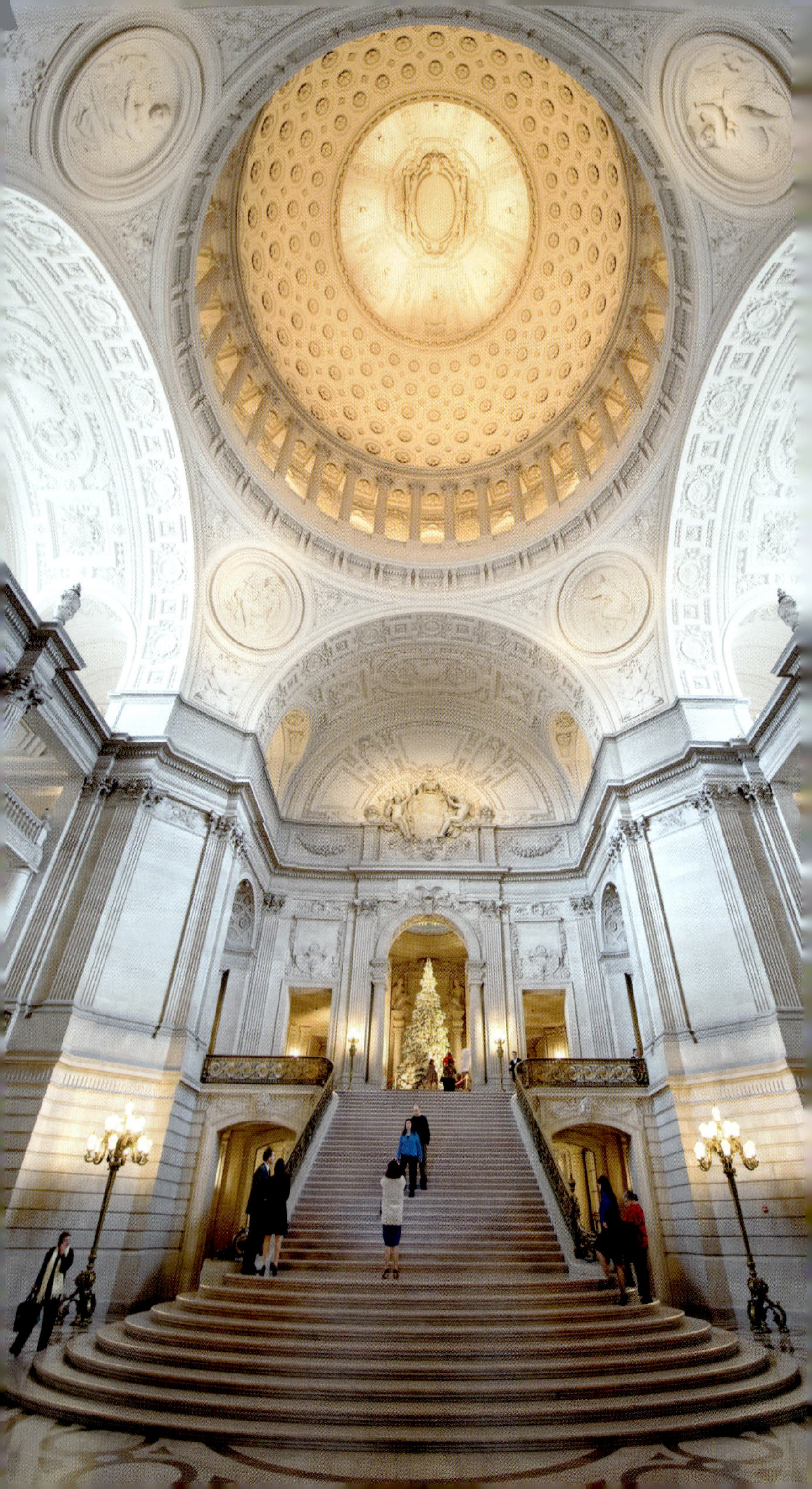

CIVIC CENTER

O Civic Center Plaza é o núcleo do centro administrativo de São Francisco e onde está parte da melhor arquitetura da cidade. Seus grandiosos edifícios governamentais e seu suntuoso complexo de artes cênicas são motivo de orgulho local. O antigo City Hall (prefeitura) foi destruído no terremoto de 1906 *(pp. 30-1)*, dando oportunidade de construir um centro administrativo mais adequado ao florescente papel de São Francisco como um grande porto. Esse desafio foi levado a cabo por "Sunny Jim" Rolph *(p. 31)* ao se tornar prefeito, em 1911. Fez da construção do novo Civic Center sua prioridade; os recursos públicos foram alocados em 1912. Os edifícios são um notável exemplo do estilo belas-artes *(p. 49)*, e, em 1987, toda essa área foi declarada patrimônio histórico. É talvez o mais ambicioso e elaborado complexo municipal dos Estados Unidos e vale uma extensa visita. A Fulton Street sobe suavemente até perto da Alamo Square, na qual ainda existem belas casas vitorianas.

Principais Atrações

Ruas e Prédios Históricos
- **2** Bill Graham Civic Auditorium
- **6** Veterans Building
- **7** City Hall
- **11** Cottage Row
- **13** Alamo Square
- **14** University of San Francisco

Área de Compras
- **12** Hayes Valley

Arquitetura Moderna
- **10** Japan Center

Teatros e Salas de Concerto
- **4** Louise M. Davies Symphony Hall
- **5** War Memorial Opera House
- **8** Great American Music Hall

Museus e Galerias
- **1** Asian Art Museum
- **3** San Francisco Arts Commission Gallery

Igrejas
- **9** St. Mary's Cathedral

Restaurantes *pp. 222-8*
1. Absinthe Brasserie & Bar
2. Ananda Fuara
3. AsiaSF
4. Dosa
5. Gussie's Chicken & Waffles
6. Herbivore
7. Jardiniere
8. Lers Ros Thai
9. Mifune
10. NOPA
11. Saigon Sandwich Shop
12. Stacks
13. Tommy's Joynt

Veja Guia de Ruas, mapas 3-5 e 9-11

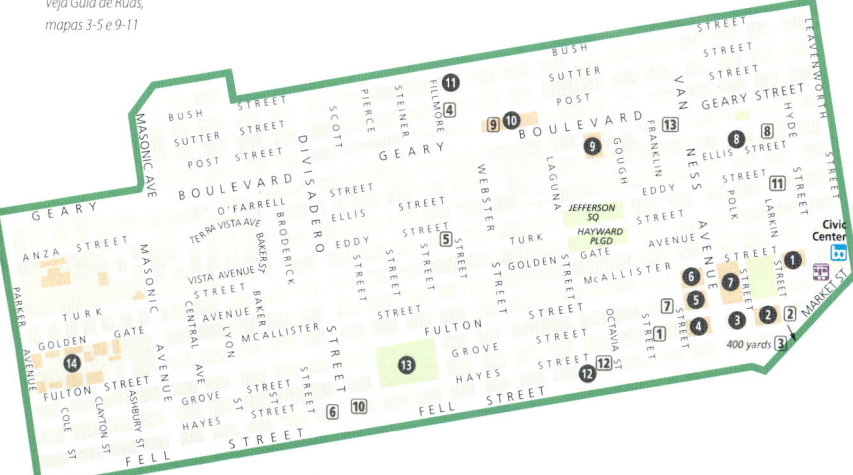

◀ Visitantes nas escadas do City Hall

Rua a Rua: Civic Center

O principal espaço público de São Francisco é um triunfo de planejamento e projeto. Sua equilibrada arquitetura belas-artes *(p. 49)*, com a imponente cúpula do City Hall, é um tributo à energia de São Francisco nos anos após o terremoto de 1906 *(pp. 30-1)*. Sua construção começou com o Civic Auditorium, concluído em 1915 para a Exposição Panamá-Pacífico *(p. 72)*. Seguiram-se o City Hall, a Library e o War Memorial.

O State Building, concluído em 1986, foi projetado por Skidmore, Owings e Merrill. O edifício reflete as curvas do Davies Symphony Hall, uma quadra adiante.

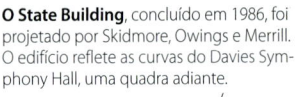

❸ **San Francisco Art Commission Gallery** também fica lá.

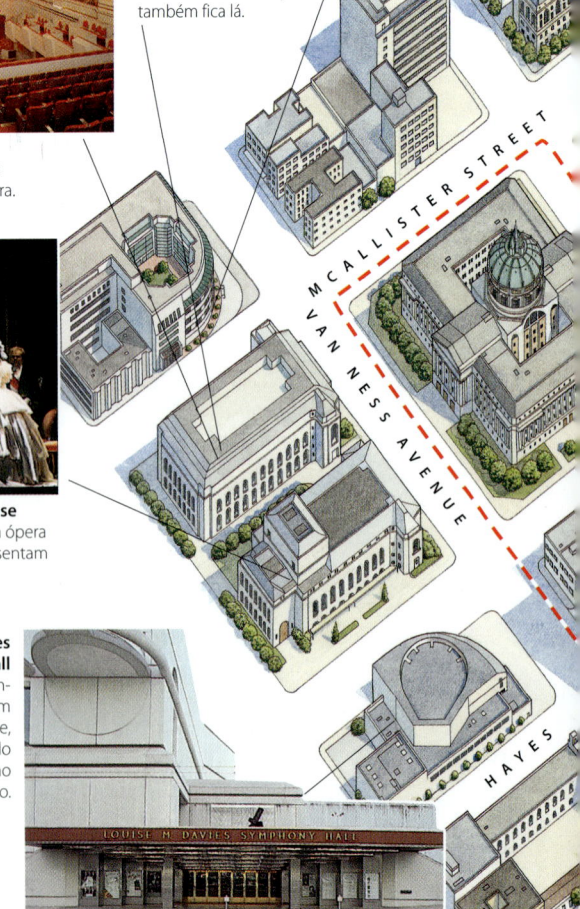

❻ **Veterans Building**
Sede do Herbst Theater e diversas associações de veteranos de guerra.

❺ ★ **War Memorial Opera House**
Companhias de destaque como a ópera e o balé de São Francisco se apresentam nesse lugar elegante.

❹ **Louise M. Davies Symphony Hall**
Sede da San Francisco Symphony Orchestra, fundada em 1911. Projetado por Skidmore, Owings e Merrill e concluído em 1981, o prédio é, ao mesmo tempo, moderno e suntuoso.

Legenda

— Percurso sugerido

CIVIC CENTER | **127**

❼ ★ City Hall
Esse edifício é a estrutura mais imponente da cidade, e sua ampla cúpula central possui ricos detalhes arquitetônicos.

A Civic Center Plaza é uma praça com jardins clássicos. Às vezes transforma-se em palco de protestos políticos.

Localize-se
Veja Guia de Ruas, mapas 4 e 5

O Federal Building abriga escritórios do governo, inclusive os correios.

Ônibus nº 5

Estação Civic Center

A United Nations Plaza comemora a assinatura da Carta das Nações Unidas em 1945. Há uma feira de hortifrútis às quartas e aos domingos.

A San Francisco New Main Library, em frente ao Asian Art Museum, combina o estilo belas-artes com as tendências arquitetônicas modernas.

0 m   100
0 jardas   100

❷ Bill Graham Civic Auditorium
Esse edifício foi construído em 1915 como um espaço público destinado a reuniões e encontros.

❶ ★ Asian Art Museum
O prédio, projetado por George Kelham, data de 1917. Já abrigou a Old Main Library e agora é lar do Asian Art Museum.

❶ Asian Art Museum

200 Larkin St. **Mapa** 4 F5. **Tel** 581-3500. 5, 19, 21, 47, 49. F, J, K, L, M, N, T. Civic Center. 10h-17h ter-dom (21h qui). seg e feriados. exceto 1ª ter do mês. asianart.org

O novo Asian Art Museum se localiza na Civic Center Plaza, em frente ao City Hall, em um edifício que era a joia do movimento Belas-Artes em São Francisco. A antiga Main Library, construída em 1917, passou por uma grande reforma em 2001 para a criação do maior museu fora da Ásia dedicado apenas à arte asiática.

O acervo do museu tem mais de 17 mil objetos de arte que abrangem 6 mil anos de história e representam diversas culturas e países da Ásia. Entre as obras expostas, o Buda de bronze dourado é um dos mais antigos Budas chineses do mundo. Há locais para apresentações e festivais, uma biblioteca e um centro de pesquisa interativo em que as famílias podem explorar a arte e a cultura da Ásia, além de programas educacionais.

O café do belo terraço externo oferece uma ótima vista do Civic Center e do shopping da Fulton Street.

Interior do Asian Art Museum

Interior da San Francisco Arts Commission Gallery

❷ Bill Graham Civic Auditorium

99 Grove St. **Mapa** 4 F5. **Tel** 624-8900. 5, 7, 19, 21, 26, 47, 49, 71. J, K, L, M, N, T. Civic Center. para apresentações. billgrahamcivic.com

Projetado em estilo belas-artes *(p. 49)* pelo arquiteto John Galen Howard para sediar a maior parte da Exposição Panamá-Pacífico *(pp. 32-3)*, o Civic Auditorium de São Francisco foi inaugurado em 1915 pelo pianista e compositor francês Camille Saint-Saens. A construção do edifício terminou junto com a do City Hall, no decorrer do amplo renascimento arquitetônico da cidade depois das tragédias de 1906 *(pp. 30-1)*. Foi construído junto com o Brooks Exhibit Hall, logo abaixo da Civic Center Plaza. O Civic Auditorium serve atualmente como centro de conferências e tem capacidade para abrigar 7 mil pessoas sentadas. Em 1992, seu nome foi modificado em homenagem ao lendário Bill Graham *(p. 131)*, empresário da cena musical de rock que foi uma figura-chave tanto no desenvolvimento quanto na divulgação do som psicodélico que acabou por se tornar uma das marcas registradas de São Francisco.

❸ San Francisco Arts Commission Gallery

401 Van Ness Ave. **Mapa** 4 F5. **Tel** 554-6080. 5, 19, 21, 47, 49. J, K, L, M, N, T. horários variáveis. sfartscommission.org/gallery

Situada no Veterans Building *(p. 129)*, essa dinâmica galeria de arte expõe pinturas, esculturas e obras multimídia de artistas locais. A sua localização anterior é hoje a View 155, uma galeria anexa a sudeste da galeria principal, no nº 155 da Grove Street. Há algumas exposições de fotografias no City Hall.

Louise M. Davies Symphony Hall

❹ Louise M. Davies Symphony Hall

201 Van Ness Ave. **Mapa** 4 F5. **Tel** 552-8000. 21, 47, 49. J, K, L, M, N, T. Civic Center. 552-8338. sfsymphony.org *Veja Diversão: p. 252.*

Amada e rejeitada em igual medida pelos cidadãos de São Francisco, essa sala de concertos foi inaugurada em 1980, projetada pelos arquitetos Skidmore, Owings e Merrill. O ultramoderno edifício é assim chamado em homenagem à filantropa que doou US$5 milhões dos US$35 milhões do custo da construção. É a sede da San Francisco Symphony Orchestra e recebe muitos artistas visitantes.

A acústica do edifício revelou-se decepcionante quando ele foi inaugurado, mas após muitos anos de negociações um novo sistema de som foi projetado, sendo as paredes totalmente recapeadas para refletir melhor o som – tais medidas beneficiaram a acústica do local.

CIVIC CENTER | 129

Entrada principal da War Memorial Opera House, construída em 1932

O novo edifício, restaurado, encontra-se no centro do complexo do Civic Center e é um belíssimo exemplar do estilo belas-artes *(p. 49)*. Figuras alegóricas, que evocam o passado de São Francisco na Corrida do Ouro, ocupam todo o frontão acima da entrada principal, na Polk Street. Essa é a entrada que leva à Rotunda, com seu piso de mármore.

❺ War Memorial Opera House

301 Van Ness Ave. **Mapa** 4 F5. **Tel** 621-6600 (Bilheteria: 864-3330; Bilheteria do balé: 865-2000). 5, 21, 47, 49. J, K, L, M, N, T. Civic Center. ligue 861-4008 ou (415) 552-8338. **sfwmpac.org**

Inaugurada em 1932, a War Memorial Opera House, projetada por Arthur Brown, foi dedicada à memória dos soldados que lutaram na Primeira Guerra Mundial. Em 1951 foi utilizada para a assinatura do tratado de paz entre os Estados Unidos e o Japão, pondo fim à Segunda Guerra. O edifício hoje abriga a San Francisco Opera e o San Francisco Ballet *(p. 252)*.

❻ Veterans Building

401 Van Ness Ave. **Mapa** 4 F5. **Tel** 621-6600; Herbst Theater: 392-4400. 5, 19, 21, 47, 49. J, K, L, M, N, T. para reforma até meados de 2015. limitado. **Tel** 552-8338. **sfwmpac.org**

Assim como o seu gêmeo quase idêntico, o edifício da War Memorial Opera House, o Veterans Building foi projetado por Arthur Brown e construído em 1932, em homenagem aos soldados da Primeira Guerra Mundial. Além de expor uma série de armamentos históricos, exibe lembranças militares. O edifício abriga ainda o Herbst Theater, sala de concerto e teatro de 928 lugares. Devido à boa acústica, recebe muitos recitais de música clássica. Foi também o local da assinatura da Carta das Nações Unidas, em 1945.

❼ City Hall

400 Van Ness Ave. **Mapa** 4 F5. **Tel** 554-4000. 5, 8, 19, 21, 26, 47, 49. J, K, L, M, N, T. 8h-17h seg-sex. **Tel** 554-6023. **sfgov.org**

O City Hall, concluído em 1915 – a tempo para a Exposição Panamá-Pacífico *(pp. 32-3)* –, foi projetado por Arthur Brown no auge de sua carreira. O prédio original foi totalmente destruído no terremoto de 1906. Sua nova e enorme cúpula barroca foi inspirada na da Basílica de São Pedro, em Roma, e é mais alta do que a do Capitólio, em Washington, DC. Os andares superiores da cúpula são acessíveis ao público.

Placa do Great American Music Hall

❽ Great American Music Hall

859 O'Farrell St. **Mapa** 4 F4. **Tel** 885-0750. 2, 3, 19, 38, 47, 49. **musichallsf.com**

Construído em 1907 como local para comédias libidinosas, o Great American Music Hall logo passou a ser utilizado como bordel. Desde então, acabou se tornando um excelente espaço para pequenas apresentações, com um interior ricamente decorado com altas colunas de mármore e elaboradas sacadas, adornadas de estuque dourado. O Music Hall é intimista, elegante e conhecido em todo o país. Famosos artistas, como Carmen McRae, B. B. King, Duke Ellington, Greatful Dead, Van Morrison e Tom Paxton, já tocaram todo tipo de música ali, desde blues, jazz e folk até rock.

A visão é boa de quase todas as mesas.

A imponente fachada em estilo belas-artes do City Hall, no coração do Civic Center de São Francisco

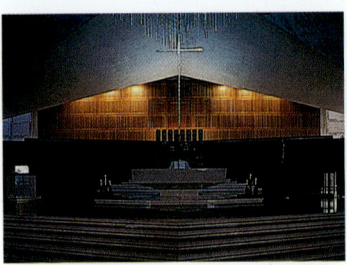

O altar da St. Mary's Cathedral

❾ St. Mary's Cathedral

1111 Gough St. **Mapa** 4 E4. **Tel** 567-2020. 2, 3, 31, 38. 8h30-16h30 seg-sex, 9h-18h30 sáb-dom. 6h45, 8h, 12h10 seg-sex; 6h45, 8h, 17h30 sáb; 7h30, 9h, 11h,13h (em espanhol) dom. durante as missas.
w stmarycathedralsf.org

Situada no alto da Cathedral Hill, a moderna St. Mary's é a principal igreja católica romana e um dos mais notáveis marcos da cidade. Projetada pelo arquiteto Pietro Belluschi e pelo engenheiro Pier Luigi Nervi, a igreja foi concluída em 1971.

Seu telhado é um arco com quatro partes que se destaca ao longe como um veleiro. Sua estrutura de concreto de 60m de altura, que sustenta o teto de aço e vidro em formato de cruz, tem capacidade para acomodar 2.500 pessoas sentadas. Um dossel de alumínio brilha acima do altar de pedra.

❿ Japan Center

Post St com Buchanan St. **Mapa** 4 E4. **Tel** 567-4573. 2, 3, 38. 10h-20h seg-sáb, 11h-19h dom (os restaurantes ficam até mais tarde). 1º jan, Ação de Graças, 25 dez.
w sfjapantown.org

O Japan Center foi construído nos anos 1960 como parte de um ambicioso programa de revitalização do Fillmore District. Quadras de casas vitorianas foram demolidas para dar lugar à Geary Expressway e ao amplo centro comercial do Japan Center. No coração do complexo, em torno de um pagode de concreto de cinco andares e 22m de altura, está o Peace Pagoda Garden. Entre outros, tocadores de taikô participam da festa da Floração das Cerejeiras, em abril *(p. 50)*. Dos dois lados do jardim há lojas e restaurantes japoneses, além das oito salas de cinema do AMC Kabuki *(p. 250)*. Esse é o coração da comunidade nipônica há mais de 80 anos. Lojas japonesas mais autênticas se encontram na Post Street, onde há duas esculturas de aço idênticas, de Ruth Asawa.

⓫ Cottage Row

Mapa 4 D4. 2, 3, 22, 38.

Um dos poucos remanescentes da classe operária da São Francisco vitoriana, esse pequeno trecho de casas geminadas de madeira foi construído em 1882, no final da onda imobiliária de Pacific Heights. Raros em São Francisco, os chalés são geminados, como as casas avarandadas da Europa e da Costa Leste dos Estados Unidos. Sua total falta de ornamentos e sua localização em uma obscura e barulhenta rua secundária enfatizam o nível popular. As casas de Cottage Row foram salvas da demolição nos anos 1960. Um programa organizado por Justin Herman angariou fundos para auxiliar pessoas a restaurar suas casas, em vez de substituí-las. Exceto uma, todas as outras foram restauradas e dão para um pequeno e bonito parque.

Cottage Row

⓬ Hayes Valley

Mapa 4 E5. 21, 22.

A oeste do City Hall, essas poucas quadras da Hayes Street se tornaram uma das zonas comerciais da moda em São Francisco, depois que a autoestrada US 101 foi bastante destruída pelo terremoto Loma Prieta de 1989 *(p. 20)*. Esse trecho da estrada, que desapareceu, separava o Hayes Valley dos ricos negociadores e do público de teatro do Civic Center. Uns poucos cafés e restaurantes, como o Hayes Street Grill, já haviam se firmado ao lado de lojas de móveis usados e refugos. O afluxo de caras galerias de arte, lojas de decoração e butiques da moda deu ao Hayes Valley um aspecto mais descolado.

O Japan Center à noite

⓭ Alamo Square

Mapa 4 D5. 🚌 21, 22.

A mais fotografada sequência de coloridas casas vitorianas da cidade se perfila ao lado dessa arborizada praça em declive. Ela fica 68m acima do Civic Center, proporcionando uma ótima vista do City Hall e dos arranha-céus do Financial District, logo atrás. A Alamo foi criada ao mesmo tempo que as praças de Pacific Heights *(pp. 72-3)*, mas acabou se desenvolvendo mais tarde, e mais rapidamente, quando os especuladores construíram aqui casas quase idênticas.

As "Seis Irmãs" – casas em estilo Rainha Ana *(p. 77)* erguidas em 1895, entre os números 710 e 720 da Steiner Street – estão em vários cartões-postais da cidade. Há tantas casas vitorianas em volta da Alamo Square que a área foi tombada pelo patrimônio histórico.

A St. Ignatius Church, no campus da University of San Francisco

⓮ University of San Francisco

2130 Fulton St. **Mapa** 3 B5. **Tel** 422-5555. 🚌 5, 21, 33, 43. 🌐 usfca.edu

Fundada como St. Ignatius College em 1855, a University of San Francisco (USF) até hoje é uma instituição dirigida por jesuítas, mesmo que atualmente as classes sejam mistas, e o ensino, laico. O principal marco do campus é a impressionante St. Ignatius Church, concluída em 1914. A igreja tem duas torres róseas que são visíveis da metade oeste de São Francisco, especialmente à noite, quando ficam iluminadas. O campus e a zona residencial em volta dele ocupam um terreno que historicamente chegou a ser a principal área de cemitérios da cidade, no monte Lone e em seus arredores.

Sons dos Anos 1960 em São Francisco

Durante os anos do Flower Power, na segunda metade dos anos 1960, e principalmente no Verão do Amor, em 1967 *(p. 34)*, jovens de todos os EUA acorriam em bandos a São Francisco. Eles vinham não só para "se ligar, se sintonizar e protestar", mas também para ouvir música. Bandas como Big Brother and the Holding Company, de Janis Joplin, Jefferson Airplane e Grateful Dead emergiam em uma florescente cena musical. Eles se reuniam em clubes como o Avalon Ballroom e o Fillmore Auditorium.

Hippies passeiam em um ônibus psicodélico

Primeiras Casas de Shows

O Avalon Ballroom, hoje o cinema Regency II, na Van Ness Avenue, foi a primeira e mais significativa casa de rock. Dirigida pelo coletivo Chet Helms and the Family Dog, foi pioneira no uso de pôsteres psicodélicos e coloridos, feitos por artistas como Stanley Mouse e Alton Kelly.

O Fillmore Auditorium, de frente para o Japan Center *(p. 130)*, servia de igreja. Em 1965 passou a ser dirigido pelo empresário de rock Bill Graham, cujo nome batizou o Civic Auditorium *(p. 128)*. Ele colocava no mesmo programa artistas tão díspares quanto Miles Davis e Grateful Dead, além de trazer grandes nomes, como Jimi Hendrix e The Who. O Fillmore ficou danificado no terremoto de 1989, mas reabriu em 1994.

Bill Graham também fundou o Winterland e o Fillmore East e, ao morrer, em 1992, havia se tornado o empresário de rock de maior sucesso nos Estados Unidos.

Janis Joplin (1943-70), a voz potente do blues

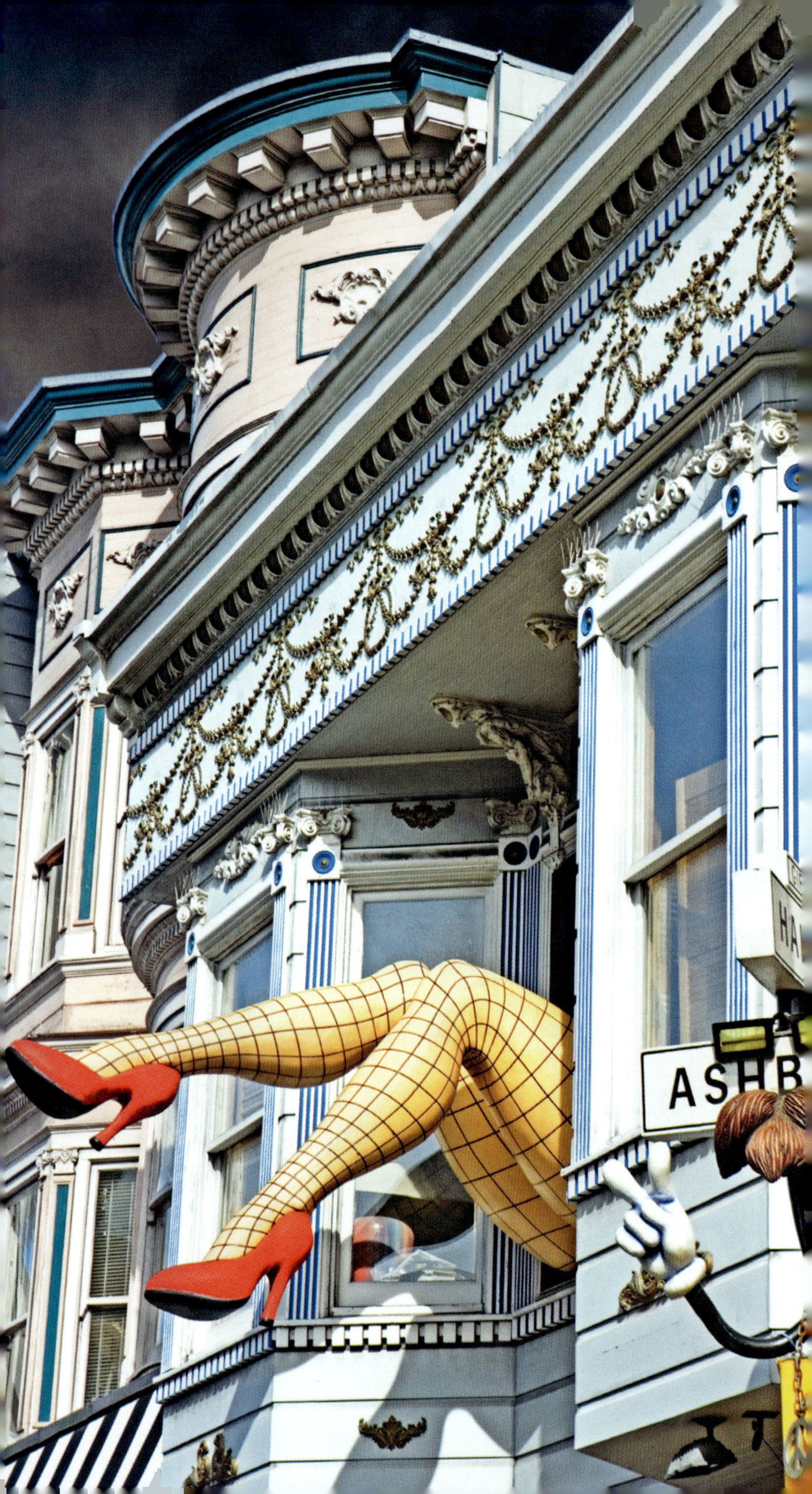
ASHB

HAIGHT ASHBURY E MISSION DISTRICT

Ao norte de Twin Peaks – dois morros gêmeos de 274m de altura – encontra-se Haight Ashbury. Com fileiras de casas encantadoras do final da época vitoriana *(pp. 76-7)*, o bairro é habitado principalmente pela classe média alta, embora tenha sido nesse local que milhares de hippies viveram nos anos 1960 *(p. 121)*.

Castro District, a leste, é o centro da comunidade GLBT de São Francisco. Conhecida por seu hedonismo nos anos 1970, a região é mais tranquila atualmente, apesar de estar repleta de cafés e lojas agitados. Mission District, mais a leste, fundado por frades espanhóis *(p. 24)*, é habitado por muitos latino-americanos.

Principais Atrações

Ruas e Prédios Históricos
- ❷ Haight Ashbury
- ❸ (Richard) Spreckels Mansion
- ❺ Lower Haight e arredores
- ❾ Castro Street
- ⓫ Dolores Street
- ⓯ Noe Valley
- ⓰ Clarke's Folly

Igrejas
- ❿ Mission Dolores

Pontos de Referência
- ⓳ Sutro Tower

Parques e Jardins
- ❶ Golden Gate Park Panhandle
- ❹ Buena Vista Park
- ❻ Corona Heights e Randall Museum

- ⓬ Dolores Park
- ⓱ Twin Peaks
- ⓲ Vulcan Street Steps

Museus e Galerias
- ❽ GLBT History Museum
- ⓭ Mission Cultural Center for the Latino Arts
- ⓮ Carnaval Mural

Teatro
- ❼ Castro Theatre

☐ **Restaurantes** *pp. 222-9*

1. Alembic
2. Amasia Hide's Sushi Bar
3. Axum Cafe
4. El Castillito
5. Cha Cha Cha
6. Chow
7. La Corneta Taqueria
8. Farina
9. Gracias Madre
10. Indian Oven
11. Limon Rotisserie
12. Lovejoy's Tea Room
13. Magnolia Gastropub & Brewery
14. Memphis Minnie's BBQ Joint
15. Mission Cheese
16. Mission Chinese Food
17. The Monk's Kettle
18. Pancho Villa Taqueria
19. Pork Store Café
20. Plow
21. Range
22. Rhea's Deli and Market
23. Rosamunde Sausage Grill
24. Schmidt's
25. Slow Club
26. SoMa StrEat Food Park
27. Squat and Gobble
28. Sunflower
29. Tartine Bakery
30. Thep Phanom Thai Cuisine
31. Truly Mediterranean
32. Zazie
33. Zuni Café

Veja Guia de Ruas, mapas 9 e 10

◀ Pernas gigantes na Piedmont Boutique *(p. 253)*, em Haight Ashbury **Legenda dos símbolos** *na orelha da contracapa*

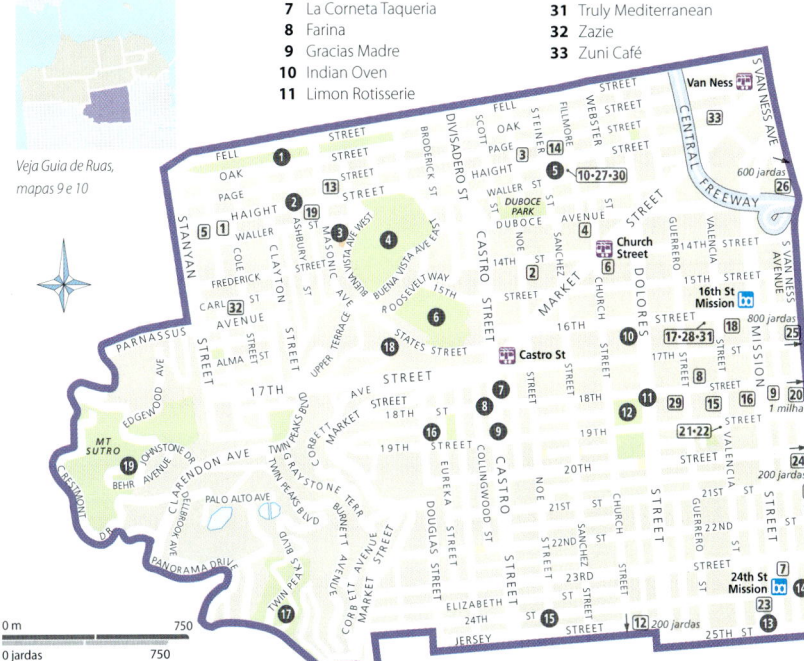

Rua a Rua: Haight Ashbury

Estendendo-se do Buena Vista Park até o terreno do Golden Gate Park, por volta de 1880 Haight Ashbury era um refúgio para quem queria escapar do centro. Então se transformou em zona residencial, mas entre os anos 1930 e 1960 mudou radicalmente, deixando de ser subúrbio de classe média para se tornar o centro do "Flower Power", com direito a uma clínica médica grátis para os hippies. Hoje é um dos lugares mais animados e ecléticos da cidade, com uma interessante mistura de pessoas, livrarias, lojas de discos e cafés.

❷ Haight Ashbury
Nos anos 1960, os hippies se encontravam nessa esquina, que dá nome à região.

Wasteland, no nº 1.660 da Haight Street, é uma anárquica loja de roupas usadas, raridades e mobílias, situada num colorido edifício art nouveau. É um paraíso para os caçadores de barganhas.

❶ Golden Gate Park Panhandle
Essa área verde segue a oeste, para o centro do Golden Gate Park.

Ônibus nºˢ 7 e 33

O Cha Cha Cha, um dos lugares mais animados para se comer em São Francisco, serve cozinha latino-americana variada (p. 225).

O Red Victorian Bed and Breakfast, relíquia hippie dos anos 1960, oferece à clientela New Age comida saudável e quartos com motivos esotéricos (p. 214).

HAIGHT ASHBURY E MISSION | 135

Na Masonic Avenue, nº 1.220, fica uma das belas mansões vitorianas erguidas na colina íngreme que desce até a Haight Street.

Localize-se
Veja Guia de Ruas, mapa 9

❸ ★ **(Richard) Spreckels Mansion**
Essa grandiosa casa na Buena Vista Avenue, nº 737, foi construída em 1897.

❹ ★ **Buena Vista Park**
Através de um emaranhado de árvores retorcidas, esse incrível parque propicia uma vista magnífica da cidade.

Legenda
— Percurso sugerido

Ônibus nº 37

❶ Golden Gate Park Panhandle

Mapa 9 C1. 5, 6, 21, 31, 43, 66, 71. N.

Esse trecho de área verde de uma quadra de largura por oito de extensão forma o fino Panhandle ("cabo") da gigantesca "panela" retangular que é o Golden Gate Park *(pp. 144-59)*. Foi a primeira transformação da área de dunas de areia que seguiam pelo oeste de São Francisco num parque, e seus imponentes eucaliptos estão entre os mais antigos e altos da cidade. As sinuosas estradas para carruagens e trilhas para cavalos foram abertas nos anos 1870, e a classe alta ia ao local para passear e cavalgar. Os ricos ergueram mansões enormes nos arredores do parque; muitas ainda podem ser vistas. Em 1906, o Panhandle virou um refúgio para famílias desabrigadas pelo terremoto *(pp. 30-1)*. Hoje as velhas trilhas são usadas por multidões de corredores e ciclistas.

O Panhandle ainda é lembrado pelo auge do "Flower Power", nos anos 1960 *(p. 131)*, quando muitas bandas se apresentavam no local.

O Haight Ashbury e o Panhandle

❷ Haight Ashbury

Mapa 9 C1. 6, 33, 37, 43, 66, 71. N.

Com o nome do cruzamento de duas importantes ruas, a Haight e a Ashbury, esse distrito conta com livrarias independentes, grandes casas vitorianas, cafés e butiques. Depois da criação do Golden Gate Park *(p. 148)* e da abertura do parque de diversões The Chutes, essa região se desenvolveu rapidamente, tornando-se subúrbio da classe média nos anos 1890 – daí a profusão de casas decoradas no estilo Rainha Ana *(p. 77)*. Haight sobreviveu ao terremoto e ao incêndio de 1906 *(pp. 30-1)* e experimentou um breve crescimento, seguido de longo período de declínio.

Após a conclusão do túnel do bonde sob o Buena Vista Park, em 1928, a classe média migrou para os subúrbios do Sunset. A região teve o seu pior período nos anos seguintes à Segunda Guerra Mundial. As grandes casas vitorianas foram divididas em apartamentos e os baixos aluguéis atraíram uma população diversificada. Nos anos 1960 o Haight se tornou centro de uma comunidade boêmia. Um componente dessa cena hippie foi a música de bandas de rock como Grateful Dead, mas a região se manteve tranquila até 1967. Então, insuflado pela mídia, o "Verão do Amor" *(p. 131)* trouxe 75 mil jovens em busca de amor livre, música e drogas, e o bairro se tornou o foco da cultura jovem mundial.

Mansão construída para Richard Spreckels

Hoje, o Haight mantém sua atmosfera radical e tem problemas com crime, abuso de drogas e moradores de rua. Mesmo assim, ao ir de um café a uma loja de roupas usadas, ainda é possível encontrar a aura típica desse passado recente.

❸ (Richard) Spreckels Mansion

737 Buena Vista West. **Mapa** 9 C2. 6, 37, 43, 66, 71. ● ao público.

Essa casa não deve ser confundida com a outra, mais suntuosa, Spreckels Mansion da Washington Street *(p. 72)*. Entretanto, ela também foi construída pelo milionário Claus Spreckels, conhecido como o "rei do açúcar", para seu sobrinho Richard. A casa, em elaborado estilo Rainha Ana *(p. 77)*, construída em 1897, é típica do estilo vitoriano tardio de Haight Ashbury.

Chegou a ser um estúdio de gravação e depois uma casa de hóspedes, mas hoje é uma casa particular. Entre os convidados houve o ácido jornalista e escritor de contos fantásticos Ambrose Bierce e o autor de aventuras Jack London, que escreveu no local *Caninos brancos*, em 1906.

A mansão se situa numa colina próxima do Buena Vista Park. Perto dela há

O restaurante Cha Cha Cha, na Haight Street

diversas casas vitorianas, muitas bem preservadas. Uma, no nº 1.450 da Masonic Street, de cúpula redonda, é uma das mais excêntricas do Haight desde os anos 1890.

❹ Buena Vista Park

Mapa 9 C1. 6, 37, 43, 66, 71.

O Buena Vista Park fica 174m acima do centro geográfico de São Francisco. Estabelecido em 1894, mantém sua natureza selvagem. Uma rede de trilhas serpenteia desde a Haight Street até o topo, onde suas densas árvores deixam entrever uma linda vista da Bay Area. Muitas trilhas estão erodidas, mas há um caminho pavimentado que sai da Buena Vista Avenue e vai em direção ao cume. É melhor evitar o parque à noite.

❺ Lower Haight e arredores

Mapa 10 D1. 6, 22, 66, 71. K, L, M, N, T.

A meio caminho entre o City Hall e Haight Ashbury, e delimitando ao sul o Fillmore District, o Lower Haight é uma área de transição. Em meados dos anos 1980 começaram a funcionar no local galerias de arte e butiques incomuns, como a loja Used Rubber USA, que vende roupas e acessórios feitos inteiramente de borracha reciclada. Elas foram se juntar aos cafés, bares e restaurantes econômicos que já atendiam uma clientela boêmia. Essa mistura originou um dos bairros mais animados de São Francisco.

Assim como na vizinha Alamo Square (p. 131), o Lower Haight tem dezenas de casas tidas como "vitorianas" (pp. 76-7), construídas dos anos 1850 ao início dos anos 1900. Entre elas há algumas bastante pitorescas, como a Nightingale House, no nº 201 da Buchanan Street, erguida nos anos 1880.

Os conjuntos residenciais populares dos anos 1950, porém, desencorajaram a restauração das casas. A região é segura durante o dia, mas, como a Alamo Square, pode ser perigosa à noite.

Levi Strauss e seus Jeans

Fabricado pela primeira vez em São Francisco nos dias da Corrida do Ouro (pp. 26-7), o jeans de brim teve um grande impacto na cultura popular. Uma das principais produtoras de jeans é a Levi Strauss & Co., fundada na cidade nos anos 1860. A história da empresa começou em 1853, quando Levi Strauss deixou Nova York para fundar uma filial da firma de roupas de sua família em São Francisco.

Nos anos 1860, embora continuasse vendedor de roupas, foi pioneiro no uso das duráveis lonas azuis para fazer calças de trabalho, vendidas diretamente aos mineiros. Nos anos 1870, a companhia começou a usar rebites de metal para reforçar os pontos que podiam se rasgar nas roupas e a demanda aumentou. A empresa cresceu e no início do século XX mudou-se para a Valencia Street, no Mission District, onde ficou até 2002. As calças Levi's são agora produzidas e usadas em todo o mundo, e a firma ainda pertence aos descendentes de Levi.

Dois mineiros usando Levi's na mina Last Chance, em 1882

❻ Corona Heights e Randall Museum

Mapa 9 D2. **Tel** 554-9600. 24, 37. Randall Museum Animal Room: 199 Museum Way. 10h-17h ter-sáb. feriados. limitado.
W randallmuseum.org

O Corona Heights Park fica situado num pico rochoso e pouco desenvolvido. Encravado na encosta, há um singular museu para crianças. O Randall Museum Animal Room tem um enorme viveiro de guaxinins, corujas, cobras e outros animais. A ênfase do museu é na participação, por isso promove muitas mostras interativas e workshops.

As crianças também podem subir pelas escarpas do parque. Corona Heights foi escavado por olarias no século XIX. Nunca foram plantadas árvores no local, de modo que o pico, de rocha vermelha nua, oferece um panorama livre da cidade e do leste da baía, inclusive das sinuosas ruas de Twin Peaks.

Vista de Mission a partir de Corona Heights

O histórico cinema Castro Theatre

❼ Castro Theatre

429 Castro St. **Mapa** 10 D2.
Tel 621-6120. 24, 33, 35, 37.
F, K, L, M, T. *Ver Diversão: p. 250.*
w thecastrotheatre.com

Concluída em 1922, essa marquise com brilhante luz néon é um marco da Castro Street. Trata-se do mais suntuoso e bem preservado cinema de bairro de São Francisco e um dos primeiros trabalhos do arquiteto Timothy Pflueger. Seu interior no estilo das Mil e Uma Noites, com um glorioso órgão Wurlitzer que se ergue do chão entre as sessões, já vale o preço do ingresso. É particularmente notável o teto da plateia, que lembra uma grande tenda feita de reboco moldado imitando faixas de tecido, cordas e borlas. O cinema tem 1.400 lugares e apresenta em geral mostras de clássicos. Exibe também filmes do Gay and Lesbian Film Festival, realizado sempre em junho.

❽ GLBT History Museum

4127 18th St. **Mapa** 10 D3. **Tel** 621-1107. 24, 33, 35, 37. KT, F, L, M, S. 11h-19h seg-sáb, 12h-17h dom. ter durante o outono e o inverno. **w** glbthistory.org

Esse é o primeiro museu completamente dedicado à evolução das liberdades da comunidade gay, lésbica, bissexual e transgênera nos Estados Unidos. Embora pequeno, o museu dá conta do recado ao celebrar os 100 anos do vasto passado da comunidade gay da cidade através de uma programação dinâmica e surpreendente de exposições. Descubra os tesouros dos arquivos da GLBT Historical Society, que refletem as fascinantes histórias dessa vibrante comunidade.

GLBT History Museum

❾ Castro Street

Mapa 10 D2. 24, 33, 35, 37.
F, K, L, M, T.

Os arredores da Castro Street entre Twin Peaks e o Mission District são o coração da comunidade assumidamente gay e lésbica de São Francisco. O cruzamento da Castro Street com a 18th Street, as autoproclamadas "Quatro Esquinas mais Alegres do Mundo", emergiu como o ponto de encontro homossexual nos anos 1970. Os gays da geração Flower Power mudaram-se para esse bairro antes operário e começaram a restaurar as casas vitorianas e abrir negócios como a livraria A Different Light, no nº 489 da Castro Street. Também foram abertos bares gays como o Twin Peaks na esquina da Castro Street com a 17th. Ao contrário dos bares anteriores, onde os gays e as lésbicas se escondiam da vista do público nos cantos mais escuros, o Twin Peaks instalou amplas janelas. Embora a maioria das lojas e restaurantes atraia todo tipo de gente, a identidade abertamente homossexual da Castro Street fez dela um lugar de peregrinação para lésbicas e gays. Simboliza para esse grupo minoritário uma liberdade geralmente não encontrada em outros lugares.

Na década de 1970, um homem chamado Harvey Milk defendeu os direitos da comunidade gay no distrito de Castro, ganhando o título de prefeito de Castro Street. Tornou-se o primeiro político eleito abertamente gay na Califórnia e, em 28 de novembro de 1978, ele e o prefeito George Moscone foram mortos por um ex-policial, cuja sentença branda provocou protestos na cidade. Milk é lembrado por uma placa na estação Muni da Market Street e por uma procissão anual com velas que vai da Castro Street ao City Hall.

Bandeiras do arco-íris na Castro Street

HAIGHT ASHBURY E MISSION | 139

❿ Mission Dolores

16th St com Dolores St. **Mapa** 10 E2.
Tel 621-8203. 22. J. 9h-16h diariam (mai-out: até 17h). Ação de Graças, 25 dez.
W missiondolores.org

Preservada intacta desde sua inauguração, em 1791, Mission Dolores é a edificação mais antiga da cidade e personifica as origens coloniais e religiosas espanholas de São Francisco *(pp. 24-5)*. A missão foi fundada por um frade franciscano, Junípero Serra, e é formalmente conhecida como Misión San Francisco de Asís. O nome Dolores reflete sua proximidade à Laguna de los Dolores (lagoa de Nossa Senhora das Dores). O prédio é modesto pelo padrão das Missões, mas suas paredes de 1,20m de espessura sobreviveram ao tempo sem danos graves. Pinturas feitas por índios americanos adornam o teto, que foi preservado.

Há um altar e um retábulo barrocos, e um pequeno museu exibe artefatos históricos *(p. 41)*. Os serviços religiosos são realizados na basílica, erguida em 1918 perto da Missão. No cemitério de muros brancos estão as sepulturas de moradores proeminentes de São Francisco na época da Corrida do Ouro. A estátua que homenageia 5 mil indígenas, mortos em sua maioria pelas epidemias de sarampo de 1806 e 1826, foi roubada e recuperada em 1993. No pedestal lê-se: "Em piedosa memória de nossos índios fiéis". A famosa cena no cemitério do filme *Um corpo que cai*, de Hitchcock, foi filmada aqui em 1957.

Imagem de santo em Mission Dolores

A estátua do frei Junípero Serra, fundador da Missão, é uma cópia da obra do escultor local Arthur Putnam.

O mural de cerâmica foi criado por Guillermo Granizo, artista nativo de São Francisco.

Museu e exposição

O retábulo do altar, pintado de dourado, foi trazido do México em 1797.

As pinturas do teto são baseadas em desenhos dos ohlones e usam corantes vegetais.

Entrada para portadores de deficiência

O cemitério da Missão originalmente se estendia por várias ruas. As velhas tabuletas de madeira apodreceram, mas uma recente presta homenagem a dois nativos que foram batizados, casaram-se e foram enterrados na Missão.

Estátua de Nossa Senhora do Monte Carmel

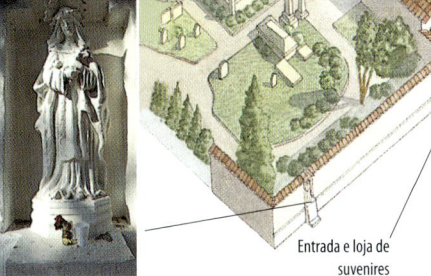

Entrada e loja de suvenires

A fachada da Missão tem quatro colunas que sustentam os nichos dos três sinos. Esses têm gravados seus nomes e datas.

Escultura em honra aos soldados da Guerra Hispano-Americana

⓫ Dolores Street

Mapa 10 E2. 22, 33, 48. J.

Com uma sucessão de bem cuidadas casas vitorianas *(pp. 76-7)* e dividida por um canteiro de palmeiras, esse é um dos mais atraentes espaços públicos de São Francisco. Larga, paralela à Mission Street por 24 quadras, forma o limite oeste do Mission District. Começa na Market Street, onde uma estátua em homenagem aos que lutaram na Guerra Hispano-Americana é ofuscada pela Casa da Moeda.

Com paredes brancas e telhado vermelho característicos da arquitetura de Mission, a Mission High School fica na Dolores Street, assim como a histórica Mission Dolores *(p. 137)*. A rua termina perto do próspero Noe Valley.

⓬ Dolores Park

Mapa 10 E3. 22, 33. J.

O principal cemitério judaico da cidade foi transformado, em 1905, em um dos poucos grandes espaços abertos de Mission District. Limitado pelas ruas Dolores, Church, 18th e 20th, fica no alto de uma colina com uma boa vista do centro da cidade.

O parque é muito procurado durante o dia por jogadores de tênis e pessoas que vêm para tomar sol e passear com o cachorro, mas de noite atrai traficantes. Na parte alta, a sul e oeste, as ruas ficam tão íngremes que muitas se tornam escadarias. Ali ficam algumas das mais belas casas vitorianas da cidade, especialmente na Liberty Street.

⓭ Mission Cultural Center for the Latino Arts

2868 Mission St. **Mapa** 10 F4. **Tel** 821-1155 *(para eventos: 643-5001; bilheteria: 643-2785)*. 12, 14, 26, 27, 48, 49. J. 24th St. Galeria: 10h 17h ter-sáb
w missionculturalcenter.org

Esse dinâmico centro de artes atende à população latina do Mission District. Oferece aulas e workshops, além de apresentar peças de teatro e exposições. O principal evento lá é a parada do Dia dos Mortos *(p. 52)*, em novembro.

⓮ Carnaval Mural

24th St e South Van Ness Ave. **Mapa** 10 F4. 12, 14, 27, 48, 49, 67. J. 24th St.

Um dos inúmeros murais de cores vibrantes que podem ser vistos no Mission District, o *Carnaval Mural* celebra a diversidade de pessoas que se reúnem para os festejos do Carnaval *(p. 50)*. Esse evento, realizado anualmente no final da primavera, é o ponto alto do ano.

Há visitas monitoradas a outros murais, alguns com temas políticos. Uma galeria a céu aberto exibe murais no Balmy Alley *(pp. 142-3)*, perto das ruas Treat e Harrison.

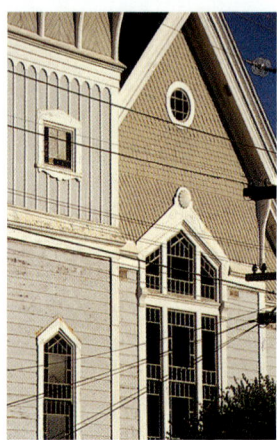

Noe Valley Ministry

⓯ Noe Valley

24, 35, 48. J.

O Noe Valley é chamado de "Noewhere Valley" (mistura do seu nome com "lugar nenhum", em inglês) pelos residentes, para tentar mantê-lo fora da rota turística. É um bairro habitado principalmente por jovens profissionais. Seu nome homenageia o antigo dono das terras, José Noe, o último *alcalde* (prefeito) da mexicana Yerba Buena. A região começou a ser desenvolvida na década de 1880, depois da implantação de uma linha de bonde na Castro Street. Como muitas áreas de São Francisco, era um distrito operário que foi transformado em bairro nobre na década de 1970, o que resultou na mistura atual de butiques, bares e restaurantes. O Noe Valley Ministry, no nº 1.021 da Sanchez Street, é uma igreja presbiteriana da

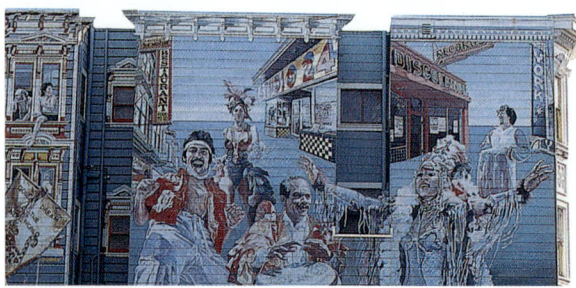

Detalhe do *Carnaval Mural*

década de 1880 em estilo Stick *(p. 77)*. Foi transformada em centro comunitário na década de 1970.

❶ Clarke's Folly

250 Douglass St. **Mapa** 10 D3.
33, 35, 37. ao público.

Essa resplandecente mansão branca era originalmente cercada por suntuosos jardins. Foi erguida em 1892 por Alfred Clarke, conhecido como Nobby, que trabalhou no Departamento de Polícia de São Francisco na época do *Committee of Vigilance*. Dizem que a construção custou US$100.000, uma enorme soma na década de 1890. Hoje dividida em apartamentos privados, suas torres e outras características fazem dela um exemplo evocativo da arquitetura vitoriana doméstica.

❷ Twin Peaks

Mapa 9 C4. 33, 36, 37.

Esses dois morros antes eram conhecidos como El Pecho de la Chola, que significa "seio da indiazinha", em espanhol. Em seu topo há uma área de parque com aclives acentuados de onde é possível apreciar vistas sem igual de toda a São Francisco.

A Twin Peaks Boulevard, que circunda os dois morros perto dos cumes, conta com um parque e um

A cidade e o Twin Peaks Boulevard, vistos do alto de Twin Peaks

mirante. Quem estiver preparado para escalar a íngreme trilha até o topo pode deixar as multidões para trás e desfrutar de uma vista de 360º. Os bairros residenciais nas partes mais baixas têm ruas sinuosas que acompanham o contorno dos morros, diferentemente dos quarteirões quadrados comuns em São Francisco.

❸ Vulcan Street Steps

Vulcan St. **Mapa** 9 C2. 37.

Apesar da pequena estátua do dr. Spock em uma caixa de correio, não há nenhuma ligação entre o planeta do seriado *Jornada nas estrelas* e esse quarteirão de casas quase rurais na escadaria entre a Ord Street e a Levant Street. Assim como os Filbert Steps, em Telegraph Hill *(p. 93)*, os Vulcan Steps parecem estar a anos-luz das movimentadas ruas de Castro District, logo abaixo. Há pequenos canteiros de flores e hortas nas casas, enquanto as copas dos pinheiros abafam o ruído da cidade. Desse ponto se tem uma ampla vista do Mission District e além.

❹ Sutro Tower

Mapa 9 B3. 36, 37. ao público.

A Sutro Tower, com seus 290m de altura, parece um robô invasor na silhueta da cidade. Seu nome homenageia Adolph Sutro, filantropo e dono de terras da região. É nesa estrutura que ficam as antenas da maioria das estações de rádio e TV de São Francisco. Construída em 1973, ainda está em uso, apesar do crescimento da TV a cabo. A torre é visível de toda a Bay Area e às vezes parece flutuar por causa da neblina de verão que vem do mar. No seu lado norte há densos bosques de eucaliptos, plantados em 1880 por Adolph Sutro. Eles se estendem até o centro médico do campus da University of California San Francisco (UCSF), um dos melhores hospitais-escola dos Estados Unidos.

Clarke's Folly

Murais de São Francisco

São Francisco se orgulha de sua reputação de cidade culturalmente rica e cosmopolita, qualidades evidentes na vívida arte mural que decora paredes e cercas em diversas áreas da cidade. Muitos foram pintados nos anos 1930, outros nos anos 1970, e vários apareceram espontaneamente, ao passo que outros foram criados sob encomenda. Um dos melhores é o *Carnaval Mural*, na 24th Street, no Mission District *(p. 140)*; abaixo, alguns exemplos.

503 Law Office, nas ruas Dolores e 18th

O Passado e o Presente

Os melhores exemplos da arte mural histórica de São Francisco se acham na Coit Tower, onde há uma série de painéis típicos dos anos 1930, financiados pelo programa New Deal do presidente Roosevelt para combater a Grande Depressão daquele período. Muitos artistas locais participaram da criação do trabalho, com temas que incluem as lutas da classe trabalhadora e a riqueza de recursos da Califórnia. A cidade desde então ostenta inúmeros murais modernos, principalmente do Precita Eyes Mural Arts Studio.

Detalhe de mural da Coit Tower que mostra a riqueza de recursos da Califórnia

Mural da Coit Tower que retrata a vida durante a Grande Depressão

Precita Eyes Mural Arts Studio é uma organização comunitária que procura promover a arte mural por meio de projetos de colaboração. Também patrocina novos murais de artistas conhecidos e organiza passeios aos murais de São Francisco.

Mural em mosaico (2007) do Precita Eyes, escola de Hillcrest school

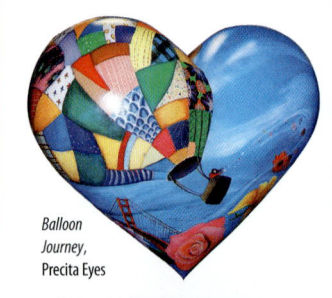

Balloon Journey, Precita Eyes

Esse mural foi desenhado e pintado por estudantes da AYPAL (Asian Pacific Islander Youth Promoting Advocacy and Leadership) em 2007, em associação com o Precita Eyes. A organização promove inúmeras oficinas para a comunidade e para os jovens, que produzem entre 15 e 30 novos murais por ano. Os visitantes podem ver exemplos deles por toda a Bay Area.

Stop the Violence, no 1212 Broadway #400, Oakland

HAIGHT ASHBURY E MISSION | **143**

A Vida Atual

A vida na metrópole moderna é um dos maiores temas da arte mural de São Francisco, tanto hoje como nos anos 1930. No Mission District, particularmente, todos os aspectos da vida diária são ilustrados nas paredes de bancos, escolas e restaurantes, com cenas da vida em família, da comunidade, de atividades políticas e de pessoas trabalhando ou se divertindo. O Mission District tem cerca de 200 murais, muitos pintados nos anos 1970, como parte de um programa que paga jovens para criar obras de arte em lugares públicos. A San Francisco Arts Commission ainda patrocina esse tipo de arte.

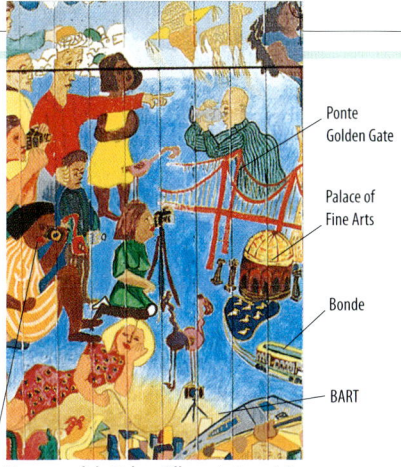

Ponte Golden Gate
Palace of Fine Arts
Bonde
BART
Turistas

Esse mural da Balmy Alley retrata a visão que os turistas têm da cidade. Essa alameda, no Mission District, é decorada com vívidos murais, pintados nos anos 1970 por crianças, artistas e trabalhadores da comunidade. As obras são uma grande atração.

Learning Wall, na Franklin St., retrata educação e arte

Positively Fourth Street, mural descolorido pelo tempo no Fort Mason

Cidade Multicultural

A herança de diversidade e tolerância de São Francisco transparece nos murais que enriquecem os seus bairros étnicos. Em Chinatown, artistas sino-americanos evocam as lembranças do "velho país". O Mission District transborda arte, inclusive de inspiração política, em homenagem às lutas e às conquistas de sua população mexicana e latino-americana.

Dançarina mexicano-americana
Tamborista indígena americano
Baixista caucasiano
Tocadora de maracas afro-americana

Mural na Washington Street retrata a vida na China

A São Francisco multicultural é homenageada na Park Branch Library, em Haight Ashbury.

Onde Encontrar os Murais

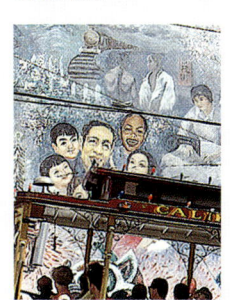

Balmy Alley. **Mapa** 11 A5
Clarion Alley. **Mapa** 10 F2
Coit Tower *pp. 92-3*
Dolores and 18th St. **Mapa** 10 E3
Fort Mason *pp. 74-5*
Franklin Street. **Mapa** 4 E1
Oakland *p. 166*
Park Branch Library
1833 Page St. **Mapa** 9 B1
Precita Eyes Mural Arts Studio
348 Precita Ave. **Mapa** 10 F5
Washington Street. **Mapa** 11 A2

GOLDEN GATE PARK E LAND'S END

Ao sul do Richmond District se estende o espetacular Golden Gate Park, uma obra-prima de paisagismo, criado nos anos 1890 em um descampado de areia. Pouca coisa cresce naturalmente; as árvores foram plantadas nos locais em que desviam melhor o vento. Todos os canteiros são bem escolhidos e garantem o colorido do parque em todas as estações. Entre as atrações estão as trilhas serpeantes, instalações esportivas que vão do arco e flecha ao golfe e três ótimos museus. Existem gramados ao norte e a oeste do Richmond District, ligados pela Trilha Costeira. É por essa área que o escarpado Land's End, palco de naufrágios, encontra o mar. O vizinho Lincoln Park, com seu campo de golfe, forma um incrível contraste.

Principais Atrações

Museus e Galerias
- ❷ California Academy of Sciences pp. 152-3
- ❹ de Young Fine Arts Museum of SF
- ⓰ Legion of Honor

Parques e Jardins
- ❶ Shakespeare Garden
- ❸ Japanese Tea Garden
- ❻ Children's Playground
- ❽ Conservatory of Flowers
- ❾ Strybing Arboretum
- ❿ Stow Lake
- ⓫ Polo Fields
- ⓬ Buffalo Paddock
- ⓭ Queen Wilhelmina Tulip Garden
- ⓮ Ocean Beach
- ⓯ Seal Rocks
- ⓱ Lincoln Park
- ⓲ Land's End

Edifícios Históricos
- ❺ McLaren Lodge
- ❼ Columbarium
- ⓳ Cliff House

☐ **Restaurantes**
pp. 224-5
1. Beach Chalet Brewery & Restaurant
2. Cliff House
3. Crepevine
4. Ebisu
5. The Moss Room
6. San Tung Chinese Restaurant
7. Ton Kiang

Veja Guia de Ruas, mapas 1, 3 e 7-9

GOLDEN GATE PARK E LAND'S END | **145**

Pagode no Japanese Tea Garden, dentro do Golden Gate Park

Rua a Rua: Golden Gate Park

O Golden Gate Park é um dos maiores parques urbanos do mundo. Ele se estende do oceano Pacífico ao centro de São Francisco, formando um oásis de verde e tranquilidade que serve de fuga à agitação da vida urbana. Dentro do parque se acha uma quantidade surpreendente de atividades esportivas e culturais. A área ajardinada em volta do Music Concourse, com fontes, plátanos e bancos, é a parte mais popular e bem tratada. Aos domingos, pode-se desfrutar de concertos gratuitos no Spreckels Temple of Music. Há dois museus de cada lado do Music Concourse, e os jardins Japanese e Shakespeare estão a curta distância.

❹ ★ de Young Fine Arts Museum
O museu exibe um acervo de obras internacionais. Entre os objetos expostos, traz essa cômoda de mogno, feita na Filadélfia em 1780.

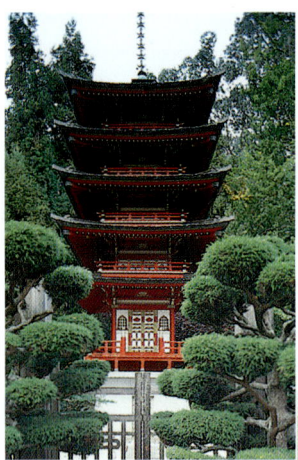

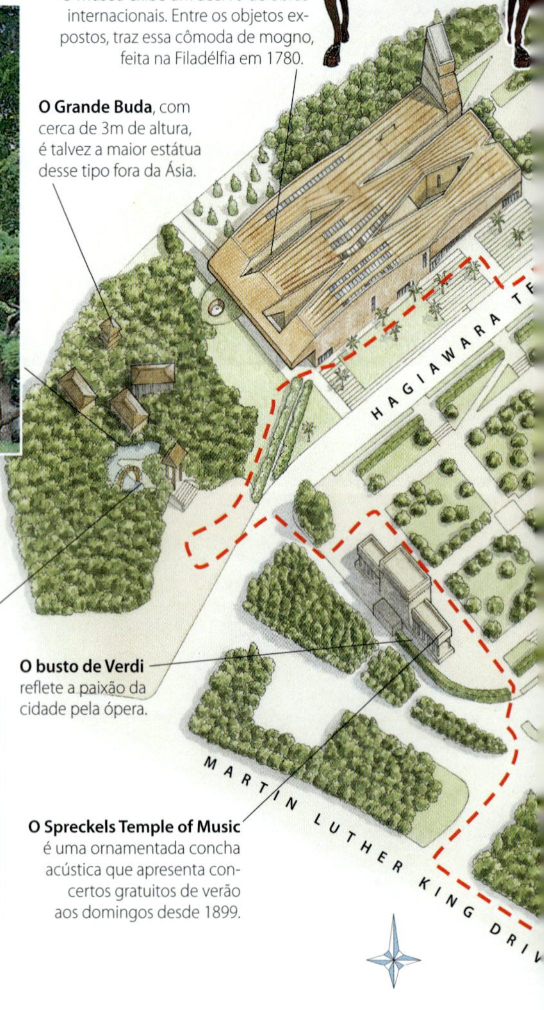

O Grande Buda, com cerca de 3m de altura, é talvez a maior estátua desse tipo fora da Ásia.

❸ Japanese Tea Garden
Esse jardim exótico, com plantas bem cuidadas e um belo lago, é um dos pontos mais interessantes do parque.

O busto de Verdi reflete a paixão da cidade pela ópera.

O Spreckels Temple of Music é uma ornamentada concha acústica que apresenta concertos gratuitos de verão aos domingos desde 1899.

A ponte do Japanese Tea Garden é chamada de Moon Bridge. É bastante arqueada e seu reflexo na água forma um círculo perfeito como a lua cheia.

0 m   80
0 jardas   80

GOLDEN GATE PARK E LAND'S END | 147

O busto de Miguel de Cervantes, autor espanhol, foi esculpido por Jo Mora. Ele está representado com duas de suas criações ficcionais, Dom Quixote e Sancho Pança.

Localize-se
Veja Guia de Ruas, mapa 8

A estátua *Prensagem da maçã*, do escultor Thomas Shields-Clarke, é um dos poucos monumentos que restaram da Feira Internacional de Inverno da Califórnia, de 1894.

O John McLaren Rhododendron Dell é um pequeno jardim que homenageia o primeiro superintendente *(p. 148)* do Golden Gate Park.

❷ ★ California Academy of Sciences
Esse complexo combina aquário, planetário, museu e instalações para pesquisas *(pp. 152-3)*.

O Music Concourse, antiga área ajardinada, com fontes e bancos, é o local onde a Golden Gate Park Band se apresenta todos os domingos (abr-out).

❶ Shakespeare Garden
Esse pequeno jardim possui mais de 150 espécies de plantas, todas citadas na poesia e no teatro de Shakespeare.

Legenda
— Percurso sugerido

A Criação do Golden Gate Park

Enquanto São Francisco prosperava nos anos 1860, seus cidadãos procuravam as mesmas conveniências de outras grandes cidades. Uma das mais importantes era um amplo parque municipal, pelo qual já haviam feito uma petição em 1865. Nova York acabara de inaugurar o Central Park, criado pelo paisagista Frederick Olmsted. O prefeito de São Francisco, H. P. Coon, buscou, então, o parecer de Olmsted sobre um terreno reservado para um parque pelo município. Esse terreno inculto, a oeste da cidade e banhado pelo Pacífico, era conhecido como "Outside Lands" ("Terras de Fora").

John McLaren

Recuperação da Terra

Os planejadores municipais se voltaram para um pesquisador e engenheiro chamado William Hammond Hall, que já havia tido algum sucesso na recuperação de dunas das Terras de Fora. Em 1870 ele aplicou seus métodos no Golden Gate Park, e em 1871 foi nomeado primeiro-superintendente do parque.

Hall começou a trabalhar na parte leste, projetando ruas sinuosas e criando paisagens de aparência natural. O parque logo se tornou popular. Famílias faziam piqueniques e os jovens corriam de carruagem.

As Falhas do Plano

Apesar da popularidade das obras, elas quase foram paralisadas devido à corrupção pública. Nos anos 1870, alguns funcionários públicos desviaram fundos e o orçamento foi sendo cortado.

Ciclistas no Golden Gate Park

Em 1876, Hall foi falsamente acusado de corrupção e se demitiu por isso. O parque passou por um período de declínio, mas, após uma década, o engenheiro foi chamado a reassumir a direção. Em 1890, ele escolheu o extraordinário escocês John McLaren para substituí-lo como superintendente. Ambos concordavam que os parques deveriam ser ambientes naturais. McLaren plantou então milhares de árvores, brotos, flores e arbustos escolhidos de tal modo que todos os meses houvesse espécies florescendo; além disso, importou plantas exóticas do mundo inteiro. Elas se deram bem, apesar do solo pobre e do clima úmido de São Francisco. O escocês devotou sua vida ao parque, lutando contra a invasão urbana. Morreu aos 93 anos, sendo que 53 deles foram dedicados a esse trabalho.

O Parque em Transformação

O parque ainda reflete a visão de McLaren e Hall, mas, ao contrário de seus planos, ele hoje está cheio de prédios, e a maior derrota de McLaren se tornou uma atração popular. Onde hoje é o Music Concourse, em 1894 funcionou a Feira Internacional de Inverno da Califórnia, apesar dos protestos do engenheiro.

A invasão urbana continuou a pressionar o parque no século XX, mas, para a maioria da população de São Francisco, ele ainda é um espaço ideal para escapar da agitação urbana.

Feira Internacional de Inverno da Califórnia, 1894

GOLDEN GATE PARK E LAND'S END | 149

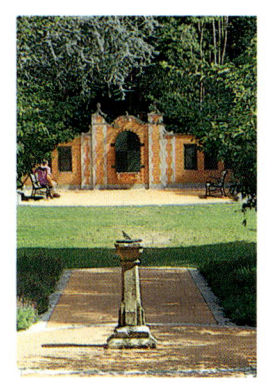

Placas no Shakespeare Garden

❶ Shakespeare Garden

Music Concourse, Golden Gate Park. **Mapa** 8 F2. 44.

Os jardineiros tentam cultivar nesse jardim todas as plantas mencionadas nas obras de William Shakespeare. As citações famosas estão inscritas em placas colocadas no muro dos fundos do jardim.

❷ California Academy of Sciences

pp. 152-3.

❸ Japanese Tea Garden

Music Concourse, Golden Gate Park. **Mapa** 8 F2. **Tel** 752-4227. 44. 9h-18h diariam (nov-fev: até 16h45). **w** japaneseteagardenssf.com

Criado pelo negociante de arte George Turner Marsh para a Feira Internacional de Inverno da Califórnia, de 1894 *(p. 148)*, esse jardim é bem popular. A melhor época para visitá-lo é no mês de abril, quando as cerejeiras florescem. Há trilhas que serpeiam pelos bem cuidados arbustos, árvores e flores. Bastante arqueada, a Moon Bridge forma um incrível reflexo circular no lago abaixo. O Buda de bronze, o maior fora da Ásia, fundido no Japão em 1790, está sentado no alto da escadaria do jardim.

❹ de Young Fine Arts Museum of SF

50 Hagiwara Tea Garden Drive, Golden Gate Park. **Mapa** 8 F2. **Tel** 750-3600. 5, 21, 44. N. 9h30-17h15 ter-dom (abr-nov: até 20h45 sex). Ação de Graças, 25 dez. (grátis 1ª ter do mês). **w** famsf.org

Fundado em 1895, o de Young Museum abriga uma das melhores coleções de arte da cidade. Em 1989 o prédio foi extremamente danificado por um terremoto. Um complexo ultramoderno, porém, foi inaugurado em seu lugar em 2005. Hoje o museu possui ampla variedade de arte norte-americana, com mais de mil pinturas, assim como inúmeras obras de arte americana pré-colombiana, africana e da Oceania.

❺ McLaren Lodge

Próximo da esquina da Stanyan St e Fell St, no oeste do parque. **Mapa** 9 B1. **Tel** 831-2700. 8h30-17h seg-sex. feriados. 7, 21.

Essa *villa* de arenito projetada por Edward Swain foi erguida em 1896. Como superintendente do parque, John McLaren viveu no local com a família até morrer, em 1943. Seu retrato está numa parede, e, no mês de dezembro, o cipreste diante da casa é aceso com luzes coloridas em sua honra. Hoje é o escritório do parque, com mapas e informações.

Portal no Japanese Tea Garden

❻ Children's Playground

Kezar Drive, perto da First Ave. **Mapa** 9 A1. 5, 71. N. Adultos só entram acompanhados de crianças.

Esse é o mais antigo playground público para crianças dos Estados Unidos, e seu estilo foi muito copiado mais tarde. Em 1978 foi redesenhado com balanços, amplos escorregadores e um "forte" para escalar. No carrossel Herschell-Spillman, instalado em uma estrutura de inspiração grega de 1892, as crianças podem "cavalgar" animais de cores brilhantes.

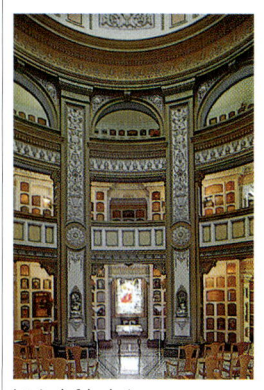

Interior do Columbarium

❼ Columbarium

1 Loraine Court. **Mapa** 3 B5. **Tel** 752-7891. 33, 38. 9h-17h seg-sex, 10h-15h sáb-dom. 1º jan, Ação de Graças e 25 dez. apenas no andar térreo.

O San Francisco Columbarium é a única parte que restou do velho Lone Mountain Cemetery, que antigamente cobria boa parte do Richmond District. A maioria dos restos mortais foi desenterrada e levada para Colma em 1914. Essa bela rotunda neoclássica abriga hoje as cinzas de 6 mil pessoas em elaboradas urnas. Depois de mantido sem uso por décadas, o columbário foi restaurado pela Neptune Society em 1979. O reluzente e ornamentado interior sob a cúpula possui lindas janelas de vitrais. As estreitas passagens em toda a sua volta são notáveis pela acústica.

A Ponte Golden Gate vista do Lincoln Park ▶

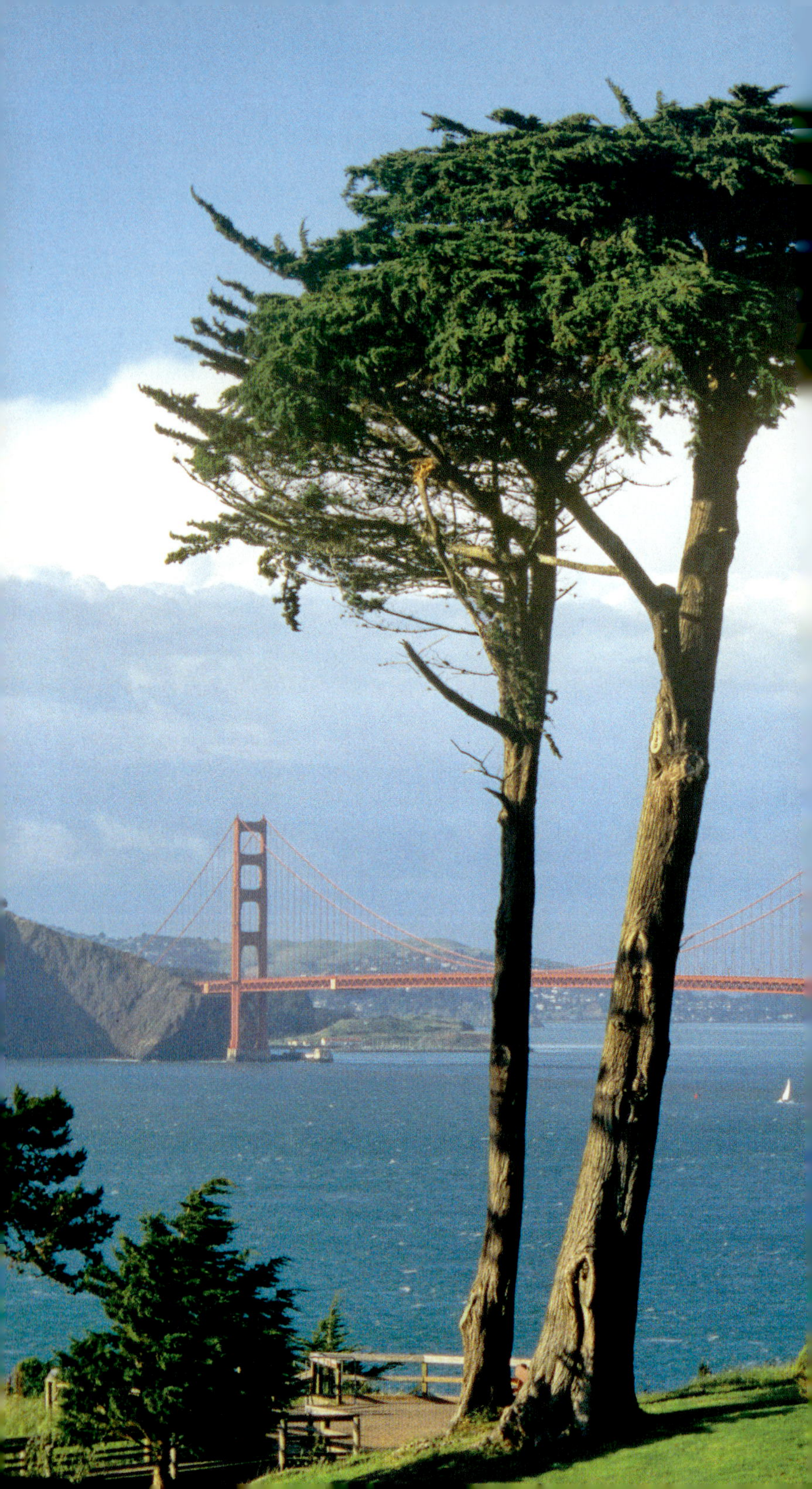

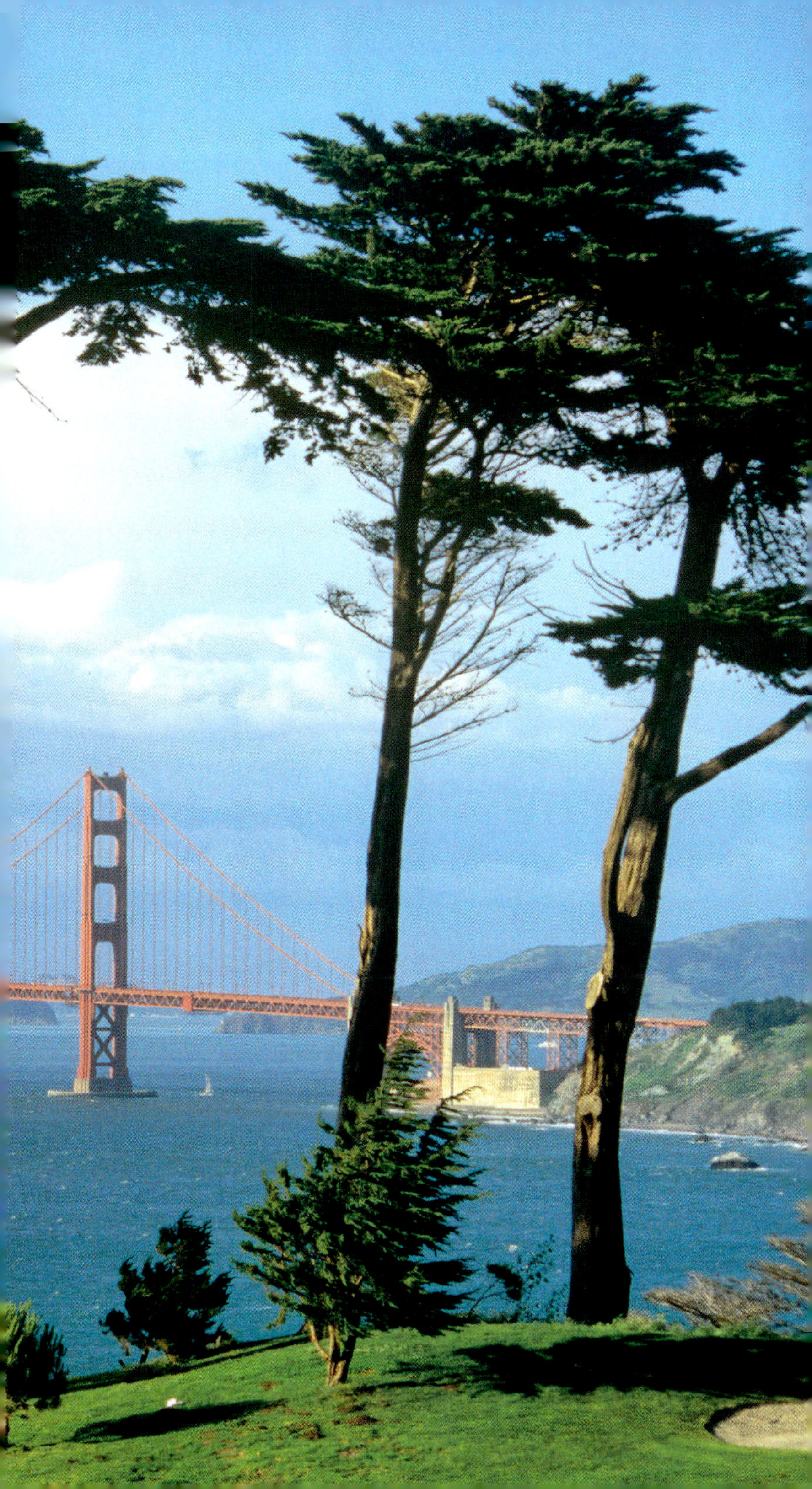

California Academy of Sciences

A California Academy of Sciences está instalada no Golden Gate Park desde 1916, estabelecendo-se em um novo prédio no final de 2008. Abriga o Steinhart Aquarium, o Morrison Planetarium e o Kimball Natural History Museum, e combina a inovadora arquitetura ecológica com flexíveis espaços de exposição. Uma agradável praça fica no centro do edifício. Repleto de espécies nativas, o telhado vivo de 100m² foi projetado para integrar o museu.

Discovery Tidepool
Localizada no piso inferior, essa exposição permite ao vistante tocar nas criaturas marinhas que vivem nas piscinas naturais.

Guia do Museu

No Steinhart Aquarium as mostras se espalham museu afora, mas a maioria dos tanques se encontra no subsolo, abaixo da praça. Um auditório acima do café abriga mostras itinerantes, além de performances e programas especiais. Nos fundos do prédio ficam o acervo do museu, com mais de 28 milhões de espécimes científicos, e os escritórios e laboratórios de pesquisa.

Pântano

Tanque de corais filipinos (piso inferior)

Tubarões e arraias (piso inferior)

Planetarium
Visitantes deixam o planeta Terra para trás ao voar através do espaço e do tempo no maior planetário totalmente digital do mundo.

Legenda

- African Hall
- Kimball Natural History Museum
- Morrison Planetarium
- Rainforests of the World
- Building Green
- Steinhart Aquarium
- Science in Action
- Islands of Evolution
- Early Explorers Cove
- Área sem exposição

African Hall
Animais empalhados das selvas e savanas da África são exibidos aqui, em perfeitos dioramas.

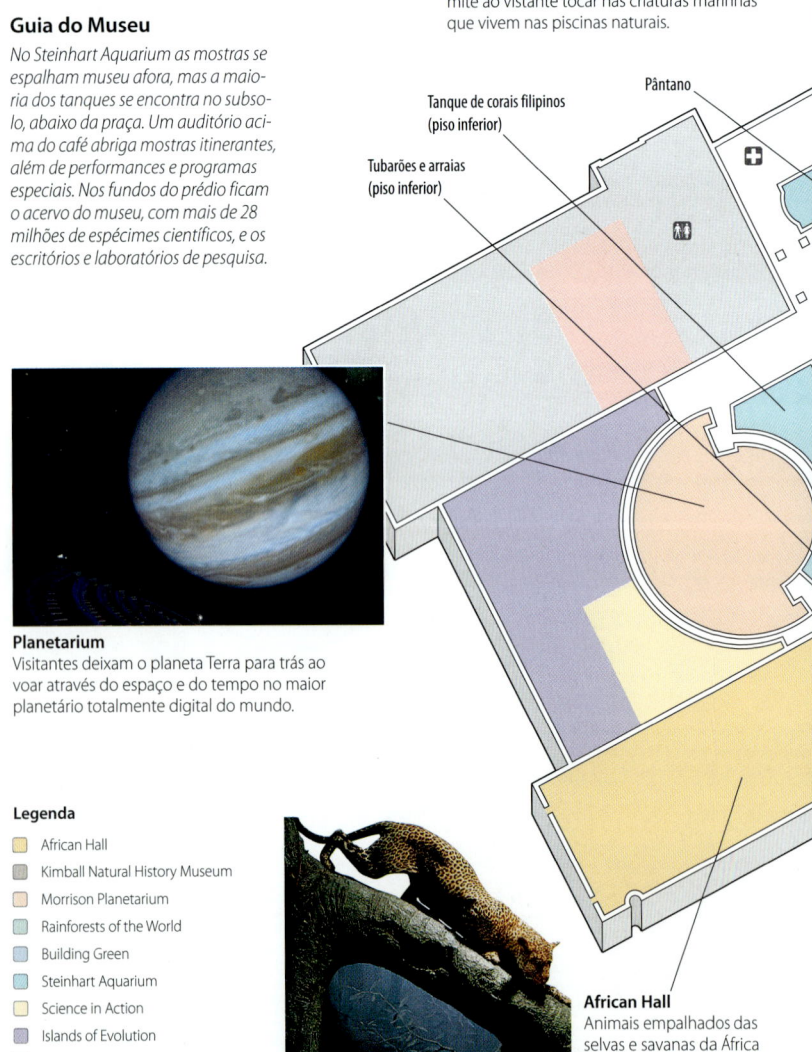

GOLDEN GATE PARK E LAND'S END | 153

California Coast Tank
Bichos que vivem nas águas frias da Califórnia, como o caranguejo-ermitão, se encontram nessa seção, no piso inferior.

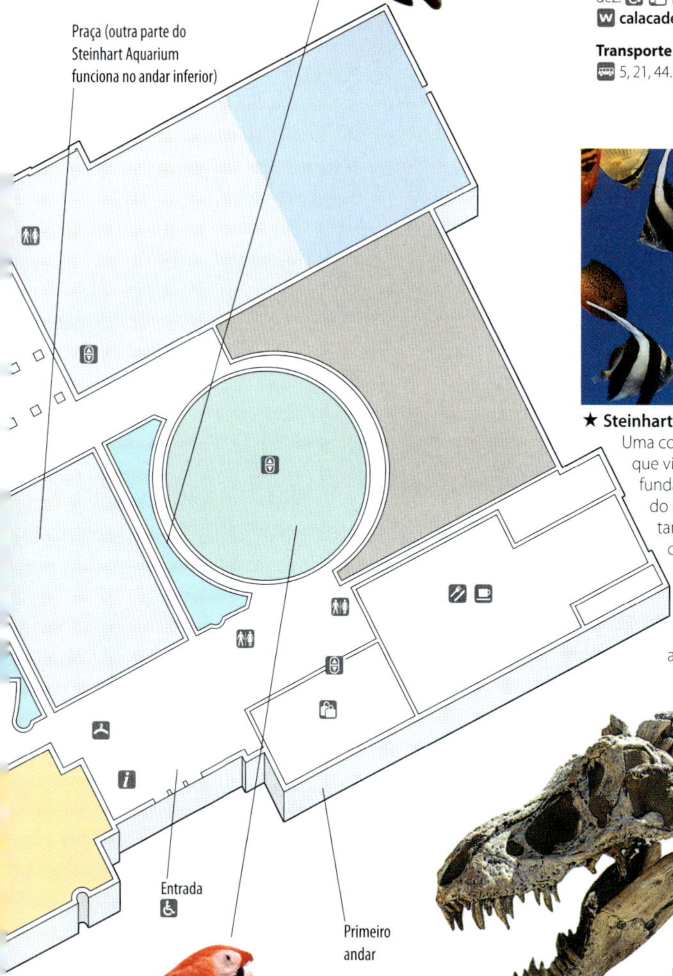

Praça (outra parte do Steinhart Aquarium funciona no andar inferior)

PREPARE-SE

Informações Práticas
55 Music Concourse Dr.
Mapa 8 F2.
Tel 379-8000.
9h30-17h seg-sáb, 11h-17h dom. Ação de Graças e 25 dez.
w calacademy.org

Transporte
5, 21, 44. N.

★ **Steinhart Aquarium**
Uma coleção dos corais que vivem em águas profundas de vários locais do mundo, um pântano de dois níveis e centenas de tanques com "joias" da vida marinha exibem a espantosa diversidade da vida aquática.

Entrada

Primeiro andar

Esqueleto de Tiranossauro
Esse gigantesco predador foi o mais impressionante carnívoro a andar pela Terra.

★ **Rainforests of the World**
Essa área em quatro níveis oferece um passeio vertical por quatro diferentes hábitats tropicais. Borboletas, aves, cobras e lagartos vivem livremente nessa exposição.

Estufa do Conservatory of Flowers

⑧ Conservatory of Flowers

John F. Kennedy Drive, Golden Gate Park. **Mapa** 9 A1. **Tel** 666-7001. 5, 33, 44. N. 10h-16h30 ter-dom. (grátis 1ª ter do mês) conservatoryofflowers.org

Essa bela estufa é a mais antiga edificação do Golden Gate Park. Uma floresta de samambaias, palmeiras e orquídeas florescia no local antes de um furacão fustigar a cidade e danificá-la em dezembro de 1995. Após uma campanha por sua reconstrução, a estufa reabriu em 2003.

⑨ Strybing Arboretum

9th Ave com a Lincoln Way, Golden Gate Park. **Mapa** 8 F2. **Tel** 661-1316. 44, 71 N. 7h30-18h diariam (até 17h durante o outono e o inverno). 13h30 diariam. sfbotanicalgarden.org

O Strybing Arboretum conta com 7.500 espécies de plantas, árvores e arbustos de diversos países expostos. Há jardins mexicanos, africanos, sul-americanos e australianos, além de um dedicado às plantas nativas da Califórnia.

Vale a pena visitar o encantador Moon-Viewing Garden, que exibe plantas do Extremo Oriente num cenário que, ao contrário daquele do Japanese Tea Garden (pp. 148-9), é mais natural que planejado. Plantas medicinais e culinárias florescem no Garden of Fragrance, projetado para deficientes visuais. A ênfase são os sentidos do paladar, do olfato e do tato, e as plantas têm identificação em braille. Em outra área há sequoias nativas da Califórnia, com um córrego serpeando entre elas. É a recriação do ambiente da floresta costeira do norte da Califórnia. Há ainda a New World Cloud Forest, com a flora das montanhas da América Central. Incrivelmente, todos esses jardins vicejam na névoa da Califórnia. No Arboretum, uma loja vende sementes e livros e abriga a Helen Crocker Russell Library of Horticulture, aberta ao público. Há um festival de flores durante o verão.

⑩ Stow Lake

Stow Lake Drive, Golden Gate Park. **Mapa** 8 E2. 28, 29, 44. verão: 10h-17h seg-qui, 10h-18h sex e sáb; outono e inverno: 10h-16h diariam. Aluguel de barco: 415-386-2531.

Esse lago artificial foi criado em 1895 em volta da Strawberry Hill, de modo que o topo da colina hoje forma uma ilha, ligada à terra firme por duas pontes de pedra. O curso circular do Stow Lake o torna ideal para sair remando da casa de barcos e dar voltas, embora o clima tranquilo indique ser mais sensato deixar-se levar pela água. O pavilhão chinês de observação da lua na beira da ilha foi um presente da capital de Taiwan, Taipei, cidade-irmã de São Francisco. O pavilhão verde e vermelho chegou de navio, dividido em 6 mil partes, e foi montado na ilha.

O milionário Collis P. Huntington (p. 104) doou o dinheiro para construir o reservatório e as cachoeiras em Stow Lake, que são um dos maiores atrativos do parque.

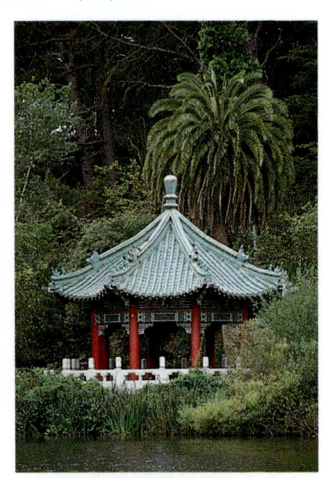

Pavilhão de observação lunar no Stow Lake

Queen Wilhelmina Tulip Garden e o Dutch Windmill

⓫ Polo Fields

John F. Kennedy Drive, Golden Gate Park. **Mapa** 7 C2. 5, 29.

Tem se tornado mais comum ver pessoas correndo do que andando a cavalo no Polo Fields, estádio situado na parte oeste, mais aberta, do Golden Gate Park. Os cavalos, com os quais é possível explorar as trilhas equestres do parque e o Bercut Equitation Field, estão disponíveis por hora nos estábulos adjacentes. Pode-se pescar em lagos próximos.

A leste do estádio, no gramado dos Old Speedway Meadows, houve inúmeros eventos nos anos 1960, como memoráveis shows de rock. Grateful Dead e Jefferson Airplane foram algumas das atrações do local. Na primavera de 1967, milhares de jovens vieram ao "Be-in," um dos eventos psicodélicos do "Verão do Amor" (p. 34).

⓬ Buffalo Paddock

John F. Kennedy Drive, Golden Gate Park. **Mapa** 7 C2. 5, 29.

Os peludos búfalos que pastam nesse curral estão entre os maiores animais terrestres da América do Norte. Facilmente reconhecível pelos chifres retorcidos e pela corcova, o búfalo é o símbolo da pradaria e mais propriamente conhecido como bisão-americano. O curral foi inaugurado em 1892, tempo em que os búfalos estiveram perto da extinção. Em 1902 William Cody, o Buffalo Bill, trocou um de seus búfalos por um da manada do Golden Gate Park. Ambas as partes pensaram que haviam se livrado de um animal indomável, e, ao retornar ao seu acampamento, Cody viu o animal recém-adquirido pular a cerca e fugir. Segundo um jornal da época, *San Francisco Call*, foram necessários 80 homens para recapturá-lo.

⓭ Queen Wilhelmina Tulip Garden

Mapa 7 A2. 5, 18. Moinho:

O jardim foi batizado em homenagem à rainha holandesa Guilhermina. O Dutch Windmill foi erguido em 1903, na ponta noroeste do Golden Gate Park, para bombear água do subsolo e irrigar o jardim e o resto do parque. Já o Murphy Windmill foi construído em 1905 a sudoeste do parque. Com o avanço da tecnologia, porém, ambos já foram aposentados. As tulipas que atapetam o jardim são doadas todo ano pela Associação Holandesa dos Produtores de Bulbos.

⓮ Ocean Beach

Mapa 7 A1-5. 5, 18, 31, 38, 71. L, N.

Boa parte da divisa ocidental de São Francisco é definida por essa grande extensão de areia. Embora pareça sublime vista da Cliff House ou de Sutro Heights, a praia é perigosa para nadar devido à água gelada e às fortes correntes. É comum haver surfistas em trajes especiais, mas também há vento forte e neblina. Nos raros dias mais quentes, é um popular ponto de banho de mar e piqueniques.

⓯ Seal Rocks

Mapa 7 A1. Não acessíveis a visitas. Vistos de Ocean Beach, Cliff House ou do Sutro Heights Park. 18, 38.

Leve um binóculo para observar leões-marinhos, focas e pássaros em seu hábitat. À noite, da praia ou do passeio da Cliff House, os uivos dos leões-marinhos são ao mesmo tempo tranquilizadores e sinistros, em especial na neblina. Em dias claros é possível ver as Farallon Islands, a 51km da costa. Habitadas também por focas e leões-marinhos, seus rochedos são protegidos desde 1907.

Vista dos Seal Rocks a partir de Ocean Beach

Ponte no Japanese Tea Garden, Golden Gate Park

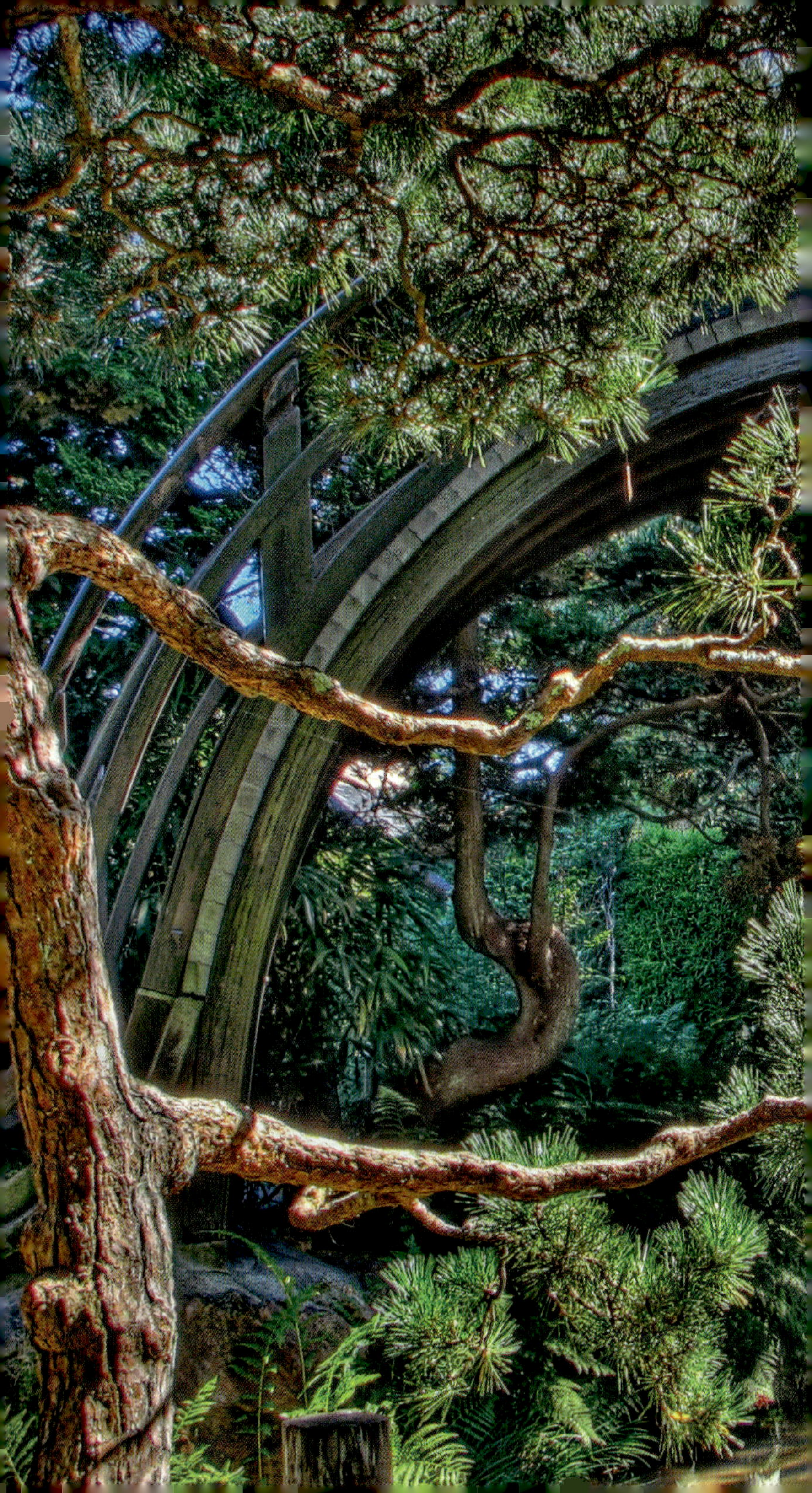

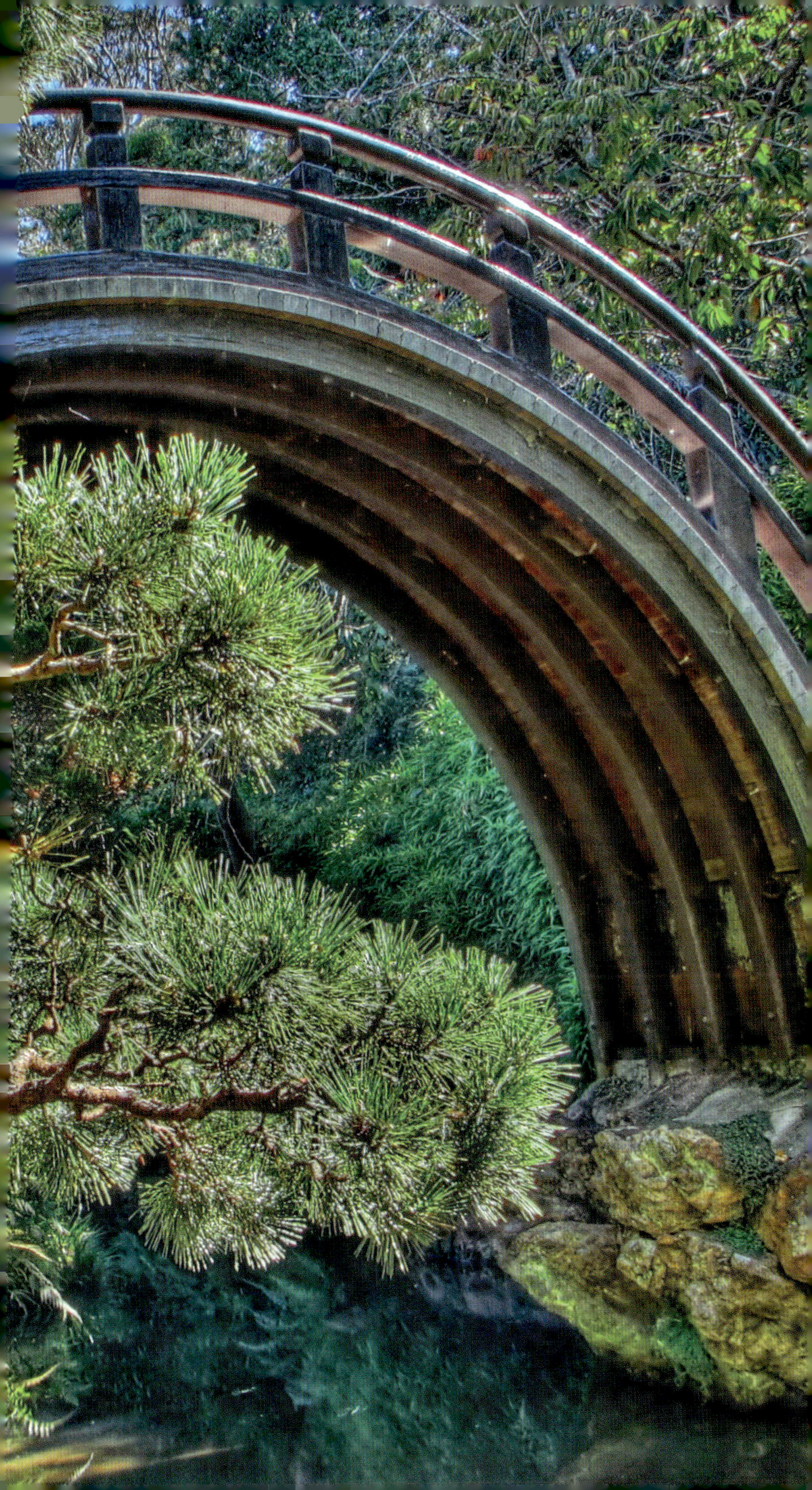

⓰ Legion of Honor

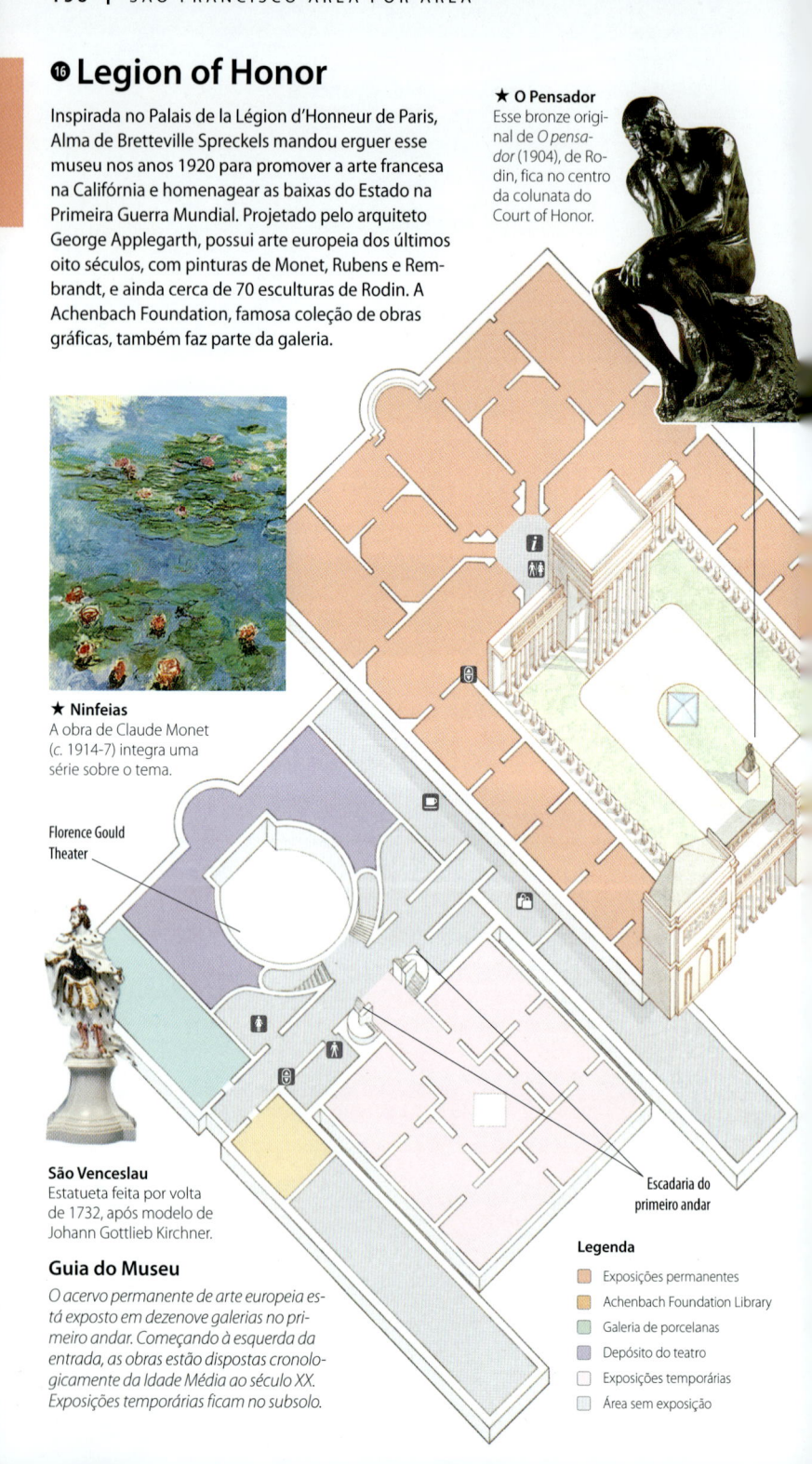

Inspirada no Palais de la Légion d'Honneur de Paris, Alma de Bretteville Spreckels mandou erguer esse museu nos anos 1920 para promover a arte francesa na Califórnia e homenagear as baixas do Estado na Primeira Guerra Mundial. Projetado pelo arquiteto George Applegarth, possui arte europeia dos últimos oito séculos, com pinturas de Monet, Rubens e Rembrandt, e ainda cerca de 70 esculturas de Rodin. A Achenbach Foundation, famosa coleção de obras gráficas, também faz parte da galeria.

★ **O Pensador**
Esse bronze original de *O pensador* (1904), de Rodin, fica no centro da colunata do Court of Honor.

★ **Ninfeias**
A obra de Claude Monet (c. 1914-7) integra uma série sobre o tema.

Florence Gould Theater

São Venceslau
Estatueta feita por volta de 1732, após modelo de Johann Gottlieb Kirchner.

Escadaria do primeiro andar

Guia do Museu

O acervo permanente de arte europeia está exposto em dezenove galerias no primeiro andar. Começando à esquerda da entrada, as obras estão dispostas cronologicamente da Idade Média ao século XX. Exposições temporárias ficam no subsolo.

Legenda
- Exposições permanentes
- Achenbach Foundation Library
- Galeria de porcelanas
- Depósito do teatro
- Exposições temporárias
- Área sem exposição

GOLDEN GATE PARK E LAND'S END | 159

PREPARE-SE

Informações Práticas
Lincoln Park, 100 34th Ave
(com a Clement St). **Mapa** 1 B5.
Tel 750-3600 ou 863-3330.
9h30-17h15 ter-dom.
Marcar hora para ver a
Achenbach Collection; ligue
para mais informações.
Ação de Graças, 25 dez.
(grátis 1ª ter do mês).
Palestras, filmes.
legionofhonor.org

Transporte
1, 18, 38, 38L.

Lincoln Park Golf Course com vista para a Ponte Golden Gate

A Velha
Georges de la Tour pintou esse estudo em 1618.

Entrada

O Empresário
Nesse quadro (c. 1877), o artista Edgar Degas enfatiza o tamanho do retratado, fazendo-o parecer grande para a tela.

⓱ Lincoln Park

Mapa 1 B5. 18.

Esse esplêndido parque, localizado acima do Golden Gate Park, abriga o Legion of Honor. A terra antes ficava alocada ao Golden Gate Cemetery, onde os túmulos eram separados segundo a nacionalidade de seus ocupantes. Quando a área foi desocupada, no início do século XX, John McLaren (p. 148) criou e ajardinou o parque.

Seu jardim possui hoje um campo de golfe público com dezoito buracos e belos cenários. De sua colina tem-se uma vista panorâmica da cidade.

⓲ Land's End

Mapa 1 B5. 18, 38.

Encosta rochosa, escarpada e entremeada de ciprestes, Land's End é a parte mais selvagem de São Francisco. Pode ser alcançada a pé pela Coastal Trail, à qual se tem acesso por uma escadaria que desce do Legion of Honor, ou do estacionamento de Point Lobos, perto do Sutro Heights Park. A Coastal Trail é segura e termina com uma vista espetacular da Golden Gate. Não saia da trilha. Quem o fizer pode se perder e ficar retido pela rápida mudança nas marés, causada pelas altas ondas. Informe-se no National Parks Service Visitors Center (tel. 556-8642) sobre o horário das marés. Desse ponto se vê o Mile Rock Lighthouse.

⓳ Cliff House

1090 Point Lobos. **Mapa** 7 A1. **Tel** 386-3330 (Visitors Center). 18, 38. diariam. Câmera obscura: **Tel** 750-0415. 11h-17h diariam.
cliffhouse.com
giantcamera.com

Erguida em 1909, a atual Cliff House, reformada em 2004, é o terceiro edifício nesse lugar. O anterior, uma estrutura gótica de oito andares destruída pelo fogo em 1907, havia sido construído pelo extravagante empresário Adolph Sutro. Sua propriedade na vizinha colina com vista para a Cliff House é hoje o Sutro Heights Park. Há na casa vários restaurantes nos andares superiores, jazz ao vivo às sextas-feiras de noite e três deques com vista panorâmica. Sua famosa câmera obscura fica no nível inferior.

Vista do Mile Rock Lighthouse a partir de Land's End

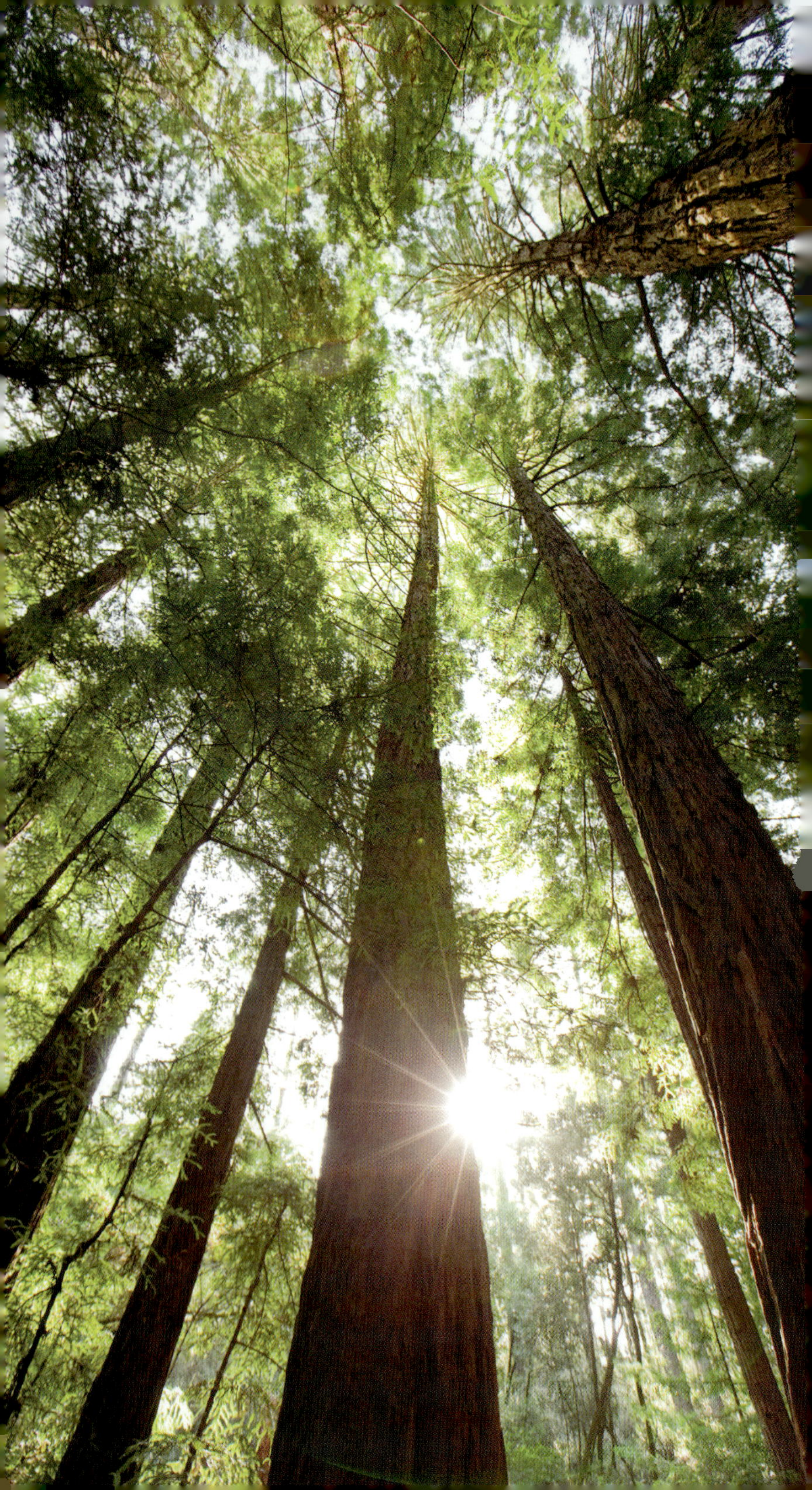

BAY AREA

São Francisco é o menor dos nove municípios que circundam a baía. Os antigos povoados de veraneio dessa região se transformaram em grandes subúrbios ou cidades independentes. Localizada ao norte da Ponte Golden Gate, Marin County oferece uma costa selvagem, florestas formadas por sequoias e o monte Tamalpais, que propicia paisagens magníficas da Bay Area. Marin conta ainda com diversos vilarejos, e o município é considerado um verdadeiro refúgio por aqueles que procuram escapar do ambiente agitado da metrópole durante uma tarde. A leste da baía, os lugares mais visitados costumam ser o museu e o porto de Oakland, além dos jardins e da famosa universidade de Berkeley. Já ao sul, o San Francisco Zoo é o local perfeito para passear com os mais jovens.

Principais Atrações

Museus e Galerias
- ⑬ Lawrence Hall of Science
- ⑯ Magnes Collection of Jewish Art and Life
- ㉓ *Oakland Museum of California pp. 168-9*

Parques e Jardins
- ❶ San Francisco Zoo and Gardens
- ❹ Muir Woods and Beach
- ❺ Monte Tamalpais
- ❽ Angel Island
- ❾ Tilden Park
- ⑭ University Botanical Garden

Igrejas e Templos
- ⑲ Mormon Temple

Compras e Restaurantes
- ❿ Fourth Street
- ⑪ Gourmet Ghetto
- ⑮ Telegraph Avenue
- ⑱ Rockridge
- ㉒ Jack London Square
- ㉕ Oakland Chinatown

Ruas e Construções Históricas
- ⑫ University of California at Berkeley
- ⑰ Claremont Resort and Spa
- ⑳ Bay Bridge
- ㉔ Old Oakland

Cidades Históricas
- ❻ Sausalito
- ❼ Tiburon

Lagos
- ㉑ Lake Merritt

Praias
- ❷ Point Reyes National Seashore
- ❸ Stinson Beach

Legenda
- Área das principais atrações
- Área urbana
- Autoestrada
- Estrada principal
- Estrada secundária

0 km — 10
0 milhas — 10

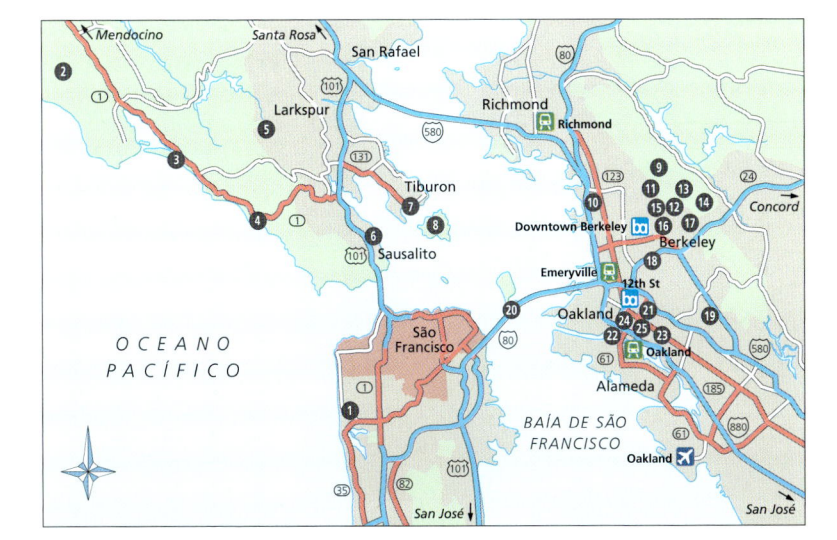

◀ O sol entre as árvores em Muir Woods   **Legenda dos símbolos** *na orelha da contracapa*

Orangotango no San Francisco Zoo and Gardens

❶ San Francisco Zoo and Gardens

Sloat Blvd e 45th Ave. **Tel** 753-7080. 18, 23. L. 10h-17h diariam (até 16h nov-mar). (grátis 1ª qua do mês para moradores de São Francisco). sfzoo.org

O zoo de São Francisco está situado no extremo sudoeste da cidade, entre o oceano Pacífico e o lago Merced. O conjunto abriga mais de mil espécies de pássaros e mamíferos. Cerca de 30 são consideradas ameaçadas, entre as quais o jaguar, o leopardo-das-neves e o tigre de bengala. No inovador Primate Discovery Center vivem quinze espécies diferentes de primatas, entre os quais o macaco langur. Um dos destaques do zoo é a sinalização com desenho de coala, igual à usada na Austrália. No Otter River, há cascatas e um lago para as lontras. O Gorilla World é uma das maiores mostras naturais do mundo. Às 14h (diariam exceto seg), os felinos são alimentados na Lion House. Ao lado fica o Children's Zoo, onde as crianças podem acariciar os pequenos animais.

❷ Point Reyes National Seashore

US Highway 1 para Olema; depois da cidade siga os sinais para Point Reyes National Seashore. Golden Gate Transit, ônibus 10, 80, 101 para San Rafael Center, depois West Marin Stage 68.

A península de Point Reyes serve de refúgio à vida selvagem, em especial a rebanhos de alces. Possui gado, fazendas de laticínios e três pequenas cidades: Olema, Point Reyes Station e Inverness. A península se encontra a oeste da falha de San Andreas, responsável pelo terremoto de 1906 *(pp. 30-1)*. Ao seguir a Trilha do Terremoto, próximo do Bear Valley Visitor Center, vê-se como a falha fez a península se mover 6m para o norte em relação ao continente.

Em 1579, o explorador sir Francis Drake teria atracado em Drake's Bay *(p. 24)*, batizando-a Nova Albion e reivindicando-a para a Inglaterra.

O visitor center tem horários das marés e mapas de trilhas. É possível avistar baleias de dezembro a março.

Fazenda de laticínios na charmosa Point Reyes

❸ Stinson Beach

US 101 N para a Highway 1, siga para Stinson Beach. **Tel** Stinson Beach Park 868-0942. Golden Gate Transit, ônibus 10, depois West Marin Stage 61. 7h-uma hora após o pôr do sol, diariam.

Desde o início do século XX esse local é um dos favoritos para passar as férias. Os primeiros visitantes chegavam de São Francisco de ferryboat e seguiam por carruagens puxadas por cavalos. Stinson ainda é a praia predileta da área. Sua faixa de areia branca é tomada por surfistas, banhistas e amantes do sol. O vilarejo vizinho tem ótima livraria, alguns restaurantes e uma pequena mercearia.

Sequoias-gigantes em Muir Woods

❹ Muir Woods e Muir Beach

US 101 N, saída para a Highway 1; depois entre na Panoramic Highway e siga os sinais até Muir Woods, ou siga a Highway 1 até a entrada de Muir Beach. Sem transporte público. **Tel** Gray Line Tours 401-1860.

Ao pé do monte Tamalpais encontra-se o Muir Woods National Monument, uma das últimas reservas de sequoias originais da costa. Essas árvores antigas e gigantes (a mais velha tem pelo menos mil anos) já cobriram toda a área costeira da Califórnia. John Muir, naturalista do século XIX, foi um dos primeiros a tentar convencer a popula-

BAY AREA | 163

A bonita rua principal de Tiburon

ção americana da necessidade de preservar essas árvores.

A Redwood Creek se situa no final de Muir Woods e desce até o mar em Muir Beach, ampla faixa de areia bastante popular para passeios e piqueniques. A estrada que leva à praia passa por Pelican Inn. Essa pousada em estilo do século XVI, com excelente atendimento, tem muito orgulho de seu cardápio tipicamente inglês.

A praia costuma lotar aos fins de semana, mas quem gosta de andar um pouco logo encontra trechos mais vazios.

❺ Monte Tamalpais

US 101 N, saída para a Highway 1, entre na Panoramic Highway. Mount Tamalpais State Park: **Tel** 388-2070. Golden Gate Transit, ônibus 10 para Marin City e depois West Marin Stage 61. 7h-anoitecer. Mountain Theater East Ridgecrest: apresentações mai-jun: 14h dom exceto Memorial Day. Reservas: **Tel** 383-1100.
w mountainplay.org

O Mount Tamalpais State Park é uma reserva natural selvagem, com belas trilhas que passam por sequoias e córregos. Dispõe de áreas de piquenique e camping e espaço para soltar pipas. O monte Tamalpais, de 784m de altura, é o maior da Bay Area. As trilhas íngremes servem à prática de mountain bike. Perto do cume fica o Mountain Theater, anfiteatro natural onde ocorrem shows e peças.

❻ Sausalito

US 101 N, 1ª saída depois da Ponte Golden Gate, para Bridgeway. Golden Gate Transit, ônibus 10, 70, 80. do Ferry Building ou Pier 43½. Bay Model Visitor Center: **Tel** 332-3871. abr-set: 9h-16h ter-sex, 10h-17h sáb, dom e férias; out-mar: 9h-16h ter-sáb. 4 jul.

Nessa pequena cidade, antiga aldeia de pescadores, bangalôs vitorianos agarram-se às íngremes colinas que dominam a baía. À beira-mar, a Bridgeway Avenue serve de calçadão no fim de semana para a multidão que lota restaurantes e butiques e aproveita a linda vista. A Village Fair, num antigo armazém, junta muitas lojas. No nº 2.100 da Bridgeway, a Bay Model simula o movimento das marés e correntes da baía.

Casas flutuantes em Sausalito

❼ Tiburon

US 101 N, saída Tiburon Blvd. Golden Gate Transit, ônibus 8. do Pier 43½.

A rua principal dessa chique cidade litorânea é ladeada por lojas e restaurantes dentro de "arcas". São antigos barcos com casas que foram tirados da água e reformados. Hoje, encontram-se na área chamada "Ark Row".

Menos agitada que Sausalito, Tiburon é ótima para quem gosta de passear, e os lindos parques à beira-mar proporcionam uma vista imperdível.

Angel Island e a beira-mar de Tiburon

❽ Angel Island

do Pier 43½ e Tiburon.
Tel Parque estadual 435-1915.
w angelisland.org

Chega-se a Angel Island por ferryboat a partir de Tiburon e São Francisco. Barcos atracam em Ayala Cove, que tem uma grande área verde e mesas para piquenique. Trilhas contornam a arborizada ilha, subindo até 237m acima do mar, e passam por um antigo posto militar que já abrigou imigrantes da Ásia. Durante a Segunda Guerra Mundial, prisioneiros de guerra foram detidos no local. Os veículos motorizados são proibidos, e os visitantes percorrem a ilha a pé ou de bicicleta.

Berkeley

Carrossel no Tilden Park

❾ Tilden Park

Tel (510) 544-2747. Berkeley, depois AC Transit, ônibus 67. Parque: ◯ 5h-22h diariam. Trens a vapor: **Tel** (510) 548-6100. ◯ verão: 11h-17h diariam; inverno: 11h-18h sáb e dom. Carrossel: **Tel** (510) 524-6773. ◯ 11h-17h diariam no verão. Jardim Botânico: **Tel** (510) 544-3169. ◯ 8h30-17h diariam (jun-set: até 17h30). limitado. **W** ebparks.org

Embora mantido em estado selvagem em sua maior parte, o Tilden Park oferece muitas atrações. O parque é conhecido pelo encantador paisagismo do Jardim Botânico, especializado em plantas californianas. Os visitantes podem desfrutar de um passeio dos campos alpinos aos jardins de cactos através de um lindo bosque de sequoias. Há também passeios ecológicos guiados. Para quem tem filhos, o carrossel, a fazenda em miniatura e o trem a vapor constituem atrativos imperdíveis.

❿ Fourth Street

AC Transit Z. Berkeley, depois AC Transit 51, ônibus 65.

Esse local reformado ao norte da University Avenue é característico da habilidade arquitetônica e do bom gosto de Berkeley. Na Fourth Street se acha de tudo, desde papéis artesanais e vitrais até móveis ou verduras orgânicas, ou ainda ferramentas de jardinagem feitas por artesãos. Há também uma variedade de ótimos restaurantes *(p. 229)*.

⓫ Gourmet Ghetto

Upper Shattuck Ave. Berkeley, depois AC Transit, ônibus 7, 18, 49.

Esse bairro do norte de Berkeley adquiriu a fama de ser um reduto dos amantes da boa mesa quando Alice Waters abriu o Chez Panisse, em 1971. O restaurante é reputado por usar ingredientes locais em um cardápio de inspiração francesa que promoveu o que hoje é conhecido como a culinária californiana. Na casa original, na Shattuck Avenue, Chez Panisse tem vários e bons sucessores. Existem também mercados especializados e cafeterias nesse bairro que faz jus a seu apelido.

⓬ University of California, Berkeley

Tel (510) 642-6000. Berkeley. AC Transit, ônibus 1, 7, 18, 40, 49, 51. Hearst Museum of Anthropology: **Tel** (510) 642-3682. ◯ fechado para reforma até o inverno de 2015. Berkeley Art Museum: **Tel** (510) 642-0808. ◯ 11h-17h qua-dom (eventualmente até 21h qui). ◯ feriados. **W** berkeley.edu

Há quem diga que a fama da UC Berkeley por seu passado contracultural às vezes ofusca a fama acadêmica. Ainda assim, a universidade continua sendo uma das mais renomadas do mundo. Fundada em 1868 como uma utópica "Atenas do Pacífico", Berkeley teve mais de dez premiados com o Nobel, entre colaboradores e corpo docente. O campus *(pp. 178-9)* foi desenhado pelo arquiteto Frederick Olmsted nas saliências de Strawberry Creek; depois, David Farquharson, arquiteto de São Francisco, fez algumas mudanças. Hoje são mais de 30 mil estudantes e uma variedade de museus, atrações culturais e prédios dignos de visita. Entre eles, o Berkeley Art Museum *(p. 40)*, o Hearst Museum of Anthropology e a Sather Tower, conhecida como Campanile.

A Sather Tower data de 1914

⓭ Lawrence Hall of Science

Centennial Drive, Berkeley. **Tel** (510) 642-5132. Berkeley, depois AC Transit, ônibus 65. de Mining Circle, UC Berkeley (exceto sáb, dom). ◯ 10h-17h diariam. **W** lawrencehallofscience.org

Nesse fascinante museu de ciências, aulas e ateliês são sinônimos de diversão. Exposições interativas incentivam os mais jovens a estudar os efeitos de espelhos sobre raios laser ou a manipular um holograma. Também podem construir esqueletos de dinossauros, alimentar serpentes, localizar estrelas no planetário ou fazer cálculos com dados. Além do dinossauro mecânico, há exposições temporárias que encantam pais e crianças. A incrível vista da praça externa inclui boa parte do norte da Bay Area e, a oeste, as ilhas Farallon. De noite, as luzes da baía compõem um belo cenário.

Modelo de DNA no Lawrence Hall of Science

BAY AREA | 165

⓮ University Botanical Gardens

200 Centennial Drive, Berkeley. **Tel** (510) 643-2755. de Mining Circle, UC Berkeley Hills (exceto sáb, dom, feriados). ◯ 9h-17h diariam. ⬤ feriados e 1ª ter do mês. grátis 1ª qui do mês. limitado.

Mais de 12 mil espécies de plantas de todo o mundo vicejam no Strawberry Canyon. As plantas estão dispostas em jardins temáticos. Entre eles, há o asiático, o africano, o sul-americano, o europeu e o californiano. O herbário medicinal chinês, os orquidários, os jardins de cactos e as plantas carnívoras também merecem uma visita.

⓯ Telegraph Avenue

Berkeley. AC Transit 1.

A rua mais estimulante de Berkeley corre entre a Dwight Way e a universidade. A Telegraph Avenue tem uma das maiores concentrações de livrarias dos EUA e uma profusão de cafeterias e lanchonetes econômicas. O local foi centro de protestos estudantis nos anos 1960, mas ainda hoje fervilha de estudantes desde a manhã até a noite, junto com vendedores ambulantes, músicos, manifestantes e tipos excêntricos.

⓰ Magnes Collection of Jewish Art and Life

Bancroft Library, University of CA Berkeley, 2121 Allston Way, Berkeley. **Tel** (510) 643-2526. Rockridge e AC Transit, ônibus 51. Ashby e AC Transit, ônibus 6. ◯ 11h-16h ter-sex, sáb-dom apenas eventos. ⬤ feriados oficiais e judaicos. marcar antes. marcar antes. **magnes.org**

Esse museu tem o maior acervo da Califórnia de arte e objetos históricos da cultura judaica da Antiguidade até os dias de hoje. Entre as peças, relíquias artísticas da Europa e da Índia, pinturas de Marc Chagall e Max Liebermann. Há também objetos da época da Alemanha nazista, como uma torá chamuscada resgatada de uma sinagoga. Palestras, vídeos e exposições temporárias dão vida às salas do museu. A Biblioteca Blumenthal tem um grande acervo.

Traje cerimonial judaico, no Magnes Collection of Jewish Art and Life

⓱ Claremont Resort and Spa

41 Tunnel Road (Ashby e Domingo Aves), Berkeley. **Tel** (510) 843-3000. Rockridge e AC Transit B, ônibus 49. **claremontresort.com**

As colinas de Berkeley compõem o cenário desse castelo de conto de fadas. A construção começou em 1906 e acabou em 1915. No início o hotel não teve sucesso, em parte por causa da lei que proibia a venda de bebidas alcoólicas no raio de 1,6km em torno do campus da universidade. Em 1937, um aluno ousado mediu a distância e descobriu que o perímetro passava pelo meio do prédio. Essa revelação levou à abertura do Terrace Bar, que hoje é conhecido como The Paragon, que fica fora do perímetro proibido.

Além de ser um dos hotéis mais confortáveis da Bay Area, também é muito agradável para tomar uma bebida e admirar a linda vista.

O Claremont Resort and Spa, em Berkeley

Lojas gourmet no Rockridge Market Hall

Oakland

⓲ Rockridge

🚉 Rockridge.

Área residencial arborizada com mansões e jardins floridos, Rockridge também atrai compradores à College Avenue com uma grande variedade de lojas e restaurantes, além de muitos cafés com mesas exteriores.

⓳ Mormon Temple

4770 Lincoln Ave, Oakland. **Tel** (510) 531-1475 (centro de visitantes). 🚉 Fruitvale e AC Transit, ônibus 46. ⏰ 9h-21h diariam. Templo: ⏰ Ligue para o centro de visitantes e verifique os horários. 🚫 exceto centro de visitantes. ♿ 📷 do centro de visitantes.

Projetado em 1963 e construído no topo de uma colina, é um dos dois templos mórmons do Norte da Califórnia. Seu nome completo é Oakland Temple of the Church of Jesus Christ of the Latter Day Saints. Iluminado à noite, é visto tanto de Oakland como de São Francisco. Quatro torres com terraço guarnecem o zigurate central, revestidas com granito branco e encimadas por pirâmides de um dourado brilhante. Do templo tem-se uma vista magnífica de toda a Bay Area. O centro de visitantes oferece visitas guiadas por missionários que explicam os princípios da fé com apresentação multimídia.

⓴ Lake Merritt

🚉 12th ou 19th Street, depois AC Transit 11, 12, 57, 58, ônibus 805.

Formados quando um estuário de água salgada foi dragado, aterrado e, em parte, represado, o Lake Merritt e o parque que o rodeia constituem um oásis azul e verde no centro de Oakland. Projetado em 1870 como a primeira reserva de caça dos Estados Unidos, o Lake Merritt atrai bandos de aves migratórias. Há barcos para alugar em duas casas nas margens oeste e norte, e uma pista de 5km em volta do lago para corredores e ciclistas. Na margem norte, o Lakeside Park conta com um jardim florido, um aviário e um Reino Encan-

Zigurate central do Mormon Temple

㉑ Bay Bridge

Mapa 6 E4.

A ponte que liga São Francisco a Oakland (a Bay Bridge) foi projetada por Charles H. Purcell. É composta de duas estruturas independentes, que se unem na altura da ilha Yerba Buena, no meio da baía, e se estendem por 7,2km de costa a costa. Sua conclusão, em 1936, decretou o fim da era dos ferryboats na baía de São Francisco, ao ligar Rincon Hill, na cidade peninsular, ao "continente", em Oakland. Removeram-se os trilhos de trem nos anos 1950, liberando a ponte para mais de 250 mil veícu-

Travessia para o leste da baía

los por dia. São dois níveis de estrada com cinco pistas. O tráfego no sentido oeste, para São Francisco, usa a pista superior; no sentido leste, para Oakland, a inferior.

O cantiléver leste é sustentado por mais de 20 bases que sobem 58m acima da ilha de Yerba Buena. Em 1989, uma parte da ponte de 15m desabou durante o terremoto Loma Prie-

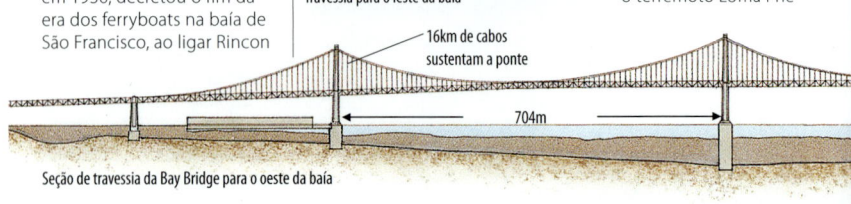

16km de cabos sustentam a ponte

704m

Seção de travessia da Bay Bridge para o oeste da baía

BAY AREA | 167

tado Infantil, com passeios de pônei, teatro de fantoches e cenários de poemas infantis.

㉒ Jack London Square

para Oakland. 12th Street e AC Transit, ônibus 58, 72, 88.

O escritor Jack London, que ficou famoso por seus romances *O apelo da selva* e *Caninos brancos*, cresceu em Oakland nos anos 1880, e visitava com frequência a orla marítima local. Atualmente a área, acessível de carro ou ferryboat, é um animado reduto de lojas e restaurantes com mesas na calçada nos dias de sol. Os barcos de lazer oferecem passeios pelo estuário.

Não resta muito da paisagem que London conheceu. Mesmo assim, é possível refazer os passos do escritor até o Heinold's First and Last Chance Saloon, um tanto degradado pelo tempo, e visitar a cabana que o autor teria ocupado na época da Corrida do Ouro, em 1898, e que também fica na zona portuária.

㉓ Oakland Museum of California

pp. 168-9.

O lago Merritt, em Oakland

㉔ Old Oakland

12th Street. Farmers' Market: **Tel** (510) 745-7100. 8h-14h sex.

Também conhecidas como Victorian Row, as duas quadras foram construídas entre os anos 1860 e 1880, restauradas na década de 1980 e hoje são tomadas por lojas, restaurantes e galerias de arte. Uma multidão vai ao Farmers' Market, que oferece produtos frescos e comidas prontas e acontece às sextas-feiras. À noite, as pessoas frequentam a Pacific Coast Brewing Company, na Washington Street. Não perca a Rattos, no nº 827 da Washington Street, uma delicatéssen italiana aberta há 103 anos e famosa por suas "Pasta Operas", servidas às noites de sexta-feira e sábado, dias em que garçons e cantores divertem os fregueses com ótimas serenatas.

㉕ Oakland Chinatown

12th Street ou lago Merritt.

A segunda maior Chinatown da Bay Area talvez devesse ser chamada de "Asiatown". À população em grande parte cantonesa acrescentaram-se imigrantes da Coreia, do Vietnã e de outras partes do sul da Ásia. A área é menos turística que a Chinatown de São Francisco. Os restaurantes são conhecidos pela comida caseira de qualidade e pelos preços, bem em conta.

---

ta *(p. 21)*. A travessia de East Bay foi reconstruída entre 2002 e 2013 a fim de ser mais resistente a terremotos. A nova ponte suspensa conta com uma única torre através do canal de navegação, com transição para uma bela passarela.

Um túnel de 23m de altura e 17m de largura atravessa a ilha, e a estrada reaparece na parte oeste da ponte. Dois vãos suspensos se juntam à ancoragem central de concreto, que fica mergulhada na água mais profundamente que a de qualquer outra ponte.

Treasure Island, a parte maior da ilha de Yerba Buena, sediou a Feira Mundial de 1939-40, que celebrou a conclusão da ponte *(pp. 32-3)*. Essa pequena ilha hoje abriga charmosos parques, cercados por lindas residências.

Planta da Feira Mundial de 1939-40, na Treasure Island

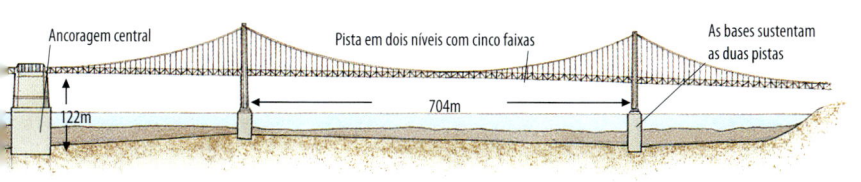

Ancoragem central — 122m
Pista em dois níveis com cinco faixas — 704m
As bases sustentam as duas pistas

㉓ Oakland Museum of California

Aberto em 1969, esse é o único museu da Califórnia exclusivamente dedicado à documentação da arte, da história e do meio ambiente do Estado. O prédio, um marco da integração entre museu e paisagem, disposto em terraços e embelezado com pátios e jardins, foi projetado por Kevin Roche. A Natural Sciences Gallery exibe mais de 2 mil espécies nativas. A Gallery of California History tem um dos maiores acervos de artefatos californianos do Estado, enquanto a Gallery of California Art mostra antigas pinturas a óleo de Yosemite e São Francisco. Veja no site do museu a programação das exposições.

Coming to California
A Gallery of California History explora o passado e o presente do Estado.

Cobertura e jardins

Gallery of California Art
Entre os destaques de arte moderna está *Ocean Park nº 107* (1978), de Richard Diebenkorn.

O Great Hall é usado para exposições especiais e solenidades.

Piso 2

Piso 3

Peças Icônicas
Essa Harley-Davidson costumizada é apenas uma das interessantes peças em exposição na Gallery of California Art.

BAY AREA | **169**

Legenda

☐ Gallery of California Art ☐ Gallery of California History
☐ Gallery of California Natural Sciences

PREPARE-SE

Informações Práticas
1000 Oak St, Oakland.
Tel (510) 318-8400.
W museumca.org
🕐 11h-17h qua e qui, 11h-21h sex, 10h-18h sáb e dom.
⬤ 1º jan, 4 jul, Ação de Graças, 25 dez. 🅿 🎟 grátis 1º dom.

Transporte
🚇 Lake Merritt.

Carroça Rural da Califórnia
Da metade do século 19, esse veículo polivalente podia ser facilmente convertido de carroça de campo em pomposa carruagem.

Forces of Change
Painéis apresentam várias perspectivas dos californianos acerca do tumulto social e das mudanças políticas dos anos 1960 e 1970.

Piso 1

Os **Sculpture Gardens** abrigam festivais ao ar livre e são muito procurados para piqueniques.

★ Gallery of Natural Sciences
Explore a preservação da Califórnia com mais de 2 mil espécies nativas nos sete hábitats principais.

Guia do Museu
A entrada principal do museu fica na Oak Street. Os ingressos são comprados no segundo piso, onde ficam também a Gallery of California History, o Blue Oak Café, a OMCA Store e o Great Hall, para exposições especiais. A Gallery of California Art está instalada no terceiro piso.

Passeios de um Dia ao Sul da Cidade

Ao sul da baía de São Francisco, o município de Santa Clara ficou famoso no fim dos anos 1960 por causa do Vale do Silício, que pode ser visitado em um só dia. San José tem muitos museus, e a residência Filoli organiza visitas à mansão e ao jardim. A Stanford University e Pescadero são notáveis pela arquitetura e pela história.

A Winchester Mystery House

Principais Atrações

Museus
1. The Winchester Mystery House
2. Rosicrucian Egyptian Museum and Planetarium
3. Tech Museum of Innovation
4. Children's Discovery Museum
5. History Museum of San José
8. Stanford University

Lugares Históricos
6. Filoli
7. Pescadero

Legenda
- Área central de São Francisco
- Grande São Francisco
- Autoestrada
- Estrada principal
- Estrada secundária
- Ferrovia

❶ Winchester Mystery House

525 South Winchester Blvd, entre Stevens Creek Blvd e I-280, San José. **Tel** (408) 247-2101. Santa Clara, depois Santa Clara Transportation Agency, ônibus 32 ou 34 para Franklin St e Monroe St, depois ônibus 60. 8h-19h diariam. 25 dez. agendar. **w** winchestermysteryhouse.com

Quando Sarah Winchester, herdeira da fábrica de rifles Winchester, iniciou a construção da casa, em 1884, um vidente a convenceu de que ela morreria se parasse. Ela manteve as obras por 38 anos, até morrer, aos 82. O resultado é um estranho conjunto de 160 cômodos com os mais incríveis tesouros, no meio de um lindo jardim.

Entre os destaques estão uma escada que não leva a lugar nenhum e janelas fixas no chão. Na casa, o Firearms Museum tem um acervo de rifles Winchester.

Átrio do Rosicrucian Egyptian Museum

❷ Rosicrucian Egyptian Museum and Planetarium

Naglee e Park Aves, San José. **Tel** (408) 947-3635. até Santa Clara, Santa Clara Transportation Agency, ônibus 32 ou 34 para Franklin St, e ônibus 81. 9h-17h qua e qui, 10h-18h sáb e dom. principais feriados. **w** egyptianmuseum.org

Inspirado no Templo de Amon, em Karnak, no Egito, esse museu abriga um grande acervo de objetos do Egito Antigo, da Babilônia, da Assíria e da Suméria. Barcos funerários e figurinos, múmias humanas e de animais, tecidos, cerâmicas, joias e um túmulo em tamanho real estão expostos no local.

❸ Tech Museum of Innovation

201 South Market St. (com Park Ave), San José. **Tel** (408) 294-TECH. San José, e Light Rail para o Convention Center. 10h-17h diariam. 25 dez. **w** thetech.org

Esse é um colorido museu dedicado à tecnologia, dividido em galerias temáticas, como Ciências da Vida, Energia e Comunicações. Muitas exposições têm elementos interativos, como dirigir um filme ou descobrir os últimos truques da animação. Também há uma sala Imax®, com projeções organizadas às sextas-feiras e aos sábados à noite.

BAY AREA | 171

❹ Children's Discovery Museum

180 Woz Way, San José. **Tel** (408) 298-5437. Arena, ou para Tamien, e Light Rail para Technology. 10h-17h ter-sáb, 12h-17h dom (jun-ago: também seg). cdm.org

Uma rápida caminhada leva do San Jose Convention Center a esse museu, onde as crianças podem brincar em um caminhão de bombeiros ou em uma ambulância com as luzes piscando. Os mais aventureiros percorrem um labirinto de diversos níveis para conhecer espaços tridimensionais ou explorar ritmos. Na exposição Waterways, as crianças descobrem as propriedades especiais da água ao criar fontes únicas em tubulações magnéticas.

❺ History Museum of San José

1650 Senter Rd, San José. **Tel** (408) 287-2290. Cahill, depois ônibus 64 para 1st e Santa Clara St, e ônibus 73 na 2nd St. 8h30-17h seg-sex. feriados. historysanjose.org

Esse charmoso museu no Kelley Park reproduz a San José do começo do século XX. Mais de vinte casas e empresas originais foram restauradas e dispostas em volta da praça central da cidade. Entre elas, há um posto de bombeiros, uma sorveteria, um posto de gasolina, além de passeios nos arredores a bordo de um trólebus histórico.

Exposição no Children's Discovery Museum

❻ Filoli

Canada Rd, perto da Edgewood Rd, Woodside. **Tel** (650) 364-8300. fev-nov marque hora. 10h-15h30 ter-sáb, 11h-15h30 dom (última entrada às 14h30). feriados. filoli.org

A imponente mansão Filoli, de 43 cômodos, foi construída em 1915 para William Bourne II, dono da Empire Gold Mine. O ouro da mina entrou na decoração. A elegante casa é cercada por um jardim e uma área onde são organizados passeios guiados. "Filoli" é um acrônimo para "Fight, love, live," (Lute, ame, viva), uma referência à afeição de Bourne pelos irlandeses e suas lutas.

❼ Pescadero

Daly City e rodovias SamTrans IC ou IL para Half Moon Bay, depois 96C (dias úteis somente).

Essa tranquila aldeia com muitos sobrados de madeira tem lojas de antiguidades, outras de lembranças e um dos melhores restaurantes do sul da península, Duarte's Tavern. Phipps Ranch, uma fazenda com celeiro e frutas para colher, atrai multidões. O farol de Pigeon Point fica 5km ao sul.

❽ Stanford University

Palo Alto. **Tel** (650) 723-2560. Palo Alto e ônibus 35 da Santa Clara Transit ligue para detalhes. stanford.edu

Uma das mais prestigiadas universidades dos EUA, com 15 mil estudantes, Stanford foi construída pelo magnata da ferrovia Leland Stanford (p. 104), em homenagem ao seu filho, e inaugurada em 1891. No coração do campus fica o Main Quad, de estilo românico com algumas características da arquitetura das Missões. Os principais destaques são a Memorial Church, a Hoover Tower e o Stanford University Museum of Art, com o Golden Spike, que serviu para finalizar a ferrovia transcontinental em 1869. O Museum of Art tem um acervo de obras de Rodin, entre as quais *A porta do inferno* e *Adão e Eva*.

Memorial Church na Stanford University, em Palo Alto

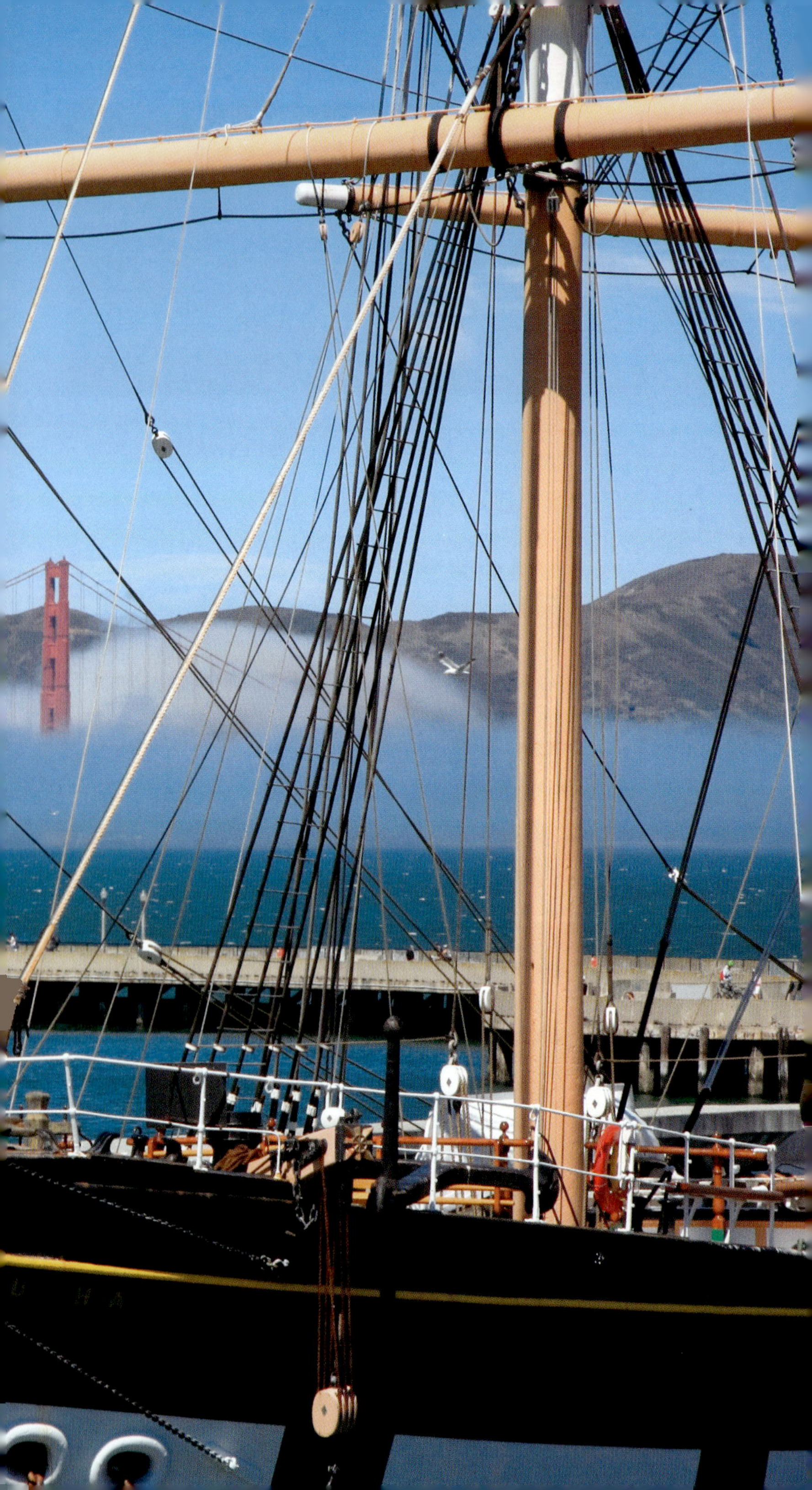

SÃO FRANCISCO ÁREA POR ÁREA | **173**

CINCO PASSEIOS A PÉ

Esses cinco passeios incluem boa parte da intrigante diversidade cultural e geográfica da Bay Area, além de proporcionar lindas vistas. O passeio do Aquatic Park pelo litoral norte cobre a área que vai do Hyde Street Pier *(p. 87)*, com navios históricos e lembranças do passado, ao Fort Mason Center *(pp. 74-5)*, antigo prédio militar hoje tomado por teatros, museus e atividades artísticas. A meia hora de carro ficam Marin Headlands, em um ambiente bem diferente, com morros e penhascos que descem abruptamente para o mar. O terceiro passeio leva a Berkeley *(p. 162)*, na parte leste da baía, para explorar e conhecer o campus acadêmico. O percurso urbano por Russian Hill vai guiá-lo por uma série de parques e jardins, a menos que queira conhecer o ambiente do SoMa District, com galerias da moda, cafés e hotéis chiques. Além desses trajetos, cada uma das oito áreas de São Francisco descritas na seção *Área por Área* deste livro tem um passeio no *Mapa Rua a Rua*.

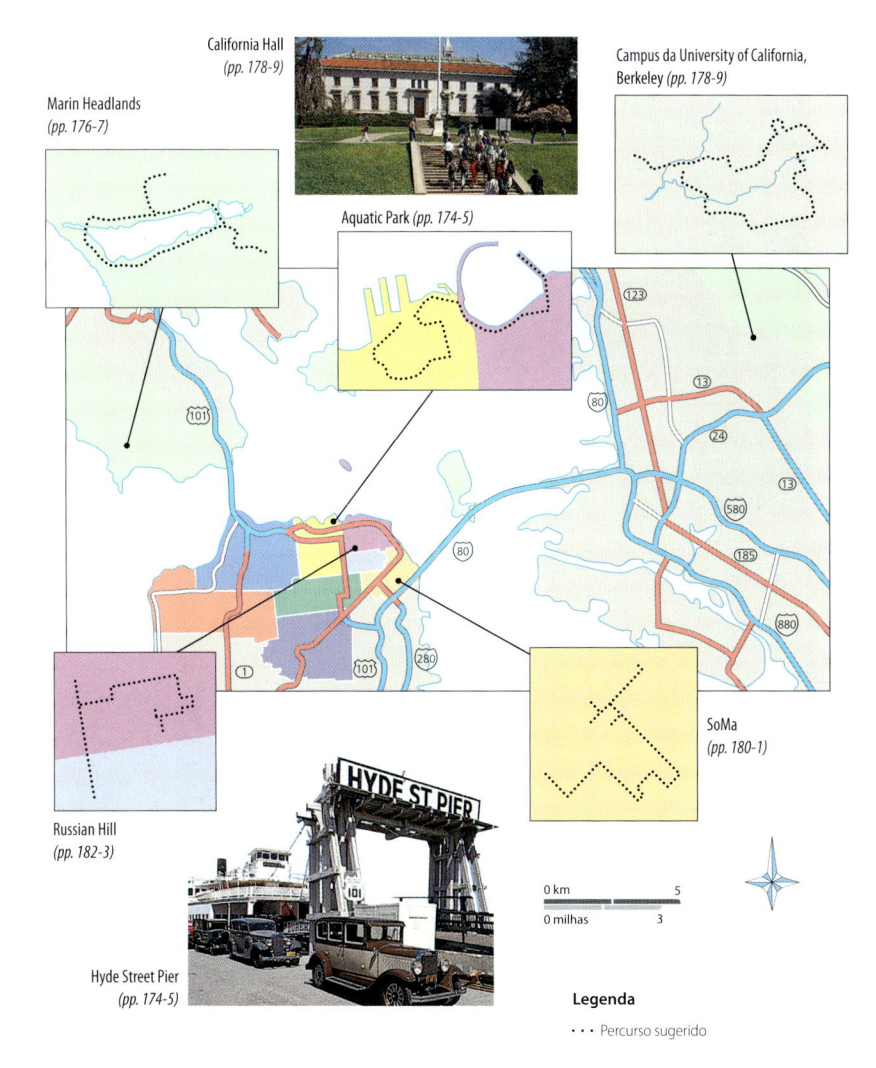

California Hall *(pp. 178-9)*

Marin Headlands *(pp. 176-7)*

Campus da University of California, Berkeley *(pp. 178-9)*

Aquatic Park *(pp. 174-5)*

SoMa *(pp. 180-1)*

Russian Hill *(pp. 182-3)*

Hyde Street Pier *(pp. 174-5)*

0 km 5
0 milhas 3

Legenda

· · · Percurso sugerido

◀ *C. A. Thayer*, escuna de 1895, no Hyde Street Pier

Passeio de 90 Minutos pelo Aquatic Park

Ao lado da zona portuária norte de São Francisco, Aquatic Park e Fort Mason oferecem fascinantes informações sobre o passado da cidade, em especial sobre a animada vida do porto. Nesse local não há carros; apenas os pedestres, ciclistas e skatistas usam as trilhas dessa área verdejante. O percurso passa por navios históricos atracados na baía, clubes náuticos da era da Grande Depressão e instalações militares que datam desde a colonização espanhola até a Segunda Guerra Mundial. Pode-se nadar na água fria da baía, pescar siris, remar ou apenas fazer um piquenique e admirar a vista. Para mais detalhes, consulte as *pp. 74-5* e *87*.

Marina Green e Fort Mason

Barcos atracados no Aquatic Park

Hyde Street Pier

Comece o passeio pelo Hyde Street Pier ①. Até 1938, quando a abertura da Ponte Golden Gate o tornou obsoleto, esse era o centro das atividades da zona portuária norte da cidade. Hoje, faz parte do San Francisco Maritime National Historical Park e é usado para atracar navios históricos que pertencem ao acervo (*p. 87*), entre os quais está o ferryboat a vapor *Eureka* ②, construído em 1890. No barco, veem-se antigos carros e cartazes de 1941, último ano em que o navio operou. No final do píer, perto da terra firme, há uma livraria ③ que pertence ao National Park Service; siga a oeste pela beira-mar e passe pelo girador de bonde a cabo da Hyde Street, à esquerda.

No florido Victorian Park ④ sempre há apresentações musicais. Veja os dois prédios de madeira branca ⑤ na areia, à sua direita, que abrigam os clubes náuticos e de remo South End e Dolphin.

Aquatic Park

Continue a oeste até a ampla Golden Gate Promenade, popular entre corredores, ciclistas e skatistas. Ela segue paralela à antiga ferrovia Belt Line, que percorria o Embarcadero, dos cais até os armazéns do China Basin, e de Potrero Hill ao Fort Mason e a Presidio.

À esquerda fica o grande prédio conhecido como Casino ⑥. Foi erguido em 1939 para ser uma piscina pública. Desde 1951, funciona nele o Maritime National Historical Park Visitors' Center da Costa Oeste (*p. 87*), que foi reformado e ampliado. Veja a exposição sobre a histórica costa de São Francisco.

A oeste do Casino fica um letreiro feito de arbustos recortados que formam as palavras "Aquatic Park". Atrás, estão as quadras de *bocce* com telhados de plástico vermelho e branco. A antiga doca e a casa de barcos ⑦ à direita são usadas no fim de semana por aprendizes na arte de navegar. Continue seguindo à beira-

① Construção de barco no Hyde Street Pier

CINCO PASSEIOS A PÉ | 175

-mar até o píer de concreto curvo ⑧ que demarca a ponta oeste do Aquatic Park. Esse é o lugar predileto dos pescadores de siris. O prédio no estilo

Legenda

••• Percurso sugerido

0 m — 250
0 jardas — 250

⑦ Casa de barcos dos aprendizes de navegação

dos prédios é da década de 1850; hoje eles servem como residências. Siga a Funston Street pelo comprimento do albergue e vire à direita na Franklin Street, onde se encontram vários prédios interessantes, entre os quais o seleto Fort Mason General's residence, à esquerda. Vire à direita ao lado da capela para chegar à sede da Golden Gate National Recreation Area (GGNRA) ⑪.

O gramado verdejante de Great Meadow ⑫ se estende a oeste a partir desse ponto. Foi nesse lugar que os refugiados do terremoto de 1906 acamparam até serem acomodados em novas casas. Uma estátua do congressista Phillip Burton, que inspirou a criação da GGNRA, foi erguida no meio do campo. De Great Meadow, desça a estreita escadaria que leva ao Fort Mason Center (pp. 74-5). Continue ao norte até os píeres ⑬ e pare no Building D para visitar o Mexican Museum ou conhecer o Outdoor Exploratorium, que ilustra a história do litoral dessa parte da baía e seu meio ambiente.

Missões, na base do píer, é uma estação de bombeamento de emergência.

Fort Mason

A oeste do Aquatic Park, a Golden Gate Promenade sobe até Black Point e oferece uma linda vista de Alcatraz e de Angel Island. Além da trilha, o promontório é coberto por ciprestes, e uma série de terraços ⑨ guarda vestígios de plataformas de artilharia do fim do século XIX. Siga a Golden Gate Promenade até o topo da ladeira e vire à esquerda para descobrir a frente do Youth Hostel ⑩. Essa hospedaria é uma das poucas casas de madeira decorada que são abertas ao público. A maior parte

⑫ Phillip Burton em Great Meadow

Dicas

Ponto de partida: O final do Hyde Street Pier.
Extensão: 2,5km.
Como chegar: O ponto final norte do bonde Powell-Hyde e o girador de bonde em Beach Street ficam bem perto do Hyde Street Pier. O ônibus 32 Muni vai a Beach Street e Polk Street.
Pontos de descanso: O Buena Vista Café, em frente ao girador do bonde a cabo, está sempre tomado por clientes à procura de bom café da manhã e café forte (entre os quais o famoso irish coffee). O restaurante Greens (p. 226) no Prédio A do Fort Mason Center, considerado o melhor restaurante vegetariano de São Francisco, é dirigido por discípulos do zen-budismo. Na extremidade sul do prédio C está o Reader's Café, ao lado da livraria Fort Mason.

Passeio de 90 Minutos por Marin Headlands

Nesse trecho norte, a Ponte Golden Gate é ancorada à cadeia de colinas verdes de Marin Headlands. Essa é uma região agreste intocada de montes batidos pelo vento, vales isolados e praias desertas que já foi usada como posto de defesa militar e hoje integra a Golden Gate National Recreation Area. De vários pontos de observação, há espetaculares vistas de São Francisco e um amplo panorama do mar. No outono, é possível ver águias e gaviões migratórios sobrevoando Hawk Hill.

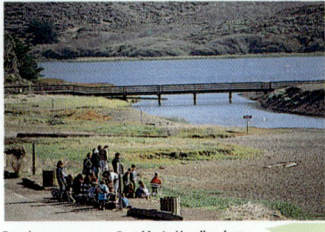

Estudantes em excursão a Marin Headlands

③ Rodeo Beach

Do Centro de Visitantes até Rodeo Beach

Antes de começar a caminhada, pare no centro de visitantes ①, que já foi a capela de Fort Barry. Reformada, hoje é museu e centro de informação, com livraria de história natural especializada em livros sobre pássaros, onde se pode descobrir a história de Marin Headlands e ver um dos abrigos litorâneos dos índios miwoks. O passeio, que levará você à Rodeo Lagoon ②, começa no portão oeste do estacionamento, do lado do oceano. Pegue a esquerda pelo caminho que leva até o mar. Essa parte da trilha é cheia de árvores e arbustos, inclusive a venenosa hera-do--canadá, com a qual se deve tomar cuidado. O canto dos pássaros enche o ambiente, e à beira da laguna você poderá observar pelicanos-marrons, garças e patos-selvagens. Após uma caminhada de 15 minutos, você chega às areias da Rodeo Beach ③, de onde se pode ver ao sul a ilha Bird ④. Talvez haja barcos de pescadores sa-

② Rodeo Lagoon

Legenda

••• Percurso sugerido

CINCO PASSEIOS A PÉ | 177

⑦ Foca no Marine Mammal Center

na estrada que sobe um morro íngreme até o Califórnia Marine Mammal Center ⑦. Ele era usado como base de mísseis na Guerra Fria, mas hoje é mantido por voluntários que resgatam e cuidam de mamíferos marinhos doentes ou feridos. Leões-marinhos, focas e elefantes-marinhos são examinados e tratados em cercados especiais

① Centro de visitantes

que vira à direita em direção a uma área de arbustos fechados. Suba o morro de novo por uma série de degraus, que o levarão de volta à trilha nos fundos do estacionamento do centro de visitantes. Atravesse-o e suba o morro em direção a um prédio de madeira de três andares, construído no início do século XX. Ele figura no Registro Histórico Nacional e foi quartel de oficiais, hospital e centro de comando de mísseis. Atualmente é o Golden Gate Hostel ⑩, para viajantes.

Marin Headlands também propicia uma série de outros passeios mais difíceis e selvagens. Talvez você queira tentar os percursos Wolf Ridge e Bobcat Trail, que atraem muita gente.

colejando no mar, mas a praia geralmente está quase deserta. Às vezes, porém, é possível ver crianças participando de programas educativos de ecologia organizados pelo Headlands Institute, cuja sede fica perto, no antigo conjunto de alojamentos militares.

Dos Alojamentos ao Marine Mammal Center

Da praia, volte para a beira da laguna e atravesse uma ponte de madeira ⑤. Nesse ponto há alojamentos ⑥ que abrigam vários escritórios, entre eles o Headlands District Office, o Golden Gate Raptor Observatory e um centro de energia e recursos. Passando pelos alojamentos, prossiga pelo caminho e vire à esquerda

e, depois de curados, levados de volta ao mar. Você pode acompanhar o trabalho dos veterinários e dar uma olhada de perto nos mamíferos, muitos dos quais são filhotes. Há também maquetes de ecossistemas marinhos.

Da Laguna ao Golden Gate Hostel

Desça o morro e volte para a estrada pavimentada que acompanha a laguna ⑧. Há uma pista para pedestres ao lado da estrada, mas você tem de pular a mureta para chegar a ela. Pouco antes da ponte, pode-se parar para observar os pássaros aquáticos. Existem muitos deles nessa laguna salgada de vegetação alta. Siga a pista ao atravessar a ponte. Antes do final da mureta, há um caminho ⑨

Horse Trail

Bike Trail

Placas que indicam trilhas

Dicas

Ponto de partida: O centro de visitantes, em Fort Barry.
Extensão: 3km.
Como chegar: O ônibus Muni 76 de São Francisco parte do cruzamento da Sutter Street com a Sansome Street apenas nos domingos e feriados. **Tel** (415) 673-6864 (Muni). De carro, atravesse a Ponte Golden Gate e pegue a saída para a Alexander Avenue. Vire por baixo da autoestrada, seguindo as placas de Headlands e Fort Barry.
Pontos de descanso: Em Marin Headlands há água potável, mas não estabelecimentos para comes e bebes. Você precisa levar seu lanche e comê-lo em mesas instaladas ao longo das trilhas e nas praias.

Legenda dos símbolos *na orelha da contracapa*

Passeio de 90 Minutos pelo Campus da University of California, Berkeley

Esse passeio se concentra em uma área específica de Berkeley, o campus da University of California. Ele dá um panorama da vida intelectual, social e cultural dessa vibrante cidade universitária *(pp. 164-5)*.

Estudantes diante do Wheeler Hall

⑤ **Esplanada perto da Sather Tower**

Da Entrada Oeste à Sather Tower

Da University Avenue ①, cruze a Oxford Street e siga pela University Drive, passando pelo Valley Life Sciences Building ②. Desse ponto se avista o Wellman Hall, perto do braço norte do Strawberry Creek, ao se seguir a rua pela direita, com o California Hall ③ à direita. Vire à esquerda na Cross Campus Road ④. O Wheeler Hall fica à direita, e adiante está o principal marco do campus, a Sather Tower, conhecida como Campanile (campanário) ⑤, de 94m de altura. Feita por John Galen Howard, em 1914, a torre foi baseada no campanário da Piazza San Marco, de Veneza. Antes de visitá-la, vá à Doe Library ⑥ e à AF Morrison Memorial Library ⑦. A vizinha Bancroft Library guarda a placa supostamente deixada por sir Francis Drake ao reivindicar a Califórnia para a rainha Elizabeth I *(p. 24)*. Volte à Sather Tower *(seg-sáb, das 10h às 15h30)*, de onde se tem uma ótima vista. A meio caminho fica o South Hall ⑧, o mais antigo prédio do campus.

o Hearst Mining Building ⑨, construído em 1907, com amostras de minérios e fotos do trabalho nas minas. Volte à University Drive e vire à esquerda após o East Gate para o Hearst Greek Theater ⑩.

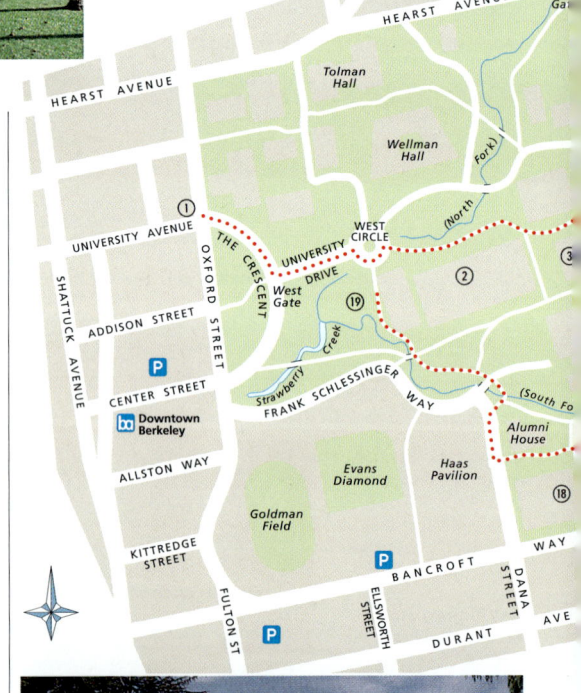

Do Hearst Mining Building ao Greek Theatre

Continue até o LeConte Hall e cruze a University Drive para ir ao Mining Circle, onde fica

Wellman Hall, no campus da University of California, Berkeley

CINCO PASSEIOS A PÉ | 179

⑰ Músicos na Sproul Plaza

O caminho vira então à direita e de repente à esquerda. Dê uma olhada no Hertz Hall ⑬, desça a calçada diagonal que liga o Wurster Hall ao Kroeber Hall e visite o Hearst Museum of Anthropology. Atravesse a Bancroft Way para ir ao Caffè Strada ⑭ e siga até o Berkeley Art Museum ⑮. Continue pela Bancroft Way até a Telegraph Avenue ⑯, famosa pelos protestos estudantis dos anos 1960 e 1970.

⑤ Sather Tower

A entrada da universidade, do lado oposto da Telegraph Avenue, dá para a Sproul Plaza ⑰. Entre no pátio inferior, veja o Zellerbach Hall ⑱, passe pela Alumni House, com o Haas Pavilion, e vire à direita. Cruze o riacho Strawberry pela ponte Bay Tree, dobre à esquerda e verá alguns dos maiores eucaliptos do mundo ⑲. O caminho acaba perto do ponto de partida.

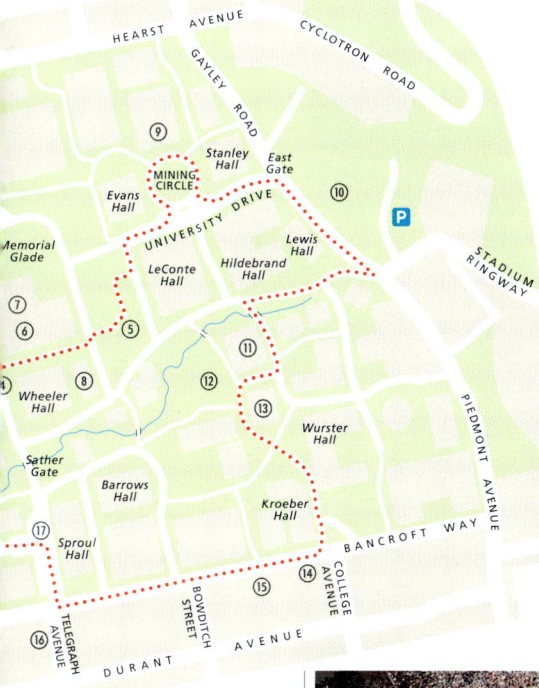

0 m   250
0 jardas   250

Legenda

••• Percurso sugerido

Do Faculty Club à Eucalyptus Grove

Siga a Gayley Road, fendida por uma rachadura causada por terremoto, vire à direita logo depois do Lewis Hall e do Hildebrand Hall, e à esquerda em uma ponte. O caminho serpenteia entre uma casa de troncos e o Faculty Club ⑪. Esse prédio rústico, em parte projetado por Bernard Maybeck, data de 1903. Faculty Glade ⑫, em frente ao clube, é um local de piquenique muito apreciado.

⑮ *Within* (1969), de A. Lieberman, no UCB Art Museum

Dicas

Ponto de partida: O West Gate, na esquina da University Avenue com a Oxford Street.
Extensão: 4km.
Como chegar: Bay Bridge, na direção São Francisco-Oakland, Interstate 80 leste, saída University Avenue. De BART, parada de Berkeley.
Pontos de descanso: O Caffè Strada, no Bancroft Way, está sempre lotado de estudantes. Adiante na rua, no Berkeley Art Museum, fica o Babette's Café, voltado para o jardim de esculturas. Dê uma olhada nas livrarias da Telegraph Avenue ou experimente a comida de um dos carrinhos na entrada da Sproul Plaza, que servem desde smoothies até pratos mexicanos e gregos. Na parte baixa da Sproul Plaza da universidade há vários cafés. Mais informações no site w visitberkeley.com

Legenda dos símbolos na orelha da contracapa

Passeio de 90 Minutos pelo South of Market

Antigo bairro degradado repleto de armazéns, o SoMa é um modelo de revitalização urbana. O nome é derivado da contração de "South of Market". Foi o "lado errado" da linha de bonde da Market Street, quando os imigrantes da Corrida do Ouro trabalhavam nas fábricas da região. Hoje, a área de quatro quadras em volta do Moscone Convention Center abriga importantes museus de arte e história, hotéis de alto padrão, lojas e galerias descoladas. Nesse passeio você encontrará vestígios do passado em meio à fascinante arquitetura do século XXI e aos cafés e bares da moda.

A linha do horizonte do SoMa mescla a velha e a nova arquitetura

Mission Street
Comece na Patrick's Church ①, magnífica construção de tijolos de 1851. Repare no espaço verde dos Yerba Buena Gardens, do outro lado da rua, e na variedade de edifícios, antigos e contemporâneos, que caracterizam esse bairro. Andar na direção noroeste da rua o leva ao Contemporary Jewish Museum ② *(p. 115)*, instalado em uma antiga subestação de energia. O incrível interior do museu foi projetado pelo arquiteto Daniel Libeskind. Continue a caminhada até a California Historical Society ③ *(p. 115)*, onde a história do "Estado Dourado" é contada por meio de obras de arte e fotografias. Você talvez queira voltar outra hora para ver os manuscritos da biblioteca ou participar de passeios históricos guiados. Entre no Cartoon Art Museum ④ para ver exposições sobre super-heróis de histórias em quadrinhos, mulheres cartunistas ou admirar as obras de Charles Schulz, o criador da turma do Charlie Brown, conforme o calendário de exposições. Siga até a Second Street e vire à esquerda para a Alexander Book Company ⑤, um famoso endereço com três andares repletos de tesouros literários.

SFMoMA
Regresse até a Mission Street e ande duas quadras ao sul até a Third Street. Do outro lado dos Yerba Buena Gardens, admire a forma cilíndrica do San Francisco Museum of Modern Art ⑥ *(pp. 120-3)*, uma das maravilhas arquitetônicas da cidade. O arquiteto, Mario Botta, descreveu a claraboia como sendo um "olho para a cidade". Entre na loja do museu para ver livros de arte, joias e brinquedos para crianças, e programe-se para voltar e ver detalhadamente as exposições de arte contemporânea. De cada lado do SFMoMA há hotéis que são arranha-céus, o St. Regis Museum Tower e o W San Francisco. Junto ao St. Regis, um prédio do início dos anos 2000 abriga o Museum of the African Diaspora (MOAD), com exposições multimídia sobre diversos assuntos, como costumes, escravidão, arte e origens. No hotel W, visite o saguão octogonal de três andares com paredes envidraçadas e cortinas flutuantes. Aproveite para tomar uma bebida ou um café.

⑥ O San Francisco Museum of Modern Art, uma incrível obra arquitetônica

Dos Yerba Buena Gardens à Old United States Mint
Atravesse a Third Street para entrar nos Yerba Buena Gardens ⑦ *(pp. 116-7)*. Ande pelo meio dos plátanos e em volta dos jardins

CINCO PASSEIOS A PÉ | **181**

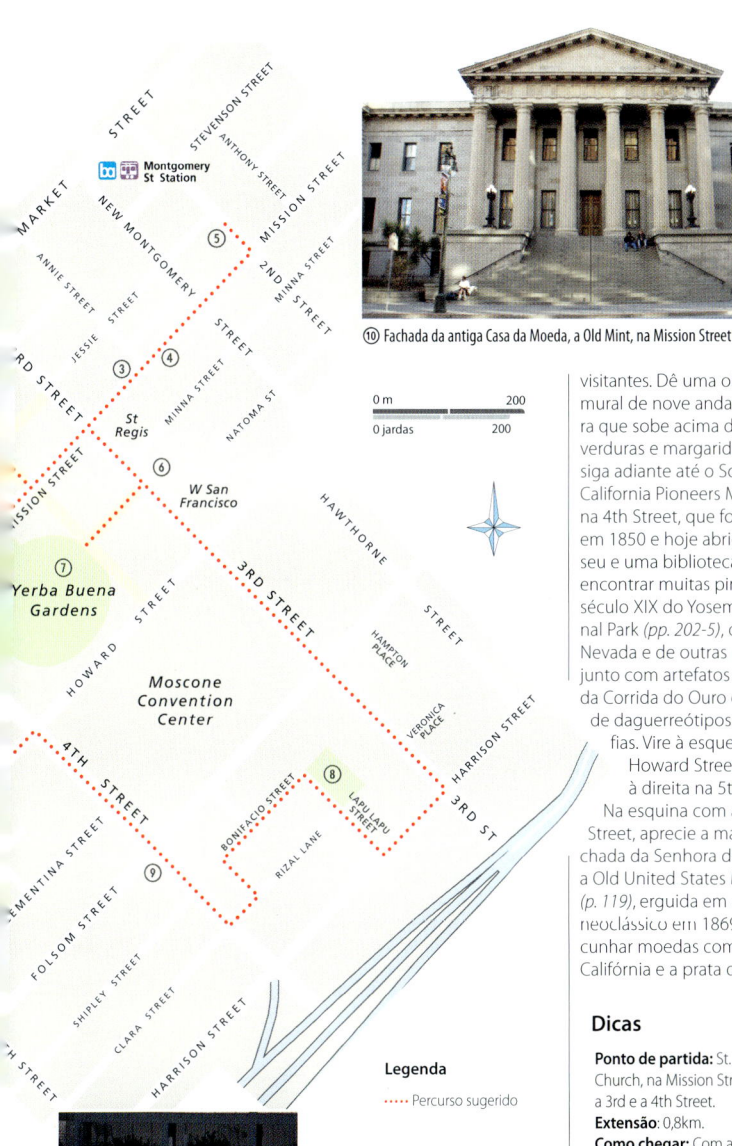

⑩ Fachada da antiga Casa da Moeda, a Old Mint, na Mission Street

visitantes. Dê uma olhada no mural de nove andares de altura que sobe acima das rosas, verduras e margaridas. Agora siga adiante até o Society of California Pioneers Museum ⑨, na 4th Street, que foi fundado em 1850 e hoje abriga um museu e uma biblioteca. Você vai encontrar muitas pinturas do século XIX do Yosemite National Park *(pp. 202-5)*, da Sierra Nevada e de outras paisagens, junto com artefatos da época da Corrida do Ouro e centenas de daguerreótipos e fotografias. Vire à esquerda na Howard Street e dobre à direita na 5th Street. Na esquina com a Mission Street, aprecie a magnífica fachada da Senhora de Granito, a Old United States Mint ⑩ *(p. 119)*, erguida em estilo neoclássico em 1869-74 para cunhar moedas com o ouro da Califórnia e a prata de Nevada.

Dicas

Ponto de partida: St. Patrick's Church, na Mission Street, entre a 3rd e a 4th Street.
Extensão: 0,8km.
Como chegar: Com as linhas de metrô BART e MUNI F, J, K, L, M, N, T, saída na estação Powell St.
Pontos de descanso: Comes e bebes costumam ser menos caros do que nos arredores da Union Square ou na orla. Mas nos hotéis mais chiques (W, St. Regis e Marriott), a xícara de café custa US$5. Saboreie um bom sanduíche no The Grove em Yerba Buena, faça um piquenique nos Yerba Buena Gardens ou vá até o Metreon *(pp. 250-1)*, que tem uma boa variedade de restaurantes e cafés.

Legenda

····· Percurso sugerido

floridos e passe por trás do Martin Luther King Memorial Waterfall para ler trechos do famoso discurso "I Have a Dream" (Eu tenho um sonho). Ao deixar o jardim, desça a 3rd Street e vire à direita na Harrison Street e à direita de novo em direção à esquina com a Bonifacio Street, onde os Alice Street Community Gardens ⑧ são outra experiência urbana fascinante. As pessoas da vizinhança que mantêm esse jardim florido sempre ficam felizes de poder mostrá-lo aos

⑦ Os Yerba Buena Gardens, um espaço elegante e tranquilo

Legenda dos símbolos *na orelha da contracapa*

Passeio de 90 Minutos por Russian Hill

Uma abundância de parques e raridades da arquitetura pré-terremoto são as recompensas após subir as escadas íngremes e as travessas arborizadas de Russian Hill. Você vai encontrar cada vez menos carros e pessoas à medida que andar por edifícios bem preservados e apreciar a linda vista, o canto dos pássaros e os jardins luxuosos nas encostas que são o orgulho do bairro. No final da caminhada, desça para aproveitar os cafés em estilo europeu e as butiques no sopé da colina.

Russian Hill, vistas fabulosas e casas anteriores ao terremoto

Russian Hill Place

Comece o passeio na esquina da Jones com a Vallejo Street na balaustrada Belas-Artes ①, projetada em 1915 por Willis Polk, um dos arquitetos da reconstrução após o terremoto de 1906 (pp. 30-1). Antes de subir a escada de pedra, observe as casas de telhado espanhol em estilo Mission revisitado, com suas sacadas extravagantes e janelas em arco dos dois lados. Suba então a escada e entre na travessa curta de Russian Hill Place ② para ver o fundo dessas casas e seus jardins. A casa nº 6 é de estilo Bay Area da virada do século. A Vallejo Street tem diversas casas e apartamentos do período de 1888 aos anos 1940.

Da Florence Street até o Coolbrith Park

Vire à direita na curta Florence Street ③ e, no fim, veja os telhados rumo à Nob Hill. Antes chamada de "Snob Hill", é pontuada por mansões e hotéis grandiosos do século XIX – procure as torres da Grace Cathedral (p. 105). A casa nº 40, datada de 1850 e uma das mais antigas da colina, fica oculta devido a alterações das últimas décadas. Espie pela cerca a estátua de um coelho de 2,5m e uma escultura móvel contemporânea. Veja as casas em estilo Pueblo-Mission revisitado nessa rua. De volta à Vallejo Street, as joias da Russian Hill são duas casas com empenas em estilo Bay Area Tradition nos nºs 1.013-9 ④. Rompendo com a estética vistosa da era vitoriana, Polk projetou nessa rua uma casa (nº 1.019) em 1892 para um cliente rico (que recebia, entre outros, Robert Louis Stevenson e Laura Ingalls Wilder) e, ao lado, sua própria casa (nº 1.013), com seis andares e revestida de ripas, em uma clara referência ao movimento Arts and Crafts. Após o terremoto, Polk foi nomeado como arquiteto responsável pela Exposição Internacional Panamá-Pacífico de 1915, uma feira de nível mundial que comemorava a construção do canal do Panamá e a reconstrução de São Francisco (p. 72). Abaixo de sua casa, ele criou os degraus em zigue-zague de estilo belas-artes da Vallejo Street, mais conhecidos como "as rampas".

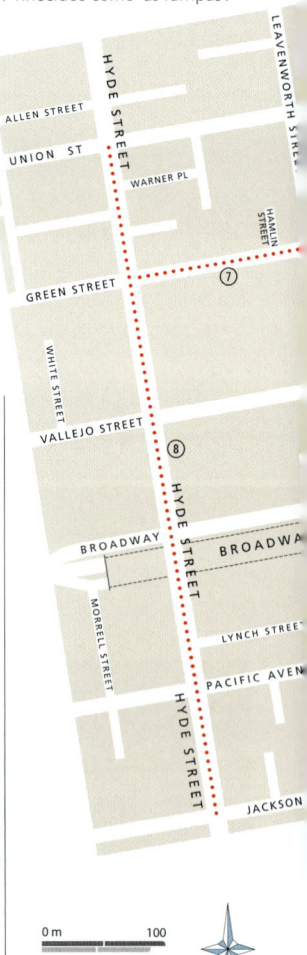

④ Vista dos degraus ou "rampas" da Vallejo Street

Legenda

••••• Percurso sugerido

Legenda dos símbolos na orelha da contracapa

CINCO PASSEIOS A PÉ | 183

Ao longo da comprida escada com três partes há jardins repletos de hortênsias, azaleias, palmeiras, magnólias, pinheiros e ciprestes. Há também um banco para descanso. Na base dos degraus na Taylor com a Vallejo, atravesse a rua para tomar sol no minúsculo Coolbrith Park ⑤. O parque tem vista para as ilhas da baía, a North Beach, a Bay Bridge e a parte mais baixa do Financial District. No feriado nacional de 4 de julho, recebe moradores que vão assistir à grande queima de fogos de artifício.

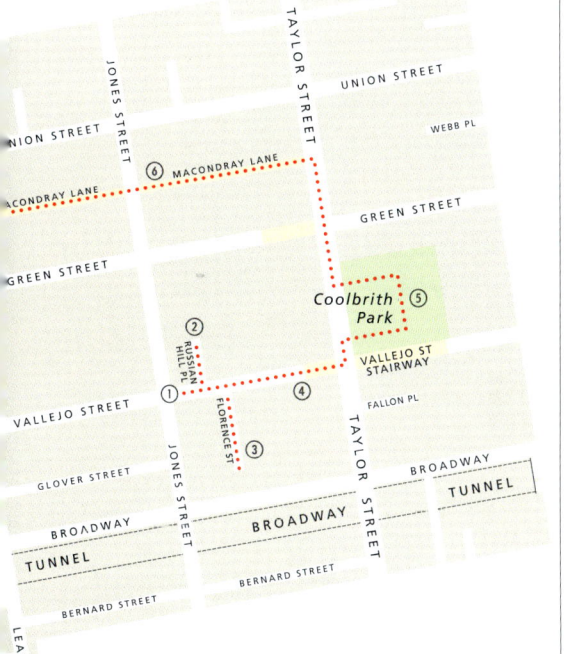

Da Macondray Lane até a Green Street

Siga ao norte na Taylor Street até a Macondray Lane ⑥, à esquerda, subindo a velha escada que serpenteia através da vegetação densa. No percurso de dois quarteirões há casas de veraneio "eduardianas", pedras que serviam de lastro para navios e casas rústicas em jardins. Esse foi o cenário para Barbary Lane no livro *Contos da cidade*, de Armistead Maupin, e em séries de televisão. Nos n⁰ˢ 5-17, florões de gesso enfeitam as portas dessa sobrevivente do terremoto. Vire à esquerda na Leavenworth Street e à direita na Green Street. O quarteirão entre a Hyde e a Leavenworth é chamado de "a Quadra de Paris" ⑦, devido à casa nº 1.050, de aspecto parisiense. A quadra tem alguns edifícios de grande valor histórico, como a última sede do corpo de bombeiros com veículos puxados a cavalo, e, do outro lado da rua, a Freusier Octagon House, de 1857, com telhado de mansarda e cúpula.

⑥ Moradora relaxando na Macondray Lane, cenário de *Contos da cidade*

Hyde Street

Continue a oeste na Green Street até a Hyde Street, na qual cafés e lojas se agrupam entre a Jackson e a Union streets ⑧. Quem aprecia a cultura francesa vai gostar do Cocotte (no nº 1.521), das butiques e dos antiquários charmosos. Após perambular, pegue um ônibus na Hyde Street que passe por vários pontos da cidade.

Dicas

Ponto de partida: A escada de pedra na Jones com a Vallejo Street.
Extensão: 1,2km.
Como chegar: Pegue o bonde Hyde-Powell ou a linha 45 MUNI para Vallejo Street e ande duas quadras para leste.
Pontos de descanso: Na Hyde Street, o Frascati (nº 1.901) agrada à vizinhança pelo ambiente e pelo menu europeu, com *paella* e *coq au vin*. Os jovens e os descolados se esparramam nos sofás de couro junto à janela do Bacchus Wine & Sake Bar (nº 1.954).

Butique em estilo francês na Hyde Street

O belo Yosemite Valley, no Yosemite National Park ▶

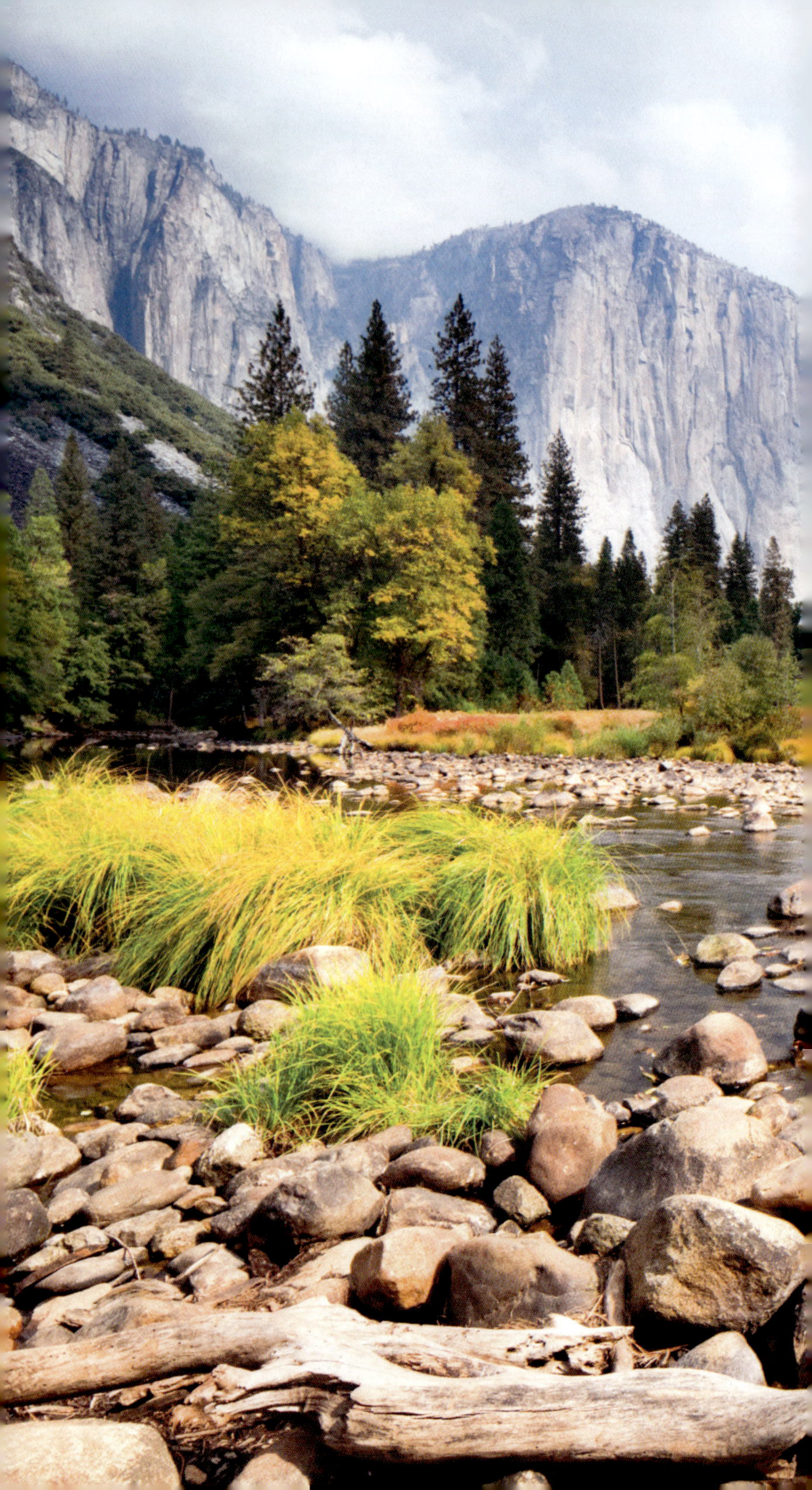

NORTE DA CALIFÓRNIA

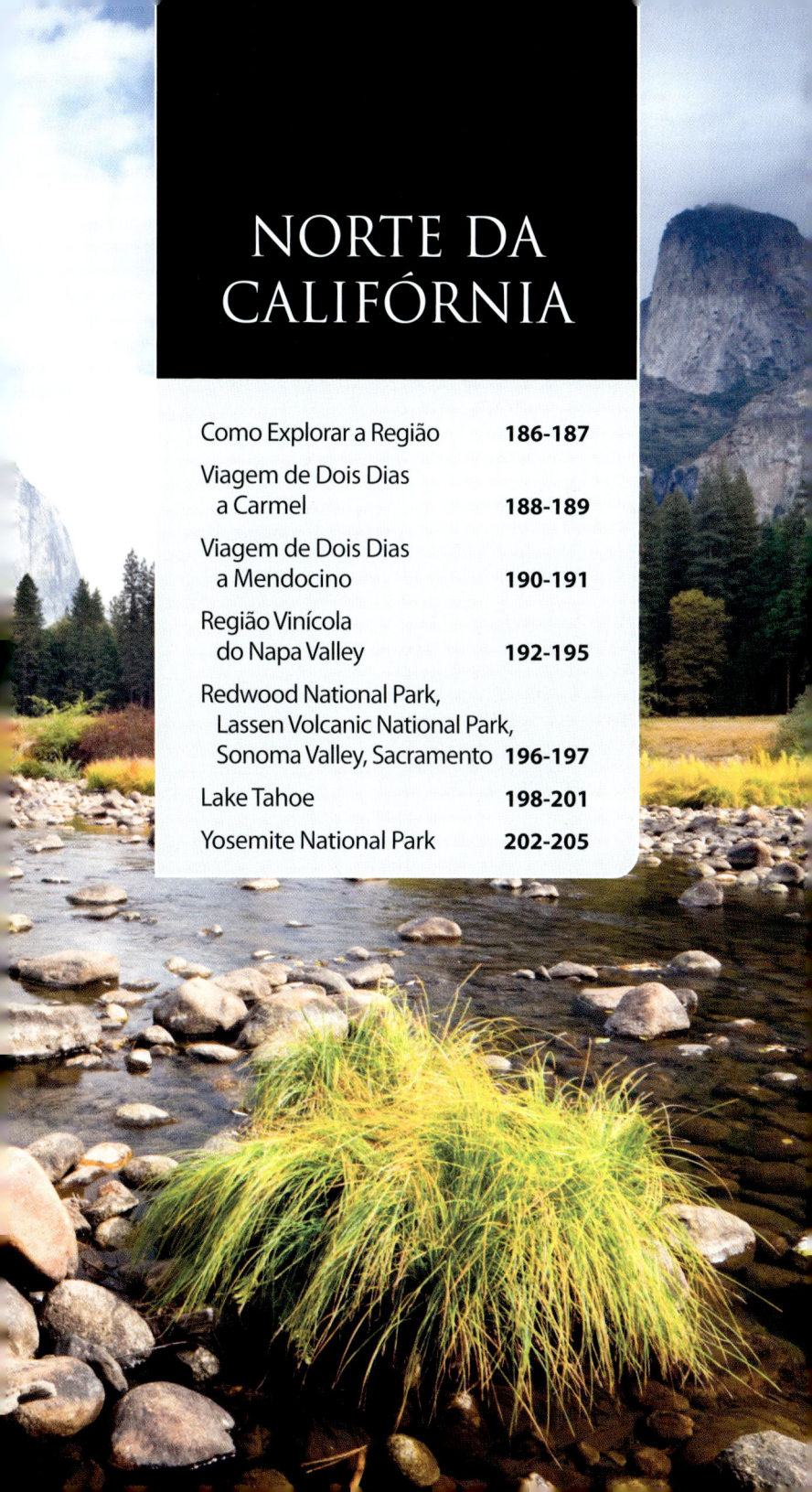

Como Explorar a Região	186-187
Viagem de Dois Dias a Carmel	188-189
Viagem de Dois Dias a Mendocino	190-191
Região Vinícola do Napa Valley	192-195
Redwood National Park, Lassen Volcanic National Park, Sonoma Valley, Sacramento	196-197
Lake Tahoe	198-201
Yosemite National Park	202-205

Como Explorar a Região

São Francisco fica no topo de uma região bela, diversificada e histórica da Califórnia. Os vales abrigados das cadeias de montanhas costeiras, perfeitos para os vinhedos, proporcionam ao visitante uma rica variedade de vinícolas, e o litoral extenso é ideal para relaxar em praias preservadas e observar pássaros. Há muitas cidades antigas fascinantes, e é possível esquiar e caminhar entre os picos da Sierra Nevada, tudo a poucas horas da cidade. As viagens descritas nas páginas 188-205 representam uma boa amostra do que há além de São Francisco.

Lake Tahoe no inverno

Principais Atrações

1. Carmel
8. Lake Tahoe
5. Lassen Volcanic National Park
2. Mendocino
3. Região Vinícola do Napa Valley
4. Redwood National Park
7. Sacramento
6. Sonoma Valley
9. Yosemite National Park

Carvalhos no Yosemite Valley durante o outono

Casas pitorescas na cidade rural de Mendocino

Como Circular

A maioria dos turistas prefere viajar de carro pela região. As estradas em bom estado têm muitos postos de combustível e opções de hospedagem. Todos os destinos também são servidos por ônibus (pp. 278-9). Em São Francisco é possível contratar excursões (p. 281) para a região vinícola, onde sempre há numerosas degustações de vinho. O ônibus é uma forma barata de chegar a Lake Tahoe e a maioria das companhias oferece preços especiais para hospedagem. Uma opção mais rápida e cara é ir de avião para Reno, em Nevada, ou South Lake Tahoe. O acesso ao Yosemite é feito de trem saindo de Oakland para Merced, com conexões de ônibus inclusas.

Legenda

- Rodovia
- Estrada principal
- Estrada secundária
- Outra estrada
- Percurso com paisagem
- Ferrovia principal
- Ferrovia secundária
- Fronteira regional
- △ Cume
- ✗ Desfiladeiro

Flores de mostarda embelezam um vinhedo no Napa Valley

Legenda dos símbolos *na orelha da contracapa*

❶ Viagem de Dois Dias a Carmel

Contornando rochedos, enseadas, praias, faróis, parques e velhas cidades históricas, a Highway 1 é uma rota costeira panorâmica de São Francisco para Carmel. A região é rica em história, sobretudo em Monterey, que foi a capital da Califórnia espanhola. Carmel, uma bela cidade litorânea, é refúgio de artistas e escritores desde o início do século XX. É possível visitar a Carmel Mission, onde o padre Junípero Serra *(p. 139)* está enterrado.

De São Francisco a Santa Cruz

Saindo da cidade em Pacifica, a Highway 1 vira uma estrada de duas pistas. Em Sharp Park, você pode percorrer a pé os 2km até Sweeny Ridge ①. Esse foi o local onde, em 1769, os exploradores espanhóis comandados por Gaspar de Portolá se tornaram os primeiros europeus a verem a baía de São Francisco *(pp. 24-5)*.

As fortes correntes e a água fria do Pacífico desanimam os nadadores nas praias estatais de Gray Whale Cove ② e Montara. Na maré baixa, piscinas nas rochas vão da Fitzgerald Marine Preserve para o sul até Pillar Point, a mais extensa na costa de San Mateo County.

Os barcos pesqueiros ainda atracam em Princeton ③, ao passo que o grande evento do ano em Half Moon Bay ④ é o Pumpkin Festival, em outubro. A rua principal de Princeton conserva a atmosfera de velha cidade costeira, adotada por imigrantes portugueses e italianos. Ao sul, a área rural se torna cada vez menos populosa. Pigeon Point ⑤, ao sul de Pescadero *(p. 171)*, é um farol de 1872 que está fechado para reforma, mas os arredores permanecem abertos a visitação. Desse ponto, estradas menores sobem até as Santa Cruz Mountains. O espetacular Ano

④ Menina no Pumpkin Festival, em Half Moon Bay

Nuevo State Park ⑥ fica 32km ao norte de Santa Cruz pela Highway 1. Você pode fazer reserva com um guarda-florestal para um passeio de 5km de ida e volta à praia, que tem uma colônia de elefantes-marinhos.

De Santa Cruz a Monterey

Na ponta norte da Monterey Bay, Santa Cruz tem praias ótimas para banho. A ponte de arenito da Natural Bridges State Beach ⑦ foi tragada há muito tempo pelas ondas, mas a praia é protegida e segura para nado. Santa Cruz é famosa pelo Boardwalk ⑧, um parque de diversões que se estende por 1km ao longo da praia. A montanha-russa Big Dipper provoca arrepios desde 1923.

De Santa Cruz a rodovia contorna a baía até Monterey, a 45km. No meio do caminho fica a estação de ciência marinha da University of California, em Moss Landing ⑨, onde os visitantes podem observar aves e aprender sobre a fauna e a flora da área.

De Monterey a Pacific Grove

Primeira capital da Califórnia, Monterey ⑩ foi fundada por espanhóis em 1770. Ainda restam muitos edifícios antigos espanhóis, mexicanos e americanos na parte central da

⑤ O farol Pigeon Point

Legenda dos símbolos *na orelha da contracapa*

VIAGEM DE DOIS DIAS A CARMEL

⑩ Fisherman's Wharf, Monterey

Dicas

Distância de São Francisco: 220km.
Duração da viagem: Cerca de 4 horas, fora as paradas.
Como voltar a São Francisco: A Monterey Peninsula é ligada à US 101. O percurso até São Francisco, via San José, leva 2,5 horas.
Quando ir: Os meses com o clima mais agradável são setembro e outubro, quando o céu é claro e as temperaturas ficam em torno de 70°F (21°C).
Onde ficar e comer: Santa Cruz, Monterey, Carmel, Pacific Grove e Pebble Beach têm muitos hotéis e *bed-and-breakfasts*. O Municipal Wharf, em Santa Cruz, tem numerosas lanchonetes. Monterey tem uma profusão de restaurantes e cafés em Cannery Row e no Fisherman's Wharf. Carmel tem diversas opções de restaurantes.
Informação turística: Monterey Peninsula Chamber of Commerce, 30 Ragsdale Drive, Suite 200, Monterey. **Tel** (831) 648-5360.
w mpcc.com Monterey County Convention and Visitors Bureau, 401 El Camino El Estero, Monterey. **Tel** (1-888) 221-1010.
w seemonterey.com Carmel Chamber of Commerce,
w carmelcalifornia.org

cidade. A Chamber of Commerce distribui um mapa gratuito de caminhadas, que inclui a casa de Robert Louis Stevenson e a Colton Hall, onde foi escrita a primeira Constituição da Califórnia.

John Steinbeck, autor de *A rua das ilusões perdidas*, escreveu na década de 1940 sobre Monterey, descrevendo-a como uma sucessão de fábricas de sardinhas em lata e armazéns. O espetacular aquário de Monterey Bay fica no terreno de 1,3ha da maior fábrica de sardinhas enlatadas. As galerias e mostras do aquário utilizam os hábitats da própria baía. Na margem da Monterey Peninsula fica a Pacific Grove ⑪, onde no outono é possível ver milhares de borboletas nas árvores e onde começa a 17-Mile Drive ⑫, rota panorâmica que passa pelos campos de golfe de Pebble Beach e Spyglass Hill.

O percurso acaba em Carmel ⑬, com suas ruas e casas excêntricas. Essa cidade na encosta de uma colina foi fundada como colônia de artistas no início do século XX e tem mais de 80 galerias de arte. Muitas casas foram projetadas por artistas, talvez inspirados na velha França. As ruas pitorescas, os pátios calmos e as lojas estimulam agradáveis caminhadas. O padre Junípero Serra, fundador das Missões, está enterrado na Mission Carmel, uma das igrejas mais belas da Califórnia.

⑨ Aquário de Monterey Bay

Salinas

⑬ Carmel

Legenda

— Percurso da viagem
= Estrada principal
— Rio

⑬ A Missão de 1771, em Carmel

❷ Viagem de Dois Dias a Mendocino

A viagem a Mendocino segue o litoral acidentado do Norte da Califórnia, passando por campos intocados, até a cidadezinha pitoresca que outrora foi uma aldeia madeireira. Nos anos 1950, ela tornou-se um refúgio para artistas e foi tão bem restaurada que ganhou o *status* de monumento histórico. No interior há vales com florestas de sequoias, que são avistadas do "Skunk Train" que sai de Fort Bragg, 16km ao norte de Mendocino.

Sequoias costeiras

De Western Marin a Bodega Bay
Inicie a viagem para o norte cruzando a Ponte Golden Gate e siga pela US 101 cortando o sul de Marin County *(pp. 162-3)*. Em Mill Valley vire para o oeste e entre na Hwy 1, que sobe as colinas costeiras de 450m de altura e depois se une à costa através da Stinson Beach. Na cidade da Point Reyes Station ①, desvie para a esquerda e siga a estrada rumo à Point Reyes National Seashore *(p. 162)*, o que leva cerca de duas horas. A Hwy 1 continua margeando a Tomales Bay ②, um dos principais estuários com criação de ostras da Califórnia. Além da baía, a estrada cruza o interior por 48km, passando por fazendas de gado leiteiro no oeste do Marin County, e volta à costa em Bodega Bay ③, onde Alfred Hitchcock filmou *Os pássaros*, em 1962.

Russian River e Fort Ross
Ao norte de Bodega Bay, a Hwy 1 segue pela costa do Pacífico e chega à foz do rio Russian, em Jenner ④, onde há uma praia ampla. Guerneville, a principal cidade da área, fica acima do rio. A estrada sobe o íngreme Jenner Grade bem acima do Pacífico, onde você pode parar para apreciar a vista. Em um cabo varrido pelo vento, 19km ao norte de Jenner, fica o Fort Ross State Historic Park ⑤, um posto avançado russo de comércio de peles que funcionou de 1812 até 1841 e foi restaurado. A casa

Johnson's Beach, em Guerneville, no Russian River

Legenda dos símbolos *na orelha da contracapa*

Legenda
— Percurso da viagem
= Outra estrada
— Rio

VIAGEM DE DOIS DIAS A MENDOCINO | 191

O "Skunk Train" cruza uma floresta de sequoias

original do último administrador do forte, Alexander Rotchev, continua intacta, e outros edifícios foram reconstruídos minuciosamente dentro de um cercado de madeira. O destaque é a capela ortodoxa russa, feita de sequoia local em 1824. O parque, que tem um centro de visitantes, abre das 10h às 16h30.

Além de Fort Ross, a Hwy 1 serpenteia pela costa, passando por vários parques estaduais costeiros, como a Kruse Rhododendron Reserve ⑥. A melhor época para ir é em abril e maio, quando as flores desabrocham. Esse belo trecho da costa é acidentado e tem cabos e grutas escondidas.

Point Arena e Manchester State Beach

O itinerário atravessa prados abertos e bosques de ciprestes até Point Arena ⑦. Vale a pena subir os 147 degraus no velho farol para apreciar um panorama espetacular da costa.

A Manchester State Beach ⑧ se estende pelos 8km seguintes e, nesse ponto, você pode fazer um desvio de cerca de três horas para visitar as cervejarias da região. Entre as melhores cervejas estão a Red Tail Ale da Mendocino Brewing, em Hopland ⑨, na US 101, e a Boont Amber, feita em Boonville ⑩, no meio do Anderson Valley. Ambas as cervejarias têm pubs. Na Hwy 1, 5km ao sul de Mendocino, o Van Damme State Park ⑪ é uma floresta de sequoias com várias trilhas de caminhada. O Mendocino Headlands State Park ⑫ fica adiante na rodovia – um cinturão verde intocável.

Mendocino ⑬ fica recuada a oeste da rodovia, em um promontório rochoso acima do Pacífico. A cidade mantém o charme dos tempos madeireiros e, embora o turismo seja seu motor econômico, o comercialismo não impera. Centro florescente de artes, é ideal para um bom passeio a pé.

Dicas

Distância de São Francisco: Depende da rota, mas Mendocino fica cerca de 275km de São Francisco.

Duração da viagem: Reserve 10 a 12 horas para a ida, seguindo o itinerário. Isso abrange todos os desvios, mas não as paradas.

Como voltar a São Francisco: Pegue a Hwy 1 para o sul até o Navarro River, depois a Hwy 128 para Cloverdale. Depois siga a US 101 para o sul.

Quando ir: O verão é a alta temporada, mas o clima é melhor no outono, com dias ensolarados e belos poentes. O inverno é chuvoso e ameno e atrai baleias-cinzentas para a costa. Na primavera as colinas ficam floridas.

Onde ficar e comer: Nessa rota há várias opções de hospedagem e serviços. Fort Bragg, Little River, Manchester, Jenner, Hopland e Boonville são lugares bons para parar. Mendocino tem ótimas pousadas no estilo *bed-and-breakfast*.

Informação turística: Visit Mendocino County, 120 S Franklin Street, Fort Bragg. **Tel** (866) 466-3636. **w** visitmendocino.com
Mendocino Chamber of Commerce and Visitor Center, 217 South Main Street, Fort Bragg. **Tel** (707) 961-6300. **w** mendocinocoast.com

⑬ Edifícios do século XIX em Mendocino

❸ Região Vinícola do Napa Valley

O estreito vale, com encostas onduladas e terra fértil, é o polo vinícola da Califórnia. Sedia mais de 400 vinícolas, algumas datadas do século XIX, com uma ou duas a cada trecho. Muitas fazem visitas guiadas e degustações, e cada parte do vale tem vinhos distintos *(pp. 220-1)*. A beleza rural do vale surpreende em todas as estações e pode ser admirada a bordo de um balão, de bicicleta ou de trem. Outras atrações são os museus, as galerias e as fontes quentes em Calistoga.

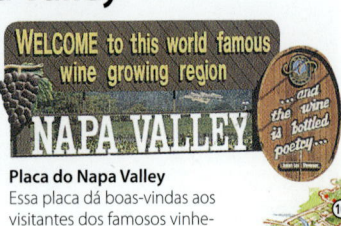

Placa do Napa Valley
Essa placa dá boas-vindas aos visitantes dos famosos vinhedos do vale.

Vinícola Clos Pegase
Com visitas grátis, essa vinícola hospitaleira fica em um edifício pós-moderno que já ganhou prêmios.

LEGENDA

① **Vinícola Silverado**

② **Vinícola Trefethen**

③ **A Hess Collection** tem ótimos vinhos e belas obras de arte.

④ **A Domain Chandon** produz elegantes vinhos espumantes.

⑤ **A vinícola Robert Mondavi** é conhecida por suas visitas inovadoras e programas de degustação.

⑥ **Inglenook Estate** foi fundada em 1879. A vinícola original hoje abriga a sala de degustação.

⑦ **A vinícola Beaulieu** circunda um castelo.

⑧ **A vinícola Beringer** está em atividade desde 1876.

⑨ **Vinícola Schramsberg**

⑩ **O gêiser Old Faithful** expele água quente e vapor a cada 40 minutos.

⑪ **Vinícola Frog's Leap**

⑫ **Vinícola Duckhorn**

⑬ **A Mumm Napa Valley** produz espumantes clássicos de renome.

⑭ **A Clos du Val** é pequena, porém tem vinhos de alta qualidade.

⑮ **A Rota Silverado** é uma estrada calma, com belas vistas dos vinhedos.

Napa Valley Wine Train
Refeições refinadas e vinhos excelentes são servidos nesse trem luxuoso durante a viagem de 3 horas pelo vale, mas há quem vá apenas pelo passeio.

Legenda
═ Estrada
～ Rio
▓ Vinhedo
▬ Ferrovia
••• Rota Silverado

Legenda dos símbolos *na orelha da contracapa*

REGIÃO VINÍCOLA DO NAPA VALLEY | 193

Vinícola Sterling
Em uma colina rochosa acima dos vinhedos, essa vinícola em estilo grego tem acesso por um vagão suspenso. Placas indicam o percurso e cada pessoa pode andar em seu próprio ritmo.

Vinícola V. Sattui
Alguns vinhos envelhecem em barris de carvalho franceses.

Vinícola Joseph Phelps
Trabalhadores colhem a safra anual em uma das melhores vinícolas da Califórnia, que agenda visitas.

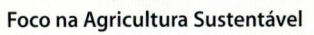

Dicas

Distância de São Francisco: 120km.
Duração da viagem: Cerca de 1 hora até Napa.
Como chegar: Pegue a US 101 para o norte, depois a Hwy 37 para Vallejo e a Hwy 29 até Napa. A Hwy 29 segue o vale até Calistoga. Várias empresas de ônibus organizam excursões, às vezes com almoço incluído.
Quando ir: No início da primavera os campos ganham o tom amarelo da mostarda. As uvas amadurecem no verão. Em setembro e outubro as uvas são colhidas e esmagadas, e as folhas ficam douradas e vermelhas. No inverno chuvoso, os vinhedos são podados e novos vinhos são engarrafados.
Onde ficar e comer: Informações no site w visitnapavalley.com
Informação turística: Napa Valley Welcome Center, 600 Main St, Napa. **Tel** (707) 251-5895 ou (1-855) 847-NAPA.

Foco na Agricultura Sustentável

Para garantir as melhores práticas agrícolas na região, os produtores de vinho de Napa Valley criaram um programa chamado Napa Green. Até agora, 61.000 acres fazem parte do programa, dos quais 35.000 já obtiveram a certificação, que é emitida por uma entidade independente de acordo com critérios de produção e cultivo.

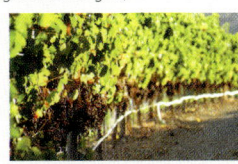

Videiras sustentáveis na região monitorada do Napa Valley

Como Explorar a Região do Napa Valley

A região do Napa Valley é especializada em vinhos de classe, vinícolas de arquitetura notável, coleções de arte moderna, spas, restaurantes premiados pelo Michelin e artesanato. É possível passar um dia fazendo compras e um piquenique com degustação de vinhos. Em outro dia, aproveite um passeio de balão e um banho de lama estético e visite galerias de arte. Até 1976, os viticultores da região sofreram com o parasita filoxera e com sabores enfadonhos. Naquele ano, o Chateau Montelena Chardonnay e o Cabernet Sauvignon da Stag's Leap ganharam um concurso em Paris. Com o marketing de Robert Mondavi, o Napa Valley tornou-se uma região competitiva, com vinícolas espalhadas por todos os campos e colinas.

Degustação de vinhos em uma das vinícolas do Napa Valley

Degustação de Vinhos
napavintners.com/wineries

Muitas vinícolas têm salas de degustação da safra mais recente ou fazem isso mediante agendamento. Os funcionários conhecem produtos, preços, as características do solo do vinhedo e o clima propício para cada vinho. Certas vinícolas oferecem visitas com uma degustação no final. O volume de visitantes e a popularidade das degustações levaram algumas vinícolas a cobrar por isso. A vinícola Robert Mondavi e a Cakebread Cellars são duas das muitas que oferecem degustações, visitas e demonstrações culinárias. Grgich Hills Cellars, Chateau Montelena Winery, Duckhorn Vineyards, Franciscan Oakville Estates, V. Sattui Winery e Beaulieu Vineyard estão entre as dezenas que têm vinhos em estilos diversos. Fãs de espumantes devem ir à Mumm Napa, Domaine Chandon e Domaine Carneros.

Museus e Galerias de Arte

Algumas vinícolas abrigam mostras de arte, dando um cunho cultural à experiência.

A galeria Hess Collection exibe a coleção de Donald Hess de pinturas e esculturas europeias e norte-americanas contemporâneas, com obras de Robert Motherwell e Frank Stella.

O centro de visitantes da vinícola Artesa exibe obras em vidro, metal e tela do artista Gordon Huether. A Clos Pegase tem um famoso jardim com esculturas modernas, ao passo que a coleção de arte contemporânea da Peju Province fica à mostra na Liana Gallery. As galerias de fotografia da Mumm Napa sempre têm exposições, enquanto a Private Collection Gallery tem imagens de fotógrafos como Ansel Adams. Vinícola que se tornou um cenário ecológico e artístico, a di Rosa Preserve abrange um lago, uma capela, a Gatehouse Gallery e jardins, com obras de artistas da Califórnia e da área da baía de São Francisco.

O Napa Valley Museum apresenta exposições regulares com trabalhos de artistas locais e nacionais. Galerias de arte e caminhadas artísticas pelo vale são outras oportunidades de passeios culturais.

Arquitetura

Há vários edifícios de arquitetura notável no vale. O centro de visitantes da vinícola Beringer, em St. Helena, a mais antiga em funcionamento na área, é a Rhine House, datada de 1883, com painéis de madeira, um longo balcão e vitrais.

Caiada de branco no estilo grego de Míkonos, a vinícola Sterling fica no alto de uma colina em Calistoga, enquanto a empresa de Robert Mondavi é em estilo Mission californiano, com estátuas de animais de São Francisco feitas pelo renomado escultor Beniamino Bufano.

O arquiteto Michael Graves projetou a vinícola Clos Pegase com despojadas linhas pós-modernas. Certas vinícolas, como a Domaine Carneros by Taittinger, ficam em castelos que homenageiam o legado vinícola francês. Em 2004, em deferência a suas origens, Darioush Khaledi instalou colunas na Rota Silverado, levando à

A Rhine House, na vinícola Beringer

REGIÃO VINÍCOLA DO NAPA VALLEY

Balão de ar quente sobrevoa os vinhedos da região do Napa Valley

sua vinícola um edifício dourado que evoca Persépolis, a antiga capital da Pérsia.

Passeios de Balão, Bicicleta e Trem

Napa Valley Wine Train, 1275 McKinstry Street, Napa, CA 94559. Reservas: **Tel** (707) 253-2111. **W** **winetrain.com**

Ao amanhecer, o céu do Napa Valley se transforma em um desfile de balões coloridos de ar quente que pairam sobre os vinhedos. Ventos oriundos do norte da baía de São Francisco regem esses passeios. A neblina matinal, aliada à chama do balão, cria um toque surreal. O feito de flutuar sobre as fileiras de vinhedos e os campos de mostarda amarela na primavera é recompensado na volta com um brinde tradicional de espumante, muitas vezes acompanhado de um café da manhã de primeira classe.

Ciclistas adoram o vale longo e, em geral, plano e pedalam na Rota Silverado no leste do vale para visitar parte das mais de 30 vinícolas no caminho entre Napa e Calistoga. No verão o calor é mais forte à tarde. O ideal é sair cedo para evitar o trânsito de veículos, que pode ser intenso nos fins de semana e feriados.

A viagem de ida e volta no Napa Valley Wine Train, de Napa a St. Helena, dura 3 horas. O passeio inclui almoço ou jantar preparado a bordo e servido nos vagões restaurados Pullman Dining e Lounge, de 1915-7. Itinerários especiais param nas vinícolas Domaine Chandon, Castello di Amorosa ou Grgich Hills. Há seminários informais com degustação de vinhos na estação McKinstry do Napa Valley Wine Train antes do embarque no belo veículo.

Eventos temáticos são organizados no vagão-restaurante com teto de vidro, incluindo o Moonlight Escape Dinner, realizado a cada lua cheia, e a recriação do ano de 1915 no Murder Mystery Theatre Gourmet Dinner.

Spas

Consulte **W** **visitnapavalley.com** para spas na região.

Calistoga, na ponta norte do Napa Valley, é um polo de atividade geotérmica. Fontes quentes naturais e lama vulcânica de uma antiga erupção do monte St. Helena criaram uma indústria que começou há milhares de anos. Muitos spas ficam nas ruas principais de Calistoga, mas existem muitos outros locais para se visitar espalhados pelo vale.

Tratamentos à base de lama retomam uma forma natural de relaxamento, além de desintoxicar e rejuvenescer. Os clientes mergulham em uma banheira cheia de lama, que contém turfa, argila e água mineral das fontes quentes locais. Outros tratamentos terapêuticos que utilizam óleos, ervas e mel produzidos no local têm sido desenvolvidos.

Alguns spas com vista para os vinhedos estão localizados em cavernas semelhantes às utilizadas para o envelhecimento do vinho.

Compras

A sala de degustação de uma vinícola dá chance de provar e comprar um vinho delicioso de produção limitada, e consumidores veteranos da região aconselham os visitantes a aproveitarem a oportunidade. As vinícolas sabem os procedimentos legais para o envio de vinhos para outros estados e países. As lojas de presentes em vinícolas têm desde livros de culinária até saca-rolhas com o logo do estabelecimento, bem como iguarias e petiscos para piqueniques.

A conhecida Oakville Grocery, na Highway 29, vende vinhos, condimentos e azeites de oliva locais e prepara sanduíches com queijo e carnes da região. Visite o Oxbow Public Market, no centro de Napa, para encontrar mercadorias de produtores de alimentos.

A St. Helena's Main Street é o paraíso das butiques. Possui uma filial da Dean & DeLuca – o famoso templo de alimentos artesanais de Nova York. É um ótimo local para comprar produtos frescos da área de Napa e 1.400 vinhos da Califórnia. O V Marketplace tem lojas de roupas e de vinhos, uma sala de degustação e diversas galerias de arte.

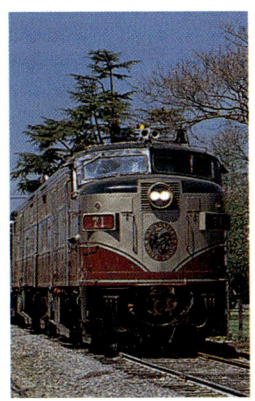

O luxuoso Napa Valley Wine Train

❹ Redwood National Park

Centro de Visitantes: 1111 Second St, Crescent City. **Tel** (707) 464-6101. De Arcata a Crescent City são 125km. A melhor rota é a US Hwy 101.
w redwood.national-park.com

Parte das maiores florestas originais de sequoia do mundo está preservada nesse parque nacional. Ao longo da costa, o parque de 23.500ha inclui outros parques estaduais menores e pode ser explorado de carro em um dia. Uma ida de dois dias, porém, é melhor para desviar das estradas e usufruir da tranquilidade dos bosques imponentes – e, com sorte, ver uma das derradeiras manadas de alces Roosevelt.

A sede do parque é em **Crescent City**, alguns quilômetros ao norte de onde fica o Jedediah Smith Redwoods State Park, de 3.720ha, com as mais belas sequoias costeiras. Com o nome do caçador de peles Jedediah Smith, primeiro branco que percorreu o país a pé, o parque tem instalações de camping excelentes. Ao sul de Crescent City, o bosque **Trees of Mystery** tem estátuas gigantescas de fibra de vidro.

A maior atração do parque é a árvore mais alta do mundo, um gigante de 112m que fica no **Tall Trees Grove**. Mais ao sul, o lago de água doce Big Lagoon se estende por 5km e mais dois estuários. Juntos, eles formam o **Humboldt Lagoons State Park**. Os cabos no Point State Park, em Patrick, na ponta sul, são um bom lugar para ver as baleias-cinzentas que aparecem no inverno durante sua migração. As piscinas nas rochas têm animais marinhos menores.

Sequoias do litoral

O Lassen Volcanic National Park

❺ Lassen Volcanic National Park

Chester, Red Bluff. Centro de Visitantes: **Tel** (530) 595-4480. diariam. w nps.gov/lavo

Antes da erupção do monte St. Helena em Washington, em 1980, o Lassen Peak, de 3.187m de altitude, era o último vulcão em atividade no continente americano. Com quase 300 erupções entre 1914 e 1917, ele arruinou 40.500ha das terras ao redor.

Acredita-se que o vulcão continua ativo. Numerosas áreas em seus flancos têm sinais claros de processos geológicos. A trilha com tábuas de Bumpass Hell (nome que se deve a um guia que perdeu uma perna em uma cova de lama fervente em 1865) passa por uma série de piscinas sulfurosas fumegantes, aquecidas por rochas liquefeitas subterrâneas. No verão, os visitantes podem seguir a estrada sinuosa que corta o parque, subindo a mais de 2.500m de altitude até o Summit Lake. A estrada continua serpenteando através da chamada Devastated Area, uma desolada paisagem cinzenta de torrentes de lama vulcânica petrificadas, que termina no Manzanita Lake e no **Loomis Museum**.

Loomis Museum

Lassen Park Rd, Entrada Norte. **Tel** (530) 595-4444. apenas fim-fim set. Ligue para saber o horário.

❻ Sonoma Valley

8.600. 90 Broadway e W Napa Streets, Sonoma Plaza. *i* 453 1st St E, (707) 996-1090. Valley of the Moon Vintage Festival (fim set).

No Sonoma Valley, em forma de lua crescente, há 2.400ha de belos vinhedos. Na base do vale fica a cidadezinha de Sonoma, que teve um passado movimentado. Foi nesse local, em 14 de junho de 1846, que cerca de 30 agricultores americanos armados capturaram o general mexicano Mariano Vallejo e seus homens, em protesto pela propriedade de terras ser reservada a cidadãos mexicanos. Eles tomaram Sonoma, declararam a Califórnia uma república independente e hastearam sua própria bandeira, com o desenho de um urso-pardo. A república foi anulada 25 dias depois, quando os Estados Unidos anexaram a Califórnia, mas a bandeira do urso foi adotada oficialmente pelo Estado em 1911.

As maiores atrações de Sonoma são as vinícolas de fama mundial e os sítios históricos meticulosamente preservados em torno da praça em estilo espanhol. Muitas casas de adobe agora são lojas de vinhos, butiques e restaurantes com a excelente cozinha local. A leste da praça, a **Mission San Francisco Solano de Sonoma** é a última das 21 Missões franciscanas fundadas pelo padre José Altimira, da Espanha, em 1823. Hoje, tudo o que resta do edifício original é o corredor dos aposentos do padre. A capela de adobe foi erigida pelo

NORTE DA CALIFÓRNIA | 197

general Vallejo em 1840. Indo de carro para o norte, logo se chega ao **Jack London State Historic Park**. No início do século XX, London, o famoso autor de *O apelo da selva* e *O lobo do mar*, abandonou seu estilo de vida agitado para morar nessa área de 325ha, com carvalhos, madrones e sequoias. O parque tem as ruínas da casa dos sonhos de London, a Wolf House, misteriosamente incendiada antes de sua conclusão. Após a morte de London, sua viúva, Charmian Kittredge, fez uma casa magnífica na propriedade, chamada House of Happy Walls. Hoje, ela é um museu que expõe objetos que pertenciam ao escritor.

Mission San Francisco Solano de Sonoma
114 E Spain St. **Tel** (707) 938-9560.
10h-17h diariam.

Jack London State Historic Park
London Ranch Rd, Glen Ellen. **Tel** (707) 938-5216. Parque e Museu: mar-nov: 9h30-17h diariam. Cabana: 12h-16h qui-seg. apenas museu.

❼ Sacramento

30, 31, 32. Old Sacramento Visitor Center 1002 2nd Street, Old Sacramento. **Tel** (916) 442-7644.
10h-17h diariam.
oldsacramento.com

Fundada por John Sutter em 1839, a capital da Califórnia tem muitos edifícios históricos à beira d'água em sua parte antiga. A maioria é da década de 1850, quando mineiros se abasteciam na cidade. A ferrovia transcontinental e a Pony Express mantinham seus terminais do oeste em Sacramento, e barcos fluviais levavam a São Francisco. O **California State Railroad Museum** abriga belas locomotivas antigas. Ligeiramente longe da cidade, o State Capitol fica em um parque com paisagismo. A leste dele, o Sutter's Fort é uma recriação do povoado que deu origem a Sacramento.

California State Railroad Museum
111 I St. **Tel** (916) 445-6645.
10h-17h diariam (até 20h qui durante o verão). 1º jan, Ação de Graças, 25 dez.

Vinícolas do Sonoma Valley

Brasão dos Vinhedos Sebastiani

O Sonoma Valley tem uma rara combinação de solo, sol e chuva ideal para o cultivo de uvas de alta qualidade. Em 1824, o padre José Altimira plantou as primeiras videiras de Sonoma a fim de produzir vinho para as missas na Mission San Francisco Solano, de Sonoma. Em 1834, o general Vallejo replantou as videiras e vendeu o vinho que produziu para negociantes de São Francisco. Em 1857, o conde húngaro Agoston Haraszthy plantou as primeiras uvas europeias do país na Vinícola Buena Vista, em Sonoma, que é a mais antiga entre as melhores do Estado.

O Sonoma Valley abrange as regiões viticultoras de Sonoma Valley, Carneros e Sonoma Mountain. O clima varia ligeiramente criando ambientes específicos para certas variedades de uva, como Cabernet Sauvignon e Chardonnay. Hoje, Sonoma tem mais de 50 vinícolas, que produzem milhões de caixas de vinho por ano. As melhores vinícolas da região são a Sebastiani, a St. Francis, a Gundlach-Bundschu e a Château St. Jean. A maioria tem áreas de piquenique, degustações e visitas guiadas.

Vinhedos no Sonoma Valley

Capitólio da Califórnia

Projetado em 1860 em estilo renascentista revisitado, esse edifício foi concluído em 1874. Além de abrigar o gabinete do governador e as câmaras do senado estadual, o Capitólio também tem um museu sobre a história política e cultural da Califórnia.

Restaurada em 1975, a **Capitol Rotunda** recuperou o esplendor do século XIX.

Estatuária de 1860

Entrada

Os Historic Offices, no primeiro andar, abrangem alguns escritórios governamentais que retomaram sua aparência da virada do século.

Lake Tahoe

Um dos lagos mais belos do mundo, Lake Tahoe fica em uma depressão alpina na divisa entre Nevada e Califórnia. Cercado de picos com matas, sua costa se estende por 116km. O cenário espetacular fez Mark Twain, que passou um verão em Lake Tahoe nos anos 1860, chamá-lo de "certamente o quadro mais lindo da Terra". Autoproclamado um playground para o ano todo, tem estações de esqui, jogo de apostas, trilhas de caminhada, cabanas junto ao lago, arquitetura histórica e eventos especiais no verão, entre eles o Lake Tahoe Shakespeare Festival.

Ehrman Mansion e Visitor Center
Essa casa de veraneio em estilo Rainha Ana é de 1903 e pode ser visitada no verão.

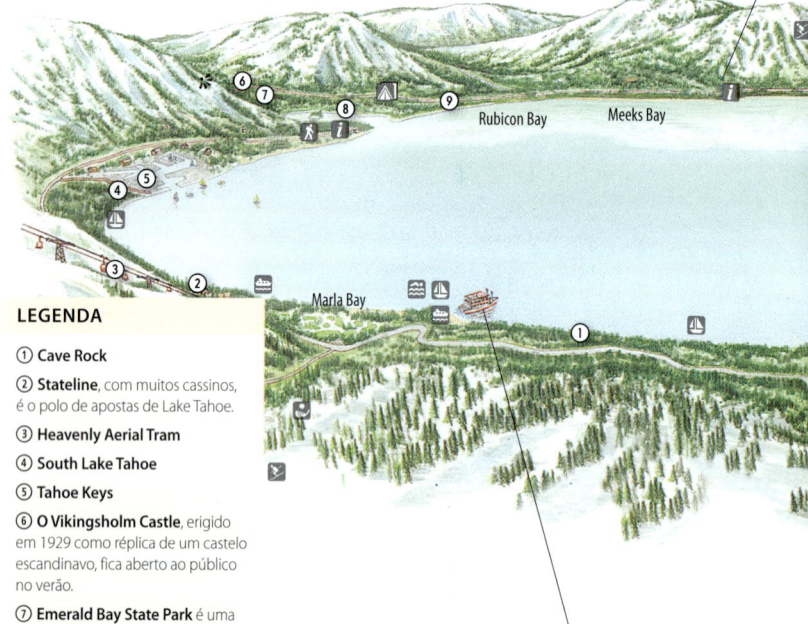

LEGENDA

① **Cave Rock**

② **Stateline**, com muitos cassinos, é o polo de apostas de Lake Tahoe.

③ **Heavenly Aerial Tram**

④ **South Lake Tahoe**

⑤ **Tahoe Keys**

⑥ O **Vikingsholm Castle**, erigido em 1929 como réplica de um castelo escandinavo, fica aberto ao público no verão.

⑦ **Emerald Bay State Park** é uma área isolada, com matas, penhascos de granito e cachoeiras. Uma das maravilhas naturais da Califórnia.

⑧ **US Forest Service Visitor Center**

⑨ **DL Bliss State Park**

⑩ **Homewood** é uma popular estação de esqui com vistas espetaculares.

⑪ **Kaspian**, área de piquenique

⑫ **Tahoe City** é o polo de compras e vida noturna no norte de Tahoe.

⑬ **Stateline Point**

⑭ **Incline Village** é uma sofisticada cidade de esqui.

⑮ **Lake Tahoe State Park**

Zephyr Cove e *MS Dixie*
Muitos turistas passeiam no lago em um barco a vapor movido a rodas de pás. O *MS Dixie* parte regularmente da Zephyr Cove.

Legenda dos símbolos *na orelha da contracapa*

Esqui na Região do Lake Tahoe

Os picos em torno do Lake Tahoe, sobretudo aqueles no lado da Califórnia, são famosos por abrigar muitas estações de esqui. Entre elas estão a Alpine Meadows, de nível internacional, e a Squaw Valley, que sediou as Olimpíadas de Inverno de 1960. A área é um paraíso ensolarado para descer as encostas ou fazer cross-country, com pistas em florestas de pinheiros, prados abertos e descidas com lindas vistas do lago. Há pistas de esqui para todos, desde encostas difíceis para os mais experientes até trilhas suaves para iniciantes.

As encostas de esqui perto do Lake Tahoe

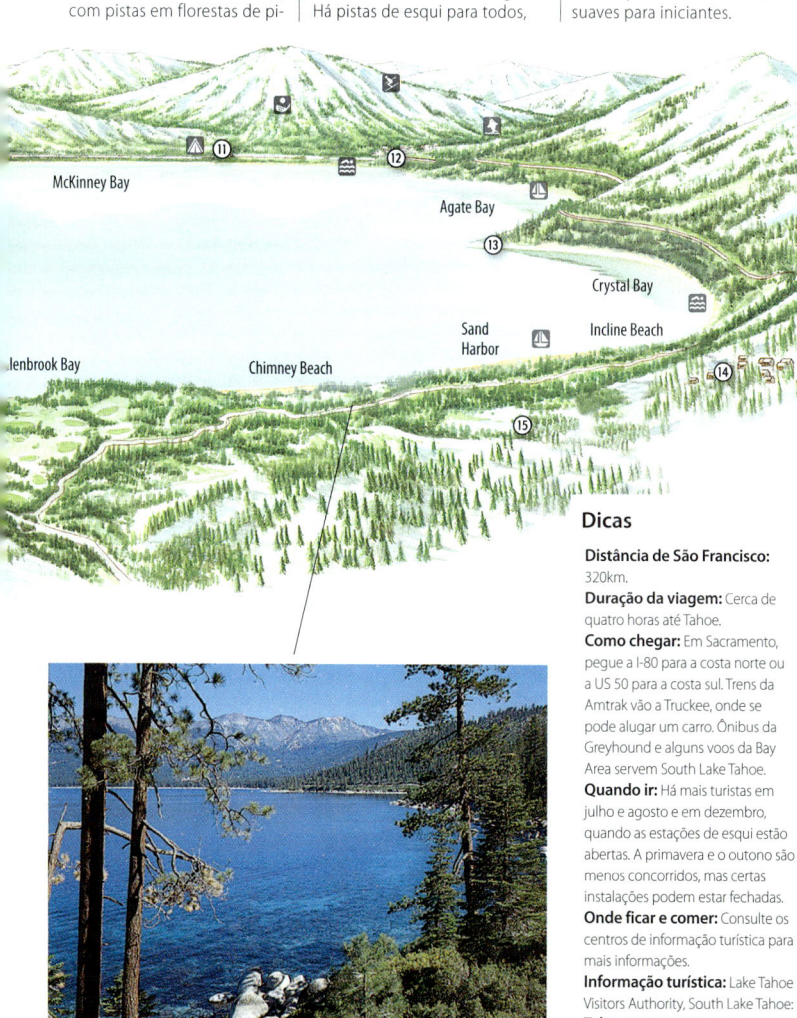

McKinney Bay
Agate Bay
Crystal Bay
Sand Harbor
Incline Beach
lenbrook Bay
Chimney Beach

Nevada Shore durante o verão
A preservada costa Nevada do Lake Tahoe atrai ciclistas e adeptos de caminhadas e tem belas praias lacustres.

Dicas

Distância de São Francisco: 320km.
Duração da viagem: Cerca de quatro horas até Tahoe.
Como chegar: Em Sacramento, pegue a I-80 para a costa norte ou a US 50 para a costa sul. Trens da Amtrak vão a Truckee, onde se pode alugar um carro. Ônibus da Greyhound e alguns voos da Bay Area servem South Lake Tahoe.
Quando ir: Há mais turistas em julho e agosto e em dezembro, quando as estações de esqui estão abertas. A primavera e o outono são menos concorridos, mas certas instalações podem estar fechadas.
Onde ficar e comer: Consulte os centros de informação turística para mais informações.
Informação turística: Lake Tahoe Visitors Authority, South Lake Tahoe: **Tel** (1-888) 288-2463. North Lake Tahoe Visitors Bureau: **Tel** (1-888) 434-1262.
w gotahoenorth.com

Como Explorar o Lake Tahoe

Beleza, grandiosidade e um cenário alpino singular distinguem o Lake Tahoe de outros lagos nos EUA. Às vezes comparado ao lago Baikal, na Rússia, tem um nível bem maior de desenvolvimento. O Lake Tahoe tem uma trilha tortuosa, construída ao longo de vinte anos, que oferece lindas vistas a pedestres e ciclistas, além de ser propício a vários esportes aquáticos. Possui mansões históricas, usadas pelos ricos para veraneio, e os salões dos cassinos em Stateline e o Crystal Bay Corridor têm vistas da Califórnia e de Nevada.

Olimpíadas de Inverno de 1960, Squaw Valley

Caminhada em uma das trilhas do Lake Tahoe

Tahoe Rim Trail

Tel (775) 298-0012.
w tahoerimtrail.org

Pessoas a pé, a cavalo e de mountain bike podem aproveitar a maioria dos trechos dos oito segmentos que compõem o circuito sinuoso de 266km da Tahoe Rim Trail (TRT). A trilha abre quando a neve derrete, em geral em junho, e fecha na primeira grande nevasca, normalmente em outubro. Algumas das vistas panorâmicas do Lake Tahoe podem ser apreciadas nessa trilha, que conta com belas florestas de pinheiros e álamos, imensos penedos de granito cinzento, prados alpinos forrados de flores silvestres e riachos. As altitudes variam de 1.920m a 3.150m.

Trilhas moderadas, em média com 10% de declive, são indicadas por placas triangulares azuis-claras na cabeceira dessas vias, embora haja acesso à TRT de quase todos os pontos. Com 2km só para pedestres, a Tahoe Meadows Interpretive Trail, na ponta norte, dá ideia do cenário e do terreno da TRT. O lado oeste do lago é o mais árduo.

Esportes no Lago

Pescar no Tahoe é um passatempo muito popular. Alguns adoram o desafio de fisgar uma grande truta que nada até 122m sob a superfície. Há também salmão de Kokanee e trutas arco-íris e marrons migratórias.

Barcos a motor, alguns rebocando praticantes de esqui aquático ou de wakeboard, circulam velozmente no lago, e quem quer ainda mais adrenalina pode alugar jet skis. Os ventos que descem dos picos da Sierra desafiam velejadores e adeptos do kitesurf. Quem voa de asa-delta aprecia do alto as águas azuis, enquanto canoas e caiaques exploram grutas silenciosamente e contornam a costa. Mergulhadores em busca de florestas submersas ou trutas enormes se lançam de praias com declives ou de caiaques no lago de água doce cuja visibilidade chega a 30m.

Squaw Valley

12,8km ao noroeste de Tahoe City.
Tel (530) 583-6985. **w** squaw.com

O Squaw Valley entrou no mapa de esqui internacional ao sediar os VIII Jogos Olímpicos de Inverno, em 1960. Esse foi o local das primeiras Olimpíadas televisionadas do mundo, e uma nevasca na cerimônia de abertura caiu a tempo de assegurar boas competições.

Atualmente, a Tocha Olímpica e a Torre das Nações originais se encontram na entrada do vale. Essa estação, que funciona o ano inteiro, dispõe de mais de 30 teleféricos, lojas, restaurantes e hotéis. Esquiadores e snowboarders podem contar com uma média de 11,5m de neve por ano. High Camp, 4.500m acima do nível do mar, tem vistas magníficas do Lake Tahoe. No local há também o 1960 Olympic Winter Games Museum, um pavilhão de patinação no gelo que funciona o ano todo, um paredão de escalada, uma piscina, caminhadas guiadas em declives floridos e outras em noites de lua cheia até a base do vale.

Caiaque nas águas límpidas do Lake Tahoe

Emerald Bay e a trilha Eagle Falls

Stateline

Na divisa entre a Califórnia e Nevada, Stateline é a "Las Vegas" da região do Lake Tahoe. Nos anos 1860, garimpeiros da Comstock Silver iam a Virginia City, passando por Lakeside e Edgewood, e cavaleiros da Pony Express fizeram desse lugar sua última parada em Nevada. Em 1873, uma divisa estadual foi oficializada ao longo da ponta sul do Lake Tahoe.

Há salas nos cassinos-hotéis nas quais se planta os pés nos dois Estados. As vistas de ambos são muito bonitas, no entanto o oeste tem vistas californianas do lago, da costa, florestas e montanhas.

Emerald Bay

35,4km ao sul de Tahoe City.
Tel (530) 541-3030 ou (530) 525-7232.

O cartão-postal mais famoso do Lake Tahoe mostra as águas verdes-azuladas da Emerald Bay, com a ilhota Fannette no meio. Acredita-se que a rocha de granito da Fannette Island tenha sobrevivido à era glacial e que as ruínas de pedra existentes foram outrora uma casa de chá.

A Emerald Bay, com 4,8km de extensão, é o destaque do parque estadual homônimo. Nele, as cascatas Eagle Falls com três camadas e queda de 152m vão até Vikingsholm e têm uma trilha para observação.

A baía esculpida por geleiras tornou-se um Marco Natural Nacional em 1969 e atrai praticantes de caiaque que usufruem suas águas calmas. A Emerald Bay também é um parque submerso protegido, no qual mergulhadores podem ver uma antiga floresta subaquática e vestígios de botes e barcaças.

Vikingsholm Castle

Emerald Bay St Pk. **Tel** (530) 525-9530.
meados jun-1ª seg set.
w vikingsholm.org

A casa de veraneio de Lora Josephine Knight, concluída em 1929, é um belo exemplo de arquitetura escandinava do século XI, com torres, telhados com vegetação e dragões entalhados. Em 1928 Lora visitou a Escandinávia com seu arquiteto para colher ideias para o projeto do castelo. Com madeira e granito locais, 200 artífices aplainaram, entalharam e pintaram Vikingsholm. Os revestimentos e móveis com cores alegres também são réplicas, e os trincos e as dobradiças foram forjados à mão.

Ehrman Mansion

Sugar Point Pine St Pk. **Tel** (530) 525-7982 (Informações turísticas: (530) 525-7232). Jul-1ª seg set. Memorial Day-final set: 10h-15h diariam. US$5 (adultos).

Assim como outros milionários, o banqueiro Isaias W. Hellman construiu uma casa de veraneio na área do Lake Tahoe, em 1903. Hellman contratou o arquiteto William Danforth Bliss para projetar uma casa em estilo Rainha Ana, com linhas rústicas sofisticadas. Com três andares, a Ehrman Mansion tem paredes revestidas de sequoia e janelões. Uma varanda magnífica, com cadeiras de balanço e sofás, tem vista para o Lake Tahoe. Um gerador de vapor a lenha fornecia eletricidade, o que era o máximo em tecnologia, até a chegada da energia pública, em 1927. Havia também um moderno sistema de encanamento.

Curiosidades Sobre o Lake Tahoe

Há mais de 2 milhões de anos, a chuva e a neve formaram um lago na extremidade sul desse vale, entre duas partes paralelas da crosta terrestre. Na Era do Gelo, geleiras deram ao lago o formato de uma depressão redonda com profundidade média de 300m, embora um ponto atinja 515m. Terceiro lago mais profundo da América do Norte, o Lake Tahoe tem 35km de extensão e 19km de largura. Fica 1.920m acima do nível do mar e cobre mais de 99km². A fresca água verde-azulada desse lago aparentemente infinito tem um grau de pureza de 99,7% – ou seja, o mesmo teor da água que passou por destilação.

Os picos no entorno do Lake Tahoe

❾ Yosemite National Park

O acesso a grande parte do Yosemite National Park, uma vastidão de florestas perenes, prados alpinos e paredões de granito, só é viável a pé ou a cavalo. No entanto, é fácil chegar de carro ao espetacular Yosemite Valley, percorrendo 320km de estradas pavimentadas. Rochedos altos, cascatas, árvores gigantescas, cânions, montanhas e vales conferem ao Yosemite uma beleza incomparável.

Upper Yosemite Fall
Em dois saltos ligados por uma cascata, o Yosemite Creek tem uma queda de 739m.

Yosemite Chapel (1879)
Essa capela de madeira é o que restou da Old Village.

LEGENDA

① Chega-se ao **Sentinel Dome** pela Glacier Point Road.
② Sentinel Rock
③ Aluguel de bicicletas
④ Lower Yosemite Fall
⑤ Yosemite Village
⑥ Yosemite Museum
⑦ Atrás do **Valley Visitor Center** há uma vila indígena americana que pode ser visitada.
⑧ O **Ahwahnee Hotel** é reconhecido pela arquitetura rústica, a decoração elegante e as lindas vistas.
⑨ North Dome
⑩ Washington Column
⑪ Quarter Domes
⑫ Tenaya Canyon
⑬ Mirror Lake
⑭ Tenaya Creek
⑮ Liberty Cap
⑯ Nevada Fall
⑰ Rio Merced
⑱ Camp Curry
⑲ Patinação no gelo
⑳ Staircase Falls

Vista do Glacier Point
A 975m de altitude, o Glacier Point tem uma vista incrível do Tenaya Canyon.

YOSEMITE NATIONAL PARK | 203

Arredores do Vale
De maio a outubro, ônibus levam os visitantes ao Mariposa Grove, 56km ao sul do Yosemite Valley, onde a Grizzly Giant é a maior e mais antiga sequoia do parque. A nordeste, o Tuolumne Meadows é o maior prado alpino de Sierra e um lugar propício para ver cervos e ursos.

Sequoia gigantesca

O Half Dome no Outono
Uma trilha formidável sobe até o topo desse rochedo liso que se projeta acima da base do vale.

Legenda
- ═══ Estrada
- ooo Percurso de bicicleta
- ••• Percurso sugerido
- ~~~ Trilha
- ~~~ Rio

Vernal Fall
O rio Merced entra em seu cânion através dessa cascata de 97m.

Dicas

Distância de São Francisco: 312km. **Duração da viagem:** Cerca de 4 horas até Yosemite. **Como chegar:** De Stockton, a Hwy 120 é a rota mais rápida; a Hwy 140 é mais bonita e melhor no inverno. Ônibus de turismo vão ao Yosemite Valley (p. 281), mas é bom alugar um carro para ir a outras partes. **Quando ir:** As cascatas são caudalosas de maio a junho. Há mais turistas de junho a agosto e menos em setembro e outubro. A neve pode fechar as estradas: correntes nos pneus são obrigatórias entre novembro e abril (dependendo do clima). **Onde ficar e comer:** As opções de hospedagem vão de tendas rústicas a cabanas. Todos os hotéis têm bons restaurantes. **Informação turística:** Valley Visitor Center, Yosemite Village. **Tel** (209) 372-0299. **W** nps.gov/yose Tel (209) 372-0200 (informação 24h sobre o parque, clima e trânsito).

Legenda dos símbolos *na orelha da contracapa*

Como Explorar o Yosemite National Park

Parte do terreno montanhoso mais belo do mundo está protegida dentro dos 3.030km² do Yosemite National Park. Todo ano o parque recebe uma grande quantidade de visitantes, que se deslumbram com as vistas magníficas formadas por milhões de anos de atividade glacial. Cada estação propicia uma experiência única, desde cascatas caudalosas na primavera até cores rústicas do outono. Os meses de verão são os mais concorridos, pois no inverno a neve bloqueia várias estradas. A melhor estação para visitar o parque é o outono, quando a temperatura está amena e há menos turistas. Excursões de ônibus, ciclovias, trilhas de caminhada e estradas levam os visitantes por uma sucessão de cenários panorâmicos.

A massa da Upper Yosemite cresce com a neve derretida na primavera

Half Dome
Ponta leste do Yosemite Valley. ⬤ diariam (dependendo do clima).
Quase 1,6km acima da base do vale, a silhueta do Half Dome tornou-se um símbolo de Yosemite. Seu dorso curvo se ergue até um pico e depois cai verticalmente até o vale. Geólogos acreditam que o Half Dome não tem a metade, e sim três quartos de seu tamanho original. Em teoria, há 15 mil anos, banquisas de gelo glacial se deslocaram pelo vale a partir da crista da Sierra, ceifando rochas e depositando-as rio abaixo. O cume do Half Dome, a 2.695m, tem uma vista deslumbrante do vale. A trilha de 14km da cabeceira das Happy Isles até o pico é bem árdua e longa, o percurso de ida e volta dura entre 10 e 12 horas.

Yosemite Falls
North Yosemite Valley. ⬤ diariam.
As Yosemite Falls são as cascatas mais elevadas da América do Norte e descem de uma altura de 740m em três grandes quedas: Upper Yosemite, Middle Cascade e Lower Yosemite Falls. Um dos elementos mais conhecidos do parque, as cascatas são visíveis de todo o vale.

O topo da queda Upper Yosemite, a mais longa e elegante das três, tem acesso por uma trilha exaustiva de 11km contando a ida e a volta. É mais fácil chegar à Lower Fall, por uma trilha curta que começa ao lado do Yosemite Lodge e emoldura uma vista memorável de ambas as cascatas.

O auge de todas as cascatas do parque é em maio e junho, quando a neve derrete, deixando-as mais caudalosas. Elas podem sumir em setembro, restando apenas uma mancha escura nos paredões de granito.

Vernal e Nevada Falls
Ponta leste do Yosemite Valley. ⬤ diariam.
Uma caminhada popular de meio dia no Yosemite National Park é na Mist Trail, que leva a essas duas cascatas. A primeira no percurso completo de 11km é a Vernal Fall, que despenca 95m borrifando a trilha (leve um poncho ou uma capa impermeável na primavera). A trilha é extenuante nos 3km até o topo da Nevada Fall, com uma queda impressionante de 180m. Nesse ponto, a Mist Trail se liga à John Muir Trail, que contorna o dorso do Half Dome em seu rumo para o sul até o cume do Mount Whitney.

Paredão de granito de El Capitán

Glacier Point
Glacier Point Rd.
Mai-out: diariam.

Veja o panorama grandioso do Yosemite a partir do Glacier Point, que fica em uma aba rochosa 980m acima da base do vale. Desse ponto se vê a maioria das cascatas e outros elementos do Yosemite Valley, mas o traço dominante é o Half Dome. A vista também inclui boa parte da paisagem no entorno, uma bela área de picos alpinos e prados.

Só há acesso ao Glacier Point no verão. A estrada é bloqueada pela neve no inverno no Badger Pass, que em 1935 tornou-se a primeira estação de esqui comercial da Califórnia. Outra rota no verão é a Four-Mile Trail, que começa no lado oeste do vale. No verão, ônibus também permitem ir até o Glacier Point e depois descer a pé até o vale.

Mariposa Grove
Visitor Center Hwy 41, South Entrance. meados mai-out: diariam.

Na ponta sul do Yosemite, esse lindo bosque foi um dos fatores que influenciaram a criação do parque. Há mais de 500 sequoias gigantescas, algumas com mais de 3 mil anos, 75m de altura e 9m de diâmetro na base.

Uma série de trilhas de caminhada cruza o bosque. Porém, algumas partes do bosque, inclusive algumas trilhas, estarão temporariamente fechadas a partir do verão de 2015 até o fim de 2016.

Tunnel View
Hwy 41 voltada para o Yosemite Valley. diariam.

Esse mirante na Hwy 41, na ponta oeste do vale, descortina uma das vistas mais fotografadas do Yosemite National Park. Apesar do nome enfadonho tirado do túnel rodoviário que leva à Glacier Point Road, a vista é realmente espetacular, com El Capitán à esquerda, a Bridalveil Fall à direita e o Half Dome no meio.

El Capitán
Ponta noroeste do Yosemite Valley. diariam.

Montando guarda na entrada oeste do Yosemite Valley, o paredão de granito de El Capitán se ergue mais de 1.070m acima da base do vale. Um dos maiores monólitos de granito do mundo, El Capitán é um ímã para montanhistas, que passam dias em sua face lisa para chegar ao topo. Os menos ousados se reúnem no prado abaixo, assistindo de binóculos às peripécias dos outros.

O nome El Capitán foi dado pelos soldados que, em 1851, foram os primeiros americanos brancos a visitar o vale.

Tunnel View, um mirante para o Yosemite Valley

Tuolumne Meadows
Hwy 120, Tioga Rd. mai-nov: diariam.

No verão, quando as neves já derreteram e as flores silvestres desabrocham, o melhor lugar para apreciar a beleza estonteante da paisagem do Yosemite são esses prados subalpinos ao longo do rio Tuolumne. A 88km do Yosemite Valley pela Tioga Road, os Tuolumne Meadows também servem de ponto de partida para caminhadas até os diversos picos de granito e trilhas da área.

Cervos de cauda preta circulam nos prados do Yosemite

Ahwahnee Hotel
Yosemite Valley. **Tel** (209) 372-1407. diariam.

Edifício próximo à beleza natural do Yosemite, o Ahwahnee Hotel foi construído em 1927 a um custo de US$1,5 milhão. O projeto foi de Gilbert Stanley Underwood, que usou matacães enormes de granito e muita madeira para criar uma elegância rústica em harmonia com o entorno. O interior do Ahwahnee Hotel também imita o cenário natural e é decorado em estilo indígena. Os saguões exibem artes e artesanatos de povos nativos do país. O hotel se destaca igualmente por seu excelente restaurante, o Ahwahnee Dining Room.

Sequoias gigantescas no Mariposa Grove

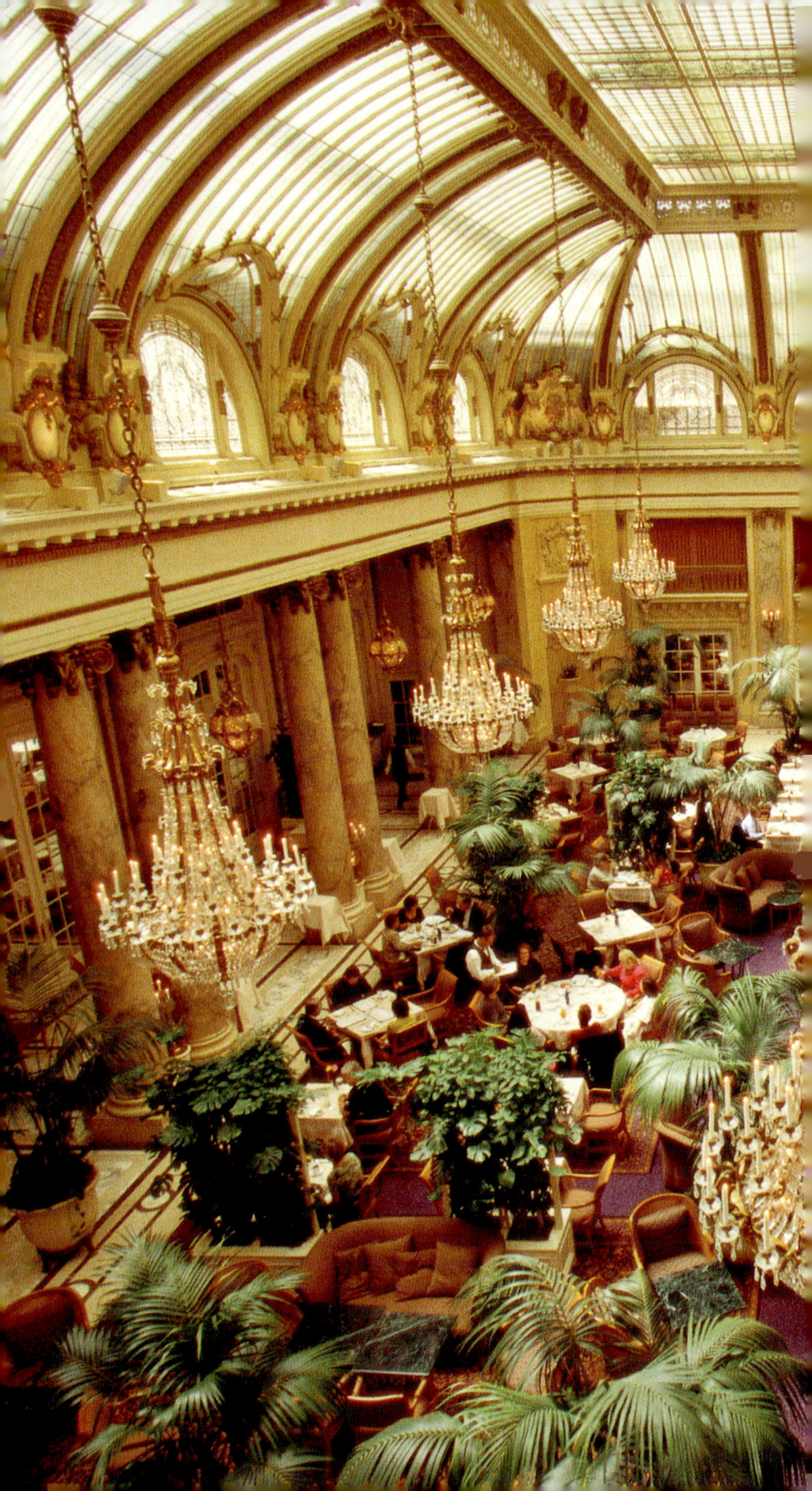

INDICAÇÕES AO TURISTA

Onde Ficar	**208-215**
Onde Comer e Beber	**216-231**
Compras	**232-245**
Diversão	**246-261**
Para Crianças	**262-263**

INDICAÇÕES AO TURISTA

ONDE FICAR

São Francisco dispõe de ampla estrutura hoteleira, de albergues da juventude espartanos a hotéis mais elegantes e luxuosos. Há mais de 33 mil quartos disponíveis na cidade, de modo a atender a todos os gostos e orçamentos. Os hotéis top têm preço compatível segundo padrões internacionais e figuram entre os melhores do mundo. Para quem tem orçamento limitado, há muitos albergues e motéis baratos e confortáveis. Outra opção é o esquema bed-and-breakfast de alguns estabelecimentos. Em geral, essas pousadas são menores do que os hotéis e, às vezes, bastante opulentas. Ou você pode optar por ficar em um hotel-butique. Para os viajantes ecoconscientes, os hotéis "verdes" estão se tornando bastante populares. A seleção a seguir representa as melhores opções de cada categoria e cobre todas as faixas de preço. Para mais detalhes sobre cada hotel, consulte as listas nas pp. 212-5.

Onde Procurar

Muitos dos hotéis de São Francisco ficam na área da movimentada Union Square, de onde se pode ir a pé ao Financial District e ao Moscone Convention Center. Por perto, a Nob Hill, onde há muitos hotéis finos, é mais tranquila, ao passo que a área do Fisherman's Wharf tem alguns hotéis e motéis adequados para famílias.

Fora do centro, nas imediações do Financial District e na Lombard Street no Marina District, há numerosos motéis com preços módicos. Bed-and-breakfast se espalham pela cidade, muitos em bairros calmos.

Preços

Em vista do conforto e dos serviços de alto nível, os preços de hotel em São Francisco em geral são bem razoáveis, sobretudo em comparação com a Europa e Nova York. O preço médio é entre US$160 e US$175 por noite, de acordo com a época e o local onde você se hospeda. Veja *Preços Especiais (p. 210)* para saber mais detalhes sobre descontos ou pacotes. Hotéis maiores frequentemente oferecem confortos como estacionamento, acesso à internet ou café da manhã. Vale a pena verificar antes de fazer a reserva.

Pessoas sozinhas obtêm no máximo um desconto pequeno, e muitos hotéis cobram de US$10 a US$15 a mais por noite para cada pessoa adicional (além das duas de praxe) no mesmo quarto. Para detalhes sobre viagem com crianças, veja a página 210.

Hotéis de Rede

Em um hotel de rede, você conta com bom serviço, preços moderados e instalações confortáveis. Entre as redes conhecidas estão a Westin, a Hilton, a Sheraton, a Marriott, a Ramada, a Hyatt e a Holiday Inn. Algumas delas têm vários hotéis e designam um deles como o principal. Todos os hotéis de rede dispõem de sites e um número para ligações gratuitas para quem busca informações sobre tarifas e disponibilidade.

Mobiliário opulento no Chateau Tivoli *(p. 212)*

Bed-and-Breakfasts

Uma ótima alternativa aos hotéis grandes na área central são os belos estabelecimentos que oferecem acomodações bed-and-breakfast. Muitos estão instalados em casas do século XIX em ótimo estado. Conhecidas como "bed-and-breakfast inns", em São Francisco elas variam de casas pitorescas em estilo campestre a mansões no alto de colinas. Não há semelhança com os estabelecimentos de mesmo nome da Europa, onde alguém aluga um quarto da própria casa para um indivíduo e também serve café da manhã. Algumas pousadas são bem luxuosas e oferecem o mesmo conforto que os melhores hotéis. Seu tamanho varia de poucos quartos a no máximo 30 e, geralmente, a atmosfera e a decoração são mais aconchegantes do que em um hotel normal. Todas as tarifas incluem café da manhã e, às vezes, uma taça de vinho à tarde.

Extras

Em geral, as tarifas dos quartos excluem o imposto, que impli-

O Room of the Dons no Mark Hopkins InterContinental Hotel *(p. 215)*

◀ O Garden Court no Sheraton Palace Hotel

ca um acréscimo de 14% a 15% à conta. Nenhum imposto sobre venda é cobrado, mas ligações telefônicas costumam ter um custo. Ligações locais, inclusive ligações gratuitas, podem custar até US$1. Interurbanos podem custar cinco vezes mais do que os feitos de um telefone privado. O uso da internet sem fio pode ser cobrado, geralmente cerca de US$15 por dia. Portanto, pergunte antes de usar. O envio e o recebimento de fax custa cerca de US$2 a US$3 por página, além da taxa telefônica.

Estacionar em um hotel na área central pode aumentar a conta no mínimo em US$20 por dia, fora a gorjeta. Já os motéis costumam ter estacionamento grátis. Alguns quartos contam com frigobar, mas o consumo desses produtos custa caro – por exemplo, US$5 por um chocolate. Os preços ficam expostos de forma bem visível.

Em geral, paga-se US$1 por cada peça de bagagem que os carregadores levam ou retiram dos quartos. Os garçons do serviço de quarto esperam uma gorjeta de 15% da conta, arredondada para cima e paga em dinheiro. Quem se hospeda por mais de dois dias deve deixar ao lado da cama uma gorjeta de US$5 a US$10 para a camareira.

Instalações

É possível avaliar o ambiente de um hotel assim que se entra no saguão. Alguns hotéis

O luxuoso saguão do Fairmont Hotel *(p. 215)*

de luxo, como o Hyatt Regency com seu átrio pomposo de vinte andares ou o refinado Fairmont *(p. 215)*, são verdadeiros marcos que asseguram estadas glamourosas. Boa parte dos melhores estabelecimentos tem restaurantes excelentes que, com frequência, dão tratamento especial aos hóspedes. Alguns hotéis têm piano-bar ou um clube noturno, o que possibilita que os turistas tenham uma divertida noite na cidade sem tirar os pés do hotel. Para saber mais detalhes, veja *Diversão* nas páginas 256-7.

O segmento de convenções é muito lucrativo para a indústria hoteleira de São Francisco. Por isso, muitos hotéis têm instalações para conferências, nas quais são realizadas reuniões de negócios, convenções políticas e outros eventos. Alguns hotéis mais antigos alugam salões de baile para casamentos e festas privadas. Na maioria deles, os hóspedes contam com mimos como produtos de higiene pessoal de cortesia, às vezes um jornal entregue de manhã, além de TV a cabo grátis, frigobar e equipamentos para o preparo de chá e café.

O King Terrace no Orchard Garden Hotel *(p. 214)*

Reservas

Quem pretende viajar para São Francisco deve reservar quartos com pelo menos um mês de antecedência durante a alta temporada, que se estende de julho a outubro. Reservas por telefone ou on-line são feitas com cartão de crédito, e, em geral, exige-se um depósito relativo a uma diária. Avise o hotel se for chegar após as 18h. Não existe uma agência oficial de reservas na cidade, mas é possível fazê-las pelo site do Visitor Information Center *(p. 266)* (www.sfvisitor.org). Muitos hotéis estão na lista do *Visitor Planning Guide*, publicação grátis do centro. Algumas agências reservam gratuitamente quartos para turistas e muitas vezes obtêm tarifas com descontos.

Tarifas Especiais

É sempre aconselhável entrar em sites de hotéis ou perguntar a agentes de reserva se há descontos especiais, sobretudo durante a baixa temporada, entre novembro e março. Recomenda-se também solicitar descontos ao reservar estadas em fins de semana, pois muitos hotéis que recebem sobretudo executivos reduzem suas tarifas para famílias. Alguns também podem fazer cortesias, como uma garrafa de vinho grátis ou refeições mais baratas, a fim de conquistar clientes que viajam a lazer.

Em geral, serviços de reserva não cobram taxa, pois recebem uma comissão dos hotéis, e alguns oferecem descontos nas tarifas. Um bom agente de viagem pode conseguir uma redução de 10% a 20% na diária padrão de muitos hotéis. Vale a pena conferir pacotes de viagem, como os anunciados nos jornais de domingo, já que eles podem resultar em uma economia significativa para quem pretende viajar. Muitas empresas aéreas também oferecem descontos como incentivo a quem recebe um hotel por meio delas. Se for membro de um programa de fidelidade, você pode poupar até 50% das tari-

Pet Suite no Petite Auberge *(p. 213)*

fas normais quando reservar um hotel filiado, além de ganhar mais milhas por cada diária de sua estada.

Portadores de Deficiência

Todos os hotéis dos EUA são obrigados a fornecer acomodações adequadas para portadores de deficiência, conforme determina uma lei de 1992. Hotéis mais antigos não precisam cumprir tal exigência, mas a maioria dos situados em São Francisco acata a norma e tem pelo menos um quarto adequado para cadeirantes. Na maioria dos estabelecimentos, a equipe faz o possível para ajudar, mas é recomendável informar quais são suas necessidades especiais ao gerente do hotel ao reservar um quarto. Todos os hotéis citados nas páginas 212-5 permitem que deficientes visuais se hospedem com cães-guias. Mais informações estão disponíveis na página 280, na seção *Informações Úteis*.

Gays e Lésbicas

Embora todos os hotéis de São Francisco recebam gays e lésbicas, a cidade também tem alguns lugares mais voltados a casais do mesmo sexo, às vezes até de forma exclusiva. A maioria desses estabelecimentos é intimista, a exemplo dos situados na área predominantemente gay de Castro e arredores. Algumas opções estão citadas na Agenda, mas livrarias gays também podem fornecer informações.

Crianças

Crianças são bem-vindas em todos os hotéis de São Francisco, e poucos cobram a mais por uma ou duas crianças menores de 12 anos hospedadas no mesmo quarto dos pais. É aconselhável, porém, avisar a equipe do hotel de que você irá com crianças, pois nem todos os quartos são adequados. Alguns hotéis podem providenciar um sofá-cama ou instalar uma cama dobrável mediante uma taxa adicional de US$10 a US$15 na diária. A maioria dos hotéis providencia babás, e há agências especializadas no ramo. Veja as páginas 262-3 para mais informações. Muitas famílias preferem ficar em um hotel só com suítes ou alugar um apartamento mobiliado para ter mais espaço e liberdade.

Hospedagem Econômica e para Jovens

Há muitos albergues da juventude em São Francisco, os quais oferecem beliches em dormitórios e alguns quartos privados a preços acessíveis, ideais para quem viaja com orçamento limitado. Há três albergues bons e baratos da organização sem fins lucrativos **Hosteling International**. O mais conhecido fica no **Fisherman's Wharf**, e os outros dois, na Ellis Street e na Mason Street, perto da Union Square. Todos contam com cozinha, sala de mídia, TVs de tela plana, filmes todas as noites e coordenadores que ajudam a planejar os passeios. Há também vários albergues privados na cidade. Entre as opções econômicas estão o **Pacific Tradewinds Hostel** e o **Hotel Herbert**.

Apartamentos Mobiliados e Quartos em Casas Particulares

Alguns turistas preferem se hospedar no estilo bed-and-breakfast em casas particulares. Graças à internet, hoje em dia há uma variedade bem mais ampla de hospedagem disponível. Entre as opções há desde lofts e sofás em espaços comunitários a luxuosos apartamentos privados. **AMSI** e **Pinnacle at Nob Hill** oferecem apartamentos mobiliados de alto padrão para aluguel a longo prazo. Sites que alugam casas vêm ganhando popularidade mundial, mas a tecnológica São Francisco tem mais usuários do que a maioria dos lugares, e sites como **AirBnB** e **VRBO** exibem centenas de opções disponíveis. Os quartos são alugados pelo dono ou pelos inquilinos do imóvel; em geral, o café da manhã está incluso no preço. Ao fazer a reserva, pergunte se há exigência de estada mínima, de depósitos ou de multas por cancelamento. Caso resolva ficar em uma casa particular, tenha em mente que os donos esperam hóspedes discretos e respeitosos. Existem ainda fontes tradicionais para esses tipos de acordos. Para mais detalhes, consulte imobiliárias que atuam especificamente nesse segmento, como a **Bed and Breakfast San Francisco** e a **California Association of Bed and Breakfast Inns**.

Hotéis Recomendados

Seja qual for a área da cidade em que você pretende ficar, os hotéis das páginas a seguir asseguram acomodação e serviços excelentes de acordo com seu orçamento. Há estabelecimentos centrais em Chinatown, na Union Square, no Civic Center e no Financial District. Mission e SoMa são bairros adjacentes, pois isso seus hotéis foram reunidos na mesma categoria, "Sul da Market Street". As partes alta e baixa da Haight Street fazem limite com Castro, e os hotéis por ali estão agrupados. Castro também é adjacente à área de Mission. Lugares fora do centro possibilitam ir diariamente à cidade, ao passo que as opções no norte da Califórnia são mais distantes de São Francisco.

Os hotéis estão divididos em cinco categorias: Bed-and-breakfast, Butique, Econômico, Ecológico, Luxuoso e Spa. Os B&Bs em São Francisco são muito acolhedores e servem café da manhã decente. Os hotéis-butique trazem quartos temáticos, como anime japonês, e muitas vezes ocupam belos edifícios históricos; há desde membros de redes pequenas até estabelecimentos independentes. Hotéis econômicos oferecem acomodação razoável a preços baixos, e os ecológicos têm certificações locais por práticas ambientais. Opções de luxo primam por comodidades e serviços de alto padrão, além de spa em vários casos.

Os hotéis mais recomendados em nossas listas estão nos quadros de "Destaque". Ganharam essa distinção porque representam um verdadeiro achado para quem vai a São Francisco, seja por detalhes históricos ou por uma localização imbatível com vistas incríveis da área da baía.

AGENDA

Agências de Reserva

Advanced Reservation Systems (ARES)
3750 Convoy St,
Suite 312,
San Diego,
CA 92111.
Tel (1-800) 434-7894.
w aresdirect.com

Hotels.Com
8140 Walnut Hill Lane, Suite 203,
Dallas, TX 75231.
Tel (214) 361-7311
e (1-800) 246-8357.
w hotels.com

San Francisco Reservations
360 22nd St,
Suite 300,
Oakland,
CA 94612.
Tel (510) 628-4450 e
(1-800) 677-1500.
w hotelres.com

Gays e Lésbicas

Chateau Tivoli
1057 Steiner St, SF,
LA 94115.
Mapa 10 D1.
Tel 776-5462.
w chateautivoli.com

Inn on Castro
321 Castro St,
SF, CA 94114.
Mapa 10 D2.
Tel 861-0321.
w innoncastro.com

The Willows Inn
710 14th St, SF,
CA 94114.
Mapa 10 E2.
Tel 431-4770.
w willowssf.com

Hospedagem Econômica

Hosteling International City Center
685 Ellis St, SF, CA 94109.
Mapa 5 A5. **Tel** 474-5721.

Downtown
312 Mason St, SF, CA 94102. **Mapa** 5 B5.
Tel 788-5604.

Fisherman's Wharf
Bldg 240, Upper Fort Mason, SF, CA 94123.
Mapa 4 E1.
Tel 771-7277.

Hotel Herbert
161 Powell St,
SF, CA 94102.
Mapa 5 B5. **Tel** 362-1600.

Pacific Tradewinds Hostel
680 Sacramento St,
SF, CA 94111. **Mapa** 5 C4.
Tel 433-7970.

Apartamentos Mobiliados

AMSI
2800 Van Ness,
SF, CA 94109.
Tel 447-2000
e (1-800) 747-7784.
w amsires.com

Pinnacle at Nob Hill
899 Pine St,
SF, CA 94108.
Tel 421-1899.
w thepinnacleat nobhill.com

Quartos em Casas Particulares

AirBnB
w airbnb.com

Bed and Breakfast San Francisco
PO Box 420009,
SF, CA 94142.
Tel 899-0060.
w bbsf.com

California Association of Boutique and Breakfast Inns
414 29th St,
Sacramento,
CA 95816.
Tel (1-800) 373-9251.
w cabbi.com

VRBO
w vrbo.com

Onde Ficar

B&Bs
Área Central

Golden Gate Hotel $$
775 Bush St, 94108
Tel *(415) 392-3702* **Mapa** 5 B4
w goldengatehotel.com
Hotel de gestão familiar com quartos pequenos e luxuosos. Serve chá e cookies à tarde.

Fisherman's Wharf e North Beach

Washington Square Inn $$$
1660 Stockton St, 94133
Tel *(415) 981-4220* **Mapa** 5 B2
w wsisf.com
Quartos pequenos, porém de alta classe. Servem-se café da manhã básico, mas satisfatório, além de vinho e canapés de cortesia.

Haight Ashbury e Castro

Edwardian Hotel $$
1688 Market St, 94102
Tel *(415) 864-1271* **Mapa** 10 F1
w edwardiansf.com
Em um edifício clássico de 1913, esse hotel reformado tem decoração e instalações modernas.

Parker Guest House $$
520 Church St, 94114
Tel *(415) 621-3222* **Mapa** 10 E2
w parkerguesthouse.com
Há quartos bem mobiliados, belos jardins e coquetéis à noite nesse local indicado para gays.

Willows Inn Bed & Breakfast $$
710 14th St, 94114
Tel *(415) 431-4770* **Mapa** 10 E2
w willowssf.com
Quartos limpos e café da manhã reforçado tornam esse hotel uma opção excelente.

Degraus de pedra na entrada da pitoresca Blackbird Inn, em Napa

Stanyan Park Hotel $$$
750 Stanyan St, 94117
Tel *(415) 751-1000* **Mapa** 9 B2
w stanyanpark.com
Inscrito no Registro Histórico Nacional, tem quartos amplos em estilo vitoriano.

Pacific Heights e Marina

Chateau Tivoli $$$
1057 Steiner St, 94115
Tel *(415) 776-5462* **Mapa** 4 D4
w chateautivoli.com
Fãs de história adoram essa mansão vitoriana com decoração de época. Os quartos são amplos.

SoMa e Mission

Sleep Over Sauce $$
135 Gough St, 94102
Tel *(415) 621-0896* **Mapa** 10 F1
w sleepsf.com
Charmoso, situado em área descolada, tem quartos confortáveis.

The Inn San Francisco $$
943 South Van Ness Ave, 94110
Tel *(415) 641-0188* **Mapa** 10 F3
w innsf.com
Elegante mansão vitoriana com decoração de época e camas confortáveis. O café da manhã é caprichado.

Fora do Centro

Point Reyes Station Inn $$
11591 California 1, Point Reyes, 94956
Tel *(415) 663-9372*
w pointreyesstationinn.com
Retiro litorâneo com todas as comodidades modernas. Ideal para amantes da natureza.

Rose Garden Inn $$
2740 Telegraph Ave, Berkeley, 94705
Tel *(510) 549-2145*
w rosegardeninn.com
Quartos limpos com bela decoração em estilo vitoriano. A Rose Garden atrai sobretudo jovens.

Norte da Califórnia

Headlands Inn Bed & Breakfast $$
10453 Howard St, Mendocino, 95460
Tel *(707) 937-4431*
w headlandsinn.com
Lareiras, colchões de plumas e café da manhã servido no quarto criam uma atmosfera romântica nesse B&B.

Categorias de Preço
Diária de um quarto padrão para duas pessoas, na alta temporada, com taxas de serviço e impostos.

$	até US$150
$$	US$150-US$250
$$$	acima de US$250

Destaque

Boonville Hotel $$
14050 California 128, Boonville, 95415
Tel *(707) 895-2210*
w boonvillehotel.com
Conheça o charme rústico da Califórnia no belo cenário do Anderson Valley. Os quartos, limpos e aconchegantes, têm vistas para a horta. Há também bangalôs privados. O restaurante interno traz um menu a preço fixo acessível, à base de ingredientes locais sazonais.

Blackbird Inn $$$
1755 First St, Napa, 94559
Tel *(1-888) 567-9811*
w blackbirdnnapa.com
Oferece quartos amplos com móveis artesanais e lareiras.

Hotéis-Butique
Área Central

Chancellor Hotel $$
433 Powell St, 94102
Tel *(415) 362-2004* **Mapa** 5 B4
w chancellorhotel.com
Muito charmoso, oferece quartos pequenos, porém silenciosos e bem equipados.

Cornell Hotel de France $$
715 Bush St, 94108
Tel *(415) 421-3154* **Mapa** 5 B4
w cornellhotel.com
Nesse hotel há quartos pequenos, atendimento personalizado, saguão confortável e café da manhã de cortesia.

Hotel des Arts $$
447 Bush St, 94108
Tel *(415) 956-3232* **Mapa** 5 C4
w sfhoteldesarts.com
Apresenta decoração moderna despojada, uma galeria e quartos com design de artistas locais.

Hotel Tomo $$
1800 Sutter St, 94115
Tel *(415) 921-4000* **Mapa** 4 E4
w hoteltomo.com
Hotel alegre com tema de anime japonês e instalações modernas.

ONDE FICAR | 213

Hotel Vertigo $$
940 Sutter St, 94109
Tel *(415) 885-6800* **Mapa** 5 A4
🌐 hotelvertigosf.com
Fãs de Hitchcock amam esse hotel que evoca o filme clássico do diretor. Estrutura excelente.

Destaque

Petite Auberge $$
863 Bush St, 94108
Tel *(415) 928-6000* **Mapa** 5 B4
🌐 jdvhotels.com/hotels/sanfrancisco/petite_auberge
Esse hotel em estilo da Provença francesa pertence ao grupo Joie de Vivre. O ambiente de luxo rústico exibe panelas de latão nas paredes, e as camas têm colchão pillow top. O bufê de café da manhã é cortesia, e cookies são servidos à tarde.

Phoenix Hotel $$
601 Eddy St, 94109
Tel *(415) 776-1380* **Mapa** 5 A5
🌐 jdvhotels.com/phoenix
Há um lounge com piscina no centro desse hotel reformado, que oferece quartos amplos e limpos e estacionamento grátis.

Clift Hotel $$$
495 Geary St, 94102
Tel *(415) 775-4700* **Mapa** 5 B5
🌐 clifthotel.com
Combinação de antigo e moderno, esse local é ideal para ver celebridades. O saguão apresenta móveis singulares.

Hotel Rex $$$
562 Sutter St, 94102
Tel *(415) 433-4434* **Mapa** 5 B4
🌐 www.jdvhotels.com/rex
Lugar hospitaleiro com tema literário e equipe cortês. Ouça jazz ao vivo nas noites de sexta-feira no Library Bar.

Fisherman's Wharf e North Beach

Da Vinci Villa $$
2550 Van Ness Ave, 94109
Tel *(415) 529-2500* **Mapa** 4 F2
🌐 davincivilla.com
Quartos confortáveis e mobiliados com bom gosto; alguns oferecem vista da Ponte Golden Gate. Há piscina externa.

Best Western Plus The Tuscan $$$
425 North Point St, 94133
Tel *(415) 561-1100* **Mapa** 5 B1
🌐 tuscaninn.com
A recepção com vinho promovida por esse hotel à moda italiana é famosa.

O sofisticado Library Bar no Hotel Rex

Hotel Bohème $$$
444 Columbus Ave, 94133
Tel *(415) 433-9111* **Mapa** 5 B3
🌐 hotelboheme.com
Quartos ecléticos em hotel cercado por restaurantes, bares e lojas – ideal para explorar a cidade.

Pacific Heights e Marina

Motel Capri $
2015 Greenwich St, 94123
Tel *(415) 346-4667* **Mapa** 4 D2
🌐 sfmotelcapri.com
Esse motel dos anos 1960 oferece quartos confortáveis com colchões pillow top, além de estacionamento grátis. Aceita animais de estimação.

Inn at the Presidio $$
42 Moraga Ave, 94129
Tel *(415) 800-7356* **Mapa** 3 B3
🌐 innatthepresidio.com
As suítes desse hotel excelente têm lareira. Relaxe na charmosa varanda ou no pátio ao ar livre, diante da fogueira.

Queen Anne Hotel $$$
1590 Sutter St, 94109
Tel *(415) 441-2828* **Mapa** 4 E4
🌐 queenanne.com
Hotel vitoriano imponente, com muita personalidade e decoração elegante. Wi-Fi grátis e serviço impecável.

SoMa e Mission

Best Western Americania Hotel $$
121 7th St, 94103
Tel *(415) 626-0200* **Mapa** 11 A1
🌐 americaniahotel.com
Um oásis em área pouco explorada. Quartos limpos e alegres.

Best Western Carriage Inn $$
140 7th St, 94103
Tel *(415) 552-8600* **Mapa** 11 A1
🌐 carriageinnsf.com
Cada um dos amplos quartos traz um tema inspirado em personalidades locais.

Inn at the Opera $$
333 Fulton St, 94102
Tel *(415) 863-8400* **Mapa** 4 F5
🌐 shellhospitality.com/en/Inn-at-the-Opera/
Quartos de bom gosto com cozinha. Ótima opção para grupos.

The Mosser $$
54 4th St, 94103
Tel *(415) 986-4400* **Mapa** 5 C5
🌐 themosser.com
Quartos modernos exibem charme vitoriano e preço justo.

Fora do Centro

Hotel Sausalito $$
16 El Portal St, Sausalito, 94965
Tel *(415) 332-0700*
🌐 hotelsausalito.com
Hotel elegante com charme litorâneo e camas confortáveis.

Norte da Califórnia

Metro Hotel & Café $
508 Petaluma Blvd South, Petaluma, 94952
Tel *(707) 773-4900*
🌐 metrolodging.com
Hotel de tema francês com quartos alegres e aconchegantes.

Fireside Lodge $$
515 Emerald Bay Rd, South Lake Tahoe, 96150
Tel *(530) 544-5515*
🌐 tahoefiresidelodge.com
Motel dos anos 1950, o Fireside exibe charme retrô kitsch.

Homestead Cottages $$
41110 Rd 600, Ahwahnee, 93610
Tel *(559) 683-0495*
🌐 homesteadcottages.com
Oferece casas bem equipadas em uma área tranquila.

Queen's Inn by the River $$
41139 Hwy 41, Oakhurst, 93644
Tel *(559) 683-4354*
🌐 queensinn.com
Hospedagem rural com excelentes quartos modernos.

Mais informações sobre hotéis *nas pp. 210-1*

Econômicos
Área Central

Baldwin Hotel $
321 Grant Ave, 94108
Tel *(415) 781-2220* **Mapa** 5 C4
baldwinhotel.com
Hotel em estilo europeu antigo, exibe quartos pequenos com banheiras e equipe gentil.

The Cartwright Hotel $$
524 Sutter St, 94102
Tel *(415) 421-2865* **Mapa** 5 B4
cartwrightunionsquare.com
Perto do Theater District, o Cartwright tem saguão com lareira, quartos simples e Wi-Fi grátis. Aceita animais de estimação.

Fisherman's Wharf e North Beach

San Remo Hotel $
2237 Mason St, 94133
Tel *(415) 776-8688* **Mapa** 5 B2
sanremohotel.com
Limpos e aconchegantes, os quartos do romântico San Remo compartilham banheiros. A suíte da cobertura é excelente.

Haight Ashbury e Castro

Metro Hotel $
319 Divisadero St, 94117
Tel *(415) 861-5364* **Mapa** 10 D1
metrohotelsf.com
Quartos limpos e confortáveis, alguns reformados recentemente. O Metro Hotel ainda oferece Wi-Fi grátis e serviço impecável.

Beck's Motor Lodge $$
2222 Market St, 94114
Tel *(415) 621-8212* **Mapa** 10 E1
becksmotorlodge.com
Quartos básicos mas limpos, para não fumantes, em área animada. Tem deque privativo e estacionamento e Wi-Fi gratuitos. Famoso entre o público gay.

Destaque
Red Victorian Bed & Breakfast $
1665 Haight St, 94117
Tel *(415) 864-1978* **Mapa** 9 B1
redvic.com
Conhecido como Red Vic, esse edifício grandioso de mais de um século tem atmosfera alegre que evoca o Verão do Amor em São Francisco. Há dezoito quartos com design exclusivo e um café que serve ótimas opções de desjejum.

Pacific Heights e Marina

The Greenwich Inn $
3201 Steiner St, 94213
Tel *(415) 921-5162* **Mapa** 4 D2
greenwichinn.com
Hotel básico bom para famílias. Propõe quartos aconchegantes e estacionamento e Wi-Fi grátis.

Inn on Broadway $
2201 Van Ness Ave, 94109
Tel *(415) 776-7900* **Mapa** 4 E3
broadwaymanor.com
Os quartos dessa pousada para não fumantes têm TV de tela plana e utensílios para café e chá. Estacionamento e Wi-Fi grátis.

Redwood Inn $
1530 Lombard St, 94123
Tel *(415) 776-3800* **Mapa** 4 E2
sfredwoodinn.com
Motel com quartos amplos e baratos. Estacionamento e Wi-Fi gratuitos. Não aceita fumantes.

SoMa e Mission

Hayes Valley Inn $
417 Gough St, 94102
Tel *(415) 431-9131* **Mapa** 4 E5
hayesvalleyinn.com
Pousada charmosa e barata com quartos básicos que partilham banheiros. Oferece café da manhã.

Fora do Centro

Destaque
Marin Headlands Hostel $
941 Rosenstock Rd, Sausalito, 94965
Tel *(415) 331-2777*
norcalhostels.org/marin
Há quartos e dormitórios limpos e confortáveis por US$30-130 a diária nesses edifícios históricos. Percorra as trilhas de Marin Headlands ou participe do programa Artists in Residence, na galeria do local.

O agradável bar Roots, no Orchard Garden Hotel

Norte da Califórnia

Pepper Tree Inn $
645 N Lake Blvd, Tahoe City, 96145
Tel *(530) 583-3711*
peppertreetahoe.com
Quartos retrô com vista do lago. Próximo às pistas de esqui.

Point Reyes Hostel $
1390 Limantour Spit Rd, Point Reyes, 94956
Tel *(415) 663-8811*
norcalhostels.org/reyes
Fazenda histórica com dormitórios e quartos privados.

Ecológicos
Área Central

Hotel Whitcomb $$
1231 Market St, 94103
Tel *(415) 626-8000* **Mapa** 11 A1
hotelwhitcomb.com
Antigo, o Whitcomb abriga quartos pequenos, porém com muito estilo e personalidade.

Hotel Griffon $$$
155 Steuart St, 94105
Tel *(415) 495-2100* **Mapa** 6 E4
hotelgriffon.com
Hotel-butique cujos quartos, limpos, têm vistas para as águas.

Orchard Garden Hotel $$$
466 Bush St, 94108
Tel *(415) 399-9807* **Mapa** 5 C4
theorchardgardenhotel.com
Acomodações simples com produtos de toalete orgânicos. A equipe é eficiente e simpática.

Serrano Hotel $$$
405 Taylor St, 94102
Tel *(415) 885-2500* **Mapa** 5 B5
serranohotel.com
Com móveis de cerejeira e roupas brancas nos quartos, o Serrano empresta bicicletas.

Sir Francis Drake Hotel $$$
450 Powell St, 94108
Tel *(415) 392-7755* **Mapa** 5 B4
sirfrancisdrake.com
Esse hotel exibe charme dos anos 1930 em quartos pequenos. Aproveite para relaxar com os tratamentos de spa.

Fisherman's Wharf e North Beach

Argonaut Hotel $$$
495 Jefferson St, 94109
Tel *(415) 563-0800* **Mapa** 5 A1
argonauthotel.com
Destaca-se pela originalidade na decoração e pelo restaurante. Aceita animais de estimação.

Categorias de Preço *na p. 212*

ONDE FICAR | **215**

Pacific Heights e Marina

Hotel Drisco $$$
2901 Pacific Ave, 94115
Tel *(415) 346-2880* **Mapa** 3 C3
🌐 hoteldrisco.com
Amplo e elegante, apresenta o glamour dos anos 1940 e todas as comodidades modernas.

Destaque
Hotel del Sol $$$
3100 Webster St, 94123
Tel *(415) 921-5520* **Mapa** 4 D2
🌐 jdvhotels.com/hotels/sanfrancisco/del_sol
Local em estilo praiano no centro da cidade, o Hotel del Sol apresenta quartos bonitos e confortáveis. Ideal para famílias, serve cookies e leite à tarde, em vez de queijos e vinhos; além disso, impõe horários de silêncio. O café da manhã é cortesia. Tem piscina aquecida no térreo.

Fora do Centro

Pigeon Point Lighthouse Hostel $
210 Pigeon Point Rd, Pescadero, 94060
Tel *(650) 879-0633*
🌐 norcalhostels.org/pigeon
É possível observar as baleias e o farol a partir da banheira de hidromassagem instalada em um rochedo. Quartos e dormitórios.

Bancroft Hotel $$
2680 Bancroft Way, Berkeley, 94704
Tel *(510) 549-1000*
🌐 bancrofthotel.com
O College Women's Club recuperou o estilo Arts & Crafts. Os quartos têm roupas de cama e produtos de toalete orgânicos.

Waters Edge Hotel $$$
25 Main St, Tiburon, 94920
Tel *(415) 789-5999*
🌐 marinhotels.com/waters-edge-hotel/home
Cama luxuosa e café da manhã no quarto. Vistas da baía e da cidade.

Norte da Califórnia

Treebones Resort $$
71895 Hwy 1, Big Sur, 93920
Tel *(805) 927-2390*
🌐 treebonesresort.com
Resort litorâneo exclusivo, o Treebones oferece hospedagem em tendas e em um "ninho humano". Aprecie as vistas maravilhosas do pôr do sol no sushi-bar ao ar livre.

Luxuosos e Spas
Área Central

The Fairmont $$$
950 Mason St, 94108
Tel *(415) 772-5000* **Mapa** 5 B4
🌐 fairmont.com/san-francisco/
No alto do Nob Hill, o Fairmont oferece luxo e serviços de alto padrão.

Hotel Kabuki $$$
1625 Post St, 94115
Tel *(415) 922-3200* **Mapa** 4 E4
🌐 jdvhotels.com/kabuki
Usufrua a hospitalidade japonesa, com direito a banheiras de imersão e atmosfera zen.

Hotel Vitale $$$
8 Mission St, 94105
Tel *(415) 278-3700* **Mapa** 6 E4
🌐 hotelvitale.com
Quartos amplos e luxuosos são a norma nesse hotel diante das águas, com um spa.

Destaque
Mark Hopkins Inter-Continental Hotel $$$
1 Nob Hill, 94108
Tel *(415) 392-3434* **Mapa** 5 B4
🌐 intercontinentalmarkhopkins.com
A fachada imponente e a decoração elaborada distinguem esse hotel dos demais. Todos os quartos são excelentes, mas as suítes primam pela qualidade. No último andar e com vistas maravilhosas de 360 graus da cidade, o bar Top of the Mark atrai muita gente.

Palace Hotel $$$
2 New Montgomery St, 94105
Tel *(415) 512-1111* **Mapa** 5 C4
🌐 sfpalace.com
Belo e grandioso, o Palace abriga quartos refinados, suítes amplas e um restaurante fantástico.

Ritz-Carlton San Francisco $$$
600 Stockton St, 94108
Tel *(415) 296-7465* **Mapa** 5 C4
🌐 ritzcarlton.com
Refinado, o Ritz exala elegância em todos os detalhes. Seus quartos exibem obras originais de artistas locais.

San Francisco Marriott Marquis $$$
55 4th St, 94103
Tel *(415) 896-1600* **Mapa** 5 C5
🌐 marriott.com/hotels/travel/sfodt-san-francisco-marriott
Com ampla variedade de quartos, é voltado para executivos, mas ótimo também para turistas.

Piscina externa aquecida e paredes coloridas no Hotel del Sol

SoMa e Mission

InterContinental San Francisco Hotel $$$
888 Howard St, 94103
Tel *(415) 616-6500* **Mapa** 5 C5
🌐 intercontinentalsanfrancisco.com
Estética apurada, quartos bons (para não fumantes) e spa.

The St. Regis San Francisco $$$
125 3rd St, 94103
Tel *(415) 284-4000* **Mapa** 5 C5
🌐 starwoodhotels.com/stregis
Representante do luxo máximo, o St. Regis tem espaços refinados e acolhedores.

The W Hotel $$$
181 Third St, 94103
Tel *(415) 777-5300* **Mapa** 5 C5
🌐 wsanfrancisco.com
Oferece camas luxuosas, decoração chique e serviços de spa.

Fora do Centro

Cavallo Point $$$
601 Murray Circle, Sausalito, 94965
Tel *(415) 339-4700*
🌐 cavallopoint.com
Resort e spa na base da Ponte Golden Gate. Os quartos são mobiliados com luxo.

Inn Above Tide $$$
30 El Portal St, Sausalito, 94965
Tel *(415) 332-9535*
🌐 innabovetide.com
Destino romântico com quartos acima da baía. Tem lindas vistas, hidromassagem e acesso à balsa.

Norte da Califórnia

Auberge du Soleil $$$
180 Rutherford Hill Rd, Rutherford, 94573
Tel *(707) 963-1211*
🌐 aubergedusoleil.com
Propõe quartos de luxo, um spa excelente e vistas do Napa Valley.

Mais informações sobre hotéis *nas pp. 210-1*

ONDE COMER E BEBER

Há mais de 5 mil estabelecimentos para comer e beber em São Francisco, e, graças à acirrada concorrência, é possível encontrar comida ótima a preços razoáveis. O acesso fácil a produtos frescos, sobretudo a frutos do mar, tornou a cidade um polo da cozinha inovadora da Califórnia. O fato de São Francisco ser um porto internacional *(pp. 42-3)* lhe trouxe diversidade de culinárias étnicas. As listas de restaurantes das páginas 222-9 mostram uma seleção de restaurantes representativos; comida mais leve e lanches rápidos estão na página 231. Os cafés de São Francisco são citados na página 230.

Tipos de Restaurante

Uma ampla variedade de culinárias estrangeiras é disponível em São Francisco. Os restaurantes mais badalados ficam no centro da cidade, no bairro de Mission e na área ao sul da Market Street. Vale a pena também pesquisar a Chestnut Street, no Marina District, e o trecho da Fillmore Street entre a Bush Street e a Jackson Street. Comida italiana é encontrada na área de North Beach, e comida latino-americana, no Mission District. Chinatown tem muitos restaurantes chineses, além de cambojanos, vietnamitas e tailandeses. No Geary Boulevard e na Clement Street, no Richmond District, há mais restaurantes chineses e do Sudeste Asiático.

Outras Opções

São Francisco oferece várias opções para comer além de restaurantes. Muitos hotéis têm salões excelentes ou bufês informais abertos ao público na hora do almoço e do jantar. A maioria também abriga cafeterias para café da manhã ou refeições tarde da noite. Há algumas delicatéssens no Financial District, além de casas de fast-food e vendedores de rua por toda a cidade.

Food Trucks

Uma versão superior da comida de rua, os food trucks oferecem refeições deliciosas para viagem, sendo um meio rápido e barato para se alimentar. Constituem também uma vitrine do que mais se consome na cidade, além de uma plataforma de divulgação e lançamento para muitos aspirantes a *restaurateurs*. Eles servem desde waffles e crepes belgas a burritos de fusão e tacos coreanos com carne condimentada. Sites e aplicativos de celulares informam a localização exata dos trucks, muitos dos quais se reúnem diariamente em alguns pontos da cidade. O Farmer's Market no Ferry Building, às terças, quintas e sextas, dá uma boa mostra dos food trucks favoritos.

Horários e Preços

Os preços variam muito conforme o lugar. O café da manhã, disponível das 7h às 11h, muitas vezes é barato, entre US$8 e US$15. Em geral, o brunch, servido das 10h às 14h aos sábados e domingos, custa entre US$7 e US$20. Uma refeição leve no almoço, que ocorre das 11h às 14h30, sai por cerca de US$6. Nos melhores restaurantes, os preços no almoço são mais acessíveis do que no jantar, embora não sejam baixos. As refeições noturnas são servidas a partir das 18h, e muitas cozinhas fecham por volta de 22h. Saladas e petiscos custam entre US$5 e US$8 cada, e o custo dos

Decoração suntuosa no salão de um restaurante refinado

pratos principais fica entre US$10 e US$25. Nos restaurantes mais finos, porém, uma refeição pode custar mais de US$75, e a garrafa de vinho, entre US$30 e US$60. Poucos lugares ficam abertos a noite inteira.

Para Economizar

Uma estratégia para gastar menos é tomar um café da manhã substancioso mais tarde. Comer ao ar livre na cidade é muito agradável: ao meio-dia, compre frutas frescas e faça um piquenique. As *taquerías* e lugares com falafel no Mission District também são boas opções. Você pode reduzir as despesas em um restaurante compartilhando a comida, pois as porções costumam ser grandes. Ou aproveite os petiscos grátis oferecidos em muitos bares no centro da cidade entre 16h e 18h: é comum iguarias como *won ton* estarem inclusas no preço de um drinque (veja dicas interessantes na seção Bares de São Francisco, *p. 258*). Vários lugares oferecem refeições a preço fixo razoável.

O interior do restaurante vegano Millennium *(p. 223)*

Imposto e Gorjeta

Os 9,5% do IVA são acrescentados à conta final em São Francisco, mas raramente é cobrada taxa de serviço, exceto para grupos com seis ou mais pessoas. No entanto, uma gorjeta de cerca de 15% do valor da conta é comum, e, para facilitar, a maioria das pessoas dobra o valor do IVA e arredonda para baixo ou para cima. Deixe a gorjeta em dinheiro na mesa ou, caso use cartão de crédito, adicione-a ao total. Restaurantes em São Francisco também são obrigados a dar cobertura de saúde para os funcionários, e esse encargo pode acarretar uma taxa de 1% a 5% na conta ou de US$1 a US$5 por mesa. Veja os detalhes no cardápio.

Etiqueta

Como ocorre na maior parte da Califórnia, os donos de restaurantes em São Francisco têm uma postura descontraída, e as pessoas podem ir de camiseta e jeans à maioria dos lugares. Mesmo em estabelecimentos mais finos, usam-se jeans escuros e roupas informais. Trajes formais são raridade.

Reservas

É sempre melhor reservar uma mesa. No caso de restaurantes famosos, faça reserva pelo menos uma semana antes para as noites de sexta e sábado. Em dias úteis é mais fácil conseguir mesa; ligue um dia antes. Às vezes mesmo com reserva pode haver espera por mesas. Tome um drinque ou prove as cervejas interessantes da cidade enquanto aguarda.

Refeição no Greens *(p. 226)*

Fumo

É proibido por lei fumar em ambientes fechados em toda a Califórnia, a menos que haja uma área ventilada à parte que minimize o risco de alguém respirar a fumaça indesejada. Em geral, essas áreas ficam adjacentes ao bar ou em pátios ao ar livre.

Crianças

Todos os restaurantes da cidade têm prazer em receber crianças bem comportadas, porém você e seus filhos ficarão menos à vontade em lugares finos. Em restaurantes mais voltados a famílias, como os italianos em North Beach ou as casas de *dim sum* em Chinatown, crianças são bem-vindas no almoço de domingo. A maioria dos estabelecimentos oferece cadeirões ou outros assentos apropriados, assim como porções e menus para os pequenos. A idade mínima legal de 21 anos para consumo de álcool é observada em toda a cidade. Crianças só podem entrar em bares que sirvam comida e na companhia de um adulto responsável.

Portadores de Deficiência

Desde 1992, uma lei obriga todos os restaurantes de São Francisco a garantirem acesso adequado a cadeirantes. Há portas largas em banheiros e rampas na entrada e em salões da maioria dos estabelecimentos. Ainda assim, informe-se antes de ir, pois alguns edifícios antigos não são obrigados a acatar essas normas.

Restaurantes Recomendados

Os restaurantes das páginas a seguir foram escolhidos por representarem um panorama da cena gastronômica variada e excelente da cidade. Desde lugares simples a templos culinários, há opções em todos os bairros com algo para todos os gostos. São Francisco garante comida de qualidade com boa relação custo-benefício.

Os restaurantes estão divididos em oito áreas. Os de Chinatown, Union Square, Civic Center e Financial District estão agrupados na Área Central. Como Mission e SoMa são bairros adjacentes, foram reunidos na categoria "Sul da Market Street"; o mesmo ocorre com Castro e as partes alta e baixa da Haight Street. As demais regiões são: Fisherman's Wharf e North Beach; Pacific Heights e Marina; e Golden Gate Park e Land's End. Locais fora do centro se mostram acessíveis a quem se hospeda na cidade, enquanto opções no norte da Califórnia são recomendadadas para passeios de um dia fora de São Francisco.

Ao longo das listas, há restaurantes em quadros de "Destaque". Eles receberam tal distinção porque proporcionam uma experiência realmente especial, seja por oferecer comida formidável, por figurar entre os melhores pontos noturnos de São Francisco, pela excelente relação custo-benefício ou por uma mescla desses atributos.

O diner Mel's Drive-In *(p. 227)*

Os Sabores de São Francisco

A cena culinária de São Francisco é tão vibrante quanto o molho picante fartamente usado nas ótimas *taquerías* mexicanas da cidade. Em São Francisco é possível se orientar só pelo olfato: o sabor forte do expresso se mescla com o aroma robusto do molho marinara no setor italiano de North Beach, o sabor do México apimenta o Mission District e a cacofônica Chinatown exala o vapor aromático de dim sum e de pato crocante. Para um doce final, o chocolate Ghirardelli, produzido na Bay Area há mais de 150 anos, é imbatível.

O famoso chef Yoshi Kojima preparando uma carpa

Cozinha da Califórnia

A Bay Area é o berço da cozinha californiana. A mera variedade de produtos frescos do Norte da Califórnia resulta em um estilo culinário que se baseia mais no "culto ao ingrediente" do que em pratos específicos, deixando espaço para a criatividade. Muitos dos melhores chefs de São Francisco têm uma relação estreita com agricultores regionais, de forma que o que chega à mesa saiu da terra há poucas horas, como folhas de rúcula recém-lavadas e tomates tão suculentos que é preciso pedir outro guardanapo. Com tantas riquezas agrícolas, os renomados chefs locais se inspiram para criar uma culinária mágica, a qual resulta em obras de arte minimalistas que despertam o apetite. De pequenas alcachofras servidas com vibrantes rodelas de limão a fatias finíssimas de atum ahi cru enfeitadas com um arco-íris de legumes grelhados.

Comida Asiática

Basta andar pelas ruas agitadas e acres de Chinatown para descobrir logo que seus restaurantes preparam comidas

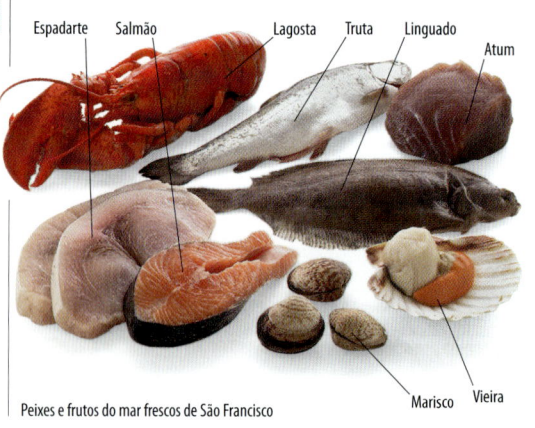

Espadarte Salmão Lagosta Truta Linguado Atum Marisco Vieira

Peixes e frutos do mar frescos de São Francisco

Pratos e Especialidades de São Francisco

Verdadeiro caldeirão cultural, São Francisco não só tem autêntica comida mexicana, italiana e asiática, como uma abordagem criativa de todas elas. Cada cozinha influencia a outra, o que produz incríveis pratos de fusão que fizeram da cidade um paraíso gastronômico. Saboreie de legumes condimentados e fritos na wok a frutos do mar salteados na manteiga com molho de gengibre ou legumes tenros com hortelã vietnamita. Complemente a refeição com uma fatia quente do famoso pão rústico, considerado um dos melhores do mundo. O sabor e a textura únicos desse pão se devem a um levedo de micro-organismos silvestres, descobertos por garimpeiros há mais de um século, que só se desenvolvem no clima de Bay Area.

Dim sum

Clam Chowder Restaurantes no Fisherman's Wharf servem essa sopa cremosa dentro de um pão oco.

O interior colorido de uma animada *taquería* mexicana

asiáticas dignas de um imperador. Aquários enormes exibem carpas imensas nadando languidamente em círculos e enguias musculosas se desembaraçando de algas marinhas. Há sacos repletos de temperos aromáticos e caixotes de madeira lotados de choy e cebolinha verde borrifados com água. Ao espiar uma cozinha aberta, você vê chefs habilidosos transformando com suas facas afiadas patos inteiros em lascas finíssimas que derretem na boca. O segredo da excelência culinária de Chinatown é que os chefs do bairro cozinham para um público extremamente exigente – os próprios compatriotas. A Chinatown de São Francisco concentra a segunda maior população asiática fora da China.

Comida Mexicana

O combustível que move São Francisco – e uma das melhores pechinchas locais – é a deliciosa e nutritiva comida mexicana. Abocanhe um burrito com farto recheio de feijão, arroz e carne defumada, e você ficará saciado o dia inteiro. Desde arroz com açafrão e feijões-rajados jumbo até tortilhas no vapor com espinafre e tomate seco, as *taquerías* onipresentes na cidade têm o estilo marcante do lado sul da fronteira.

Caranguejo Dungeness

O caranguejo Dungeness é famoso por sua carne delicada. Na temporada de pesca, de meados de novembro a junho, ele é consumido de várias maneiras, inclusive cru, acompanhado de manteiga e pão branco rústico.

Caranguejos e mariscos em banca de frutos do mar junto ao porto

No Menu

Cioppino Ensopado que leva tomate, pedaços de peixe e moluscos.

Dim sum Especialidade chinesa de almoço, esses bolinhos fritos ou no vapor são recheados com peixe, carne ou legumes.

Hangtown fry Substancioso omelete recheado com ostras empanadas e bacon.

Petrale sole Esse delicado peixe local em geral é servido ligeiramente frito na manteiga.

Tortilla Esse pão chato, redondo e sem fermento, feito de farinha de milho ou de trigo, é a base de delícias mexicanas, como burritos, quesadillas e tacos.

Steak Marinado Apimentado Restaurantes italianos servem steak com manteiga de alho, anchova e limão.

Atum Ahi com Molho Asiático O molho *fusion* é feito com cogumelos shitake e grãos de pimenta de Sichuan.

Ghirardelli Tiramisù Sobremesa de queijo mascarpone, chocolate Ghirardelli, creme e licor de café.

O Que Beber em São Francisco

A Califórnia é uma das maiores e mais pulsantes áreas vinícolas do mundo. As melhores safras são as da região vinícola ao norte de São Francisco, sobretudo dos vales do Napa e de Sonoma. A maioria dos vinhos californianos é feita de variedades de uvas europeias clássicas, mas, ao contrário dos vinhos europeus, sua identificação é pela uva, não pela procedência. Cervejas e águas minerais locais têm boa demanda, sendo também possível encontrar a variedade habitual de bebidas.

Os vinhedos ao norte de Sonoma no clima ideal para o cultivo da complexa uva Pinot Noir

Vinho Tinto

Os vinhedos se dão bem com o clima ameno do Norte da Califórnia, onde neblinas refrescantes ajudam as uvas a atingirem a perfeição. As principais variedades para vinho tinto na região são Cabernet Sauvignon, Pinot Noir, Merlot e Zinfandel. A Cabernet Sauvignon ainda impera, com safras excelentes produzidas nas maiores regiões vinícolas. A Pinot Noir, usada nos célebres vinhos franceses da Borgonha, ganhou uso crescente à medida que as vinícolas conseguiram domar sua natureza temperamental, e o úmido Anderson Valley em Sonoma e Carneros no vale do Napa despontaram como regiões importantes de cultivo. A Merlot, usada em muitos *clarets* de Bordeaux, e a Zinfandel, uma uva robusta apreciada na Califórnia, são cultivadas em todo o Estado.

Pinot Noir — Cabernet Sauvignon

A uva **Merlot**, usada para dar sabor frutado à mistura, produz vinhos ricos e suaves.

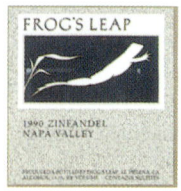

Vinhos **Red Zinfandel** podem ser leves e frutados. Os melhores são escuros e marcantes.

Vinhos **Cabernet Sauvignon** têm sabor de groselha e menos acidez devido ao carvalho.

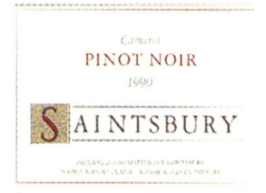

Em seu auge, a **Pinot Noir** tem elegância floral e um delicado sabor de morango.

Tipo de Vinho	Boas Safras	Bons Produtores
Vinho Tinto		
Cabernet Sauvignon	07, 04, 03, 02, 97, 96, 94, 93, 91, 90	Caymus Vineyards, Chateau Montelana, Jordan, Kistler Vineyards, Ridge, Robert Mondavi, Stag's Leap, Swanson
Pinot Noir	06, 04, 03, 02, 01, 99, 97, 96, 95, 93, 92, 91	Au Bon Climat, Byron, Calera, Cuvaison, De Loach, Etude, Sanford, Saintsbury
Merlot	05, 04, 02, 01, 99, 96, 95, 91, 90	Chateau St Jean, Duckhorn Vineyards, Newton, Pine Ridge, Robert Sinskey, Whitehall Lane Reserve
Zinfandel	08, 03, 01, 96, 95, 91, 90	Clos du Val, Farrell, Fetzer, Frog's Leap, Kunde, Rabbit Ridge, Ravenswood, Ridge, Turley
Vinho Branco		
Chardonnay	07, 05, 04, 03, 02, 01, 97, 96, 95, 94, 91, 90	Au Bon Climat, Beringer, Forman, De, Loach, Far Niente Kent Rasmussen, Kitzler, Peter Michael, Robert Sinskey, Sterling Vineyards
Semillon	06, 05, 03, 02, 96, 95, 94, 91, 90	Alban, Calera, Cline Cellars, Joseph Phelps, Niebaum-Coppola, Wild Horse
Sauvignon Blanc	06, 05, 03, 02,99, 97, 96, 95, 94, 91, 90	Cakebread, De Loach, Frogs Leap, Joseph Phelps, Robert Mondavi Winery, Spottswoode

Vinho Branco

Assim como os tintos, os vinhos brancos da Califórnia são classificados pelo tipo de uva; a Chardonnay tornou-se a mais popular nos últimos anos. Cultivada em toda a Costa Oeste, essa uva produz vinhos cujo caráter varia de seco, leve e com aroma de limão e baunilha a mais forte e com nuance de carvalho. Há também mais de treze tipos diferentes de vinho branco, além de outros feitos com uvas de cultivo orgânico.

Chardonnay   Chardonnay orgânico

Os vinhos **Sauvignon Blanc** variam de limpo e picante a suave e mais encorpado.

O **Chardonnay** é fermentado ou envelhecido em barris de carvalho, adquirindo tons sutis de baunilha.

Os vinhos rosados **White Zinfandel** são leves, adocicados e muito palatáveis.

A **Chenin Blanc**, também usada em blends, produz vinhos secos e discretos.

A Degustação Cega de 1976

Em 24 de maio de 1976, em uma degustação cega organizada pelo consultor inglês de enologia Steven Spurrier, juízes franceses concederam aos vinhos tinto (Stag's Leap Cabernet Sauvignon 1973, Napa Valley) e branco (Chateau Montelana Chardonnay 1973, Napa Valley) da Califórnia os prêmios máximos em suas respectivas categorias. Seis entre os melhores dez vinhos de cada categoria também eram da Califórnia, o que chocou o universo da enologia. No prazo de uma década, produtores franceses ilustres, como o barão de Rothschild, montaram vinícolas na Califórnia.

Vinho Espumante

Como prova de que a Califórnia produz excelentes vinhos espumantes, basta dizer que os melhores produtores de vinhos franceses têm investimentos de peso no Estado. A Moët & Chandon e a Mumm, entre outras, montaram vinícolas no Napa Valley e em outros pontos. Essas empresas, junto com os produtores locais Schramsberg e Korbel, ajudaram a Costa Oeste a conquistar reputação internacional pelo excelente "champanhe" a um preço justo.

Vinho espumante

Cerveja

O crédito pela onda de pequenas cervejarias em todo o país é atribuído ao sucesso da cervejaria Anchor de São Francisco, que, com a Steam Beer, a Liberty Ale e outros produtos, prova que a cerveja americana não tem de ser leve e sem sabor. Outras cervejas locais saborosas são a rica Boont Amber e a Red Tail Ale do Mendocino County.

Outras Bebidas

Bebidas à base de café estão disponíveis em quiosques, cafés e restaurantes pela cidade, que também oferecem boa variedade de chás de ervas.

Expresso    Cappuccino    Latte

Água

Os moradores locais preocupados com a saúde consomem a água mineral da região, sendo que a melhor é a de Calistoga, no Napa Valley. Muitas águas minerais têm leve sabor frutado, e a maioria é com gás. Limpa e fresca, a água de torneira é confiável.

Água mineral Calistoga

Red Tail Ale   Liberty Ale   Anchor Steam Beer

Onde Comer e Beber

Área Central

Ananda Fuara $
Vegetariana   Mapa 11 A1
1298 Market St, 94103
Tel *(415) 621-1994*
Limpo e sereno, é um refúgio para vegetarianos, inspirado na culinária indiana. Há boas sopas e saladas. Os curries são brandos.

Chutney $
Indiana e paquistanesa   Mapa 5 B5
511 Jones St, 94102
Tel *(415) 931-5541*
Oferece aromáticos curries de carne e vegetarianos, pães naan e chai (chá típico) à vontade por preços baixos, em um salão simples e limpo.

Golden Star Vietnamese Restaurant $
Vietnamita   Mapa 5 C3
11 Walter U Lum Pl, 94108
Tel *(415) 398-1215*
Tigelas grandes de sopa pho com talharim e saborosa carne de porco marinada e grelhada são os destaques. Barato e indicado para famílias.

Henry's Hunan $
Chinesa   Mapa 5 C4
674 Sacramento St, 94111
Tel *(415) 788-2234*   **Fecha** *sáb e dom*
A decoração kitsch em vermelho e preto e muito bambu não ofusca os pratos gostosos do Hunan. Uma boa pedida é o Harvest Pork, com carne de porco.

House of Nanking $
Chinesa   Mapa 5 C3
919 Kearny St, 94133
Tel *(415) 421-1429*
Esse restaurante simples serve pratos deliciosos em porções grandes. As filas podem ser longas no jantar. Funciona até tarde.

Lers Ros Thai $
Tailandesa   Mapa 4 F3
730 Larkin St, 94109
Tel *(415) 931-6917*
A comida autêntica é rica em temperos e sabores. Menu extenso e incomum. Tem uma filial mais refinada em Hayes Valley.

Mission Chinese Food $
Chinesa   Mapa 10 F3
2234 Mission St, 94110
Tel *(415) 863-2800*   **Fecha** *qua*
Essa coqueluche gourmet tem preços e ambiente de diner. Os pratos são ótimos, como vagem chinesa com chili. Peça os picles de Sichuan curtidos em cerveja.

Placa de néon do conhecido restaurante House of Nanking, em Chinatown

Saigon Sandwich $
Vietnamita   Mapa 5 A5
560 Larkin St, 94102
Tel *(415) 474-5698*
Sanduíches vietnamitas deliciosos e baratíssimos, cujos sabores autênticos mais que compensam a viagem até essa área fora do circuito habitual.

Tommy's Joynt $
Americana   Mapa 4 F4
1101 Geary Blvd, 94109
Tel *(415) 775-4216*
Comfort food reforçada, embora de qualidade mediana e servida em ambiente um tanto exótico e sórdido. Ainda assim, essse restaurante é uma instituição da cidade.

Bouche $$
Franco-americana   Mapa 5 C4
603 Bush St, 94108
Tel *(415) 956-0396*   **Fecha** *dom*
Longe da agitação da Union Square, esse lugar aconchegante tem atmosfera bem parisiense, ambiente ótimo e pratos preparados com elegância.

Dosa $$
Indiana   Mapa 4 D4
1700 Fillmore, 94110
Tel *(415) 441-3672*
Crepes indianos – dosas – são o chamariz do local. Há também excelentes pratos condimentados e uma carta de vinhos curta.

Gaylord India $$
Indiana   Mapa 6 D3
1 Embarcadero Ctr, 94111
Tel *(415) 397-7775*
No Embarcadero Center, essa casa de cozinha indiana tradicional tem ambiente acolhedor. Peça o famoso frango tandoori.

Categorias de Preço
Por pessoa, para uma refeição composta de três pratos e meia garrafa de vinho da casa, mais taxas.

$	até US$40
$$	US$40-US$80
$$$	acima de US$80

Globe $$
Americana   Mapa 5 C3
290 Pacific Ave, 94111
Tel *(415) 391-4132*
Pequeno e chique, o Globe tem menu do dia simples, composto de pratos com carne, guarnições com legumes e pizzas gourmets.

Great Eastern $$
Chinesa   Mapa 5 C3
649 Jackson St, 94133
Tel *(415) 986-2500*
Não é um típico restaurante de dim sum. A sopa com pasteizinhos é popular, mas prove também o bolo de taro e outras opções exóticas.

Nob Hill Café $$
Italiana   Mapa 5 B4
1152 Taylor St, 94108
Tel *(415) 776-6500*
Pequeno, tem atmosfera aconchegante e culinária da Toscana. Carta de vinhos despretensiosa, massas saborosas e donos gentis.

Osha Thai $$
Tailandesa   Mapa 6 D5
149 2nd St, 94105
Tel *(415) 278-9991*
Restaurante fino com opções tailandesas clássicas e criativas. Pratos principais fartos e entradas pequenas. Peça o apreciado bife Volcanic ou o camarão Angry, outra sugestão inovadora.

R&G Lounge $$
Chinesa   Mapa 5 C4
631 Kearny St, 94108
Tel *(415) 982-7877*
Refinado, prepara comida cantonesa tradicional. O caranguejo frito com sal e pimenta é delicioso, assim como os frutos do mar e o bife especial.

Swan Oyster Depot $$
Frutos do mar   Mapa 5 A4
1517 Polk St, 94109
Tel *(415) 673-1101*   **Fecha** *dom*
Sopa de mariscos e ostras atraem multidões no almoço a esse café que sempre serve frutos do mar fresquíssimos.

Yank Sing $$
Chinesa   Mapa 6 E4
101 Spear St, 94105
Tel *(415) 957-9300*   **Fecha** *dom*

ONDE COMER E BEBER | **223**

Carrinhos com dim sum, bolinhos e outro pratos tradicionais passam de mesa em mesa nesse restaurante de atmosfera agradável. Abre só no almoço.

Destaque

Sam's Grill and Seafood Restaurant $$
Frutos do mar Mapa 5 C4
374 Bush St, 94104
Tel *(415) 421-0594*
Fecha *sáb e dom*
Sob as torres do Financial District, esse restaurante serve frutos do mar e carne no almoço para executivos locais e turistas. Reservados altos de madeira, detalhes em latão e a luz agradável da tarde evocam imagens de cavalheiros de chapéu e damas com luvas. Um lugar ideal para fazer uma refeição substanciosa.

5A5 Steak Lounge $$$
Churrasco Mapa 6 D3
244 Jackson St, 94111
Tel *(415) 989-2539*
Essa *steakhouse* serve a valorizadíssima carne Wagyu japonesa, que desmancha na boca. Use trajes mais formais nos fins de semana.

Acquerello $$$
Italiana Mapa 5 A4
1722 Sacramento St, 94109
Tel *(415) 567-5432* **Fecha** *dom e seg*
Vista-se bem para ir ao Acquerello. Os elaborados menus fixos sugerem interpretações clássicas e modernas da culinária italiana.

Destaque

Farallon $$$
Frutos do mar Mapa 5 B4
450 Post St, 94102
Tel *(415) 956-6969*
A decoração conta com tetos abobadados, murais subaquáticos e detalhes em dourado que evocam um tesouro submerso. Na realidade, o verdadeiro tesouro são os frutos do mar frescos bem apresentados. O Jelly Bar serve caviar, ostras e coquetéis a preços razoáveis. Equipe experiente.

Fleur de Lys $$$
Francesa Mapa 5 B4
777 Sutter St, 94109
Tel *(415) 673-7779* **Fecha** *dom e seg*
Há mac and cheese trufado, salada de caranguejo e filés tenros nessa casa com aval do Michelin e serviço excelente.

Interior aconchegante do Michael Mina

Kokkari Estiatorio $$$
Grega Mapa 6 D3
200 Jackson St, 94111
Tel *(415) 981-0983*
Comida grega refinada é servida no salão com pé-direito alto e madeira escura do Kokkari Estiatorio. Suculentas carnes grelhadas são acompanhadas de guarnições saborosas de legumes e vinhos gregos excelentes.

Kuleto's $$$
Italiana Mapa 5 B3
221 Powell St, 94102
Tel *(415) 397-7720*
Não se deixe enganar pela aparência de simples cafeteria – o Kuleto's é, na realidade, um restaurante refinado, perfeito para relaxar após um dia fazendo compras na Union Square.

Michael Mina $$$
Americana Mapa 6 D4
252 California St, 94111
Tel *(415) 397-9222*
Cozinha americana moderna e sofisticada, com influência japonesa, é servida nesse restaurante que apresenta ótimos menus-degustação, apresentação esmerada e salão intimista.

Clientes saboreiam frutos do mar no agitado Swan Oyster Depot

Millennium $$$
Vegana Mapa 5 B5
580 Geary St, 94102
Tel *(415) 345-3900*
O Millennium serve culinária vegana de inspiração vietnamita e não utiliza ingredientes geneticamente modificados. Peça o menu-degustação do chef, com cinco pratos. Oferece água filtrada de cortesia.

One Market $$$
Americana Mapa 6 D3
1 Market St, 94105
Tel *(415) 777-5577* **Fecha** *dom*
O cardápio centrado em carnes tem aval do Michelin. Equipe excelente e carta de vinhos extensa. Os jantares a preço fixo às sextas e aos sábados valem a pena.

Press Club $$$
Bar de vinhos Mapa 5 C5
20 Yerba Buena Ln, 94103
Tel *(415) 744-5000*
Compartilhe porções deliciosas harmonizadas com vinhos ótimos nesse bar de vinhos subterrâneo. Menu extenso e muitos rótulos à escolha.

Salt House $$$
Americana Mapa 6 D4
545 Mission St, 94105
Tel *(415) 543-8900*
Comida americana moderna, com ênfase em frutos do mar. Peça ostras ou vieiras frescas. Coquetéis bem feitos e carta de vinhos interessante. A Salt House tem janelões, tijolos aparentes e cozinha exposta.

Tadich Grill $$$
Frutos do mar Mapa 6 D4
240 California St, 94111
Tel *(415) 391-1849*
Café histórico remanescente da Corrida do Ouro, com madeira escura, balcões de mármore, drinques fortes e frutos do mar, como a caldeirada cioppino.

Mais informações sobre restaurantes *nas pp. 216-7*

Deliciosos pães frescos expostos no Boudin

Fisherman's Wharf e North Beach

Boudin $
Americana Mapa 4 F1
160 Jefferson St, 94133
Tel *(415) 928-1849*
Seu famoso pão rústico é usado nos sanduíches, e os clientes podem visitar a padaria interna. Há um menu infantil extenso.

Caffè Greco $
Italiana Mapa 5 B3
423 Columbus Ave, 94133
Tel *(415) 397-6261*
North Beach tem muitos cafés italianos, mas esse é um dos melhores para observar pessoas e saborear tiramisù com expresso.

King of Thai (Noodle) $
Tailandesa Mapa 3 A5
639 Clement St, 94118
Tel *(415) 752-5198*
Porções fartas de comida tailandesa gostosa, com destaque para talharins, a preços camaradas. Funciona até tarde.

The Warming Hut $
Americana Mapa 2 F2
Marine Dr e Long Ave, 94129
Tel *(415) 561-3040*
Tome uma xícara de café revigorante ou um chocolate quente e aprecie as vistas nesse café perto da Ponte Golden Gate.

Buena Vista Café $$
Americana Mapa 5 A1
2765 Hyde St, 94109
Tel *(415) 474-5044*
Esse estabelecimento inventou o café irlandês cremoso e serve comida de bar substanciosa. O serviço é atencioso.

Caffe Sport $$
Italiana Mapa 5 C3
574 Green St, 94133
Tel *(415) 981-1251* **Fecha** *dom e seg*
Os frutos do mar desse restaurante siciliano vão conquistá-lo. O camarão ao alho é preparado com perfeição.

Fog City $$
Americana Mapa 5 C2
1300 Battery St, 94111
Tel *(415) 982-2000*
Esse *diner* reformado tem ambiente chique e comida boa a preços razoáveis. As pizzas saem direto do forno para as mesas.

Franchino $$
Italiana Mapa 5 C3
347 Columbus Ave, 94133
Tel *(415) 982-2157* **Fecha** *seg*
Estabelecimento de gestão familiar, o Franchino serve molhos densos, nhoque e massa feita na hora em um cenário intimista. Serviço um tanto lento.

The House $$
Americano-asiática Mapa 5 C3
1230 Grant Ave, 94133
Tel *(415) 986-8612*
Restaurante pequeno e agradável que serve notável comida de fusão asiática em meio a muitas casas italianas. Peça vieiras ou outros frutos do mar. O serviço é atencioso.

Destaque

The Stinking Rose $$
Alho Mapa 5 C3
325 Columbus Ave, 94133
Tel *(415) 781-7673*
No centro de North Beach, o Stinking Rose tem uma proposta inusitada que merece ser conferida: o uso maciço de alho. Reservados com cortinas, decoração vintage, relíquias excêntricas e murais que exaltam o alho na cultura e na culinária tornam a experiência divertida. A comida temperada com alho é pungente e deliciosa, mas há também opções sem ele.

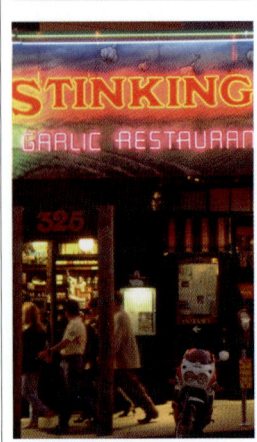

Entrada do Stinking Rose, restaurante singular focado em alho

Gary Danko $$$
Americana Mapa 5 A1
800 North Point St, 94109
Tel *(415) 749-2060*
No Gary Danko, as refeições muito criativas e bem feitas tem como base ingredientes minuciosamente selecionados. Vinhos e queijos de alta qualidade são fornecidos por produtores especiais. Serviço impecável.

Scoma's $$$
Frutos do mar Mapa 5 A1
Pier 47, 94133
Tel *(415) 771-4383*
O histórico Scoma's jamais decepciona. Peixes frescos, atendimento cortês e toalhas de mesa brancas compõem a experiência.

Golden Gate Park e Land's End

Crepevine $
Franco-americana Mapa 9 A2
624 Irving St, 94121
Tel *(415) 681-5858*
O extenso cardápio abrange itens excelentes de café da manhã e almoço. Há sanduíches reforçados, saladas e crepes feitos na hora.

Gaspare's Pizza House and Italian Restaurant $
Italiana Mapa 8 E2
5546 Geary Blvd, 94121
Tel *(415) 387-5025*
A lasanha e a pizza de anchova dessa casa italiana são ótimas, mas a carta de vinhos é fraca. Há obras de arte nas paredes.

Pizzetta 211 $
Pizza Mapa 2 E5
211 23rd Ave, 94121
Tel *(415) 379-9880*
O cardápio dessa pequena pizzaria varia, mas os ingredientes são sempre frescos. Boa carta de vinhos.

San Tung Chinese Restaurant $
Chinesa Mapa 8 F3
1031 Irving St, 94122
Tel *(415) 242-0828* **Fecha** *qua*
Asas de frango fritas são a atração do San Tung, mas vale a pena explorar todo o menu. A espera é longa na hora do jantar.

Ton Kiang $
Chinesa Mapa 8 E1
5821 Geary Blvd, 94121
Tel *(415) 752-4440*
Molhos e picles caseiros realçam os dim sums clássicos nesse local especializado em culinária da etnia hakka. Filas longas para o almoço nos fins de semana.

Categorias de Preço *na p. 222*

ONDE COMER E BEBER | 225

Destaque
Beach Chalet Brewery & Restaurant $$
Americana Mapa 7 A2
1000 Great Hwy, 94122
Tel *(415) 386-8439*
É preciso cruzar o Golden Gate Park para chegar a esse restaurante com vista para o mar. Multidões animadas degustam as inventivas cervejas da casa, que se harmonizam com pratos americanos padrão. Prove o elaborado brunch nos fins de semana. O saguão tem belos murais datados dos anos 1930.

Fachada do Beach Chalet Brewery & Restaurant, um oásis para fãs de cerveja

Burma Superstar $$
Birmanesa Mapa 3 A5
309 Clement St, 94118
Tel *(415) 387-2147*
Prove os sabores marcantes de pratos como a famosa salada Rainbow, que leva 22 ingredientes e por si só compensa a espera.

Cliff House $$
Frutos do mar Mapa 7 A1
1090 Point Lobos Ave, 94121
Tel *(415) 386-3330*
Há dois restaurantes e dois bares à escolha da clientela nesse lugar histórico com vistas para o Pacífico. A atmosfera agradável evoca um bistrô.

Ebisu $$
Japonesa Mapa 8 F3
1283 9th Ave, 94122
Tel *(415) 566-1770* **Fecha** *seg*
Hábeis, os chefs fatiam peixes frescos para os sushis. Peça o combinado de ostra com ovo de codorna. Há filas longas.

Plow $$
Americana Mapa 11 C3
1299 18th St, 94107
Tel *(415) 821-7569* **Fecha** *seg*
A comida simples e deliciosa inclui panquecas com ricota e limão. Ótimo para brunch.

The Presidio Social Club $$
Americana Mapa 3 C3
563 Ruger St, 94129
Tel *(415) 885-1888*
Em um antigo quartel militar, esse restaurante tem decoração sofisticada, drinques estimulantes e comfort food excelente. Uma ótima experiência gastronômica.

Alembic $$$
Americana Mapa 9 B1
1725 Haight St, 94117
Tel *(415) 666-0822*
Pare para tomar cervejas artesanais ou coquetéis e fique para jantar. A comida é feita com grande inspiração e criatividade.

Aziza $$$
Marroquina Mapa 8 E1
5800 Geary Blvd, 94121
Tel *(415) 752-2222* **Fecha** *ter*
Delicie-se com coquetéis bem preparados e pratos marroquinos com influências globais. Não por acaso, o Aziza tem pleno aval do Michelin.

Destaque
The Moss Room $$$
Americana Mapa 8 F2
55 Music Conprato Drive, 94118
Tel *(415) 876-6121*
Local peculiar para almoço dentro da California Academy of Sciences. A decoração moderna e atraente mescla materiais naturais. O Academy Café, no andar de cima, oferece massas e frituras feitas na hora, ao passo que o Moss Room, mais elaborado, investe em combinações de sabores criativas e bela apresentação.

Haight Ashbury e Castro

Destaque
Amasia Hide's Sushi Bar $
Japonesa Mapa 10 D2
149 Noe St, 94144
Tel *(415) 861-7000*
Um coro de *"Irasshaimase!"* ("Entre!", em japonês) saúda quem visita esse pequeno sushi-bar de bairro. Os peixes frescos e a pequena seleção de outros pratos típicos têm preços razoáveis. Quando chove, há desconto no saquê. Papéis para fazer origami e o jogo cama de gato distraem os clientes durante a espera por mesa.

Axum Café $
Etíope Mapa 10 D1
698 Haight St, 94117
Tel *(415) 252-7912*
Pilhas de pão injera fresco acompanham as porções fartas de comida etíope saborosa. Hidromel e cerveja etíope completam a experiência. Menu eclético a preço acessível.

El Castillito $
Mexicana Mapa 10 E1
136 Church St, 94114
Tel *(415) 621-3428*
Há burritos enormes e baratos, tortillas ótimas e tacos deliciosos nessa *taquería* com porções fartas, muitas opções e cozinheiros ágeis – uma das melhores da cidade. Ótimo serviço.

Cha Cha Cha $
Tapas espanholas Mapa 9 B1
1801 Haight St, 94117
Tel *(415) 386-7670*
A atmosfera é muito animada nessa casa que serve tapas e sangria. O espaço diminuto pode ficar muito ruidoso, mas o clima festivo e os petiscos compensam.

Memphis Minnie's BBQ Joint $
Churrasco Mapa 10 E1
576 Haight St, 94117
Tel *(415) 864-7675* **Fecha** *seg*
Restaurante antigo do bairro, com uma vasta seleção de carnes defumadas ou cozidas lentamente e uma carta surpreendentemente criteriosa de saquês. Uma ótima opção para carnívoros.

Mifune $
Japonesa Mapa 4 E4
1737 Post St, 94115
Tel *(415) 922-0337*
Porções fartas de udon, sobá e okonomiyaki – panquecas japonesas – combatem os arrepios causados pela névoa de São Francisco nessa joia japonesa.

Mais informações sobre restaurantes *nas pp. 216-7*

Pork Store Café $
Americana Mapa 9 C1
1451 Haight St, 94103
Tel *(415) 864-6981*
Esse estabelecimento é ótimo para um café da manhã reforçado. Peça o Pork Store especial, servido com ovos, bolinhos crocantes de batata e torradas. Porções enormes e café à vontade.

Zazie $
Francesa Mapa 9 B2
941 Cole St, 94117
Tel *(415) 564-5332*
Há comida ótima, um agradável pátio externo e ambiente campestre francês nessa casa boa para brunch. Fica menos lotada no almoço e no jantar.

Indian Oven $$
Indiana Mapa 10 E1
233 Fillmore St, 94117
Tel *(415) 626-1628*
As toalhas de mesa brancas, o serviço atencioso, os curries clássicos e os pães frescos asseguram uma ótima experiência aos clientes restaurante desse indiano. Peça as samosas.

Magnolia Gastropub & Brewery $$
Americana Mapa 9 C1
1398 Haight St, 94117
Tel *(415) 864-7468*
Essa cervejaria ruidosa serve comfort food sulista bem feita que complementa suas premiadas cervejas artesanais. Carta de vinhos curta e criteriosa.

NOPA $$
Americana Mapa 10 D1
560 Divisadero St, 94117
Tel *(415) 864-8643*
Atmosfera acolhedora para saborear pratos com toques internacionais, coquetéis inovadores e vinhos a bom preço. O hambúrguer da casa é bem acessível.

O ambiente grandioso do refinado salão do Jardinière

Categorias de Preço *na p. 222*

Chefs preparam delícias na cozinha do NOPA

Absinthe Brasserie and Bar $$$
Americana Mapa 3 B5
398 Hayes St, 94102
Tel *(415) 551-1590*
Paris e New Orleans se encontram no Absinthe. Há coquetéis clássicos e pratos franceses tradicionais com um toque bem moderno. Excelente menu de bar.

Jardinière $$$
Americana Mapa 4 F5
300 Grove St, 94102
Tel *(415) 861-5555*
Tanto o salão super-romântico quanto a área informal do bar oferecem um cardápio variado com ingredientes sazonais da California.

Zuni Café $$$
Americano-mediterrânea Mapa 10 F1
1658 Market St, 94102
Tel *(415) 552-2522* **Fecha** *seg*
Em um edifício em forma de triângulo, esse café tem atendimento eficiente e cortês. Experimente o frango ou outras especialidades de forno.

Pacific Heights e Marina

Gussie's Chicken and Waffles $
Americana Mapa 4 D5
1521 Eddy St, 94115
Tel *(415) 409-2529* **Fecha** *seg*
O frango frito é perfeito – crocante por fora e úmido por dentro. Peça waffles de batata-doce e várias guarnições. Ambiente informal de bar de esportes.

Herbivore $
Vegana Mapa 10 D1
531 Divisadero St, 94117
Tel *(415) 885-7133*
Prove alguma das saladas grandes e criativas e um dos pratos saborosos de culinárias globais, com smoothies frescos. Há deliciosas sobremesas caseiras. O cardápio é todo vegano.

La Mediterranee $
Médio-oriental Mapa 4 D5
2210 Fillmore St, 94115
Tel *(415) 921-2956*
Pratos típicos simples e gostosos servidos em um cenário primoroso. Há apetitosas carnes grelhadas e, para vegetarianos, saladas, molhinhos ou patês e sopas.

Balboa Café $$
Americana Mapa 4 D2
3199 Fillmore St, 94123
Tel *(415) 921-3944*
Misture-se com a elite da cidade nesse bistrô que enfoca vinhos. Há hambúrgueres bem temperados e pratos sazonais criativos que merecem ser provados.

Destaque

Betelnut $$
Fusão asiática Mapa 4 E2
2026 Union St, 94123
Tel *(415) 929-8855*
A "comida de rua" de fusão asiática do Betelnut evita aspectos recorrentes das culinárias que lhe servem de inspiração. Acém tenro com osso, vagem condimentada de Sichuan e deliciosos bolinhos de carne de porco e camarão são favoritos da clientela jovem bem-sucedida. O menu do bar tem cervejas de barril bem selecionadas e coquetéis bastante agradáveis.

Brazen Head $$
Americana Mapa 4 D2
3166 Buchanan St, 94123
Tel *(415) 921-7600*
Pub e restaurante ligado ao Liverpool Lil's (*p. 227*), o Brazen Head oferece comida de bar. O escargô é muito apreciado. Funciona até tarde.

Greens $$
Vegetariana Mapa 4 E1
Building A, Fort Mason Center, 94123
Tel *(415) 771-6222* **Fecha** *seg*
Vegetariano que conquista corações e mentes com pratos sabo-

rosos e elegantes. Para apreciar lindas vistas da baía, vá no almoço ou no brunch.

Liverpool Lil's $$
Americana Mapa 3 C3
2942 Lyon St, 94123
Tel *(415) 921-6664*
Pub em estilo inglês que serve comida de bar e pratos principais europeus. O interior escuro é aconchegante, e as mesas externas fazem limite com Presidio.

Mel's Drive-In $$
Americana Mapa 3 C3
2165 Lombard St, 94123
Tel *(415) 921-3039*
A comida desse lugar kitsch em estilo dos anos 1950 é um recorte de tudo o que os americanos gostam, como hambúrgueres, café da manhã farto e menu infantil.

SoMa e Mission

21st Amendment Brewery $
Americana Mapa 6 D5
563 2nd St, 94107
Tel *(415) 369-0900*
Peça a Watermelon Wheat e um sanduíche tostado nesse pub e cervejaria. Comida em porções grandes, hambúrgueres e cervejas espumantes e geladas.

La Corneta Taqueria $
Mexicana Mapa 10 F4
2731 Mission St, 94110
Tel *(415) 643-7001*
Cores vivas e luzes brilhantes tornam essa *taquería* ainda mais agradável. Há burritos saborosos, e o camarão é espetacular.

The Grove $
Americana Mapa 5 C5
690 Mission St, 94105
Tel *(415) 957-0558*
Disputado no almoço por funcionários de escritórios do centro. Café da manhã o dia todo, saladas frescas e pastelão de frango. Porções fartas. Pátio ensolarado.

HiDive $
Americana Mapa 6 F4
Pier 28 1/2, 94105
Tel *(415) 977-0170*
Bar de esportes com charme litorâneo. Suas versões de comida clássica de bar não são um primor, mas são deliciosas.

Limon Rotisserie $
Peruana Mapa 10 F3
1001 South Van Ness Ave, 94110
Tel *(415) 821-2134*
Frango assado bem temperado é servido com mandioca frita, saladas originais e molhos incríveis. Os preços são uma verdadeira pechincha.

Mission Cheese $
Queijos Mapa 10 F3
736 Valencia St, 94117
Tel *(415) 553-8667* **Fecha** *seg*
Loja e restaurante especializados em queijos artesanais dos EUA. Como complemento há patê caseiro e geleias locais, além de cervejas e vinhos.

Pancho Villa Taqueria $
Mexicana Mapa 10 F2
3071 16th St, 94103
Tel *(415) 864-8840*
Famosa pelos vinagretes, a Pancho Villa serve pratos fartos de comida mexicana, incluindo burritos e tacos enormes.

Destaque

Rhea's Deli and Market $
Delicatéssen Mapa 10 F3
800 Valencia St, 94110
Tel *(415) 282-5255*
Não se engane com o cenário sem graça e a falta de mesas; esse verdadeiro achado no bairro usa pães frescos em sanduíches incomuns, como o Coreano, que leva carne apimentada, e o Cunningham, recheado com salame. Há também itens de delicatéssen. Em dias de sol, leve seu pedido para o Dolores Park e faça um piquenique.

Ambiente casual com piso de madeira da 21st Amendment Brewery

Rosamunde Sausage Grill $
Americana Mapa 10 F4
2832 Mission St, 94110
Tel *(415) 970-9015*
Ampla seleção de cervejas artesanais de barril e linguiças frescas – desde as tradicionais a outras de pato e javali – com molhos. Serve brunch nos fins de semana.

Destaque

SoMa StrEat Food Park $
Internacional Mapa 11 A2
428 11th St, 94103
Tel *9254081655*
Uma caravana dispersa de food trucks servindo diversas especialidades circula nas ruas de São Francisco. Mas você não precisa procurá-los, pois parte deles se reúne nesse estacionamento. Há mesas cobertas, uma cervejaria, Wi-Fi grátis e TVs; sente-se e prove delícias sem pressa. Abre até tarde nos fins de semana.

Squat and Gobble $
Americana Mapa 10 E1
237 Fillmore, 94117
Tel *(415) 487-0551*
O nome estranho desse estabelecimento não intimida as multidões que vão atrás do café da manhã reforçado e dos sanduíches bem recheados. O brunch também é bom. O pátio externo tem toldo retrátil e iluminação.

Stacks $
Americana Mapa 4 E5
501 Hayes St, 94102
Tel *(415) 241-9011*
Serve pilhas de panquecas grossas com recheios de frutas, itens excelentes de café da manhã, omeletes, crepes, waffles e smoothies refrescantes de frutas. Vale cada centavo pela variedade e pelo bom serviço. Abre apenas para café da manhã e almoço.

Multidões saboreiam iguarias do mundo todo no SoMa StrEat Food Park

Mais informações sobre restaurantes *nas pp. 216-7*

Sunflower $
Vietnamita   **Mapa** 10 F2
3111 16th St, 94103
Tel *(415) 626-5022*
Tigelas cheias e baratas de sopa vietnamita agradam os paladares vegetarianos, mas esse restaurante também oferece opções com carne. Há dois ambientes. Entre pela Valencia Street.

La Taqueria $
Mexicana   **Mapa** 10 F4
2889 Mission St, 94110
Tel *(415) 285-7117*
Essa taquería da mesma família há 40 anos entrou no radar nacional em 2014, quando seu burrito de carnitas foi eleito o melhor do país em um concurso.

Tartine Bakery $
Padaria   **Mapa** 10 E3
600 Guerrero St, 94110
Tel *(415) 487-2600*
Croissants, pudim de pão e pães de crosta firme geram filas diante desse café de esquina. Café bom e sanduíches também estão disponíveis no cardápio.

Thep Phanom Thai Cuisine $
Tailandesa   **Mapa** 10 E1
400 Waller St, 94117
Tel *(415) 431-2526*
Lugar encantador perto da Haight Street, com equipe vestida à moda tradicional da Tailândia. Os pratos são bons, e há uma carta interessante de drinques.

Truly Mediterranean $
Médio-oriental   **Mapa** 10 F2
3109 16th St, 94110
Tel *(415) 252-7482*
Há falafel e sanduíches shawarma excelentes com um molho bem apimentado. A berinjela e as batatas são perfeitas. Serviço rápido e preços baixos.

AsiaSF $$
Fusão asiática   **Mapa** 11 A2
201 9th St, 94103
Tel *(415) 255-2742*   **Fecha** *seg e ter*
Uma clientela ruidosa vai à noite para o show de drags. Garçons de salto alto servem pratos asiáticos razoáveis e participam do espetáculo. Decoração criativa.

Chow $$
Americana   **Mapa** 10 E2
215 Church St, 94114
Tel *(415) 552-2469*
Restaurante acolhedor de bairro, com menu eclético de comfort food, pizzas de forno a lenha, saladas com toque asiático e pratos do dia. É possível optar entre porções pequenas ou grandes.

Delancey Street Restaurant $$
Americana   **Mapa** 6 E5
600 Embarcadero St, 94107
Tel *(415) 512-5179*   **Fecha** *seg*
Ligado à Delancey Street Foundation, que oferece formação profissional a indivíduos carentes, esse restaurante serve pratos excelentes a preços baixos. Prestigie essa iniciativa.

Lovejoy's Tea Room $$
Casa de chá   **Mapa** 10 E4
1351 Church St, 94114
Tel *(415) 648-5895*   **Fecha** *seg e ter*
Serve elegante chá completo com scones de creme e chás ingleses. A atmosfera acolhedora, a baixela de prata, as cadeiras variadas e a decoração cheia de fru-frus propiciam uma experiência agradável.

A entrada discreta do aconchegante Lovejoy's Tea Room

> ### Destaque
> #### Gracias Madre $$
> Mexicana   **Mapa** 10 F2
> *2211 Mission St, 94110*
> **Tel** *(415) 683-1346*
> Esse casa mexicana com influência da Califórnia na área de Mission utiliza ingredientes veganos orgânicos em pratos muito originais. Há guacamole condimentada, tortillas de milho, mole com chocolate e temperos, além de um delicioso creme azedo à base de castanhas. Serve vinhos orgânicos.

The Monk's Kettle $$
Americana   **Mapa** 10 E2
3141 16th St, 94103
Tel *(415) 865-9523*
Comida boa de pub e carta extensa de cervejas. Há filas longas na maioria das noites, então chegue cedo. Não aceita reservas.

Pomelo $$
Internacional   **Mapa** 10 E5
1793 Church St, 94131
Tel *(415) 285-2257*
O cardápio abrange pratos clássicos de vários continentes. Boa carta de vinhos e coquetéis com champanhe.

Schmidt's $$
Alemã   **Mapa** 11 A4
2400 Folsom St, 94110
Tel *(415) 401-0200*
Serve saladas sazonais, dezenas de tipos de linguiça, maravilhosa massa spaetzle com bacon e pretzels frescos. Prove a ótima seleção de cervejas importadas da Alemanha.

Slow Club $$
Americana   **Mapa** 11 A3
2501 Mariposa St, 94110
Tel *(415) 241-9390*
Um desvio compensador da rota habitual. O brunch, os hambúrgueres e os coquetéis no café da manhã são muito apreciados. Tem decoração industrial chique.

South Park Café $$
Francesa   **Mapa** 11 C1
108 South Park St, 94107
Tel *(415) 495-7275*   **Fecha** *dom*
Ingredientes da moda – barriga de porco, miúdos e confits – se mesclam com pratos tradicionais nesse bistrô descontraído de bairro. Vistas para o parque.

Farina $$$
Italiana   **Mapa** 10 E2
3560 18th St, 94110
Tel *(415) 565-0360*
Cozinha italiana elegante, com todos os pratos feitos na hora.

Taças expostas no belo bar do The Monk's Kettle

Categorias de Preço *na p. 222*

Área intimista do bar e salão com iluminação suave do elegante Gather

Vinhos notáveis, serviço eficiente e um lindo salão iluminado.

Range $$$
Americana   Mapa 10 F3
842 Valencia St, 94110
Tel *(415) 282-8283*
O menu sazonal criterioso mantém o ano inteiro favoritos como o quarto dianteiro de porco com infusão de café. O frango assado também é ótimo.

Fora do Centro

Bette's Oceanview Diner $
Americana
1807 4th St, Berkeley, 94710
Tel *(510) 644-3230*
O café da manhã desse *diner* atrai clientes do outro lado da baía. Porções fartas, scones famosos e angu à moda da Pensilvânia.

Sunny Side Café $
Americana
2136 Oxford St, Berkeley, 94704
Tel *(510) 845-9900*
Café agradável com mesas na calçada, cardápio extenso de desjejum, café melhor do que a média e ênfase em ingredientes sustentáveis.

Destaque

Gather $$$
Americana
2200 Oxford St, Berkeley, 94704
Tel *(510) 809-0400*
O Gather apresenta salão amplo e acolhedor como o de um café. O menu muda com frequência e apresenta ingredientes sazonais. Os criativos pratos com legumes agradam vegetarianos e carnívoros, mas há bastante carne no cardápio, além de pizzas assadas em forno de alvenaria com coberturas deliciosas.

Tamarindo Antojeria $$
Mexicana
468 8th St, Oakland, 94607
Tel *(510) 444-1944*   **Fecha** *dom*
Sabores marcantes distinguem pratos sazonais de várias regiões do México. As porções podem ser partilhadas por grupos grandes.

Norte da Califórnia

Artemis Mediterranean Grill $
Mediterrânea
2229 Lake Tahoe Blvd,
South Lake Tahoe, 96150
Tel *(530) 542-2500*
O menu é sobretudo grego, porém abrange todo o Mediterrâneo e usa produtos sazonais. Peças as massas caseiras e os cogumelos morel.

Bite $$
Americana
907 Lake Tahoe Blvd,
Incline Village, 89451
Tel *(775) 831-1000*
As porções de clássicos americanos são para partilhar. O bar, com um longo balcão, serve ótimos coquetéis.

Girl and the Fig $$
Franco-americana
110 West Spain St, Sonoma, 95476
Tel *(707) 933-3000*
O menu variável destaca ingredientes locais em pratos simples e bonitos, harmonizados com uma criteriosa carta de vinhos. Há um bar com atmosfera agradável e ótimo brunch aos domingos. Não perca o bufê de queijos e as porções.

Peter Lowell's $$
Americana
7385 Healdsburg Ave,
Sebastopol, 95472
Tel *(707) 829-1077*
O menu de influência italiana usa produtos frescos obtidos com o clima mediterrâneo da Califórnia. Pratos saborosos com ingredientes orgânicos sustentáveis. Mesas em um pátio e serviço cortês.

Table 128 $$
Americana
14050 Hwy 128,
Boonville, 95415
Tel *(707) 895-2210*
Fecha *sazonalmente*
Cenário romântico com atmosfera rústica informal. Ótimos menus a preço fixo. Ingredientes sazonais, em pratos despretensiosos e carta de vinhos criteriosa. O Table 128 exige reserva.

Barndiva $$$
Americana
231 Center St, Healdsburg 95448
Tel *(707) 431-0100*   **Fecha** *seg e ter*
Salão contemporâneo amplo, serviço cortês e cardápio que sugere pratos deliciosos com ingredientes locais.

Fachada simples do Girl and the Fig, em Sonoma

Mais informações sobre restaurantes *nas pp. 216-7*

Cafés de São Francisco

Não leva muito tempo para encontrar um lugar para apreciar os sabores matinais de São Francisco. Repleta de excelentes cafés, a cidade é um paraíso para apreciadores dessa bebida. Conhecedores do assunto devem ir a North Beach e Mission District para saborear as delícias locais.

Cafés

Com tantos cafés à sua escolha, dá para passar dias degustando e jamais repetir o endereço. Com filiais pela cidade, o **Peet's Coffee & Tea** serve café preto forte há quatro décadas. O **Emporio Rulli Il Caffè** fica escondido na Union Square. O **Caffè Trieste**, em North Beach, é um velho reduto boêmio que, além do café excelente, conta com uma jukebox que toca ópera italiana e, às vezes, músicos membros da família cantam e tocam instrumentos à tarde no fim de semana. Na Columbus Avenue, o **Caffè Greco**, o **Caffè Puccini** e o **Caffè Roma** também merecem uma visita. Esse bairro, assim como o SoMa, atrai muitos turistas, pois é repleto de rotisserias.

Os beatniks frequentavam o minúsculo **Mario's Bohemian Cigar Store Café**, com vista para a Washington Square; prove um latte duplo com focacia. O **Vesuvio** (p. 258) serve um ótimo expresso. No **Stella Pastry**, peça cappuccino com sacripantina, um pão de ló especialíssimo que leva rum, marsala e creme de cereja.

No Mission District vá ao **Café La Bohème**, frequentado pela fauna literária de São Francisco. O **Café Flore** na Market Street é muito elegante, ao passo que o **Café Mocha**, perto do Civic Center, serve café e doces maravilhosos. Francófilos adoram o **Café Claude**, um belo café francês com velhos equipamentos resgatados de um bar em Paris e escondido em uma viela perto da Union Square. O **Café de la Presse**, defronte ao Chinatown Gateway, é o lugar certo para dar uma lida em jornais internacionais. No SoMa, as opções para comer e de café variam do **Café du Soleil** e do **Grove Café**, em Yerba Buena, ao misto de café, local de entretenimento e lavanderia automática **Brainwash**. O **Blue Danube Coffee House** e o **Toy Boat Dessert Café** ficam na Clement Street. O **Momi Toby's Revolution Café & Art Bar** combina café e obras de arte do Hayes Valley com música ao vivo. No mesmo lugar fica o encantador **Arlequin Café**, com suas mesas em um jardim comunitário. Usufrua a arte e o entretenimento no Inner Sunset District, onde você pode tomar café no **Irving St Café** ou sentir os aromas divinos de café do **Beanery**.

AGENDA

Cafés

Arlequin Café
384 Hayes St.
Mapa 4 E5.
Tel 626-1211.

Beanery
1307 9th Ave.
Mapa 8 F3.
Tel 661-1255.

Blue Danube Coffee House
306 Clement St.
Mapa 3 A5.
Tel 221-9041.

Brainwash
1122 Folsom St.
Mapa 11 A1.
Tel 431-9274.

Café La Bohème
3318 24th St.
Mapa 10 F4.
Tel 643-0481.

Café Claude
7 Claude La.
Mapa 5 C4.
Tel 392-3505.

Café Flore
2298 Market St.
Mapa 10 D2.
Tel 621-8579.

Café Mocha
505 Van Ness Ave.
Mapa 4 F5.
Tel 437-2233.

Café de la Presse
352 Grant Ave.
Mapa 5 C4.
Tel 398-2680.

Café du Soleil
345 3rd St.
Mapa 6 D5.
Tel 699-6154.

Caffè Greco
423 Columbus Ave.
Mapa 5 B3.
Tel 397-6261.

Caffè Puccini
411 Columbus Ave.
Mapa 5 B3.
Tel 989-7033.

Caffè Roma
526 Columbus Ave.
Mapa 5 B3.
Tel 296-7942.

885 Bryant St.
Mapa 11 B2.
Tel 296-7662.

Caffè Trieste
601 Vallejo St.
Mapa 5 C3.
Tel 982-2605.

Emporio Rulli Il Caffè
333 Post St, Union Square.
Mapa 5 C5.
Tel 433-1122.

Grove Café
690 Mission St.
Mapa 6 D5.
Tel 957-0558.

Irving St Café
716 Irving St.
Mapa 9 A2.
Tel 664-1366.

Mario's Bohemian Cigar Store Café
566 Columbus Ave.
Mapa 5 B2.
Tel 362-0536.

Momi Toby's Revolution Café & Art Bar
528 Laguna St.
Mapa 10 E1.
Tel 400-5689.

Peet's Coffee & Tea
22 Battery St.
Mapa 6 D4.
Tel 981-4550.

Stella Pastry
446 Columbus Ave.
Mapa 5 B3.
Tel 986-2914.

Toy Boat Dessert Café
401 Clement St.
Mapa 3 A5.
Tel 751-7505.

Vesuvio
255 Columbus Ave.
Mapa 5 C3.
Tel 362-3370.

Refeições Leves e Lanches

Caso esteja sem tempo para fazer uma refeição com calma, você pode matar a fome rapidamente por toda a cidade. Muitos estabelecimentos servem fast-food de boa qualidade a preços baixos, mas há diversos lugares que oferecem opções mais elaboradas.

Café da Manhã

É fácil achar café e doces ou bacon e ovos em São Francisco, onde você pode tomar um café da manhã americano completo que o deixa saciado o dia inteiro. A **Sears Fine Foods** na Union Square é uma verdadeira instituição com ótimas refeições matinais. O **Le Petit Café** tem brunches ótimos nos fins de semana. Hotéis costumam ter bons cafés da manhã, assim como alguns restaurantes *(pp. 222-9)*.

Delicatéssens

Se você quiser um sanduíche perfeito de carne no pão de centeio vá à **David's**, a maior delicatéssen no centro de São Francisco. A **Tommy's Joint** no Civic Center, a **Miller's East Coast Deli** em Russian Hill e a **Molinari's** em North Beach também são boas opções. A **Real Food Deli/Grocery**, em Russian Hill, é especializada em alimentos orgânicos.

Lanchonetes

Há diversas lanchonetes que servem hambúrguer e fritas com rapidez, mas vale a pena conhecer alguns lugares especiais da cidade. O **Grubstake**, em um bonde adaptado, fica aberto até tarde, o **Mel's Drive-In** é um café no estilo dos anos 1950 e o **Louis'** tem vista memorável do que resta dos Sutro Baths *(p. 159)*. No Richmond District, o **Bill's Place** tem vinte tipos de hambúrgueres com nomes de celebridades locais, ao passo que, perto do Castro, o **Sparky's** serve suculentos hambúrgueres 24 horas.

Pizzarias

São Francisco abriga muitas pizzarias boas, principalmente em North Beach. Você pode optar entre a tradicional **Tommaso's**, a popular **North Beach Pizza** e a agitada, porém excelente, **Golden Boy**. Para uma pizza exótica, vá à **Pauline's** no Mission District ou à filial da rede **Extreme Pizza** em Pacific Heights.

Comida Mexicana

A saborosa comida mexicana, que muitas vezes é extremamente barata, é onipresente em toda a cidade. Para um lanche delicioso, **El Farolito**, **Pancho Villa Taqueria**, **Roosevelt's Tamale Parlor** e **El Metate** são boas opções. Antes ou depois do cinema, vá a **El Super Burrito**, que serve porções generosas a ótimos preços.

AGENDA

Café da Manhã

Le Petit Café
1 Maritime Pl.
Mapa 6 D3.
Tel 951-8514.

Sears Fine Foods
439 Powell St.
Mapa 5 B4.
Tel 986-1160.

Delicatéssens

David's
474 Geary St.
Mapa 5 B5.
Tel 276-5950.

Miller's East Coast Deli
1725 Polk St.
Mapa 4 F3.
Tel 563-3542.

Molinari's
373 Columbus Ave.
Mapa 5 C3.
Tel 421-2337.

Real Food Deli/Grocery
2140 Polk St.
Mapa 5 A3.
Tel 673-7420.

Tommy's Joint
1101 Geary Blvd.
Mapa 5 A5.
Tel 775-4216.

Lanchonetes

Bill's Place
2315 Clement St.
Mapa 2 D5.
Tel 221-5262.

Grubstake
1525 Pine St.
Mapa 4 F4.
Tel 673-8268.

Louis'
902 Point Lobos Ave.
Mapa 7 A1.
Tel 387-6330.

Mel's Drive-In
3355 Geary Blvd.
Mapa 3 B5.
Tel 387-2244.

Sparky's
242 Church St.
Mapa 10 E2.
Tel 626-8666.

Pizzarias

Extreme Pizza
1980 Union St.
Mapa 4 D3.
Tel 929-8234.

Golden Boy
542 Green St.
Mapa 5 B3.
Tel 982-9738.

North Beach Pizza
800 Stanyan St.
Mapa 9 B2.
Tel 751-2300.

1462 Grant Ave.
Mapa 5 C2.
Tel 433-2444.

Pauline's
260 Valencia St. **Mapa** 10 F2. **Tel** 552-2050.

Tommaso's
1042 Kearny St
at Broadway.
Mapa 5 C3.
Tel 398-9696.

Comida Mexicana

El Farolito
2779 Mission St.
Mapa 10 F4.
Tel 824-7877.

El Metate
2406 Bryant St.
Mapa 11 A4.
Tel 641-7209.

Pancho Villa Taqueria
3071 16th St.
Mapa 10 F2.
Tel 864-8840.

Roosevelt's Tamale Parlor
2817 24th St.
Mapa 10 F4.
Tel 824-2600.

El Super Burrito
1200 Polk St.
Mapa 5 A5.
Tel 771-9700.

COMPRAS

Fazer compras em São Francisco consiste não só em adquirir algo, mas trata-se de uma experiência que permite conhecer melhor a cultura local. A variedade de produtos tanto práticos quanto excêntricos é imensa; você pode escolher com calma. Gente movida pela curiosidade é bem-vinda, especialmente em pequenas lojas especializadas e butiques. Se você quiser comodidade, os shopping centers, ruas de comércio e lojas de departamentos são excelentes. Além disso, o comércio de cada bairro tem charme e personalidade próprios, o que dá uma ideia das nuances locais.

O Emporio Armani *(p. 239)*

Horários

A maioria das lojas em São Francisco abre entre 10h e 20h de segunda a sábado. Muitos shoppings e lojas de departamentos também ficam abertos à noite e aos domingos. As lojas costumam ser mais vazias de manhã, mas ficam agitadas na hora do almoço (12h-14h), aos domingos, em feriados e em liquidações.

Como Pagar

Os principais cartões de crédito são aceitos na maioria das lojas, mas pode haver um limite mínimo de compras. Traveller's cheques devem ser acompanhados da identidade e raramente se aceita cheques e moedas estrangeiros. Algumas lojas menores só recebem em dinheiro.

Direitos do Consumidor

Guarde os recibos das compras. Cada loja tem sua política para trocas e devoluções. As lojas não podem cobrar pelo uso de cartão de crédito, e quem paga com dinheiro pode obter desconto. Caso você tenha algum problema, recorra à Consumer Protection Unit ou ao California Department of Consumer Affairs.

Telefones úteis
Consumer Protection Unit
Tel 551-9575.
California Department of Consumer Affairs
Tel (1) (800) 952-5210.

Liquidações

Há sempre liquidações de fim de mês, nas férias e na troca de estação. Elas são anunciadas nos jornais locais, especialmente no meio da semana e aos domingos. Chegue cedo para ter mais escolha e cuidado com placas de "Going out of business" (fechamento da loja), que podem estar ali há anos. Algumas podem até ser verdadeiras, mas informe-se nas lojas vizinhas.

Impostos

É cobrado um imposto de 8,75% sobre as compras, o qual não é devolvido a turistas estrangeiros, ao contrário do que ocorre na Europa. Você fica isento do imposto, porém, se suas compras forem enviadas para qualquer destino fora da Califórnia. Estrangeiros podem ter que pagar imposto à alfândega de seu país.

Passeios de Compras

Se você quer ir às melhores lojas em busca do que lhes interessa, uma excursão especializada é interessante, como as organizadas por empresas como a Glamour Girl Shopping Tours e a Shopper Stopper Shopping Tours. Um guia o leva de loja em loja e geralmente sabe onde achar as melhores mercadorias.

Telefones úteis
Glamour Girl Shopping Tours
Tel (650) 218-1734. **w** glamour girlshoppingtours.com
Shopper Stopper Shopping Tours
Tel (707) 823-9076.

Ruas de Comércio e Shopping Centers

Ao contrário de muitos shoppings grandes, os de São Fran-

Bandeiras diante do pagode no Japan Center

Banca de flores na Union Square

cisco têm personalidade e alguns até interesse arquitetônico. O Embarcadero Center *(p. 112)* tem mais de 125 lojas distribuídas por oito quarteirões. O Ghirardelli Square *(p. 87)* foi uma fábrica de chocolate de 1893 até o início dos anos 1960. Agora, é um shopping que atrai muitos turistas, concentrando mais de 70 restaurantes e lojas, além de ter uma linda vista da baía de São Francisco.

O Westfield San Francisco Centre *(p. 119)* tem nove andares que abrigam mais de 65 lojas. O PIER 39 *(p. 82)* é um mercado na área do porto, com restaurantes, um carrossel veneziano de dois andares, uma marina e muitas lojas especializadas. O Cannery *(p. 87)*, situado no Fisherman's Wharf, reúne diversas lojas pequenas e charmosas, ao passo que a espetacular Crocker Galleria *(p. 118)* conta com uma praça central e três andares sob uma cúpula de vidro.

O Japan Center *(p. 130)*, ornado com um pagode, oferece comidas, produtos e arte orientais, além de um hotel e banhos tradicionais em estilo japonês. O Rincon Center *(p. 113)*, com uma coluna d'água de 27m no meio, é um templo art deco de consumo e gastronomia.

Lojas de Departamentos

A maioria das lojas de departamentos de São Francisco fica na área da Union Square. Nesses empórios imensos os consumidores encontram produtos e serviços de alto padrão. As liquidações frequentes viram batalhas pelas melhores pechinchas. Há muitos serviços extras para mimar os consumidores, incluindo armários para deixar os pertences, assistentes que guiam a visita à loja, pacotes de presente grátis e salões de beleza oferecendo tratamentos.

A loja de departamentos **Macy's**, que ocupa dois quarteirões, tem uma variedade enorme de produtos com bela apresentação e vendedores altamente convincentes. O cliente é cercado de comodidades, incluindo uma casa de câmbio e intérpretes à disposição. O departamento masculino é muito amplo.

Neiman Marcus é outro empório elegante. Seu edifício moderno causou furor ao ser inaugurado em 1982, onde havia uma conhecida loja datada dos anos 1890. Vale a pena observar o imenso domo de vidro no Rotunda Restaurant, que era do edifício original.

A **Nordstrom**, forte em moda e calçados, é conhecida como "a loja do céu", pois ocupa os cinco andares superiores do arrojado Westfield San Francisco Centre.

A **Bloomingdale's** oferece uma infinidade de roupas de grifes, bolsas, acessórios, cosméticos e calçados de luxo.

Outra loja de departamentos famosa na Bay Area é a **Kohl's**, que vende roupas, sapatos, acessórios e joias de qualidade a preços acessíveis.

Dicas

Os gourmets devem se concentrar em frutos do mar, uma especialidade local, assim como em vinhos da Califórnia, sobretudo do Napa Valley *(pp. 192-5)*. Os jeans têm preços competitivos, e há também roupas de brechó, arte étnica, livros e discos.

Endereços

Bloomingdale's
865 Market St.
Mapa 5 C5. **Tel** 856-5300.

Kohl's
1200 El Camino Real, Colma, CA 94014. **Tel** (650) 992-0155.

Macy's
Stockton e O'Farrell Sts.
Mapa 5 C5. **Tel** 954-6271.

Neiman Marcus
150 Stockton St.
Mapa 5 C5. **Tel** 362-3900.

Nordstrom
Westfield San Francisco Centre, 865 Market St.
Mapa 5 C5. **Tel** 243-8500.

Peças expostas na loja de departamentos Gump's *(p. 237)*

O Melhor de São Francisco: Compras

A diversidade das lojas de São Francisco faz com que ir às compras seja uma deliciosa aventura. Veja abaixo algumas das melhores áreas de comércio, as quais refletem diferentes aspectos da cidade. Há vitrines fantásticas na Union Square e as lojas de South of Market são uma ótima pedida para quem busca pechinchas.

Feiras de Rua
Artes, artesanato e alimentos são vendidos em feiras nos bairros, como essa na Union Street realizada em junho.

Union Street
Essa rua movimentada tem butiques em casas vitorianas, que vendem antiguidades, livros e roupas (p. 239).

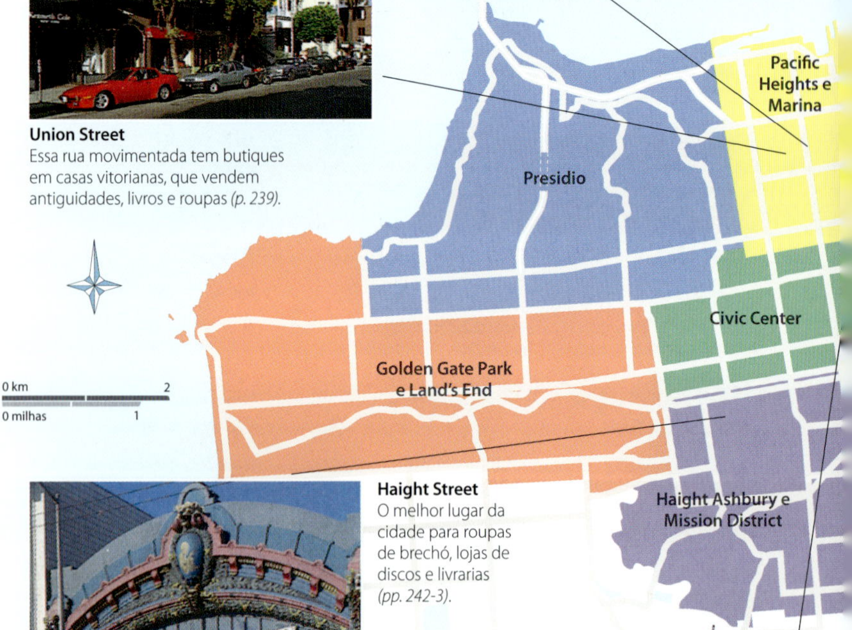

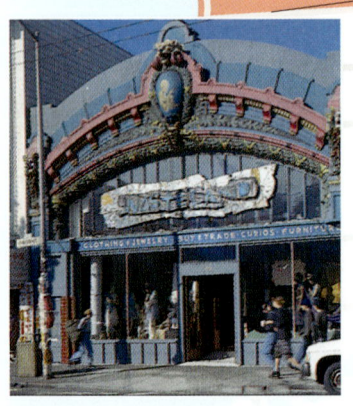

Haight Street
O melhor lugar da cidade para roupas de brechó, lojas de discos e livrarias (pp. 242-3).

Japan Center
Nesse local você encontra alimentos e produtos autênticos do Japão, além de bares e galerias japoneses (p. 130).

COMPRAS | 235

UN Plaza
Essa praça, cujo nome homenageia a Carta da ONU, sedia o Farmers' Market duas vezes por semana *(pp. 244-5)*.

Grant Avenue
Com sacadas pintadas, lojas de suvenir e bares, essa é a rua mais turística de Chinatown *(p. 244)*.

Crocker Galleria
Há lojas elegantes nos três andares desse shopping moderno, cuja cobertura de vidro deixa entrar a luz do dia. Em dias de sol, faça um piquenique nos jardins no topo *(p. 242)*.

Fisherman's Wharf e North Beach

Chinatown e Nob Hill

Financial District e Union Square

Saks Fifth Avenue
Loja de departamentos que é sinônimo de estilo e elegância exclusivos *(p. 118)*.

Antiquários na Jackson Square
Apreciadores de antiguidades devem ir às lojas na Jackson Square *(p. 112)*.

Compras nos Arredores da Union Square

O ideal é se concentrar nos quarteirões do perímetro entre as Geary, Powell e Post Streets e naqueles entre a Market Street e a Sutter Street. Lojas luxuosas e butiques mais acessíveis vendem desde lençóis finos até cachorros com pedigree e suvenires. Grandes hotéis, belos restaurantes e bancas de flores dão mais charme ao itinerário.

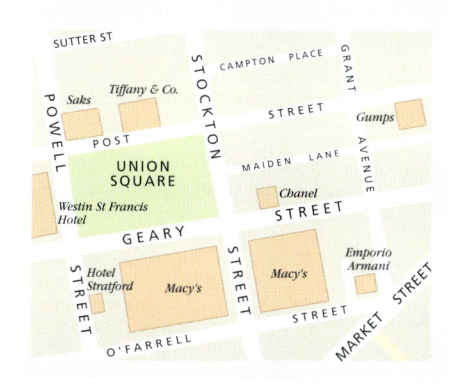

Nordstrom
Essa loja de moda fica no reluzente Westfield Centre, que tem 400 lojas em nove andares *(p. 233)*.

Tipicamente São Francisco

Em São Francisco, o espírito empreendedor é forte e inovador. Donos de lojas pequenas, designers e assistentes se orgulham de oferecer produtos elaborados e originais para seus clientes e não raro até contam histórias sobre esses itens. A variedade é imensa, de cartões-postais cômicos e papéis florentinos artesanais a chás de ervas chineses e geringonças eletrônicas. Em cantos escondidos ou agrupados com outras lojas pequenas, esses estabelecimentos especializados criam um ambiente excitante para quem vai às compras em São Francisco.

Lojas Especializadas

Bolsas de luxo, malas, acessórios e lenços assinados por uma das estilistas mais proeminentes do país são a marca registrada da **Coach**. Seu outlet possui funcionários simpáticos e atenciosos.

Na **Comix Experience** há uma grande variedade de gibis e objetos ligados ao universo das HQs, tanto recentes quanto antigos.

Refinada faiança italiana, a chamada maiólica, pode ser apreciada na **Biordi Art Imports** em North Beach, que vende louças, vasos e travessas pintados à mão e de vários tamanhos. Quem quer conhecer a atmosfera de autenticidade de Chinatown deve ir à **Ten Ren Tea Company of San Francisco**. Na **Golden Gate Fortune Cookies** (p. 101), descendentes de imigrantes chineses permitem que os clientes experimentem seus biscoitos da sorte antes de realizar a compra. Esses biscoitos foram inventados na Chinatown de São Francisco. Há 60 anos a **Flax Art and Design** oferece uma infinidade de papéis artesanais, artigos de papelaria personalizados e diversos equipamentos para artistas.

Pedras preciosas, reluzentes joias de ouro e relógios dos joalheiros mais finos do mundo são encontrados na **Tiffany & Co.** e na **Bulgari**. A **Elle-meme** é uma loja especializada com requintadas joias antigas que datam da década de 1880.

Lojas Beneficentes

O pessoal de São Francisco tem prazer em comprar por uma boa causa, de forma a aliviar a consciência e dar uma ajuda a quem precisa. Veja alguns estabelecimentos que atraem esses consumidores sempre dispostos a dar sua contribuição à sociedade. Todos os lucros da **Out of the Closet** vão para a AIDS Healthcare Foundation. A **Golden Gate National Park Store** é uma loja sem fins lucrativos que oferece peças, cartões-postais, mapas e livros alusivos ao parque. Toda a renda obtida pela **Under One Roof** beneficia vários grupos que atuam em prol do combate ao HIV em homens, mulheres e crianças da baía de São Francisco.

Suvenires

Todos os tipos de suvenir, como camisetas, chaveiros, canecas e enfeites de Natal, são decorados com temas simbolizando São Francisco na **Only in San Francisco** e na **Cable Car Store**. Suveniores e bonés de todas as cores, formatos e tamanhos estão disponíveis na **Krazy Kaps**, ao passo que as entradas das lojas na Grant Avenue e no Fisherman's Wharf são repletas de cestos com presentes baratos.

Antiguidades

A área de compras mais sofisticada de São Francisco é a **Sacramento Street Antique Dealer's Association**. Suas lojas oferecem uma ampla variedade de antiguidades, de móveis a pequenos objetos. É um paraíso das compras e um ótimo lugar para passear.

Fãs de art déco devem ir à **Decorum** na Market Street, onde há uma seleção notável de utensílios e ornamentos elegantes. Em North Beach, a Schein and Schein oferece uma incrível coleção de mapas, livros e impressões antigos, muitos dos séculos XIV ao XIX.

Brinquedos e Jogos

A **Academy Store** e a **Exploratorium Store** vendem livros, kits e games ao mesmo tempo lúdicos e educativos. Na **Puppets on the Pier**, no PIER 39, as crianças contam com aulas de manipulação, além de mais de 500 bonecos diferentes, entre marionetes e fantoches de dedo. A bem organizada **Gamescape** tem brinquedos que dispensam eletricidade, como jogos de tabuleiro, cartões colecionáveis e livros de RPG.

Não se engane pela pequena fachada da **Jeffrey's Toys'**. Quanto mais você se aprofunda na loja, mais aparecem corredores com uma enorme coleção de quebra-cabeças, bonecas, gibis e qualquer outro brinquedo que se possa imaginar.

A **Chinatown Kite Shop** leva o consumo a um novo patamar, com uma variedade formidável de objetos voadores, desde pipas tradicionais a outras de competição, que também servem como suvenir.

No coração do Inner Sunset District, todo e qualquer artigo relacionado à mágica pode ser encontrado na Misdirections Magic Shop, um paraíso tanto para ilusionistas profissionais como para quem só quer realizar alguns truques.

Lojas de Museus

Outra opção de compras para os turistas em São Francisco são as lojas de museus, as quais têm presentes refinados para todos os orçamentos, desde kits de ciências a réplicas de joias e de esculturas. No Golden Gate Park, visite a **Academy Store** na California Academy of Sciences (pp. 152-3), um dos principais mu-

COMPRAS | 237

seus de ciências e história natural dos Estados Unidos. Aspirantes a naturalistas podem comprar réplicas de dinossauros, animais de borracha bem realistas e presentes ecologicamente corretos. Produtos ligados à Far Side Gallery da academia, que exibe a obra do cartunista Gary Larsen, também estão à venda. Ao lado, há também uma fina variedade de itens na loja do **de Young Museum**. No Lincoln Park a **Legion of Honor Museum Store** *(pp. 158-9)* oferece muitas opções bonitas relacionadas às exposições em cartaz.

A loja do **Asian Art Museum** no Civic Center oferece um bom estoque de livros e objetos que refletem a área de interesse do museu, como cerâmica, cestaria, têxteis, joias, esculturas, pinturas, gravuras e móveis.

Há muitas coisas intrigantes para jovens cientistas na singular **Exploratorium Store** *(p. 94)*, onde eles encontram todos os equipamentos necessários para fazer experimentos; jogos baseados em temas como astronomia e zoologia; e livros que ensinam a montar diversos objetos e brinquedos.

No San Francisco Museum of Modern Art *(pp. 120-3)* a vasta **San Francisco MoMA Museum Store** vende uma enorme variedade de livros de arte editados com primor, pôsteres, cartões e camisetas coloridas.

A **Gump's** *(p. 118)* é tão fascinante que mais parece um museu. Muitos itens são antiguidades americanas e europeias exclusivas ou de edição limitada. Residentes e turistas de alto poder aquisitivo se abastecem de móveis, obras de arte, porcelanas, cristais, joias e presentes no local.

AGENDA

Lojas Especializadas

Biordi Art Imports
412 Columbus Ave.
Mapa 5 C3.
Tel 392-8096.

Bulgari
200 Stockton St.
Mapa 5 C5.
Tel 399-9141.

Coach
190 Post St.
Mapa 5 C4.
Tel 392-1772.

Comix Experience
305 Divisadero St.
Mapa 10 D1.
Tel 863-9258.

Elle-meme
1210 Union St.
Mapa 4 F2.
Tel 921-2100.

Flax Art and Design
1699 Market St.
Mapa 10 F1.
Tel 552-2355.

Golden Gate Fortune Cookies
56 Ross Alley.
Mapa 5 C3.
Tel 781-3956.

Ten Ren Tea Company of San Francisco
949 Grant Ave.
Mapa 5 C3.
Tel 362-0656.

Tiffany & Co.
350 Post St.
Mapa 5 C4.
Tel 781-7000.

Lojas Beneficentes

Golden Gate National Park Store
Presidio Bldg 983.
Mapa 2 F2.
Tel 561-3040.

Out of the Closet
1498 Polk St.
Mapa 4 F4.
Tel 771-1503.

Under One Roof
518a Castro St.
Mapa 10 D1.
Tel 503-2300.

Suvenires

Cable Car Store
PIER 39.
Mapa 5 B1.
Tel 989-2040.

Krazy Kaps
PIER 39.
Mapa 5 B1.
Tel 296-8930.

Only in San Francisco
PIER 39.
Mapa 5 B1.
Tel 397-0143.

Antiguidades

Decorum
1400 Vallejo St.
Mapa 5 B3.
Tel 518-2123.

Sacramento Street Antique Dealers Association
3599 Sacramento St.
Mapa 3 B4.
Tel 637-5837.

Schein and Schein
1435 Grant Ave.
Mapa 5 C2.
Tel 399-8882.

Brinquedos e Jogos

Academy Store
Veja Lojas de Museus.

Chinatown Kite Shop
717 Grant Ave.
Mapa 5 C3.
Tel 989-5182.

Exploratorium Store
Veja Lojas de Museus.

Gamescape
333 Divisadero St.
Mapa 10 D1.
Tel 621-4263.

Jeffrey's Toys
685 Market St.
Mapa 5 C5.
Tel 243-8697.

Misdirections Magic Shop
1236 9th Ave.
Mapa 9 A2.
Tel 566-2180.

Puppets on the Pier
PIER 39.
Mapa 5 B1.
Tel 781-4435.

Lojas de Museus

Academy Store
California Academy of Sciences,
55 Music Concourse Dr.
Mapa 8 F2.
Tel 933-6154.

Asian Art Museum
200 Larkin St.
Mapa 4 F5.
Tel 581-3500.
w asianart.org

de Young Museum
50 Tea Garden Dr,
Golden Gate Park.
Mapa 8 F2.
Tel 750-3642.

Exploratorium Store
Pier 15.
Mapa 6 D2.
Tel 561-0393.

Gump's
135 Post St.
Mapa 5 C4.
Tel 982-1616.

Legion of Honor Museum Store
Legion of Honor,
Lincoln Park.
Mapa 1 B5.
Tel 750-3677.

San Francisco MOMA MuseumStore
Museum of Modern Art
(Durante a reforma do museu, a loja estará no endereço 51 Yerba Buena Lane).
Mapa 6 D5.
Tel 357-4035.

Roupas e Acessórios

São Francisco é conhecida pela sofisticação e, em vista de suas lojas de roupas, faz jus a essa reputação. Há na cidade desde trajes de estilistas para um evento formal até calças jeans confortáveis para o dia a dia.

Os desfiles da August Fashion Week catapultam para a fama novos estilistas da Bay Area de São Francisco, da Costa Oeste e de Nova York. Ao contrário das gigantescas lojas de departamentos *(p. 233)* que oferecem uma infinidade de opções, a maioria das lojas citadas abaixo é de porte médio ou pequeno e, com frequência, se concentra em apenas uma ou duas linhas. Reserve tempo para conhecer essas preciosidades do comércio varejista.

Estilistas Locais e Outros dos EUA

Linhas de vários estilistas americanos estão à venda em butiques de lojas de departamentos ou em lojas exclusivas dos próprios criadores. Varejistas como a **Wilkes Bashford** têm estilistas em alta e novatos que criam roupas conservadoras bem ao gosto do pessoal que trabalha no Financial District.

Vale a pena conhecer lojas de estilistas locais como **Diana Slavin**, com estilo italiano clássico, **Joanie Char**, com peças esportivas chiques, e **Upper Playground**, com camisetas de design original inspiradas em São Francisco. A **Emporio Armani Boutique** tem roupas e acessórios de alta classe. Modernas malhas femininas a preços acessíveis são a especialidade da **Weston Wear**.

A estilista **Sunhee Moon** batiza suas roupas inspiradas nos anos 1950 com o nome dos amigos. A **MAC**, ou Modern Appealing Clothing, vende criações masculinas e femininas de estilistas de São Francisco.

Roupas de Grife com Desconto e Outlets

Para roupas criadas por estilistas a preços acessíveis, vá à área de SoMa (South of Market). A Yerba Buena Square reúne vários tipos de outlets, incluindo a **Burlington Coat Factory**, com um estoque imenso de mais de 12 mil casacos, além de linhas com desconto de muitos estilistas locais. A **Skechers USA** possui uma grande variedade de tênis a preços baixos. A **Jeremy's**, na área do South Park do SoMa, tem tanto roupas femininas e masculinas formais quanto de estilistas, tudo com desconto. A **Sports Basement** é o melhor local para comprar roupas esportivas por preços baixos.

Outlets na Bay Area

Planeje uma ida de carro aos outlets na Bay Area, onde sempre há grandes pechinchas e grifes de estilistas a preços mais baixos. Embora a cerca de uma hora de São Francisco, vale a pena ir até lá pela grande variedade de roupas em oferta.

O imenso **Petaluma Village Premium Outlets**, 74km ao norte da cidade, tem os outlets das marcas Liz Claiborne, Off 5th Saks Fifth Avenue, Brooks Brothers, além daqueles da OshKosh e Gap, de roupas infantis, e Bass e Nine West, de calçados.

Em Milpitas, 80km a sudeste de São Francisco, o **Great Mall** tem numerosos outlets das melhores marcas. Entre as mais conhecidas estão Tommy Hilfiger, Eddie Bauer, Polo Jeans Factory Store, St. John Knits e Chico, de moda feminina casual.

Castro District

Roupas e acessórios denotam a predominância de gays, lés-

Tabela de Tamanhos

Roupas infantis

EUA	2-3	4-5	6-6x	7-8	10	12	14	16
Brasil	2	4	6	8	10	12	14	16+
Europa	2-3	4-5	6-7	8-9	10-11	12	14	14+

Calçados infantis

EUA	7½	8½	9½	10½	11½	12½	13½	1½
Brasil	24-25	26-27	28	29	30	31	32	33
Europa	24	25½	27	28	29	30	32	33

Vestidos, saias e casacos femininos

EUA	4	6	8	10	12	14	16	18
Brasil	38	40	42	44	46	46	50	-
Europa	38	40	43	44	46	48	50	52

Blusas e malhas femininas

EUA	6	8	10	12	14	16	18
Brasil	38	40	42	44	46	48	50
Europa	40	42	44	46	48	50	52

Calçados femininos

EUA	5	6	7	8	9	10	11
Brasil	36	-	37	-	38	-	39
Europa	36	37	38	39	40	41	44

Ternos masculinos

EUA	34	36	38	40	42	44	46	48
Brasil	-	46	-	48	-	50	52	54
Europa	44	46	48	50	52	54	56	58

Camisas masculinas

EUA	14	15	15½	16	16½	17	17½	18
Brasil	35	37	39	40	41	42	43	44
Europa	36	38	39	41	42	43	44	45

Calçados masculinos

EUA	7	7½	8	8½	9½	10½	11	11½
Brasil	39	40	41	42	43	44	45	46
Europa	39	40	41	42	43	44	45	46

bicas e transexuais nesse bairro, no qual fazer compras é sempre uma diversão. Caso não entenda a finalidade de alguma peça, não deixe de perguntar. A **Citizen Clothing** é uma loja que tem excelente estoque.

Fillmore

Os edifícios vitorianos e a criação do Jazz Preservation District dão um cunho histórico à animada Fillmore Street, conhecida por suas belas butiques, como a **Joie**.

Haight Ashbury

Ao andar pela Haight Street, vê-se muitas camisetas no estilo tie-dye e brechós. Reconhecida facilmente pela placa de pernas imensas com meia arrastão, a **Piedmont Boutique** se destaca por suas padronagens artesanais.

Hayes Valley

Com um gosto especial por estilo de vanguarda, a **Acrimony** se orgulha de oferecer uma variedade de peças com design contemporâneo. Tudo transpira independência e estilo envolvente nessa loja superdescolada.

Noe Valley

Lindas roupas, cuidadosamente ajustadas para o estilo de vida de qualquer mulher, podem ser encontradas na butique **Rabat**, nessa parte da cidade. Os sapatos são elegantes e confortáveis, e as bolsas, bonitas e modernas.

South of Market

No passado com armazéns e cortiços, a área do SoMa agora está repleta de estúdios e lofts luxuosos. No entanto, essa região ainda tem certo encanto rebelde que atrai os jovens para clubes que surgem da noite para o dia. A **Isda & Co.** reflete a preferência de seu estilista por roupas simples e unissex.

Union Square

Você não vai encontrar camisas de colarinho duro ou gravatas nessa filial da **John Varvatos**. Uma sensibilidade americana genuína define o trabalho desse designer, que é o preferido de muitas celebridades de Los Angeles. Suas peças têm atitude, sejam em estilo punk, atlético ou roupa esportiva com inspiração retrô.

Union Street

Há apartamentos e mansões perto dessa rua alegre com pequenas butiques. A **Mimi's on Union** tem belíssimas peças pintadas à mão, como quimonos, echarpes e jaquetas.

AGENDA

Estilistas Locais e Outros dos EUA

Diana Slavin
3 Claude Lane.
Mapa 5 C4.
Tel 677-9939.

Emporio Armani Boutique
1 Grant Ave.
Mapa 5 C5.
Tel 677-9400.

Joanie Char
537 Sutter St.
Mapa 5 B4.
Tel 399-9867.

MAC
387 Grove St.
Mapa 4 F5.
Tel 863-3011.

Sunhee Moon
3167 16th St.
Mapa 10 E2.
Tel 355-1800.

Upper Playground
220 Fillmore St.
Mapa 10 E1.
Tel 861-1960.

Weston Wear
569 Valencia St.
Mapa 10 F2.
Tel 621-1480.

Wilkes Bashford
375 Sutter St.
Mapa 5 C4.
Tel 986-4380.

Roupas de Grife com Desconto e Outlets

Burlington Coat Factory
899 Howard St.
Mapa 11 B2.
Tel 495-7234.

Jeremy's
2 South Park St.
Mapa 11 C1.
Tel 882-4929.

Skechers USA
2600 Mission St.
Mapa 10 F3.
Tel 401-6211.

Sports Basement
1590 Bryant St.
Mapa 11 A3.
Tel 575-3000.

Outlets na Bay Area

Great Mall
447 Great Mall Dr,
Milpitas.
Tel 408-945-4022.

Petaluma Village Premium Outlets
2220 Petaluma Blvd,
North Petaluma.
Tel 707-778-9300.

Castro District

Citizen Clothing
489 Castro St.
Mapa 10 D3.
Tel 575-3560.

Fillmore

Joie
2116 Fillmore St.
Mapa 4 D4.
Tel 400-0367.

Haight Ashbury

Piedmont Boutique
1452 Haight St.
Mapa 9 C1.
Tel 864-8075.

Hayes Valley

Acrimony
333 Hayes St.
Mapa 4 F5.
Tel 861-1025.

Noe Valley

Rabat
4001 24th St.
Mapa 10 D4.
Tel 282-7861.

South of Market

Isda & Co.
21 South Park St.
Mapa 11 C1.
Tel 512-0313.

Union Square

John Varvatos
152 Geary St.
Mapa 5 C5.
Tel 986-0138.

Union Street

Mimi's on Union
2133 Union St.
Mapa 4 D3.
Tel 921-2178.

Moda Masculina

Para grifes de estilistas, moda esportiva, calçados e acessórios masculinos com influência europeia, vá à **Rolo**. A **Brooks Brothers** foi o primeiro varejista de roupas masculinas prontas para usar nos Estados Unidos e hoje é conhecida pelos ternos elegantes e pelas camisas com botões no colarinho.

Há belas roupas informais na **Eddie Bauer**. A **The Gap** e a **Old Navy** têm opções casuais a preços acessíveis. Homens muito altos e encorpados encontram roupas confortáveis, suéteres e ternos para todas as ocasiões na **Rochester Big and Tall**. A **Body**, na Castro Street, é ideal para camisetas e tops para usar em academias, roupa íntima, calçados e outras peças.

Moda Feminina

Muitas grifes internacionais famosas estão presentes em São Francisco, como **Chanel**, **Gucci** e **Louis Vuitton**. A **Prada** se destaca pelas roupas de finíssima lã merino e cashmere. A **Banana Republic** e a **Marciano** oferecem roupas práticas e elegantes.

Roupas esportivas descoladas, bonitas e confortáveis podem ser encontradas na **Lululemon**. Peças de estilistas de Nova York e da Europa têm desconto na **Loehmann's**. A **Ann Taylor** tem conjuntos, blusas, vestidos de noite e suéteres. A **Bebe** possui vestuário contemporâneo para as magras chiques. A **Lane Bryant** oferece roupas elegantes do tamanho 12 ao 26. A **Urban Outfitters** tem roupas chiques, novas e usadas, e a **Anthropologie** vende roupas estilosas com visual retrô, com peças como jeans e vestidos.

Moda Infantil

Coleções coloridas de roupas de algodão, inclusive nos estilos tie-dye e étnico, assim como uma ampla seleção de chapéus, estão à venda na **Kids Only**. A **Small Frys** é muito apreciada pelas roupas de algodão. Além de bom gosto, a **Gap Kids** e a **Baby Gap** têm ampla variedade de cores e tamanhos.

Calçados

Há calçados de alta qualidade na **Kenneth Cole** e na **Kate Spade**, que vende sapatos clássicos, mas inspirados, além de bolsas e acessórios. Entre as marcas confortáveis na **Ria's** estão Sebago, Clarks, Birkenstock, Timberland e Rockport. A megastore **Nike Town** é ideal para tênis, e a **DSW Shoe Warehouse** tem uma gama enorme de calçados com descontos.

A **Shoe Biz II**, uma das duas da rede na Haight Street, chama a atenção pelo dinossauro exposto do lado de fora. No interior, há música e cadeiras relaxantes para os clientes escolherem pares de tênis. A **Shoe Biz I** tem calçados da moda para uso cotidiano. Os calçados da **Merrell** são refinados e confortáveis.

A **Foot Worship** oferece sapatos femininos a partir do nº 36 e atende bem a uma clientela que tem preferência por saltos muito altos.

Lingerie

São Francisco também é um bom lugar para comprar lingerie. A **Alla Prima Fine Lingerie** tem o melhor da grife europeia em roupa íntima, camisolas de seda e camisetas. A **Victoria's Secret** tem várias lojas na cidade, uma delas na Union Square. A primeira dançarina de topless do país vende suas criações na própria loja, a **Carol Doda's Champagne & Lace Lingerie**.

Roupas de Couro

Em São Francisco, roupas de couro são um antídoto contra a neblina e também uma questão de estilo. A **Fog City Leather** faz sob encomenda jaquetas e roupas de couro da cabeça aos pés. Instituição local por mais de 80 anos, a **Golden Bear Sportswear** faz jaquetas com couro de alta qualidade em uma variedade de modelos clássicos e modernos.

Equipamentos Esportivos

Como há muitos espaços ao ar livre em torno da cidade e no Norte da Califórnia, os aventureiros contam com diversas lojas de roupas e equipamentos esportivos. A **REI** reduz os preços no primeiro sábado do mês e há sempre boas liquidações sazonais de roupas confortáveis e para praticantes de esqui, snowboard, ciclismo e remo.

Inaugurada em North Beach em 1966, a **North Face** tem roupas especiais para temperaturas abaixo de zero. Com raiz montanhista, a **Patagonia** oferece roupas de algodão orgânico e outras resistentes à umidade e calor para atividades como escalada, surfe, corrida, mountain bike e até ioga.

Moda Esportiva

Fãs de beisebol compram de bonés a calças com logos dos times nas lojas **SF Giants Dugout**. Roupas de moletom oficiais da NFL e da NBA estão à venda na **NFL College Shop** no PIER 39. Jaquetas de jérsei do San Francisco 49ers e de times universitários têm ótima demanda na **Champs Sports**.

A **Lombardi Sports** vende roupas para a prática de *lacrosse* e peças de estilo esportivo.

A **Adidas Store** tem grande variedade de calçados clássicos, trajes esportivos e roupas de atletismo para homens e mulheres. Entre as lojas de roupas e equipamentos esportivos estão a **Golfsmith**, que vende roupas para golfe e tênis, e a **Athleta**, que oferece todos os tipos de trajes femininos para atividades físicas.

Para comprar camisetas, bonés, toucas e pijamas com a inscrição "San Francisco", vá à **Only in San Francisco** no Fisherman's Wharf, que tem um dos maiores estoques disponíveis.

Brechós

O **Buffalo Exchange** e o **Crossroads Trading** oferecem roupas usadas de cunho histórico. O **Wasteland**, no Haight Asbhury District, é conhecido por suas roupas antigas. No mesmo distrito, a **Static** oferece uma grande variedade de itens vintage de alta qualidade cuidadosamente selecionados. O **Clothes Contact** vende roupas antigas por peso.

AGENDA

Moda Masculina

Body
450 Castro St. **Mapa** 10 D3. **Tel** 575-3562.

Brooks Brothers
240 Post St. **Mapa** 5 C4. **Tel** 402-0476.

Eddie Bauer
Westfield Centre, Level 3.
Mapa 5 C5. **Tel** 343-0146.

The Gap
2169 Chestnut St. **Mapa** 4 D2. **Tel** 929-1744.

890 Market St. **Mapa** 5 C5. **Tel** 788-5909.

Old Navy
801 Market St. **Mapa** 5 C5. **Tel** 344-0375.

Rochester Big and Tall
700 Mission St. **Mapa** 5 C5. **Tel** 982-6455.

Rolo
2351 Market St. **Mapa** 10 D2. **Tel** 431-4545.

Moda Feminina

Ann Taylor
3 Embarcadero Center. **Mapa** 6 D3. **Tel** 989-5355.

Anthropologie
880 Market St. **Mapa** 5 C5. **Tel** 434-2210.

Banana Republic
256 Grant Ave. **Mapa** 5 C4. **Tel** 788-3087.

Bebe
Westfield Centre, Level 2.
Mapa 5 C5. **Tel** 543-2323.

Chanel
156 Geary St. **Mapa** 5 C4. **Tel** 981-1550.

Gucci
240 Stockton St. **Mapa** 5 C5. **Tel** 392-2808.

Lane Bryant
2300 16th St. **Mapa** 11 A3. **Tel** 633-4275.

Loehmann's
222 Sutter St. **Mapa** 5 C4. **Tel** 982-3215.

Louis Vuitton
233 Geary St. **Mapa** 5 C5. **Tel** 391-6200.

Lululemon
327 Grant Ave. **Mapa** 5 C4. **Tel** 402-0914.

Marciano
Westfield Centre, Level 3.
Mapa 5 C5. **Tel** 543-4636.

Prada
201 Post St. **Mapa** 5 C5. **Tel** 391-8844.

Urban Outfitters
80 Powell St. **Mapa** 5 B5. **Tel** 989-1515.

Moda Infantil

Gap Kids/Baby Gap
3491 California St. **Mapa** 3 B4. **Tel** 386-7517.

Kids Only
1608 Haight St. **Mapa** 9 B1. **Tel** 552-5445.

Small Frys
4066 24th St. **Mapa** 10 D4. **Tel** 648-3954.

Calçados

DSW Shoe Warehouse
400 Post St. **Mapa** 5 B5. **Tel** 956-3453.

Foot Worship
1214 Sutter St. **Mapa** 5 A5. **Tel** 921-3668.

Kate Spade
227 Grant Ave. **Mapa** 5 C4. **Tel** 216-0880.

Kenneth Cole
Westfield Centre, Level 1.
Mapa 5 C5. **Tel** 227-4536.

Merrell
285 Geary St. **Mapa** 5 B5. **Tel** 834-9605.

Nike Town
278 Post St. **Mapa** 5 C4. **Tel** 392-6453.

Ria's
301 Grant Ave. **Mapa** 5 C4. **Tel** 834-1420.

Shoe Biz I
1420 Haight St. **Mapa** 9 C1. **Tel** 864-0990.

Shoe Biz II
1553 Haight St. **Mapa** 9 C1. **Tel** 861-3933.

Lingerie

Alla Prima Fine Lingerie
1420 Grant Ave. **Mapa** 5 C2. **Tel** 397-4077.

Carol Doda's Champagne & Lace Lingerie
1850 Union St. **Mapa** 4 E2. **Tel** 776-6900.

Victoria's Secret
335 Powell St. **Mapa** 5 B5. **Tel** 433-9671.

Roupas de Couro

Fog City Leather
2060 Union St. **Mapa** 4 D2. **Tel** 567-1996.

Golden Bear Sportswear
200 Potrero Ave. **Mapa** 11 A3. **Tel** 863-6171.

Equipamentos Esportivos

North Face
180 Post St. **Mapa** 5 C4. **Tel** 433-3223.

Patagonia
770 North Point St. **Mapa** 5 A2. **Tel** 771-2050.

REI
840 Brannan St. **Mapa** 11 B2. **Tel** 934-1938.

Moda Esportiva

Adidas Store
Westfield Centre, Level 1. **Mapa** 5 C5. **Tel** 975-0934.

Athleta
2226 Fillmore St. **Mapa** 4 D4. **Tel** 345-8501.

Champs Sports
Westfield Centre, Level LC.
Mapa 5 C5. **Tel** 975-0883.

Golfsmith
735 Market St. **Mapa** 5 C5. **Tel** 974-6979.

Lombardi Sports
1600 Jackson St. **Mapa** 4 F3. **Tel** 771-0600.

NFL College Shop
PIER 39. **Mapa** 5 B1. **Tel** 397-2027.

Only in San Francisco
PIER 39 at Jefferson St. **Mapa** 5 B1. **Tel** 397-0143.

SF Giants Dugout
AT&T Park. **Mapa** 11 C1. **Tel** 947-3419.

Brechós

Buffalo Exchange
1555 Haight St. **Mapa** 9 C1. **Tel** 431-7733.

1210 Valencia St. **Mapa** 10 F4. **Tel** 647-8332.

Clothes Contact
473 Valencia St. **Mapa** 10 F2. **Tel** 621-3212.

Crossroads Trading
1901 Fillmore. **Mapa** 4 D4. **Tel** 775-8885.

2123 Market St. **Mapa** 10 E2. **Tel** 552-8740.

Static
1764 Haight St. **Mapa** 9 B1. **Tel** 422-0046.

Wasteland
1660 Haight St. **Mapa** 9 B1. **Tel** 863-3150.

Livros, Música, Arte e Antiguidades

Centenas de lojas atraem escritores, artistas e colecionadores que moram em São Francisco ou estão visitando a cidade. Os moradores locais decoram a casa com peças de arte de galerias e antiquários. Turistas que gostam de comprar objetos finos e originais, como uma peça exclusiva ou arte étnica contemporânea, sempre acham uma preciosidade em alguma dessas lojas.

Livrarias

Na década de 1960, os artistas da geração beat se reuniam em peso na **City Lights Bookstore** (p. 88) para debater a revolução social em início nos Estados Unidos. Essa verdadeira instituição em São Francisco fica aberta até tarde e é ponto de encontro de estudantes. A **Book Bay Bookstore**, no Fort Mason Center, é um ótimo lugar para relaxar enquanto se folheia um livro. A **Green Apple Books** oferece tanto livros novos quanto usados e fica aberta até 22h30 ou até 23h30 às sextas-feiras e aos sábados. A **Folio Books** é uma livraria de bairro, situada no coração do Noe Valley, e vende títulos novos e usados. A **The Booksmith**, em Haight Ashbury, mantém um estoque notável de publicações políticas e estrangeiras. A **Cover to Cover** é uma livraria de bairro com uma seção infantil excelente e equipe cordial. Por sua vez, a **Alexander Book Company**, localizada no centro do distrito de SoMa, tem bons livros infantis e de interesse geral.

Livrarias Especializadas

Os fãs de ficção científica, mistério e terror encontram na **Borderland Books** a mais extensa seleção de títulos desses gêneros. Para quem se interessa por meio ambiente, política e sustentabilidade, **The Green Arcade** é o local certo. A **Omnivore Books** é o lugar ideal pra os amantes da gastronomia, recheada com uma grande variedade de livros de receitas e outras publicações sobre culinária.

Discos e CDs Novos e Usados

A **Streetlight Records** oferece uma seleção variada de discos novos e usados, além de DVDs, CDs e videogames a bons preços. Sons totalmente desconhecidos estão à venda na **Recycled Records** na Haight Street, onde gravações novas e antigas são compradas, vendidas e negociadas como se fossem ações na bolsa de valores. Inaugurada em 1970, a **Aquarius Records** é a mais antiga loja de discos independente de São Francisco, com vários gêneros musicais, do rock independente e psicodélico ao reggae e bluegrass. A **Amoeba Music** tem a maior seleção de CDs e fitas do país. São 500 mil títulos novos e de segunda mão, incluindo jazz, blues e rock. Um paraíso para colecionadores, é o lugar para quem está em busca de raridades a preços acessíveis.

Partituras Musicais

Para satisfazer suas necessidades musicais, visite a **Sunset Music Company**, onde se encontra em um único lugar partituras, livros sobre música, instrumentos e acessórios. Eles também oferecem serviços como aulas, estúdio para ensaio e aluguel de instrumentos. Todos os tipos de música e livros de coleções podem ser encontrados no **Union Music Company**.

Galerias de Arte

Entusiastas recentes e conhecedores de arte experientes sempre acham algo interessante nas centenas de galerias da cidade. A **John Berggruen Gallery** (p. 40) tem o maior acervo de São Francisco de obras de nomes emergentes e de artistas com reputação consolidada. A **Fraenkel Gallery** é conhecida por seu acervo de fotografias dos séculos XIX e XX. No mesmo edifício, a **Haines Gallery** exibe pinturas, desenhos, esculturas e fotografias. A **SF Camerawork** vende impressões em edições limitadas de fotografias de artistas renomados, enquanto a **The Shooting Gallery**, em Tenderloin, exibe obras de arte interessantes e vanguardistas. A **Art Haus Gallery** tem peças finas de arte contemporânea de alto nível. Obras recentes e outras de artistas americanos estão à mostra na **Gallery Paule Anglim**. Realismo é o tema da **John Pence Gallery.**

Para obras acessíveis de artistas locais da Bay Area, visite a galeria **Hang**. Na **Vista Point Studios Gallery** há belas fotos da Bay Area e dos arredores.

Arte Étnica e Folclore dos Estados Unidos

Há boas coleções de arte étnica em várias galerias. A **Folk Art International, Xanadu, & Boretti** no Frank Lloyd Building tem máscaras, peças têxteis, esculturas e joias. Há belas máscaras, joias e tecidos artesanais africanos no **African Outlet**. É difícil resistir às cerâmicas e às máscaras do Japão à venda na **Ma-Shi'-Ko Folk Craft**. Obras tradicionais e contemporâneas de artistas locais são encontradas na **Galeria de la Raza**.

Antiguidades

A área de Barbary Coast (pp. 28-9) em São Francisco foi transformada em um requisitado polo para compras de antiguidades que agora é chamado de **Jackson Square** (p. 112). Há mais antiquários no vasto **San Francisco Antique and Design Mall**.

O **Aria Antiques** oferece verdadeiros achados em sua eclética loja, enquanto o **Lang Antiques** tem todos os tipos de itens dos períodos vitoriano, Art Nouveau, Art Deco e eduardiano. O **JRM International** vende uma grande variedade de obras de arte e antiguidades de várias culturas do mundo. Todos os tipos de livros, gravuras e mapas antigos estão à venda na **Prints Old & Rare**, que só atende com hora marcada.

COMPRAS | 243

AGENDA

Livrarias

Alexander Book Company
50 Second St.
Mapa 6 D4.
Tel 495-2992.
w alexanderbook.com

Book Bay Bookstore
Room 165, Building C, Fort Mason Center.
Mapa 4 D1.
Tel 771-1076.
w friendssfpl.org

The Booksmith
1644 Haight St.
Mapa 9 B1.
Tel 863-8688.
w booksmith.com

City Lights Bookstore
261 Columbus Ave.
Mapa 5 C3.
Tel 362-8193.
w citylights.com

Folio Books
3957 24th St.
Mapa 10 E4.
Tel 821-3477.
w foliosf.com

Green Apple Books
506 Clement St.
Mapa 3 A5.
Tel 387-2272.
w greenapplebooks.com

Livrarias Especializadas

Borderland Books
866 Valencia St.
Mapa 10 F3.
Tel 824-8203.

The Green Arcade
1680 Market St.
Mapa 10 F1.
Tel 431-6800.

Omnivore Books
3885A Cesar Chavez St.
Mapa 10 E4.
Tel 282-4712.

Discos e CDs Novos e Usados

Amoeba Music
1855 Haight St.
Mapa 9 B1.
Tel 831-1200.

Aquarius Records
1055 Valencia St.
Mapa 10 F3.
Tel 647-2272.

Recycled Records
1377 Haight St.
Mapa 9 C1.
Tel 626-4075.

Streetlight Records
2350 Market St.
Mapa 10 D2.
Tel 282-8000.

Partituras Musicais

Sunset Music Company
2311 Irving St.
Mapa 8 E3.
Tel 731-1725.

Union Music Company
1710B Market St.
Mapa 10 E1.
Tel 775-6043.

Galerias de Arte

Art Haus Gallery
411 Brannan St.
Mapa 11 C1.
Tel 977-0223.

Fraenkel Gallery
49 Geary St.
Mapa 5 C5.
Tel 981-2661.

Gallery Paule Anglim
14 Geary St.
Mapa 5 C5.
Tel 433-2710.

Haines Gallery
49 Geary St, 5º andar.
Mapa 5 C5.
Tel 397-8114.

Hang Art
567 Sutter St, 2º andar.
Mapa 3 C4.
Tel 434-4264.

John Berggruen Gallery
228 Grant Ave.
Mapa 5 C4.
Tel 781-4629.

John Pence Gallery
750 Post St.
Mapa 5 B5.
Tel 441-1138.

SF Camerawork
1011 Market St, 2º andar.
Mapa 11 A1.
Tel 487-1011.

The Shooting Gallery
886 Geary St.
Mapa 5 A5.
Tel 931-8035.

Vista Point Studios Gallery
405 Florida St.
Mapa 11 A3.
Tel 215-9073.

Arte Étnica e Folclore dos EUA

African Outlet
524 Octavia St.
Mapa 4 E5.
Tel 864-3576.

Folk Art International, Xanadu, & Boretti
Frank Lloyd Wright Bldg, 140 Maiden Lane.
Mapa 5 B5.
Tel 392-9999.

Galeria de la Raza
Studio 24,
2857 24th St.
Mapa 10 F4.
Tel 826-8009.

Ma-Shi'-Ko Folk Craft
1581 Webster St, Japan Center.
Mapa 4 E4. **Tel** 346-0748.

Antiguidades

Aria Antiques
1522 Grant Ave.
Mapa 5 C2.
Tel 433-0219.

Jackson Square Art & Antique Dealers Association
445 Jackson St
(na Jackson Square).
Mapa 5 C3.
Tel 398-8115.

JRM International
2015 12th St.
Mapa 11 B3.
Tel 864-8118.

Lang Antiques
323 Sutter St.
Mapa 5 C4.
Tel 982-2213.

Prints Old & Rare
580 Mount Crespi Drive, Pacifica, CA 94044.
Tel (650) 355-6325.

San Francisco Antique and Design Mall
1122 Howard St.
Mapa 5 C5.
Tel 656-3530.

538 Castro St.
Mapa 10 D3.
Tel 656-3530.

Alimentos e Utensílios Domésticos

Os entusiastas de gastronomia de São Francisco são muito sofisticados e aproveitam a grande disponibilidade de alimentos finos. Quando não comem fora, eles cozinham em casa e têm cozinhas muito bem equipadas. É fácil achar bons vinhos, mercearias finas e itens que transformam o ato de cozinhar em uma arte. Para a casa, há dezenas de lojas exibindo os utensílios mais modernos, além de computadores e equipamentos eletrônicos e fotográficos.

Mercearias Finas

De haliote a abobrinhas e de produtos agrícolas frescos da Califórnia a alimentos importados, mercearias finas como a **Whole Foods** dispõem de grande variedade de itens. A **Williams-Sonoma** tem geleias, mostardas e muito mais para consumo próprio ou para um presente. A **David's** é conhecida pelo salmão defumado, bagels e cheesecake de Nova York. Para um almoço para viagem ou várias comidas em belas embalagens, vá à seção de alimentos de uma loja de departamentos como a **Macy's Cellar**. A maioria das redes de mercearias tem boas seções internacionais.

Além de comidas prontas para viagem, delicatéssens italianas vendem azeite de oliva, polenta e massas da Itália. A **Molinari Delicatessen** é famosa pelo ravióli e o tortellini pré-cozidos e de rápido preparo. A equipe cordial do **Lucca Ravioli** prepara as massas à venda no próprio local. A **Pasta Gina**, no belo Noe Valley, vende massas, pesto pronto e outros molhos com almôndegas grandes.

Vale a pena ir às duas áreas chinesas, Chinatown (pp. 96-102 no centro e a Clement Street (p. 63), pelos alimentos e produtos asiáticos. No **Casa Lucas Market** você encontra especialidades espanholas e latinas.

Especialidades e Vinhos

A baguete rústica e fresca da **Boudin Bakery** é uma paixão local e uma tradição para os turistas. **La Boulange** leva Paris para São Francisco produzindo pães maravilhosos. Especialidades italianas são feitas na conhecida **Il Fornaio Bakery**, que é ligada a um restaurante na Battery Street. A **Fillmore Bake Shop** é uma confeitaria incrível, e a **Kara's** prepara deliciosos cupcakes frescos o dia todo.

Café é algo bastante apreciado em São Francisco, onde existem muitas lojas especializadas. O **Caffè Trieste** vende café moído na hora, blends finos e diversos equipamentos para o preparo da bebida. A **Caffè Roma Coffee Roasting Company** e a **Graffeo Coffee Roasting Company** vendem grãos excelentes. Os moradores locais também são fiéis à **Peet's Coffee & Tea** e à **Blue Bottle Coffee**.

Chocólatras frequentam a **See's Candies**, a **Cocoa Bella Chocolates**, e a **Ghirardelli**, que é típica da cidade. Há ótimos sorvetes na **Ben & Jerry's** e na **Hot Cookie Double Rainbow**.

O **Bi-Rite Market** é um mercado de produtores de alimentos da região e a **Cheese Plus** oferece uma enorme seleção de queijos.

A equipe da **California Wine Merchant** dá boas recomendações sobre vinhos com preços acessíveis.

Feiras e Mercados de Pulgas

Produtos agrícolas das redondezas chegam de caminhão às feiras no centro da cidade. Em suas barracas montadas de dia, os agricultores vendem diretamente para o público. A **Heart of the City** funciona das 7h às 17h30 às quartas e até 17h aos domingos. Aos sábados, a **Ferry Plaza** funciona das 9h às 14h. As quitandas de Chinatown parecem uma feira exótica e abrem diariamente. Há de tudo um pouco nos mercados de pulgas. É fácil ir àquele montado em **Berkeley**. Prepare-se para pechinchar e pagar em dinheiro. É possível que seja cobrada uma taxa de entrada.

Utensílios Domésticos

Os amantes da cozinha sonham com os utensílios e jogos de cozinha de alta qualidade da **Williams-Sonoma**. Desde panelas e caçarolas práticas a belas travessas, a **Crate & Barrel** vende artigos para cozinha e varandas a preços módicos. Equipamentos de cozinha chineses são a especialidade da **Wok Shop**. Para roupa de cama, mesa e banho, além de artigos de casa em geral, visite a **Bed, Bath & Beyond**. A **Sue Fisher King** vende itens modernos e elegantes para casa e banho. Para uma colorida gama de tecidos e acessórios, de sedas, lãs e algodões a botões, fitas e rendas, e até material de estofamento, a **Britex Fabrics** é o lugar certo.

Computadores, Eletrônicos e Equipamentos Fotográficos

Se você está procurando por um computador, um dos melhores lugares é a **Central Computers**. Para softwares e eletrônicos, visite a **Best Buy**, que reúne num só lugar tudo de que os nerds precisam.

Para acessórios de câmeras novos e usados, consertos e rolos de filme, dirija-se à **Adolph Gasser** ou à **Brooks Camera**. Algumas lojas de câmera baratas na Market Street não são confiáveis, portanto, consulte o Visitor Information Center (p. 119) sobre as melhores lojas. Se você precisar comprar somente rolos de filme ou outros suprimentos fotográficos, a **Camera Zone and Art Gallery**, na Fisherman's Wharf, oferece preços bastante em conta e costuma dar boas dicas.

COMPRAS | 245

AGENDA

Mercearias Finas

Casa Lucas Market
2934 24th St.
Mapa 9 C3.
Tel 826-4334.

David's
474 Geary St.
Mapa 5 A5. Tel 276-5950.

Lucca Ravioli
1100 Valencia St.
Mapa 10 F3.
Tel 647-5581.

Macy's Cellar
191 O'Farrell St.
Mapa 5 C1.
Tel 296-4411.

Molinari Delicatessen
373 Columbus Ave.
Mapa 5 C3.
Tel 421-2337.

Pasta Gina
741 Diamond St.
Mapa 10 D4.
Tel 282-0738.

Whole Foods
1765 California St.
Mapa 4 F4.
Tel 674-0500.

Williams-Sonoma
340 Post St.
Mapa 5 C4.
Tel 362-9450.
w williams-sonoma.com
Uma das várias filiais.

Especialidades e Vinhos

Ben & Jerry's Ice Cream
1480 Haight St.
Mapa 9 C1.
Tel 626-4143.
w ben&jerrys.com

Bi-Rite Market
3639 18th St.
Mapa 10 E3. Tel 241-9760.

Blue Bottle Coffee
1 Ferry Building.
Mapa 6 D3.
Uma das várias filiais.

Boudin Bakery
4 Embarcadero Center.
Mapa 6 D3.
Tel 362-3330.
Uma das várias filiais.

La Boulange
2325 Pine St.
Mapa 4 D4.
Tel 440-0356.

Caffè Roma Coffee Roasting Company
526 Columbus Ave.
Mapa 5 B2.
Tel 296-7942.

Caffè Trieste
601 Vallejo St.
Mapa 5 C3. Tel 982-2605.

California Wine Merchant
2113 Chestnut St.
Mapa 4 D2.
Tel 567-0646.

Cheese Plus
2001 Polk St.
Mapa 5 A3. Tel 921-2001.

Cocoa Bella Chocolates
2102 Union St.
Mapa 4 D3.
Tel 931-6213.

Fillmore Bake Shop
1890 Fillmore St.
Mapa 4 D4. Tel 923-0711.

Il Fornaio Bakery
1265 Battery St.
Mapa 5 C2.
Tel 986-0646.

Ghirardelli's
Ghirardelli Square.
Mapa 4 F1.
Tel 474-3938.
42 Stockton St.
Mapa 5 C1.
Tel 397-3030.

Graffeo Coffee Roasting Company
735 Columbus Ave.
Mapa 5 B2.
Tel 986-2420.

Hot Cookie Double Rainbow
407 Castro St. Mapa 10 D2. Tel 621-2350.
Uma das várias filiais.

Kara's Cupcakes
3249 Scott St.
Mapa 3 C2.
Tel 563-2253.

Peet's Coffee & Tea
2257 Market St.
Mapa 10 D2.
Tel 626-6416.
Uma das várias filiais.

See's Candies
3 Embarcadero Center.
Mapa 6 D3.
Tel 391-1622.
Uma das várias filiais.

Feiras e Mercados de Pulgas

Berkeley Flea Market
1937 Ashby Ave, Berkeley, CA 94703.
Tel (510) 644-0744.

Ferry Plaza Farmers' Market
Mercado no Embarcadero.
Mapa 6 D3.
Tel 291-3276
w ferryplazafarmersmarket.com

Heart of the City Farmers' Market
United Nations Plaza.
Mapa 11 A1.
Tel 558-9455.

Utensílios Domésticos

Bed, Bath & Beyond
555 9th St.
Mapa 11 A4.
Tel 252-0490.

Britex Fabrics
146 Geary St.
Mapa 5 C5.
Tel 392-2910.

Crate & Barrel
55 Stockton St.
Mapa 5 C5.
Tel 982-5200.
w crateandbarrel.com

Sue Fisher King
3067 Sacramento St.
Mapa 3 C4.
Tel 922-7276.

Williams-Sonoma
Veja Mercearias Finas.

The Wok Shop
718 Grant Ave.
Mapa 5 C4.
Tel 989-3797.

Computadores, Eletrônicos e Equipamentos Fotográficos

Adolph Gasser, Inc
181 Second St.
Mapa 6 D5.
Tel 495-3852.

Best Buy
1717 Harrison St.
Mapa 11 A3.
Tel 626-9682.

Camera Zone and Art Gallery
1365 Columbus St.
Mapa 5 A1.
Tel 359-0947.

Central Computers
837 Howard St.
Mapa 5 C5.
Tel 495-5888.

DIVERSÃO

São Francisco se orgulha de ser a capital cultural da Costa Oeste desde os anos 1850, início de um período próspero, e em geral a cidade oferece diversão de excelente qualidade. O complexo de artes cênicas do Civic Center é o principal para o que há de melhor em música clássica, ópera e balé.

A novidade na cena cultural é o formidável Center for the Arts Theater nos Yerba Buena Gardens, que abriga shows de turnês internacionais. Numerosas salas de cinema *(pp. 250-1)* oferecem aos cinéfilos uma ampla gama de opções, entretanto a cena teatral da cidade, exceto por algumas produções independentes, não se destaca. Por sua vez, o cenário de música popular, especialmente de jazz e blues, é forte em São Francisco, e você pode ouvir boas bandas em lugares intimistas pelo preço de um drinque ou nas feiras de rua e festivais de música realizados nos meses de verão *(pp. 50-3)*.

Existe estrutura para todos os tipos de esportes por toda a cidade, desde ciclismo até golfe e vela.

Informações

Listas completas da programação em cartaz são publicadas nos jornais *San Francisco Chronicle* e *Examiner (p. 275)*. A edição de domingo do *The Chronicle* é muito útil devido à seção "Datebook" (também chamada de "Pink Pages"), que dá detalhes de centenas de eventos realizados a cada semana.

Outras fontes boas são os jornais semanais, como o *San Francisco Bay Guardian* e o *San Francisco Weekly*, disponíveis em bancas de jornal, quiosques, cafés e bares. Eles têm listas e resenhas, sobretudo de música ao vivo, filmes e clubes noturnos.

Quem gosta de se planejar acha o *San Francisco Book* muito prático. Ele é publicado duas vezes por ano pelo San Francisco Visitor Information Center, contém listas de eventos culturais de curto e longo prazo. O livro é gratuito se você apanhá-lo no Visitors Information Center na Hallidie Plaza. Você também pode ligar para o telefone do bureau e ouvir as informações gravadas sobre eventos. Há revistas e calendários de eventos gratuitos, incluindo a *Key*, *This Week San Francisco* e a *Where San Francisco*.

Ingressos

A fonte principal de ingressos para shows, teatro e eventos esportivos é a **Ticketmaster**. Essa empresa tem um monopólio virtual sobre a venda de ingressos, com uma ampla rede de vendas por telefone nas lojas Tower Record em todo o Norte da Califórnia. Eles cobram uma taxa de conveniência de cerca de US$7 por ingresso. A única alternativa à Ticketmaster é comprar diretamente nos guichês, embora muitos só abram um pouco antes do início das apresentações noturnas.

Os ingressos para produções da San Francisco Symphony e de companhias de balé e ópera acabam logo. Portanto, nesse caso é fundamental se planejar com alguma antecedência. Todas elas têm programas de assinatura que vendem ingressos para a temporada, o que é útil se você pretende passar um tempo mais longo na cidade.

Há poucas agências de ingressos em São Francisco, em sua maioria especializadas em vender lugares concorridos a preços nada convidativos. Elas aparecem nas Páginas Amarelas do catálogo telefônico. Do lado de fora dos eventos com ingressos esgotados, "scalpers", ou cambistas, oferecem lugares a preços exorbitantes. Se você pechinchar e perder o início do evento, pode fazer um bom negócio.

Banner do Jazz Festival (p. 254)

Xadrez ao ar livre na Portsmouth Square, em Chinatown

Ingressos com Desconto

Ingressos com desconto para teatro, dança e música são vendidos na **TIX Bay Area**, que oferece meia-entrada e tem um posto de vendas no lado leste da Union Square. Os ingressos são vendidos a partir das 11h no dia do evento e o pagamento é em dinheiro ou traveller's cheque. Há também

DIVERSÃO | 247

Instrumentista tocando no Blues Festival *(p. 255)*

ingressos pela metade do preço nos fins de semana para eventos que serão realizados no domingo e na segunda-feira seguintes.

A TIX Bay também aceita cartões de crédito para vendas antecipadas e abre de terça a sexta das 11h às 18h, sábado das 10h às 18h e domingo das 10h às 15h.

Espetáculos Gratuitos

Além de muitos eventos pagos, São Francisco oferece shows e apresentações gratuitos espalhados por toda a cidade. A maioria deles costuma ser de dia. A San Francisco Symphony faz uma série de concertos dominicais no fim do verão no Stern Grove, ao sul do Sunset District, que ocasionalmente é utilizado para balés.

O Cobbs Comedy Club, no Fisherman's Wharf, sedia a San Francisco International Comedy Competition por quatro semanas em agosto/setembro, com a participação de mais de 300 humoristas.

A San Francisco Opera se apresenta ao ar livre no Financial District, como parte da série "Brown Bag Operas". No verão, o parque recebe o Shakespeare Festival, o Comedy Celebration Day e a San Francisco Mime Troupe. Uma série de concertos chamada "Jewels in the Square" leva música ao vivo à Union Square às quartas-feiras às 12h30 e às 18h e aos domingos às 14h. Eventualmente ocorrem recitais na Old St. Mary's Cathedral *(p. 100)* às 12h30, durante a semana.

Portadores de Deficiência

A Califórnia é líder no país em termos de acesso a deficientes físicos. A maioria dos teatros e salas de concerto de São Francisco é inteiramente acessível e dispõe de áreas especiais para acomodar cadeiras de rodas. Em poucas casas menores pode ser necessário lançar mão de entradas especiais ou elevadores para ir aos andares superiores; porém, em geral, o acesso é sem obstáculos. Muitos cinemas também oferecem fones de ouvido especiais para deficientes auditivos. Ligue para os locais para saber como é a estrutura e consulte *Informações Úteis* na p. 268.

O Presidio Theatre *(p. 250)*

AGENDA

Telefones Úteis

San Francisco Visitor Information Center
Powell St com a Market St, piso inferior Hallidie Plaza.
Tel 391-2000.
W **sf.visitor.org**

California Welcome Center
PIER 39, Prédio B, 2º andar.
Tel (415) 981-1280.
W **visitcwc.com**

Agências de Ingressos

Ticketmaster
Vendas por telefone.
Tel (1-800) 745-3000.
W **ticketmaster.com** ou
W **tickets.com**

TIX Bay Area
Lado leste da Union Sq, Powell St entre Geary e Post streets.
Tel 433-7827.
W **theatrebayarea.org** ou
W **tixbayarea.com**

O AT&T Park, sede do San Francisco Giants *(p. 260)*

O Melhor de São Francisco: Diversão

Com uma infinidade de opções de lazer, São Francisco é uma das cidades mais agradáveis do mundo. Há apresentações de grandes nomes de todos os ramos da arte, sendo que muitos inclusive moram na cidade, atraídos pela criativa comunidade local. Além de ter a melhor ópera, balé e orquestra sinfônica da Costa Oeste, é um reduto de jazz, rock e diversas companhias de teatro e de dança. Para os fãs de esportes, há numerosos eventos para assistir ou participar. Por fim, os parques e as áreas de recreação espetaculares permitem que cada pessoa faça suas atividades preferidas ao ar livre, muitas das quais com custo zero.

Clay Theatre
Veja filmes estrangeiros no Clay Theatre na Fillmore Street. Aberto em 1910, é um dos cinemas locais mais antigos *(p. 250)*.

San Francisco Comedy Celebration Day
Esse festival anual no Golden Gate Park dá chance de ver novos talentos que podem ganhar fama, como ocorreu com Whoopi Goldberg *(p. 247)*.

Balé ao Ar Livre no Stern Grove
O anfiteatro ao ar livre é um cenário perfeito para balé *(p. 247)*.

Fillmore Auditorium
Famoso por shows como os do Jefferson Airplane nos anos 1960, o auditório continua com o status de templo musical *(p. 254)*.

DIVERSÃO | 249

Artistas de Rua no Fisherman's Wharf
Uma mistura animada de músicos, malabaristas e outros artistas de rua divertem as multidões no Fisherman's Wharf *(p. 247)*.

Saloon
Bandas locais de blues tocam toda noite nesse conhecido bar em North Beach. Datado de 1861, o Saloon sobreviveu à Corrida do Ouro *(p. 254)*.

Fairmont Hotel
Pode-se ouvir ótima música ao vivo nos pianos-bares de grandes hotéis. O Tonga Room no Fairmont foi onde Tony Bennett deu fama a "I Left My Heart in San Francisco" *(p. 257)*.

Fisherman's Wharf e North Beach

Chinatown e Nob Hill

Financial District e Union Square

Geary Theater
Esse edifício icônico, sede do renomado American Conservatory Theater, passou por uma ampla reforma após o terremoto de 1989 *(p. 251)*.

War Memorial Opera House
Reserve ingressos de antemão para a San Francisco Opera Association *(p. 252)*.

Slim's
Clube noturno de classe em SoMa, o Slim's oferece uma mescla de jazz, rock e blues *(p. 255)*.

Cinema e Teatro

São Francisco tem uma comunidade cinéfila ativa e com frequência filmes recém-lançados ficam em cartaz em cinemas de bairro. Fazendo jus à sua reputação de centro das artes, a cidade sedia vários festivais de cinema. Além dos festivais internacional e de Mill Valley, há eventos anuais com as melhores produções cinematográficas e em vídeo de minorias como a indígena, asiático-americana, feminina e de gays e lésbicas.

A programação de teatro é bem menos variada e mais cara e, em qualquer época do ano, pode haver poucas produções em cartaz. Os teatros convencionais, que apresentam desde produções itinerantes da Broadway até outras de companhias locais, se concentram no Theater District (p. 118), ao longo da Geary Street a oeste da Union Square. O Fort Mason Center (pp. 74-5) é outro polo teatral, porém de vocação mais vanguardista.

Estreias

Para uma divertida experiência multimídia, vá ao **Metreon**, um complexo de quinze salas e IMAX, além de lojas, restaurantes, programas especiais e outras atrações. O **AMC Kabuki** no Japan Center (p. 130) e os modernos **Embarcadero** e **Presidio Theater** são outros cinemas excelentes, sempre passando os últimos lançamentos. O Embarcadero também exibe filmes estrangeiros e independentes. Os preços para estreias são praticamente os mesmos em todos os cinemas.

Outros cinemas concorridos são o **AMC Van Ness 14** e o **AMC Loews Metreon 16**. O **Century San Francisco Centre**, no Westfield San Francisco Centre, tem poltronas luxuosas e uma lanchonete com opções sofisticadas. As exibições começam ao meio-dia, com sessões a cada duas horas até 22h. Ocasionalmente, há projeções à meia-noite nos fins de semana. Pode haver meia-entrada para a primeira sessão, mas isso varia de cinema para cinema. Diariamente, o Kabuki oferece os maiores descontos das 16h às 18h.

Filmes Estrangeiros e de Arte

Em geral, as estreias de filmes estrangeiros são no **Clay** em Pacific Heights e no **Opera Plaza**, um complexo com quatro salas. Ambos os cinemas são da rede Landmark, que vende um cartão que dá direito a cinco sessões com desconto de 30%.

O **Castro** (p. 138), melhor cinema antigo de São Francisco, exibe clássicos de Hollywood, assim como obras inusitadas mais recentes, e a programação muda a cada dia. O chique **Roxie**, um cinema independente no Mission District, e o histórico **Victoria Theater** também exibem clássicos e lançamentos incomuns.

Obras mais obscuras e intrigantes passam na **Cinematheque**, que tem programas nas noites de domingo no San Francisco Art Institute e, nas quintas à noite, no **Yerba Buena Center for the Arts**.

Classificação

Nos EUA, os filmes têm a seguinte classsificação etária:
G Livre para todas as idades.
PG Aconselhável a presença dos pais. Cenas impróprias para crianças.
PG-13 Os pais devem ficar atentos. Cenas impróprias para menores de 13 anos.
R Restritos. Menores de 17 anos, só acompanhados dos pais ou dos responsáveis.
NC-17 Proibido para menores de 18 anos.

Festivais de Cinema

Sediado no complexo Kabuki por duas semanas em maio, o **San Francisco International Film Festival** tem geralmente alguns sucessos comerciais, mas também exibe filmes independentes novos e estrangeiros de distribuição complicada. Como os ingressos se esgotam rapidamente, o ideal é comprá-los com alguns dias de antecedência. O **Mill Valley Film Festival**, no início de outubro, também integra o circuito, assim como o cada vez mais concorrido **Lesbian & Gay Film Festival** em junho no **Castro**, no **Roxie** e no **Yerba Buena Center for the Arts**.

Teatro

Muitos moradores de São Francisco têm um desprezo visível por peças comerciais de sucesso internacional, razão

Cenários

Muitos lugares em São Francisco e nos arrredores foram cenários de filmes:

Alcatraz é a famosa prisão de segurança máxima em *O homem de alcatraz* e *Alcatraz, fuga impossível*.
Foi no **Alta Plaza Park** que Barbra Streisand desceu uma escada de carro em *Essa pequena é uma parada*.
A **Bodega Bay**, na costa norte de São Francisco, é a cidadezinha de *Os pássaros*, de Hitchcock.
Chinatown foi cenário de *Chan is missing*, *Dirty Harry na lista negra*, *Funeral chinês* e *Hammett: mistério em Chinatown*.
A última semana do **Fillmore Auditorium**, com um show do Grateful Dead, é o tema de *Fillmore*.
O **Mission District** figura no violento thriller *Matança em São Francisco*.
Presidio é cenário do suspense *Assassinato no presídio*.
A **Union Square** é a locação da sequência-chave de *A conversação*.

DIVERSÃO | 251

pela qual a cena teatral local é bem menos desenvolvida do que em outras cidades grandes. No entanto, é provável que haja pelo menos duas peças em cartaz nos principais teatros do Theater District; três entre os maiores são o **Golden Gate Theater**, o **Curran Theater** e o **Orpheum Theater**, os quais emprestam seus palcos para a série de apresentações de Best of Broadway. Há também o **New Conservatory Theatre Center** e o **Marines Memorial Theater**. No centro do Mission District, o **The Marsh Theater** dedica-se a apresentar espetáculos novos e originais. A companhia mais respeitada entre as grandes é a **American Conservatory Theater (ACT)**. Sua sede há muito tempo, o icônico Geary Theater fica perto da Union Square. Peças diversificadas são apresentadas durante sua temporada anual de outubro a maio.

Circuito Alternativo

Com dezenas de teatros pequenos espalhados pela cidade e muitos outros na Bay Area, a cena off-Broadway de São Francisco é extremamente ativa, embora pouco divulgada. O **Fort Mason** é o polo mais comum e sede do nacionalmente conhecido **Magic Theatre** e de diversos outros grupos, além do Playwrights Festival em agosto *(p. 51)*.

O Mission District tem o satírico **Theater Rhinoceros** e o arrojado **Theater Artaud**. Embora o **Actors Theater of San Francisco** tenha se mudado de North Beach, a aclamada peça de teatro de revista *Beach Blanket Babylon* continua sendo encenada nesse bairro, no **Club Fugazi**.

Caso tenha oportunidade, procure conhecer o trabalho da companhia **Intersection for the Arts**, da multimídia **Exit Theater** e da altamente prestigiosa **Berkeley Repertory Theater**, que fica na East Bay.

AGENDA

Estreias, Filmes Estrangeiros e de Arte

AMC Kabuki
Mapa 4 E4.
Tel 346-3243.

AMC Loews Metreon 16
Mapa 5 C5.
Tel (1-888) 262-4386 ou 369-6201.

AMC Van Ness 14
Mapa 4 F4.
Tel (1-888) 262-4386.

Castro
Mapa 10 D2.
Tel 621-6120.

Century San Francisco Centre
Mapa 5 C5.
Tel 538-8422.

Cinematheque
Mapa 11 B3.
Tel 552-1990.

Clay Theatre
Mapa 4 D3.
Tel 561-9921.

Embarcadero
Mapa 6 C3.
Tel 561-9921.

Metreon
Mapa 5 C5.
Tel 369-6201.

Opera Plaza
Mapa 4 F5.
Tel 771-0183.

Presidio Theatre
Mapa 3 C2.
Tel 776-2388.

Roxie
Mapa 10 F2.
Tel 863-1087.

Victoria Theater
Mapa 10 F2.
Tel 863-7576.

Yerba Buena Center for the Arts
Mapa 5 C5.
Tel 978-2787.

Festivais de Cinema

Lesbian & Gay Film Festival
Mapa 11 A2.
Tel 703-8650.
w frameline.org

Mill Valley Film Festival
38 Miller Ave, Mill Valley.
Tel 383-5256.

San Francisco International Film Festival
Mapa 4 D5.
Tel 561-5000.
w sffs.org

Teatros

American Conservatory Theater (ACT)
Mapa 5 B5. Tel 749-2ACT.
w act-sf.org

Curran Theater
Mapa 5 B5.
Tel 551-2000.
w shnsf.com/theatres/curran

Golden Gate Theater
Mapa 5 B5.
Tel 551-2000.
w shnsf.com/theatres/goldengate

Marines Memorial Theater
Mapa 5 B4.
Tel 771-6900 ou 447-0188.
w marineclub.com/theatre.php

The Marsh Theater
Mapa 10 F3.
Tel 826-5750.
w themarsh.org

New Conservatory Theatre Center
Mapa 10 F1.
Tel 861-8972.
w nctcsf.org

Orpheum Theater
Mapa 11 A1.
Tel 551-2000.
w orpheum-theater.com

Circuito Alternativo

Actors Theater of San Francisco
Mapa 5 B4.

Berkeley Repertory Theater
2025 Addison St, Berkeley.
Tel (510) 647-2900 ou (510) 647-2949.

Club Fugazi
Mapa 5 B3.
Tel 421-4222.
w beachblanketbabylon.com

Exit Theater
156 Eddy St.
Mapa 5 B5.
Tel 931-1094.

Fort Mason Center
Mapa 4 E1.
Tel 441-3687.

Intersection for the Arts
Mapa 10 F2.
Tel 626-2787.

Magic Theatre
Mapa 4 E1.
Tel 441-8001.

Theater Artaud
Mapa 11 A3.
Tel 621-4240.

Theater Rhinoceros
Mapa 10 F2.
Tel 552-4100.

Ópera, Música Erudita e Dança

Desde a Corrida do Ouro em 1849, São Francisco se orgulha da diversidade de suas instituições culturais e de sua capacidade de atrair artistas de nível internacional. Eventos beneficentes e um fundo específico dão apoio às artes cênicas, as quais também são alvo do apreço popular, como se vê pelas salas lotadas. As salas principais, incluindo a War Memorial Opera House e a Louise M. Davies Symphony Hall, ficam no complexo de artes cênicas do Civic Center *(pp. 128-9)*. As temporadas de ópera, música sinfônica e balé acontecem no inverno e na primavera. Diante da dificuldade para conseguir ingressos, é aconselhável fazer reserva com bastante antecedência.

Ópera

Muito antes de 1932, quando a prefeitura de São Francisco construiu a primeira casa de ópera do país, o gênero operístico já era apreciado em São Francisco. Nos últimos anos, a San Francisco Opera ganhou fama internacional como uma das melhores do mundo, atraindo astros do calibre de Placido Domingo e Kiri Te Kanawa, e o artista David Hockney para criar os cenários. Todas as apresentações têm as letras com traduções em inglês, que são projetadas acima do palco.

A temporada principal vai de setembro a dezembro, e a noite de abertura é um evento social de grande prestígio na Costa Oeste. Eventos especiais de verão são realizados em junho e julho, quando é mais fácil obter ingressos.

Os preços dos ingressos variam entre US$10 e US$15 (para lugares em pé vendidos no dia da apresentação) e o mais de US$100. Para informações antecipadas, consulte a **San Francisco Opera Association**. Para saber sobre a disponibilidade de ingressos, vá ao guichê da **War Memorial Opera House**.

Do outro lado da baía, a aclamada **West Edge Opera** se apresenta em abril e maio no El Cerrito Performing Arts Center.

Música Erudita

O **Louise M. Davies Symphony Hall**, parte do complexo de apresentações do Civic Center, foi inaugurado em 16 de setembro de 1980. Após sua acústica ser alvo de críticas, tomou-se a decisão de fazer alterações e a obra começou em 1991. A sala reabriu em 1992 e agora é a principal de São Francisco para apresentações de música clássica e sede da altamente conceituada **San Francisco Symphony**.

A orquestra faz até cinco concertos por semana durante a temporada de setembro a junho. Regentes e artistas convidados e várias orquestras em turnê fazem outros concertos especiais e, em julho, o programa "Symphony Pops" é realizado na Louise M. Davies Symphony Hall. Ao lado da Opera House, o **Herbst Theatre** (fechado para reforma até 2015) abriga recitais de renomados instrumentistas.

Além desses grandes eventos, há numerosos recitais e concertos menos formais na Bay Area. A **Philharmonia Baroque Orchestra**, um grupo de instrumentistas com repertório de época, toca em diversos lugares pela cidade, ao passo que a histórica **Old First Presbyterian Church** tem uma série de música de câmara e recitais isolados nas noites de sexta-feira e nas tardes de domingo ao longo do ano. O **Florence Gould Theater**, na Legion of Honor *(pp. 158-9)*, é usado com frequência para apresentações de grupos pequenos, incluindo quartetos, e também há demonstrações de instrumentos musicais clássicos ou pré-clássicos, a exemplo do clavicórdio.

Do outro lado da baía, a **Hertz Hall**, no campus da UC Berkeley *(pp. 178-9)*, atrai astros emergentes do mundo erudito em suas temporadas de inverno e primavera, ao passo que a inovadora **Oakland East Bay Symphony** se apresenta no Paramount Theater, um marco Art Déco.

Música Contemporânea

Um dos principais centros culturais de São Francisco, o **Yerba Buena Center for the Arts** deu grande impulso à música contemporânea em São Francisco. Compositores e artistas da Bay Area, incluindo John Adams e o internacionalmente aclamado **Kronos Quartet**, além de outros do mundo inteiro, fazem concertos no teatro desse centro e também no Forum, que é bem menor. Compositores contemporâneos às vezes se apresentam na Louise M. Davies Symphony Hall. Outro lugar importante para música nova na Bay Area é a **Zellerbach Hall**, no campus da UC Berkeley, ao passo que o **Cowell Theater**, no Fort Mason, também sedia cerca de dois eventos por mês. Uma das aventuras musicais mais inusitadas de São Francisco é a **Audium**. Nessa dinâmica "escultura sonora", o público fica o tempo todo sentado em total escuridão, cercado por centenas de alto-falantes.

Balé e Dança

Fundado em 1933, o **San Francisco Ballet** é a companhia profissional de balé mais antiga dos Estados Unidos. Sob a direção de Helgi Tomasson, ela passou a figurar entre as melhores do mundo. Começando com uma produção anual do clássico natalino *O quebra-nozes*, de Tchaikovsky, a temporada vai de fevereiro a maio. A programação inclui obras clássicas coreografadas por Balanchine e outros, além de estreias de artistas consagrados como Mark Morris.

Talentos locais se apresentam no intimista **Theater Artaud** e na **ODC Performance Gallery**, ambos situados no Mission District. O **Yerba Buena Center for the Arts** é sede do **LINES Con-**

DIVERSÃO | 253

temporary Ballet, ao passo que a **Zellerbach Hall**, do outro lado da baía, atrai as melhores produções em turnê, com visitas anuais do Pilobolus, do Dance Theater of Harlem e de Merce Cunningham.

Visitas aos Bastidores

Visitas programadas aos bastidores são organizadas na Louise M. Davies Symphony Hall e na War Memorial Opera House. Você pode visitar os dois edifícios às segundas-feiras, a cada meia hora entre 10h e 14h. As visitas à Davies Symphony Hall são só na quarta e no sábado, e é preciso reservar uma semana antes. Com início na entrada da Grove Street, as visitas satisfazem a curiosidade sobre os segredos dos bastidores.

Eventos Gratuitos

Além dos numerosos eventos pagos, concertos e apresentações gratuitos são realizados em toda a cidade, em sua maioria de dia, ao ar livre e no verão. A San Francisco Symphony Orchestra, por exemplo, faz uma série de concertos aos domingos no fim do verão, em um anfiteatro natural no Stern Grove *(p. 247)*. Membros da San Francisco Opera Company cantam árias favoritas do público na hora do almoço no Financial District, na Bush Street, como parte da série "Brown Bag Operas", e na Sharon Meadow, no Golden Gate Park *(pp. 145-57)*, durante o "Opera in the Park". Há recitais gratuitos às terças-feiras às 12h30 na Old St. Mary's Cathedral *(p. 100)*. Sextas-feiras ao meio-dia durante o verão acontece o "Music in the Park" no bosque de sequoias atrás da Transamerica Pyramid *(p. 113)*.

A **Grace Cathedral** é um cenário belíssimo para música sacra, apresentada pelo Grace Cathedral Choir de meninos e rapazes, fundado em 1913. O coral canta na oração da tarde das quintas-feiras às 17h15, ao passo que a Choral Eucharist é celebrada aos domingos às 11h.

Para detalhes sobre eventos em geral, consulte o San Francisco Visitor Information Center *(p. 266)* ou entre em contato pelo telefone 24 horas: 415-391-2001. Você também pode olhar a seção "Datebook" do *San Francisco Chronicle/Examiner* de domingo ou um dos jornais semanais sobre eventos.

AGENDA

Ópera

San Francisco Opera Association
301 Van Ness Ave.
Mapa 4 F5.
Tel 861-4008.

Guichê da War Memorial Opera House
199 Grove St (no dia).
Mapa 4 E5.

301 Van Ness Ave (véspera). **Mapa** 4 F5.
Tel 864-3330.
🅦 sfopera.com

West Edge Opera
540 Ashbury Ave.
El Cerrito.
Tel (510) 841-1903.

Música Erudita

Florence Gould Theater
Legion of Honor, Lincoln Park.
Mapa 1 C5.
Tel 750-3600.

Herbst Theatre
401 Van Ness Ave.
Mapa 4 F5.
Tel 621-6000.

Hertz Hall
UC Berkeley.
Tel (510) 642-9988.

Guichê da Louise M. Davies Symphony Hall
201 Van Ness Ave.
Mapa 4 F5.
Tel 864-6000.

Guichê da Oakland East Bay Symphony
2025 Broadway, Oakland.
Tel (510) 444-0801.

Old First Presbyterian Church
1751 Sacramento St.
Mapa 4 F3.
Tel 474-1608.

Guichê da Philharmonia Baroque Orchestra
City Box Office, 180 Redwood St, Suite 100.
Mapa 4 F5.
Tel 392-4400 ou 252-1288. 🅦 cityboxoffice.com

Guichê da San Francisco Symphony
201 Van Ness Ave.
Mapa 4 F5.
Tel 864-6000.

Música Contemporânea

Audium
1616 Bush St. **Mapa** 4 F4.
Tel 771-1616.

Cowell Theater
Fort Mason Center
Pier 2.
Mapa 4 E1.
Tel 441-3687.

Kronos Quartet
🅦 kronosquartet.org

Yerba Buena Center for the Arts
701 Mission St.
Mapa 5 C5.
Tel 978-2787.
🅦 ybca.org

Zellerbach Hall
UC Berkeley.
Tel (510) 642-9988.

Balé e Dança

LINES Contemporary Ballet
Yerba Buena Center for the Arts, 700 Howard St.
Mapa 5 C5.
Tel 863-3040.

ODC Performance Gallery
3153 17th St.
Mapa 10 E3.
Tel 863-9834.

San Francisco Ballet
301 Van Ness Ave.
Mapa 4 F4.
Tel 861-5600 ou 865-2000 (guichê).
🅦 sfballet.org

Theater Artaud
450 Florida St.
Mapa 11 A3.
Tel 621-4240.

Yerba Buena Center for the Arts
Veja Música Contemporânea.

Zellerbach Hall
Veja Música Contemporânea.

Visitas aos Bastidores

War Memorial Performing Arts Center
401 Van Ness Ave.
Mapa 4 E5.
Tel 621-6600.

Eventos Gratuitos

Grace Cathedral
1051 Taylor St.
Mapa 5 B4.
Tel 749-6300.
🅦 gracecathedral.org

Rock, Jazz, Blues e Country

Há quase todos os gêneros de música popular em São Francisco, abrangendo jazz Dixieland, country e western, blues do Delta, rap urbano, rock psicodélico e os sons mais recentes do Oeste da África e do Leste Europeu. Bons grupos se apresentam em bares comuns pelos bairros, e há lugares pequenos com música que cobram apenas uma taxa mínima.

A cena musical da cidade tem uma longa tradição de excelência. Ela muda rapidamente e não se pode prever o que você vai encontrar, mas, seja lá o que for, a surpresa é sempre boa.

Principais Arenas

É provável ver grandes artistas internacionais em grandes arenas municipais nas imediações da Bay Area. Um dos melhores lugares em São Francisco é o pequeno **Nob Hill Masonic Auditorium**. Dois lugares maiores, o **Cow Palace** e o **Shoreline Amphitheater** ao ar livre, ficam no sul da cidade, ao passo que os principais shows de estádio são realizados do outro lado da baía.

O **Greek Theatre** ao ar livre, em Berkeley, sedia no verão uma série de concertos de bandas e artistas famosos. O imenso **Concord Pavilion** do Concord recebe astros como Bonnie Raitt, Dave Matthews e Santana.

Um dos melhores lugares de porte médio da cidade é o velho **Warfield** na Market Street, que tem dança no andar de baixo e mesas no balcão durante o ano todo, apresentando sobretudo rock. Há clubes menores por toda a cidade, sobretudo na área do South of Market em torno das ruas 11th e Folsom, onde se pode circular a pé entre vários clubes de rock e jazz. O couvert nos clubes varia entre US$5 e US$20, sendo mais caro nos fins de semana. Certos lugares também impõem um consumo mínimo de um ou dois drinques. Ingressos para shows custam entre US$15 e US$25 e são vendidos no guichê ou pela BASS e a Ticketmaster, mediante uma pequena taxa (p. 247).

Para listas e detalhes de eventos na cidade e na Bay Area, consulte o *SF Weekly*, o *Bay Guardian* ou outros jornais locais (p. 275); ou pegue um exemplar grátis do *Bay Area Music (BAM)* em alguma loja de disco ou em clube.

Rock

De Metallica e En Vogue a bandas contemporâneas de sucesso como Counting Crows e Chris Isaak, São Francisco tem uma vigorosa cena roqueira também alternativa. As bandas locais tendem a evitar as armadilhas do estrelato, e a maioria dos clubes é pequena e descontraída. Bandas e artistas de todo o país apresentam pocket-shows na Gavin Convention, realizada pela indústria radiofônica todo mês de fevereiro. No restante do ano, porém, os eventos geralmente são ótimos e absolutamente despretensiosos.

Dois dos melhores clubes de rock para ouvir música ao vivo são o **Slim's** e o **Bimbo's 365 Club**. O Bimbo's oferece rock, jazz, country e R&B – e atrai um público igualmente diversificado. O Slim's, que tem o músico Boz Scaggs entre os donos, é um pouco mais sofisticado e tende a apresentar artistas consagrados em seu confortável salão com 436 lugares. Outro lugar popular é o **Fillmore Auditorium**, berço lendário do rock psicodélico do movimento Flower Power nos anos 1960 (p. 131).

Lugares menores para ouvir bom rock incluem o clube **Bottom of the Hill** na Potrero Hill, o **Hotel Utah Saloon** sob a rodovia I-80 ao sul da Market Street e o **Great American Music Hall**. Na Bay Area, os aficionados do punk rock, independentemente da faixa etária, se reúnem no clube **924 Gilman Street**, em Berkeley.

Jazz

No fim dos anos 1950, no auge da geração beat (p. 34), São Francisco tinha uma das cenas de jazz mais vibrantes do país. Clubes noturnos como o lendário Blackhawk competiam entre si apresentando artistas como Miles Davis, John Coltrane e Thelonious Monk. Hoje em dia, a efervescência é menor, contudo ainda há lugares para ouvir um excelente jazz ao vivo na Bay Area. Para Dixieland tradicional em um ambiente informal (e gratuito), vá ao simpático **Gold Dust Lounge**, perto da Union Square.

Se preferir sons mais modernos, vá a um clube como o **Yoshi's**, na Jack London Square, que apresenta muitos artistas renomados de jazz e blues, como B. B. King e Pat Metheny. A casa conta com uma filial onde os clientes podem saborear uma incrível comida japonesa enquanto ouvem jazz de qualidade.

Para uma elegante noite de jazz, R&B ou cabaré, vá ao **Feinstein's**, no Hotel Nikko, com excelentes apresentações e deliciosa comida. Para uma experiência mais ao estilo do centro vá ao **Club Deluxe**, que oferece uma grande variedade de bandas de jazz, além de DJs e um show burlesco que ocorre uma vez por mês.

O **Savanna Jazz** é uma casa pequena e descolada em Mission District com jazz de qualidade em um ambiente caloroso e aconchegante. Para quem gosta de dançar, quarta-feira é a noite de suingue. Os clientes do ítalo-americano **Verdi Club** podem desfrutar de música ao vivo e dançar suingue. O **SFJAZZ Center** é um novo espaço dedicado exclusivamente ao jazz no coração do Hayes Valley.

Muitos fãs do gênero viajam a São Francisco na época do mundialmente famoso **Monterey Jazz Festival**, realizado todos os anos em setembro em Monterey (pp. 188-9), que fica apenas duas horas (de carro) ao sul de São Francisco.

Blues

Provavelmente a única cidade do mundo, além de São Francisco, que também tenha clubes de blues seja Chicago. Na cidade californiana há apresentações de blues ao vivo todas as noites da semana, em bares como o **The Saloon** ou o **The Boom Boom Room**, que já pertenceu a John Lee Hooker. O **Lou's Fish Shack**, no Fisherman's Wharf, conta com bandas de blues quase todo dia e shows nos fins de semana. O premiado **Biscuits and Blues** apresenta talentos locais de blues nos dias de semana e shows maiores nos fins de semana.

Folk, Country e World Music

Embora a música folk hoje faça menos sucesso do que nos anos 1960, quando cantores como Joan Baez e Pete Seeger tinham muito destaque, ainda há artistas desse gênero se apresentando em clubes e cafés na Bay Area. Em Berkeley, o **Freight & Salvage Coffeehouse** tem bandas, cantores e compositores de country e bluegrass, sendo a melhor opção para música folk nos arredores de São Francisco. O **Starry Plough**, em Berkeley, também tem folk, além de muitos astros de country e western music. O **Cafe Du Nord** apresenta shows acústicos em seu clube subterrâneo.

Embora fãs de música country tenham dificuldade em achar algo do seu agrado, a Bay Area é rica em world music, gênero que abrange tudo, desde reggae e soca até tambores japoneses e música klezmer. O aconchegante **Ashkenaz Music & Dance Café** apresenta uma enorme variedade de artistas.

AGENDA

Principais Arenas

Concord Pavilion
2000 Kirker Pass Rd, Concord.
Tel (925) 676-8742.

Cow Palace
Geneva Ave e Santos St.
Tel 404-4111.

Greek Theatre
UC Berkeley.
Tel (510) 548-3010 ou (510) 642-9988 (ingressos).

Nob Hill Masonic Auditorium
1111 California St.
Mapa 4 F3.
Tel 776-7457 ou (1-877) 598-8497 (ingressos).
[w] masonicauditorium.com

Shoreline Amphitheater
1 Amphitheater Parkway, Mountain View.
Tel (650) 967-4040.

Warfield
982 Market St.
Mapa 5 C5. **Tel** 345-0900.

Rock

924 Gilman Street
924 Gilman St, Berkeley.

Bimbo's 365 Club
1025 Columbus Ave.
Mapa 5 A2.
Tel 474-0365.
[w] bimbo365clubs.com

Bottom of the Hill
1233 17th St.
Mapa 11 C3. **Tel** 626-4455.

Fillmore Auditorium
1805 Geary Blvd.
Mapa 4 D4.
Tel 346-6000.
[w] thefillmore.com

Great American Music Hall
859 O'Farrell St.
Mapa 5 A5.
Tel 885-0750.

Hotel Utah Saloon
500 4th St.
Mapa 5 C5.
Tel 546-6300.

Slim's
333 11th St.
Mapa 10 F1.
Tel 255-0333.
[w] slims-sf.com

Jazz

Club Deluxe
1511 Haight St.
Mapa 9 C1.
Tel 552-6949.

Feinstein's
222 Mason St.
Mapa 5 B5.
Tel 394-1111.

Gold Dust Lounge
165 Jefferson St.
Mapa 4 F1.
Tel 397-1695.

Monterey Jazz Festival
2000 Fairgrounds Rd em Casa Verde, Monterey.
Tel (831) 373-3366.
[w] montereyjazzfestival.org

Savanna Jazz
2937 Mission St.
Mapa 10 F3.
Tel 285-3369.

SFJAZZ Center
201 Franklin St.
Tel 398-5655.
Mapa 4 F5.
[w] sfjazz.org

Verdi Club
2424 Mariposa St.
Mapa 11 A3.
Tel 861-9199.

Yoshi's
510 Embarcadero West, Jack London Sq, Oakland.
Tel (510) 238-9200.

1330 Fillmore St.
Mapa 10 F2.
Tel 655-5600.

Blues

Biscuits and Blues
401 Mason St.
Mapa 5 B5.
Tel 292-2583.

The Boom Boom Room
1601 Fillmore St.
Mapa 10 F2.
Tel 673-8067.

Lou's Fish Shack
300 Jefferson St.
Mapa 5 B1.
Tel 771-5687.

The Saloon
1232 Grant Ave.
Mapa 5 C3.
Tel 989-7666.

Folk, Country e World Music

Ashkenaz Music & Dance Café
1317 San Pablo Ave, Berkeley.
Tel (510) 525-5054.

Café Du Nord
2170 Market St.
Mapa 10 E2.
Tel 861-5016.
[w] cafedunord.com

Freight & Salvage Coffeehouse
1111 Addison St, Berkeley.
Tel (510) 548-1761.

Starry Plough
3101 Shattuck Ave, Berkeley.
Tel (510) 841-2082 ou 841-0188.

Clubes Noturnos

Como quase tudo em São Francisco, a vida noturna da cidade é muito descontraída, simpática e discreta. Não há muita preocupação com moda, como em Londres, Nova York e Paris, e as discotecas espalhafatosas são poucas e esparsas. Muitos clubes da moda abrem apenas uma ou duas noites por semana, e o couvert e os preços dos drinques geralmente são baixos.

Para conhecer um aspecto bem típico da noite de São Francisco, vá aos clubes de stand-up comedy. Embora alguns dos melhores lugares tenham fechado, ainda se pode achar shows do gênero com um toque bem excêntrico. Além disso, há muitos pianos-bares aconchegantes em hotéis e restaurantes luxuosos, que são perfeitos para uma balada mais intimista. É uma boa ideia descansar um pouco no fim da tarde para poder aproveitar melhor a noite da cidade.

Onde e Quando

Os clubes noturnos mudam constantemente de nome, de horário e de endereço, e até os mais conhecidos podem durar apenas um ano. Portanto, é aconselhável consultar o *SF Weekly*, o *Bay Times*, o *Bay Guardian* (p. 275), entre outros jornais e revistas, para saber o que está acontecendo. A maioria dos clubes maiores fica na área industrial de South of Market (SoMa) e funciona das 21h às 2h. Poucos ficam abertos a noite toda, sobretudo nos fins de semana, mas todos param de servir álcool às 2h. Tenha sempre um documento para provar que tem mais de 21 anos, caso contrário, você pode ser barrado.

Dancerias

Um dos clubes noturnos mais animados de São Francisco, o **Ruby Skye**, na Mason Street, tem decoração vistosa, ótimo sistema de som e clientela interessante. Há R&B, hip-hop e jazz no **Nickie's**, em Haight Ashbury, enquanto o **Sound Factory** e o **City Nights**, ambos na Harrison Street, apresentam rock alternativo e a dance music atual; na hora de ir embora, pegue um táxi, pois essa área pode ser perigosa.

Localizado no histórico Mission District, o **Elbo Room** tem espaços multiníveis e mesas de bilhar, caso você queira uma pausa da pista de dança. **The Mexican Bus** é mesmo um ônibus, que o leva a três clubes de salsa na mesma noite. **The Cellar** é um concorrido clube "underground" onde toca-se música das décadas de 1980 e 1990, além de hip-hop. O **Ten 15** é outro lugar com música diversificada e atmosfera elétrica. Nessa mesma área se encontra o after-hours **Cat Club**, que fica aberto até de manhã, com acid jazz, sons industriais alternativos e uma noite muito concorrida com hits da década de 1980. **Hemlock Tavern** é outro bom lugar para entusiastas de música, com juke-box grátis e música ao vivo na maioria das noites.

Fãs de salsa devem ir direto ao **Cafe Cocomo**, que tem a salsa ao vivo mais animada e até aulas do ritmo na maioria das noites da semana a partir das 20h.

Clubes de Gays e Lésbicas

Alguns dos clubes de maior sucesso em São Francisco são gays, mas em geral recebem héteros. Entre os mais animados estão o sempre popular **Endup**, que funciona direto de sexta-feira à noite até segunda de manhã com gente dançando sem parar. Outros clubes de gays e lésbicas são o **El Rio** no Mission District e o **440 Castro**.

Há também algumas dancerias na 18th Street no Castro District e nos arredores, como a **Midnight Sun** e a **Detour**. Na East Bay, a danceria e bar **White Horse Inn** é popular desde o início dos anos 1960.

No Castro District também se encontra o **The Café**, com uma grande pista de dança, três bares separados para rapazes e moças, além de go-go dancers e drag queens.

Como clubes noturnos de gays e lésbicas tendem a mudar mais rapidamente do que seus congêneres héteros, consulte listas e anúncios de antemão em jornais locais como o *Bay Times* e o *Bay Area Reporter*. Outra fonte para os gays é a *Betty and Pansy's Severe Queer Review*.

Pianos-Bares

O termo "piano-bar" não faz jus à variedade de bares e clubes noturnos da cidade. Todos têm música ao vivo à noite, geralmente jazz, pelo preço de um drinque. Muitos clubes formidáveis ficam em hotéis quatro estrelas. A poucos quarteirões do Theater District, o **Lush Lounge** oferece martínis fortes em um cenário divertido. Em estilo art déco, o **Top of the Mark** fica acima da Nob Hill, no topo do Mark Hopkins Hotel. O **Four Seasons Bar**, um elegante piano-bar com lareiras e cadeiras de couro aconchegantes, oferece uma vista espetacular do Financial District.

Existem também pianos-bares nos melhores restaurantes, onde os clientes podem ouvir música antes, durante e após o jantar. Siga para o **Lefty O'Doul's** para encontrar boa música de piano-bar com cadência irlandesa e uma fina seleção de cervejas, ou então vá ao **The Burritt Room**, reconhecido pela culinária norte-americana e pela decoração moderna e elegante. À direita da Union Square está o **Zingari's**, restaurante italiano que oferece jazz ao vivo sete noites por semana em seu Piano Lounge.

O Theater District, a oeste da Union Square, tem casas animadas como o **Johnny Foley's Irish Bar**. Talentosos pianistas "duelam" nesse escuro bar no porão e encorajam a plateia a cantar junto. Mais ao oeste, o **Sheba's Piano Lounge** é um local romântico que oferece

DIVERSÃO | 257

música ao vivo e deliciosa culinária etíope todas as noites. O **Harry Denton's Starlight Room** tem música ao vivo à noite em um belo cenário no 21º andar do Sir Francis Drake Hotel. Perto da Market Street, o **Martuni's** tem martínis, canções clássicas e clientela diversificada. Por fim, o **Tonga Room**, no andar mais baixo do Fairmont Hotel *(p. 215)*, é um bar em estilo polinésio, no qual se pode dançar ou apenas ouvir jazz. A cada meia hora, a música é interrompida por uma tempestade simulada.

Clubes de Comédia

A cena humorística da cidade revelou ao mundo o ator e comediante Robin Williams, entre muitos outros. Embora o circuito tenha diminuído consideravelmente, em geral acontecem apresentações em algum bar ou café. Consulte os jornais locais para ver as listas *(p. 275)*.

Algumas das melhores apresentações são realizadas na **Tommy T's Comedy House**, que tem artistas como Bobby Slayton, Will Durst e Richard Stockton. Outros clubes com shows de stand-up e improviso são o **Marsh's Mock Cafe-Theater** no Mission District e o **Cobb's Comedy Club** em North Beach, além do **The Punchline**. O **Our Little Comedy Club** é um espaço intimista na Union Square onde você pode assistir a grandes talentos da comédia.

Em geral, os shows começam às 20h, mas nos fins de semana têm início mais tarde, por volta das 22h. Na maioria dos lugares a entrada custa cerca de US$15 e pode ser exigida consumação mínima.

AGENDA

Danceterias

Cafe Cocomo
650 Indiana (em Mariposa). **Mapa** 11 C3.
Tel 824-6910.
w cafecocomo.com

Cat Club
1190 Folsom St.
Mapa 11 A2.
Tel 703-8965.
w catclubsf.com

The Cellar
685 Sutter St.
Mapa 5 B4.
Tel 441-5678.

City Nights
715 Harrison St.
Mapa 5 D5.
Tel 546-7938.

Elbo Room
647 Valencia St.
Mapa 10 F2.
Tel 552-7788.

Hemlock Tavern
1131 Polk St.
Mapa 5 A5.
Tel 923-0923.

The Mexican Bus
Ligue para irem buscá-lo.
Tel 546-3747.
w mexicanbus.com

Nickie's
466 Haight St.
Mapa 10 E1. **Tel** 255-0300.

Ruby Skye
420 Mason St.
Mapa 5 B5. **Tel** 693-0777.

The Sound Factory
525 Harrison St.
Mapa 5 D5.
Tel 546-7938.

Ten 15
1015 Folsom St.
Mapa 11 B1.
Tel 431-1200.

Clubes de Gays e Lésbicas

440 Castro
440 Castro St.
Mapa 10 D3.
Tel 621-8732.

The Café
2369 Market St.
Mapa 10 D2.
Tel 834-5840.

El Rio
3158 Mission St.
Mapa 10 F4.
Tel 282-3325.
w elriosf.com

Endup
401 6th St.
Mapa 11 B1.
Tel 646-0999.

Midnight Sun
4067 18th St.
Mapa 10 D3.
Tel 861-4186.

White Horse Inn
6551 Telegraph Ave, Oakland.
Tel (510) 652-3820.

Pianos-Bares

The Burritt Room
417 Stockton St.
Mapa 5 C4.
Tel 400-0561.

Four Seasons Bar
Four Seasons Hotel,
757 Market St.
Mapa 5 C5.
Tel 633-3000.

Harry Denton's Starlight Room
450 Powell St.
Mapa 5 B5.
Tel 395-8595.

Johnny Foley's Irish Bar
243 O'Farrell St.
Mapa 5 B5.
Tel 954-0777.

Lefty O'Doul's
333 Geary St.
Mapa 5 B5.
Tel 982-8900.

Lush Lounge
1221 Polk St.
Mapa 5 A5.
Tel 771-2022.
w lushlounge.com

Martuni's
4 Valencia St.
Mapa 10 F1.
Tel 241-0205.

Sheba's Piano Lounge
1419 Fillmore St.
Mapa 4 D5.
Tel 440-7414.

Tonga Room
950 Mason St.
Mapa 5 B4. **Tel** 772-5278.

Top of the Mark
Mark Hopkins InterContinental Hotel,
1 Nob Hill.
Mapa 5 B4. **Tel** 392-3434.

Zingari's
501 Post St.
Mapa 5 B5. **Tel** 885-8850.

Clubes de Comédia

Cobb's Comedy Club
915 Columbus Ave.
Mapa 5 B2.
Tel 928-4320.

Marsh's Mock Cafe-Theater
1062 Valencia St.
Mapa 10 F3.
Tel 826-5750.

Our Little Comedy Club
287 Ellis St.
Mapa 5 B5.
Tel 378-4413.

The Punchline
444 Battery St.
Mapa 6 D3.
Tel 397-7573.
w punchlinecomedyclub.com

Tommy T's Comedy House
5104 Hopyard Rd, Pleasanton.
Tel (925) 227-1800.
w tommyts.com

Bares de São Francisco

São Francisco é uma cidade de bons bebedores desde a época da Corrida do Ouro (pp. 26-7), quando havia um *saloon* para cada 50 residentes. As tavernas pecaminosas de meados do século XIX desapareceram e, hoje, pode-se beber diante de uma bela vista. Tome uma cerveja local; saboreie um coquetel elegante em um bar chique; prove um vinho regional de uma boa safra; una-se aos torcedores exaltados em um bar de esportes; veja na TV jogos da Europa e aprecie o charme e um show ocasional de um bar irlandês. E observe também como grande parte da população de São Francisco se diverte nos bares gays.

Bares na Cobertura

Quem não tem medo de altura e sonha em ficar acima das colinas pode ir aos bares no topo de edifícios no centro da cidade. O **View Lounge**, no Marriott Hotel, e o **Top of the Mark**, no Mark Hopkins (p. 104), têm vista esplêndida e jazz à noite, além de música dançante. Em Mission, vale a pena conhecer o festivo **El Techo de Lolinda**. Já o **Jones**, numa pitoresca cobertura, é mais discreto e relaxante.

Cervejarias

Para uma noitada mais "pé no chão", vá a alguma das numerosas cervejarias da cidade, que são ponto de encontro após o trabalho e nos fins de semana. As melhores são especializadas em cervejas feitas na Costa Oeste, incluindo a ótima Anchor Steam de São Francisco e a Liberty Ale.

Uma das recomendadas é a inglesa **Mad Dog in the Fog**, que fica na Haight Street. A **Magnolia Pub & Brewery**, em um edifício vitoriano de 1903, mantém o bar de madeira original e o nome da ex-dançarina Magnolia Thunderpussy. **The Thirsty Bear** é conhecida pelas tapas, enquanto o **Monk's Kettle** atrai multidões com cerveja artesanal e boa comida. Em North Beach, o **Church Key** é um charmoso bar com uma enorme lista de cervejas. Esse local concorrido não é tão fácil de enxergar – na sua entrada há apenas o desenho de uma chave. Na orla do Pacífico do Golden Gate Park, as cervejas do **Beach Chalet** combinam bem com a vista.

Bares Finos

Os tradicionais bares de coquetéis, com um bartender tagarela de plantão diante de fileiras de garrafas reluzentes, são muito divertidos e bastante numerosos em São Francisco.

Solteiros frequentam o **Harry Denton's Starlight Room**, e quem quer ser visto vai ao **Redwood Room** do Clift Hotel, cujo bar tem iluminação discreta e coquetéis caríssimos. Boêmios muito animados circulam na Columbus Avenue entre o **Specs'**, o **Tosca** e o **Vesuvio** – outrora um reduto dos beatniks e que serve o drinque Jack Kerouac (rum, tequila, suco de laranja e de cranberry e gotas de limão-doce). No **Tony Niks**, banquetas, drinques fortes e decoração da época de Sinatra atraem uma clientela descontraída de North Beach.

No Mission District, o **Elixir** é um bar despretensioso com jogo de dardos e um balcão de madeira, instalado em um edifício vitoriano, onde antes ficava um engraxate. Também em Mission, o **Nihon Whiskey Lounge** tem a maior seleção de uísques single-malt da Costa Oeste, coquetéis criativos de uísque e champanhe, além de um delicioso menu de comida japonesa. O **Buena Vista Café** inventou o irish coffee em 1952 e serve 2 mil copos da bebida por dia. O **Rickhouse** é um espaço aconchegante com painéis de madeira. Outros bares, como o **Café du Nord**, que foi um bar ilegal na época da Lei Seca, e o elogiado **Biscuits and Blues** têm jazz ao vivo.

Bares de Vinhos

Devido à proximidade com a região vinícola do Norte da Califórnia, o **Ferry Plaza Wine Merchant Bar** é ideal para provar vinhos, além de ser cercado por queijeiros artesanais, padarias e mercearias finas.

Champanhe e luz de velas criam a atmosfera do **Bubble Lounge**. Perto da Union Square fica o **Press Club**, um bar e lounge de degustação de vinhos com rótulos de seis das mais prestigiadas vinícolas do Norte da Califórnia. No **Hidden Vine**, também na Union Square, os clientes podem degustar deliciosos vinhos da Califórnia, além de outras raridades de outras regiões. No vibrante Marina District, o **BIN38** seduz com uma grande seleção de vinhos de pequenos produtores, enquanto o **Amelie** é um lugar singular para apreciar queijos e vinhos finos.

Bares Temáticos

Um dos melhores lugares para os fãs de esportes é o **Knuckles Sports Bar**, com mais de 24 TVs exibindo jogos ao vivo. Leve petiscos ou algo mais consistente ao **Greens Sports Bar**, onde só há bebidas. O **Buckshot Restaurant, Bar & Gameroom** oferece drinques, comida, música, mesa de sinuca, videogames antigos e skee ball. A alegria e as Guinness são abundantes em **The Irish Bank** e **The Chieftain**.

Bares Gays

Bares frequentados por gays, lésbicas, bissexuais e transexuais são especializados em segmentos que cultuam roupas de couro ou látex, um visual biker e fetichistas. Castro, SoMa e Mission Districts são polos desse tipo de público. **The Twin Peaks Tavern** possui um ambiente descontraído, **The Stud** e **Endup** mantém a dança e os drinques no mesmo ritmo, **The Last Call Bar** oferece um ambiente aconchegante e amigável, semelhante ao de um pub, enquanto o **Divas** é um local bastante conhecido entre os transgêneros.

AGENDA

Bares na Cobertura

Jones
620 Jones St.
Mapa 5 B5.
Tel 496-6858.
W 620-jones.com

El Techo de Lolinda
2518 Mission St.
Mapa 10 DF.
Tel 550-6970.

Top of the Mark
19º andar, Mark Hopkins InterContinental Hotel, 999 California St.
Mapa 5 B4.
Tel 392-3434.
W intercontinental markhopkins.com

View Lounge
39º andar, Marriott Hotel 55, 4th St.
Mapa 5 C5.
Tel 896-1600.
W sfviewlounge.com

Cervejarias

Beach Chalet
1000 Great Hwy.
Mapa 7 A2.
Tel 386-8439.

The Church Key
1402 Grant Ave.
Mapa 5 C3.
Tel 963-1713.

Mad Dog in the Fog
530 Haight St.
Mapa 10 E1.
Tel 626-7279.

Magnolia Pub & Brewery
1398 Haight St.
Mapa 9 C1.
Tel 864-7468.

Monk's Kettle
3141 16th St.
Mapa 10 F2.
Tel 865-9523.

The Thirsty Bear
661 Howard St.
Mapa 6 D5.
Tel 974-0905.

Bares Finos

Biscuits and Blues
401 Mason St.
Mapa 5 B5.
Tel 292-2583.

Buena Vista Café
2765 Hyde St.
Mapa 4 F1.
Tel 474-5044.

Café du Nord
2170 Market St.
Mapa 10 D2.
Tel 861-5016.

Elixir
3200 16th St com a Guerrero St.
Mapa 10 E2.
Tel 552-1633.

Harry Denton's Starlight Room
450 Powell St.
Mapa 5 B4.
Tel 395-8595.

Nihon Whiskey Lounge
1779 Folsom St.
Mapa 10 F2.
Tel 552-4400.

Redwood Room
495 Geary St.
(no Clift Hotel).
Mapa 5 B5.
Tel 929-2372.

Rickhouse
246 Kearny St.
Mapa 5 C4.
Tel 398-2827.

Specs'
12 Adler Pl
(na Columbus Ave, em frente ao Vesuvio).
Mapa 5 C3.
Tel 421-4112.

Tony Niks
1534 Stockton St.
Mapa 5 B2.
Tel 693-0990.

Tosca
242 Columbus Ave.
Mapa 5 C3.
Tel 986-9651.

Vesuvio
255 Columbus Ave.
Mapa 5 C3.
Tel 362-3370.

Bares de Vinhos

Amelie
1754 Polk St.
Mapa 4 F3.
Tel 292-6916.

BIN38
3232 Scott St.
Mapa 3 C2.
Tel 567-3838.

Bubble Lounge
714 Montgomery St.
Mapa 5 C3.
Tel 434-4204.

Ferry Plaza Wine Merchant Bar
One Ferry Building, Loja 23.
Mapa 6 E3.
Tel 391-9400.

Hidden Vine
408 Merchant St.
Mapa 5 B5.
Tel 674-3567.

Press Club
20 Yerba Buena Lane.
Mapa 5 C5.
Tel 744-5000.

Bares Temáticos

Buckshot Restaurant, Bar & Gameroom
3848 Geary Blvd.
Mapa 3 A5.
Tel 831-8838.

The Chieftain
198 5th St.
Mapa 11 B1.
Tel 615-0916.

Greens Sports Bar
2239 Polk St.
Mapa 5 A3.
Tel 775-4287.

The Irish Bank
10 Mark Lane
(perto da Bush St).
Mapa 5 B4.
Tel 788-7152.

Knuckles Sports Bar at Hyatt Fish Wharf
555 North Point St.
Mapa 5 A1.
Tel 563-1234.

Bares Gays

Divas
1081 Post St.
Mapa 4 F4.
Tel 474-3482.

Endup
401 6th St.
Mapa 11 B2.
Tel 646-0999.

Last Call Bar
3988 18th St.
Mapa 10 D3.
Tel 861-1310.

The Stud
399 9th St.
Mapa 11 A2.
Tel 863-6623.

Twin Peaks Tavern
401 Castro.
Mapa 10 D2.
Tel 864-9470.

Esportes e Atividades ao Ar Livre

Os moradores de São Francisco adoram esportes e são muitas as atividades disponíveis. Você pode optar entre academias, piscinas, quadras de tênis e campos de golfe, tanto públicos quanto privados. Entre os esportes de massa há dois times de beisebol, futebol, basquete e hóquei, além de numerosos jogos estudantis na Bay Area. Entre as atividades ao ar livre estão ciclismo, esqui, passeios de barco e caiaque. Outra opção interessante é a observação de baleias. Ingressos são vendidos pela **Ticketmaster** *(p. 247)* e outras agências especializadas *(p. 261)*.

Futebol Americano

O Levi's Stadium, em Santa Clara, é a nova sede do **San Francisco 49ers**, e irá abrigar o NFL Super Bowl em 2016. A **University of California**, em Berkeley, e a **Stanford University**, em Palo Alto, também têm bons times de futebol que atraem grandes torcidas.

Beisebol

Dois times profissionais de beisebol jogam na Bay Area. O **San Francisco Giants** da National League joga no moderníssimo estádio do AT&T Park. O **Oakland Athletics (the A's)** da American League joga no O.co Coliseum, em Oakland.

Basquete

O único time de basquete da NBA na Bay Area é o **Golden State Warriors**, que, assim como o Golden Bears da **UC Berkeley**, joga na Oracle Arena. Mas a maioria atualmente disputa jogos em seu próprio campus, como é o caso dos times da **Stanford University**.

Hóquei no Gelo

Os jogos do único time profissional de hóquei no gelo da Bay Area, o **San José Sharks**, são realizados no SAP Center no centro de San José, cerca de uma hora (de carro) ao sul de São Francisco.

Ginásios de Esportes e Academias

Em geral, hotéis para executivos têm academias próprias. Outros têm acordos com alguma academia para que os hóspedes possam frequentá-la. Caso não conte com essas opções, você pode recorrer a academias como o sofisticado **Bay Club**, perto do Financial District, à excelente **Crunch Fitness** ou ao **24-Hour Nautilus Fitness Center**, cuja estrutura é mais básica.

Barcos

A menos que você tenha a sorte de conhecer alguém que o convide para passear em seu iate, a única maneira para navegar pela baía é alugar um barco na **Cass' Marina** em Sausalito, onde também há aulas e charters pilotados. Para usufruir as águas de forma mais simples, alugue um caiaque no **Sea Trek Ocean Kayak Center**, um barco a remo ou a motor ou ainda um pedalinho no **Stow Lake Boathouse** no Golden Gate Park.

Golfe

Os golfistas dispõem de muitos campos à escolha, incluindo alguns municipais no **Lincoln Park** e no **Golden Gate Park** e o belo **Presidio Golf Club**. Mais distantes, campos de golfe de fama mundial com vista para o Pacífico ficam em Carmel *(pp. 188-9)*, onde por cerca de US$275-US$300 você pode testar suas habilidades e jogar uma ou duas partidas nos renomados **Pebble Beach Golf Links**.

Esqui na Neve

Para esquiar, o pessoal de São Francisco viaja para o leste até as montanhas do Lake Tahoe *(pp. 198-9)*, onde resorts como o **Heavenly** e o **Alpine Meadows** têm declives para todos os graus de habilidade, em meio à linda vista alpina. O resort maior é o **Squaw Valley**, que fica ao norte do lago e sediou as Olimpíadas de Inverno de 1960. Também acessíveis a partir da Bay Area são o **Badger Pass**, no Yosemite National Park *(pp. 202-3)*, e o **Kirkwood Ski Resort** de cross-country. Todas essas estações de esqui alugam equipamentos e têm instrutores que orientam os novatos no esporte.

Natação

Como a maioria das piscinas públicas fica nos subúrbios da cidade, informe-se sobre horários e taxas ligando para o **City of San Francisco Recreation and Parks Department**. Para nadar no oceano gelado, vá à

Observação de Baleias

Se você for a São Francisco no inverno, não perca a chance de ver um dos maiores shows da natureza, a migração anual da baleia-cinzenta da Califórnia. Às vezes, dá para ver esses mamíferos imensos em cabos como o Point Reyes *(p. 162)*, mas o ideal é participar de um passeio de barco no oceano, cujos ingressos são vendidos pela **Tickets.com** e a Ticketmaster *(p. 247)*.

Os passeios mais interessantes são os geridos pela **Oceanic Society Expeditions**. Eles vão para o oeste até as ilhas Farallon, onde também se vê aves raras, baleias-azuis e as baleias-cinzentas em migração. Muitos passeios para ver baleias saem da Half Moon Bay, 32 km ao sul de São Francisco.

Tickets.com
w tickets.com

Oceanic Society Expeditions
Fort Mason. **Mapa** 4 E1.
Tel 256-9604.

China Beach, a única praia segura da cidade. Entre no "Polar Bear Club" e nade na baía. Há também dois clubes de nado no Aquatic Park *(pp. 174-5)*, o **Dolphin Club** e o **South End Rowing Club**. Se estiver em São Francisco no fim do ano, assista à prova no dia de Ano-Novo organizada por esses dois clubes para seus membros *(p. 53)*.

Ciclismo

Pode parecer insensato pedalar nas ladeiras de São Francisco, mas, se você planejar bem sua rota, essa é uma maneira formidável de apreciar a cidade. Sobretudo nos fins de semana, quando há menos trânsito, é ótimo pedalar no Embarcadero e no Golden Gate Promenade diante da bela vista da baía. A área de Presidio e o Golden Gate Park também são ideais para ciclismo e reúnem a maioria das locadoras, incluindo a **Stow Lake Bike Rentals**. Em North Beach, a **Blazing Saddles** aluga bicicletas.

Na região vinícola *(pp. 192-5)*, a **Backroads Bicycle Tours** organiza diversos passeios. Muitos duram vários dias e passam por Napa e Sonoma, assim como pelo Alexander Valley.

Tênis

Há boas quadras de tênis em quase todos os parques da cidade e em maior número no Golden Gate Park. Todas as quadras estão em ótimo estado e muitas têm iluminação noturna. Elas são geridas pelo **City of San Francisco Recreation and Parks Department**. Para detalhes, ligue para seu número de informações. O **Bay Club SF Tennis** tem 24 quadras cobertas e ao ar livre e oferece aulas individuais e para grupos. Hóspedes do famoso **Claremont Resort, Spa and Tennis Club** *(p. 165)* podem ter aulas e jogar tênis à vontade.

AGENDA

Ingressos

Golden State Warriors
Oracle Arena.
Tel (1-888) 479-4667.

Oakland Athletics
Tel (510) 638-0500.

Oakland Raiders
Tel (1-800) 724-3377.

San Francisco 49ers
Levi's Stadium.
Tel 464-9377.

San Francisco Giants
AT&T Park.
Tel 972-2000.
w sfgiants.com

San José Sharks
SAP Center.
Tel (408) 287-7070.

Stanford University Athletics
Stanford University.
Tel (1-800) STANFORD.

Tickets.com
w tickets.com

UC Berkeley Intercollegiate Athletics
UC Berkeley.
Tel (1-800) 462-3277.

Academias

Bay Club
150 Greenwich St.
Mapa 5 C2.
Tel 433-2550.

Crunch Fitness
345 Spear St.
Mapa 6 E4. Tel 495-1939.
w crunch.com
Uma das várias filiais.

24-Hour Nautilus Fitness Center
1200 Van Ness St.
Mapa 4 F4.
Tel 776-2200.
w 24hourfitness.com
Uma das várias filiais.

Barcos

Cass' Marina
1702 Bridgeway, Sausalito.

Sea Trek Ocean Kayak Center
Schoonmaker Point Marina, Sausalito.
Tel 488-1000.

Stow Lake Boathouse
Golden Gate Park.
Mapa 8 E2.
Tel 386-2531.

Campos de Golfe

Golden Gate Park
(nove buracos).
Mapa 7 B2.
Tel 751-8987.

Lincoln Park
(dezoito buracos).
Mapa 1 C5.
Tel 221-9911.

Pebble Beach Golf Links
Pebble Beach.
Tel (831) 624 3811.

Presidio Golf Club
300 Finley Rd. Mapa 3 A3.
Tel 561-4653.

Esqui na Neve

Alpine Meadows
Tahoe City.
Tel (530) 583-4232.

Badger Pass
Yosemite National Park.
Tel (209) 372-8430.

Heavenly Ski Resort
Stateline, NV.
Tel (775) 586-7000.

Kirkwood Ski Resort
Kirkwood.
Tel (209) 258-6000.

Squaw Valley USA
Squaw Valley.
Tel (530) 583-6985.

Natação

City of San Francisco Recreation and Parks Department
Tel 831-2700.
w parks.sf.gov.org

Dolphin Club
502 Jefferson St.
Mapa 4 F1.
Tel 441-9329.
w dolphinclub.com

South End Rowing Club
500 Jefferson St.
Mapa 4 F1.
Tel 776-7372.
w southend.org

Ciclismo

Backroads Bicycle Tours
1516 Fifth St,
Berkeley.
Tel (510) 527-1555.
w backroads.com

Blazing Saddles
1095 Columbus Ave.
Mapa 5 A2.
Tel 202-8888.
w blazingsaddles.com
Uma das duas filiais.

Stow Lake Bike Rentals
Golden Gate Park.
Mapa 8 E2.
Tel 386-2531.

Tênis

Bay Club SF Tennis
645 5th St.
Mapa 11 B1.
Tel 777-9000.

City of San Francisco Recreation and Parks Department
Tel 831-2700.
w parks.sf.gov.org

Claremont Resort, Spa & Tennis Club
41 Tunnel Rd,
Berkeley.
Tel (510) 843-3000.
w claremontresort.com

PARA CRIANÇAS

São Francisco é repleta de atrações que satisfazem a curiosidade e a busca incessante das crianças por aventura e diversão. Muitos museus têm exposições interativas que estimulam a imaginação infantil. Há pitorescas feiras de rua da primavera até o outono. O ano inteiro, algumas épocas – da Corrida do Ouro, do Velho Oeste e dos bandidos presos em Alcatraz – ganham vida em visitas a locais históricos. Animais exóticos são vistos de perto no zoo e há diversas atrações no Golden Gate Park. Nessa cidade agradável para famílias, muitos lugares são gratuitos ou dão desconto para crianças.

Informações Úteis

Famílias são bem servidas em São Francisco. A maioria dos hotéis permite que crianças fiquem gratuitamente no quarto dos pais e, em geral, oferecem camas dobráveis e caminhas com grades. Além disso, os hotéis arranjam babás e há agências especializadas no trato com crianças, a exemplo da **American Child Care Services, Inc**.

Os estacionamentos são caros, mas o transporte público é excelente. Planeje sua viagem usando o mapa interno da contracapa deste guia, a fim de incluir uma combinação divertida de ônibus, bondes e teleféricos; cada um deles é uma aventura diferente. Menores de 5 anos usam o transporte público de graça. Há tarifas reduzidas para a faixa etária entre 5 e 17 anos, e Muni Passports de 1, 3 e 7 dias para todos (p. 282).

Use os banheiros públicos pagos (p. 267) ou aqueles situados em hotéis e lojas que, em geral, são mais limpos. A Walgreen's Drugstore (p. 271) funciona 24 horas por dia.

Há listas de atividades recomendadas para famílias no *San Francisco Book* trimestral e no *Arts Monthly* (p. 265).

Crazy Castle no San Francisco Zoo

Animais

Há grande diversidade de animais na Bay Area. Vá de carro ou ferryboat ao **Six Flags Discovery Kingdom** em Vallejo e passe o dia montado em um elefante ou fique cara a cara com um golfinho. No Marine Mammal Center nos Marin Headlands *(pp. 176-7)*, você pode se aproximar de leões-marinhos em recuperação. A ida ao San Francisco Zoo (p. 162) pode tomar a metade de um dia ou o dia inteiro, vendo as palhaçadas de uma família de gorilas no Gorilla World e alimentando filhotes de pinguins na colônia de reprodução mais bem-sucedida do mundo, por exemplo. O **Josephine D. Randall Junior Museum** tem um zoo de pets e caminhadas ecológicas. As Oceanic Society Expeditions *(p. 287)* navegam 40km no Pacífico até o Farallones National Marine Sanctuary o ano inteiro. A melhor época para ver baleias-cinzentas é de dezembro a abril.

Museus

Em São Francisco há muitos museus formidáveis para crianças. Na California Academy of Sciences *(pp. 152-3)* você pode vivenciar um terremoto no Earthquake! Theater. A Academy tem também o Morrison Planetarium e o imenso Steinhart Aquarium com 8 mil espécies marinhas. **The Children's Creativity Museum**, na cobertura dos Yerba Buena Gardens, é uma atração recente na qual as crianças podem explorar as artes eletrônicas, onde também há um rinque de patinação no gelo e um carrossel de 1906.

Voltado à faixa etária entre 2 e 12 anos, o **Bay Area Discovery Museum** oferece atividades que estimulam a imaginação. O **Exploratorium** *(pp. 94-5)* é um museu de ciência de ponta, aclamado por suas numerosas exposições interativas dentro e fora do prédio. O enorme espaço que ele ocupa no Pier 15 tem atrações capazes de divertir a família durante horas. Não deixe de ir ao Wells Fargo History Museum (p. 112), onde seus filhos vão reviver a época da Corrida do Ouro a bordo de uma

Contato com uma ovelha de Barbados no San Francisco Zoo

Um rosto acolhedor para crianças

PARA CRIANÇAS | 263

diligência, enviar uma mensagem de telégrafo e descobrir ouro, além de participar de exposições multimídia. A entrada é gratuita, assim como no Maritime Historical Park *(p. 87)*, um museu náutico com relíquias e maquetes de n avios. Três navios históricos restaurados pelo museu podem ser visitados no Hyde Street Pier.

Os museus no Fisherman's Wharf divertem, intrigam, assustam e fascinam as crianças. Experimente as surpresas do Ripley's Believe It Or Not! *(pp. 86-7)* e do Madame Tussaud's *(p. 86)*. Vale a pena aproveitar o pântano, as dunas e a praia em Crissy Field no Presidio.

Crianças na praia de Crissy Field *(p. 62)*

Diversão ao Ar Livre

A maneira mais animada de passear com as crianças na cidade é de bonde *(pp. 284-5)*. Para uma descida eletrizante, embarque no último trecho da linha Powell-Hyde até o Aquatic Park *(pp. 174-5)* e depois pegue o ferryboat para a ilha de Alcatraz *(pp. 82-5)*.

No Golden Gate Park *(pp. 144-59)* há equitação, trilhas de ciclismo, passeios de barco em lagos, um carrossel no Children's Playground e até uma manada de bisões. O enorme parque temático **Great America**, em South Bay, tem brinquedos e shows.

Compras

Na **Build-A-Bear** é possível andar pela fábrica, fazer e "adotar" um urso customizado. A **Gamescape** oferece uma incrível variedade de jogos, e na Ghirardelli Chocolate Manufactory *(p. 87)* é possível assistir ao processo de fabricação e depois comprar deliciosos chocolates para consumo próprio ou para dar de presente.

Equitação no Golden Gate Park

Diversão em Locais Fechados

Crianças maiores se esbaldam no **Mission Cliffs**, um vasto complexo com paredões de escalada. Para usar a criatividade, o Exploratium tem interessantes mostras interativas. O Children's Creativity Museum é o favorito das crianças de todas as idades.

A **AcroSports** é uma enorme arena de acrobacias que agrada a adultos e crianças. Participe do workshop interativo de circo, faça uma aula particular de contorcionismo ou saltos acrobáticos, ou apenas assista a um espetáculo.

Restaurantes

Há fast-food por toda a cidade, de dim sum em Chinatown a hambúrgueres na Union Square. Para quem prefere uma refeição mais descontraída, a maioria dos restaurantes recebe crianças e providencia cadeirões e menus especiais. A **California Pizza Kitchen** serve pizzas gostosas com coberturas inusitadas, sanduíches e saladas. Cercado por bonecos de animais selvagens e outros efeitos especiais, o **Rainforest Café** é ideal para as crianças.

AGENDA

Babás

American Child Care Services, Inc.
Tel 285-2300.

Animais

Josephine D Randall Junior Museum
199 Museum Way.
Mapa 10 D2. Tel 554-9600.
w randallmuseum.org

Six Flags Discovery Kingdom
Marine World Parkway, Vallejo.
Tel (707) 643-ORCA.

Museus

Bay Area Discovery Museum
557 East Fort Baker, Sausalito.
Tel 339-3900.
w badm.org

Children's Creativity Museum
221 4th St. Mapa 5 C5.
Tel 820-3320.

Exploratorium
Pier 15. Mapa 5 D2.
Tel 563-7337.

Diversão ao Ar Livre

Great America
Tel (408) 988-1776.

Compras

Build-A-Bear Workshop
Hillsdale Mall, San Mateo.
Tel (650) 577-8713.

Gamescape
333 Divisadero St.
Mapa 10 D1. Tel 621-4263.

Diversão em Locais Fechados

AcroSports
639 Frederick St.
Mapa 9 B2. Tel 665-2276.

Mission Cliffs
2295 Harrison St.
Mapa 11 A4. Tel 550-0515.

Restaurantes

California Pizza Kitchen
53 3rd St. Mapa 5 C5.
Tel 278-0443.

Rainforest Café
145 Jefferson St. Mapa 5 A1.
Tel 440-5610.

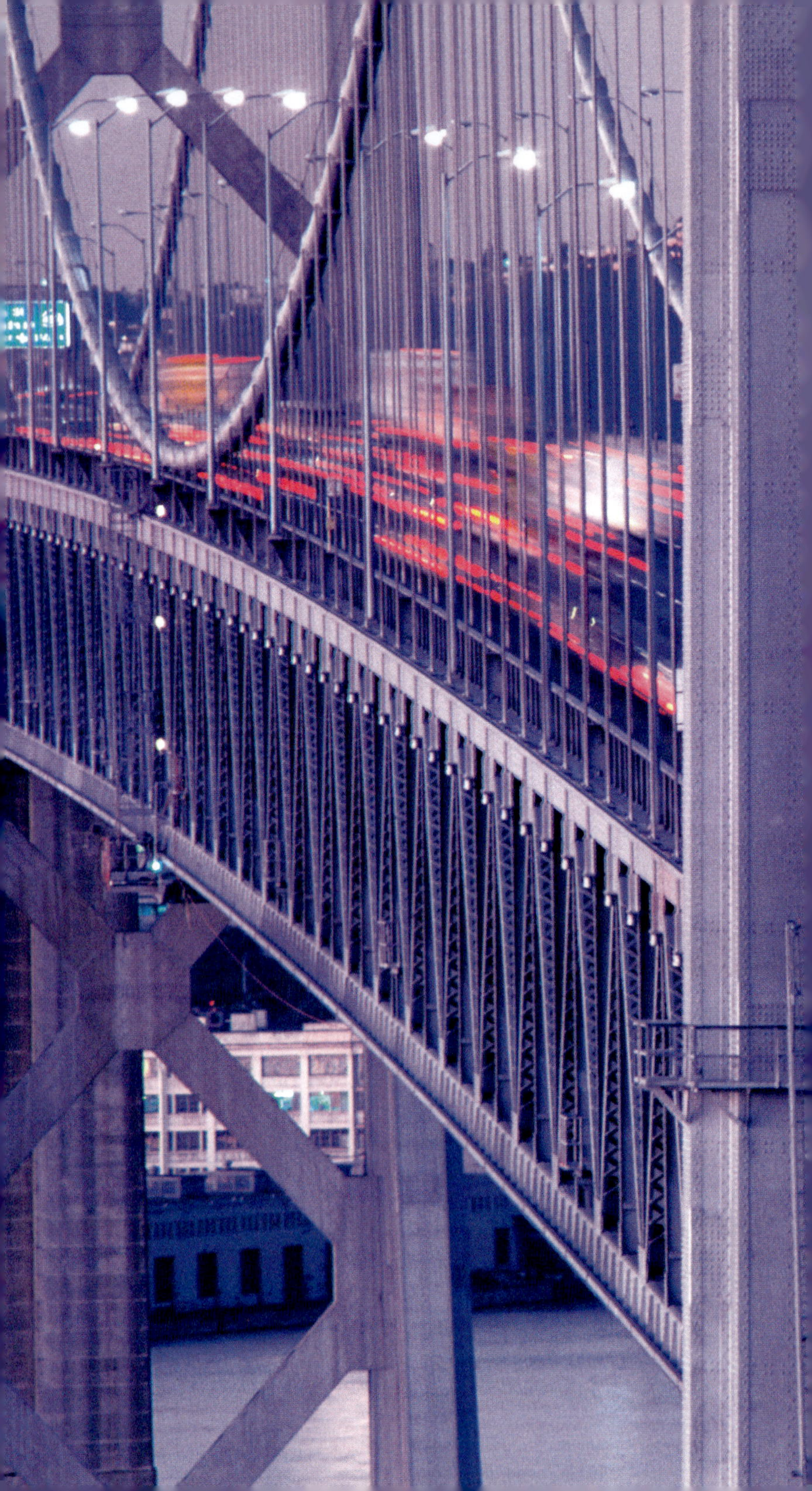

MANUAL DE SOBREVIVÊNCIA

Informações Úteis	**266-275**
Como Chegar a São Francisco	**276-279**
Como Circular em São Francisco	**280-289**

INFORMAÇÕES ÚTEIS

São Francisco se autointitula "A Cidade Favorita de Todos" e, de fato, já ganhou muitos prêmios por sua infraestrutura urbana. Há uma variada gama de hotéis *(pp. 212-5)*, restaurantes *(pp. 222-9)*, lojas *(pp. 232-45)*, opções de lazer *(pp. 246-61)* e excursões *(p. 281)* para todos os gostos e níveis de poder aquisitivo. Circular pela cidade é fácil e geralmente seguro, desde que se use o bom-senso *(p. 270)*. As informações a seguir o ajudarão a localizar bancos *(pp. 272-3)* e atendimento médico *(p. 281)*. As dicas apresentadas abordam questões práticas, desde como fazer ligações para outros países *(p. 274)* até como andar de bonde *(pp. 284-5)*.

Vistos e Passaportes

Todos os brasileiros que viajam para os Estados Unidos necessitam de visto de entrada. Para obtê-lo, é preciso agendar entrevista no consulado dos Estados Unidos, o que pode ser feito pelo site www.visto-eua.com.br. Agende sua entrevista com muita antecedência para viajar na alta temporada (mai-jul e nov-jan). Na entrevista, o candidato deve apresentar documentos que comprovem fortes vínculos com o Brasil e mostrem que ele não tem intenção de trabalhar nos EUA. Uma vez obtido, o visto é válido por dez anos.

A validade do passaporte deve abranger pelo menos seis meses além da data de retorno ao país de origem.

É grande a oferta de folhetos no San Francisco Visitor Information Center

Alfândega

Ao chegar no International Airport de São Francisco *(pp. 288-9)*, os estrangeiros devem seguir as placas de "Other than American Passports" até os balcões de imigração para a inspeção e o carimbo no passaporte. A seguir, vão até a alfândega, onde um funcionário examina o passaporte, tira as impressões digitais e confere a declaração preenchida no voo. O turista é então direcionado para a saída ou para outro funcionário que pode examinar sua bagagem. Essas formalidades levam em média 30-60 minutos (incluindo a espera).

A alfândega americana autoriza a entrada no país, por pessoa, de 200 cigarros, 100 charutos (menos de Cuba) ou 1,4kg de tabaco; no máximo 1 litro de bebida alcoólica e presentes com valor máximo de US$100. É proibido entrar no país com carne e derivados (mesmo enlatados), drogas ilegais, sementes, plantas e frutas frescas. Estrangeiros podem entrar ou sair dos EUA com até US$10 mil ou o equivalente em moeda de outros países.

Informação Turística

Há mapas, guias, listas e passes para atrações e transporte público no **San Francisco Visitor Information Center** *(p. 119)*. Essa instituição oferece também dois guias gratuitos para turistas: o *San Francisco Book*, com concertos, shows, casas noturnas e restaurantes, e o *San Francisco Arts Monthly*, com listas de filmes, teatro, artes visuais, música e dança. *This Week in San Francisco* e a *Where Magazine* mensal estão disponíveis gratuitamente em hotéis e lojas. No domingo, a seção "Datebook" no *San Francisco Chronicle* enumera os eventos de artes e lazer na cidade. Outras fontes de informação são a seção "Weekend", do *San Francisco Examiner*, na sexta-feira, e as listas no *Bay Guardian* e no *SF Weekly*, ambos gratuitos.

Passe CityPASS

Preço de Ingressos

Embora haja algumas opções gratuitas de diversão na cidade, a maioria das atrações cobra uma taxa de ingresso entre US$5 e US$10. O Conservatory of Flowers e o Japanese Tea Garden, ambos no Golden Gate Park *(pp. 145-57)*, cobram US$8 e US$7, respectivamente. Uma ida a Alcatraz *(pp. 84-7)*, incluindo ida e volta de ferry-boat, custa US$38 (US$45 à noite), com descontos para idosos e crianças até 11 anos; menores de 4 anos viajam de graça *(p. 287)*.

São Francisco é conhecida por sua cena de música ao vivo, tanto a cargo de bandas locais emergentes quanto de artistas estrangeiros. Couverts e ingressos para shows variam de US$5 a US$30. No verão, há

Carros passando pela Bay Bridge à noite

apresentações gratuitas aos domingos em meio às sequoias do Stern Grove, mas é preciso chegar cedo para conseguir um bom lugar.

Os ingressos em museus maiores, como o Museum of Modern Art *(pp. 120-3)*, variam entre US$5 e US$10, mas há descontos para idosos, crianças e estudantes. Muitos museus têm ingressos mais baratos na quinta-feira, e a maioria das grandes instituições oferece entrada gratuita uma vez por mês (ligue para saber detalhes), além de visitas guiadas, demonstrações e palestras gratuitas. Museus menores são gratuitos ou aceitam doações.

No Fort Mason *(pp. 74-5)*, nos Yerba Buena Gardens *(pp. 116-7)* e no Golden Gate Park há vários museus agrupados. O CityPASS, disponível no San Francisco Visitor Information Center, oferece tarifas reduzidas em várias atrações e no transporte público.

Horários de Funcionamento

A maioria das empresas locais funciona das 9h às 17h em dias de semana. As lojas *(p. 232)* ficam abertas até as 20h para atender quem sai do trabalho. Todos os bancos atendem das 10h às 15h de segunda a sexta-feira; alguns, porém, abrem às 7h30, outros fecham às 18h e certos bancos abrem no sábado de manhã. Quase todos têm caixas automáticos 24 horas.

Certos museus fecham na segunda-feira e/ou na terça-feira e nos feriados. Às vezes,

O saguão do Museum of Modern Art de São Francisco (SFMoMA)

alguns abrem à noite (confira caso a caso). O horário de fechamento dos bares é 2h; na Califórnia, é proibido servir bebidas de madrugada, entre 2h e 6h.

Etiqueta e Fumo

Embora mais formal do que o visual de sandálias e shorts do sul do estado, o Norte da Califórnia é bem descontraído. Até em restaurantes elegantes de São Francisco se vê gente usando jeans escuros e uma bela camisa.

Tenha sempre à mão um documento de identidade: por lei, bares e restaurantes podem solicitá-lo a qualquer pessoa que aparente ter menos de 40 anos, antes de servirem um drinque. Além disso, como os Estados Unidos ainda não têm o sistema PIN amplamente usado na Europa, prepare-se para assinar e mostrar um documento de identidade com foto sempre que usar cartão de crédito.

É ilegal fumar em escritórios, lojas, bares, restaurantes e nas

O SS *Balclutha* no Maritime Museum, que fecha nos feriados nacionais

arquibancadas do AT&T Park *(p. 261)*. Esse hábito, no entanto, é aceito em bares cujos donos tenham optado por isso. Os hotéis são obrigados a reservar 35% dos quartos e 75% do saguão como áreas de não fumantes, porém muitos proíbem totalmente o fumo. Ao reservar um quarto de hotel, informe-se sobre a regra vigente.

Banheiros Públicos

Banheiros públicos em terminais de ônibus e em estações subterrâneas do BART *(p. 286)* são muito utilizados por sem-tetos e usuários de drogas. O mesmo se aplica aos grandes banheiros verdes autolimpantes da Market Street. Portanto, é melhor ir a hotéis e lojas de departamentos cujos banheiros podem ser usados de graça e que, em geral, são limpos.

Impostos e Taxas

O IVA de 8,75% em São Francisco é cobrado sobre tudo, exceto sobre comida para viagem. Em restaurantes, a gorjeta fica entre 15% e 20% do total da conta. Um jeito de calcular a gorjeta é dobrar o valor do imposto. Dê uma gorjeta de 15% para taxistas, garçons e cabeleireiros. Carregadores em hotéis e aeroportos esperam de US$1 a US$1,50 por mala. Dê às camareiras do hotel de US$1 a US$2 por cada dia de sua estada.

Ônibus Muni adaptado para portadores de deficiência

Portadores de Deficiência

Em geral, o transporte público da cidade é de fácil acesso. Para detalhes, veja o **Muni Access Guide**. Os hotéis costumam ter quartos estruturados, e lugares de entretenimento oferecem acomodações para portadores de deficiência. Placas de orientação, banheiros e entradas são adaptados para portadores de deficiência visual e cadeirantes, ao passo que alguns cinemas oferecem equipamento de áudio especial para deficientes auditivos. Vagas de estacionamento reservadas têm uma placa azul e branca e meio-fio azul. O contorno de uma cadeira de rodas é pintado em várias calçadas. Há descontos para estacionamento e transporte público.

Viagem com Crianças

São Francisco é uma cidade agradável para famílias: muitos hotéis não cobram a estadia de crianças e vários restaurantes têm menus especiais para elas, que também ganham descontos em ingressos para eventos esportivos, filmes e museus. Crianças até 4 anos usam de graça o sistema de transporte público (exceto bondes, que cobram uma taxa fixa de US$6), e as que têm entre 5 e 17 anos pagam apenas 75 centavos (a tarifa normal é US$2). São Francisco tem um grande número de parques e playgrounds grátis; veja a lista completa no site da **City and County of San Francisco**. Confira várias outras informações e dicas de grande utilidade no site da **Travel for Kids**.

Idosos

Idosos podem ter dificuldade com as ladeiras de São Francisco, mas o transporte público é abrangente e confiável, e há muitas atrações para esse público. Ingressos de cinema, de museus e de alguns eventos esportivos têm descontos para maiores de 65 anos, mediante a apresentação de um documento de identidade. O transporte também é mais barato (75 centavos) e muitos restaurantes também dão descontos. Para mais informações de interesse dos idosos, consulte a **American Association of Retired People (AARP)**.

Gays e Lésbicas

São Francisco é tida como a cidade mais cordial do mundo para os gays, e casais do mesmo sexo podem demonstrar sua afeição em público. Foi uma das primeiras cidades dos Estados Unidos a legalizar a união homossexual. O legislativo estadual anulou esse direito em seguida, mas ele tem sido restabelecido desde então, e a batalha judicial deve continuar. A Gay Pride Parade anual, no fim de junho, é um grande evento local (p. 51). Castro é o polo da vida gay em São Francisco, o que é reiterado por uma imensa bandeira do arco-íris no cruzamento das ruas Market e Castro. Embora toda a Bay Area seja liberal com os gays, há alguns hotéis especialmente voltados para esse segmento. Em www.sfgay.org existe uma lista detalhada.

Como Economizar

São Francisco é notoriamente cara, mas oferece esquemas mais acessíveis para orçamentos limitados. Além de muitos hostels baratos, uma rede local de belos hotéis, a **Joie de Vivre**, oferece várias opções a bons preços. Uma boa ideia é se inscrever em sites como **Jetsetter**, **Groupon** e **Living Social**, que enviam e-mails diários com descontos em tudo, desde restaurantes a spas. O site **Goldstar** dá descontos em ingressos para shows de música e de humor, entre outros eventos.

Quem comprova ser estudante ganha descontos em muitos museus e teatros. O documento estudantil mais aceito é a International Student Identity Card (ISIC). Solicite na organização apropriada em sua cidade, em uma rede de albergues da juventude ou em uma associação de turismo estudantil antes de viajar.

Você também pode optar por férias com trabalho para jovens estrangeiros. Para mais detalhes, contate o escritório da **STA Travel**, com uma filial na Bay Area.

A Carteira Internacional de Estudante oferece muitas vantagens

O Que Levar

Embora fique na ensolarada Califórnia, São Francisco nem sempre é uma cidade quente. Leve roupas para todas as estações e prepare-se para usar camadas de roupas, sobretudo no verão, por conta do excesso de neblina. Há duas praias boas para nado (a Ocean Beach e a Baker Beach), e muitos hotéis têm piscinas ao ar livre ou aquecidas, portanto, traga roupa de banho. Calçados confortáveis são imprescindíveis, pois muitas vezes é melhor ir a pé a um certo destino, o que também costuma ser a opção mais agradável (p. 281).

Fuso Horário

São Francisco fica na zona horária do Pacífico e adota o horário de verão do segundo domingo de março até o primeiro domingo de novembro. A cidade tem cinco horas a menos em relação a Brasília, mas isso varia, pois os EUA e o Brasil têm horários de verão diferentes.

Eletricidade

A rede elétrica nos EUA é de 110-120 volts (corrente alternada). Estrangeiros precisam de um conversor de voltagem e de um adaptador de tomada. Você pode pedir emprestados adaptadores na recepção do hotel, mas é melhor comprá-los no aeroporto. Tomadas especiais para barbeadores elétricos têm corrente elétrica de 110 ou de 220 volts.

Turismo Responsável

São Francisco e a Bay Area estão na vanguarda ecológica dos EUA. A área tem lodges e hotéis ecológicos, em sua maioria ligados à **Green Hotels**. A onda de alimentação orgânica é grande no Norte da Califórnia: numerosos restaurantes exibem a lista de seus fornecedores locais de ingredientes e há feiras semanais em toda a área. Uma das melhores é o **Ferry Building Market Place**, em que agricultores locais vendem produtos frescos e deliciosas comidas prontas.

Terrenos de grandes extensões na cidade – incluindo Presidio, Golden Gate Park, Marin Headlands e Muir Woods – foram reservados para fins preservacionistas, e São Francisco também tem diversos edifícios com sistemas que poupam o meio ambiente, a exemplo da California Academy of Sciences (pp. 152-3).

Para conhecer empresas que têm políticas de sustentabilidade ambiental, visite o site do **Bay Area Green Business Program**.

Banca de legumes em uma feira de rua em São Francisco

AGENDA

Consulados e Embaixada

Consulado do Brasil em São Francisco
300 Montgomery St. Suite 1160. **Mapa** 5 C4.
Tel 981-8170.

Embaixada dos EUA no Brasil
SES Av. das Nações, 850, Quadra 801, lote 03, 70403-900, Brasília, DF.
Tel (61) 3312-7000.
w portuguese.brazil.usembassy.gov

Consulado dos EUA no Recife
R. Gonçalves Maia, 850, 50070-060, Recife, PE.
Tel (81) 3416-3050.

Consulado dos EUA no Rio de Janeiro
Av. Presidente Wilson,147, 20030-220, Rio de Janeiro, RJ.
Tel (21) 3823-2000.

Consulado dos EUA em São Paulo
R. Henri Dunant, 500, 04709-110, São Paulo, SP.
Tel (11) 5186-7000.

Informação Turística

San Francisco Visitor Information Center
900 Market St. com a Powell St., piso inferior da Hallidie Plaza.
Mapa 5 B5.
Tel 391-2000.
w onlyinsanfrancisco.com

Visit California
Tel (1-877) 225-4367.
w visitcalifornia.com

Portadores de Deficiência

Mayor's Office on Disability
Tel 554-6789 ou 554-6799 (TTY). w sfgov.org/mod

Muni Access Guide
949 Presidio Ave.
Mapa 3 C4.
Tel 923-6142 (seg-sex) ou 673-MUNI.
w sfmta.com

Viagem com Crianças

City and County of San Francisco
w sfrecpark.org

Travel for Kids
w travelforkids.com/Funtodo/California/San_Francisco/sanfrancisco.htm

Idosos

American Association of Retired People (AARP)
Tel (1-888) 687-2277.
w aarp.org

Gays e Lésbicas

Gay and Lesbian Convention Visitors Bureau
w glcvb.org

Como Economizar

Goldstar
w goldstar.com

Groupon
w groupon.com

Jetsetter
w jetsetter.com

Joie de Vivre
w jdvhospitality.com

Living Social
w livingsocial.com

STA Travel
Tel (1-800) 781-4040.
w statravel.com

Turismo Responsável

Bay Area Green Business Program
w greenbiz.ca.gov

California Farmers' Market Association
Tel (1-800) 806-3276.
w cafarmersmkts.com

Ferry Building Market Place
w ferrybuildingmarketplace.com

Green Hotels Association
w greenhotels.com

Segurança e Saúde

São Francisco é uma das metrópoles mais seguras dos EUA. Policiais estão sempre patrulhando áreas turísticas, e crimes que afetam turistas são raros. Grupos comunitários no Civic Center, Tenderloin, Western Addition e Mission District também se empenham em melhorar a segurança nessas áreas. No final da tarde e à noite, porém, é aconselhável pegar um táxi para ir a esses bairros ou voltar deles, pois certas atrações turísticas ficam perto de teatros decadentes e terrenos baldios. Basta seguir as orientações abaixo, dadas pela polícia, e usar o bom-senso para ter uma estada segura e agradável.

Polícia

Dia e noite a polícia de São Francisco faz patrulhas a pé, a cavalo, de motocicleta e de carro. Todos os eventos grandes têm presença policial, especialmente à noite na área de Tenderloin. Há guaritas de polícia em Chinatown, Japantown, na Union Square, no Mission District e na Hallidie Plaza. Policiais responsáveis pelo trânsito e por estacionamentos fazem rondas a pé, em viaturas policiais e em pequenos veículos de três rodas. Aeroportos, lojas, hotéis e o sistema de tráfego têm suas equipes de segurança uniformizadas e à paisana.

Carro da polícia

Carro de bombeiros

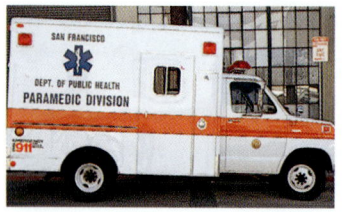

Ambulância

Precauções Básicas

O clima ameno, a população liberal e os programas de assistência social atraem muitos sem-tetos para São Francisco. A maioria dos indigentes não é perigosa, no entanto é bom ficar sempre alerta. Não divulgue o fato de ser um turista; planeje seu passeio ainda no quarto do hotel e consulte mapas discretamente. Caminhe com ar confiante mesmo sem saber onde está; caso pareça perdido, você vira um alvo fácil para pessoas mal-intencionadas. Preste muita atenção ao entorno e, se uma área parecer insegura, vá embora. Se precisar de orientação, peça no hotel, em lojas, escritórios ou a policiais, e evite falar com estranhos nas ruas. Não ande com uma grande quantidade de dinheiro. De preferência, use traveller's cheques (p. 272). Nunca exiba dinheiro; cintos sob a roupa são melhores do que bolsas e carteiras. Se precisar andar de bolsa, mantenha-a firme sob o braço e guarde a carteira no bolso da frente da calça ou da jaqueta. Coloque o dinheiro e os cartões de crédito em outra carteira escondida. Fique alerta no meio de multidões, principalmente em lojas, paradas de ônibus e no transporte público. Faça cópias de todos os documentos e carregue-os separadamente.

No hotel, fique de olho em sua bagagem na hora do check-in e na partida, e não diga seu nome e o número do quarto em voz alta. Não deixe dinheiro ou itens de valor no quarto, e coloque cadeado na mala. A maioria dos hotéis possui cofre para itens de valor, e muitos também dispõem de caixas para deixar pertences com segurança na recepção. Guarde uma lista dos itens que deixou no cofre do quarto ou do hotel. Tranque bem a porta do seu quarto e espie pelo olho mágico quando alguém bater. Verifique sempre na recepção a identidade do pessoal de serviços, especialmente se você não solicitou. Relate qualquer atividade suspeita e fique com a chave até o check-out.

Se tiver um carro, tranque-o e fique com as chaves; sempre olhe o interior do veículo antes de entrar. Pare em áreas movimentadas e iluminadas e tire a bagagem e itens de valor, como aparelhos de sistema GPS.

Emergências

Para emergências que precisem de médico, polícia ou bombeiros, disque 911. As Páginas Azuis da lista telefônica indicam prontos-socorros e hospitais públicos. Embora possam ficar lotados, eles são mais baratos do que os hospitais privados citados nas Páginas Amarelas.

Hotéis podem providenciar a ida de um médico ou dentista ao seu quarto.

INFORMAÇÕES ÚTEIS | 271

Hospitais e Farmácias

Caso você não tenha um bom seguro de saúde, uma ida ao médico, a um hospital ou a uma clínica pode custar caro. Mesmo tendo seguro de saúde, talvez seja preciso pagar primeiro pelo atendimento e depois pedir o reembolso à sua empresa de seguros. Muitos médicos, dentistas e hospitais aceitam cartão de crédito, mas às vezes os turistas só podem pagar com traveller's cheques e dinheiro.

Para atendimento médico sem urgência, várias policlínicas de São Francisco cobram preços razoáveis. Elas são citadas na seção "Personal Services" do site do San Francisco Visitor Information Center (p. 269). Há também uma clínica no San Francisco International Airport.

Se o médico lhe receitar um medicamento, informe-se se há alguma farmácia perto do seu hotel. Algumas farmácias da rede **Walgreens** funcionam até tarde ou ficam abertas 24 horas. Se você toma algum medicamento regularmente, é aconselhável levar na viagem uma receita assinada por seu médico.

Logo das farmácias Walgreens

Achados e Perdidos

Embora a chance de recuperar algo perdido na rua seja pequena, você pode telefonar para a **Linha Não Emergencial da Polícia**. Os sistemas de transporte Muni e BART têm postos de **Achados e Perdidos**, assim como muitos restaurantes e lojas.

Ao pegar um táxi, observe bem o nome da empresa e do taxista, a cor e o número do veículo. Se perder alguma coisa, você precisará desses dados quando ligar para a empresa de táxi a fim de reportar sua perda.

Seguro de Viagem

Como o atendimento médico nos EUA é excelente, porém caro, estrangeiros devem ter um seguro de viagem abrangente. Ele deve cobrir assistência médica e odontológica de emergência, perda e roubo de bagagem e de documentos, morte acidental e taxas de cancelamento de viagem.

Calamidades Naturais

A Bay Area é situada sobre várias falhas geológicas, que já provocaram terremotos devastadores. Segundo o Serviço Geológico dos EUA (USGS), o intervalo médio entre terremotos na Bay Area é de quatro anos. Desde o terremoto de 7,8 graus de intensidade, em 1906, tem havido menos atividade geológica por conta da redução das tensões nessas falhas. No entanto, segundo o USGS, as tensões estão aumentando novamente e há 62% de chance de um sismo de 6,7 graus de magnitude ou mais sacudir a área em 2032. Um dado positivo é que a Bay Area está muito bem preparada para lidar com terremotos – por lei, os edifícios têm de ser retroajustados para suportar bem qualquer tremor. Embora sejam extremamente assustadores, os tremores normalmente duram menos de um minuto. Se caso presenciar um, fique agachado sob uma mesa ou se agarre firmemente a uma porta.

AGENDA

Emergências

**All Emergencies
(Polícia, Bombeiros
e Serviços Médicos)**
Tel 911.

**Victims of Crime
Resource Center**
Tel (1-800) 842-8467.
w 1800victims.org

Hospitais

**Saint Francis
Memorial Hospital**
900 Hyde St. Mapa 5 A4.
Tel 353-6000.
Visitors' Medical Services
Tel 353-6300 (plantão
24 horas).
Tel (1-800) 333-1355
(plantão 24 horas).
w saintfrancis
memorial.org

**San Francisco
General Hospital**
1001 Potrero Ave.
Mapa 11 A3.
Tel 206-8000.

**Traveler Medical
Group**
490 Post St, Suite 225.
Mapa 5 A5.
Tel 981-1102.
w traveler
medicalgroup.net

Farmácias

**Four-Fifty Sutter
Pharmacy**
450 Sutter St, 7º andar.
Mapa 5 B4. Tel 392-4137
(faz entregas).

**Saint Francis Medical
Center**
901 Hyde St.
Mapa 5 A4. Tel 776-4650
(faz entregas).

Walgreens
135 Powell St. Mapa 5 B5.
Tel 391-7222.
498 Castro St. Mapa 10
D3. Tel 861-3136 (24
horas). 3201 Divisadero St.
Mapa 3 C2.
Tel 931-6417 (24 horas).

Policlínicas

**Concentra Medical
Center**
26 California St.
Mapa 6 D4. Tel 397-2881.

**University of
California San
Francisco Clinic**
400 Parnassus Ave.
Mapa 9 B2. Tel 353-2602.

Wall Medical Group
2001 Union St.
Mapa 4 E3. Tel 447-6800.

Dentistas

**Serviço Odontológico
24 horas**
Tel 702-4543.

**San Francisco Dental
Society Referral
Service**
Tel 928-7337 (24 horas).

Achados e Perdidos

**Lost-and-Found
(BART)**
w bart.gov/guide/
lostandfound

**Lost-and-Found
(Muni)**
Tel 701-2311.

**Linha Não
Emergencial
da Polícia**
Tel 553-0123.

Bancos e Moeda Local

O Financial District de São Francisco *(pp. 108-23)* é o centro financeiro da Costa Oeste norte-americana. Sedes dos principais bancos dos EUA e agências de algumas das mais importantes instituições financeiras mundiais podem ser encontradas nessa região. Para comodidade dos moradores e turistas, centenas de caixas eletrônicos (ATMs) espalhados por toda a cidade viabilizam transações automáticas 24 horas por dia.

Caixas eletrônicos do Wells Fargo

Bancos e Casas de Câmbio

Os bancos em São Francisco abrem das 9h às 17h, de segunda a sexta-feira. Alguns, porém, abrem mais cedo, às 7h30, fecham só às 18h e funcionam no sábado de manhã. Antes de fazer sua transação, sempre pergunte se ela estará sujeita a quaisquer taxas especiais. Traveller's cheques em dólares dos EUA podem ser sacados na maioria dos bancos, mediante a apresentação de um documento de identidade com foto.

Cooperativas de crédito só atendem seus membros, portanto, vá a bancos que oferecem serviços para o público em geral. O **Bank of America** e o **Wells Fargo** têm sede na cidade, onde o **Chase** também tem forte presença. Esses três bancos têm agências no Financial District e em áreas de comércio. O câmbio de moeda estrangeira é feito nas principais agências de bancos grandes, em casas de câmbio no Financial District e nos aeroportos internacionais da área (SFO, Oakland e San José; *veja pp. 276-7*). Casas de câmbio cobram taxas e comissões e geralmente funcionam em dias de semana das 9h às 17h. Uma empresa conhecida do gênero é **Travelex**. Existem várias filiais da Travelex America Currency Exchange e caixas eletrônicos espalhados pelo terminal internacional do SFO.

Caixas Eletrônicos

Há caixas eletrônicos (ATMs) na maioria dos saguões de bancos ou em uma parede externa perto da entrada das agências bancárias. Dólares dos EUA, geralmente em notas de US$20, podem ser sacados eletronicamente de sua conta bancária ou de seu cartão de crédito em segundos. Os saques em caixas eletrônicos podem ter uma taxa de câmbio melhor do que transações em dinheiro. Antes de viajar, pergunte a seu banco que sistemas de ATM seu cartão pode acessar em São Francisco e o custo de cada transação, pois a conversão pode ser cobrada. Entre os caixas eletrônicos mais numerosos estão Cirrus, Plus e Star, os quais aceitam vários cartões de bancos dos EUA, além de Mastercard, Visa e outros. Embora menos seguros, os caixas eletrônicos em mercearias, lojas de bebidas e nas ruas às vezes lidam melhor com cartões estrangeiros, mas pode haver uma cobrança de cerca de US$2,50-US$3 pelo uso desse serviço.

Como há roubos em caixas eletrônicos, use-os apenas de dia ou quando há muita gente por perto, e digite sua senha de forma discreta.

Avise seu banco e as operadoras de cartão de crédito sobre sua viagem. Em alguns casos, o acesso aos fundos pode ser cortado e os bancos desconfiarem da lisura de alguma operação.

Traveller's Cheques e Cartões de Crédito

Cartões de crédito e traveller's cheques são amplamente aceitos em São Francisco, mas prepare-se para mostrar um documento com foto ao usá-los. Cheques de viagem em dólares dos EUA da **American Express** e da Thomas Cook são aceitos sem taxa alguma pela maioria das lojas, restaurantes e hotéis. Traveller's cheques em moeda estrangeira podem ser descontados em um banco ou pelo caixa de um hotel grande.

A maioria dos cartões de crédito oferece garantias de produtos e outras vantagens. American Express, **Mastercard** e **Visa** são aceitos na maioria dos estabelecimentos, os quais pedem que você assine um recibo. É raro varejistas imprimirem o número do seu cartão de crédito em recibos, portanto, fique atento e rasure-o se necessário. A maioria dos hotéis faz uma cópia do cartão de crédito no check-in. Locadoras de carros retêm cartões de locatários até ser feito um depósito entre US$100 e US$300, e penalizam clientes sem cartão de crédito pedindo um depósito alto em dinheiro. Os hospitais *(p. 271)* aceitam pagamento com os cartões de crédito citados acima.

Uma agência do banco Chase no centro de São Francisco

INFORMAÇÕES ÚTEIS | **273**

Moedas

As moedas americanas são de 50, 25, 10, 5 e 1 centavo (cents) de dólar. Há uma nova moeda de US$ 1 (dourada) circulando e uma de 25 cents com uma cena histórica numa face. Cada moeda tem um nome popular: a de 25 centavos é chamada de quarter; *a de 10 centavos, de* dime; *a de 5 centavos, de* nickel; *e a de 1 centavo, de* penny.

25 cents *(quarter)*

10 cents *(dime)*

5 cents *(nickel)*

1 cent *(penny)*

1 dólar *(buck)*

Cédulas

As cédulas americanas são de US$1, US$5, US$10, US$20, US$50 e US$100. Todas têm a mesma cor, mas cada uma mostra um presidente dos EUA. As cédulas de US$20 e US$50 em circulação têm mais traços de segurança. As primeiras cédulas foram emitidas em 1862, quando havia escassez de moedas e a Guerra Civil precisava de recursos financeiros.

Nota de 1 dólar (US$1)

Nota de 5 dólares (US$5)

Nota de 10 dólares (US$10)

Nota de 20 dólares (US$20)

Nota de 50 dólares (US$50)

Nota de 100 dólares (US$100)

AGENDA

Bancos e Casas de Câmbio

Bank of America
2835 Geary St.
Mapa 3 B5. **Tel** (1-800) 432-1000.

Chase
700 Market St.
Mapa 5 C5. **Tel** 274-3500.

Travelex
San Francisco International Airport. **Tel** (650) 821-0934.

Wells Fargo
464 California St.
Mapa 5 C4. **Tel** 396-7392.

Traveler's Cheques e Cartões de Crédito

American Express
Tel (1-866) 901-1234.

MasterCard
Tel (1-800) 627-8372.

VISA
Tel (1-800) 336-8472.

Comunicações e Mídia

A Bay Area deu origem ao boom tecnológico dos EUA; portanto, é natural que a maioria dos lugares em São Francisco tenha acesso sem fio à internet – em muitos hotéis e cafés esse serviço é gratuito. São Francisco também é uma cidade muito cultural e cosmopolita, de forma que não é difícil achar publicações, filmes e canais de TV estrangeiros. Hoje, há menos telefones públicos operados com moedas, mas eles ainda estão presentes no aeroporto e em ruas de áreas centrais. Os hotéis estipulam tarifas telefônicas próprias, o que faz com que ligações feitas no quarto sejam bem mais caras do que as originadas de um telefone público ou de um celular.

Ligações Locais e Internacionais

Dentro do perímetro de São Francisco, a cobrança padrão de 50 centavos dá direito a 3 minutos. Se a ligação exceder esse tempo, a operadora exige pagamento adicional. O código de área da cidade é 415. Os prefixos 650 e 408 são dos subúrbios no sul; 510 é de Oakland, Berkeley e East Bay; e 707 é de Napa e Sonoma. Esses e outros números chamados de São Francisco são interurbanos. Os prefixos 800, 866, 877 e 888 são de números gratuitos.

É possível fazer ligações internacionais diretamente, porém se houver dificuldade as operadoras podem ajudar. Embora esse auxílio seja gratuito, é preciso pagar se elas fizerem sua ligação. Ligações interurbanas diretas dentro dos Estados Unidos são mais baratas à noite e nos fins de semana. As Páginas Brancas da lista telefônica exibem as tarifas atuais e informações sobre interurbanos na seção "Customer Guide". Os horários em que há descontos para ligações para outros países variam; a operadora internacional pode orientá-lo. Cartões telefônicos internacionais pré-pagos, à venda em bancas de jornais, em lojas de conveniência e também on-line, têm tarifas com desconto para ligações internacionais.

Telefones Públicos

Embora em processo gradual de extinção, os telefones públicos ainda estão presentes no aeroporto, em ruas principais e em alguns shopping centers. A AT&T opera a maioria dos telefones públicos de São Francisco, que têm uma placa azul e branca e a palavra "phone" ou um sino dentro de um círculo. As tarifas ficam expostas, assim como números gratuitos, orientações sobre ligações interurbanas e a localização exata do telefone. Para reclamações sobre o serviço, ligue para a operadora (0).

Cabine em Chinatown

Celulares

Telefones celulares de três ou mais bandas costumam funcionar nos EUA, mas o provedor de seu país de origem deve desbloquear o *roaming* internacional. Na operadora de celular também é possível se informar sobre os custos das ligações.

As principais operadoras dos EUA são **T-Mobile**, **Verizon**, **AT&T** e **Sprint**. Com exceção da Sprint, elas vendem telefones pré-pagos com cartão SIM (10-15 minutos de ligações) a partir de US$30. Ligações locais e nacionais são bem baratas com esses telefones, mas as internacionais, não; portanto, é bom comprar um cartão telefônico e usá-lo em certas ocasiões. Há também planos com opções para chamadas internacionais, como o da **Virgin Mobile**, com tarifa mensal de US$25 (a empresa vende aparelhos básicos por US$20). Essa é uma boa opção para quem pretende ficar mais de uma semana nos EUA.

Internet e E-mail

Há internet de alta velocidade (muitas vezes sem fio) por toda a cidade, inclusive em muitos trens e no túnel subterrâneo de metrô que liga São Francisco a Oakland. Muitos cafés, como o **Ritual Roasters**, têm Wi-Fi gratuito, mas é praxe comprar algo antes de usar o serviço. Cada vez mais os hotéis estão oferecendo Wi-Fi gratuito no saguão ou em todos os quartos. Quando não é de graça, o acesso custa US$10-US$15 por dia. Há poucos cibercafés na cidade, portanto, leve seu laptop na viagem.

Como Discar o Número Correto

- Ligações interurbanas diretas fora de seu código de área local, mas dentro dos EUA e Canadá: disque 1.
- Ligações internacionais diretas: disque 011, seguido do código do país (Brasil: 55), depois o código da cidade ou de área (omitindo o primeiro 0) e, por fim, o número local.
- Ligações internacionais via operadora: disque 01, seguido do código do país, do código da cidade (sem o primeiro 0) e do número local.
- Auxílio à Lista nacional: disque 411. Pode haver custo.
- Auxílio à Lista internacional: disque 00.
- Auxílio da operadora local: disque 0.
- Auxílio da operadora internacional: disque 01.
- Os prefixos 800, 866, 877 e 888 indicam que a ligação é grátis. Disque 1 antes de 800.
- Emergências: 911.

INFORMAÇÕES ÚTEIS | 275

Um dos vários cafés da cidade com acesso Wi-Fi

Serviço Postal

Selos são vendidos em agências dos Correios, no balcão de recepção de hotéis e em máquinas automáticas. Alguns caixas eletrônicos vendem selos, mas os bancos cobram taxa por isso, assim como a maioria das lojas. Consulte as tarifas vigentes nas agências dos Correios ou on-line no site do **US Postal Service**.

Cartas são postadas em agências de Correios, nos hotéis, no aeroporto e em caixas dos Correios nas ruas, as quais exibem o horário da coleta.

Toda correspondência doméstica chega dentro de um a cinco dias. Cartas por via aérea para Brasil, Austrália, Canadá, Irlanda, Nova Zelândia e Reino Unido levam de cinco a dez dias úteis. Pacotes para o exterior por terra podem levar de quatro a seis semanas. Os Correios dos EUA oferecem vários serviços especiais: o Priority Mail é mais rápido do que o serviço normal e o Global Priority chega à maioria dos destinos internacionais em cinco dias. Mais caro, o Express Mail entrega no dia seguinte dentro dos EUA, e dentro de dois a três dias em diversos outros países. Encomendas urgentes também são enviadas por empresas privadas como **DHL**, **FedEx** e **UPS**.

A posta-restante enviada aos cuidados de *(c/o)* General Delivery, Civic Center, 101 Hyde Street, San Francisco, CA 94142 é mantida por 30 dias e retirada mediante identificação com foto. As principais **agências dos Correios** na cidade estão nos mapas do Guia de Ruas *(pp. 290-300)*.

Jornais, Revistas e Sites

Jornais e revistas estrangeiras estão à venda em várias lojas e bancas, entre elas a **Fog City News** e o **Café de la Presse**. O principal jornal da cidade é o *San Francisco Chronicle*. Os dois semanários gratuitos – *SF Weekly* e *Bay Guardian* – têm resenhas e listas da programação em cartaz. A *San Francisco Magazine* e a *7 x 7* são belas revistas de estilo de vida que também têm matérias sobre os eventos culturais em cartaz.

Alguns sites úteis para turistas: o **Yelp**, com resenhas dos usuários sobre spas, bares e restaurantes, e o **The Bold Italic**, com dicas do que fazer em São Francisco e de onde achar o melhor café ou o melhor brunch.

Televisão e Rádio

Há quatro emissoras de TV em São Francisco: a CBS, no canal 5 (KPIX); a ABC, no canal 7 (KGO); a NBC, no canal 11 (KNTV); e a Fox, no canal 2 (KTVU). A emissora local PBS, com programas culturais e alguns clássicos da BBC, fica no canal 9 (KQED). As opções a cabo abrangem a CNN, a ESPN, a BBC America e canais pagos. Alguns canais pagos, como HBO e Showtime, são gratuitos na maioria dos hotéis.

As rádios AM são KCBS (740 Hz; notícias), KOIT (1260 Hz; rock) e KNBR (680 Hz; esportes). As FMs incluem KALW (91.7 FM; notícias), KLLC Alice (97.3 FM; pop), KBLX (102.9 FM; jazz) e KDFC (102.1 FM; clássicos).

AGENDA
Números Úteis

Acesso à Lista dentro dos EUA
Tel 411.

Celulares

AT&T
w att.com

Sprint
w sprint.com

T-Mobile
w t-mobile.com

Verizon
w verizonwireless.com

Virgin Mobile
w virginmobileusa.com

Internet e E-mail

Ritual Roasters
1026 Valencia St.
Mapa 10 F2.
Tel 641-1011.
w ritualroasters.com
(Uma das várias filiais)

Serviço Postal

DHL
Tel (1-800) 225-5345.

FedEx
Tel (1-800) 463-3339.

Post Office (General Mail Facility)
1300 Evans Ave.
Tel 550-5134. 7h-20h30 seg-sex, 8h-14h sáb.

UPS
Tel (1-800) 742-5877.

US Postal Service
Tel (1-800) 275-8777.
w usps.com

Jornais, Revistas e Sites

The Bold Italic
w thebolditalic.com

Café de la Presse
352 Grant Ave.
Mapa 5 C4. Tel 398-2680.

Fog City News
455 Market St. Mapa 6 D4.
Tel 543-7400.

Yelp
w yelp.com

COMO CHEGAR A SÃO FRANCISCO

Como não há voos diretos do Brasil para São Francisco, a melhor opção é pegar um avião com destino a Los Angeles – com as operadoras LATAM, United Airlines, Continental e American Airlines – e fazer a conexão. Também há conexão de cidades como Nova York, Chicago e Miami. Para quem já está nos Estados Unidos, há muitos voos fretados e domésticos. Trens da Amtrak vão até a vizinha Oakland, de onde partem ônibus para São Francisco. Ônibus de luxo são um meio mais agradável para quem chega de outras cidades do país. Vários navios atracam no Pier 35 na rota para o norte até o Alasca ou para o sul até a Riviera mexicana. Quem chega de carro ou de ônibus aprecia a vista da cidade e do entorno ao cruzar as pontes Bay Bridge e Golden Gate.

Aeroportos situados na Bay Area

De Avião

O Aeroporto Internacional de São Francisco (SFO) é um dos mais movimentados do mundo. Além de ser um dos maiores dos EUA, destaca-se por sua praticidade para os usuários. As principais empresas aéreas que operam nesse aeroporto são **Air Canada**, **American Airlines**, **British Airways**, **Delta**, **KLM Airlines**, **Qantas**, **United Airlines**, **USAirways** e **Virgin Atlantic**.

Outros aeroportos perto da cidade são o Aeroporto Internacional de San José (SJC), cerca de uma hora de São Francisco, e o Aeroporto Internacional de Oakland (OAK), a 30 minutos de distância.

Aeroporto Internacional de São Francisco (SFO)

O Aeroporto Internacional de São Francisco fica no sul da cidade, a 23km do centro. Suas pistas principais ficam bem ao lado da baía de São Francisco. O SFO tem acesso conveniente para a Grande São Francisco, áreas metropolitanas da baía e o Vale do Silício, com conexões para países do Pacífico, Europa e América Latina. Os portões de desembarque e embarque ficam em torno dos quatro terminais (1, 2, 3 e Internacional). Todas as linhas aéreas internacionais são situadas no moderníssimo International Terminal. Voos domésticos da **Virgin America** e da **JetBlue** partem do International Terminal, ao passo que voos que vão ou chegam do Canadá ficam nos terminais domésticos. Informe-se sempre antes através do site **Airport Information**.

Passarelas ligam todos os terminais, que circundam uma área de estacionamento de curto prazo. Um trem de traslado liga os estacionamentos para períodos mais longos, uma central de comunicações, um polo de locadoras de carros e a estação do Bay Area Rapid Transit (BART) *(p. 286)* do aeroporto aos terminais.

Quem chega ao SFO deve ir ao piso inferior, onde estão a alfândega, a coleta de bagagem, informações turísticas, locadoras de carros e transporte para a cidade. O andar superior tem serviços para quem está partindo de São Francisco, incluindo despacho de bagagens, balcões de passagens e seguros, bares, restaurantes, lojas e postos de controle. Todas as locadoras de carro, traslados para estacionamentos, ônibus públicos e micro-ônibus de traslado deixam e pegam passageiros nesse andar. O traslado 24 horas do aeroporto, que circula entre os terminais e o estacionamento principal, pega passageiros na ilha central perto dos balcões de passagens a cada 5 a 20 minutos.

Agências do Bank of America e casas de câmbio funcionam das 7h às 23h em todos os terminais, os quais têm caixas eletrônicos do Wells Fargo. Cada terminal também tem revistarias, restaurantes e lanchonetes. Entre outros serviços disponíveis há fraldários, internet Wi-Fi grátis, caixas dos Correios e máquinas que vendem selos. Há também uma clínica para atender eventuais problemas de saúde *(p. 271)*.

Escadas rolantes entre os andares do International Terminal do SFO

Cadeiras de rodas, terminais especiais para portadores de deficiência auditiva e traslado para cadeirantes estão prontamente disponíveis. Os telefones brancos de cortesia permitem ligações gratuitas para todos os serviços e instalações do aeroporto.

Por todo o aeroporto, uma série de galerias tem exposições temporárias sobre diversos temas. Há também um museu sobre a história da aviação no International Terminal.

Vista externa do terminal do Aeroporto Internacional de Oakland

Como Ir do SFO para a Cidade

Postos de informações no piso inferior do aeroporto orientam sobre transporte terrestre, tarifas e pontos de embarque. Siga as setas indicando "Ground Transportation". Ônibus da **SuperShuttle** partem a cada 20 minutos das 5h às 23h, indo a três áreas no centro da cidade, com direito a paradas em vários hotéis. Outras empresas, como **Bayporter Express** e **American Airporter Shuttle**, param de porta em porta. Esses micro-ônibus e limusines compartilhados levam a endereços determinados. O custo total é dividido entre os passageiros, saindo em média entre US$19 e US$40 para cada um.

A corrida de táxi até São Francisco custa em média US$45 e dura, sem paradas, entre 25 e 40 minutos ou mais durante os horários de rush (7h-9h e 16h-19h).

Quem prefere economizar e não se incomoda com paradas frequentes pode pegar o trem de traslado no SFO até a estação do BART no aeroporto e depois pegar o metrô para São Francisco, a East Bay ou o terminal do CalTrain. A tarifa de ida para o centro da cidade é US$4,50.

Outros Aeroportos Internacionais

A maioria dos voos internacionais pousa no SFO, todavia os aeroportos internacionais de **Oakland** e **San José** também são alternativas viáveis. Ambos contam com transporte terrestre até São Francisco por meio de ônibus e limusines de traslado que param de porta em porta. O BART serve o Oakland International em conjunto com um traslado, levando os passageiros até São Francisco em cerca de uma hora. Quem chega a San José pode pegar um ônibus da **SamTrans** até a estação do CalTrain (p. 278) e chegar a São Francisco por volta de 90 minutos depois. O aeroporto de San José tem se expandido significativamente e disponibilizará conexão com o sistema de trens, segundo o projeto com conclusão prevista para o final de 2015.

Micro-ônibus SuperShuttle

O interior elegante do Aeroporto Internacional de San José

Passagens e Tarifas

As tarifas de voos para São Francisco, assim como as de hotéis, ficam mais caras no verão. No entanto, a época mais agradável na cidade é o outono, de setembro até o fim de outubro, quando os preços dos voos são um pouco mais baratos. O fim de junho é muito caro e a cidade lota devido à Gay Pride Parade (p. 51) anual. Sites como **Priceline**, **Expedia** e **Travelocity** são bons para pechinchas aéreas, e o **Kayak**, que compara preços de todos esses sites, assim como os de linhas aéreas, indica as opções mais em conta.

Pacotes

Conforme a situação, vale mais a pena comprar um pacote que inclua a viagem aérea e o hotel e, às vezes, o aluguel de um carro. Sites como **Expedia.com** e **Travelocity** têm pacotes exclusivos que não são vendidos em agências de viagem. No entanto, informe-se bem sobre o hotel, pois às vezes os sites encaixam um estabelecimento medíocre no pacote. Lembre-se de que se você reservou um pacote através de terceiros, qualquer alteração ou queixa será da responsabilidade de quem fez a reserva, ou seja, você não poderá fazer diretamente alterações em sua escolha. Além de sites de viagem, é comum hotéis também terem pacotes que incluem refeições, o aluguel de um carro, atividades turísticas e até tratamentos em spas.

De Trem

Rede ferroviária nacional, a **Amtrak** liga as principais cidades dos EUA, além de fazer conexões de ônibus, ferryboat e aviões e ter um serviço conjunto com a Rail Canada do outro lado da fronteira. Todos os trens de longa distância têm cabines para dormir e restaurantes. Muitas vezes há um salão panorâmico cujos janelões dão vista para as paisagens. No entanto, alguns trens são antigos e pode haver atrasos em rotas longas. Mas, se você tiver tempo, viajar de trem é ótimo para conhecer um pouco o interior do país.

Os passageiros devem reservar lugares com antecedência em muitas rotas, sobretudo na alta temporada. A Amtrak oferece um programa diversificado de descontos e pacotes, incluindo passes de 15 e 30 dias que permitem viagens ilimitadas em zonas específicas. Peça detalhes a seu agente de viagem.

Quem viaja de trem para São Francisco chega à estação da Amtrak em Emeryville, ao norte de Oakland. Como a estação fica em uma área industrial sem atrativos, a maioria dos passageiros segue de lá para outras regiões. A Amtrak tem um traslado gratuito até o centro da cidade. O percurso dura aproximadamente 45 minutos e termina no Ferry Building *(pp. 114-5)*, onde você pode pegar ferryboats, ônibus, trens do BART e metrôs *(pp. 282-3)* para outras partes da cidade.

Passageiros da Amtrak que chegam a San José podem fazer o transfer através do sistema férreo **CalTrain** para São Francisco. Essa viagem requer uma passagem à parte (US$8,75 por trecho) e deve ser comprada na máquina automática localizada na plataforma. A maioria dos ônibus de traslado de Oakland também para na estação de Caltrain de São Francisco, que fica na esquina da Fourth Street com a Townsend Street.

De Carro

Você tem uma visão espetacular da cidade ao cruzar a Ponte Golden Gate ou a Bay Bridge. Ambas têm pedágio (US$6 na Ponte Golden Gate e entre US$4 e US$6 na Bay Bridge dependendo do dia e do horário), o qual é cobrado apenas em um sentido. Se você vem do norte pela US 101, o pedágio da Golden Gate será cobrado na entrada da cidade. Para ir da Ponte Golden Gate ao centro da cidade, siga as placas da US 101 para a Lombard Street e a Van Ness Avenue.

Ao se aproximar da cidade vindo do leste pela I-80 através de Oakland, o pedágio da Bay Bridge é cobrado novamente só na chegada a São Francisco. Essa ponte tem duas partes principais *(pp. 166-7)* que se unem na Yerba Buena Island, e sua rodovia vai seguindo os arranha-céus do Financial District. As duas primeiras saídas conduzem ao centro da cidade. Chegando do sul pela península, você pode seguir pela US 101 ou pela 280 até a cidade. Ambas as rotas são bem sinalizadas e sem pedágio.

Nos Estados Unidos, as pessoas dirigem no lado direito da rua, exatamente como no Brasil. Semáforo vermelho e placas de "stop" indicam paradas obrigatórias. Há mais dicas de grande utilidade sobre como dirigir em São Francisco na página 288.

Sistema de pedágio na Bay Bridge

De Ônibus de Longa Distância

Os ônibus da **Greyhound Bus Line** servem regularmente quase todo o país. Eles são modernos, limpos e têm internet sem fio e tomadas elétricas. Informe-se sobre tarifas especiais nos guichês de passagens ou pelo site da Greyhound. A viagem de 8 horas São Francisco-Los Angeles custa US$57 (por trecho) e, em geral, há descontos para compras on-line ou feitas com catorze dias de antecedência e também para estudantes, idosos e crianças. Estrangeiros podem comprar passagens on-line e apanhá-las no balcão de Will Call da estação de ônibus apropriada. Se você pretende fazer várias paradas no caminho ou passear no interior por mais tempo, pode haver um pacote sob medida para seus planos.

Viagens nos ônibus da **Green Tortoise** são baratas e envolvem alguns improvisos, o que não é do agrado geral. A estrutura e as paradas são limitadas, de forma que os passageiros têm de preparar e partilhar as refeições. Em algumas rotas, os ônibus param para os viajantes

Trem da Amtrak na estação de Emeryville, perto de Oakland

caminharem em um parque nacional ou se refrescarem em uma fonte de água termal. O popular roteiro Coastal Crawler dura uma semana rodando pela costa da Califórnia de São Francisco a Los Angeles, com paradas em Monterey, Big Sur e Hearst Castle (US$320 ida e volta, não inclusas as três noites de acomodação em Los Angeles). Outras rotas da Green Tortoise incluem Los Angeles, o Yosemite National Park, o Grand Canyon, o Death Valley e Las Vegas. Como as viagens são lentas, se você tem prazo para chegar a seu destino, é melhor pegar um ônibus da Greyhound ou um trem.

O Transbay Terminal, nas ruas Main e Howard até 2017, é usado por linhas de ônibus locais, regionais, de longa distância e também por algumas empresas de ônibus de turismo. Como o lugar pode atrair malandros, não descuide de seus pertences.

De Navio

Navegar sob a Ponte Golden Gate na baía de São Francisco é um destaque na chegada ao **porto de São Francisco**. Luxuosos navios de cruzeiro atracam perto do Fisherman's Wharf no Pier 35. A cidade é ponto de embarque e desembarque de muitos cruzeiros para o Alasca e a Riviera Mexicana. Táxis e transporte público como o BART, ônibus e metrôs do Muni Metro ficam no cais; o centro da cidade fica a poucos minutos de distância.

Navegar sob a Ponte Golden Gate é uma experiência inesquecível

AGENDA

Linhas Aéreas

American Airlines
Tel (21) 4502-5005
(Rio de Janeiro)
(11) 4502-4000
(São Paulo)
0-300-789-7778
(demais cidades)
(1) (800) 882-8880
(Estados Unidos).

Continental
Tel (800) 523-3273.

LAN
Tel 0300-788-0045.

TAM
Tel 4002-5700 (capitais)
0800 570 5700
(outros locais).

United Airlines
Tel (11) 3145-4200
(São Paulo)
0800 162323
(outros locais).

Aeroporto Internacional de São Francisco (SFO)

Informações
Tel (650) 821-8211 ou
(1-800) 435-9736.
w flysfo.com

Alto-Falante
Tel (650) 821-8211
(digite o número 2) ou
(1-800) 435-9736.

Polícia Interna
Tel (650) 821-7111.

Informações Internas
Tel (650) 821-HELP.

JetBlue
Tel (1-800) 538-2583.

Estacionamento
Tel (650) 821-7900.

Auxílio ao Turista
Tel (650) 821-2730.

Virgin America
Tel (1-877) 359-8474.

Outros Aeroportos Internacionais

Informações do Aeroporto de Oakland
Tel (510) 577-4000.
w oaklandairport.com

Informações do Aeroporto de San José
Tel (408) 277-4759.
w sjc.org

Transporte no Aeroporto

American Airporter Shuttle
Tel 202-0733.
(Reservas recomendadas)

BayPorter Express
Tel 467-1800.
(Faz a ligação entre os aeroportos SFO e Oakland)

SamTrans
Tel (1-800) 660-4287.
w samtrans.com

SuperShuttle
Tel (1-800) 258-3826.
w supershuttle.com

Passagens e Tarifas

Expedia
w expedia.com

Kayak
w kayak.com

Priceline
w priceline.com

Travelocity
w travelocity.com

Trens

Amtrak
Tel (1-800) 872-7245.
w amtrak.com

CalTrain
Tel (1-800) 660-4287.
w caltrain.com

Ônibus de Longa Distância

Green Tortoise
Tel 956-7500.
w greentortoise.com

Greyhound Bus Line
Tel (1-800) 231-2222.
w greyhound.com

Navios

Porto de San Francisco
Pier 1, The Embarcadero.
Tel 274-0400.
w sfgov.org

COMO CIRCULAR EM SÃO FRANCISCO

São Francisco ocupa uma área bem compacta, na qual muitas atrações famosas ficam a curta distância a pé. O sistema de transporte público é muito eficiente e fácil de usar. Rotas de ônibus cruzam a cidade passando por várias atrações. O metrô de superfície Muni Metro e as linhas BART servem bairros centrais, além dos subúrbios e das áreas nas imediações. A maioria dos turistas faz questão de andar nos famosos bondes da cidade. É difícil achar táxis, sobretudo fora das principais áreas turísticas. Ferryboats e barcos de passageiros fazem viagens regularmente para o leste e o norte cruzando a baía.

A frota de Green Cabs da cidade tem carros flex ou elétricos

Locomoção Ecológica

Além de seu sistema de transporte público confiável, limpo e seguro, São Francisco é ideal para andar a pé e também tem muitas ciclovias. A Bay Area tem mais carros flex (híbridos) do que qualquer outra região nos EUA. Metade da frota de táxis da cidade é composta de táxis "verdes", que são híbridos, elétricos ou movidos a biocombustível. Bondes seguem direto pela Market Street até a beira da baía. Todos eles são elétricos, assim como os ônibus, daí o emaranhado de linhas de força por toda a cidade.

Programe Seu Passeio

É melhor evitar o trânsito nos horários de pico (7h-9h e 16h-19h seg-sex). Informe-se no hotel sobre a direção certa ou use o Trip Planner do site 511. Há várias opções de bilhetes, e pode-se comprar os unitários para a maioria do transporte público. O Muni Passport (p. 282) dá viagens ilimitadas por um, três ou sete dias em trens, metrôs, ônibus e bondes. O cartão eletrônico pré-pago Clipper é aceito no Muni e no BART e debita a tarifa exata a cada vez que for utilizado. Consulte a **Transport Agency** para mais informações.

Traçado e Numeração das Ruas

A maioria das ruas de São Francisco se baseia em um sistema de grade. A Market Street cruza a cidade do sudoeste para o nordeste, criando as partes norte e sul. Com poucas exceções, cada quarteirão tem numeração por centena, partindo do zero. Assim, o primeiro quarteirão da Market Street tem endereços entre 1 e 99; o segundo quarteirão tem endereços entre 100 e 199; e assim por diante. Os números das casas nas ruas leste-oeste aumentam à medida que rumam a oeste da baía de São Francisco. Os números nas ruas norte-sul aumentam no rumo norte da Market Street e também no sentido sul da Market Street.

Ao anotar um endereço, peça também o nome da rua transversal mais próxima e do bairro.

Os moradores de São Francisco chamam as avenidas nomeadas por números no Richmond District de "The Avenues". Ruas intituladas com números começam no lado sul da Market Street, no centro da cidade, e terminam no Mission District. O Guia de Ruas (pp. 290-300) exibe um mapa abrangente com detalhes da cidade.

A numeração das ruas aumenta no norte e no sul da Market Street e a oeste da baía de São Francisco

A Pé em São Francisco

É fácil percorrer São Francisco a pé. As principais áreas turísticas ficam a distâncias de 15 a 20 minutos entre si e, embora as colinas, principalmente a Nob Hill *(pp. 103-5)* e a Telegraph Hill *(pp. 90-3)*, possam ser exaustivas, a vista no alto compensa o esforço da subida.

Nos semáforos, placas eletrônicas mostram uma figura humana branca iluminada nos momentos adequados para os pedestres; uma contagem decrescente em luz vermelha piscante informa quanto tempo você tem para atravessar a rua antes que o sinal mude para a mão vermelha de "Don't Walk". Atravessar no meio da rua ou transversalmente durante o sinal de "Don't Walk" pode resultar em uma multa de no mínimo US$50.

Os veículos trafegam no lado direito da rua, como no Brasil. Sempre olhe os dois lados antes de atravessar. Nos semáforos, os carros podem virar à direita no sinal vermelho se o caminho estiver livre.

Motos e Bicicletas Motorizadas

Para usar esses veículos, é preciso ter capacete, habilitação válida dos EUA ou internacional e experiência prévia, além de fazer um depósito. Há estacionamentos baratos ou gratuitos para motos e bikes a motor, que são proibidas em rodovias e pontes.

Bicicleta

O ciclismo é muito popular em São Francisco. Todos os ônibus levam muitas bicicletas presas na parte externa. Elas também são levadas pelos metrôs Muni e no BART, exceto nos horários de pico (7h-9h e 16h-18h seg-sex). Há duas rotas panorâmicas sinalizadas para ciclistas. Uma começa no Golden Gate Park *(pp. 144-59)* e ruma para o sul até o Lake Merced; a outra parte da ponta sul da Ponte Golden Gate *(pp. 64-7)* vai para o Marin County. Bicicletas, equipamentos, consertos e passeios são disponíveis na **Bay City Bike** e na **Blazing Saddles**. Essas empresas alugam bicicletas por cerca de US$32 por dia ou US$220 por semana. A Blazing Saddles também aluga bicicletas elétricas em suas lojas na Hyde Street e na North Point.

Um GoCar com GPS

Passeios e Outros Meios de Circular

A **GoCar Tours** aluga pequenos veículos já equipados com rotas gravadas em GPS. A **Extranomical Tours** oferece passeios para pequenos grupos a preços acessíveis, ao passo que a **Cable Car Charters** tem passeios guiados em bondes a motor. Além de **passeios de ônibus** e **caminhadas temáticas** de meio dia ou um dia inteiro, dá para passear de **Segway** e de **helicóptero**. Para sair um pouco da cidade, experimente o **Wine Country Tour Shuttle**, que vai até o Napa Valley. Há pedicabs e carruagens puxadas por cavalos perto do Fisherman's Wharf *(pp. 80-1)*.

AGENDA

Locomoção Ecológica

Green Cab
Tel 626-4733.

Programe Seu Passeio

511
Tel 511. W 511.org

Transport Agency
W sfmta.com

Aluguel de Motos e Bicicletas Motorizadas

Eagle Rider Rentals
488 8th St.
Mapa 11 A2.
Tel 503-1900.

Aluguel de Bicicleta

Bay City Bike
2661 Taylor St.
Mapa 5 A1.
Tel 346-2453.

Blazing Saddles
1095 Columbus Ave, 2715 Hyde St, e 550 North Point. Mapa 5 A2, 5 A1, e 5 A1. Tel 202-8888.

Informações sobre Ciclismo
Tel 311.

Passeios

De ônibus:
Gray Line of San Francisco
Pier 43½ e Term. Transbay.
Mapa 5 B1 & 6 D4.
Também no Transbay Terminal. Tel 401-1860.
W sanfrancisco
sightseeing.com

Cable Car Charters e Ride the Ducks:
Tel 922-2425.
W cablecarcharters.com

Cruisin' the Castro Tours
Tel 255-1821.
W cruisinthecastro.com

Extranomical Tours
501 Bay St.
Mapa 5 A1.
Tel 357-0700.

GoCar Tours:
Tel 441-5695.
W gocartours.com

De helicóptero:
SF Helicopter Tours
Tel (1-800) 400-2404.
W sfhelicopters.com

Heritage Walks
2007 Franklin St.
Mapa 4 E3.
Tel 441-3000.
W sfheritage.org

De Cavalo e Carruagem: Hackney Horse & Carriage
Pier 41.
Tel (408) 535-0277.

Real SF Tour: Wine Bars and Cable Cars
Tel (1-888) 9-SF-TOUR.
W therealsftour.com

San Francisco Parks Alliance
451 Hayes St.
Mapa 9 B1.
Tel 621-3260.
W sfparksalliance.org

De Segway:
City Segway Tours
333 Jefferson St.
Mapa 3 C2. Tel 409-0672.
W citysegwaytours.com

SF Comprehensive Shuttle Tours
Tel (1-866) 991-8687.

Caminhadas:
All About Chinatown
660 California St.
Mapa 5 C4. Tel 982-8839.
W allaboutchinatown.com

Tour Vinícola:
Wine Country Tour Shuttle
Tel 513-5400
ou (1-866) 991-8687.
W winecountrytour
shuttle.com

Como Usar Ônibus e Metrô de Superfície

A empresa de trens urbanos de São Francisco, ou Muni, gerencia o sistema de transporte público da cidade. O passe intercambiável Muni Passport serve para ônibus Muni, metrôs de superfície Muni Metro e bondes convencionais, que são muito usados por turistas *(pp. 284-5)*. Ônibus e metrôs chegam à maioria das atrações turísticas e a todos os bairros. Com o mapa de transportes de São Francisco, na contracapa, e um Muni Passport, você pode usar o transporte público da cidade o dia inteiro por uma fração do custo de um carro alugado e das tarifas de estacionamento.

O número da rota e o nome do destino são mostrados na frente e na lateral dos ônibus, perto da porta da frente. Números de rota seguidos de uma letra (L, X, AX, BX etc.) indicam viagens diretas ou com paradas determinadas. Se você ficar em dúvida, pergunte ao motorista onde o ônibus para. Algumas linhas têm o Night Owl Service (da meia-noite às 6h), mas táxis *(p. 289)* são o meio mais seguro de circular no período noturno.

Tarifas e Bilhetes

A tarifa unitária de ônibus e bondes elétricos é de US$2. Ao pagá-la, você pode solicitar uma baldeação gratuita, o que dá direito a pegar outro ônibus ou bonde sem desembolsar nada mais. O transfer é válido por 90 minutos.

Se você pretende usar o Muni com frequência, um Muni Passport, válido por um, três ou sete dias, dá direito a viagens ilimitadas em ônibus, metrôs de superfície e bondes (US$15-29). Os Muni Passports estão à venda em muitos postos de informações e lojas por toda a cidade, incluindo o posto no SFO e o **Visitor Information Center**.

O cartão Clipper é um meio prático de pagamento aceito em toda a rede de transporte Muni. Esse cartão eletrônico pré-pago é vendido no site do **SFMTA** (www.sfmta.com) e nas estações de metrô Muni. Encoste-o na máquina leitora nos portões das estações ou ao entrar em um veículo, e a tarifa exata é automaticamente debitada.

Os números das rotas são mostrados na frente e na lateral do ônibus

Como Usar Ônibus

Os ônibus só param nos locais designados a cada dois ou três quarteirões. Ao entrar, ponha a tarifa exata na caixa coletora ou mostre seu Muni Passport ao motorista. Peça a ele para lhe avisar quando o ônibus estiver perto de seu destino e observe a placa acima da cabeça do motorista, que mostra a próxima parada. Idosos e portadores de deficiência têm prioridade na frente do ônibus, e é normal ceder o lugar para eles.

É proibido fumar, beber, comer e tocar música nos ônibus. Cães-guias de cegos viajam de graça; outros animais são aceitos em algumas horas do dia ou a critério do motorista.

Para avisar que vai descer na próxima parada, puxe a corda ao longo das janelas. Um sinal de "Stop Requested" vai acender. Instruções para abrir as portas ficam perto da saída. Ao descer do ônibus, tenha cuidado com o trânsito, especialmente em paradas situadas nas ilhas no meio da rua.

Pontos de Ônibus

Pontos de ônibus são indicados por placas com o logotipo do Muni ou por postes com faixas amarelas. Os números das rotas de ônibus que param ali são citados abaixo da placa e na parede externa do abrigo. Hoje em dia, a maioria dos pontos tem placas digitais mostrando quando o próximo ônibus chegará, além de mapas de rotas e listas com os horários dos veículos.

Como Usar Metrô

Há metrôs subterrâneos e de superfície. As linhas de metrô J (Church), K (Ingleside), L (Taraval), M (Ocean View), N (Judah) e T (Third) utilizam os mesmos trilhos, que passam sob a Market Street. Caso pegue um metrô na estação da Market Street, preste atenção na letra e no nome do vagão antes de embarcar, para não pegar a linha errada.

Ao longo da Market Street, quatro das sete estações subterrâneas são usadas pelos

Ponto de ônibus Muni, com paredes de vidro e um cronograma digital

COMO CIRCULAR EM SÃO FRANCISCO | 283

Metrô de superfície Muni Metro, com seus vagões prateados e vermelhos

metrôs Muni Metro e pelo BART (p. 286). As entradas para o Muni e o BART são bem sinalizadas. Na estação, procure a entrada separada para "Muni".

Pague, use seu cartão Clipper ou mostre o Muni Passport, daí desça as escadas até a plataforma. Para ir para o oeste, opte por "Outbound", e para o leste, "Downtown". Placas eletrônicas mostram qual metrô está chegando. As portas se abrem automaticamente para que os passageiros entrem. Caso elas não abram na plataforma térrea ou subterrânea, empurre a alavanca ao lado da saída.

Paradas de superfície são indicadas por uma bandeira metálica laranja e marrom ou por um mastro com uma faixa amarela e a inscrição "Muni" ou "Car Stop."

As linhas J, K, L, M, N e T usam vagões Breda prateados e vermelhos. Os metrôs da linha F transitam apenas na Market Street e têm vagões antigos de diversos países. Os metrôs também são conhecidos como "Veículos de Bitola Estreita" (LRVs).

AGENDA

MUNI – Informações

Tel 331 (dentro de SF);
(415) 701-2311 (fora de SF);
TTY: (415) 701-2323.
w sfmta.com

Muni Passports

Hyde and Beach Public Transit Kiosk
Hyde & Beach Sts. **Mapa** 4 F1.

Visitor Information Center
Piso inferior, Hallidie Plaza,
Market e Powell Sts.
Mapa 5 B5. **Tel** 391-2000.
w onlyinsanfrancisco.com

Turismo de Ônibus e Bonde Elétrico

O mapa abaixo mostra rotas conhecidas. Bondes históricos da linha F seguem pela Market Street até os Wharves. O bonde da linha N vai do Ferry Building até a estação da CalTrain. Mais informações estão disponíveis no Muni e no Visitor Information Center. Para outras rotas de ônibus e bondes, veja o mapa na parte interna da contracapa deste guia.

Bonde da linha F perto do Ferry Building

Legenda
- Rota 21
- Rota 30
- Rota 38
- Rota 39
- Rota 45
- Rota 47
- Rota 76
- Linha F
- Linha N
- Estação BART
- Estação da CalTrain
- Ferryboat

Plataforma giratória dos bondes Powell e Hyde
Fort Mason
Píeres no Fisherman's Wharf
Palace of Fine Arts
Coit Tower
Cow Hollow
Presidio
North Beach
Ferry Building
Chinatown
Financial District
Japan Center
Union Square
Museus do Golden Gate Park
Civic Center
Yerba Buena Gardens
AT&T Park
Estação na Castro Street
Estação da Caltrain
Para o sul de São Francisco

Como Andar de Bonde

Único "monumento móvel nacional" dos Estados Unidos, os bondes de São Francisco têm fama mundial *(p. 106-7)* e todo turista deseja andar nele pelo menos uma vez. Os bondes funcionam diariamente das 6h30 até 0h30. A tarifa-padrão é de US$6 por viagem, com desconto para idosos e deficientes físicos após 21h e antes de 7h. Embora seja um meio excelente de circular na cidade, ônibus e metrô *(pp. 282-3)* costumam ser opções mais práticas.

Como os trabalhadores também usam os bondes, evite os horários de pico (7h-9h e 16h-19h seg-sex). Em qualquer horário, é mais fácil conseguir assento pegando o bonde no final da linha escolhida.

Como Usar os Bondes

Os bondes históricos percorrem três rotas. A linha Powell-Hyde é a mais utilizada. Com início na plataforma giratória na Powell e Market *(p. 119)*, contorna a Union Square e sobe a Nob Hill oferecendo uma boa visão de Chinatown. Depois, passa pelo Cable Car Museum *(p. 105)*, cruza a Lombard Street *(p. 88)* e desce para a Hyde Street até a plataforma giratória perto do Aquatic Park *(pp. 174-5)*. A linha Powell-Mason também começa na Powell e na Market Streets e segue a mesma rota até o Cable Car Barn. Passa então pela North Beach e termina na Bay Street. Sente-se voltado para o leste nas linhas Powell, para apreciar no trajeto alguns dos pontos turísticos mais conhecidos da cidade. A linha California parte da base da Market Street no Embarcadero e segue pela California Street atravessando parte do Financial District e de Chinatown. Na Nob Hill, as linhas Powell cruzam a linha California, de modo que os passageiros podem trocar de linha. Quem tem bilhete só para uma viagem deve comprar outro, contudo os que já têm Muni Passport podem andar de bonde à vontade. A linha California continua então Nob Hill acima e termina na Van Ness Avenue. Nas três linhas, a volta segue a rota externa, ou seja, é melhor se sentar do outro lado do bonde para apreciar a vista durante o trajeto.

Bilhetes

Caso ainda não tenha adquirido um Muni Passport *(p. 282)*, você pode comprar um bilhete (US$6) ou um passe de um dia (US$15) diretamente com o condutor no momento do embarque. Há passes Muni, bilhetes e mapas em bancas de jornais na Powell, na Market, na Hyde e na Beach Streets e no Visitor Information Center *(p. 283)*.

Paradas de Bonde

Para pegar um bonde é preciso entrar na fila ou aguardar em uma parada. Fique na calçada e acene para alertar o motorneiro. Só embarque quando o bonde estiver parado e entre rapidamente. As paradas têm placas grenás mostrando o contorno em branco de um bonde ou uma

Reconheça Seu Bonde

Atualmente há 40 bondes funcionando nas três linhas da cidade. Cada bonde comporta de 29 a 34 passageiros e, conforme o modelo do veículo, cabem de 20 a 40 pessoas de pé.

Na frente, na traseira e nas laterais dos bondes é mostrado o nome da linha: Powell-Hyde, Powell-Mason ou California Street. O número do bonde também fica bem visível. É fácil identificar os bondes da California Street, pois há uma cabine de condutor nas duas extremidades. Os bondes das duas linhas Powell têm apenas uma cabine.

Em geral, o condutor e o motorneiro são cordiais e prestativos, portanto você pode recorrer a eles se não souber qual é a linha correta para ir ao seu destino.

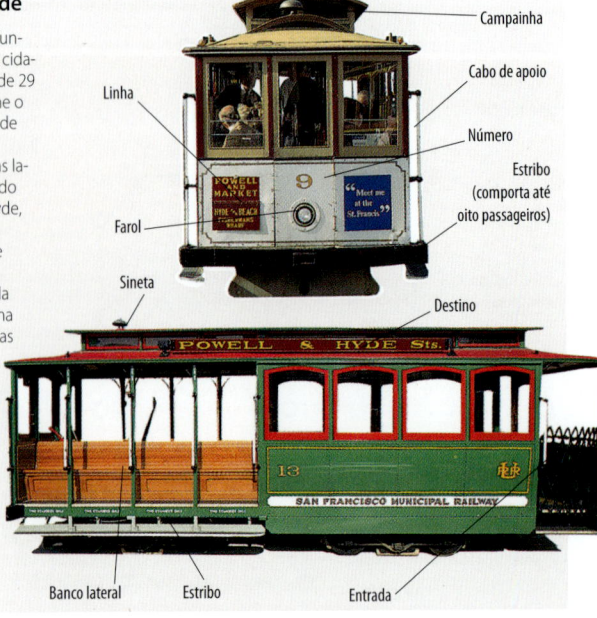

- Campainha
- Cabo de apoio
- Linha
- Número
- Estribo (comporta até oito passageiros)
- Farol
- Sineta
- Destino
- Banco lateral
- Estribo
- Entrada

COMO CIRCULAR EM SÃO FRANCISCO | 285

Turismo de Bonde Histórico

Os bondes enfrentam bem as colinas da cidade. Encaram subidas íngremes sem dificuldade, passando por atrações e áreas de interesse dos turistas. A descida mais emocionante é o trecho final da linha Powell-Hyde.

Legenda

- Linha California
- Linha Powell-Hyde
- Linha Powell-Mason
- Plataforma/cruzamento
- Terminal
- Cable Car Barn

Todas as linhas de bonde se cruzam em Nob Hill

linha amarela pintada no asfalto. Nos fins de semana as paradas na Powell com Market e no Fisherman's Wharf costumam ficar lotadas, portanto, prepare-se para aguardar no mínimo por 30 minutos.

Como Andar de Bonde com Segurança

Se o bonde não estiver lotado, você pode optar por se sentar ou ficar de pé no interior, sentar-se em um banco externo ou ficar em pé em uma ponta. Os mais corajosos podem preferir se segurar em um cabo e viajar em pé num estribo lateral.

Qualquer que seja seu lugar, segure-se bem. Não atrapalhe o motorneiro, pois ele precisa de bastante espaço para trabalhar. Essa área de acesso restrito é marcada por linhas amarelas no chão. Tenha cautela ao embarcar. Passar por outros bondes é emocionante, mas tome cuidado para não se inclinar demais, pois eles ficam muito próximos entre si.

Passageiros no estribo de um bonde

Fique atento ao subir e descer de um bonde. Quando eles param em um cruzamento é preciso embarcar ou desembarcar em meio a outros veículos, isso pode ser perigoso. Todos os passageiros têm de descer no fim da linha. Caso queira fazer o trajeto de volta, espere o bonde mudar de direção na plataforma giratória ou procure outro bonde que faça o trajeto desejado.

AGENDA

Números Úteis

Cable Car Barn
1201 Mason St.
Mapa 5 B3.
Museum **Tel** (415) 474-1887.

Muni Information
Tel 673-6864.
sfmta.com
Informações sobre bondes, tarifas e Muni Passports.

Como Usar o BART

A península de São Francisco e a East Bay são ligadas pelo BART (Bay Area Rapid Transit), um sistema de transporte de 165km. Com trens de alta velocidade e acesso para cadeirantes, o BART é um meio fácil e eficiente de ir aos dois aeroportos na Bay Area.

Logotipo do BART

Uma Viagem de Bart

1 Os trens BART funcionam de 4h-24h seg-sex, de 6h-24h sáb e de 8h-24h dom. Eles param em quatro estações, a Market Street-Civic Center, a Powell, a Montgomery e a Embarcadero. Todos os trens de Daly City param em estações no centro da cidade e depois seguem para a East Bay através de um túnel subaquático de 6km. Transfers na East Bay só são possíveis em duas estações, a MacArthur e a Oakland City Center-12th Street.

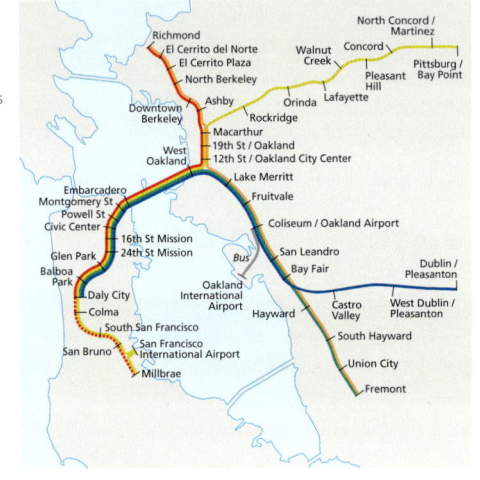

Legenda

— Richmond–Daly City/Millbrae
— Millbrae–Bay Point
— Fremont–Daly City
— Fremont–Richmond
— Pleasanton–Daly City

2 Os bilhetes BART são emitidos por máquinas. As tarifas estão à mostra perto das máquinas nas estações BART. Os cartões Clipper *(p. 282)* também são válidos.

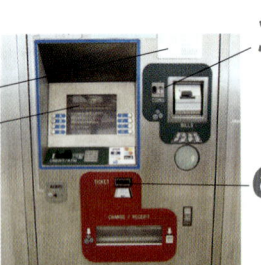

3 Insira aqui moedas ou notas. As máquinas aceitam ambas e a maioria também admite cartões de débito e de crédito. Elas podem devolver até US$10 de troco.

4 O valor inserido é mostrado aqui. Para comprar um bilhete de ida e volta, insira o dobro da tarifa só para um trecho.

6 Seu bilhete sai por aqui. Toda pessoa que viaja no BART deve ter bilhete ou cartão Clipper.

5 Os bilhetes (abaixo) têm códigos magnéticos com o valor, que é então impresso no bilhete.

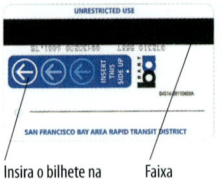

Insira o bilhete na barreira nesse sentido

Faixa magnética

7 Para ter acesso às plataformas, você tem de inserir o bilhete na catraca ou usar seu cartão Clipper. A tarifa de sua viagem é debitada automaticamente do valor do bilhete ou do cartão. Antes de sair da estação, é preciso reinserir seu bilhete na catraca. Se restar algum crédito, ele será devolvido quando a catraca se abrir.

8 Todos os trens exibem seu destino final – por exemplo, no rumo oeste para São Francisco/Daly City ou no sentido leste para Oakland, Richmond, Bay Point ou Fremont. As portas se abrem automaticamente. As plataformas têm placas com o fim da linha no rumo seguido pelo trem.

9 As estações BART têm funcionários à disposição para esclarecer dúvidas e ajudar os passageiros a lidar com as máquinas. Para mais informações, visite o site www.bart.gov ou ligue para 989-BART (989-2278).

COMO CIRCULAR EM SÃO FRANCISCO | **287**

Ferryboats e Viagens pela Baía

Antes da construção das pontes Golden Gate e Bay, os ferryboats iam de uma margem a outra transportando pessoas e mercadorias dos condados do norte e da East Bay. Isso deixou de ser necessário, no entanto barcos e ferryboats ainda são muito utilizados por moradores e turistas. A baía de São Francisco abrange São Francisco e Oakland *(pp. 166-7)*, assim como as cidades menores de Tiburon e Sausalito *(p. 163)*.

Ferryboats

Os moradores da Bay Area adoram seus ferryboats. Durante a semana, eles os utilizam para evitar o trânsito nas pontes e, nos fins de semana, famílias dos subúrbios deixam seus carros para trás e embarcam rumo à cidade.

Os ferryboats não oferecem passeios com áudio identificando as atrações ao longo da costa, entretanto são mais baratos do que cruzeiros turísticos (a viagem de São Francisco a Sausalito custa US$11 cada trecho) e disponibilizam comida e bebida a bordo. Os ferryboats levam somente pessoas a pé e bicicletas, já os veículos a motor, não.

A **Golden Gate Ferry** parte do Ferry Building, no Embarcadero *(p. 114)*, que abriga lojas de alimentos, uma feira semanal e restaurantes. A **Blue and Gold Fleet** utiliza o vizinho Fisherman's Wharf *(pp. 80-1)*.

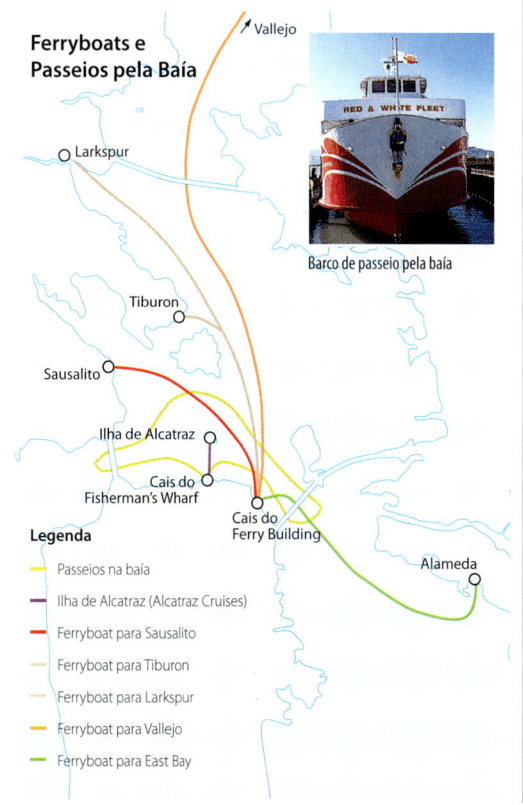

Passeios pela Baía

Cruzeiros turísticos pela baía a partir do Fisherman's Wharf são feitos pela **Blue and Gold Fleet** e pela **Red and White Fleet**. Os destinos incluem a Angel Island e cidades na margem norte da baía *(pp. 162-3)*. Há também passeios mistos de barco e ônibus rumo a São Francisco e Muir Woods *(p. 162)*. O custo é de US$31-100.

Muitos passeios na baía passam perto de Alcatraz *(pp. 84-7)*, mas só a **Alcatraz Cruises** vende bilhetes e passeios para The Rock.

A **Hornblower Dining Yachts** oferece cruzeiros fretados com café da manhã e jantar de quarta a domingo (ligue para checar os horários). A **Oceanic Society Expeditions** tem safáris náuticos ecológicos, com um naturalista a bordo, nas Farallon Islands, a 40km da costa.

A caminho das ilhas, entre março e maio, é possível avistar baleias. Há também expedições para observação de baleias na Costa Oeste de São Francisco (a partir de US$120 por pessoa, página 260).

Consulte as operadoras para saber a programação.

Ferryboats e Passeios pela Baía

Barco de passeio pela baía

Legenda
- Passeios na baía
- Ilha de Alcatraz (Alcatraz Cruises)
- Ferryboat para Sausalito
- Ferryboat para Tiburon
- Ferryboat para Larkspur
- Ferryboat para Vallejo
- Ferryboat para East Bay

AGENDA

Ferryboats

Blue and Gold Fleet
PIER 39, 41. **Mapa** 5 B1.
Tel 705-8200.
w blueandgoldfleet.com

Golden Gate Ferry
Tel 455-2000.
w goldengate.org

Passeios pela Baía

Alcatraz Cruises
Pier 33. **Mapa** 5 C1. **Tel** 981-7625.
w alcatrazcruises.com

Hornblower Dining Yachts
Pier 3. **Mapa** 6 D3. **Tel** 438-8300.
w hornblower.com

Oceanic Society Expeditions
Tel 256-9604.
w oceanicsociety.org

Red and White Fleet
Pier 43½. **Mapa** 5 B1. **Tel** 673-2900. w redandwhite.com

Como Dirigir em São Francisco

Congestionamentos, poucas vagas para estacionar e preços altos, além de leis rígidas, desanimam muitos turistas de dirigir em São Francisco. Os limites de velocidade variam, mas dentro da cidade o máximo é 56 km/h. Muitas ruas são de mão única, e há semáforos na maioria das esquinas da área central.

Como Alugar Carro

Para alugar um carro, é preciso ter no mínimo 25 anos e carteira de motorista válida dos EUA ou internacional. Todas as locadoras exigem cartão de crédito ou um depósito alto em dinheiro. É melhor ter seguro contra perdas e danos. Sempre devolva o carro com o tanque cheio para evitar a alta cobrança por combustível da locadora. Hoje, muitas locadoras dão a opção de pagar antes por um tanque cheio a preços abaixo da média, o que vale a pena aceitar se você souber que vai usar no mínimo um tanque de gasolina. É mais barato alugar um carro no aeroporto, pois na cidade cobram US$2 a mais por dia.

Placas de Trânsito

Placas e símbolos indicam o caminho para as principais áreas turísticas, como Chinatown (uma lanterna); Fisherman's Wharf (um caranguejo); North Beach (contorno da Itália). As placas de "Stop" e "Do Not Enter" são vermelhas e brancas. As placas de "Caution" e "Yield" são amarelas e pretas. Placas de "One Way" são pretas e brancas. Se o caminho estiver livre, pode-se virar à direita no sinal vermelho. O sinal amarelo é para seguir com cuidado.

Estacionamento

Os parquímetros funcionam de 8h-18h de seg a sáb, exceto em feriados, quando é liberado estacionar. A maioria deles limita a parada a 1 hora. Estacionamentos no centro custam de US$15 a US$30 por dia, e a maioria aceita dinheiro e cartões de crédito.

Os meios-fios têm códigos por cor: vermelho significa proibido parar; amarelo, zona de carga; verde deixa estacionar por 10 minutos; branco permite 5 minutos no horário comercial; e azul indica só para deficientes. Certas vagas são sujeitas a guincho: informe-se por meio das placas. Por lei, deve-se encostar as rodas no meio-fio ao parar em ladeiras. Vire as rodas no sentido da rua nas subidas e para o meio-fio quando estiver em descidas.

Multas

Se estacionar o carro em um parquímetro avariado, pode esperar multa. Obstruir pontos de ônibus, hidrantes de incêndio, entradas de carros, garagens e rampas para cadeirantes também resulta em multa, assim como desrespeitar o sinal vermelho. Para detalhes de normas de trânsito, consulte o **Department of Parking and Transportation**. Se receber uma notificação, é preciso pagar a multa ou ir ao tribunal. Após cinco advertências, é colocada uma trava "Denver Boot", que imobiliza o carro e que só é retirada após o pagamento das multas. Se seu carro for guinchado, ligue para o número de **Police Department Towed Vehicle Information**. Será preciso ir ao Department of Parking and Transportation ou ao **Auto Return**, dependendo se o carro foi rebocado por uma empresa de guincho privada ou pelo serviço municipal, e a pagar o reboque e a taxa de depósito do veículo. Para liberar carros alugados, é preciso mostrar o contrato. Carros levados ao depósito recebem mais uma multa.

Como Dirigir Fora da Cidade

Não há pedágio para sair da cidade pela Bay Bridge ou pela Ponte Golden Gate, mas é preciso pagar na volta. Os limites de velocidade em rodovias que chegam a São Francisco ou saem de lá são de 88km/h a 112km/h. Nos horários de pico, carros com três ou mais pessoas podem usar a pista de caronas evitando o trânsito e os pedágios. Mais a leste, ao norte e ao sul, dois ocupantes já bastam. É permitido dirigir na pista de caronas fora dos horários de pico, mas isso não livra dos pedágios nas pontes. Quem for pego usando essa pista ilegalmente recebe multas pesadas.

Carros cruzando o marco da cidade, a Ponte Golden Gate (pp. 64-7)

AGENDA

Locadoras de Carros

Avis
Tel (1-800) 831-2847.
w avis.com

Hertz
Tel (1-800) 654-3131.
w hertz.com

Números Úteis

Auto Return
450 7th St.
Mapa 11 B2.
Tel 621-8605.

Department of Parking and Transportation
Tel 553-1631.

Police Department Towed Vehicle Information
Tel 553-1235.

Táxis de São Francisco

Há táxis em São Francisco 24 horas por dia, mas pode ser difícil achá-los, sobretudo em áreas mais distantes. Os taxistas costumam ser cordiais e prestativos. Muitos são veteranos ansiosos para partilhar seu conhecimento das ruas. Os táxis têm de ter licença e supervisão, portanto você pode contar com cortesia, eficiência e preço fixo. As dicas abaixo são úteis para achar um táxi, ter ideia da tarifa e entender as normas.

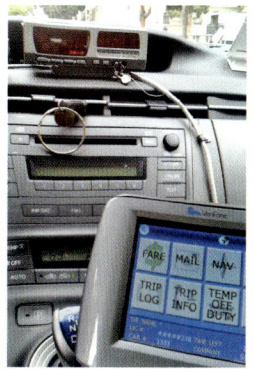

Interior de um Green Cab com motor flex (p. 280)

Como Pegar um Táxi

A placa iluminada no alto de um táxi indica que o veículo está disponível. Cada empresa se distingue pela cor: vermelha, branca e azul; amarela; amarela e laranja; e verde. Os táxis exibem o nome e o telefone da empresa, além do número do carro.

Para pegar um táxi, aguarde em um ponto apropriado e ligue pedindo que venham buscá-lo ou acene para um na rua. Ao ligar para um ponto, dê seu nome e o endereço completo e vá esperar o táxi na rua. A empresa, porém, sempre liga com uma mensagem automática quando o taxista chega. Se a espera for além de 15 minutos, ligue de novo. Pedidos de táxis para o aeroporto são rapidamente atendidos. Os passageiros vão no banco de trás, que nem sempre tem cinto de segurança. O taxímetro fica no painel. Observe o nome e o telefone da empresa ou os dados do taxista. Diga a ele seu destino e, se possível, uma rua transversal. O taxista tem a obrigação de chegar lá o mais rápido possível, mas se o trânsito estiver muito congestionado pode ser melhor pagar a conta, descer do táxi e fazer o resto do trajeto a pé. Os taxistas nem sempre têm troco, portanto, prepare-se para pagar com cartão de crédito ou com notas de US$20 ou de valor menor. Antes de descer do carro, dê uma gorjeta de 10% a 15% do total e verifique se pegou todos os seus pertences.

Se você precisar, o taxista pode dar um recibo escrito à mão. Caso esqueça algo dentro de um táxi, ligue para a empresa de táxi e mencione o número do veículo ou o nome do motorista.

Tarifas

As tarifas ficam à mostra dentro do táxi. Há uma tarifa fixa de cerca de US$3,50 para o primeiro 1,6km. Ela aumenta em cerca de US$2,25 a cada 1,6km adicional, ou em 45 centavos por minuto enquanto o táxi o aguarda diante de um lugar ou em atrasos no trânsito. Em média, a corrida do aeroporto de São Francisco até o centro da cidade custa US$45; do Ferry Building para as praias na Costa Oeste o custo é de cerca de US$30. Essas estimativas não incluem a cobrança extra pelo tempo gasto em congestionamentos ou a gorjeta para o taxista.

Normas

Os taxistas devem ter sempre à disposição um documento de identidade com foto e a licença para dirigir um táxi, chamada de *medallion*. Conforme a lei de 2010, nenhum táxi aceita fumantes. Caso precise reclamar de um taxista, ligue para a **Linha da Polícia para Reclamações sobre Táxis**.

AGENDA

Empresas de Táxi

Big Dog City Cab
Tel 920-0711.

De Soto Cab
Tel 970-1300.

Green Cab
Tel 626-4733.

Luxor Cab
Tel 282-4141.

Yellow Cab
Tel 333-3333.

Informações

Linha da polícia para reclamações sobre táxis
Tel 553-9844.

Número do taxista — Nome da empresa — Licença oficial para táxi — Telefone da empresa

Táxi amarelo de São Francisco

GUIA DE RUAS

As indicações de mapas dadas nos pontos turísticos, restaurantes, hotéis, lojas e locais de diversão descritos neste guia se referem aos mapas desta seção. O índice completo de ruas e dos lugares de interesse marcados nos mapas está nas páginas 301-8. O mapa abaixo mostra a área de São Francisco coberta pelo *Guia de Ruas*, que inclui as principais áreas turísticas (em cores diferenciadas) e a região central da cidade, com os locais de maior concentração de restaurantes, hotéis e lugares de entretenimento. Como o centro de São Francisco é repleto de atrações, veja o mapa em grande escala dessa área nas páginas 5-6.

Legenda do Guia de Ruas

- Atração principal
- Local de interesse
- Outro edifício
- Estação CalTrain
- Estação BART
- Terminal de ônibus
- Terminal de metrô de superfície
- Terminal de bonde
- Terminal de ferryboat
- Informação turística
- Hospital com pronto-socorro
- Delegacia
- Igreja
- Sinagoga
- Mesquita
- Templo budista
- Templo hindu
- Campo de golfe
- Linha de trem
- Estrada
- Rua para pedestres
- Linha de bonde

Escala dos Mapas 1-4 e 7-11

0 metros — 500
0 jardas — 500

Escala dos Mapas 5 e 6

0 metros — 500
0 jardas — 500

Map

Baía de São Francisco

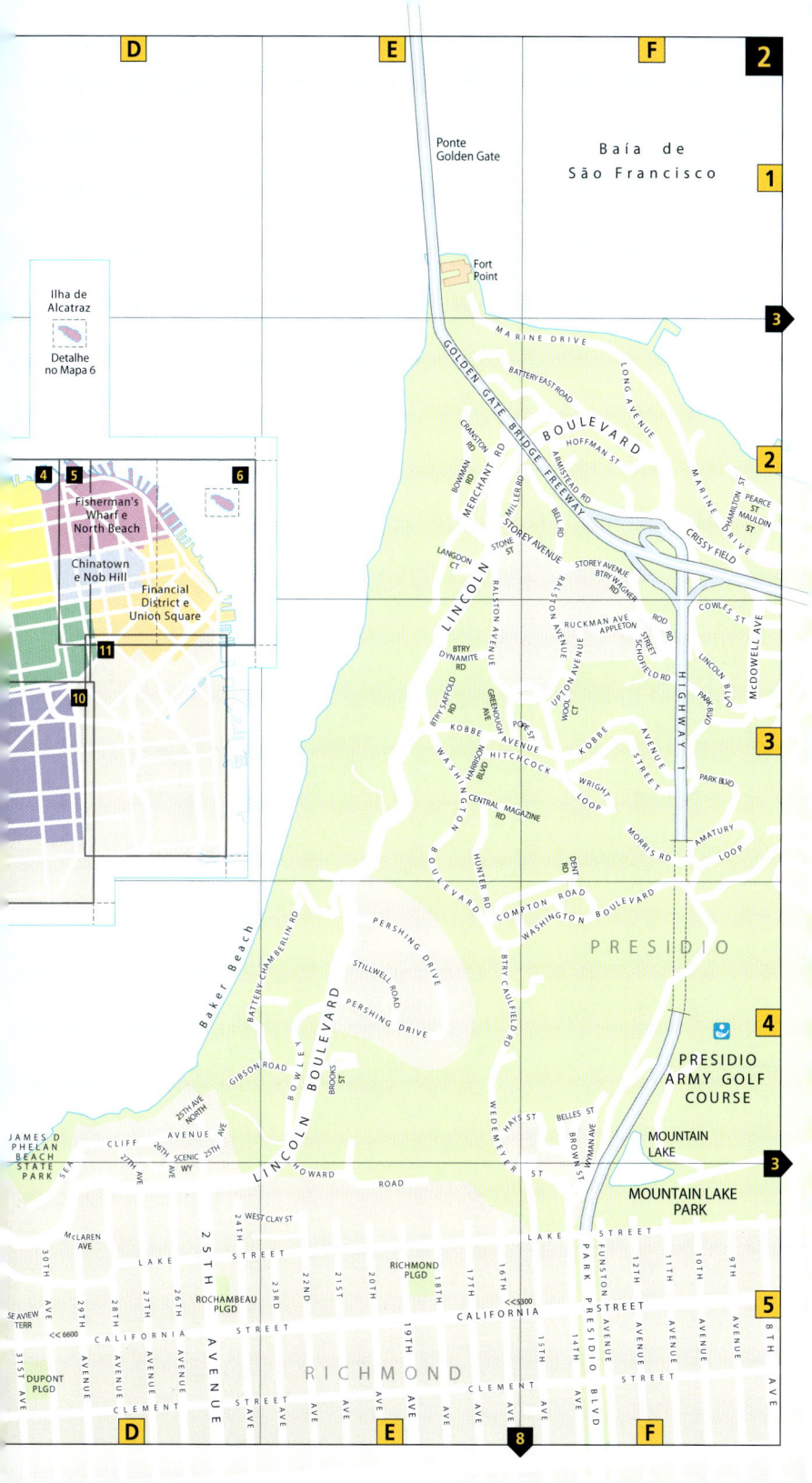

Ponte Golden Gate

Fort Point

Ilha de Alcatraz
Detalhe no Mapa 6

Fisherman's Wharf e North Beach

Chinatown e Nob Hill

Financial District e Union Square

Presidio

- Marine Drive
- Battery East Road
- Long Avenue
- Golden Gate Bridge Freeway
- Boulevard
- Hoffman St
- Marine Drive
- Crissy Field
- Pearce St
- Mauldin St
- Chamilton St
- Bowman Rd
- Merchant Rd
- Cranston Rd
- Armistead Rd
- Storey Avenue
- Langdon Ct
- Stone St
- Miller Rd
- Bel Rd
- Btry Wagner
- Lincoln Boulevard
- Ralston Avenue
- Ruckman Ave
- Appleton
- Rod Rd
- Cowles St
- McDowell Ave
- Btry Dynamite Rd
- Upton Ave
- Schofield Rd
- Lincoln Blvd
- Park Blvd
- Btry Saffold Rd
- Greenwich Ave
- Pope St
- Wool Ct
- Kobbe Ave
- Highway 1
- Kobbe Avenue
- Hitchcock
- Hampson Ct
- Wright Loop
- Avenue Street
- Park Blvd
- Washington Boulevard
- Central Magazine Rd
- Morris Rd
- Amatury Loop
- Hunter Rd
- Dent Rd
- Compton Road
- Washington Boulevard
- Battery Chamberlin Rd
- Pershing Drive
- Stillwell Road
- Pershing Drive
- Btry Caulfield Rd
- Baker Beach
- Gibson Road
- Bowley
- Brooks St
- Hays St
- Belles St
- Brown St
- Wedemeyer
- Funston Ave
- Lincoln Boulevard
- **PRESIDIO ARMY GOLF COURSE**
- MOUNTAIN LAKE
- MOUNTAIN LAKE PARK

JAMES D PHELAN BEACH STATE PARK

- Sea Cliff Ave
- 27th Ave
- 26th Ave
- Scenic Wy
- 25th Ave
- 25th Ave North
- Avenue
- Howard Road
- Lake Street

RICHMOND

- McLaren Ave
- 30th Ave
- SE Aview Terr
- 29th Ave
- 28th Ave
- 27th Ave
- 26th Ave
- 25th Avenue
- 24th Ave
- West Clay St
- 23rd Ave
- 22nd Ave
- 21st Ave
- 20th Ave
- 19th Ave
- 18th Ave
- Richmond Plgd
- 17th Ave
- 16th Ave
- <<5300
- California Street
- Lake Street
- Presidio Ave
- Funston Ave
- 15th Ave
- 14th Ave
- 12th Ave
- 11th Ave
- 10th Ave
- 9th Ave
- 8th Ave
- 31st Ave
- Dupont Plgd
- Rochambeau Plgd
- <<6600
- California Avenue
- Clement Street
- Presidio Blvd

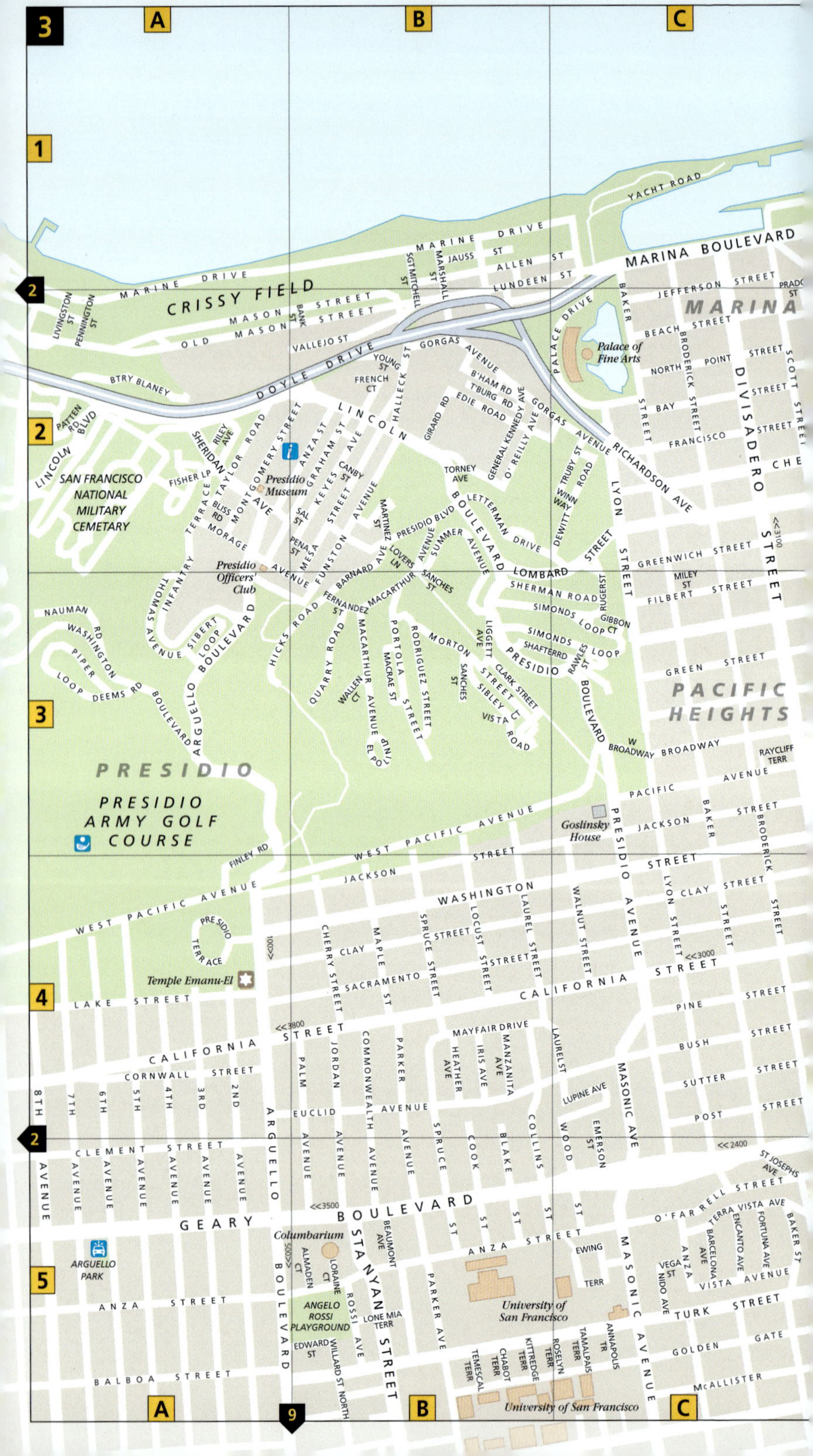
3
A
B
C
1
2
3
4
5
2
9
CRISSY FIELD
MARINE DRIVE
OLD MASON STREET
MASON STREET
BANK ST
LIVINGSTON ST
PENNINGTON ST
VALLEJO ST
DOYLE DRIVE
BTRY BLANEY
PATTEN RD
LINCOLN BLVD
SAN FRANCISCO NATIONAL MILITARY CEMETERY
SGT MITCHELL ST
MARSHALL ST
JAUSS ST
ALLEN ST
LUNDEEN ST
YACHT ROAD
MARINA BOULEVARD
MARINA
JEFFERSON STREET
PRADO ST
BAKER STREET
BEACH STREET
BRODERICK STREET
NORTH POINT STREET
BAY STREET
FRANCISCO STREET
SCOTT STREET
DIVISADERO STREET
CHE
PALACE DRIVE
Palace of Fine Arts
GORGAS AVENUE
YOUNG ST
FRENCH CT
HALLECK ST
B'HAM RD
T'BURG RD
EDIE ROAD
GIRARD RD
GENERAL KENNEDY AVE
O'REILLY AVE
RICHARDSON AVE
LYON STREET
TRUBY ST
ROAD
WINN WAY
DEWITT ST
TORNEY AVE
LETTERMAN DRIVE
LINCOLN
SHERIDAN AVE
RILEY AVE
TAYLOR ROAD
MONTGOMERY STREET
ANZA ST
GRAHAM ST
KEYES ST
CANBY ST
AVE
Presidio Museum
FISHER LP
TERRACE
BLISS RD
MORAGE
SAL ST
PENA ST
MESA
STREET
AVENUE
FUNSTON AVENUE
MARTINEZ ST
PRESIDIO BLVD
LOVERS LN
SUMMER AVENUE
BOULEVARD
LOMBARD STREET
GREENWICH STREET
MILEY ST
FILBERT STREET
Presidio Officers' Club
INFANTRY
THOMAS AVENUE
BARNARD AVE
FERNANDEZ ST
MACARTHUR
SANCHES ST
SHERMAN ROAD
SIMONDS LOOP
RUGERST
GIBBON CT
NAUMAN RD
WASHINGTON
PIPER LOOP
DEEMS RD
SIBERT LOOP
ARGUELLO BOULEVARD
HICKS ROAD
QUARRY ROAD
WALLEN CT
MACARTHUR AVENUE
PORTOLA STREET
MACRAE ST
RODRIGUEZ STREET
MORTON
LIGGETT AVE
CLARK STREET
SIBLEY
SANCHES ST
VISTA ROAD
SHAFTERRD
RAWLES ST
PRESIDIO BOULEVARD
EL PO LINP
GREEN STREET
PACIFIC HEIGHTS
W BROADWAY
BROADWAY
RAYCLIFF TERR
PACIFIC AVENUE
PRESIDIO
PRESIDIO ARMY GOLF COURSE
FINLEY RD
WEST PACIFIC AVENUE
Goslinsky House
PRESIDIO AVENUE
JACKSON STREET
BAKER STREET
BRODERICK STREET
WASHINGTON STREET
CLAY STREET
LYON STREET
STREET
PRESIDIO TERRACE
100>>
CHERRY STREET
MAPLE ST
SPRUCE STREET
LOCUST STREET
LAUREL STREET
WALNUT STREET
SACRAMENTO
<<3000
CALIFORNIA STREET
Temple Emanu-El
LAKE STREET
<<3800
PINE STREET
BUSH STREET
SUTTER STREET
POST STREET
MAYFAIR DRIVE
HEATHER AVE
IRIS AVE
MANZANITA AVE
LAURELST
CORNWALL STREET
8TH
7TH
6TH
5TH
4TH
3RD
2ND
PALM AVENUE
JORDAN AVENUE
COMMONWEALTH AVENUE
PARKER AVENUE
EUCLID AVENUE
SPRUCE ST
COOK ST
BLAKE ST
COLLINS ST
LUPINE AVE
WOOD ST
EMERSON ST
MASONIC AVE
<<2400
ST JOSEPHS AVE
CLEMENT STREET
AVENUE
ARGUELLO BOULEVARD
<<3500
GEARY BOULEVARD
O'FARRELL STREET
TERRA VISTA AVE
ENCANTO AVE
FORTUNA AVE
BAKER ST
BARCELONA AVE
ANZA
VEGA ST
NIDO AVE
VISTA AVENUE
Columbarium
BEAUMONT AVE
ALMADEN CT
LORAINE CT
STANYAN STREET
500>>
ANZA STREET
EWING TERR
MASONIC AVENUE
ARGUELLO PARK
ANGELO ROSSI PLAYGROUND
ROSSI AVE
LONE MIA TERR
PARKER AVE
University of San Francisco
TURK STREET
EDWARD ST
WILLARD ST NORTH
TEMESCAL TERR
CHABOT TERR
KITTREDGE TERR
ROSELYN TERR
TAMALPAIS TERR
ANNAPOLIS TR
GOLDEN GATE
BALBOA STREET
McALLISTER
University of San Francisco

San Francisco Map — Grid D-F, 4-10

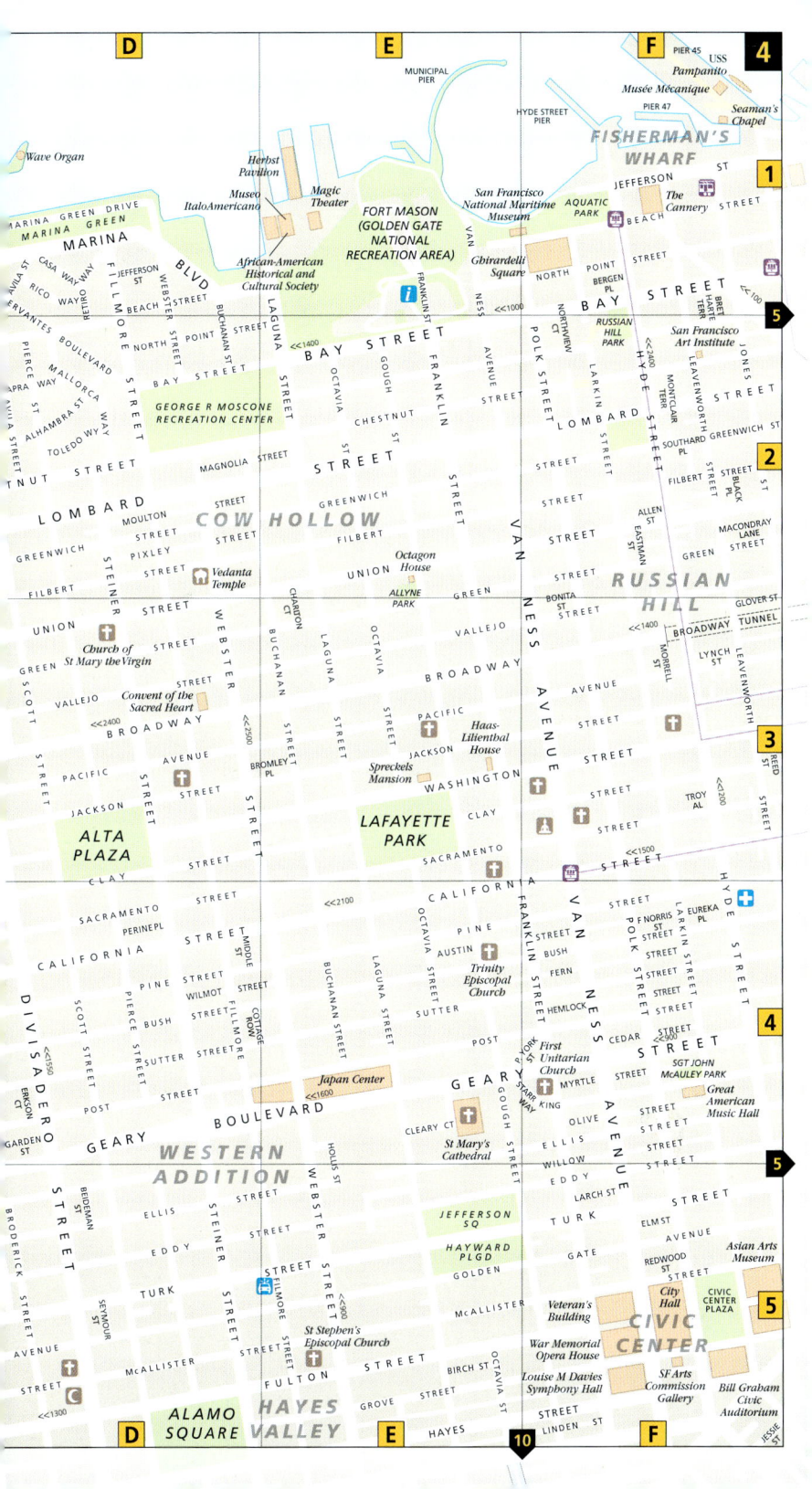

Grid Row 4 (Top)

D4: Wave Organ

E4: MUNICIPAL PIER

F4: PIER 45, USS Pampanito, Musée Mécanique, Seaman's Chapel, HYDE STREET PIER, PIER 47, FISHERMAN'S WHARF

Grid Row 1

D1: Herbst Pavilion, Museo ItaloAmericano, Magic Theater, African-American Historical and Cultural Society, MARINA GREEN DRIVE, MARINA GREEN, MARINA BLVD, CASA WAY, WAY RICO, WAY ORLLA, JEFFERSON STREET, BEACH STREET, FILLMORE ST, WEBSTER STREET, BUCHANAN STREET

E1: FORT MASON (GOLDEN GATE NATIONAL RECREATION AREA), San Francisco National Maritime Museum, Ghirardelli Square, LAGUNA ST, FRANKLIN ST, VAN NESS AVENUE, NORTH POINT STREET, BAY STREET, <<1000

F1: AQUATIC PARK, The Cannery, JEFFERSON STREET, BEACH STREET, NORTH POINT STREET, BAY STREET, BERGEN PL, BRET HARTE TERR, POLK STREET, LARKIN STREET, HYDE STREET, LEAVENWORTH STREET, JONES STREET, <<100

Grid Row 5 (upper)

D5: MARINA BLVD, PIERCE STREET, SCOTT STREET, DIVISADERO STREET, BRODERICK STREET, BAKER STREET, CERVANTES BOULEVARD, MALLORCA WAY, APRA WAY, AVILA STREET, ALHAMBRA STREET, TOLEDO WY, CHESTNUT STREET, LOMBARD STREET, MOULTON STREET, PIXLEY STREET, FILBERT STREET, GREENWICH STREET, UNION STREET, GREEN STREET, VALLEJO STREET, BROADWAY, PACIFIC AVENUE, JACKSON STREET, WASHINGTON STREET, CLAY STREET, SACRAMENTO STREET

E5: GEORGE R MOSCONE RECREATION CENTER, BAY STREET, NORTH POINT STREET, BEACH STREET, FILLMORE ST, WEBSTER STREET, BUCHANAN STREET, LAGUNA STREET, OCTAVIA STREET, GOUGH STREET, FRANKLIN STREET, VAN NESS AVENUE, <<1400

F5: RUSSIAN HILL PARK, San Francisco Art Institute, NORTHVIEW, POLK STREET, LARKIN STREET, HYDE STREET, LEAVENWORTH STREET, JONES STREET, MONTCLAIR TERR, SOUTHARD PL, LOMBARD STREET, GREENWICH STREET, FILBERT STREET, UNION STREET, BLACK PL, ALLEN ST, EASTMAN ST, GREEN STREET, MACONDRAY LANE, RUSSIAN HILL, <<2400

Grid Row 2

D2: LOMBARD STREET, MOULTON STREET, PIXLEY STREET, GREENWICH STREET, FILBERT STREET, UNION STREET, Church of St Mary the Virgin, Vedanta Temple, Convent of the Sacred Heart, STEINER STREET, PIERCE STREET, SCOTT STREET

E2: COW HOLLOW, Octagon House, Allyne Park, Haas-Lilienthal House, Spreckels Mansion, MAGNOLIA STREET, CHARLTON CT, BROMLEY PL, LAGUNA STREET, OCTAVIA STREET, GOUGH STREET, FRANKLIN STREET, VAN NESS AVENUE, BROADWAY, PACIFIC AVENUE, JACKSON STREET, WASHINGTON STREET, <<2500

F2: BROADWAY TUNNEL, GLOVER ST, LYNCH ST, BONITA ST, MORRELL ST, REED ST, LEAVENWORTH STREET, HYDE STREET, LARKIN STREET, POLK STREET, <<1400, <<1200, TROY AL

Grid Row 3

D3: ALTA PLAZA, PACIFIC AVENUE, JACKSON STREET, CLAY STREET, SACRAMENTO STREET, CALIFORNIA STREET, PINE STREET, BUSH STREET, SUTTER STREET, POST STREET, GEARY BOULEVARD, WILMOT STREET, COTTAGE ROW, PERINE PL, MIDDLE STREET, FILLMORE STREET, STEINER STREET, PIERCE STREET, SCOTT STREET, DIVISADERO STREET, <<2400, <<2100, <<1550

E3: LAFAYETTE PARK, Trinity Episcopal Church, Japan Center, St Mary's Cathedral, CLAY STREET, SACRAMENTO STREET, CALIFORNIA STREET, PINE STREET, AUSTIN STREET, BUSH STREET, SUTTER STREET, POST STREET, GEARY BOULEVARD, HOLLIS ST, CLEARY CT, BUCHANAN STREET, LAGUNA STREET, OCTAVIA STREET, GOUGH STREET, <<1600, <<1500

F3: First Unitarian Church, SGT JOHN McAULEY PARK, Great American Music Hall, FRANKLIN STREET, VAN NESS AVENUE, POLK STREET, LARKIN STREET, HYDE STREET, LEAVENWORTH STREET, F NORRIS ST, EUREKA ST, FERN ST, HEMLOCK ST, CEDAR ST, MYRTLE ST, OLIVE ST, <<900

Grid Row 4 / 5 (lower)

D4-5 lower: WESTERN ADDITION, ALAMO SQUARE, ELLIS STREET, EDDY STREET, TURK STREET, McALLISTER STREET, FULTON STREET, HAYES VALLEY, SEYMOUR ST, BEIDEMAN ST, BRODERICK STREET, DIVISADERO STREET, SCOTT STREET, PIERCE STREET, GARDEN ST, ERKSON CT, <<1300

E4-5 lower: St Stephen's Episcopal Church, JEFFERSON SQ, HAYWARD PLGD, GOLDEN GATE AVENUE, McALLISTER STREET, FULTON STREET, GROVE STREET, HAYES STREET, BIRCH ST, STARR KING WAY, WILLOW STREET, ELLIS STREET, EDDY STREET, LARCH STREET, TURK STREET, FILLMORE STREET, WEBSTER STREET, BUCHANAN STREET, LAGUNA STREET, OCTAVIA STREET, GOUGH STREET

F4-5 lower: Asian Arts Museum, City Hall, CIVIC CENTER PLAZA, CIVIC CENTER, Veteran's Building, War Memorial Opera House, Louise M Davies Symphony Hall, SF Arts Commission Gallery, Bill Graham Civic Auditorium, ELM ST, REDWOOD STREET, GOLDEN GATE AVENUE, McALLISTER STREET, FULTON STREET, GROVE STREET, HAYES STREET, LINDEN ST, JESSE ST, POLK STREET, LARKIN STREET, HYDE STREET, VAN NESS AVENUE

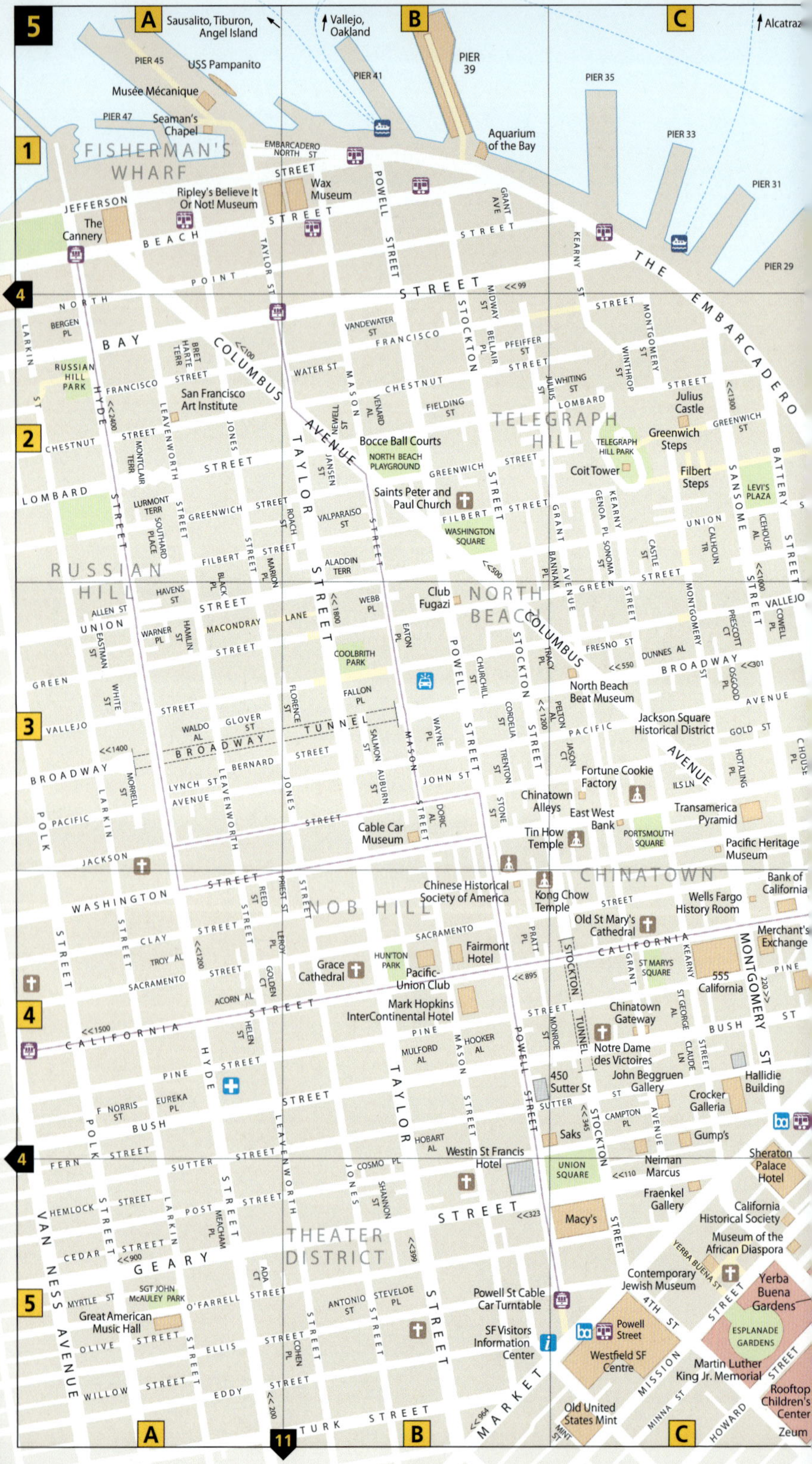
5
A
B
C
1
2
3
4
5
11
Sausalito, Tiburon, Angel Island
Vallejo, Oakland
Alcatraz
PIER 45
USS Pampanito
Musée Mécanique
PIER 47
Seaman's Chapel
PIER 41
PIER 39
PIER 35
PIER 33
PIER 31
PIER 29
Aquarium of the Bay
FISHERMAN'S WHARF
EMBARCADERO NORTH ST
Wax Museum
Ripley's Believe It Or Not! Museum
The Cannery
JEFFERSON STREET
BEACH STREET
POINT
NORTH
THE EMBARCADERO
BAY STREET
FRANCISCO
CHESTNUT
LOMBARD
GREENWICH
FILBERT
UNION
GREEN
VALLEJO
BROADWAY
PACIFIC
JACKSON
WASHINGTON
CLAY
SACRAMENTO
CALIFORNIA
PINE
BUSH
SUTTER
POST
GEARY
O'FARRELL
ELLIS
EDDY
TURK STREET
MARKET
MISSION
HOWARD
COLUMBUS AVENUE
VAN NESS AVENUE
POLK
LARKIN
HYDE
LEAVENWORTH
JONES
TAYLOR
MASON
POWELL
STOCKTON
GRANT AVE
KEARNY
MONTGOMERY
SANSOME
BATTERY
BERGEN PL
RUSSIAN HILL PARK
San Francisco Art Institute
Bocce Ball Courts
NORTH BEACH PLAYGROUND
Saints Peter and Paul Church
WASHINGTON SQUARE
TELEGRAPH HILL
TELEGRAPH HILL PARK
Coit Tower
Julius Castle
Greenwich Steps
Filbert Steps
LEVI'S PLAZA
RUSSIAN HILL
Club Fugazi
NORTH BEACH
COOLBRITH PARK
North Beach Beat Museum
Jackson Square Historical District
BROADWAY TUNNEL
Fortune Cookie Factory
Chinatown Alleys
East West Bank
Transamerica Pyramid
Tin How Temple
PORTSMOUTH SQUARE
Pacific Heritage Museum
Cable Car Museum
CHINATOWN
Chinese Historical Society of America
Kong Chow Temple
Bank of California
Wells Fargo History Room
Old St Mary's Cathedral
NOB HILL
Merchant's Exchange
Grace Cathedral
HUN'TON PARK
Fairmont Hotel
Pacific-Union Club
ST MARYS SQUARE
555 California
Mark Hopkins InterContinental Hotel
Chinatown Gateway
STOCKTON TUNNEL
Notre Dame des Victoires
450 Sutter St
John Beggruen Gallery
Hallidie Building
Crocker Galleria
Saks
Gump's
Westin St Francis Hotel
UNION SQUARE
Neiman Marcus
Sheraton Palace Hotel
Fraenkel Gallery
California Historical Society
Macy's
Museum of the African Diaspora
THEATER DISTRICT
Contemporary Jewish Museum
Yerba Buena Gardens
ESPLANADE GARDENS
SGT JOHN McAULEY PARK
Great American Music Hall
Powell St Cable Car Turntable
Powell Street
SF Visitors Information Center
Westfield SF Centre
Martin Luther King Jr. Memorial
Rooftop Children's Center
Zeum
Old United States Mint
YERBA BUENA ST
4TH ST
MINNA ST
MINT ST

Ilha de Alcatraz

Baía de São Francisco

Sausalito, Larkspur
Oakland, Alameda

PIER 27
PIER 23
PIER 19
PIER 17
PIER 15
Exploratorium
PIER 9
PIER 7
PIER 5
PIER 3
PIER 1
World Trade Center
PIER 2
Ferry Building
PIER 24
PIER 26
PIER 28
PIER 30
PIER 32
PIER 34
PIER 36
PIER 38

THE EMBARCADERO

FRONT STREET
DAVIS STREET
DRUMM STREET
JACKSON STREET
WASHINGTON ST
MARITIME PLAZA
EMBARCADERO PLAZA PARK
CLAY STREET
Embarcadero Center
JUSTIN HERMAN PLAZA
SACRAMENTO ST
Hyatt Regency Hotel
<< 200
STREET
Embarcadero
STEUART STREET
SPEAR STREET
MAIN STREET
Rincon Center
Pacific Coast Stock Exchange
<<2331
Amtrak Terminal Ticket Office
MISSION STREET
BEALE STREET
FREMONT STREET
HOWARD STREET
Folsom
330 >>
Greyhound Bus Depot
100 >>
1ST STREET
Transbay Terminal
STEVENSON ST
Montgomery St
MINNA STREET
FOLSOM STREET
ELMHART ST
Cartoon Art Museum
Pacific Telephone Building
Museum of Modern Art
Center for the Arts
TEHAMA STREET
CLEMENTINA ST
MALDEN AL
GUY PL
LANSING ST
<<460
ESSEX ST
HAWTHORNE STREET
DOW PL
Moscone Convention Center
HAMPTON PL
VERONICA PL
390 >>
HARRISON STREET
STILLMAN ST
BRYAN ST
RINCON ST
<<403 1ST
Brannan
BRANNAN STREET
DE BOOM ST
<<665
FOLSOM STREET
3RD STREET

Map of San Francisco — Sutro Heights Park, Golden Gate Park, and Sunset District area.

Grid references: A, B, C (columns) / 1, 2, 3, 4, 5 (rows). Page indicator: 7.

Key features:
- Seal Rocks, Cliff House
- Sutro Heights Park
- Point Lobos Avenue, Seal Rock Drive, Shore View Ave
- Geary Boulevard (<<7900)
- Anza Street, Balboa Street, Cabrillo Street, Fulton Street (<<6900)
- Sutro Heights Ave
- Cabrillo Playground
- Queen Wilhelmina's Tulip Garden
- Golden Gate Park Golf Course
- N Lake Rd, Chain of Lakes Drive West, Chain of Lakes Drive East
- Spreckels Lake, Buffalo Paddock
- JF Kennedy Drive
- Chain of Lakes
- Polo Fields, Fly Casting Pool
- Martin Luther King Jr Drive, Middle Drive West
- Lincoln Way
- Irving Street (<<4700), Judah Avenue, Kirkham Street, Lawton Street, Moraga Street, Noriega Street (<<3500), Ortega Street, Pacheco Street, Quintara Street, Rivera Street
- West Sunset Playground
- Great Highway, Ocean Beach, Sunset Boulevard
- Avenues: 48th, 47th, 46th, 45th, 44th, 43rd, 42nd, 41st, 40th, 39th, 38th, 37th, 36th, 35th, 34th, 33rd
- La Playa Street
- OCEANO PACÍFICO
- <<3400, <<1250

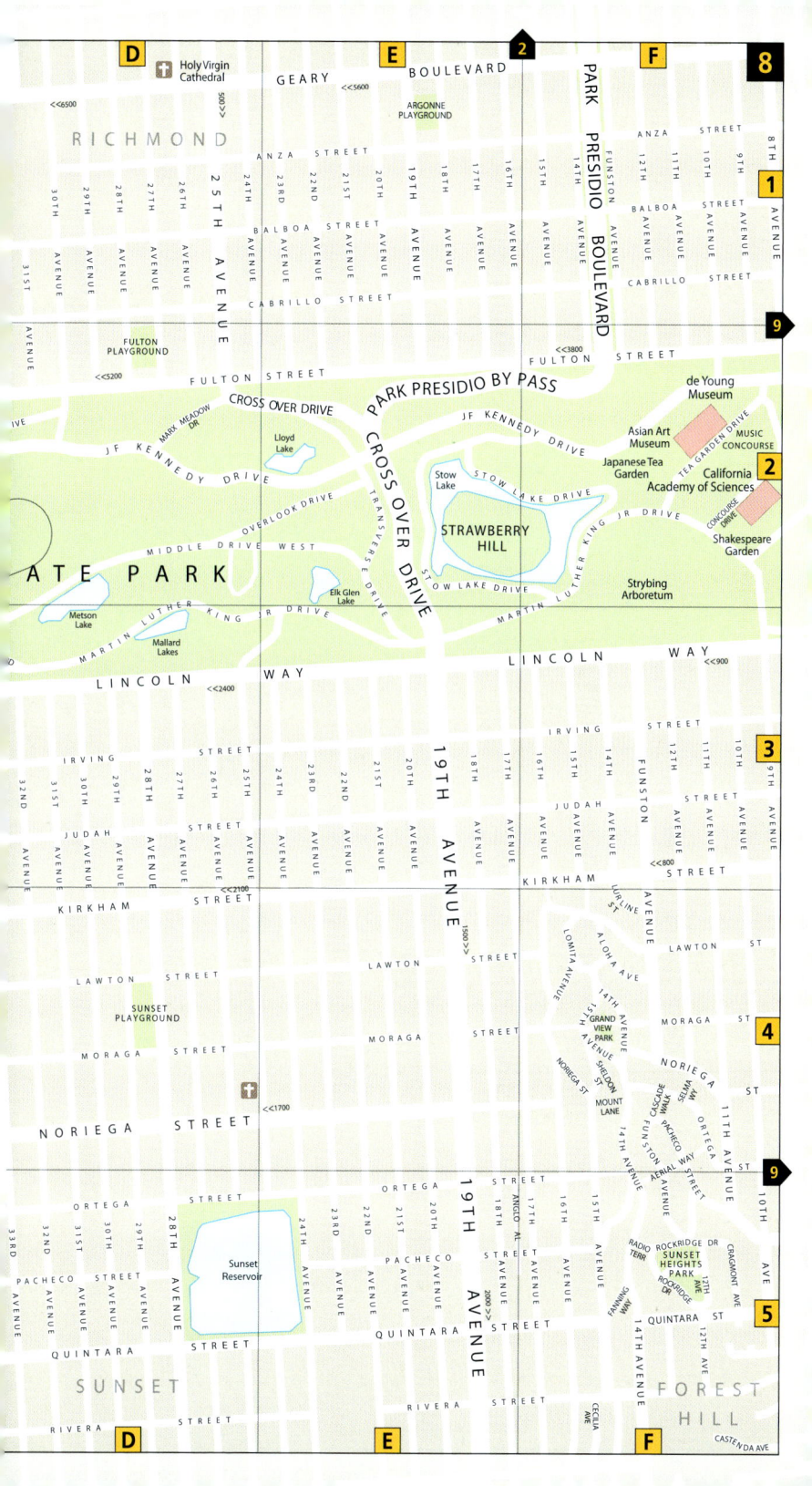

Map: Richmond / Golden Gate Park / Sunset / Forest Hill

Grid References
- **D1–F1**: Richmond District
- **D2–F2**: Golden Gate Park
- **D3–F5**: Sunset / Forest Hill

Points of Interest

- Holy Virgin Cathedral (D)
- Argonne Playground (E)
- Fulton Playground (D)
- Marx Meadow Dr
- Lloyd Lake
- Stow Lake
- Strawberry Hill
- Metson Lake
- Elk Glen Lake
- Mallard Lakes
- de Young Museum (F2)
- Asian Art Museum
- Japanese Tea Garden
- Tea Garden Drive
- Music Concourse
- California Academy of Sciences
- Concourse Drive
- Shakespeare Garden
- Strybing Arboretum
- Sunset Playground
- Sunset Reservoir
- Grand View Park
- Sunset Heights Park

Major Streets / Avenues

East–West Streets (north to south):
- Geary Boulevard
- Anza Street
- Balboa Street / Avenue
- Cabrillo Street
- Fulton Street
- Cross Over Drive
- JF Kennedy Drive
- Park Presidio By Pass
- Overlook Drive
- Middle Drive West
- Transverse Drive
- Stow Lake Drive
- Martin Luther King Jr Drive
- Lincoln Way
- Irving Street
- Judah Avenue
- Kirkham Street
- Lawton Street
- Moraga Street
- Noriega Street
- Ortega Street
- Pacheco Street
- Quintara Street
- Rivera Street
- Castenada Ave

North–South Avenues:
33rd, 32nd, 31st, 30th, 29th, 28th, 27th, 26th, 25th, 24th, 23rd, 22nd, 21st, 20th, 19th, 18th, 17th, 16th, 15th, 14th, 12th, 11th, 10th, 9th, 8th Avenue

- Park Presidio Boulevard
- Funston Avenue
- Sunset Boulevard (28th Ave area)

Forest Hill / Sunset Heights area (F4–F5)

- Lurline St
- Lomita Avenue
- Aloha Ave
- 14th Avenue
- Grand View Park
- Noriega St
- Sheldon
- Cascade Walk
- Selma Way
- Pacheco
- Mount Lane
- Funston Ave
- Ortega St
- Aerial Way
- Anglo Al
- Radio Terr
- Fanning Way
- Rockridge Dr
- Rockridge Dr
- Cragmont Ave
- 12th Ave
- Quintara St
- Cecilia Ave

Grid markers
- D, E, F (columns)
- 1, 2, 3, 4, 5 (rows)
- 8, 9 (margin markers)

Address ranges noted: <<6500, 500>>, <<5600, <<5200, <<3800, <<2400, <<2100, <<800, 1500>>, <<1700, 2000>>, <<900

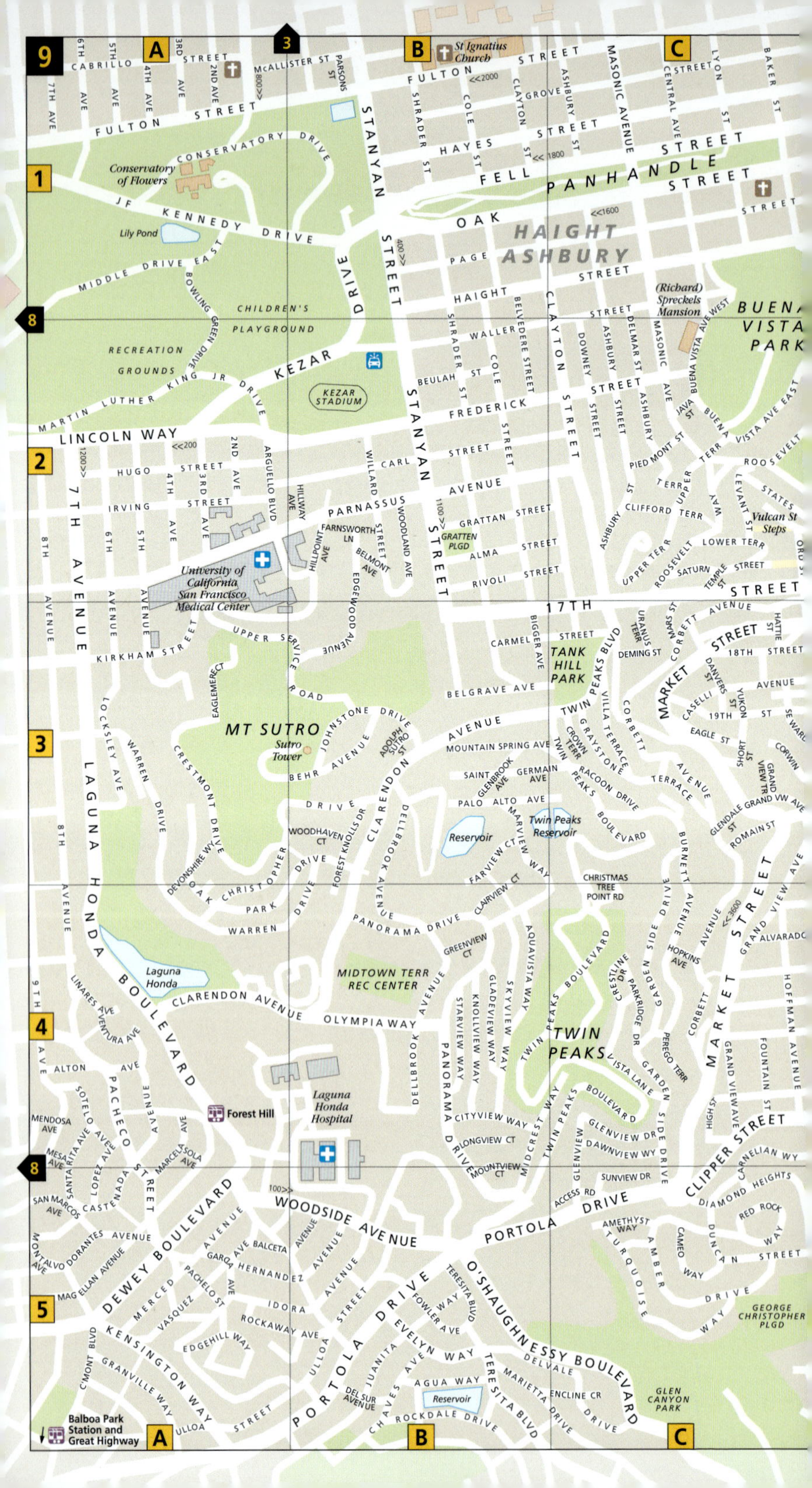

9
A
B
C
3
8
1
2
3
4
5
St Ignatius Church
Conservatory of Flowers
Lily Pond
CHILDREN'S PLAYGROUND
RECREATION GROUNDS
KEZAR STADIUM
HAIGHT ASHBURY
(Richard) Spreckels Mansion
BUENA VISTA PARK
PANHANDLE
University of California San Francisco Medical Center
GRATTEN PLGD
TANK HILL PARK
MT SUTRO
Sutro Tower
Vulcan St Steps
Reservoir
Twin Peaks Reservoir
CHRISTMAS TREE POINT RD
MIDTOWN TERR REC CENTER
Laguna Honda
Laguna Honda Hospital
TWIN PEAKS
Forest Hill
GEORGE CHRISTOPHER PLGD
GLEN CANYON PARK
Balboa Park Station and Great Highway
FULTON STREET
CABRILLO
McALLISTER ST
PARSONS ST
GROVE STREET
HAYES STREET
FELL STREET
OAK STREET
PAGE STREET
HAIGHT STREET
WALLER STREET
BEULAH ST
FREDERICK STREET
CARL STREET
PARNASSUS AVENUE
GRATTAN STREET
ALMA STREET
RIVOLI STREET
17TH STREET
STANYAN STREET
SHRADER ST
COLE ST
CLAYTON STREET
ASHBURY ST
MASONIC AVENUE
CENTRAL AVE
LYON ST
BAKER ST
BELVEDERE STREET
DOWNEY STREET
DELMAR ST
BUENA VISTA AVE WEST
BUENA VISTA AVE EAST
JAVA ST
PIED MONT ST
ROOSEVELT
UPPER TERR
LEVANT ST
STATES
CLIFFORD TERR
LOWER TERR
SATURN STREET
TEMPLE ST
UPPER TERR
CONSERVATORY DRIVE
JF KENNEDY DRIVE
MIDDLE DRIVE EAST
BOWLING GREEN DRIVE
KEZAR DRIVE
MARTIN LUTHER KING JR DRIVE
LINCOLN WAY
HUGO STREET
IRVING STREET
7TH AVENUE
6TH AVE
5TH AVE
4TH AVE
3RD AVE
2ND AVE
8TH AVENUE
ARGUELLO BLVD
HILLWAY AVE
WILLARD STREET
WOODLAND AVE
FARNSWORTH LN
HILLPOINT AVE
BELMONT AVE
EDGEWOOD AVENUE
KIRKHAM STREET
UPPER SERVICE ROAD
CARMEL STREET
BIGGER AVE
DEMING ST
URANUS TERR
MARS ST
CORBETT AVENUE
MARKET STREET
18TH STREET
HATTIE ST
DANVERS ST
YUKON ST
CASELLI AVENUE
19TH ST
EAGLE ST
SHORT ST
CORWIN
GRAND VIEW TR
SE WARD
BELGRAVE AVE
TWIN PEAKS BLVD
VILLA TERRACE
GRAYSTONE TERRACE
CROWN TERR
RACOON DRIVE
TWIN PEAKS BOULEVARD
GLENDALE ST
GRAND VW AVE
ROMAIN ST
EAGLEMERE CT
LOCKSLEY AVE
WARREN DRIVE
CRESTMONT DRIVE
JOHNSTONE DRIVE
ADOLPH SUTRO ST
BEHR AVENUE
CLARENDON AVENUE
MOUNTAIN SPRING AVE
SAINT GERMAIN AVE
GLENBROOK AVE
PALO ALTO AVE
MARVIEW WAY
FARVIEW CT
CLAIRVIEW CT
DELLBROOK AVENUE
WOODHAVEN CT
FOREST KNOLLS DR
DEVONSHIRE WY
OAK PARK DRIVE
CHRISTOPHER DRIVE
LAGUNA HONDA BOULEVARD
PANORAMA DRIVE
GREENVIEW CT
AQUAVISTA WAY
SKYVIEW WAY
GLADEVIEW WAY
KNOLLVIEW WAY
STARVIEW WAY
CRESTLINE DR
PARKRIDGE DR
GARDEN SIDE DRIVE
BURNETT AVENUE
HOPKINS AVE
GRAND VIEW AVE
ALVARADO
HOFFMAN AVENUE
FOUNTAIN ST
PEREGO TERR
VISTA LANE
OLYMPIA WAY
CITYVIEW WAY
LONGVIEW CT
MOUNTVIEW CT
MIDCREST WAY
GLENVIEW DR
DAWNVIEW WY
SUNVIEW DR
ACCESS RD
HIGH ST
CLIPPER STREET
CARNELIAN WY
DIAMOND HEIGHTS
RED ROCK WAY
DUNCAN STREET
AMETHYST WAY
TURQUOISE WAY
AMBER DRIVE
CAMEO WAY
9TH AVE
LINARES AVE
VENTURA AVE
ALTON AVE
SOTELO AVE
PACHECO STREET
MENDOSA AVE
MESA AVE
SANTA RITA AVE
LOPEZ AVE
MARCELA AVE
SOLA AVE
CASTENADA
SAN MARCOS AVE
DORANTES AVENUE
MONTALVO AVE
MAGELLAN AVENUE
DEWEY BOULEVARD
BALCETA AVENUE
GARCIA AVE
HERNANDEZ AVENUE
PACHECO ST
MERCED
VASQUEZ
IDORA AVENUE
ROCKAWAY AVE
EDGEHILL WAY
KENSINGTON WAY
GRANVILLE WAY
C'MONT BLVD
ULLOA STREET
WOODSIDE AVENUE
PORTOLA DRIVE
O'SHAUGHNESSY BOULEVARD
TERESITA BLVD
FOWLER AVE
EVELYN WAY
JUANITA WAY
AGUA WAY
CHAVES AVE
DEL SUR AVENUE
ROCKDALE DRIVE
MARIETTA DRIVE
DELVALE DRIVE
ENCLINE CR

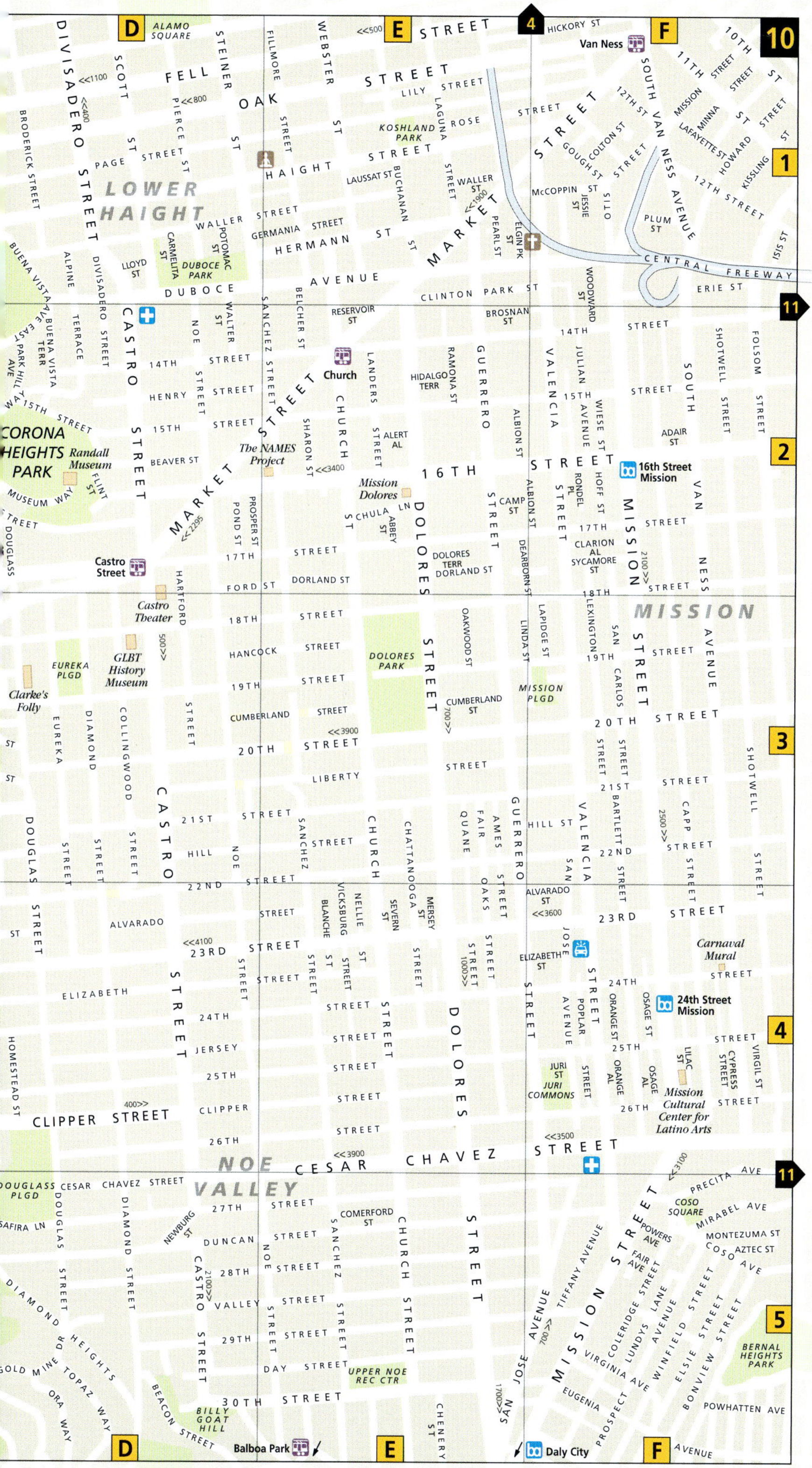

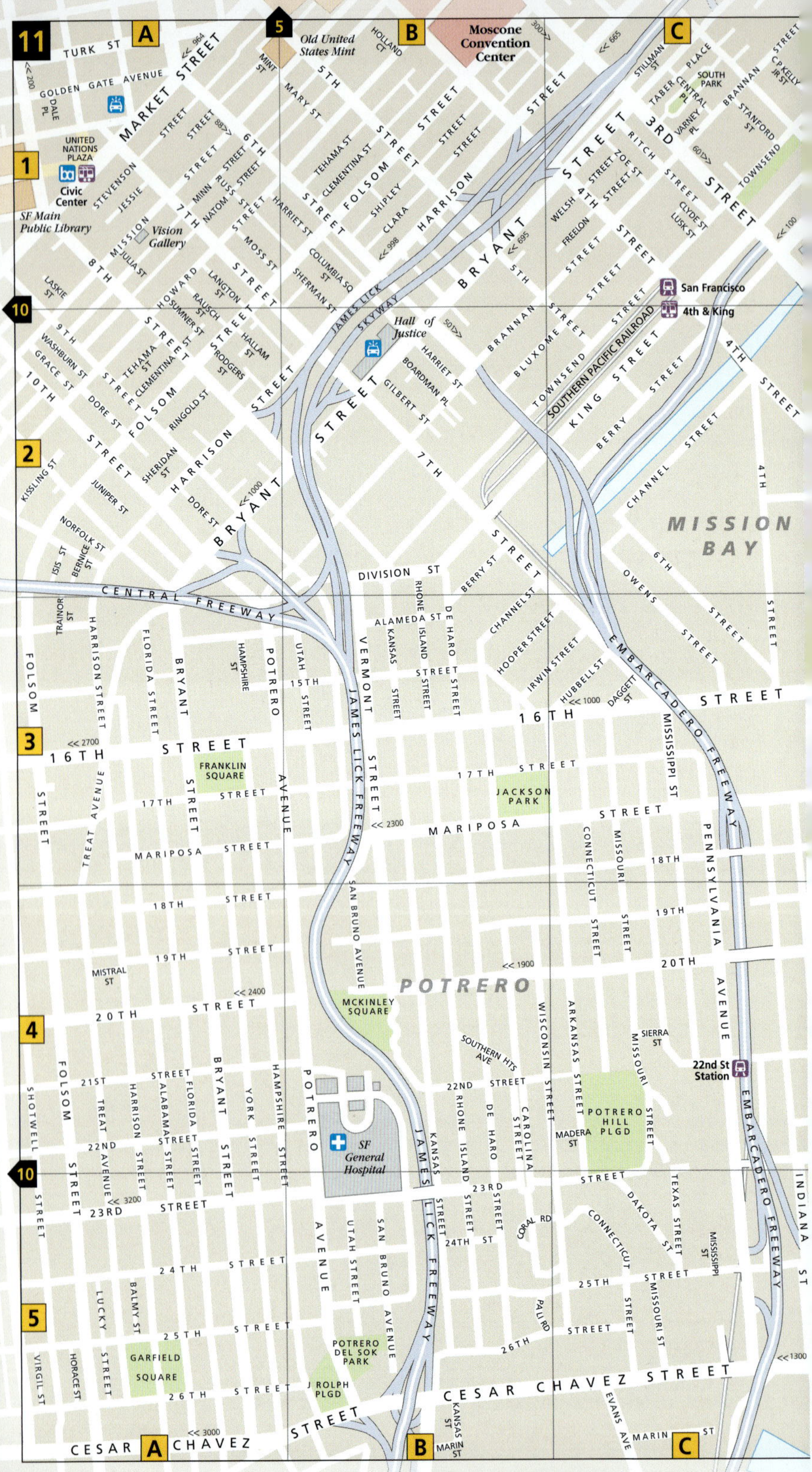
11
A
B
C
1
2
3
4
5
10
Old United States Mint
Moscone Convention Center
United Nations Plaza
Civic Center
SF Main Public Library
Vision Gallery
Hall of Justice
San Francisco
4th & King
22nd St Station
SF General Hospital
MISSION BAY
POTRERO
Franklin Square
Jackson Park
McKinley Square
Potrero Hill Plgd
Garfield Square
Potrero del Sol Park
J Rolph Plgd
South Park
Market Street
Central Freeway
James Lick Freeway
James Lick Skyway
Embarcadero Freeway
Southern Pacific Railroad
16th Street
Cesar Chavez Street
Bryant Street
Harrison Street
Folsom Street
Potrero Avenue

Índice do Guia de Ruas

Rua	Ref	Rua	Ref	Rua	Ref
3rd Avenue	3 A4	19th Street	9 C3	40th Avenue	7 B1
continuação	9 A1	continuação	11 A4	41st Avenue	7 B1
3rd Street	5 C5	20th Avenue	2 E5	42nd Avenue	7 B1
continuação	11 D2	continuação	8 E1	43rd Avenue	7 B1
4th Avenue	3 A4	20th Street	10 D3	44th Avenue	7 B1
continuação	9 A1	continuação	11 A4	45th Avenue	7 B1
4th Street	5 C5	21st Avenue	2 E5	46th Avenue	7 B1
continuação	11 B1	continuação	8 E1	47th Avenue	7 B1
5th Avenue	3 A4	21st Street	10 D3	48th Avenue	7 A1
continuação	9 A1	continuação	11 A4		
5th Street	11 B1	22nd Avenue	2 E5	**A**	
6th Avenue	3 A4	continuação	8 E1	Abbey Street	10 E2
continuação	9 A1	22nd Street	10 D4	Access Road	9 C5
6th Street	11 A1	continuação	11 A4	Acorn Alley	5 A4
7th Avenue	3 A4	22nd Street Station	11 C4	Ada Court	5 A5
continuação	9 A1	23rd Avenue	2 E5	Adair Street	10 F2
7th Street	11 A1	continuação	8 E1	Adolph Sutro Street	9 B3
8th Avenue	2 F5	23rd Street	10 D4	Aerial Way	8 F5
8th Avenue	3 A4	continuação	11 A5	Agua Way	9 B5
continuação	8 F1	24th Avenue	2 D5	Ahlers Court	4 D2
continuação	9 A2	continuação	8 D1	Alabama Street	11 A4
8th Street	11 A1	24th Street	10 D4	Aladdin Terrace	5 B2
9th Avenue	2 F5	continuação	11 A5	Alameda Street	11 B3
continuação	8 F1	24th Street Mission Station	10 F4	Alamo Square	4 D5
continuação	9 A4	25th Avenue	2 D4	continuação	10 D1
9th Street	11 A2	continuação	8 D1	Albion Street	10 E2
10th Avenue	2 F5	25th Avenue North	2 D4	Alcatraz Island	6 F1
continuação	8 F1	25th Street	10 D4	Alert Alley	10 E2
10th Street	10 F1	continuação	11 A5	Alhambra Street	4 D2
continuação	11 A2	26th Avenue	2 D4	Allen Street	3 B1
11th Avenue	2 F5	continuação	8 D1	Allen Street	4 F2
continuação	8 F1	26th Street	10 D4	continuação	5 A3
11th Street	10 F1	continuação	11 A5	Allyne Park	4 E2
12th Avenue	2 F5	27th Avenue	2 D4	Alma Street	9 B2
continuação	8 F1	continuação	8 D1	Almaden Court	3 B5
12th Street	10 F1	27th Street	10 D5	Aloha Avenue	8 F4
14th Avenue	2 F5	28th Avenue	2 D5	Alpine Terrace	10 D1
continuação	8 F1	continuação	8 D1	Alta Mar Way	7 B1
14th Street	10 D2	28th Street	10 D5	Alta Plaza	4 D3
15th Avenue	2 F5	29th Avenue	2 D5	Alton Avenue	9 A4
continuação	8 F1	continuação	8 D1	Alvarado Street	9 C4
15th Street	10 D2	29th Street	10 D5	Amatury Loop	2 F3
continuação	11 A3	30th Avenue	2 D5	Amber Drive	9 C5
16th Avenue	2 E5	continuação	8 D1	American Indian Contemporary Arts Gallery	5 C5
continuação	8 E1	30th Street	10 D5	Ames Street	10 E3
16th Street	10 E2	31st Avenue	2 D5	Amethyst Way	9 C5
continuação	11 A3	continuação	8 D1	Amtrak Terminal Ticket Office	6 D4
16th Street Mission Station	10 F2	32nd Avenue	1 C5	Angelo Rossi Playground	3 B5
17th Avenue	2 E5	continuação	7 C1	Anglo Alley	8 E5
continuação	8 E1	33rd Avenue	7 C1	Annapolis Terrace	3 C5
17th Street	9 B3	34th Avenue	7 C1	Antonio Street	5 B5
continuação	11 B3	35th Avenue	7 C1	Anza Street	3 A2
18th Avenue	2 E5	36th Avenue	7 C1		
continuação	8 E1	37th Avenue	7 C1		
18th Street	9 C3	38th Avenue	7 C1		
continuação	11 A4	39th Avenue	7 C1		
19th Avenue	2 E5				
continuação	8 E1				

GUIA DE RUAS

Anza Street	3 A5
continuação	7 B1
Anza Vista Avenue	3 C5
Appleton Street	2 F3
Aquavista Way	9 B4
Argonne Playground	8 E1
Arguello Boulevard	3 A3
continuação	9 A2
Arguello Park	3 A3
Arkansas Street	11 C4
Armistead Road	2 F2
Ashbury Street	9 C1
Ashbury Terrace	9 C2
Asian Art Museum	8 F2
Auburn Street	5 B3
Austin Street	4 E4
Avery Street	4 D4
Avila Street	4 D1
Aztec Street	10 F5

B

Baker Beach	2 D4
Baker Street	3 C2
continuação	9 C1
Balboa Street	3 A5
continuação	7 B1
Balceta Avenue	9 A5
Balmy Street	11 A5
Bank of America	5 C4
Bank of California	5 C4
Bank of Canton	5 C3
Bank Street	3 B2
Bannam Place	5 C2
Barcelona Avenue	3 C5
Barnard Avenue	3 B3
Bartlett Street	10 F3
Bartol Street	5 C3
Battery Blaney Road	3 A2
Battery Caulfield Road	2 E4
Battery Chamberlin Road	2 D4
Battery Dynamite Road	2 E3
Battery East Road	2 E2
Battery Saffold Road	2 E3
Battery Street	5 C2
Battery Wagner Road	2 F2
Bay Street	3 C2
continuação	5 A2
Beach Street	3 C2
continuação	5 A1
Beacon Street	10 D5
Beale Street	6 D4
Beaumont Avenue	3 B5
Beaver Street	10 D2
Behr Avenue	9 B3
Beideman Street	4 D5
Belcher Street	10 E1
Belgrave Avenue	9 B3
Bell Road	2 F2
Bellair Place	5 B2
Belles Street	2 F4
Belmont Avenue	9 B2
Belvedere Street	9 B1
Bergen Place	4 F1
Bernal Heights Park	10 F5
Bernard Street	5 A3
Bernice Street	11 A2
Berry Street	11 B2
Beulah Street	9 B2
Bigger Avenue	9 B3
Bill Graham Civic Auditorium	4 F5
Billy Goat Hill	10 D5
Birch Street	4 E5
Birmingham Road	3 B2
Black Place	4 F2
continuação	5 A3
Blake Street	3 B4
Blanche Street	10 E4
Bliss Road	3 A2
Bluxome Street	11 B2
Boardman Place	11 B2
Bocce Ball Courts	5 B2
Bonita Street	4 F2
Bonview Street	10 F5
Bowley Street	2 E4
Bowling Green Drive	9 A1
Bowman Road	2 E2
Brannan Street	6 E5
continuação	11 C1
Bret Harte Terrace	4 F1
continuação	5 A2
Broadway	3 C3
continuação	5 A3
Broadway Tunnel	4 F3
continuação	5 A3
Broderick Street	3 C2
continuação	10 D1
Bromley Place	4 D3
Brooks Street	2 E4
Brosnan Street	10 E2
Brown Street	2 F4
Bryant Street	6 E5
continuação	11 A2
Buchanan Street	4 D1
continuação	10 E1
Buena Vista Avenue East	9 C2
Buena Vista Avenue West	9 C2
Buena Vista Park	9 C1
Buena Vista Terrace	10 D2
Buffalo Paddock	7 C2
Burnett Avenue	9 C3
Bush Street	3 C4
continuação	5 A4

C

Cable Car Barn	5 B3
Cabrillo Playground	7 C2
Cabrillo Street	7 B2
continuação	9 A1
Calhoun Terrace	5 C2
California Academy of Sciences	8 F2
California Street	2 D5
continuação	3 A4
continuação	5 A4
Caltrain Depot	11 C1
Cameo Way	9 C5
Camp Street	10 E2
Campton Place	5 C4
Canby Street	3 B2
Capp Street	10 F3
Capra Way	4 D2
Carl Street	9 B2
Carmel Street	9 B3
Carmelita Street	10 D1
Carnaval Mural	10 F4
Carnelian Way	9 C4
Carolina Street	11 B4
Casa Way	4 D1
Cascade Walk	8 F4
Caselli Avenue	9 C3
Castenada Avenue	8 F5
continuação	9 A5
Castle Street	5 C2
Castro Street	10 D1
Castro Street Station	10 D2
Castro Theater	10 D2
Cecila Avenue	8 F5
Cedar Street	4 F4
continuação	5 A5
Central Avenue	9 C1
Central Freeway	10 F1
continuação	11 A2
Central Magazine Road	2 E3
Central Place	11 C1
Cervantes Boulevard	4 D1
Cesar Chavez Street	10 D5
continuação	11 A5
Chabot Terrace	3 B5
Chain of Lakes	7 B2
Chain of Lakes Drive East	7 B2
Chain of Lakes Drive West	7 B2
Channel Street	11 B3
Charlton Court	4 E2
Chattanooga Street	10 E3
Chaves Avenue	9 B5
Chenery Street	10 E5
Cherry Street	3 B4
Chestnut Street	3 C2
continuação	5 A2
Child Street	5 C2
Children's Playground	9 A1
China Basin Street	11 D1
Chinatown Alleys	5 B3
Chinatown Gateway	5 C4
Chinese Historical Society	5 C3
Christmas Tree Point Road	9 C3
Christopher Drive	9 A4
Chula Lane	10 E2
Church of Saint Mary the Virgin	4 D3
Church Station	10 E2
Church Street	10 E1
Churchill Street	5 B3
Circle Gallery	5 C4
City Hall	4 F5
Cityview Way	9 B4
Civic Center Station	11 A1
Clairview Court	9 B4
Clara Street	11 B1
Claredon Avenue	9 A4
Claremont Boulevard	9 A5
Clarion Alley	10 F2
Clark Street	3 B3
Clarke's Folly	10 D3
Claude Lane	5 C4
Clay Street	3 B4
continuação	5 A4
Clayton Street	9 B1
Cleary Court	4 E4
Clement Street	1 C5
continuação	3 A5
Clementina Street	6 D5
continuação	11 A2
Cliff House	7 A1
Clifford Terrace	9 C2
Clinton Park Street	10 E1
Clipper Street	9 C5
Club Fugazi	5 B3
Clyde Street	11 C1
Codman Place	5 B3
Cohen Place	5 B5
Coit Tower	5 C2
Cole Street	9 B1
Coleridge Street	10 F5
Colin P. Kelly Junior Street	11 C1
Collingwood Street	10 D3
Collins Street	3 B4
Colton Street	10 F1

GUIA DE RUAS | 303

Columbarium	3 B5	Delmar Street	9 C2
Columbia Square Street	11 B1	Delvale Drive	9 B5
Columbus Avenue	5 A2	Deming Street	9 C3
Comerford Street	10 E5	Dent Road	2 F3
Commonwealth Avenue	3 B4	Devonshire Way	9 A4
Compton Road	2 E4	Dewey Boulevard	9 A5
Concourse Drive	8 F2	Dewitt Road	3 C2
Connecticut Street	11 C3	Diamond Heights	9 C5
Conservatory Drive	9 A1	Diamond Street	10 D3
Conservatory of Flowers	9 A1	Divisadero Street	3 C2
		continuação	10 D1
Convent of the Sacred Heart	4 D3	Division Street	11 B2
Cook Street	3 B5	Dolores Park	10 E3
Coolbrith Park	5 B3	Dolores Street	10 E2
Coral Road	11 B5	Dolores Terrace	10 E2
Corbett Avenue	9 C3	Dorantes Avenue	9 A5
Cordelia Street	5 B3	Dore Street	11 A2
Cornwall Street	3 A4	Doric Alley	5 B3
Corona Heights Park	10 D2	Dorland Street	10 E2
		Douglas Street	10 D3
Corwin Street	9 C3	Douglass Playground	10 D5
Cosmo Place	5 B5		
Coso Avenue	10 F5	Douglass Street	10 D2
Coso Square	10 F5	Dove Loop	2 E3
Cottage Row	4 D4	Dow Place	6 D5
Cowell Place	5 C3	Downey Street	9 C2
Cowles Street	2 F3	Doyle Drive	3 A2
Cragmont Avenue	8 F5	Drumm Street	6 D3
Cranston Road	2 E2	Duboce Avenue	10 D1
Crestline Drive	9 C4	Duboce Park	10 D1
Crestmont Drive	9 A3	Duncan Street	9 C5
Crissy Field	2 F2	Dunnes Alley	5 C3
Crissy Field	3 A2	Dupont Playground	2 D5
Crocker Galleria	5 C4		
Cross Over Drive	8 D2	**E**	
Crown Terrace	9 C3		
Cuesta Court	9 C4	Eagle Street	9 C3
Cumberland Street	10 D3	Eaglemere Court	9 A3
		Eastman Street	4 F2
Custom House Place	5 C3	*continuação*	5 A3
		Eaton Place	5 B3
Cypress Street	10 F4	Eddy Street	4 D5
		continuação	5 A5
D		Edgehill Way	9 A5
		Edgewood Avenue	9 B2
Daggett Street	11 C3	Edie Road	3 B2
Dakota Street	11 C5	Edward Street	3 B5
Dale Place	11 A1	El Camino del Mar	1 B5
Danvers Street	9 C3	El Polin Loop	3 B3
Davis Street	6 D3	Elgin Park Street	10 E1
Dawnview Way	9 C4	Elizabeth Street	10 D4
Day Street	10 D5	Elk Glen Lake	8 E2
De Boom Street	6 E5	Elkhart	6 E4
De Haro Street	11 B3	Ellis Street	4 D5
de Young Museum	8 F2	*continuação*	5 A5
Dearborn Street	10 E2	Elm Street	4 F5
Deems Road	3 A3	Elsie Street	10 F5
Del Sur Avenue	9 B5	Embarcadero Center	6 D3
Dellbrook Avenue	9 B3	Embarcadero Freeway	11 C3

Embarcadero North Street	5 A1	Fortuna Avenue	3 C5
Embarcadero Plaza Park	6 D3	Fortune Cookie Factory	5 C3
		Fountain Street	9 C4
Embarcadero Station	6 D4	Fowler Avenue	9 B5
		Fraenkel Gallery	5 C5
Emerson Street	3 C4	Francisco Street	3 C2
Encanto Avenue	3 C5	*continuação*	5 A2
Encline Crescent	9 C5	Franklin Square	11 A3
Erie Street	10 F1	Franklin Street	4 E1
Erkson Court	4 D4	Frederick Street	9 B2
Essex Street	6 D5	Freelon Street	11 C1
Euclid Avenue	3 B4	Fremont Street	6 D4
Eugenia Avenue	10 F5	French Court	3 B2
Eureka Place	4 F4	Fresno Street	5 C3
continuação	5 A4	Friends of Photography Gallery	5 C5
Eureka Playground	10 D3		
Eureka Street	10 D3		
Evans Avenue	11 C5	*continuação*	11 B1
Evelyn Way	9 B5	Front Street	6 D2
Ewing Terrace	3 C5	Fulton Playground	8 D2
Exploratorium	6 D2	Fulton Street	4 E5
		Fulton Street	7 B2
F		*continuação*	9 A1
		Funston Avenue	2 F5
F. Norris Street	4 F4	*continuação*	8 F1
continuação	5 A4	Funston Avenue	3 B3
Fair Avenue	10 F5		
Fair Oaks Street	10 E3	**G**	
Fairmont Hotel	5 B4		
Fallon Place	5 B3	Garcia Avenue	9 A5
Fanning Way	8 F5	Garden Side Drive	9 C4
Farnsworth Lane	9 B2	Garden Street	4 D4
Farview Court	9 B3	Garfield Square	11 A5
Fell Street	9 B1	Geary Boulevard	3 A5
Fern Street	4 E4	*continuação*	7 A1
continuação	5 A5	Geary Street	4 E4
Fernandez Street	3 B3	*continuação*	5 A5
Ferry Building	6 E3	General Kennedy Avenue	3 B2
Fielding Street	5 B2		
Filbert Steps	5 C2	Genoa Place	5 C2
Filbert Street	3 C3	George Christopher Playground	9 C5
continuação	5 A2		
Fillmore Street	4 D1	George R. Moscone Recreation Center	4 D2
continuação	10 E1		
Finley Road	3 A4	Germania Street	10 D1
First Street	6 D4	Ghirardelli Square	4 F1
Fisher Loop	3 A2	Gibbon Court	3 C3
Flint Street	10 D2	Gibson Road	2 D4
Florence Street	5 B3	Gilbert Street	11 B2
Florida Street	11 A3	Girard Road	3 B2
Fly Casting Pool	7 C2	Gladeview Way	9 B4
Folsom Street	6 D5	Glen Canyon Park	9 C5
continuação	10 F2	Glenbrook Avenue	9 B3
continuação	11 A3	Glendale Street	9 C3
Ford Street	10 D2	Glenview Drive	9 C4
Forest Hill Station	9 A4	Glover Street	4 F3
Forest Knolls Drive	9 B4	*continuação*	5 A3
Fort Mason (Golden Gate National Recreation Area)	4 E1	Gold Street	5 C3
		Golden Court	5 A4
		Golden Gate Avenue	3 C5
Fort Point	2 E1	*continuação*	11 A1

GUIA DE RUAS

Golden Gate Bridge	2 E1	Hattie Street	9 C3	Iris Avenue	3 B4	Kezar Drive	9 A2
Golden Gate Bridge Freeway	2 E2	Havens Street	5 A3	Irving Street	7 B3	Kezar Stadium	9 B2
Golden Gate Park	7 C2	Hawthorne Street	6 D5	*continuação*	9 A2	King Street	11 C2
Golden Gate Park Golf Course	7 B2	Hayes Street	4 E5	Irwin Street	11 B3	Kirkham Street	7 B4
Goldmine Drive	10 D5	*continuação*	9 B1	Isis Street	10 F1	*continuação*	9 A3
Gorgas Avenue	3 B2	Hays Street	2 E4	*continuação*	11 A2	Kissling Street	10 F1
Goslinsky House	3 C3	Hayward Playground	4 E5			*continuação*	11 A2
Gough Street	4 E2	Heather Avenue	3 B4	**J**		Kittredge Terrace	3 B5
continuação	10 F1	Helen Street	5 A4	J. Rolph Playground	11 B5	Knollview Way	9 B4
Grace Cathedral	5 B4	Hemlock Street	4 F4	Jackson Park	11 B3	Kobbe Avenue	2 E3
Grace Street	10 F1	*continuação*	5 A5	Jackson Square Historical District	5 C3	Kong Chow Temple	5 B4
continuação	11 A2	Henry Street	10 D2	Jackson Street	3 B4	Koshland Park	10 E1
Graham Street	3 B2	Hermann Street	10 E1	*continuação*	5 A3		
Grand View Avenue	9 C4	Hernandez Avenue	9 A5	James D. Phelan Beach State Park	2 D4	**L**	
Grand View Park	8 F4	Hicks Road	3 A3	James Lick Freeway	11 B3	La Playa Street	7 A1
Grand View Terrace	9 C3	Hidalgo Terrace	10 E2	James Lick Skyway	11 B2	Lafayette Park	4 E3
Grant Avenue	5 B1	High Street	9 C4	Jansen Street	5 B2	Lafayette Street	10 F1
Granville Way	9 A5	Highway 1	2 F3	Japan Center	4 E4	Laguna Honda	9 A4
Grattan Street	9 B2	Hill Street	10 D3	Japanese Tea Garden	8 F2	Laguna Honda Boulevard	9 A3
Gratten Playground	9 B2	Hillpoint Avenue	9 B2	Jason Court	5 C3	Laguna Honda Hospital	9 B4
Graystone Terrace	9 C3	Hillway Avenue	9 B2	Jauss Street	3 B1	Laguna Street	4 E1
Great American Music Hall	4 F4	Hitchcock Street	2 E3	Java Street	9 C2	*continuação*	10 E1
continuação	5 A5	Hobart Alley	5 B4	Jefferson Square	4 E5	Lake Street	2 D5
Great Highway	7 A2	Hodges Alley	5 C3	Jefferson Street	3 C2	*continuação*	3 A4
Green Street	3 C3	Hoff Street	10 F2	*continuação*	5 A1	Land's End	1 B5
continuação	5 A3	Hoffman Avenue	9 C4	Jersey Street	10 D4	Landers Street	10 E2
Greenough Avenue	2 E3	Hoffman Street	2 F2	Jessie Street	4 F5	Langdon Court	2 E2
Greenview Court	9 B4	Holland Court	5 C5	*continuação*	11 A1	Langton Street	11 A1
Greenwich Steps	5 C2	*continuação*	11 B1	Jessie Street	10 F1	Lansing Street	6 D5
Greenwich Street	3 C2	Hollis Street	4 E4	John Beggruen Gallery	5 C4	Lapidge Street	10 F3
continuação	5 A2	Holy Virgin Cathedral	8 D1	John F. Kennedy Drive	7 A2	Larch Street	4 F5
Greyhound Bus Depot	6 D4	Homestead Street	10 D4	*continuação*	9 A1	Larkin Street	4 F2
Grote Place	6 D5	Hooker Alley	5 B4	John McLaren Lodge	9 B1	*continuação*	5 A2
Grove Street	4 E5	Hooper Street	11 B3	John Street	5 B3	Laskie Street	11 A1
continuação	9 B1	Hopkins Avenue	9 C4	Johnstone Drive	9 B3	Laurel Street	3 B4
Guerrero Street	10 E2	Horace Street	11 A5	Jones Street	4 F2	Laussat Street	10 E1
Gump's	5 C4	Hotaling Place	5 C3	*continuação*	5 A2	Lawton Street	7 B4
Guy Place	6 D5	Howard Road	2 E5	Jordan Avenue	3 B4	Leavenworth Street	4 F2
		Howard Street	5 C5	Juanita Way	9 B5	*continuação*	5 A2
H		*continuação*	10 F1	Judah Street	7 B3	Legion of Honor	1 C5
Haas Lilienthal House	4 E3	*continuação*	11 A1	Julia Street	11 A1	Legion of Honor Drive	1 C5
Haight Street	9 B1	Hubbell Street	11 C3	Julian Avenue	10 F2	Leroy Place	5 A4
Hall of Justice	11 B2	Hugo Street	9 A2	Julius Castle	5 C2	Letterman Drive	3 B2
Hallam Street	11 A2	Hunter Road	2 E3	Julius Street	5 C2	Levant Street	9 C2
Halleck Street	3 B2	Huntington Park	5 B4	Juniper Street	11 A2	Levi's Plaza	5 C2
Hamilton Street	2 F2	Hyatt Regency Hotel	6 D3	Juri Commons	10 F4	Lexington Street	10 F3
Hamlin Street	5 A3	Hyde Street	4 F2	Juri Street	10 F4	Liberty Street	10 E3
Hampshire Street	11 A3	*continuação*	5 A2	Justin Herman Plaza	6 D3	Liggett Avenue	3 B3
Hampton Place	6 D5	Hyde Street Pier	4 F1			Lilac Street	10 F4
Hancock Street	10 D3			**I**		Lily Pond	9 A1
Harriet Street	11 A1	**I**		Icehouse Alley	5 C2	Lily Street	10 E1
Harrison Boulevard	2 E3	Idora Avenue	9 A5			Linares Avenue	9 A4
Harrison Street	6 D5	Illinois Lane	5 C3	**K**		Lincoln Boulevard	2 E5
continuação	11 A2	Illinois Street	11 D3	Kansas Street	11 B3	*continuação*	3 A2
Hartford Street	10 D2	Indiana Street	11 C5	Kearny Street	5 C1	Lincoln Park	1 B5
		Infantry Terrace	3 A3	Kensington Way	9 A5	Lincoln Park Municipal Golf Course	1 C5
				Keyes Avenue	3 B2		

GUIA DE RUAS | 305

Street	Ref
Lincoln Way	7 B3
continuação	9 A2
Linda Street	10 E3
Linden Street	4 E5
Livingston Street	3 A2
Lloyd Lake	8 E2
Lloyd Street	10 D1
Locksley Avenue	9 A3
Locust Street	3 B4
Lombard Street	3 B3
continuação	5 A2
Lomita Avenue	8 F4
Lone Mia Terrace	3 B5
Long Avenue	2 F2
Longview Court	9 B4
Lopez Avenue	9 A5
Loraine Court	3 B5
Louise M. Davies Symphony Hall	4 F5
Lovers Lane	3 B2
Lower Terrace	9 C2
Lower Vista Terrace	9 C2
Lucky Street	11 A5
Lundeen Street	3 B1
Lundys Lane	10 F5
Lupine Avenue	3 C4
Lurline Street	8 F3
Lurmont Terrace	5 A2
Lusk Street	11 C1
Lynch Street	4 F3
continuação	5 A3
Lyon Street	3 C2
continuação	9 C1

M

Street	Ref
MacArthur Avenue	3 B3
Macondray Lane	4 F2
continuação	5 A3
Macrae Street	3 B3
Macy's	5 C5
Madera Street	11 C4
Magellan Avenue	9 A5
Magnolia Street	4 D2
Main Street	6 D4
Malden Alley	6 D5
Mallard Lakes	8 D3
Mallorca Way	4 D2
Manzanita Avenue	3 B4
Maple Street	3 B4
Marcela Avenue	9 A4
Marietta Drive	9 B5
Marin Street	11 B5
Marina Boulevard	3 C1
Marina Green	4 D1
Marina Green Drive	4 D1
Marine Drive	2 E2
continuação	3 A2
Marion Place	5 A2
Mariposa Street	11 A3
Maritime Plaza	6 D3
Mark Hopkins Inter-Continenental Hotel	5 B4
Market Street	5 C5
continuação	9 C4
continuação	11 A1
Mars Street	9 C3
Marshall Street	3 B1
Martin Luther King Junior Drive	7 A3
continuação	9 A2
Martinez Street	3 B2
Marvel Court	1 C5
Marview Way	9 B3
Marx Meadow Drive	8 D2
Mary Street	11 B1
Mason Street	3 A2
Mason Street	5 B2
Masonic Avenue	3 C4
continuação	9 C1
Mauldin Street	2 F2
Mayfair Drive	3 B4
McAllister Street	3 C5
continuação	9 A1
McArthur Avenue	4 E1
McCoppin Street	10 F1
McDowell Avenue	2 F3
McKinley Square	11 B4
McLaren Avenue	2 D5
Meacham Place	5 A5
Mendosa Avenue	9 A4
Merced Avenue	9 A5
Merchant Road	2 E2
Merchant Street	5 C3
Merchant's Exchange	5 C4
Mersey Street	10 E4
Mesa Avenue	9 A4
Mesa Street	3 B2
Metson Lake	8 D2
Metson Road	7 C3
Midcrest Way	9 B5
Middle Drive East	9 A1
Middle Drive West	7 C3
Middle Street	4 D4
Midtown Terrace Recreation Center	9 B4
Midway Street	5 B1
Miley Street	3 C3
Miller Road	2 E2
Minna Street	5 C5
continuação	10 F1
continuação	11 A1
Minnesota Street	11 C5
Mint Street	5 C5
continuação	11 A1
Mirabel Avenue	10 F5
Mission Cultural Center	10 F4
Mission Dolores	10 E2
Mission Playground	10 F3
Mission Rock Street	11 D2
Mission Street	5 C5
continuação	10 F1
continuação	11 A1
Mississippi Street	11 C3
Missouri Street	11 C3
Mistral Street	11 A4
Monroe Street	5 C4
Montalvo Avenue	9 A5
Montclair Terrace	4 F2
continuação	5 A2
Montezuma Street	10 F5
Montgomery Street	3 A2
Montgomery Street	5 C2
Montgomery Street Station	5 C4
Moraga Street	7 B4
Morage Avenue	3 A2
Morrell Street	4 F3
continuação	5 A3
Morris Road	2 F3
Morton Street	3 B3
Moscone Convention Center	6 D5
continuação	11 B1
Moss Street	11 A1
Moulton Street	4 D2
Mount Lane	8 F4
Mount Sutro	9 A3
Mountain Lake	2 F4
Mountain Lake Park	2 F5
Mountain Spring Avenue	9 B3
Mountview Court	9 B5
Mulford Alley	5 B4
Municipal Pier	4 E1
Museum of Modern Art	6 D5
Museum Way	10 D2
Myrtle Street	4 F4
continuação	5 A5

N

Street	Ref
NAMES Project, The	10 D2
Natoma Street	10 F1
continuação	11 A1
Nauman Road	3 A3
Neiman Marcus	5 C5
Nellie Street	10 E4
Newburg Street	10 D5
Newell Street	5 B2
Nido Avenue	3 C5
Noe Street	10 D2
Norfolk Street	11 A2
Noriega Street	7 B4
North Beach Museum	5 B3
North Beach Playground	5 B2
North Lake Road	7 B2
North Point Street	3 C2
North Point Street	5 A2
Northview Court	4 F1
Number One Market Street	6 D3

O

Street	Ref
O'Reilly Avenue	3 B2
O'Shaughnessy Boulevard	9 B5
O'Farrell Street	3 C5
O'Farrell Street	5 A5
Oak Park Drive	9 A4
Oak Street	9 B1
Oakwood Street	10 E3
Ocean Beach	7 A2
Octagon House	4 E2
Octavia Street	4 E2
Old Mason Street	3 A2
Old Saint Mary's Church	5 C4
Old United States Mint	5 C5
continuação	11 B1
Olive Street	4 F4
continuação	5 A5
Olympia Way	9 B4
Ora Way	10 D5
Orange Alley	10 F4
Orange Street	10 F4
Ord Court	9 C2
Ord Street	9 C2
Ortega Street	7 B5
Osage Alley	10 F4
Osage Street	10 F4
Osgood Place	5 C3
Otis Street	10 F1
Overlook Drive	8 D2
Owens Street	11 C2

P

Street	Ref
Pacheco Street	7 B5
continuação	9 A4
Pachelo Street	9 A5
Pacific Avenue	3 C3
continuação	5 A3
Pacific Coast Stock Exchange	5 C4
Pacific Heritage Museum	5 C3
Pacific Telephone Building	6 D5
Pacific Union Club	5 B4

GUIA DE RUAS

Page Street	9 B1	Pier 47	4 F1	Ralston Avenue	2 E2	Saint Ignatius	
Palace Drive	3 C2	continuação	5 A1	Ramona Street	10 E2	Church	9 B1
Palace of Fine Arts	3 C2	Pierce Street	4 D2	Rausch Street	11 A1	Saint Joseph's	
Pali Road	11 B5	Pierce Street	10 D1	Rawles Street	3 C3	Avenue	3 C5
Palm Avenue	3 B4	Pine Street	3 C4	Raycliff Terrace	3 C3	Saint Mary's	
Palo Alto Avenue	9 B3	continuação	5 A4	Recreation		Cathedral	4 E4
Panhandle	9 C1	Pino Alley	7 C3	Grounds	9 A2	Saint Mary's Square	5 C4
Panorama Drive	9 B4	Piper Loop	3 A3	Red Rock Way	9 C5	Saints Peter and	
Pardee Alley	5 B2	Pixley Street	4 D2	Redwood Street	4 F5	Paul Church	5 B2
Park Boulevard	2 F3	Pleasant Street	5 B4	Reed Street	4 F3	Saks	5 C4
Park Hill Avenue	10 D2	Plum Street	10 F1	continuação	5 A4	Sal Street	3 B2
Park Presidio		Point Lobos Avenue	7 A1	Reservoir	9 B3	Salmon Street	5 B3
Boulevard	2 F5	Polk Street	4 F2	Reservoir	9 B5	San Bruno Avenue	11 B4
continuação	8 F1	continuação	5 A3	Reservoir Street	10 E2	San Carlos Street	10 F3
Park Presidio		Polo Fields	7 C2	Retiro Way	4 D2	San Francisco Art	
By Pass	8 E2	Pond Street	10 D2	Rhone Island		Institute	4 F2
Parker Avenue	3 B4	Pope Street	2 E3	Street	11 B2	continuação	5 A2
Parkridge Drive	9 C4	Poplar Street	10 F4	Richard Spreckels		San Francisco Arts	
Parnassus Avenue	9 B2	Portola Drive	9 B5	Mansion	9 C2	Commission	
Parsons Street	9 B1	Portola Street	3 B3	Richardson Avenue	3 C2	Gallery	4 F5
Patten Road	3 A2	Post Street	3 C4	Richmond		San Francisco	
Pearce Street	2 F2	continuação	5 A5	Playground	2 E5	Center	5 C5
Pearl Street	10 E1	Potomac Street	10 D1	Rico Way	4 D1	San Francisco	
Pelton Alley	5 C3	Potrero Del Sok		Riley Avenue	3 A2	General Hospital	11 B4
Pena Street	3 B2	Park	11 B5	Rincon Center	6 E4	San Francisco Main	
Pennington Street	3 A2	Potrero Hill		Rincon Street	6 E5	Library	4 F5
Pennsylvania		Playground	11 C4	Ringold Street	11 A2	San Francisco	
Avenue	11 C4	Potrero Avenue	11 A3	Ripley's Believe It		National Maritime	
Perego Terrace	9 C4	Powell Street	5 B1	Or Not! Museum	4 F1	Museum	4 E1
Perine Place	4 D4	Powell Street Cable		continuação	5 A1	San Francisco	
Pershing Drive	2 E4	Car Turntable	5 B5	Ritch Street	11 C1	National Military	
Peter York Street	4 E4	Powell Street Station	5 C5	Rivera Street	7 C5	Cemetery	3 A2
Pfeiffer Street	5 B2	Powers Avenue	10 F5	Rivoli Street	9 B2	San Francisco New	
Piedmont Street	9 C2	Powhatten Avenue	10 F5	Roach Street	5 B2	Public Library	4 F5
Pier 1	6 D3	Prado Street	3 C1	Rochambeau		continuação	11 A1
Pier 2	6 E3	Pratt Place	5 B4	Playground	2 D5	San Francisco	
Pier 3	6 D3	Precita Avenue	10 F5	Rockaway Avenue	9 A5	Oakland Bay	
Pier 5	6 D3	Prescott Court	5 C3	Rockdale Drive	9 B5	Bridge	6 E4
Pier 7	6 D2	Presidio Army Golf		Rockridge Drive	8 F5	San Francisco Visitors	
Pier 9	6 D2	Course	2 F4	Rod Road	2 F3	Information	
Pier 15	6 D2	continuação	3 A3	Rodgers Street	11 A2	Center	5 B5
Pier 17	6 D2	Presidio Avenue	3 C3	Rodriguez Street	3 B3	San Jose Avenue	10 F4
Pier 19	6 D2	Presidio Boulevard	3 B2	Romain Street	9 C3	San Marcos Avenue	9 A5
Pier 23	6 D2	Presidio Museum	3 B2	Rondel Place	10 F2	Sanches Street	3 B3
Pier 24	6 E4	Presidio Officers'		Roosevelt Way	9 C2	Sanches Street	3 B3
Pier 26	6 F4	Club	3 A2	Rose Street	10 E1	Sanchez Street	10 E1
Pier 27	6 D2	Presidio Terrace	3 A4	Roselyn Terrace	3 C5	Sansome Street	5 C2
Pier 28	6 F4	Priest Street	5 B4	Rossi Avenue	3 B5	Santa Rita Avenue	9 A5
Pier 29	5 C1	Prospect Avenue	10 F5	Ruckman Avenue	2 F3	Saturn Street	9 C2
Pier 30	6 F5	Prosper Street	10 D2	Ruger Street	3 C3	Scenic Way	2 D4
Pier 31	5 C1			Russ Street	11 A1	Schofield Road	2 F3
Pier 32	6 F5	**Q**		Russian Hill Park	4 F2	Scott Street	3 C2
Pier 33	5 C1			continuação	5 A2	continuação	10 D1
Pier 34	6 F5	Quane Street	10 E3			Sea Cliff Avenue	2 D5
Pier 35	5 C1	Quarry Road	3 B3	**S**		Seal Rock Drive	7 A1
Pier 36	6 E5	Queen Wilhelmina's				Seal Rocks	7 A1
Pier 38	6 F5	Tulip Gardens	7 A2	Sacramento Street	3 B4	Seaview Terrace	2 D5
Pier 39	5 B1	Quintara Street	7 B5	continuação	5 A4	Second Avenue	3 A4
Pier 41	5 B1			Safira Lane	10 D5	continuação	9 A1
Pier 43	5 B1	**R**		Saint George Alley	5 C4	Second Street	6 D5
Pier 45	4 F1	Racoon Drive	9 C3	Saint Germain		Selma Way	8 F4
continuação	5 A1	Radio Terrace	8 F5	Avenue	9 B3		

GUIA DE RUAS | 307

Sergeant John		Stillman Street	6 D5	Transamerica		Vedanta Temple	4 D2
McAuley Park	4 F4	continuação	11 C1	Pyramid	5 C3	Vega Street	3 C5
continuação	5 A5	Stillwell Road	2 E4	Transbay Terminal	6 D4	Venard Alley	5 B2
Sergeant Mitchell		Stockton Street	5 B1	Transverse Drive	8 E2	Ventura Avenue	9 A4
Street	3 B1	Stockton Tunnel	5 C4	Treat Avenue	11 A3	Vermont Street	11 B3
Severn Street	10 E4	Stone Street	2 E2	Trenton Street	5B3	Veronica Place	6 D5
Seward Street	9 C3	Stone Street	5 B3	Trinity Street	5 C4	Veteran's	
Seymour Street	4 D5	Storey Avenue	2 E2	Troy Alley	4 F3	Building	4 F5
Shafter Road	3 B3	Stow Lake	8 E2	continuação	5 A4	Vicksburg Street	10 E4
Shakespeare		Stow Lake Drive	8 E2	Truby Street	3 C2	Villa Terrace	9 C3
Garden	8 F2	Strawberry Hill	8 E2	Tubbs Street	11 D4	Vinton Court	5 C4
Shannon Street	5 B5	Strybing Arboretum	8 F2	Turk Street	3 C5	Virgil Street	10 F4
Sharon Street	10 E2	Summer Avenue	3 B2	continuação	5 B5	continuação	11 A5
Sheldon Street	8 F4	Sumner Street	11 A1	continuação	11 A1	Virginia Avenue	10 F5
Sheraton Palace		Sunset Boulevard	7 C4	Turquoise Way	9 C5	Vision Gallery	11 A1
Hotel	5 C4	Sunset Heights Park	8 F5	Twin Peaks	9 C4	Vista Court	3 B3
Sheridan Avenue	3 A2	Sunset Playground	8 D4	Twin Peaks		Vista Lane	9 C4
Sheridan Street	11 A2	Sunset Reservoir	8 D5	Boulevard	9 B4		
Sherman Road	3 B3	Sunview Drive	9 C5	Twin Peaks		**W**	
Sherman Street	11 B1	Sutro Heights		Reservoir	9 B3		
Shipley Street	11 B1	Avenue	7 A1			Waldo Alley	5 A3
Shore View Avenue	7 C1	Sutro Heights Park	7 A1	**U**		Wallen Court	3 B3
Short Street	9 C3	Sutro Tower	9 B3			Waller Street	9 B2
Shotwell Street	10 F2	Sutter Street	3 C4	Ulloa Street	9 A5	Walnut Street	3 C4
continuação	11 A4	continuação	5 A5	Union Square	5 C5	Walter Street	10 D1
Shrader Street	9 B1	Sycamore Street	10 F2	Union Street	3 C3	War Memorial	
Sibert Loop	3 A3			continuação	5 A3	Opera House	4 F5
Sibley Road	3 B3	**T**		University of		Warner Place	5 A3
Sierra Street	11 C4			California Medical		Warren Drive	9 A3
Simonds Loop	3 B3	Taber Place	11 C1	Center	9 A2	Washburn Street	11 A2
Skyview Way	9 B4	Tamalpais Terrace	3 C5	University of		Washington	
Sola Avenue	9 A4	Tank Hill Park	9 C3	San Francisco	3 B5	Boulevard	2 E3
Sonoma Street	5 C2	Taylor Road	3 A2	Upper Noe		continuação	3 A3
Sotelo Avenue	9 A4	Taylor Street	4 F1	Recreation		Washington Square	5 B2
South Park	11 C1	continuação	5 A1	Center	10 E5	Washington Street	3 B4
South Van Ness		Tea Garden Drive	8 F2	Upper Service		continuação	5 A4
Avenue	10 F1	Tehama Street	6 D5	Road	9 A3	Water Street	5 B2
Southard Place	4 F2	continuação	11 A2	Upper Terrace	9 C2	Wave Organ	4 D1
continuação	5 A2	Telegraph Hill Park	5 C2	Upton Avenue	2 F3	Wax Museum	5 B1
Southern Heights		Temescal Terrace	3 B5	Uranus Terrace	9 C3	Wayne Place	5 B3
Avenue	11 B4	Temple Emanu-El	3 A4	USS Pampanito	4 F1	Webb Place	5 B3
Southern Pacific		Temple Street	9 C2	continuação	5 A1	Webster Street	4 D1
Railroad	11 C2	Tennessee Street	11 D4	Utah Street	11 B3	continuação	10 E1
Spear Street	6 E4	Teresita Boulevard	9 B5			Wedemeyer Street	2 E4
Spreckels Lake	7 C2	Terra Vista Avenue	3 C5	**V**		Wells Fargo	
Spreckels Lake		Texas Street	11 C5			History Room	5 C4
Drive	7 C2	The Cannery	4 F1	Valencia Street	10 F2	Welsh Street	11 C1
Spreckels Mansion	4 E3	continuação	5 A1	Vallejo Street	3 B2	West Broadway	3 C3
Spruce Street	3 B4	The Embarcadero	5 C1	Vallejo Street	4 D3	West Clay Street	2 D5
Stanford Street	11 C1	Thomas Avenue	3 A3	continuação	5 A3	West Pacific	
Stanyan Street	3 B5	Thornburg Road	3 B2	Vallejo Street		Avenue	3 A4
continuação	9 B1	Tiffany Avenue	10 F5	Stairway	5 B3	West Sunset	
Starr King Way	4 F4	Tin How Temple	5 C3	Valley Street	10 D5	Playground	7 C5
Starview Way	9 B4	Toledo Way	4 D2	Valparaiso Street	5 B2	Westin Saint	
States Street	9 C2	Topaz Way	10 D5	Van Ness Avenue	4 E1	Francis Hotel	5 B5
Steiner Street	4 D4	Torney Avenue	3 B2	continuação	5 A5	Wetmore Street	5 B3
continuação	10 D1	Townsend Street	11 B2	Van Ness Station	10 F1	White Street	5 A3
Steuart Street	6 E4	Tracy Place	5 B3	Vandewater Street	5 B1	Whiting Street	5 C2
Steveloe Place	5 B5	Trainor Street	10 F1	Varennes Street	5 C2	Wiese Street	10 F2
Stevenson Street	6 D4	continuação	11 A3	Varney Place	11 C1	Willard Street	9 B2
continuação	11 A1			Vasquez Avenue	9 A5		

Willard Street North	3 B5	Woodhaven Court	9 B3
Willow Street	4 F5	Woodland Avenue	9 B2
continuação	5 A5	Woodside Avenue	9 A5
Wilmot Street	4 D4	Woodward Street	10 F1
Winfield Street	10 F5	Wool Court	2 F3
Winn Way	3 C2	World Trade Center	6 E3
Winthrop Street	5 C2	Worth Street	10 D4
Wisconsin Street	11 B4	Wright Loop	2 F3
Wood Street	3 C4	Wyman Avenue	2 F5

Y

Yacht Road	3 C1
Yerba Buena Gardens	5 C5
York Street	11 A4
Young Street	3 B2
Yukon Street	9 C3

Z

Zeno Place	6 E4
Zoe Street	11 C1

Índice Geral

Os números de página em **negrito** referem-se às entradas principais.

17-Mile Drive, rota panorâmica 189
3Com Park *ver* Candlestick Park
440 Castro 256, 257
49-Mile Scenic Drive 56-7
511, site 280, 281
555 California 110, **113**
92 chaise (Pfau Jones) 122
924 Gilman Street 254, 255

A

A.F. Morrison Memorial Library (UC Berkeley) 178
Abakanowicz, Magdalena
 Quatro em um banco 120
Academias de ginástica **260**, 261
Acessórios, lojas 238-41
Achados e perdidos 271
Acomodações 208-21
 econômicas 210-1, 214, 268, 269
 em casas particulares 210, **211**
AcroSports 263
Actors Theater of San Francisco 251
Adams, Ansel 194
Adams, John 252
Adler Alley 88
Aérea, viagem **276-7**, 279
Aeroporto Internacional de San José **277**, 279
African Diaspora, Museum of the 115
African Hall (California Academy of Sciences) 152
Afro-americanos 43
Água mineral 221
Ahwahnee Hotel (Yosemite National Park) 202, **205**
Aids/HIV 34, 44, **45**
Alamo Square 12-3, 48, **131**, 137
Albergues da juventude 175, 210, **211**
Alcatraz Cruises 287
Alcatraz Pier 83
Alcatraz: fuga impossível (filme) 85, 250
Alexander Book Company 180
Alfândega, informações 266
Alice Street Community Gardens 181
Alpine Meadows 199, 260, 261
Alta Plaza 70, **73**, 250
Altimira, padre José 196, 197
Alvarado, Juan Batista 26
AMC Kabuki 50, 130, 250, 251
AMC Metreon 16 250, 251
AMC Van Ness 14 250, 251
Amelie 258, 259
American Association of Retired People 268, 269
American Child Care Services, Inc. **262**, 263
American Civil Liberties Union 44
American Conservatory Theater (ACT) **118**, 251
Amtrak **278**, 279
Anchorage Shopping Center 80
Anderson Valley 191
Angel Island 83, **163**
Anglin, John e Clarence 85
Ano Nuevo State Park 188
Ano-Novo chinês, desfile 53
Anos Dourados 32-3
Anza, Juan de 25
Apartamentos equipados 210, **211**
Apple Computer 34
Applegarth, George 72, 158
Aprendizes de navegação, casa de barcos 175
Aquarium of the Bay Marine Nature Center 86
Aquatic Park 173, 263
 passeio a pé 174-5
Arlequin Café 230, 231

Arquitetura vitoriana 46, **48**
 Alamo Square 131
 casas vitorianas em São Francisco 76-7
 Cottage Row 130
 Haight Ashbury 133, 136
 Lower Haight, bairro 137
 Mission District 140, 141
 Old Oakland 167
 Russian Hill 182
Arquitetura
 casas vitorianas em São Francisco 76-7
 Como Explorar São Francisco 48-9
 Napa Valley, região vinícola 194
 O Melhor de São Francisco 46-7
 proteção contra terremotos 113
 religiosa 48-9
 SFMoMA 122-3
Arte mexicana 122
Artes midiáticas
 SFMoMA 123
Artesã, vinícola (Napa Valley) 194
Artistas de rua 249
Arts and Crafts, estilo 46, **48**, 74, 182
Asa delta
 Lake Tahoe 200
Asawa, Ruth 130
Ashkenaz Music & Dance Café 255
Asian Art Museum 10, 39, 40, 127, **128**
 arquitetura 49
 loja 237
AT&T Park 11, 35, 50, 51, 247, 260, 261
Atividade glacial 201, 204
Atividades ao ar livre *ver* Esportes e atividades ao ar livre
Audium 252, 253
August Fashion Week 238
Auto Return 288
Avalon Ballroom 131
Ayala Cove (Angel Island) 163
Ayala, Juan Manuel de 25, 85
AYPAL (Asian Pacific Islander Youth Promoting Advocacy) 142

B

Babás 262, 263
Backroads Bicycle Tours 261
Badger Pass 205, 260, 261
Baía, viagens pela 287
Bailey, Clayton 41
Baker Beach 58, 59, 60, **62**
Baker, Edward 28
Balclutha, SS 75, 87
Balé 52, 248, 252-3
Baleias 53
 navios baleeiros 26
 observação de 260
Baleias-cinzentas 53, 196
Balloon Journey (Precita Eyes) 142
Balmy Alley, mural 140, 142, **143**
Balões 195
Bancos **272**, 273
 horário de funcionamento 267
Bancroft Library (UC Berkeley) 178
Banheiros públicos 267
Banhos de lama (Calistoga) 195
Bank of America 97, 113
Barbary Coast 23, 28, 29, 112
Barco à vela no Sena (Monet) 38
Barcos **260**, 261
 Lake Tahoe 200
Bares 258-9
"Barões ladrões" 104
BART 286
Basquete **260**, 261
Bastidores, visitas 253
BATS Improv no Bayfront Theater 75
Battery Chamberlin (Baker Beach) 62
Bay Area Discovery Museum (Sausalito) **262**, 263
Bay Area Green Business Program 269
Bay Area Music 254
Bay Area Rapid Transit *ver* BART

Bay Area
 mapa 16-7
 terremotos 20-1
Bay Bridge 14, 160, **166-7**
 inauguração 33
Bay City Bike 281
Bay Club SF Tennis 261
Bay Guardian 254, 256, 266, 275
Bay Model (Sausalito) 163
Bay Times 256
Bay to Breakers, corrida 50
Beach Blanket Babylon 89, 246, 251
Beach Chalet 258, 259
Bear Flag, a revolta de 27
Beat, movimento 34, **88**
 North Beach Beat Museum 89
Beaulieu, vinícola (Napa Valley) 194
Bed-and-breakfast **208-9**, 212
Beisebol 35, 50, 51, **260**, 261
 abertura da temporada 50
Belas-artes, estilo 46, 48, **49**
 Civic Center 125, 126, 128, 129
 Russian Hill 182
 Spreckels Mansion 72
Belluschi, Pietro 130
Benton, Fletcher
 M, escultura 40
Bercut Equestrian Field (Golden Gate Park) 155
Beringer, vinícolas (Napa Valley) 192, 194
Berkeley 161, **164-5**
 passeio a pé pelo campus 178-9
Berkeley Art Museum 40, 164, 179
Berkeley Opera 252
Berkeley Repertory Theater 251
Bernhardt, Sarah 115
Bibliotecas 41
 Blumental Library (Berkeley) 165
 Helen Crocker Russell Library of Horticulture 154
 Maritime Library 75
 New Main Library 33, 41, **127**
 Old Main Library 49, 127, **128**
 Stanford University 41
 University of California em Berkeley 41, 178
Bicicletas *ver* Ciclismo
Bierce, Ambrose 136
Big Brother 131
Big Four 28, 97, **104**
Bill Graham Civic Auditorium 49, 127, **128**
Bimbo's 365 Club 254, 255
BIN38 258, 259
Biordi Art Imports 236, 237
Bird Island 176-7
Biscoitos da sorte 101
Biscuits and Blues 255, 258, 259
Black Bart 112
Black History Month 53
Black Panthers 34
Black Point 175
Blazing Saddles 261, 281
Bliss State Park 198
Bliss, William Danforth 201
Bloomingdale's 119, **233**
Blue and Gold Fleet 81, **287**
Blues, música 255
Blumental Library (Berkeley) 165
Bobcat Trail, percurso 177
Bocce 92
Bocce Ball Courts **92**, 175
Bodega Bay **190**, 250
Boles, Charles 112
Bondes 37, 97, 98, **106-7**
 Cable Car Museum 105
 Cable Car Store 236, 237
 como andar de bonde 284-5
 funcionamento 106
 história 28
 Powell Street Cable Car Turntable 119
Bondes elétricos 282-3
Boom Boom Room 255

ÍNDICE GERAL

Boonville 191
Borboletas 189
Botta, Mario 39, 49, 120, 180
Bottom of the Hill 254, 255
Boudin Sourdough Bakery 81
Bourne II, William 171
Brady, coronel William 93
Brannan, Sam 26, 102
Brechó, roupas 240, 241
Brinquedos e jogos, lojas 236, 237, 263
Broadway (Alcatraz) 84
Broadway 88
Brocklehurst, Charles 112
"Brown Bag Operas" 247
Brown, Arthur 49, 63, 93, 129
Brown, Willie 35
Bubble Lounge 258, 259
Buckshot Restaurant, Bar & Gameroom 258, 259
Buena Vista Café 258, 259
Buena Vista Park 135, **137**
Buena Vista, vinícola (Sonoma Valley) 197
Bufano, Beniamino 174, 194
Buffalo Paddock (Golden Gate Park) 155
Build-A-Bear Workshop 261
Bulgari 236, 237
Bumpass Hell (Lassen Volcanic National Park) 196
Burlington Coat Factory 238, 239
Burnham, Daniel 30
Burton, Phillip
   estátua 175

C

CA Thayer, escuna 87
Cable Car Barn 106, 107, 284, 285
Cable Car Charters 281
Cabrilho, João 23, 24
Cães cavalheiros do campo (De Forest) 121
Café (bebida) **221**, 230
   café da manhã 231
Cafés 230
   Café Cocomo 256, 257
   Café de la Presse 230, 275
   Café du Nord 255, 258, 259
   Café du Soleil 230, 231
   Café Mocha 230, 231
   Caffè Trieste 89, 230, 245
   ver também Restaurantes e cafés
Caiaque 260
   Lake Tahoe 200, 201
Caixas eletrônicos 272
Cakebread Cellars (Napa Valley) 194
Calendário de eventos 50-3
California Academy of Sciences 37, 38, 147, **152-3**
   Academy Store 236-7
   exposições 25, 41
   Prepare-se 153
   Roteiros em São Francisco 12, 13
California Art, Gallery of (Oakland Museum of California) 168
California Arts (SFMoMA) 121, **123**
California Coast Tank (California Academy of Sciences) 153
California Cuisine 218
California Farmers' Market Association 269
California Golden Bears 52
California Hall (UC Berkeley) 173, 178
California Historical Society 40, **115**, 180
California Marine Mammal Center **177**, 262
California State Capitol (Sacramento) 197
California State Railroad Museum (Sacramento) 197
California Street 111
California Welcome Center 247
Calistoga 13, 192, **195**
CalTrain **278**, 279
Camera Obscura (Sutro Heights Park) 159
Caminhadas
   Lake Tahoe 200
   Yosemite 204, 205
Candlestick Park 35
Capela Ortodoxa Russa (Fort Ross) 190, **191**
Capone, Al 85

Capp Street, 1715-1717 77
Cápsula do tempo 90, 92
Caranguejo Dungeness 80, **219**
Carmel 188, **189**
Carnaval Mural 140, 142
Carnaval SF 50, 140
Carnes, Clarence 85
Carroça rural da Califórnia 169
Carros
   aluguel 288
   como chegar a São Francisco **278**, 279
   dirigir em São Francisco 288
Carrossel Hershell-Spillman (Golden Gate Park) 149
Carruagens, passeios de 281
Cartões de crédito **272**, 273
   documento de identidade com foto 267
   em lojas 232
Cartoon Art Museum 180
Caruso, Enrico 115
Casa, artigos para 244, 245
Casamentos entre pessoas do mesmo sexo 44, 45
Casas de câmbio **272**, 273
Casas noturnas 256-7
Casas particulares, acomodação em 211
Casino, prédio 174
Casper, M. 39
Cass' Marina (Sausalito) 260, 261
Cassady, Neal 34
Cassinos (Lake Tahoe) 198, 201
Castro District 133, **138**
   compras 238-9
   comunidade gay 44, 45
   hotéis 212, 214
   passeios 281
   restaurantes 225-6
Castro Street 138
Castro Street Fair 44, 45, 52
Castro Theater 13, **138**, 250, 251
Cat Club 256, 257
Catedrais *ver* Igrejas e catedrais
Cavagnero, Mark 49
Cavalos, passeios 155
Celulares **274**, 275
Central Pacific Railroad 28, 104
Centro da cidade
   hotéis 212-5
   restaurantes 222-3
Century San Francisco Center 250, 251
Cervantes, Miguel de
   busto 147
Cerveja 191, 216, **221**
   bares 258, 259
Cervejarias 191, 216
Cha Cha Cha 133, 134
Chateau Montelena, vinícola (Napa Valley) 194
Château St. Jean (Sonoma Valley) 197
Chateau Tivoli 76
Cherry Blossom Festival 50, 130
Chestnut Street **75**, 239
Chez Panisse (Berkeley) 164
Children's Creativity Museum 10, 116, **262**, 263
Children's Discovery Museum (San José) 171
Children's Playground (Golden Gate Park) 149
Chinatown Alleys 98, **101**
Chinatown e Nob Hill 30, 42, **96-105**
   como cenário de filme 250
   mapa da região 97
   Mapa Rua a Rua 98-9
   passeios 281
   Roteiros em São Francisco 11, 12, 13
Chinatown Gateway 99, **100**
Chinatown Kite Shop 236, 237
Chinese Cultural Center 99
Chinese Historical Society of America 39, 41, 98, **102**
Ching, Daniel 102
Chocolate 87, 263
Choris, Ludovic
   Dança na Mission Dolores 24-5

Christ Scientist, Church of 48
Chuvas 53
Ciclismo 261
   em São Francisco 281
   Lake Tahoe 200
   Napa Valley 195
Ciência e tecnologia, museus de 41
Cinco de Mayo 50
Cinema *ver* Filmes
Cinematheque 250, 251
City and County of San Francisco 268, 269
City Bike Hotline 281
City Lights Bookstore 88, 89
City Nights 256, 257
City of San Francisco Recreation and Parks Department 260, 261
CityPASS 266, **267**
Civic Center 57, **124-31**
   mapa da região 125
   Mapa Rua a Rua 126-7
   Roteiros em São Francisco 12, 13
Civic Center Plaza 125, 127, 128
Claremont Resort, Spa and Tennis Club (Berkeley) **165**, 261
Clarke, Alfred (Nobby) **141**
Clarke's Folly 48, 141
Claudel, Camille
   busto de (Rodin) 158
Clay Street 107
Clay Theater 248, 250, 251
Clement Street 63
Cliff House 13, 18, 155, **159**
Clima 51-3
Clos du Val (Napa Valley) 193
Clos Pegase, vinícola (Napa Valley) 13, **192**, 194
Club Deluxe 254, 255
Club Fugazi **89**, 251
Coach, loja 236, 237
Coastal Trail 60, 144, 159
Cobbs Comedy Club 247, 257
Cobertura, bares na 258, 259
Códigos de telefone 274
Cody, William ("Buffalo Bill") 155
Coit Tower 32, 37, 47, 57, **92-3**
   murais 78, 93, 142
   Roteiros em São Francisco 11, 12, 13
   Telegraph Hill 90, 91
Coit, Lillie Hitchcock 93
Colombo, Cristóvão
   estátua 90
Colton Hall (Monterey) 189
Columbarium 149
Columbus Café 88, 89
Columbus Day Parade 52
Comédia 247, 248
   clubes de 257
Comercial, arquitetura 49
Comerciantes russos 25
Comércio de peles 26, 43, 191, 196
Comida
   asiática 218-9
   chinesa 218, 219
   de rua 216
   italiana 218, 219
   mexicana 218, 219, 231
Comidas e bebidas
   compras 244, 245
   O que Beber em São Francisco 220-1
   para crianças 263
   Sabores de São Francisco 218-9
   ver também Restaurantes e cafés
Comix Experience 236, 237
Como dirigir em São Francisco 288
Compras 232-45
   antiguidades 234, 236, 237, 242, 243
   arte 242, 243
   artigos para casa 244, 245
   brinquedos e jogos 236, 237
   comidas e bebidas 244, 245
   como pagar 232
   computadores, eletrônicos e equipamento fotográfico 244, 245
   Crocker Galleria **118**, 233, 235
   dicas 233
   direitos do consumidor e serviços 232

ÍNDICE GERAL | 311

Compras (cont.)
feira de hortifrútis 244, 245
Gump's 13, **118**, 237
Hayes Valley **130**, 239
horário de funcionamento 232, 267
impostos 232
liquidações 232
livrarias 242, 243
lojas beneficentes 236, 237
lojas de departamento 233
lojas em museus 236-7
lojas especializadas 236, 237
mercados de pulga 244, 245
música 242, 243
Napa Valley 195
O Melhor de São Francisco 234-5
outlets 238, 239
para crianças 263
passeios 232
roupas e acessórios 238-41
shopping centers 232-3
suvenires 236, 237
Union Square, lojas **118**, 233, 239
Westfield San Francisco Center **119**, 233
Computadores, lojas de 244, 245
Comstock Lode 28, 29, 104, 114, 201
Comunicação 274-5
Comunidade italiana **42-3**, 188
Museo ItaloAmericano 41, 75
North Beach 90, 92
Comunidade judaica **43**, 63, 140
Contemporary Jewish Museum 115
Magnes Collection of Jewish Art and Life (Berkeley) 165
Comunidade
cambojana 43
chinesa **42**, 63, 79, 97-102, 167
coreana 43, 167
indígena 43
irlandesa **42**, 100
paquistanesa 43
portuguesa 188
russa **43**, 63
tailandesa 43
vietnamita 43, 167
Concord Pavilion 254, 255
Condor Club 88
Conference Center (Fort Mason) 75
Connick, Charles 105
Connor, Linda
Gruta, Tsankawee, México 123
Conservatory of Flowers (Golden Gate Park) 11, **154**
Consulados 269
Consumidores, direitos e serviços 232
Contemporânea
arquitetura 49
música 252, 253
Contemporary Jewish Museum 35, 41, 49, **115**, 180
Control Room (Alcatraz) 85
Convent of the Sacred Heart (Flood Mansion) 31, **73**, 104
Coolbirth Park 183
Coon, H. P. 148
Coppola, Francis Ford 194
Coqueteis, bares de 258, 259
Corona Heights 137
Corpo que cai, Um (filme) 139
Corrida do Ouro 23, **26-7**
arquitetura 47, **48**
Cottage Row 48, **130**
Coulter, William 114
Council on Religion and the Homosexual (CRH) 44
Country, música 255
Couro, roupas de 240, 241
Cow Hollow 73
Cow Palace 254, 255
Cowell Theater 75
Crescent City 196
Crianças **262-3**, 268, 269
acomodações 210, 211
atividades para crianças 10, **262-3**
lojas de roupas 240, 241
restaurantes e cafés 217
Crimes 270

Crissy Field 11, 32, 51, 61, **62**, 263
Crocker Galleria **118**, 233, 235
Crocker, Charles 104, 105
Crockett, Davy 173
Cruzeiros
chegada de navio 279
com refeições 287
na baía 81, **287**
Crystal Bay Corridor 200
Curran Theater **118**, 251

D

"Damas pintadas", casas 12, 13, 131
Dança 252-3
clubes 256, 257
Dança na Mission Dolores (Choris) 24-5
Daughters of Bilitis 44
Davies, Louise M. 128
Davis, Miles 131
De Forest, Roy
Cães cavalheiros do campo 121
de Young Museum 13, 38, 40, 145, 146, **149**
loja 237
Decorum 236, 237
Degas, Edgar
O empresário 159
Delis 231
DeMille, Cecil B. 92
Dentistas 271
Department of Parking and Transportation 288
Desastres naturais 271
Design
museus 40
SFMoMA 122-3
Dewey, almirante 118
Di Maggio, Joe 92
Di Rosa Preserve (Napa Valley) 194
Dia de los Muertos/Dia dos Mortos 52, 140
Dia dos Mortos 52, 140
Diebenkorn, Richard 123
Ocean Park nº 107 168
Diligências 110, 112
Dinheiro 273
Dinossauros 153
Direitos civis, movimento pelos 34
Discos, fitas e CDs 242, 243
Discovery Tidepool (California Academy of Sciences) 152
Disney, Walt 62
Divas 258, 259
Diversão 246-61
compra de ingressos 246, 247
em hotéis 209
espetáculos gratuitos 247
informações 246
ingressos com desconto 247
O Melhor de São Francisco 248-9
portadores de deficiência 247
Dixie, MS, barco (Lake Tahoe) 198
DL Bliss State Park 198
Doda, Carol 88
Doe Library (UC Berkeley) 178
Dolores Park 140
Dolores Street 12, **140**
Dolphin Club 174, **261**
Domaine Carneros (Napa Valley) 194
Domaine Chandon (Napa Valley) 192, 194, 195
Dormitório militar (Alcatraz) 82
Doyle, sir Arthur Conan 71
Drake, sir Francis 23, 24, 162, 178
Drake's Bay 24, 162
Drogas 136
Dubuffet, Jean
La chiffonière 110
Duckhorn, vinícolas (Napa Valley) 193, 194
Duncan, Isadora 118
Dungeness, caranguejo do Pacífico 80, 219
Duran, padre Narciso 25
Dutch Windmill (Golden Gate Park) 155

E

Eagle Falls (Emerald Bay State Park) 201
Eames, Charles e Ray 123
East Bay 161

East West Bank 98, **102**
Easter Sunrise Services 50
Eastlake, Charles 77
Eclipse (Perry) 108, 112
Ecológicos, hotéis 214
Ehrman Mansion (Lake Tahoe) 198, **201**
Einstein, Albert 105
El Capitán (Yosemite National Park) 204, **205**
El Cerrito Performing Arts Center (Berkeley) 252
El Rio 256, 257
El Techo de Lolinda 258, 259
Elbo Room 256, 257
Eletricidade 269
Eletrônicos, lojas de 244, 245
Elixir 258, 259
Elizabeth I, rainha 24, 178
Elle-meme 236, 237
Ellis, Charles 65
E-mail **274**, 275
Embarcadero Center 110, **112**
cinema 250, 251
compras 233
Roteiros em São Francisco 10, 11
Emerald Bay (Lake Tahoe) 198, **201**
Emergências **270**, 271
Empire Gold Mine 171
Empresário, O (Degas) 159
Endup 256, 257, 258, 259
Equipamentos
fotográficos 244, 245
esportivos 240, 241
Era do gelo 201
Era vitoriana 28-9
Esplanade Ballroom 117
Esplanade Gardens 116
Esportes e atividades ao ar livre 260-1
Lake Tahoe 200
Napa Valley 195
Esportes, bares de 258, 259
Esqui **260**, 261
Lake Tahoe **199**, 200
Yosemite 205
Esqui aquático
Lake Tahoe 200
Essa pequena é uma parada (filme) 73, 250
Estacionamento 288
em hotéis 209
Estados Unidos
anexação da Califórnia 26, 27
Etiqueta 267
em restaurantes 217, 267
Étnica, arte 41, 242, 243
Eucalyptus Grove (UC Berkeley) 179
Eureka 87, 174
Eventos
gratuitos 247, 253
ver também Diversão; Festivais e eventos
Exchange Saloon 113
Exit Theater 251
Exploratorium 41, 56, **94-5**
atividades para crianças 262, 263
loja 236, 237
Expressionismo
abstrato americano 122
alemão 122
Extranomical Tours 281

F

Fair, James 104
Fairmont Hotel 103, **104**
música ao vivo 249
terremoto de 1906 30, 31
Family Dog, coletivo 131
Fannette Island (Lake Tahoe) 201
Fantoni, Charles 92
Farallon Islands 155
Farallones National Marine Sanctuary 60, 262
Farmácias 271
Farol (ilha de Alcatraz) 82
Farquharson, David 164
Fast-food 216, **231**
Federal Art Project 91
Federal Building 127

ÍNDICE GERAL

Federal Bureau of Prisons 85
Feinstein's 254, 255
Feira Internacional de Inverno da Califórnia 147, 148, 149
Feiras 244, 245, 269
   de rua 234
   Ferry Plaza 114, 245, 269
   Oakland 167
Feriados 53
Ferlinghetti, Lawrence 88, 92
Ferrovia municipal de São Francisco *ver* Muni
Ferrovias
   California State Railroad Museum (Sacramento) 197
   como chegar a São Francisco **278**, 279
   construção 28, 29, 104
   Napa Valley Wine Train 192, **195**
   Railroad Exhibit (Oakland Museum of California) 169
   "Skunk Train" 190, 191
Ferry Plaza Wine Merchant Bar 258, 259
Ferry, prédio 30, 57, 111, **114**
   Market Place 114, 269
   Roteiros em São Francisco 11, 12, 13
Ferryboats 287
   Angel Island 163
   Ferry Building 114
Festivais e eventos
   comunidade gay 45
   festivais de cinema 250
   São Francisco Mês a Mês 50-3
   ver também Diversão
Festival Hall 33
Filbert Steps 91, **93**
Fillmore (filme) 250
Fillmore Auditorium 131, 250, 254, 255
Fillmore Street **73**, 239
Fillmore, presidente 85
Filmes **250**, 251
   cenários 250
   classificação 250
   de arte 250, 251
   estrangeiros 250, 251
   estreias 250, 251
Filoli (Woodside) 171
Financial District e Union Square 14, **108-23**
   mapa da região 109
   Mapa Rua a Rua 110-1
Fire Department Memorial 90
Firearms Museum (Winchester Mystery House) 170
First Interstate Center 111
First Unitarian Church 48, 49
Fish Alley 80
Fisherman's and Seaman's Chapel 80
Fisherman's Wharf (Monterey) 189
Fisherman's Wharf e North Beach 78-95
   mapa da região 79
   hotéis 212-4
   restaurantes 224
   artistas de rua 249
   Mapa Rua a Rua 80-1
   Roteiros em São Francisco 10, 11, 12, 13
Fitzgerald Marine Preserve 188
Flax Art and Design 236, 237
Fleet Week 52
Flood Mansion *ver* Convent of the Sacred Heart
Flood, James Leary ("rei das minas de prata") 73, 103, 104
Florence Gould Theater 158, 252, 253
Florence Street 182
Florestas tropicais do mundo (California Academy of Sciences) 153
Flower Power 34, 131, 134, 136
Focas 177
Fog City News 275
Fogo e terremoto de 1906 20, 21, 23, **30-1**
Fogos de Artifício de 4 de julho 51, 75
Folclórica, arte 242, 243
Folclórica, música 255
Folsom Street Fair 45, **52**
Fonte de energia (Stirling Calder) 32
Fontes de água quente (Calistoga) 192, **195**

Food trucks 216
Fora do Centro 160-71
Fort Alcatraz 85
Fort Bragg 190
Fort Mason 74-5
   mural 143
   museus 39, 41, 75
   passeio a pé 175
   Roteiros em São Francisco 11, 12, 13
   Segunda Guerra Mundial 32, 74
Fort Mason Center 51, **75**, 175, 251
Fort Point 11, 59, 60, **62**
Fort Ross State Historic Park 191
Fotografia e gravuras
   museus 40
   SFMoMA 123
Foundation for San Francisco's Architectural Heritage 72
Fountain Plaza 87
Four Seasons Bar 256, 257
Four-Mile Trail (Yosemite National Park) 205
Fourth Street (Berkeley) 164
Fovismo 122
Fraenkel Gallery 40, **242**, 243
Franciscan Oakville Estates (Napa Valley) 194
Franklin, Benjamin
   estátua 90, 92
Fredell, Gail
   Graphite to Taste 123
Freight & Salvage Coffeehouse 255
Fremont, John 27, 64, 85
Fringe Festival 52
Frog's Leap, vinícola (Napa Valley) 193
Frutos do mar 80, 190, 218-9
Fumo 267
   em restaurantes e cafés 217
Fuso horário 269
Futebol 52, **260**, 261

G

Galerias de arte
   comerciais 242, 243
   ver também Museus e galerias
Gamescape 236, 237, 261
Gandhi Monument 111
Gay and Lesbian Convention Visitors Bureau 269
Gay Pride Month 45
Gay Pride Parade 44, 45
Gays e lésbicas
   acomodações 210, **211**
   Aids 34
   bares 258, 259
   Castro District 138
   clubes 256, 257
   festival de cinema 45, 138, 250, 251
   São Francisco Gay: uma história 44-5
   viajantes **268**, 269
Geary Boulevard 118
Geary Theater 118, 249
Gehry, Frank 123
Ghiberti, Lorenzo 105
Ghirardelli Square 11, 37, **87**, 233
Giannini, A. P. 113
Gibbs House 73
Ginsberg, Allen 34, 89
Glacier Point (Yosemite National Park) 202, **205**
GLBT History Museum 138
GoCar Tours 281
Gold Dust Lounge 254, 255
Golden Era Building 110
Golden Gate Band 147
Golden Gate Ferry 287
Golden Gate Fortune Cookies 98, **101**, 236, 237
Golden Gate Hostel 177
Golden Gate National Park Store 236, 237
Golden Gate National Recreation Area (GGNRA)
   ilha de Alcatraz 82-3
   Marin Headlands 176-7
   sede 75, 175

Golden Gate Park e Land's End 29, 37, **144-59**
   atividades para crianças 263
   criação 148
   golfe 260, 261
   mapa da região 144-5
   Mapa Rua a Rua 146-7
   Panhandle 12, 13, 134, **136**
   restaurantes 224-5
   Roteiros em São Francisco 11, 12, 13
   Shakespeare in the Park 52
Golden Gate Promenade 75, 174, 175
Golden Gate Raptor Observatory 177
Golden Gate Theater 251
Golden Gate, ponte 18, 37, 58, 60, **64-7**
   cronologia da construção 65
   estatísticas 66
   inauguração 33, 64, **66-7**
   Prepare-se 65
   Roteiros em São Francisco 11, 12, 13
Golden State Warriors **260**, 261
Golfe
   campos de 159, 189, **260**, 261
   eventos 198
Gorjetas 267
   em hotéis 209
   em restaurantes e cafés 217
Goslinsky House 46, 48
Gough Street
   nº 2004 71
Gourmet Ghetto (Berkeley) 164
Grace Cathedral 13, 53, 103, **105**, 182
   corais 253
Graham, Bill 128, **131**
Grande Buda (Japanese Tea Garden) 146, 149
Grande Depressão 32, 93, 142
Grant Avenue 37, 96, 98-9, 100, **101**
   compras 235
Grant, Ulysses S. 101
Granzio, Guillermo 139
Graphite to Taste (Fredell) 123
Grateful Dead 131, 136, 155, 250
Graves, Michael 194
Gray Line of San Francisco 281
Gray Whale Cove 188
Great America 263
Great American Music Hall 129
Great Mall 238, 239
Great Meadow 175
Greek Theatre *ver* Hearst Greek Theatre
Green Hotel Association 269
Green Street 183
Green Tortoise 278-9
Greens Sports Bar 258, 259
Greenwich Steps 91, **93**
Greyhound Bus Line **278**, 279
Grgich Hills Cellars (Napa Valley) 194, 195
Grizzly Giant (Mariposa Grove) 203
Groezinger, vinícola (Yountville) 195
Gruta, Tsankawee, México (Connor) 123
Guerneville 190
Guerra hispano-americana 118, 140
Guia de Ruas, mapas 290-300
Gump's 13, **118**, 237
Gundlach-Bundschu, vinícola (Sonoma Valley) 197

H

Haas, William 29, 72
Haas-Lilienthal House 71, **72**
   arquitetura 46, 48
   era vitoriana 28-9
Haight Ashbury 136
Haight Ashbury e Mission District 132-43
   compras 239
   hotéis 212, 214
   mapa da região 133
   Mapa Rua a Rua 134-5
   restaurantes 225-6
   Roteiros em São Francisco 12, 13
Haight Street 234
Haight Street, feira 51
Half Dome (Yosemite National Park) 203, **204**, 205
Half Moon Bay **188**, 260

ÍNDICE GERAL | 313

Hall, William Hammond 148
Hallidie Building 47, 49
Hallidie, Andrew Smith 106, **107**
Halloween 45, **52**
Halprin, Lawrence 93
Hambúrgueres, lanchonetes 231
Haraszthy, conde Agoston 197
Harding, Warren G. 32
Harry Denton's Starlight Room 257, 258, 259
Hatch, Herbert 107
Hawk Hill 176
Hayes Valley **130**, 239
    Roteiros em São Francisco 10, 12, 13
Hearst Greek Theatre (UC Berkeley) 178, 254, 255
Hearst Mining Building (UC Berkeley) 178
Hearst Museum of Anthropology (UC Berkeley) 41, 164
Heavenly Ski Resort 198, 260, 261
Helen Crocker Russell Library of Horticulture 154
Helicóptero, passeios 281
Hellman, Isaias W. 201
Helms, Chet 131
Hemlock Tavern 256, 257
Hendrix, Jimi 34, 131, 136
Herbst Theater 126, 129, 252, 253
Heritage Walks 281
Herman, Justin 130
Hertz Hall (UC Berkeley) 252, 253
Hess Collection, vinícola (Napa Valley) 192, 194
Hess, Donald 194
Hetch Hetchy, represa 31, 33
Hidden Vine 258, 259
Hillcrest School, mural 142
Hippies 34, 131, 133, 134, 136
Hispano-americanos **42**, 133
História 22-35
    museus 41
Historic Trolley Line 80
History Museum of San José 171
Hitchcock, Alfred 139, 190, 250
HIV *ver* Aids/HIV
Hobart, Lewis Parsons 105
Holding Company 131
Holiday Lights Boat Parade 53
Holy Virgin Cathedral 43, **63**
Home for the Holidays 45
Homem de Alcatraz, O (filme) 85, 250
Homewood Ski Resort 198, 199
Hopkins, Mark 48, 89, **104**
Hopkins, Mary 104
Hopland 191
Hóquei no gelo **260**, 261
Horários das refeições 216
Horários de funcionamento 267
    lojas 232
    restaurantes e cafés 216
Hornblower Dining Yachts 287
Hospitais 271
Hotaling Building 47
Hotaling Place 110
Hotéis 208-15
    bed-and-breakfast **208-9**, 212
    centro 212-5
    de rede 208
    descontos 210
    ecológicos 214
    econômicos 214
    extras 209
    Fisherman's Wharf e North Beach 212-4
    Fora do Centro 212-5
    Haight Ashbury e Castro 212, 214
    hotéis-butique 212-3
    instalações 209
    luxuosos e spas 215
    Norte da Califórnia 212-5
    Pacific Heights e Marina 212-5
    preços 208
    reservas 210
    restaurantes em 216
    SoMa e Mission 212-5
Hotel Utah Saloon 254, 255
House of Happy Walls (Jack London State Historic Park) 197
Howard, John Galen 49, 128, 178
Huether, Gordon 194
Humboldt Lagoons State Park 196
Huntington Hotel 103
Huntington Park 103
Huntington, Collis P. 103, 104, 154
Hyatt Regency Hotel 108, **112**
Hyde Street 183
Hyde Street Pier 87, 173, **174**

I

Identificação (ID) 267
Idosos viajantes **268**, 269
Igrejas e catedrais
    Church of Christ Scientist 48
    Church of St. Mary the Virgin 74
    First Unitarian Church 48, 49
    Fisherman's and Seaman's Chapel 80
    Grace Cathedral 13, 53, 103, **105**, 182
    Holy Virgin Cathedral 43, **63**
    Memorial Church (Stanford University) 171
    Mission Carmel 188, **189**
    Mormon Temple (Oakland) 166
    Noe Valley Presbyterian Church 140
    Notre Dame des Victoires 49
    Old First Presbyterian Church 252, 253
    Old St. Mary's Cathedral 47, 99, **100**
    Russian Orthodox Chapel (Fort Ross) 190, **191**
    St. Boniface Church 49
    St. Ignatius Church 131
    St. Mary's Cathedral 130
    St. Patrick's Church 180
    St. Paulus Lutheran Church 49
    Saints Peter and Paul Church 12, 13, 90, **92**
    St. Stephen's Episcopal Church 48, 49
    Trinity Episcopal Church 73
    Yosemite Chapel (Yosemite Village) 202
Ilha de Alcatraz 37, **82-5**, 263
    cenário de filme 250
    cronologia 85
    detentos famosos 85
    Por Dentro de Alcatraz 84-5
    Prepare-se 83
    Roteiros em São Francisco 11, 12, 13
Imigração 42-3
Império espanhol 23
Impostos 267
    liquidações 232
    quartos de hotel 209
    restaurantes e cafés 217
Incline Village 199
Indians of All Tribes 34, 85
Índios americanos
    história 24-5
    Mission Dolores 139
    reivindicações 34, 85
Indústria de computadores 34, 170
Informações turísticas 266
Inglenook Estate (Napa Valley) 192
Ingressos e passagens
    agências 246, 247
    atrações 246-7
    BART 286
    bondes a cabo 284
    companhias aéreas **277**, 279
    compra 246
    concertos 254
    descontos 247
    esportes e atividades ao ar livre 260, 261
    ônibus e bondes elétricos 282
    preços de ingressos 266-7
Inspiration Point 61
International Auto Show 52
Internet, acesso à **274**, 275
    em hotéis 209
Intersection for the Arts 251
Inverness 162
Inverno em São Francisco 53
Irlandeses, bares 258, 259
Italiano, estilo 76

J

Jack London Square (Oakland) 167
Jack London State Historic Park 197
Jackson Square Historical District 29, 48, 110, **112**
    lojas de antiguidades 234, 242, 243
Japan Center 37, 43, **130**
    Cherry Blossom Festival 50, 130
    compras 233, 234
Japanese Tea Garden (Golden Gate Park) 101, 144, **149**
    Roteiros em São Francisco 11, 12, 13
Jardins *ver* Parques e jardins
Jazz 32, 52, 131, 246, **254**
    casas de 254, 255
Jeans 28, 93, **137**
Jedediah Smith State Park 196
Jefferson Airplane 131, 155
Jeffrey's Toys 236, 237
Jenner 190
Jeremy's 238, 239
Jesuítas 131
"Jewels in the Square", concertos 247
Jogo de apostas 26, 28
    Lake Tahoe 198, 201
John Berggruen Gallery 40, **242**, 243
John McLaren Rhododendron Dell (Golden Gate Park) 147
Johnny Foley's Irish Bar 256, 257
Johnson's Beach (Guerneville) 190
Jones 258, 259
Jones, Cleve 138
Joplin, Janis 34, 131
Jornais e revistas 275
Joseph Phelps, vinícola (Napa Valley) 193
Josephine D. Randall Junior Museum **262**, 263
Juneteenth 51
Justin Herman Plaza 111, **114**

K

Kelham, George 49, 115, 127
Kelley Park (San José) 171
Kelly, Alton 131
Kelly, George 85
Kerouac, Jack 34, 79, 88
Key This Week San Francisco 246
Khaledi, Darioush 194
Kimball Natural History Museum 152
King Oliver's Creole Band 32
Kino, padre Francisco 25
Kipling, Rudyard 115
Kirchner, Johann Gottlieb 158
Kirkwood Ski Resort 260, 261
Kitesurfe
    Lake Tahoe 200
Kittredge, Charmian 197
Klee, Paul 122
Knight, Lora Josephine 201
Knuckles Sports Bar 258, 259
Kohl's 233
Kong Chow Temple 98, **100**
Koons, Jeff
    Michael Jackson e Bubbles 123
Koret Visitor Education Center (SFMoMA) 121
Krazy Kaps 236, 237
Kronos Quartet 252, 253
Kruse Rhododendron Reserve 191
Kuan Di 100
Kule Loklo, índios 25

L

La chiffonière (Dubuffet) 110
La Tour, Georges de
    A velha 159
LaFargue, John 73
Lafayette Park 71, **72-3**
Lake Merritt (Oakland) 51, **166-7**
Lake Tahoe 186, **198-201**
    curiosidades 201
Lake Tahoe Shakespeare Festival 198
Lake Tahoe State Park 199
Lakeside Park (Oakland) 166-7
Lanches 231
Land's End 13, 144, **159**
    restaurantes 224-5
Lassen Peak 196
Lassen Volcanic National Park 196
Last Call Bar 258, 259

Laver, Augustus 104
Lawrence Hall of Science (UC Berkeley) 41, **164**
Learning Wall (Franklin Street) 143
Lee, Clayton 100
Lefty O'Doul's 256, 257
Legion of Honor 10, 32, 38, **158-9**
  loja 237
  O Melhor de São Francisco 40
  Prepare-se 159
Leões-marinhos 81, 155
Lesbian and Gay Film Festival 45, 138, 250, 251
Lesbian and Gay Pride Day 51
Lésbicas ver Gays e lésbicas
Levi Strauss & Co. 93, **137**
Levi's Plaza 11, **93**
Levi's Stadium 260, 261
Liana Gallery (Napa Valley) 194
Libeskind, Daniel 35, 180
Lieberman, A.
  Within 179
Lilienthal, Alice 72
Lin, T. Y. 116
Lincoln Park 144, **159**
  campo de golfe 159, 260, 261
LINES Contemporary Ballet 253
Lingerie 240, 241
Linha F, bonde elétrico 12
Liquidações 232
Listas de programação, revistas 246, **266**, 275
Livrarias 242, 243
Lobos Creek 60
Loire, Gabriel 105
Lojas
  beneficentes 236, 237
  de departamentos 233
  especializadas 236-7
Loma Prieta, terremoto 20, **21**, 130, 167
Lombard Street 19, **88**
London, Jack 30, 136
  Jack London State Historic Park 197
  Oakland 167
Lone Mountain, cemitério 149
Longa distância, ônibus de 278-9
Longshoreman's Strike 33
Loomis Museum (Lassen Volcanic National Park) 196
Lost and Found Saloon 89
Lou's Fish Shack 255
Louise M. Davies Symphony Hall 10, 53, 126, **128**, **252**, 253
  visitas aos bastidores 253
Lowe, S. 111
Lower Haight, bairro 137
Lower Yosemite Fall (Yosemite National Park) 202, **204**
Lush Lounge 256, 257
Luxuosos, hotéis 215

M

M, escultura (Benton) 40
Mackay, John 104
Macondray Lane 183
Macy's 118, **233**
Mad Dog in the Fog 258, 259
Madame Tussaud's 11, 81, **86**, 263
Magic Theatre **75**, 251
Magnes Collection of Jewish Art and Life (Berkeley) 165
Magnolia Pub & Brewery 258, 259
Magritte, René
  Pertences pessoais 120
Main Library 33, 41, **127**
Maki, Fumihiko 49, 123
Manchester State Beach 191
Manila Bay, batalha de 118
Manzanita Lake (Lassen Volcanic National Park) 196
Mapas
  49-Mile Scenic Drive 56-7
  BART, trens 286
  Bay Area 16-7
  Centro de São Francisco 18-9
  Chinatown e Nob Hill 97, 98-9
  Civic Center 125, 126-7

Mapas (cont.)
  Como Explorar a Califórnia do Norte 186-7
  Estados Unidos 14-5
  Financial District e Union Square 109, 110-1
  Fisherman's Wharf e North Beach 79, 80-1
  Fora do Centro 161
  Golden Gate Park e Land's End 144-5, 146-7
  Grande São Francisco 15
  Guia de Ruas 290-308
  Haight Ashbury e Mission District 133, 134-5
  Lake Tahoe 198-9
  Napa Valley, região vinícola 192-3
  Pacific Heights e Marina 69, 70-1
  Passeio de 90 minutos pelo Aquatic Park 174-5
  Passeio de 90 minutos pelo campus da University of California, Berkeley 178-9
  Passeio de 90 minutos pelo SoMa 180-1
  Passeio de 30 minutos por North Beach 89
  Passeio de 90 minutos por Marin Headlands 176-7
  Passeio de 90 minutos por Russian Hill 182-3
  Passeios de bonde 285
  Passeios de ferryboat e pela baía 287
  Passeios de ônibus e bonde elétrico 283
  Passeios de um dia no sul da cidade 170
  Presidio 59
  São Francisco dentro do mapa 14-5
  Telegraph Hill, Mapa Rua a Rua 90-1
  Viagem de dois dias a Carmel 188-9
  Viagem de dois dias a Mendocino 190-1
  Yosemite National Park 202-3
Mar, chegar por 279
Marin County 161, 190
Marin Headlands 173
  Passeios a pé 176-7
  Wildflower Walks 50
Marina District 69, 70, 75
  ver também Pacific Heights e Marina
Marina Green 56, **75**, 174
Marine Drive 60
Marines Memorial Theater 251
Mariposa Grove (Yosemite National Park) 203, **205**
Maritime Library 75
Maritime Museum 75, **87**, 173
Maritime National Historical Park ver San Francisco Maritime National Historical Park
Mark Hopkins InterContinental Hotel 13, 103, **104**
Marsh, George Turner 149
Marshall, John 27
Martin Luther King Jr., memorial 116, 180-1
Martinez, Alfredo Ramos
  mural 41
Martuni's 257
Masonic Avenue
  nº 1220 135
Matisse, Henri 122
Mattachine Society 44
Maupin, Armistead 183
Maybeck, Bernard 69, 123
Mayor's Office on Disability 269
Mays, Willie 34
McGee, Barry 168
McLaren, John 29, 147, **148**, 149, 159
McLaren Lodge 149
Médicos 271
Melodius Double Stops (Shaw) 121
Memorial Church (Stanford University) 171
Mendocino 187, 190, 191
Mendocino Headlands State Park **191**
Mercado de pulgas 244, 245
Merchant's Exchange 49, 110, **114**
Mergulho
  Lake Tahoe 200, 201
Meta III (Scanga) 75

México
  independência da Espanha 23, 26
  perde São Francisco 26
Michael Jackson e Bubbles (Koons) 123
Microcervejarias, bares 216
Mídia 274-5
Midnight Sun 256, 257
Mile Rock Lighthouse 159
Milk, Harvey 45, 138
Mill Valley 190
  Festival de Cinema 250, 251
Mills Field, campo de pouso 32, 34
Mills, Darius 114
Misdirections Magic Shop 236, 237
Mission Cliffs 263
Mission Cultural Center for the Latino Arts 140
Mission District 10, 133, **139-41**
  como cenário de filme 250
  festivais 50
  hotéis 212-5
  murais 143
  restaurantes 227-9
  ver também Haight Ashbury e Mission District
Mission Street 180, 181
Mission, estilo 48
Missões 24, 25, 26
  Mission Carmel 48, 188, **189**
  Mission Dolores 24-5, 41, 48, **139**
  Mission San Francisco Solano de Sonoma (Sonoma) 26, **196-7**
  Mission San José 25
Mist Trail (Yosemite National Park) 205
Miwoks, índios 24, 176
Monet, Claude
  Barco à vela no Sena 38
  Ninfeias 158
Monk's Kettle 258, 259
Monroe, Marilyn 92
Montara 188
Monterey 188-9
  Jazz Festival 254, 255
  Pop Festival 34
Monterey Bay Aquarium 189
Montgomery Block 113
Montgomery Street 109
  nº 1360 91
Moon Bridge (Japanese Tea Garden) 146, 149
Moore, Henry
  Nus reclinados 125
Mora, Jo
  busto de Cervantes 147
Morgan, Julia 104
Mormon Temple (Oakland) 166
Morris, Frank 85
Morris, Mark 252
Morrison (A.F.) Memorial Library (UC Berkeley) 178
Morrison Planetarium (California Academy of Sciences) 152
Morrow, Irving F. 65
Moscone Center 20, **116-7**, 180
Moscone, George 34, 45, 138
Moss Landing 188
Motherwell, Robert 194
Motocicletas e bicicletas motorizadas 281
Mount Davidson 50
Mount Tamalpais 161, 162, **163**
Mountain Lake 61
Mountain Theater (Mount Tamalpais) 163
Mouse, Stanley 131
Muir Woods e Muir Beach 162-3
Muir, John 162-3
Mulheres de Argel (Picasso) 122
Mullet, A. B. 119
Mumm Napa Valley 193, 194
Muni **282-3**, 285
  Muni Access Guide 268, 269
  Muni Passport 282, 283, 284
Murais 115, 140, **142-3**, 181
Murphy Windmill (Golden Gate Park) 155
Museus de História Natural 41
Museus e galerias (geral)
  como explorar 40-1
  horário de funcionamento 267

ÍNDICE GERAL | **315**

Museus e galerias (geral) (cont.)
  ingressos 267
  lojas 236-7
  O Melhor de São Francisco 38-9
  para crianças 262-3
Museus e galerias (individual)
  African-American Historical and Cultural Society Museum 41
  Alcatraz Exhibit Area 82
  Artesa Winery Visitor Center (Napa Valley) 194
  Asian Art Museum 10, 39, 40, 49
  Bay Area Discovery Museum (Sausalito) **262**, 263
  Berkeley Art Museum 40, 164, 179
  Cable Car Museum 105
  California Academy of Sciences 12, 13, 25, 37, 38, 41, 147, **152-3**
  California Historical Society 40, **115**, 180
  California State Capitol (Sacramento) 197
  California State Railroad Museum (Sacramento) 197
  Cartoon Art Museum 180
  Children's Creativity Museum 10, 116, **262**, 263
  Children's Discovery Museum (San José) 171
  Chinese Historical Society of America 39, 41, 98, **102**
  Clos Pegase, vinícola (Napa Valley) 192, 194
  Contemporary Jewish Museum 35, 41, **115**, 180
  de Young Museum 13, 38, 40, 145, 146, **149**
  Diego Rivera Gallery (San Francisco Art Institute) 89
  Ehrman Mansion (Lake Tahoe) 198, **201**
  Exploratorium 41, 56, **94-5**, 262, 263
  Firearms Museum (Winchester Mystery House) 170
  Fort Mason Museum 39, 41
  Fraenkel Gallery 40, **242**, 243
  Gatehouse Gallery (Napa Valley) 194
  GLBT History Museum 138
  Haas-Lilienthal House 28-9, 46, 48, 71, **72**
  Hearst Museum of Anthropology (UC Berkeley) 41, 164
  Hess Collection Gallery (Napa Valley) 194
  History Museum of San José 171
  House of Happy Walls (Jack London State Historic Park) 197
  John Berggruen Gallery 40, **242**, 243
  Josephine D. Randall Junior Museum **262**, 263
  Kimball Natural History Museum 152
  Lawrence Hall of Science (UC Berkeley) 41, **164**
  Legion of Honor 10, 32, 38, 40, **158-9**
  Liana Gallery (Napa Valley) 194
  Loomis Museum (Lassen Volcanic National Park) 196
  Madame Tussaud's 11, 81, **86**, 263
  Magnes Collection of Jewish Art and Life (Berkeley) 165
  Maritime Museum 75, **87**, 173
  The Mexican Museum 41, 74, 175
  Mission Dolores 41, 48
  Mumm Napa Valley, galerias 194
  Museo ItaloAmericano 41, 75
  Museum of the African Diaspora 115
  Museum of Art (Stanford University) 40, **171**
  Museum of Modern Art ver San Francisco Museum of Modern Art
  Napa Valley Museum 194
  North Beach Beat Museum 12, 13, **89**
  Oakland Museum of California 25, 27, 29, 31, 40, 41, **168-9**
  Octagon House 40, 46, 48, **75**
  Olympic Winter Games Museum (Squaw Valley) 200
  Outdoor Exploratorium 175
  Pacific Heritage Museum 99, **102**

Museus e galerias (individual) (cont.)
  Palace of Fine Arts 11, 32, 33, 49, 56, 61, **62**
  Randall Museum 137
  Ripley's Believe It Or Not! Museum 81, **86-7**, 263
  Rodeo Beach Visitor Center **176**, 177
  Rosicrucian Egyptian Museum and Planetarium (San José) 170
  San Francisco Art Institute 88-9
  San Francisco Arts Commission Gallery 126, **128**
  San Francisco Craft and Folk Art Museum 41
  San Francisco Maritime National Historical Park Visitor Center 10, 57, **87**, 174, 263
  San Francisco Museum of Modern Art (SFMoMA) 10, 12, 13, 39, 40, 47, 49, 117, **120-3**, 180
  SF Cameraworks 40, **242**, 243
  SFMoMA Artists Gallery 75
  Society of California Pioneers Museum 181
  Tech Museum of Innovation (San José) 41, **170**
  Vikingsholm Castle (Lake Tahoe) 198, **201**
  Walt Disney Family Museum 61, **62**
  Walter and McBean Galleries (San Francisco Art Institute) 89
  Wells Fargo History Museum 27, 39, 41, 110, **112**, 262-3
  Yerba Buena Center for the Arts 39, 40
Music Concourse (Golden Gate Park) 146, **147**, 148
Music in the Park 253
Música 252-5
  lojas 242, 243
  sons dos anos 1960 131
  ver também Teatros e salas de concerto
Música clássica 252, 253
Muto (Paladino) 39

N

Nº 14, 1960 (Rothko) 120
Nagari, Masayuki
  Transcendência 113
Napa Green 193
Napa Valley Museum 194
Napa Valley Wine Train 192, **195**
Napa Valley, região vinícola 13, 187, **192-5**, 220
Napier Lane 91
Natação 260-1
Natal
  espetáculos 53
  Ortodoxo Russo 53
Natural Bridges State Beach 188
Natural Sciences, Gallery of California (Oakland Museum of California) 168, **169**
Neblina 51
Necrotério militar (Alcatraz) 82
Neiman Marcus 118, **233**
Nervi, Pier Luigi 130
Nevada Falls (Yosemite National Park) 204
Nevada
  jogo de apostas 198, 201
  Lake Tahoe 198, 199, 201
New Chinatown 63
New Conservatory Theatre Center 251
New Deal 142
New Year's Day Swim 53
Newson, Gavin 44, 45
Newton, Huey 34
Nickie's 256, 257
Nihon Whiskey Lounge 258, 259
Ninfeias (Monet) 158
Nipo-americanos 33, **43**
Nob Hill 97, **103-5**, 182
  arquitetura vitoriana 28
  grã-finos de Nob Hill 104
  Mapa Rua a Rua 103
  Roteiros em São Francisco 11, 13
  terremoto de 1906 31
  ver também Chinatown e Nob Hill

Nob Hill Masonic Auditorium 103, 254, 255
Nobel, premiados 164
Noe Valley 140
Noe, José 140
Nordstrom 119, **233**, 235
Norris, Frank 29
Norte da Califórnia 184-205
  Como Explorar 186-7
  hotéis 212-5
  Lake Tahoe 198-201
  Lassen Volcanic National Park 196
  Napa Valley, região vinícola 192-5
  Redwood National Park 196
  restaurantes 229
  Sacramento 197
  Sonoma Valley 196-7
  Viagem de dois dias a Carmel 188-9
  Viagem de dois dias a Mendocino 190-1
  Yosemite National Park 202-5
North Beach 79, **88-93**
  comunidade italiana 42-3, 79, 90, 92
  hotéis 212-4
  passeio a pé 88-9
  restaurantes 224
  Roteiros em São Francisco 12, 13
  teatro 251
  ver também Fisherman's Wharf e North Beach
North Beach Beat Museum 12, 13, **89**
North Beach Festival 51
North Beach Playground 92
Norton, "imperador" Joshua 28
Notre Dame des Victoires 49
Nus reclinados (Moore) 125

O

O.co Coliseum 50, 51
O'Brien, William 104
Oak Street
  nº 1111 76
Oakland 161, **166-9**
  terremoto de 1989 21
Oakland Athletics **260**, 261
Oakland Chinatown 167
Oakland East Bay Symphony 252, 253
Oakland Hills, incêndios (1992) 35
Oakland International Airport **277**, 279
Oakland Museum of California 168-9
  Como Explorar 40, 41
  exposições históricas 25, 27, 29, 31
  Prepare-se 169
Oakland Raiders 52, 260, 261
Observação da lua, pavilhão para (Stow Lake) 154
Ocean Beach 11, 13, **155**
Ocean Park nº 107 (Diebenkorn) 168
Oceanic Society Expeditions 260, 262, **287**
Octagon House 29, 40, 46, 48, **75**
ODC Performance Gallery 252, 253
Oelrichs, Tessie Fair 104
Officer's Club (Alcatraz) 82
Ohlone, índios 24
Old Faithful, gêiser (perto de Calistoga) 192
Old First Presbyterian Church 252, 253
Old Main Library (Asian Art Museum) 49, 127, **128**
Old Oakland 167
Old Speedway Meadows (Golden Gate Park) 155
Old St. Mary's Cathedral 47, 99, **100**
  recitais na hora do almoço 247, 253
Old United States Mint 33, **119**, 181
Olema 162
Olimpíadas de Inverno (1960) 199, 200
Olmsted, Frederick Law 148, 164
Olympic Winter Games Museum (Squaw Valley) 200
Ônibus, viagem de
  como usar 282-3
  de longa distância 278-9
  passeios 281
Only in San Francisco 236, 237
Ópera 252, 253
  "Brown Bag Operas" 247, 253
  noite de abertura 52
Opera Plaza 250, 251

316 | ÍNDICE GERAL

Orpheum Theater 251
Ostras 190
Our Little Comedy Club 257
Out of the Closet 236, 237
Outdoor Exploratorium 175
Outlets 238, 239
Outono em São Francisco 52

P

Pacific Coast Stock Exchange 111, **114**
Pacific Grove 189
Pacific Heights e Marina 68-75
  hotéis 212-5
  mapa da região 69
  Mapa Rua a Rua: Pacific Heights 70-1
  restaurantes 226-7
Pacific Heritage Museum 99, **102**
Pacific-Union Club 31, 103, **104**
Pacotes de viagem 277
Palace Hotel 31, 114, **115**
Palace of Fine Arts 11, 56, 61, **62**
  arquitetura 49
  Exposição de 1915 32, 33, 72
Palace of Horticulture 32
Paladino, Mimmo
  Muto 39
Palo Alto 171
Pampanito, USS, submarino 13, 80, **86**
Pan American Clippers 33
Panama-Pacific Exposition (1915) 31, **32**, 61, 62, 69, **72**, 182
Paramount Theater (Oakland) 252
Park Branch Library, mural (Haight Ashbury) 143
Parques e jardins
  Alice Street Community Gardens 181
  Alta Plaza Park 70, **73**, 250
  Aquatic Park 173, **174-5**, 263
  Buena Vista Park 135, **137**
  Conservatory of Flowers (Golden Gate Park) 11, **154**
  Coolbirth Park 183
  Corona Heights 137
  Dolores Park 140
  Esplanade Gardens 116
  Eucalyptus Grove (UC Berkeley) 179
  Golden Gate Park 11, 29, 37, **144-55**, 263
  Golden Gate Park Panhandle 134, **136**
  Japanese Tea Garden (Golden Gate Park) 11, 12, 13, 101, 146, **149**
  John McLaren Rhododendron Dell (Golden Gate Park) 147
  Kelley Park (San José) 171
  Kruse Rhododendron Reserve 191
  Lafayette Park 71, **72-3**
  Lakeside Park (Oakland) 166-7
  Lincoln Park 144, **159**
  Queen Wilhelmina Tulip Garden (Golden Gate Park) 155
  Shakespeare Garden (Golden Gate Park) 147, **149**
  Strybing Arboretum (Golden Gate Park) 11, **154**
  Sutro Heights Park 159
  Tilden Park (Berkeley) 164
  University Botanical Garden (Berkeley) 165
  Victorian Park 174
  Yerba Buena Gardens 10, **116-7**, 180-1
  ver também Parques nacionais; Parques estaduais; Parques temáticos e de diversão
Parques estaduais
  Ano Nuevo State Park 188
  DL Bliss State Park 198
  Emerald Bay State Park 198, **201**
  Fort Ross State Historic Park 191
  Humboldt Lagoons State Park 196
  Jack London State Historic Park 197
  Jedediah Smith State Park 196
  Lake Tahoe State Park 199
  Mendocino Headlands State Park 191
  Patrick's Point State Park 196
  Van Damme State Park 191

Parques nacionais
  Lassen Volcanic National Park 196
  Redwood National Park 196
  Yosemite National Park 202-5
Parques temáticos e de diversão
  Boardwalk (Santa Cruz) 188
  Great America 263
Partituras musicais 242, 243
Passaportes 266
Pássaros, observação de 155, 166, 176-7, 188
Pássaros, Os (filme) 190, 250
Passeios 172-83
  de 90 minutos pelo Aquatic Park 174-5
  de 90 minutos pelo campus da University of California, Berkeley 178-9
  de 90 minutos pelo SoMa 180-1
  de 30 minutos por North Beach 88-9
  de 90 minutos por Marin Headlands 176-7
  de 90 minutos por Russian Hill 182-3
  de bonde a cabo 285
  de ônibus e bonde elétrico 283
  de um dia ao sul da cidade 170-1
  em São Francisco 281
  outros meios de circular 281
  pela baía 287
Patel, K. B. 111
Pátio de exercícios (Alcatraz) 83
Patrick's Point State Park 196
Pearl Harbor 33
Pebble Beach Golf Links 189, 260, 261
Pedágios 288
Peju Province, vinícola (Napa Valley) 194
Pelican Inn (Muir Beach) 163
Pensador, O (Rodin) 158
Pereira, William 49, 113
Perry, Charles
  Eclipse 108, 112
Pertences pessoais (Magritte) 120
Pescadero **171**, 188
Pescaria
  Golden Gate Park 155
  Lake Tahoe 200
Pet Cemetery 60
Petaluma Village Premium Outlets 238, 239
Pfau Jones, Holt Hinshaw
  92 chaise 122
Pflueger, Timothy 49, 114, 123, 138
Philharmonia Baroque Orchestra 252, 253
Phylloxera 194
Pianos-bares 256-7
Picasso, Pablo
  Mulheres de Argel 122
PIER 39 81, **86**, 233
  Roteiros em São Francisco 10, 12, 13
Pierce Street
  nº 2931 77
Pigeon Point, farol 171, 188
Pillar Point 188
Pink Saturday 45
Pintura e escultura
  museus 40
  SFMoMA 122
Pizzarias 231
Placas de trânsito 288
Placas tectônicas 20
Planetários
  Morrison Planetarium (California Academy of Sciences) 152
  Rosicrucian Egyptian Museum and Planetarium (San José) 170
Point Arena, farol 191
Point Bonita, farol 172
Point Lobos 159
Point Reyes National Seashore 24, **162**, 190
Point Reyes Station 162, 190
Polícia **270**, 271
  linha da polícia para reclamações sobre táxis 289
  Towed Vehicle Information, informação sobre carro guinchado 288
Polk, James K. 27
Polk, Willis 47, 49, 73, 114, 123, 182
Pollock, Jackson 122

Polo Fields (Golden Gate Park) 155
Polvo (Oakland Museum) 41
Pony Express 112, 113, 197
Pop Art 122
População
  comunidade gay 44-5
  mistura étnica 42-3
Portadores de deficiência **268**, 269
  acomodações 210, 211
  diversão 247
  restaurantes e cafés 217
Portolá, dom Gaspar de 25, 188
Portsmouth Square 99, **102**
Pós-guerra, São Francisco no 34-5
Positively Fourth Street (mural) 143
Potter, William Appleton 102
Pounov, Z. 111
Powell Street 30
Powell Street Cable Car Turntable 119
Powell-Hyde, bonde a cabo 79, 80, 119, 263, 284
Powell-Mason, bonde a cabo 119, 284
Praias
  Baker Beach 58, 59, 60, **62**
  Crissy Field 61, **62**, 263
  Gray Whale Cove 188
  Johnson's Beach (Guerneville) 190
  Manchester State Beach 191
  Montara 188
  Muir Beach 162-3
  Natural Bridges State Beach 188
  Point Reyes National Seashore 24, **162**, 190
  Rodeo Beach 176
  Stinson Beach **162**, 190
Prata, minas de 28
Precita Eyes Mural Arts Association 142
Preços
  bondes a cabo 284
  hotéis 208
  ônibus e bondes elétricos 282
  passagens aéreas 277
  restaurantes 216
  táxis 289
Prefeitura 127, **129**
  arquitetura 46, 49
  Roteiros em São Francisco 10, 12, 13
Pregação de São João Batista (Preti) 41
Prensagem de maçã para fazer sidra (Shields-Clarke) 147
Presidio 58-67
  como cenário de filme 250
  mapa 59
  passeio 60-1
Presidio Army Base 35
Presidio Golf Club 260, 261
Presidio Officers' Club 41, 61, **62**
Presidio Theater 247, 250, 251
Press Club 258, 259
Preti, Mattia
  Pregação de São João Batista 41
Primavera em São Francisco 50
Primeira Guerra Mundial 32, 33
Primórdios de São Francisco 24-5
Princeton 188
Proibição 32, 33
Prostituição 28
Psicodelia 131
Pumpkin Festival (Half Moon Bay) 188
Puppets on the Pier 236, 237
Purcell, Charles H. 166
Putnam, Arthur 110, 139

Q

"Quadra de Paris" 183
Quatro em um banco (Abakanowicz) 120
Quebra-nozes, *O* 53, 252
"Quinta-Feira Sangrenta" (1934) 33
Queen Wilhelmina Tulip Garden (Golden Gate Park) 155

R

Rádio 275
Rainha Ana, estilo 46, 48, 76, **77**
  Alamo Square 131
  Ehrman Mansion 198, **201**
  Haas-Lilienthal House 72
  Spreckels Mansion 136

ÍNDICE GERAL | 317

Ralston, William 114, 115
Randall Museum 137
Raymond, vinícolas (Napa Valley) 195
Real SF Tour 281
Recuperação da terra 148
Red and White Fleet 81, **287**
Red Victorian Bed and Breakfast 134
Redding, Otis 34
Rede de hotéis 208
Redwood National Park 196
Redwood Room 258, 259
Refeições
  econômicas 217
  leves 231
Refeitório (Alcatraz) 85
Refregier, Anton
  murais 25, 115
Reservas, agências de 210
Restaurantes e cafés 216-31
  acesso a cadeirantes 217
  cafés em São Francisco 230
  Centro 222-3
  crianças 217, 263
  Fisherman's Wharf e North Beach 224
  Fora do Centro 229
  fumo 217
  Golden Gate Park e Land's End 224-5
  Haight Ashbury e Castro 225-6
  horário de funcionamento e preços 216
  impostos e gorjetas 217
  Norte da Califórnia 229
  Pacific Heights e Marina 226-7
  refeições econômicas 217
  refeições leves e lanches 231
  reservas 217
  SoMa e Mission 227-9
  trajes 217
Revival gótico, estilo 76
Revolução Mexicana 26
Rhine House (Beringer, vinícolas) 194
Richard Spreckels Mansion 135, **136**
Richardson, William A. 26, 101
Richmond District 32, 63, 144
Richter, Gerhard
  Lesende (Lendo) 121
Rickhouse 258, 259
Ride the Ducks 281
Rincon Center 25, **115**, 233
Rincon Hill 166
Ripley's Believe It Or Not! Museum 81, **86-7**, 263
Riptide Arcade 10, 86
Rivera, Diego 122
Robert Mondavi, vinícola (Napa Valley) 192, 194
Roche, Kevin 168
Rock, música 131, 155
  salas de show 254, 255
Rockridge (Oakland) 166
Rodeo Beach 176
  Visitor Center **176**, 177
Rodeo Lagoon 176-7
Rodin, Auguste
  As sombras 144
  busto de Camille Claudel 158
  Museum of Art (Stanford University) 171
  O pensador 158
Rolph, "Sunny Jim" 31, 125
Roosevelt, Franklin D. 67, 91, 142
Rosicrucian Egyptian Museum and Planetarium (San José) 170
Rotchev, Alexander 191
Roteiros 10-3
Rothko, Mark, *Nº 14, 1960* 120
Roupas
  de estilistas 238, 239
  esportivas 240, 241
  femininas 240, 241
  lojas 238-41
  masculinas 240, 241
  o que levar 268
Roxie 250, 251
Ruby Skye 256, 257
Ruef, Abe 29, 30
Russian Hill 13
  passeio a pé 173, **182-3**

Russian Hill Place 182
Russian River 190

S

Sacramento 197
Sacramento Street Antique Dealers Association 236, 237
Sacramento Street
  nº 1913 76
  nº 2151 71
Sacramento Valley
  Corrida do Ouro 27
Saints Peter and Paul Church 12, 13, 90, **92**
Saint-Saëns, Camille 128
Saks Fifth Avenue 118, 235
Sally Port (Alcatraz) 82
San Andreas, falha **20**, 162
San Francisco 49ers 52, 260, 261
San Francisco Art Institute **88-9**, 104
San Francisco Arts Commission 143
  galeria 126, **128**
San Francisco Arts Monthly 266
San Francisco Ballet 53, 126, 252, 253
San Francisco Book 246, 266
San Francisco Chronicle 246, 253, 266, 275
San Francisco Comedy Celebration Day 247, 248
San Francisco Craft and Folk Art Museum 41
San Francisco Examiner 246, 253, 266
San Francisco Experience 86
San Francisco Fire Engine Tours and Adventures 80
San Francisco Giants 35, 247, **260**, 261
San Francisco International Airport (SFO) 34, **276-7**, 279
San Francisco International Asian American Film Festival 50
San Francisco International Comedy Competition 247
San Francisco International Film Festival 50, 250, 251
San Francisco Jazz Festival 52, 246
San Francisco Magazine 275
San Francisco Marathon 51
San Francisco Maritime National Historical Park
  atividades para crianças 263
  centro de visitantes 10, 57, **87**, 174
  Hyde Street Pier 174
San Francisco Mime Troupe 247
San Francisco Museum of Modern Art (SFMoMA) 39, 117, **120-3**
  arquitetura 47, 49
  Como Explorar 40, **122-3**
  loja 237
  passeio a pé 180
  Prepare-se 121
  Roteiros em São Francisco 10, 12, 13
San Francisco National Cemetery 61
San Francisco New Main Library 127
San Francisco Opera 126, 129, 247, **252**
San Francisco Opera Association 252, 253
San Francisco Parks Alliance 281
San Francisco Playwright's Festival **51**, 251
San Francisco Symphony Orchestra 128, 247, **252**, 253
San Francisco Visitor Information Center **119**, 266, 269
  informações sobre eventos 50, 246, 247, 253
San Francisco Zoo 56, 161, **162**, 262
San Francisco-Oakland Bay Bridge
  ver Bay Bridge
San José 170-1
San José Sharks **260**, 261
San Mateo County 188
Santa Clara County 170
Santa Cruz 188
Santa Cruz Mountains 188
São Francisco Multicultural 42-3
São Venceslau (estatueta) 158
Sapatos, lojas 240, 241
Sardinhas enlatadas (Monterey) 189
Sarria, José 44
Sather Tower (UC Berkeley) 165, **178**, 179

Saúde 270-1
Sausalito 163
  estaleiros 32, 33
  navios baleeiros 26
  Roteiros em São Francisco 12, 13
Savanna Jazz 254, 255
Scanga, Italo
  Meta III 75
Schein and Schein 236, 237
Schramsberg, vinícolas (Napa Valley) 192
Schultz, Charles 180
Sea Trek Ocean Kayak Center 260, 261
Seal Rocks 155
Sebastiani, vinícolas (Sonoma Valley) 197
Segunda Guerra Mundial 32, 33, 34
  USS *Pampanito* 80, **86**
Segurança pessoal 270-7
Seguro
  saúde 271
  viagem 271
Segway Tours 281
"Seis irmãs", casas 12, 13, 131
Sentinel Dome (Yosemite National Park) 202
Sequoias 162-3, 190, 191, 196, 203, 205
Serra, padre Junípero 139, 188, 189
Serviços postais 275
SF Camerawork 40, **242**, 243
SF Comprehensive Shuttle Tours 281
SF Litquake 52
SF Weekly 254, 256, 266, 275
SFJAZZ 254, 255
SFJAZZ Center 49, 254, 255
SFMoMA Artists Gallery 75
SFMoMA *ver* San Francisco Museum of Modern Art
Shakespeare Festival 247
Shakespeare Garden (Golden Gate Park) 147, **149**
Shakespeare in the Park 52
Shakespeare, William 147, 149
Sharon Meadow (Golden Gate Park) 253
Shaw, Richard 77
  Melodius Double Stops 121
Sheba's Piano Lounge 256-7
Shields-Clarke, Thomas
  Prensagem de maçã para fazer sidra 147
Shockley, Sam 85
Shopping centers 232-3
Shoreline Amphitheater 254, 255
Sierra Nevada 186
  Corrida do Ouro 26, 27, 102
Silicon Valley 170
Silverado Hill Cellars (Napa Valley) 192
Silverado, Rota (Napa Valley) 193, 194, 195
Sinagogas
  Temple Emanu-El 63
Sindicatos 29
Sing for your Life 53
Sismografia 20-1
Sites 275
Six Flags Discovery Kingdom (Vallejo) **262**, 263
Skechers USA 238, 239
Skidmore, Owings and Merrill 118, 126, 128
Skunk Train 190, 191
Slim's 249, 254, 255
Smith, Jedediah 26, 196
Society of California Pioneers Museum 181
Sol 51
SoMa (South of Market) 173
  compras 239
  hotéis 212-5
  passeio a pé 180-1
  restaurantes 227-9
Sombras, As (Rodin) 144
Sonoma 196-7
  festivais 52
Sonoma Valley 196-7
  vinícolas **197**, 220
South End Rowing Club 174, **261**
South Hall (UC Berkeley) 178
South of Market *ver* SoMa
Southern Pacific Railroad 104
Spas
  hotéis 215
  Napa Valley 195

ÍNDICE GERAL

Specs' 88, 258, 259
Spreckels (Richard) Mansion 135, **136**
Spreckels Mansion 68, 71, **72**
Spreckels Temple of Music (Golden Gate Park) 146
Spreckels, Adolph 72
Spreckels, Alma de Bretteville 72, 158
Spreckels, Claus, barão do açúcar 72, 136
Sproul Plaza (UC Berkeley) 179
Spyglass Hill, campo de golfe 189
Squaw Valley 199, **200**, 260, 261
St. Boniface Church 49
St. Francis, vinícola (Sonoma Valley) 197
St. Helena 194, 195
St. Ignatius Church 131
St. Mary the Virgin Church 74
St. Mary's Cathedral 130
St. Mary's Square 99
St. Patrick's Church 180
St. Patrick's Day Parade 42, **50**
St. Paulus Lutheran Church 49
St. Stephen's Episcopal Church 48, 49
Stackpole, Ralph 114
Stanford Cardinal 52
Stanford Court 103
Stanford University (Palo Alto) 171
   Biblioteca 41
   Museu de Arte 40, 171
   times esportivos 260, 261
Stanford, Leland 104, 171
Starry Plough 255
State Building 126
Stateline 198, **201**
Steel, Danielle 71
Steinbeck, John 189
Steiner Street
   nº 710-20 131
   nº 818 77
   nº 850 77
   nº 1015 77
Steinhart Aquarium (California Academy of Sciences) 152, 153
Stella, Frank 194
Sterling, vinícola (Napa Valley) **193**, 194
Stern Grove 247, 248
Stevenson, Robert Louis 182, 189
Stick, estilo arquitetônico 77, 140
Still, Clyfford 122
Stinson Beach **162**, 190
Stirling Calder, A.
   Fonte de energia 32
Stockton Street 97, 98
Stockton Street, túnel 31
Stop the Violence (AYPAL) 142
Stow Lake (Golden Gate Park) 56, **154**
Stow Lake Boathouse 260, 261
Stow Lake, aluguel de bicicletas 261
Strauss, Joseph B. 65, 66, 67
Strauss, Levi 28, 93, 137
Streisand, Barbra 73, 250
Stroud, Robert 85
Strybing Arboretum (Golden Gate Park) 11, **154**
Summit Lake (Lassen Volcanic National Park) 196
Sutro Baths 29
Sutro Heights Park 159
Sutro Tower 141
Sutro, Adolph 29, 141, 159
Sutter Street
   nº 450 49
Sutter, John 197
Sutter's Mill 23
Suvenires 236, 237
Swain, Edward 149
Swami Trigunatitananda 74
Sweeny Ridge 188

T

Tabela de tamanhos 238
Tahoe City 199
Tahoe Meadows Interpretive Trail 200
Tahoe Rim Trail 200
Tales of the City (livro e seriado de televisão) 183
Tall Trees Grove (Redwood National Park) 196
Tavern Guild 44
Táxis 28
   do e para o aeroporto 277
   Green Cabs **280**, 281
Tcholovoni, índios 24
Teatro alternativo 251
Teatros e salas de concerto 250-1
   Actors Theater of San Francisco 251
   American Conservatory Theater (ACT) **118**, 251
   BATS Improv at the Bayfront Theater 75
   Berkeley Repertory Theater 251
   Bill Graham Civic Auditorium 49, 127, **128**
   Castro Theater 13, **138**, 250, 251
   Clay Theater 248
   Cow Palace 254, 255
   Cowell Theater 75, 252, 253
   Curran Theater **118**, 251
   El Cerrito Performing Arts Center (Berkeley) 252
   Exit Theater 251
   Fillmore Auditorium 131, 248, 254, 255
   Florence Gould Theater 158, 166, 167
   Geary Theater 118, 249
   Golden Gate Theater 251
   Great American Music Hall **129**, 254, 255
   Hearst Greek Theatre (UC Berkeley) 178, 254, 255
   Herbst Theater 126, 129, 252, 253
   Hertz Hall (UC Berkeley) 252, 253
   Intersection for the Arts 251
   Louise M. Davies Symphony Hall 10, 53, 126, **128**, 252, 253
   Magic Theater **75**, 251
   Marines Memorial Theater 251
   Mountain Theater (Mount Tamalpais) 163
   New Conservatory Theatre Center 251
   Nob Hill Masonic Auditorium 103, 254, 255
   ODC Performance Gallery 252, 253
   Orpheum Theater 251
   Paramount Theater (Oakland) 252
   Regency II Theater 131
   Shoreline Amphitheater 254, 255
   Sleeptrain Pavilion (Concord) 254, 255
   Stern Grove 247, 248
   The Marsh Theater 251
   Theater Artaud 251, 252, 253
   Theater Rhinoceros 251
   visita ao bastidores 253
   War Memorial Opera House 10, 34, 49, 52, 53, 126, **129**, 249, 252, 253
   Warfield 254, 255
   Yerba Buena Arts Center 117, 252-3
   Young Performers Theater 75
   Zellerbach Hall (UC Berkeley) 252, 253
Tech Museum of Innovation (San José) 41, **170**
Telefones **274**, 275
   celulares **274**, 275
   em hotéis 209
Telégrafos 28
Telegraph Avenue (Berkeley) **165**, 179
Telegraph Hill 93
   Mapa Rua a Rua 90-1
Televisão 275
Temperaturas 52
Templos
   Kong Chow Temple 98, **100**
   Mormon Temple (Oakland) 166
   Templo Emanu-El 63
   Tin How Temple 98, **101**
   Vedanta Temple 74
Tempo 51-3
Ten 15 256, 257
Ten Ren Tea Company of San Francisco 236, 237
Tênis 261
Terremotos **20-1**, 271
   1906 20, 21, 23, **30-1**
   1989 20, 21, 34, 35
   2007 35
The Big Game 52
The Bold Italic 275
The Burritt Room 256, 257
The Café 256, 257
The Cannery 80, **87**, 233
The Cellar 256, 257
The Chieftain 258, 259
The Church Key 258, 259
The Hippodrome 112
The Irish Bank 258, 259
The Marsh Theater 251, 257
The Mexican Bus 256, 257
The Mexican Museum 41, 74, 75, 175
The Punchline 257
The Saloon 89, 249, 255
The Sound Factory 256, 257
The Strip 88
The Stud 258, 259
The Thirsty Bear 258, 259
The Who 34, 131
Theater District 118
This Week in San Francisco 266
Thomas, Dylan 88
Thompson, Marion 85
Tiburon 163
Ticketmaster 246, 247
Tickets.com 260, 261
Tiffany & Co 236, 237
Tilden Park (Berkeley) 164
Tin How, templo 98, **101**
TIX Bay Area 247
Tomales Bay 190
Tommy T's Comedy Club 257
Tong, Guerra dos 102
Tonga Room 257
Tony Niks 258, 259
Top of the Mark 256, 257, 258, 259
Tosca 88, 258, 259
Tower of Jewels 32, 72
Traçado e numeração das ruas 280
Transamerica Pyramid 11, 34, 49, 54-5, 110, **113**
Transcendência (Nagari) 113
Transport Agency 280, 281
Transporte 276-89
   como chegar a São Francisco 276-9
   como circular em São Francisco 280-9
Transporte público 280-7
Transporte sustentável **280**, 281
Traslado para o aeroporto **277**, 279
Travel for Kids 268, 269
Traveller's cheques **272**, 273
Treasure Island 33, **167**
Trees of Mystery (Redwood National Park) 196
Trefethan, vinícolas (Napa Valley) 192
Trilha
   do Terremoto 162
   ecológica 61
Trinity Episcopal Church 73
Tunnel View (Yosemite National Park) 184-5, **205**
Tuolumne Meadows (Yosemite National Park) 203, **205**
Turbo Ride 86
Turismo responsável 269
Turnbull, William 123
Twain, Mark 110, 113, 198
Twin Peaks 56, 133, **141**
Twin Peaks Tavern 258, 259
Tyrannosaurus rex, esqueleto (California Academy of Sciences) 153

U

Under One Roof 236, 237
Underwood, Gilbert Stanley 205
Union Bank of California 27, 109, 110, **114**
Union Pacific Railroad 29
Union Square 37, 109, **118**
   locação de filme 250
   lojas 12, 13, 118, 235, 239
   "Jewels in the Square" 239
   ver também Financial District e Union Square
Union Square Frank Lloyd Wright, edifício 47, 49, **118**
Union Street 234, 239
United Nations Charter 33, 34, 129
United Nations Plaza **127**, 235

ÍNDICE GERAL | 319

University Botanical Garden (Berkeley) 165
University of California em Berkeley 164
   Art Museum 40, 164, 179
   bibliotecas 41, 178
   Botanical Garden 165
   Hearst Museum of Anthropology 41, 164
   Lawrence Hall of Science 41, **164**
   Magnes Collection of Jewish Art and Life 165
   passeio a pé pelo campus 173, **178-9**
   times esportivos 260, 261
University of San Francisco (USF) 131
Up Your Alley Fair 45
Upper Grant Avenue 89
Upper Montgomery Street 93
Upper Yosemite Fall (Yosemite National Park) 202, **204**
Ursos-pardos 202

V

V. Sattui, vinícola (Napa Valley) 193, 194
Vaillancourt, Armand 114
Vaillancourt, fonte 114
Vallejo Street 12, 182-3
Vallejo Street Stairway 89
Vallejo, general Mariano 26, 196, 197
Valley of the Moon Vintage Festival 52
Van Damme State Park 191
Vedanta Temple 74
Velha, A (de la Tour) 159
Verão do Amor 34, 130, 136, 155
Verão em São Francisco 51
Verdi Club 254, 255
Verdi, Giuseppe
   busto de 146
Vernal Fall (Yosemite National Park) 203, **204**
Vesuvio 88, 89, 230, 258, 259
Veterans Building 49, 126, **129**
Viagem de carro
   como chegar a São Francisco **278**, 279
   dirigir em São Francisco 288
Viagem de trem
   BART 286
   como chegar a São Francisco **278**, 279
Viagens de barco pela baía 81, **287**
Viagens econômicas **268**, 269
Victoria Theater 250, 251
Victorian Park 174
Vida Selvagem
   Aquarium of the Bay 86
   Buffalo Paddock (Golden Gate Park) 155

Vida Selvagem (cont.)
   California Marine Mammal Center **177**, 262
   Farallones National Marine Sanctuary 60, 262
   Fitzgerald Marine Preserve 188
   Golden Gate Raptor Observatory 177
   Josephine D. Randall Junior Museum **262**, 263
   Lake Merritt (Oakland) 166-7
   Monterey Bay Aquarium 189
   Moss Landing 188
   observação de baleias 260
   Randall Museum Animal Room 137
   San Francisco Zoo 56, 161, **162**, 262
   Seal Rocks 155
   Six Flags Discovery Kingdom (Vallejo) **262**, 263
   Steinhart Aquarium 152, 153
   ver também Parques nacionais; Parques estaduais
View Lounge 258, 259
Vikingsholm Castle (Lake Tahoe) 198, **201**
Vinho
   bares 258, 259
   compras 195, 244, 245
   degustação **194**, 221
   Napa Valley 192-5
   O que Beber em São Francisco 220-1
   Sonoma Valley 196, **197**
Visit California 269
Visto 266
Vitória, estátua da 118
Vizcaino, Sebastian 24
Vulcan Street Steps 141

W

W Hotel 180
Walt Disney Family Museum 61, **62**
War Memorial Opera House 10, 34, 126, **129**
   arquitetura 49
   O quebra-nozes 53, 252
   óperas 52, 249, **252**, 253
   visita aos bastidores 253
Warden's House (Alcatraz) 82
Warfield 254, 255
Washington Square 12, 13, 89, **92**
Washington Street 70
   mural 143
Wasteland 134
Waters, Alice 164
Wave Organ 75

Waverly Place 101
Webster Street, casas geminadas 70
Welcome to California (Oakland Museum of California) 168
Wellman Hall (UC Berkeley) 178
Wells Fargo History Museum 27, 39, 41, 110, **112**, 262-3
Westfield San Francisco Center **119**, 233
Westin St. Francis Hotel 118
Wheeler Hall (UC Berkeley) 178
Where San Francisco 246, 266
White Horse Inn 256, 257
White, Dan 45
Wilde, Oscar 115
Wilder, Laura Ingalls 182
Wildflower, passeios a pé 50
Willet, Henry 105
Winchester Mystery House (San José) 170
Winchester, Sarah 170
Wine Country Tour Shuttle 281
Within (Lieberman) 179
Wolf House (Jack London State Historic Park) 197
Wolf Ridge 177
World music 255
World's Fair (1939) 33, 167
Wright, Frank Lloyd 47, 49, 118, 123
Wurster, William 123

Y

Yelp 275
Yerba Buena Center for the Arts 39, 40, 49, 116, 252-3
   cinema 250, 251
   Lam Research Theater 117
Yerba Buena Gardens 10, **116-7**, 180-1
   festival 116
Yerba Buena Island 166
Yerba Buena
   denominada São Francisco 27
   fundação de 26
   Grant Avenue 101
Yosemite Falls 204
Yosemite National Park 186, **202-5**
Yosemite Village 202
Yoshi's 254, 255
Young Performers Theatre 75
Yountville 195

Z

Zellerbach Hall (UC Berkeley) 179, 252, 253
Zephyr Cove (Lake Tahoe) 198
Zingari's 256, 257

Agradecimentos

A Dorling Kindersley agradece a todas as pessoas que colaboraram na preparação deste guia.

Principais Colaboradores
Jamie Jensen cresceu em Los Angeles e mudou-se para São Francisco para estudar arquitetura na University of California em Berkeley. Outras obras suas incluem Built to Last, uma biografia autorizada do Grateful Dead, e vários guias de viagem, incluindo o Rough Guide to California. Seu projeto mais recente é Road Trip: USA, um guia de viagem prático das "velhas estradas" dos EUA.

Barry Parr nasceu na Bay Area e estudou literatura inglesa na University of California em Berkeley e na Cambridge University, na Inglaterra. Autor e editor de guias de viagem, escreve para várias revistas.

Fotografias Adicionais
Lisa M. Cope, John Heseltine, Trevor Hill, Andrew McKinney, Rough Guides/Nelson Hancock, Rough Guides/Angus Oborn, Ian O'Leary, Robert Vente, Peter Wilson.

Ilustrações Adicionais
James A. Allington, Annabelle Brend, Craig Draper, Steve Gyapay, Kevin Jones Associates, Simon Roulston, Sue Sharples, Paul Williams, Ann Winterbotham.

Cartografia
Aennifer Skelley, Jane Hugill, Phil Rose, Rachel Hawtin.

Índice
Indexing Specialists, 202 Church Road, Hove, East Sussex, UK.

Projeto e Assistência Editorial
Mardoe Blacker Publishing Limited
Gerente de edição Alan Ross
Gerente de arte Simon Blacker
Secretária de projeto Cindy Edler
Dorling Kindersley Limited
Gerentes de edição Douglas Amrine, Carolyn Ryden
Gerente de arte Stephen Knowlden
Editora nos EUA Mary Ann Lynch
Coordenadores de mapa Simon Farbrother, David Pugh
Produtora Hilary Stephens
Mapas Lovell Johns Ltd., Oxford UK
Os mapas do Guia de Ruas foram baseados em dados digitais, adaptados com permissão do mapeamento original por ETAK INC 1984-1994.

Equipe de revisão Namrata Adhwaryu, Tora Agarwala, Asad Ali, Shruti Bahl, Meghna Baruah, Sreemoyee Basu, Marta Bescos, Subhashree Bharati, Michael Blacker, Dawn Brend, Laaren Brown, Maxine Cass, Aaron Chamberlin, Kelly Chamberlin, Peter Cieply, Sherry Collins, Lisa M. Cope, Imogen Corke, Melissa Corrigan, Caroline Elliker, Emer FitzGerald, Jo Gardner, Emily Green, Fay Franklin, Kyra Freestar, Sally Hibbard, Paul Hines, Katie Hogg, Rose Hudson, Claire Jones, Heather Jones, Bharti Kakatoki, Rupanki Arora Kaushik, Sumita Khatwani, Esther Labi, Maite Lantaron, Celeste LeCompte, Hayley Maher, Nicola Malone, Alison McGill, Joanne Miller, Karen Misuraca, Sonal Modha, Adam Moore, Mary Ormandy, Rakesh Kumar Pal, Catherine Palmi, Susie Peachey, Helen Peters, Marianne Petrou, Andrea Pinnington, Schchida Nand Pradhan, Mani Ramaswamy, Lucy Richards, Steve Rowling, Dan Rubin, Sands Publishing Solutions, Azeem Siddiqui, Mary Sutherland, Hollie Teague, Sylvia Tombesi-Walton, Nikky Twyman, Conrad van Dyk, Ajay Verma, Deepika Verma, Ros Walford, Amy Westerwelt, Hugo Wilkinson.

Assistência Especial
Marcia Eymann e Abby Wasserman do Oakland Museum of California, Stacia Fink da Foundation for San Francisco's Architectural Heritage, Richard Fishman, Debbie Freedon da Legion of Honor, Michael Lampen da Grace Cathedral, Dan Mohn, engenheiro-chefe da Ponte Golden Gate, dr. John R. Nudds do Manchester University Museum, Richard Ogar da Bancroft Library, Peppers, Riggio Café, Royal Thai Restaurant, Scott Sack da Golden Gate National Recreation Area, Sandra Farish Sloan e Jennifer Small do San Francisco Museum of Modern Art, Stella Pastry and Cafe, Stephen Marcos Landscapes, Dawn Stranne do San Francisco Convention and Visitors Bureau, The Little Cafe, Carl Wilmington.

Assistência de Pesquisa
Christine Bartholomew, Jennifer Bermon, Cathy Elliott, Kirsten Whatley, Jon Williams, Michael Wrenn.

Permissão para Fotografar
A Dorling kindersley agradece às seguintes instituições a permissão de fotografar em seus estabelecimentos:
Asian Art Museum, Cable Car Barn Museum, California Academy of Sciences, Cha Cha Cha, Chinese Historical Society, City Hall, Coit Tower, Columbarium, Crocker Galleria, Ernie's, The Exploratorium, Fort Mason Center, Fortune Cookie Factory, Foundation for San Francisco's Architectural Heritage (Haas-Lilienthal House), Golden Gate National Recreation Area (Alcatraz), Gump's, Hyatt Regency Hotel, Kong Chow Temple, Kuleto's, MH de Young Memorial Museum, Mission Dolores, Nordstrom, The Oakland Museum of California, Presidio Museum, Rincon Annexe, Saints Peter and Paul Church, San Francisco History Room, San Francisco Main Library, San Francisco National Historical Park, Sheraton Palace Hotel, St. Mary's Cathedral, Temple Emanu-El, Tosca, USS *Pampanito*, Veteran's Building, Wells Fargo History Room.

Créditos das Imagens
Legenda: a = acima; b = baixo; c = centro; f = afastado; e = esquerda; d = direita; t = topo.

As obras de arte foram reproduzidas com a permissão dos seguintes detentores de direitos:

© ADAGP, Paris e DACS, London 2011 120te; © ARS, NY e DACS, London 2011 40bc; *Creativity Explored* © Creativity Explored 1993. Todos os direitos reservados 143t; © Succession Picasso/DACS, London 2011 122ce; © Kate Rothko Prizel & Christopher Rothko ARS, NY and DACS London 2011 120c; *Carnaval* © David Galvez 1983. Todos os direitos reservados 140be; Permissão de Jeff Koons 123tc; Permissão do Estate of Philip Guston 39crb; *8 Imortais (Bok-Sen) e 3 Sabedorias* © Josie Grant 1979. Todos os direitos reservados 143bd; (*Eclipse*, 1973, alumínio anodizado); Sem título © Michael Rios 1978. Todos os direitos reservados 142td; Permissão de Wendy Ross, Ross Studio 175be.

Os editores agradecem aos seguintes museus, empresas e bancos de imagem a permissão para reproduzir suas imagens:

21st Amendment Brewery: 227td.
Alamy Images: BANANA PANCAKE 184-5; Patrick Batchelder 13bd; Danita Delimont/Darrell Gulin 145; David Taylor Photography 96; DB Images/Jeremy Graham 138bd; Eagle Visions Photography/Craig Lovell 172; Michele Falzone 67bd; Mark Gibson 264-5; Robert Holmes 102tc; Brian Jannsen 68; Douglas Peebles Photography, 219c; Prisma Bildagentur AG/Malherbe Marcel 150-51; Emily Riddell 222tc; Robert Harding Picture Library Ltd. 219te; Roberto Soncin Gerometta 218cea; **Roger Allen Lee:** 188c; **Allsport:** Otto Greule, 52c; **Archive Photos:** 34bc, 104be; **Armstrong Redwoods State Reserve:** 190c; **Attaché Communications:** Phil Gosney for Amtrak 278be.
Bancroft Library, University of California, Berkeley: 24cea/ceb/bd, 24-25c, 25cea/bd, 26bd, 28ceb, 29cdb, 148c; **Morton Beebe:** 181td; **Berkeley Convention and Visitors Bureau:** 164te; **Blackbird Inn/Foursisters.com:** 212be; **Simon Blacker:** 41te, 192td; **Boudin:** 224te; **Bridgeman Art Library:** *O Pensador*, de Auguste Rodin (1840-1917), Musée Rodin, Paris 158td; **Marilyn Blaisdell Collection:** 29cda.
California Academy of Sciences: 152-3 all; Caroline Kopp 147cd; Dong Lin 38bd, Susan Middleton 37cea; **California Historical Society, San Francisco:** 29b, 30cea, 31cdb, 48cdb, 148b; **Camera Press:** Gary Freedman 34td; **Carolyn Cassady:** 34te, 88bc; **Center for Urban Education about Sustainable Agriculture:** 269cda; **Cephas Picture Library:** Mick Rock 195bd; **Chateau Tivoli Bed and Breakfast:** 208cda; **CityPASS:** 266cdb; **Club Fugazi:** Charles Zukow Associates/Rick Markovich 89tc; **Colorific!:** Chuck Nacke, 51be; **Corbis:** 8-9; Morton Beebe 181bd; 45be, 200td; Jan Butchofsky-Houser 129bd, 180cea; Richard Cummins 10cea, 180bc; Kevin Fleming 10bd, Gerald French 201t, 206-7; Lowell Georgia 127bd; Robert Holmes 40bc, 194bd, 195te, 224bc, 232bd, 249cda; Catherine Karnow 183td; Latitude/Jean-Pierre Lescourret 108; Craig Lovell 47bd; Charles O'Rear 194ce; Proehl Studios 136ceb; Reuters Newmedia Inc 247be; Royalty Free 182cea; San Francisco Chronicle/Deanne Fitzmaurice 45tc; Phil Schermeister 11t Michael T Sedam 75bd; **Culver Pictures, Inc:** 33te.
Dreamstime.com: Card76 13td; Cecoffman 176ce; Elf0724 12cda; Jewhyte 1; Fabrizio Mariani 93bd; Photoquest 12te; Rglinsky 288be.

Embarcadero Center: 110td; Donna Ewald/Peter Clute/Vic Reyna/Ed Rogers: 72cdb; **Exploratorium, www.exploratorium.edu:** Photo courtesy of 94-5 all.
Fairmont Hotel: 209td; **Fog City: Ellipses PR / Cesar Rubio** 11br; **The Fine Arts Museums of San Francisco:** *Barco à Vela no Sena*, c.1874, de Claude Monet, doação de Bruno e Sadie Adrian, 38cea; *São João Batista*, de Matti Preti, 40cea; Cômoda, aquisição do museu, doação do casal Robert A. Magowan, 146td; *São Venceslau, padroeiro da Boêmia*, segundo modelo de Johann Gottlieb Kirchner (1706), porcelana, aquisição do museu, Roscoe and Margaret Oakes Income Fund, 158be; *Ninfeias*, c.1914-17, de Claude Monet, óleo sobre tela, Mildred Anna Williams Collection, 158ce; *A Velha*, c.1618, de Georges de la Tour, Roscoe and Margaret Oakes Collection, 159cea; *O Empresário, (Pierre Ducarre)*, c.1877, de Edgar Degas, óleo sobre papelão, 159be.
Gallery of California, Oakland Museum of California, 2012: Arlen Ness, Harley Davidson, QuickNess, produzida em 1972, customizada em 1984 168be; **Steven Gerlick:** 107be; **Gather Restaurant/Fortune Public Relations:** 229t; **Getty Images:** Flickr/Can Balcioglu 2-3, /fuminana 54-5, /Michael Kitromilides 116-7, /Phoenix Wang 78, /vns24@yahoo.com 58, /William Storage 36; Mitchell Funk 132; Lonely Planet Images/Thomas Winz 124; News/Justin Sullivan 44crb; Robert Harding World Imagery/Yadid Levy 279td; Stone 52bc, Roy Giles 80cea; Justin Sullivan 272td; UpperCut Images/Robert Houser 160; **The Girl & the Fig:** Steven Krause 229bd; **GoCar:** 281ca; **GLBT History Museum:** Daniel Nicoletta 138c; **Golden Gate Bridge Highway and Transportation District:** 64-5 all, 66te/be, 66-7tc, 67td; **Golden Gate National Recreation Area:** Don Denevi Collection 67ceb, 82ce, 84ceb, 85ceb/bd; **Stephen D. Gross, G-WIZ G&P:** 190be.
Robert Holmes Photography: Markham Johnson 39be, 51cd; **Hulton Getty:** 35bd.
Ine Tours: 235cd; **The Image Works:** Lisa Law, 131cd.
Joie de Vivre Hotels: 210td, 213td, 215td; **JP Morgan Chase:** 272be.
Courtesy of Landmark Theatres: 248td; **Lawrence Hall of Science, University of California:** Peg Skorpinskin 164bd; **Lengendary Napa Valley:** 193bc; **Courtesy Levi Strauss & Co., San Francisco:** 137c; **Lovejoy's Tea Room:** 228tc; **Neil Lukas:** 202bd.
Andrew Mckinney Photography: 5td, 5ceb, 26cea, 30bc, 31bc, 32be, 33tc/cda, 34bd, 49cb, 51ca, 53be, 57cda, 66bd, 72be, 111cdb, 171be, 173ca, 186ce/be, 187td/bd, 188be, 189te, 191bd, 193te/td, 198bd, 199be, 202td, 203te/td; **Alain Mclaughlan:** 276bd; **Magnes Museum Permanent Collections:** traje de brocado bordado e veludo azul do século XIX, 165tc; **Magnum Photos:** Michael K. Nichols, 35be; **Mark Hopkins Inter-Continental Hotel:** 104tc, 208be; **The Mexican Museum:** 41bc; **Michael Mina Restaurant:** 223td; **Mineta San José International Airport:** 277bc; **Monk's Kettle:** 228be; **Museo Italoamericano:** *Muto*, 1985, de Mimmo Paladino, água-forte, doação de Pasquale Iannetti, 39te; *Meta III*, 1985, de Italo Scanga, óleo e laca sobre madeira, doação de Alan Shepp, 75be; **Museum of the City of San Francisco:** Richard Hansen, 21br, 30ceb, 30-31c, 31tc/ceb.

AGRADECIMENTOS

Napa Valley Visitors Bureau: 192cb; **Peter Newark's American Pictures:** 4t, 25be, 27te/cdb/be/bd; 28be, 85be, 107cdb; **N.H.P.A.:** David Middleton 196be; John Shaw 205cd; **NOPA:** 226td; **Bob von Normann:** 191te. **Oakland Convention Bureau:** 167td; **Oakland International Airport:** 277td; **Courtesy The Oakland Museum History Department:** 21be, 25cda, 26cda/ceb, 27cra, 28cea, 29td, 31cra, 32ce, 33cdb; **Oakland Museum of California:** 169te; Phyllis Diebenkorn, Trustee, Ocean Park No.107, 1978, Richard Diebenkorn 168ce; Matthew Millman Photography 168td, 169cd; Jeff Warrin 169bd; **Orchard Garden Hotel:** 209b, 214bc.
Pacific Union Railroad Company: 29te; **Pier 39 Corporation:** 249te; **Pictorial Press Limited:** J. Cummings/SF, 34ca, 131be, 248bd; www.photographersdirect.com: Justin Bailie 198te, 200cea, 201bd; Ann Purcell Travel Journalism, 200bd; Nancy Warner 182bc, 183bd; Picturepoint: 85te; **Precita Eyes Mural Arts and Visitors Centre:** *Viagem de Balão* © 2008 Precita Eyes Muralists, de Kristen Foskett 142cdb; Hillcrest Elementary School © 2007 Precita Eyes Muralists 142cb; *Oakland, Basta de Violência* © 2007 Precita Eyes Muralists. Direção de Joshua Stevenson. Projetado e pintado por jovens da AYPAL (Asian Pacific Islander Youth Promoting Advocacy and Leadership) incluindo Recy, Marcus e muitos outros. Tinta acrílica sobre membrana tyvek 142b; **Presidio of San Francisco:** NPS staff 61te.
Red and White Fleet: 287be; **Rex Features:** B. Ward, 35te; **Ritual Coffee Roasters:** Jeff Wenzel 275te.
San Francisco Arts Commission Gallery: 128tc; **San Francisco Blues Festival:** 247te; **San Francisco Cable Car Museum:** 28bd, 107te; **San Francisco Comedy Celebration Day:** 248ce; **San Francisco Convention and Visitors Bureau:** 42bc, 50cda/be, 52cda, 53cd, 163b, 248be, 266cda, 278cda; **San Francisco Examiner:** 50bd; **San Francisco Fire Department:** 270ceb; **San Francisco Maritime National Historical Park:** 267be; **San Francisco Municipal Transportation Agency:** 268te, 282ca/bd, 283te/cd, 285cdb; **San Francisco Museum of Modern Art:** *Vista de Trás*, 1977, de Philip Guston, óleo sobre tela, doação do artista, 39cdb; *Suéter Laranja*, 1955, de Elmer Bischoff, óleo sobre tela, doação do casal Mark Schorer, 117cdb; *Os Valores Pessoais*, 1952, de Rene Magritte, adquirido através de doação de Phyllis Wattis 120td; *Nº 14*, 1960, de Mark Rothko, 120c; *Quatro em um Banco*, 1980-1990, de Magdalena Abakanowicz, estopa, resina e madeira, Private Collection, cortesia da Marlborough Gallery, New York 120ceb; *Cães Senhores Rurais*, 1972, de Roy De Forest, polímero sobre tela, doação da Hamilton-Wells Collection, 121bd; *Koret Visitor Education Center*, foto © Richard Barnes 121cdb; *Lendo* (1994) © Gerhard Richter 121cd; *Duplas Paradas Melódicas*, 1980, de Richard Shaw, porcelana vitrificada, adquirida com fundos do National Endowment for the Arts e de Frank O. Hamilton, Byron Meyer e sra. Peter Schlesinger, 121te; *'92 Chaise*, 1985-92, by Holt, Hinshaw, Pfau, Jones Architecture, aço, plástico, borracha e pelo de pônei, Accessions Committee Fund, 122bd; *As Mulheres de Argel*, 1955, de Pablo Picasso, óleo sobre tela, Albert M. Bender Collection, doação de Albert M. Bender em memória de Caroline Walter, 122ce; *Gruta, Tsankawee, Novo Mexico*, 1988, de Linda Connor, gravura de prata gelatinosa, doação parcial de Thomas e Shirley Ross Davis, 123bd; *Grafite para Saborear*, 1989, de Gail Fredell, aço, doação de Shirley Ross Davis, 123c; *Michael Jackson e Bubbles*, 1988, de Jeff Koons, porcelana, adquirida através do Marian and Bernard Messenger Fund, 123tc; **San Francisco Opera:** 126ceb; **San Francisco Public Library, San Francisco History Center:** 24be, 30be/bd, 31be, 33ceb/be, 34cda/be, 44ce, 82c, 85td, 104cdb, 148td; **San Francisco War Memorial & Performing Arts Center:** 249be; **San Francisco Zoo:** 162te; **San Jose Convention and Visitors Bureau:** 170t/c, 171t; **Science Photo Library:** Peter Menzel, 20td; David Parker, 20cl, 21tr/cd; **SF Green Cab, LLC:** 280cla, 289cla; **SoMa StrEat Food Park:** 227be; **Mark Snyder Photography:** 234te; **Sonoma Valley Visitors Bureau:** Bob Nixon, 220td, 197cd; **Spectrum Color Library:** 189bd; **STA Travel Group:** 268cd.
Tahoe North Visitors and Convention Bureau: 198td; Deacon Chapin, 199td.
University of California, Berkeley: *Dentro*, 1969, de Alexander Lieberman, doação do artista, University Art Museum, 179b.
Vision Bank: Michael Freeman193cda.
Walgreen Co.: 271ca; **Wells Fargo Bank History Room:** 23b, 26-7c, 27tc, 112bd; **Val Wilmer:** 32cdb.
Yellow Cab Cooperative: Lunchana 289be; **Yerba Buena Center for the Arts Galleries:** 39bd; Ken Friedman 116td; **Yerba Buena Center of the Arts Theater/Margaret Jenkins Dance Company:** 117te.

Guarda da frente: **Alamy Images:** Danita Delimont/Darrell Gulin Lcla; David Taylor Photography Rcrb; Brian Jannsen Rtl; **Corbis:** Latitude/ Jean-Pierre Lescourret Rbc; **Getty Images:** Flickr/Phoenix Wang Rcra; Flickr/vns24@yahoo.com Ltr; Mitchell Funk Lbr; Lonely Planet Images/Thomas Winz Lbl.

Capa do mapa desdobrável
AWL Images: Alan Copson.

Capa e lombada - **4corners:** Susanne Kremer.

Todas as outras imagens © **Dorling Kindersley**
Para mais informações, acesse www.dkimages.com

Frases

Na terceira coluna, você encontra a transcrição mais aproximada em português da pronúncia das palavras em inglês.
Há na língua inglesa, no entanto, sons inexistentes em português como o "th", que é transcrito aqui de duas maneiras diferentes: como "d" na palavra "this" ou como "f" na palavra "thank you". A pronúncia correta é, nos dois casos, com a língua entre os dentes frontais. O "h" de " help" é transcrito pelas letras "rr" enquanto o "rr" de "sorry" aparece na terceira coluna como "r", com um som próximo ao do "r" seguido de consoante pronunciado em algumas regiões do interior de São Paulo.

Em Emergências

Socorro	**Help**	*rrélp*
Pare	**Stop**	*stóp*
Chame um médico	**Call a doctor**	*koladóktor*
Chame uma ambulância	**Call an ambulance**	*kolanêmbiulens*
Chame a polícia	**Call the police**	*kol dê pólis*
Chame os Bombeiros	**Call the fire department**	*kol dê fáier dêpártment*
Onde fica o telefone mais próximo?	**Where is the nearest telephone?**	*ueriz dê nírest télefoun?*
Onde fica o hospital mais próximo?	**Where is the nearest hospital?**	*ueriz dê nírest rróspital?*

Comunicação Essencial

Sim	**Yes**	*iés*
Não	**No**	*nôu*
Por favor	**Please**	*plíz*
Obrigado	**Thank you**	*fênkiu*
Desculpe	**Sorry**	*sóri*
Com licença	**Excuse me**	*ekskíuzmi*
Oi	**Hello**	*rrélou*
Adeus	**Goodbye**	*gudbái*
Manhã	**Morning**	*mórnin*
Tarde	**Afternoon**	*afternúan*
Noite	**Evening**	*ívinin*
Noite (tarde)	**Night**	*náit*
Ontem	**Yesterday**	*iéstêrdei*
Hoje	**Today**	*túdei*
Amanhã	**Tomorrow**	*tumórou*
Aqui	**Here**	*rriêr*
Lá	**There**	*dér*
O quê?	**What?**	*úat*
Quando?	**When?**	*úen*
Por quê?	**Why?**	*úai*
Onde?	**Where?**	*uér*

Frases Úteis

Como vai?	**How are you?**	*rrauáriu*
Muito bem, obrigado.	**Very well, thank you,**	*véri uél, fênkiu*
Muito prazer em conhecer você	**Pleased to meet you**	*plízd tu mítiu*
Até logo	**See you soon**	*síu sún*
Está bem/bom	**That's fine**	*déts fáin*
Onde está/estão?	**Where is/ where are...?**	*uériz uérár*
Quantos metros/quilômetros são até…?	**How far is it to...**	*rrau farízit tu*
Como se vai para…?	**Which way to...?**	*úitch uei tu*
Você fala português?	**Do you speak portuguese?**	*du iu spík pôrtiuguíz?*
Você fala espanhol?	**Do you speak spanish?**	*du iu spík spênish?*
Não entendo	**I don't understand**	*ai dount anderztênd*
Pode falar mais devagar, por favor.	**Could you speak more slowly, please?**	*kúdiu spík môr slóulí plíz?*
Sinto muito	**I'm sorry**	*áim ssóri*

Palavras Úteis

grande	**big**	*bég*
pequeno	**small**	*smól*
quente	**hot**	*rót*
frio	**cold**	*kôuld*
bom	**good**	*gûd*
ruim	**bad**	*béd*
suficiente	**enough**	*ináf*
bem	**well**	*uél*
aberto	**open**	*ôupen*
fechado	**closed**	*klôuzd*
esquerda	**left**	*léft*
direita	**right**	*ráit*
direto	**straight (on)**	*strêit (ón)*
perto	**near**	*níer*
longe	**far**	*fár*
em cima	**up**	*áp*
abaixo	**down**	*dáun*
cedo	**early**	*êrlí*
tarde	**late**	*léit*
entrada	**entrance**	*êntranss*
saída	**exit**	*égzêt*
banheiros	**toilettes**	*tóilêtz*
mais	**more**	*môr*
menos	**less**	*léss*

Nas Compras

Quanto custa isto?	**How much does this cost?**	*rrau mátch daz dês kóst?*
Eu gostaria	**I would like**	*ai uôd laik*
Vocês tem...?	**Do you have…?**	*du iu rrév*
Estou só olhando, ...obrigado	**I'm just looking, ...thank you**	*aim djast lûkin fênkiu*
Vocês aceitam cartões de crédito?	**Do you take credit cards?**	*du iu têik krédit kardz?*
A que horas vocês abrem?	**What time do you open?**	*uotáim du iu ôupén?*
A que horas vocês fecham?	**What time do you close?**	*uotáim du iu klôuz?*
Este	**this one**	*dêss uán*
Aquele	**that one**	*dét uán*
caro	**expensive**	*ekspénssív*
barato	**cheap**	*tchíp*
tamanho (roupas e sapatos)	**size**	*ssáiz*
branco	**white**	*úait*
preto	**black**	*blék*
vermelho	**red**	*réd*
amarelo	**yellow**	*iélou*
verde	**green**	*grín*
azul	**blue**	*blú*
loja de antiguidades	**antique shop**	*entík shóp*
padaria	**bakery**	*bêikeri*
banco	**bank**	*bênk*
livraria	**bookshop**	*bókshop*
açougue	**butcher's**	*bôtcherz*
farmácia	**chemist's**	*kémists*
peixaria	**fishmonger's**	*fêshmónguerz*
quitanda	**greengrocer's**	*grín gróusserz*
loja de alimentos	**grocer's**	*gróusserz*
cabeleireiro	**hairdresser's**	*rrer drésserz*
mercado, a feira	**market**	*márket*
jornaleiro	**newsagent's**	*niúzêidjentz*
agência do correio	**post office**	*pôustófiss*
loja de calçados	**shoe shop**	*shú shóp*
supermercado	**supermarket**	*supermárket*
tabacaria	**tobacconist**	*tbákounîst*
agência de viagens	**travel agency**	*trévl êidjenssí*

Atrações Turísticas

galeria de arte	**art gallery**	*art guéleri*
catedral	**cathedral**	*kfídral*
igreja	**church**	*tchêrtch*
jardim	**garden**	*gárden*
biblioteca	**library**	*láibreri*
Museu	**museum**	*miuzíam*
informação turística	**tourist information**	*tôrist infômêishan*
a prefeitura	**townhall**	*táunról*
fechado por férias/feriado	**closed for holiday**	*klouzd for rrólidei*
ponto de ônibus	**bus stop**	*bástop*
estação de trem	**railway station**	*reiluei stêishan*

No Hotel

Tem quarto disponível?	**Do you have a vacant room?**	du iu rev â vêikant rum?
quarto para dois	**double room**	dâbôl rúm
com cama de casal	**with double bed**	uéf dâbôl bed
quarto com duas camas	**twin room**	tuên rúm
quarto de solteiro/ individual	**single room**	cêngol rúm
quarto com banheiro	**room with a bath**	rúm uéf â bef
chuveiro	**shower**	shâuer
porteiro	**porter**	pórter
chave	**key**	kí
Eu tenho uma reserva	**I have a reservation**	ai rrev â rezêrvêishan

No Restaurante

Tem uma mesa para...?	**Have you got a table for...?**	rreviu gat a teibôu for..?
Quero reservar uma mesa	**I want to reserve a table**	ai uant tu rizérv â teibôu
A conta, por favor	**The bill, please**	dê bêll, pliz
Sou vegetariano/a	**I'm vegetarian**	âim vedjetérian
garçonete	**waitress**	uêitress
garçom	**waiter**	uêiter
menu	**menu**	mêniu
menu do dia	**fixed-price menu**	fêkst-praiss mêniu
carta de vinhos	**winelist**	uáin lêst
copo	**glass**	gláss
garrafa	**bottle**	bátlôu
faca	**knife**	náif
garfo	**fork**	fórk
colher	**spoon**	spún
café-da-manhã	**breakfast**	brékfest
almoço	**lunch**	lântch
jantar	**dinner**	dêner
prato principal	**main course**	mêin kórs
entrada	**starter**	stárter
prato do dia	**dish of the day**	dêsh ov dê dêi
café	**coffee**	kófi
mal passado	**rare**	rér
ao ponto	**medium**	mídium
bem passado	**well done**	uél dán

Interpretando o Cardápio

apple	ápôl	maçã
baked	bêik	ao forno
banana	bnána	banana
beef	bif	carne de boi
beer	bíêr	cerveja
bread	bréd	pão
butter	bâtâr	manteiga
cake	kêik	bolo
cheese	tchíz	queijo
chicken	tchêken	frango
chocolate	tchóklat	chocolate
cold meat	kôuld mít	os frios
dessert	dêzért	sobremesa
dry	drái	seco
egg	êg	ovo
fish	fêsh	peixe
fried	fráid	frito
fruit	frút	a fruta
garlic	gárlek	alho
ham	rrem	presunto
icecream	áiss krím	sorvete
lamb	lêm	cordeiro
lemon	léman	limão
lemonade	lémanêid	limonada
lobster	lábster	lagosta
meat	mít	carne
milk	mêlk	leite
mineral water	míneral uáter	água mineral
nuts	nâts	nozes
oil	óill	azeite
olives	ólêvz	azeitonas
onion	ânian	cebola
orange	órandj	laranja
pepper	péper	pimenta
pie	pái	torta
pork	pórk	porco
potatoes	ptêitôuz	batatas
prawns	prónz	camarões
red wine	red úain	vinho tinto
rice	ráiss	arroz
roast	rôust	assado
rosé wine	rouzê úain	vinho rosé
salt	sólt	sal
sauce	sóss	o molho
sausages	sósêdj	linguiças
seafood	sífud	frutos do mar
sirloin steak	sêrloin stêik	filé mignon
soup	súp	sopa
still/sparkling	stíl/spárklin	sem gás/com gás
sugar	shûgar	açúcar
vegetable stew	védjetabôu stú	cozido de vegetais
tea	tí	chá
toasts	tôusts	torradas
vinegar	vênagar	vinagre
white wine	úait úain	vinho branco

Números

0	**zero**	zírou
1	**one**	uán
2	**two**	tú
3	**three**	frí
4	**four**	fôr
5	**five**	faiv
6	**six**	sêks
7	**seven**	sévên
8	**eight**	êit
9	**nine**	nain
10	**ten**	tên
11	**eleven**	ilévên
12	**twelve**	tuélv
13	**thirteen**	fêrtín
14	**fourteen**	fortín
15	**fifteen**	fêftín
16	**sixteen**	sêkstín
17	**seventeen**	seventín
18	**eighteen**	êitín
19	**nineteen**	naintín
20	**twenty**	tuentí
21	**twenty-one**	tuentí uán
22	**twenty-two**	tuentí tú
30	**thirty**	fêrtí
31	**thirty-one**	fêrti uán
40	**fourty**	fórti
50	**fifty**	fêfti
60	**sixty**	sêksti
70	**seventy**	séventi
80	**eithty**	êiti
90	**ninety**	náinti
100	**one hundred**	uán rrândrêd
200	**two hundred**	tu rrândrêd
500	**five hundred**	faiv rrândrêd
1.000*	**one thousand**	uán fáuzand
1.001	**one thousand one**	uán fáuzand úan

Tempo

um minuto	**one minute**	uán mênat
uma hora	**one hour**	uán âuar
meia hora	**half an hour**	rráfen âuar
segunda-feira	**Monday**	mândei
terça-feira	**Tuesday**	túzdei
quarta-feira	**Wednesday**	uênizdêi
quinta-feira	**Thursday**	fêrzdêi
sexta-feira	**Friday**	fráidêi
sábado	**Saturday**	satêrdêi
domingo	**Sunday**	sândei

* Os países de língua inglesa adotam a grafia 1,000 para o numeral 1.000 (um mil) e 1.50 para 1,50 (um e cinquenta), exatamente o oposto da convenção brasileira.

Tudo para uma viagem perfeita.
Conheça todos os títulos da série Guias Visuais.

Guias Visuais
Os guias que mostram o que os outros só contam

África do Sul • Alemanha • Amsterdã • Argentina • Austrália • Áustria • Barcelona e Catalunha
Bélgica e Luxemburgo • Berlim • Brasil • Califórnia • Canadá • Caribe • Chile e Ilha de Páscoa • China
Costa Rica • Croácia • Cuba • Egito • Espanha • Estados Unidos • Estônia, Letônia e Lituânia • Europa
Flórida • França • Holanda • Ilhas Gregas e Atenas • Índia • Inglaterra, Escócia e País de Gales • Irlanda
Istambul • Itália • Japão • Jerusalém e a Terra Santa • Las Vegas • Lisboa • Londres • Madri • México
Moscou • Nova York • Nova Zelândia • Paris • Peru • Portugal, Madeira e Açores • Praga • Roma
São Francisco e Norte da Califórnia • Suíça • Turquia • Vietnã e Angkor Wat
Walt Disney World® Resort & Orlando

Guias Visuais de Bolso
Guia e mapa: a cidade na palma da mão

Amsterdã • Barcelona • Berlim • Boston • Bruxelas, Bruges, Antuérpia e Gent • Budapeste
Edimburgo • Las Vegas • Lisboa • Londres • Madri • Melbourne • Milão • Nova York • Paris • Praga
Roma • São Francisco • São Petersburgo • Sevilha • Sydney • Toronto • Vancouver • Veneza

Top 10
O guia que indica os programas nota 10

Barcelona • Berlim • Bruxelas, Bruges, Gent e Antuérpia • Budapeste • Buenos Aires
Cancún e Yucatán • Cidade do México • Florença e Toscana • Israel, Sinai e Petra
Istambul • Las Vegas • Londres • Los Angeles • Miami e Keys • Nova York • Orlando
Paris • Praga • Rio de Janeiro • Roma • São Petersburgo • Toronto

Estradas
Viagens inesquecíveis

Alemanha • Califórnia • Espanha • França • Inglaterra, Escócia e País de Gales • Itália

Férias em Família
Onde ficar, o que ver e como se divertir

Flórida • Itália • Londres • Nova York • Paris

Guias de Conversação para Viagens
Manual prático para você se comunicar

Alemão • Árabe • Chinês • Espanhol • Europa • Francês • Grego • Holandês
Inglês • Italiano • Japonês • Portuguese • Russo • Tailandês • Tcheco • Turco

Guias de Conversação Ilustrados
Essencial para a comunicação – livro e CD

Alemão • Chinês • Espanhol • Francês • Inglês • Italiano

15 Minutos
Aprenda o idioma com apenas 15 minutos de prática diária

Alemão • Árabe • Chinês • Espanhol • Francês • Inglês • Italiano • Japonês

Confira a lista completa no site da Publifolha
www.publifolha.com.br

Sistema de Transporte de São Francisco

Legenda

- PH — Linha de bonde
- 18 — Linha de ônibus
- 18 — Ponto final de ônibus
- N — Muni – metrô de superfície
- N — Muni – metrô
- N — Estação terminal de metrô
- Linha da CalTrain
- Estação CalTrain
- Parada de bonde
- Estação BART
- Terminal de ônibus
- Ferryboat